华章经管

HZBOOKS | Economics Finance Business & Management

结构化金融与证券化系列丛书

# 结构化金融手册

# THE HANDBOOK TO STRUCTURED FINANCE

[美] 阿诺·德·瑟维吉尼（Arnaud De Servigny）
诺伯特·乔布斯特（Norbert Jobst） 编著 李楠 杨桦 宋泽元 译

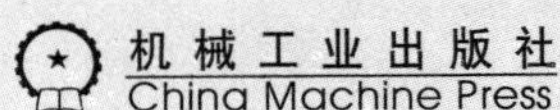

机械工业出版社
China Machine Press

图书在版编目（CIP）数据

结构化金融手册 /（英）阿诺·德·瑟维吉尼（Arnaud De Servigny），（英）诺伯特·乔布斯特（Norbert Jobst）编著；李楠等译．—北京：机械工业出版社，2018.1
（结构化金融与证券化系列丛书）
书名原文：The Handbook of Structured Finance

ISBN 978-7-111-58574-9

I. 结… II. ①阿… ②诺… ③李… III. 金融产品－手册 IV. F830-62

中国版本图书馆 CIP 数据核字（2017）第 288612 号

本书版权登记号：图字 01-2013-6472

Arnaud De Servigny, Norbert Jobst. The Handbook of Structured Finance.

ISBN 978-0-07-146864-0



# 结构化金融手册

出版发行：机械工业出版社（北京市西城区百万庄大街 22 号　邮政编码：100037）

责任编辑：程天祥　　责任校对：李秋荣

印　　刷：中国电影出版社印刷厂　　版　　次：2018 年 1 月第 1 版第 1 次印刷

开　　本：170mm × 242mm　1/16　　印　　张：36.5

书　　号：ISBN 978-7-111-58574-9　　定　　价：99.00 元

凡购本书，如有缺页、倒页、脱页，由本社发行部调换

客服热线：（010）68995261　88361066　　投稿热线：（010）88379007

购书热线：（010）68326294　88379649　68995259　　读者信箱：hzjg@hzbook.com

# 丛书序一

十几年来，资产证券化一直都是热门词汇，经济、管理、金融等专业人士自不必说，就是那些对社会时事和热点稍有关注的人，都会有意无意地感受到资产证券化的影响力。然而，由于中国资产证券化起步较晚，其在中国并没有真正得到大众甚至是金融专业人士应有的重视与充分的研究。资产证券化伴随着利率市场化和金融自由化的历史进程深刻地影响了美国的经济乃至社会，甚至可以被视为一种变革性的社会现象。本套“结构化金融与证券化系列丛书”全面引进美国主流的结构化金融与证券化的专业图书，涵盖广泛且不失深度，构建了相对完善的知识体系，相信有助于国内读者熟悉和了解资产证券化这一最具创新、最为复杂也最有激情与挑战的金融工具。

资产支持证券在美国的金融体系里，被视为固定收益市场的一部分，与美国国债、市政债券、公司债券一起，构建了规模巨大的固定收益市场。按其规模，资产支持证券的总额仅次于美国国债。固定收益市场的发展大大推动了美国直接金融体系的发展。美国的资产证券化产品按照基础资产类别分为抵押支持证券（MBS）、资产支持证券（ABS）以及债务担保证券（CDO）。中国的资产证券化产品，市场人士按照所受监管不同，将其分为企业资产证券化产品和信贷资产证券化产品。

从美国的资产证券化市场的发展历史来看，尽管美国的资产证券化发展有很多原因，但是大体可以归为两类。

一是市场无形的手。美国原本直接金融体系就相对发达，在资产证券化市场发展之初，就已经形成了一个以国债、市政债、公司债等为主体品种的极具深度与广度的固定收益市场。随着第二次世界大战之后经济增长黄金时代的来临，各类经济主体对金融的需求更加多样化，不断增长的需求成为金融创新的原动力。同时，美国居民的金融资产中银行存款占比自20世纪70年代以来稳定下降，更多的资金通过保险、基金等方式进入资本市场。美国日益扩大的贸易逆差，使得很多国家持有了巨额的美元，这些美元也以投资国债、股票、公司债券等形式进入了美国资本市场。金融体系中积聚的资金为资产支持证券市场的发展提供了充足的燃料。

二是政府有形的手。美国政府利用金融手段支持个人住宅市场的稳定和发展，成立了两家"政府资助机构"——房利美和房地美，为以合格贷款为基础资产的抵押支持证券提供担保，将联邦政府信用注入产品，消除了抵押支持证券产品的信用风险，大大提高了这类产品对投资者的吸引力。另外，房利美和房地美为合格的抵押贷款设立了一系列条件，提高了整个产业链条的标准化，大大增强了产品的流动性。从发展之初至今，抵押支持证券占美国所有资产证券化产品的比例一直维持在 80% 以上的规模，成为资产支持证券市场的中流砥柱。

改革开放以来，我国的金融市场实现了跨越式发展，对实体经济的支持作用日渐加强，在社会融资中扮演的角色日益重要。一个国家如果没有功能齐全并具备一定规模的金融市场，就无法支撑整个国家的经济运行甚至社会稳定。尤其值得关注的是，近些年来银行间市场的快速发展，为固定收益市场建立了良好的基础设施，形成了适合中国国情的市场惯例，培育了扎实的投资者群体。所有这些，为中国资产支持证券市场的发展打下了坚实的基础。从中国的国情来看，中国经济经过三十多年的高速发展，原有的金融体系面临着转型的考验。在我国债券市场超常发展的同时，资产证券化市场的发展却障碍重重，这种现象值得我们深入思考和研究。资产证券化与结构化金融作为融资创新安排，企业通过资产而非自身信用融资，或许能够化解金融市场转型过程中的债务难题。

总之，资产证券化在中国是一个新生事物，其发展机遇与挑战并存，风险与收益兼具。对于这类新生事物，我们不应当下一个简单的是非优劣的定论，而应该多花一些时间，认真研究这些事物的特性与本质，努力做到在实践过程中扬长避短；多学习国外的先进经验并结合中国的实际，进行改良与创新，如此才会真正有益于中国资产证券化乃至中国金融市场的健康发展。

杨农

中国银行间市场交易商协会副秘书长

# 丛书序二

美国自20世纪70年代以来，出现了以“资产证券化”为现象的金融创新浪潮。此套丛书命名为“结构化金融与证券化系列丛书”，系统引进美国“资产证券化”领域各方面的经验总结，旨在帮助国内金融从业人员理解资产证券化，并且掌握结构化金融这一现代金融技术。

结构化金融兴起于金融创新的时代，至今没有形成固定的概念。法博齐曾为其下了一个定义：所有能够解决原有金融体系与工具不能够解决的金融需求的创新金融手段。这实际上是将结构化金融与创新金融等同起来。

笔者基于对结构化金融的研究，尝试为结构化金融下一个更为详细的定义，将重心放到“结构化”这一定语之上。结构化体现在两方面：一方面是将部分资产从主体的整体资产负债表中剥离出来，用于进行单独融资；另一方面是针对原本相同的金融产品，通过优先劣后分级、期限分级、总收益互换、购买信用衍生品和利率衍生品等手段，创造出具有不同风险、期限等特征的新型金融产品。这些金融产品源于基础资产，但是表现出与基础资产完全不同的风险收益特征。借助这一技术，华尔街掌握了自行创造本不存在的金融产品的能力，从而拥有了“点石成金”的特异功能。

资产证券化正是结构化金融普遍应用于金融体系的过程。资产证券化充分运用了结构化金融的技术。通过成立特殊目的载体，将信贷资产从银行等信贷企业的资产负债表中剥离出来，从而使其具备了独立的信用特征。利用特殊目的载体基于被剥离资产的属性进行融资，能够使信贷企业实现融资、流动性危机化解、规避监管资本要求等方面的目的。为满足投资者不同的风险、期限偏好，这些特殊目的载体的负债被进行结构化分级，如优先劣后分级、期限分级等。

然而，结合利用这两种结构化金融手段所进行的金融活动，还不是资产证券化，最多只能称为结构化融资。国内通常将两者混为一谈。很多信托公司通过设立信托计划，收购信贷企业的信贷资产，并且以此为担保，设计不同优先级的产品，面向机构投资者与高净值客户进行出售。这难道不是一种资产证券化吗？当然不是。

资产证券化，除了运用结构化金融的技术之外，同时还运用了证券化的技术。证券化的技术包括集中交易化、标准化、规模化、做市商等。证券化的目的在于提高资产的流动性、可分性、可逆性以及价格稳定性。换言之，在于提高资产的货币性。

资产证券化的进程使得证券与商业银行存款之间的区别越来越模糊，使得投资银行等新型金融机构与商业银行等传统金融机构业务的差别越来越细微。因此，出现了影子银行的概念。在部分准备金的制度之下，商业银行重要且特殊的功能是创造货币。影子银行的概念，暗示了新型金融机构的货币创造职能。

对于美国而言，影子银行的出现以及货币创造主体的多元化，已经成为现代经济与现代金融的事实，这有其必然性。但是仍然有很多人对于影子银行与影子货币抱有负面甚至敌视的观点，将经济与金融中出现的一些不合理的现象归咎于影子银行。这一点在次贷危机中体现得更为明显。持有这种片面观点的人，总是认为人类能够把影子银行从这个世界根除，他们坚称若没有影子银行，传统商业银行的一些问题就不会发生。金融大师默顿说过，一个国家的金融体系由于社会文化、风俗、科技发展等的不同而有所不同，其中不变的是金融体系所发挥的金融职能。影子银行的出现和存在，根植于人类对于影子银行所发挥的金融职能的需求，既无法替代也无法消除。

资产证券化形成的金融体系，正是影子银行的典型案例。事实上，美国从20世纪70年代以来的金融创新，其主线可以归纳为影子银行的兴起与货币的创新。对于这样的新型体系，我们需要加以充分研究，在发挥其优点的同时尽量防范其可能会产生的问题。

资产证券化正是新型金融机构创造货币的过程。经济学告诉我们，由于社会主体的流动性偏好，货币属性越强的资产，投资者对于其投资回报的要求越低。资产证券化的从业人员将货币属性较差的基础资产，通过结构化金融与证券化的技术，将其转变为货币属性较强的证券，从而赚取证券与基础资产之间的利差。

在结构化金融与证券化技术的运用之下，众多金融机构也获得了货币创造的能力。这是一项重要而伟大的革命。从此，经济体系的一切都发生了变化。当经济学家们还在讨论货币的内生性问题时，华尔街金融从业人员早已经通过“特定合成”的金融工程手法来创造货币了。

在新型的货币体系之中，微观的金融产品必然会影响到货币创造，进而对宏观经济造成重要影响。比如“次贷”，如果只从微观产品层面去理解，则我们很难想象，睿智如格林斯潘，老道如伯南克，会不了解“次贷”产品业务中存在的危险。然而，我们从“次贷”创造货币的角度，从“次贷”将资金从盈余者转移到不足者手中的功能角度，其对于美国提高消费倾向，从而解决有效需求不足、拉升美国经济的作用不可替代。

基于对资产证券化的货币创造这一更高层面的理解，本套丛书在选择书目时，除了包括介绍具体的 MBS、ABS、CDO 等资产证券化产品的书籍，还包括介绍 REIT 这类在美国金融的话语体系中不被认为是资产证券化产品的书籍，也包括《证券金融》《高收益产品大全》等介绍证券化技术以及债务类证券的书籍。这种选择旨在为读者提供全面的知识框架。

中国当前正处于金融体系证券化的阶段。如前所述，证券化的目的在于提高证券化基础资产的货币属性，从而使得证券化的从业人员得以赚取货币属性不同的资产之间的利差。证券化的核心职能在于将资产未来的现金流贴现到当今。越是稳定的现金流，越容易被证券化。因此，美国自发出现的证券化体现出从易到难的过程，依次为资产证券化、债务证券化以及股权证券化。

先有资产证券化。这里的资产特指信贷资产。这些信贷资产通常具备小额、分散的特征。通过大量汇集同质的信贷资产，统计学上的“大数法则”发挥了作用，使得这些资产在总体上体现出稳定的现金流。资产证券化最初产生于 20 世纪 70 年代。

然后是债务证券化。这里的债务特指低信用主体的无担保债务，也就是美国 20 世纪 80 年代兴起的垃圾债（更美化的称呼为“高收益债券”）。高收益债券的发展，使得众多没有资产作为抵押的中小企业获得资本市场宝贵的信贷资金，实现了自身的发展。高收益债券也为那些进行杠杆化收购的小型企业收购大型企业提供了资金支持。这是工业产业界的一场革命。事后多年，很多美国媒体仍然称“垃圾债券之王”米尔肯“重塑了美国经济”。

再就是股权证券化。这里的股权特指创新型中小企业的股权。美国在 20 世纪 90 年代，在格林斯潘期权也就是格林斯潘的超预期货币宽松之下，纳斯达克股市出现了非理性繁荣。股市的非理性繁荣带来了美国创新型经济的发展。创新意味着不确定性。创新型经济的投资回报的离散化特征，使得传统上以降准降息来提高投资诱导的凯恩斯主义失去作用。新一代凯恩斯主义者托宾提出 Q 值理论，正是为了解决创新型经济体的投资诱导不足的问题。

20 世纪 60 年代末到 90 年代末，美国的三波证券化发展得轰轰烈烈。金融体系在此过程中也实现了现代化。这在 1999 年出台的《美国金融服务业现代化法案》中得到肯定。

1999 年的纳斯达克崩盘，意味着证券化的发展已成强弩之末，与实体经济出现了重大偏离。格林斯潘其后强行启动的不良资产证券化，即次级房贷资产证券化，目的在于通过金融手段强力拉升经济。无奈实体经济无力支撑，最终导致次贷危机出现。通过伯南克的量化宽松，通过美联储购买 MBS、次贷、垃圾债券等手段，强行以证券化维持货币稳定，虽然使得美国经济没有出现 20 世纪二三十年代那样的大萧条，但是其副作用影响深远。全球经济仍然如履薄冰地处在强行证券化形成的泡沫之上。

中国当前处在经济升级转型阶段，这一阶段正对应金融体系现代化的阶段。金融现代化何去何从？如果仍然只是从银行和信贷业务着手，基本没有太大的空间了。通过学习借鉴美国的经验与教训，中国才可以获得后发优势。事实上，中国这几年以来的“金融大爆炸”，背后隐约可以看到三波证券化的影子。从 2014 年的资产证券化大热到 2015 年的交易所公司债爆发，再到 2016 年的股票注册制的期望，都说明了这一点。

中国高速发展的社会，有望将美国 30 年的三波证券化历程浓缩成 10 年左右的发展。在这一证券化的 10 年里，金融机构将会获得巨大的发展机遇。这个证券化的 10 年，又将为许多非金融机构进入金融行业提供机会。

如果 REIT 推出，谁将得利？金融机构还是房地产企业？美国为何推出 REIT？中国会不会推出 REIT？ REIT 与房地产税有何关系？房贷首付降低，如何影响房地产价格？如果为了支持高昂房价，而将首付比例一降再降，月度还款要求一松再松，与美国的次级贷款的趋同将在何时出现？ MBS 与 REIT 相生相克，到底如何影响房地产行业？大金融时代，房地产企业与房地产中介机构能否在金融行业异军突起，取代证券公司成为新型金融中的霸主？

中国的高收益债的推出，对于实体经济有何影响？信托机构是不是事实上推动了中国特有的以房地产企业为偿债主体的高收益债券市场的发展？公司债券市场的发展，会不会影响信托当前的结构化融资的投行类业务？中国未来国企的混合所有制改革，会不会催生杠杆式收购？为杠杆式收购提供夹层资金的高收益产品市场何在？

国人对于新三板充满期待。新三板能否在资产证券化和债务证券化还未充分发展的前提下，形成具备流动性的市场？股权证券化与债务证券化，在发展方面的时间先后顺序会否与美国一样？注册制的推出，如无央行货币对冲，会否出现抛压打压中国主板股市的情况？股票大量供给的预期会否形成“反格林斯潘期权”，即看多期权，在股市上涨时就会出现大量供给，从而压制股价？

中国当前经济正面临银行货币宽松与实体经济信贷紧缩之间的矛盾。有人说造成这种局面是因为货币政策失灵，还有人说这是因为中国原本就缺乏并且需要新型的货币。在此笔者妄自揣测，会不会是这样的情况：没有现代化的金融体系，就无法供给新型货币；而没有新型货币，就无法支持新型经济。因此问题不在于当前的货币政策与工具，问题在于我们缺少当前所没有的货币政策与工具！

从美国的历史来看，新经济的发展就是新金融的发展，这是一个事物的两面。结构化金融与证券化则是新金融的具体体现。因此，本文作者断言，不理解资产证券化，就不可能理解现代金融。不理解现代金融，就不可能理解现代经济。当前的经济与金融问题，需要从结构化金融与证券化的角度，才能找到答案。

微观层面知识与技术的欠缺，使得当前对于经济问题的诊断与解决方案的讨论，缺乏技术与工具层面的讨论，更多的是理念之争，很容易演变成意识形态之间的对抗。

当前国内金融体系日新月异，变化迅速。有的从业人员在金融实践中隐约感知到了旧有理论与实践存在的偏差，却缺乏足够的勇气批判自己原先所受过的传统经济学与金融学的教育。

这导致了两种情况的出现。一种情况是所谓跨界的观念，即非金融专业人士能够比金融专业人士对于创新金融更有优势。这是一种明显违背专业分工原理的观念。这一观念的确有着现实基础，那就是非金融专业的人员在突破旧有金融观念的束缚方面，阻力更少。这在一些互联网金融的创新中得到体现。如果我们深入研究美国的证券化，将会发现今天的很多互联网金融创新，其在金融理念与金融技术层面，根本没有跳出结构化金融与证券化的框架。比如“余额宝”，无非就是美国可用于支付的货币基金即“超级账户”的变种，只不过由于技术的进步，使得投资者通过电话使用货币基金转账支付变成通过手机使用货币基金转账支付。对于结构化金融家而言，货币基金和银行存款，本质上是同一种东西。

另一种情况是金融专业人士仍然抱着传统的观念，不敢越雷池一步，从而不断遭受着非金融专业人士的创新打击与嘲弄。

中国情况的特殊性还在于，我们目前拥有的金融体系无法支持中国经济的雄心壮志。但是对于我们想要获得的金融体系，金融从业人员又缺乏感观的认识与理性的思考。我们在已有的金融体系与经济体系之中待得越久，在这一体系下取得的成就越大，我们就越理所当然地将这些只不过是历史变迁中的特殊体系中的很多现象与原理视为理所当然。除非我们能够放弃原有的经典经济学与金融学的成见，以一种虚心的姿态重新学习新型的经济与金融。否则在金融实践方面，金融人士受到非金融人士的挑战与嘲弄将不是一种反常现象。

此套丛书，涉题广泛，自成体系。通读此套丛书，从微观层面，金融从业者能够了解美国自20世纪60年代以来的各类金融产品创新以及市场发展的逻辑，从而为业务开展提供理论的支持。如果结合美国20世纪70年代以来的关于华尔街历史典故的通俗读物，如《说谎者的扑克牌》《贼巢》《垃圾债券之王米尔肯》《半路出家的投资银行家》《泥鸽靶》《大空头》等，可以对美国金融行业的证券化发展有着更加直观和透彻的认识。如果能够结合凯恩斯的《就业、利息和货币通论》以及美国20世纪中期以后的新型经济学家（此处特指具备深厚金融学修养）如默顿、托宾、克鲁格曼、法玛、席勒等的经典著作，则必然能够对信用货币时代的现代泡沫型经济有着更加全面和准确的理解。

本套丛书，从选题到全部书籍翻译完成，历时3年。众多金融从业背景的翻译者参与其中，希望能够为中国的金融理论与实践提供一些有效的知识供给。

笔者在组织翻译此套“结构化金融与证券化系列丛书”的过程中，得以通读丛书，受益良多，并且形成了自己“新货币论”的观点。以新货币论理论为框架，笔者创作了《财富第三波》，以货币化为主线梳理中国改革开放以来的30年经济史，指出中国当前正处于普通商品的货币化、房地产的货币化之后的资本的货币化阶段。资本的货币化将为中国创造前所未有的财富机遇。新货币论基于现代金融体系的货币创造规律，认为“一切商品都是货币”及“一切经济问题都是货币问题”。后续为创作《新货币论》，笔者广泛阅读众多西方名家之著作，深叹于其学术之精深广博，希望能够有更多的书籍引进到国内，更希望能有人在消化借鉴西方学术成果的基础上，产生更多源于中国实践并且能够指导中国实践的著作与理论体系。

宋光辉

2016年2月于上海

# 译者序

2007年次贷危机及随之而来的金融危机，根据金融危机调查委员会等的观点，其成因一言以蔽之，就是过度的流动性以一种前所未有的模式被投入到信用质量较差且严重依赖于房屋价格的资产中，而市场——无论是发起人、投资者、评级机构乃至监管机构，都普遍有意无意地低估了此交易模式的风险。这一交易模式，就是一层套一层的结构化金融。

结构化融资的基本模式是，需要融资的机构通过特殊目的载体的设置，将具备一定未来现金流的资产（被称作底层资产）隔离出来，并将其按照不同的偿付顺序分成若干层次，向需求不同的各类投资者出售。它自20世纪80年代出现以来，就对金融市场产生了革命性的影响。作为衍生工具的一种，结构化的基本思想以及其最大的特点及初衷，在于将形形色色的资产的风险和收益等特征进行重新分配，用以满足不同投资者对于收益、风险缓释、分散化及期限错配等的需要。不可否认，这一特点极大地促进了国际金融特别是美国金融市场的发展，吸纳了大量冗余的流动性，促使资金向更需要资金的人流动，提高了资源的配置效率。

正因为这一特点，这一模式自诞生之日起便开始其突飞猛进的增长。在全世界范围内，其发行量一直保持着稳定的增长态势，以美国为首，欧洲为其次，日本和澳大利亚紧随其后，为第三和第四。其余国家目前已经开始意识到结构化信用产品给发行人和投资者双方带来的机遇和机会，也开始为其未来的发展做准备。虽然次贷危机及随之而来的金融海啸对结构化融资产品带来了比较大的冲击，在2008 ~ 2009两年里，产品的发行量和存续量大幅下降，风险程度也有很大的提升，但是其对风险和收益重新分配的特点仍然受到了广大投资者的喜爱，在之后仍然保持着比较稳定的增长，特别是在中国、印度等新兴市场经济体，结构化融资往往作为金融深化的一种重要表现，活跃在这些国家金融市场的舞台上。

结构化融资产品不仅在规模上迅猛增长，其业务模式也不断创新。底层资产也从最初的信贷资产发展为几乎囊括了目前世界上现有的全部金融产品，甚至包括结构化融资产品本身。我们甚至可以断言：“无所不能结构化。”从最初期限长的按揭贷款到期限短的商业票据，从实实在在的一篮子公司债券到参考了一系列债券的信用违约互换，从单纯的底层资产到结构化金融产品自身，从单纯的债务资产到股权、商品类资产，基础资产的种类千变万化，日新月异。其产生的交易模式也千差万别，从最初的资产负债双静态到资产动态池，再到动态资金端及资产负债双动态。

随着结构化融资产品的不断发展，其定价和风险管理的需求也随之而来。它的定价和风险评估方式都是基于量化方式，而且是属于通常所称的 $q$ 量化方式，并辅之以 $p$ 量化加以校准。这一方式无疑受益于且也深刻影响了当代应用数学的发展，但正如我们在本书中可看到的，无论是哪种方式，都存在着或多或少的各种局限性。对于债务型结构化金融产品来说，所有定价和风险管理的主要模式无外乎资产池最终价值分布的估计，这就需要人们估计资产池的违约率、损失率和相关性等特征。从这些最基础的特征再到资产池的价值分布，各学者和评级公司都给出了各式各样的方法，其中应用最为广泛的就是完全蒙特卡罗模拟方法。随着金融危机的到来，这些方法也体现出各自的局限性，人们也在想方设法克服这些局限性，定价和风险管理领域直到现在也仍然在不断发展。

结构化融资有其得天独厚的特点和优势，也是造成最近一次金融危机的元凶之一。对于当代中国来说，有没有必要大力发展这一产品呢？我们的观点是肯定的。这也是我们介绍这本书的原因。从宏观方面看，结构化融资不仅可以提高资金使用的效率，促进金融深化，降低金融风险，推动利率自由化，促进经济发展，还具有促进扩大消费、发展住宅产业的功效，同时还疏通和拓展了货币政策的传导渠道，提高了政策实施效率。从微观方面看，结构化金融同时提高了融资人和投资人的资产使用效率，拓展了投资渠道和融资渠道，促进了金融市场参与者之间信息的充分传递，满足了多方需要。对于结构化金融，我们无疑要大加鼓励。

然而在发展这一产品的同时，我们无疑要关注它的一些问题。我们需要注意到，结构化融资的快速发展，本质上是由于经济的不断发展带来了巨大的流动性，而结构化融资为这些流动性在风险和收益上进行了分别匹配。因此，结构化融资本身就是全社会不断放大杠杆率的过程。而且由于投资者与基础资产并不是完全接触的，在此过程中无疑产生了很大的信息不对称性。发起人、主承销商和其他中介机构在这杠杆不断放大的过程中也无疑产生了委托代理等问题。总之，不规范的结构化融资会对市场经济产生很多不良影响，而这些不良影响的形成机制十分复杂，短篇幅中难以说清楚。这就需要监管的强有力的介入，监管机构不仅要对微观主体的行为进行约束和规范，敦促它们做好充分到位的信息披露，还要在宏观上把握结构化对全社会杠杆率的影响，避免杠杆率过高引发社会经济的不稳定。这些都是亟待研究的课题。

本书的翻译者都是具有多年从业经验的金融业专业人士，他们在翻译过程中所表现出的专业能力和治学精神令人印象深刻。由于该领域是金融的前沿领域，译者了解程度不一，翻译错误及疏漏在所难免，也请读者雅正。

李楠

于北京乾惕斋

2017 年 3 月 13 日

# 前 言

这本《结构化金融手册》介绍了一些活跃在现代结构化融资市场中的许多投资银行、投资者和评级机构所使用的定量技术。近年来，我们能观察到在业界和学术界中这一领域的市场活动、相关知识和定量技术的指数型增长，于是写一本关于这一领域的易读的书变得越来越困难。我们并不是自己来写这本书，而是充分利用了市场参与者和学者们的专家智慧，并试图切实地使结构化融资的主题更加广泛，但做不到面面俱到。

这本书的目标很清晰，是将学术、专业和评级机构的三种经验融合于一体。我们总是想从学术立场和专业角度考虑问题，但是同时也不会忘记评级机构的观点。

这本书绝不只是简单的工具和方法列表。作者们其实是想提供一个强大的框架，用来描述结构化金融工具的风险及其定价。为了做到这一点，我们分析了结构化金融领域最广泛使用的方法，并在适当时指出它们的相对优点和缺点。作者们还在各相关金融机构中对这些技术进行实际操作同时加以改进，并根据这些经验提供了一些观点。

这本书的另一个特点是大量的实证研究。比如讲相关性的章节就提供了最新的一些统计数据，让读者对主题有一个更好的把握，并能对实际操作中改进这一方法所面临的挑战有更好的理解。

虽然这本书重点在讲担保债务凭证（CDO），但它还是针对其他一些用于住宅按揭贷款、信用卡证券化、资产担保债券和结构化投资等的载体和技术提供了广泛的见解。

## 本书的结构

本书分为16章。我们首先讲述的是结构化投资组合定价和风险计量的基础技术。这包括单名信用工具的定价技术（单变量定价），以及这些产品违约率、违约损失率的估计 / 建模技术（单变量风险）。接下来我们关注相依性，在一般情况下尤其关注相关性，这种相关性通常存在于公司债之间以及结构化层级之间。一旦能够使用这一工具箱，我们就可以进入 CDO 世界了，也就是本书的第二部分。我们调查了标准普尔的 CDO 定价、CDO 策略、CDO 对冲和 CDO 风险计量方法，之后概览了 CDO 世界中的最新发展。在第三部分我们回顾了住房贷款抵押证券（RMBS）、资产担保债券和运营公司所使用的方法。最后，我们从理论和案例研究两个角度关注了巴塞尔协议Ⅱ。

## 鸣谢

作为编著者，我们感谢本书所有的作者：Alexander Batchvarov，Sven Sandow，Philippe Henrotte，Astrid Van Landschoot，Olivier Renault，Vivek Kapoor，Varqa Khadem，Francis Parisi，Cristina Polizu，Aymeric Chauve 和 William Perraudin。

我们同样感谢那些仔细阅读并提供宝贵建议的人们。我们特别感谢 Jean-David Fermanian，Pieter Klaassen，Andre Lucas，Jean-Paul Laurent，Joao Garcia，Olivier Renault，Benoit Metayer 和 Sriram Rajan。

阿诺·德·瑟维吉尼

诺伯特·乔布斯特

# 作 者 介 绍

阿诺·德·瑟维吉尼（Arnaud de Servigny）是巴克莱财富管理公司（Barclays Wealth）的董事总经理，负责量化分析。2006 年 8 月之前他是标准普尔公司的董事总经理，负责信用市场服务的量化分析。他所专注的主要领域之一就是结构化金融量化分析。他在标准普尔最初的职位就是量化分析标准普尔风险解决方案产品欧洲区的负责人。在加入标准普尔前，他工作于法国巴黎银行的集团风险管理部。他还是伦敦帝国学院的访问学者。他拥有索邦大学（Sorbonne University）的金融经济学博士学位、多芬大学（Dauphine University）和 HEC 商学院双硕士学位，以及法国精英学校暨国家行政学院的硕士学位。

他发表过很多论文，并出版了以下三本书：

- *The Standard & Poor's Guide to Measuring and Managing Credit Risk*，McGraw Hill 2004，与 Olivier Renault 共同完成
- *Le Risque de Credit*，Dunod Editions 2001—2003—2006，与 Ivan Zelenko 和 Benoit Metayer 共同完成
- *Economie Financiere*，Dunod Editions 1999，与 Ivan Zelenko 共同完成

诺伯特·乔布斯特（Norbert Jobst）于 2006 年 5 月加入 DBRS，职位是量化分析高级副总裁。在此之前，在写作本书时，他是标准普尔结构化金融评级部的总监兼标准普尔信用市场服务多变量量化研究的负责人。他曾带领量化分析团队专注于合成 CDO 的模型开发，同时也研究投资组合（信用）风险分析。

他拥有德国雷根斯堡大学（Regensburg）数学学士学位，英国布鲁内尔大学（Brunel University）数学博士学位。他专注于信用风险建模及不确定性下的最优化，由富达投资（Fidelity Investments）提供资金支持。

# 目 录

# 第1章

# 结构化信用市场回顾：趋势和新进展

Alexander Batchvarov

## 1.1 结构化金融市场回顾及其趋势

结构化金融市场的新发行数量最能够反映它的发展方式。在全世界范围内，其发行量一直保持着稳定增长的态势，以美国为首，欧洲为次，日本和澳大利亚紧随其后，为第三和第四。其余国家目前已经开始意识到结构化信用产品给发行人和投资者双方带来的机会，也开始为其未来的发展做准备。在这方面，有一些国家值得一提，墨西哥引领着拉丁美洲，土耳其引领着中东和东欧。中欧、东欧、中国和印度开始投入行动，中东开始自身特色的证券化，这些都只是时间问题。

表1-1到表1-4展示的数据来自于每个市场执行交易情况的公开可获得信息。我们认为这种数据仍然严重低估了相关市场的规模，基于以下原因：

- 很多国家存在私募市场，但其数据并不能广泛获得。
- 存在着大量的针对特定客户的交易，也就是所谓的定制交易，尤其是在合成债务担保证券（collateralized debt obligations，CDO）和合成风险转移领域。
- 不包括很多基于合成指数的交易数量，例如各种iTraxx和CDX、ABX等，在这些指数中，结构化产品通过分层的方式来构造。

也就是说，公开可见的市场规模及其增长率已经足够吸引投资者、发行人和监管者了。结构化金融市场的增长是在公司债券发行量下降以及资产担保债券发行量上升的背景下反衬出来的，反过来实际上又会更加“结构化”。

表 1-1 美国结构化产品新发行量，2000 ~ 2005

| | Auto | CrCards | HEL | MH | Equip | StLoans | 其他 | 其他 ABS | CDO | CMBS |
|---|---|---|---|---|---|---|---|---|---|---|
| 2000 | 64.72 | 50.45 | 55.73 | 9.13 | 9.56 | 12.42 | 16.90 | 38.89 | 68.45 | 48.9 |
| 2001 | 68.96 | 58.47 | 71.79 | 6.27 | 7.40 | 9.94 | 24.14 | 41.48 | 58.49 | 74.3 |
| 2002 | 93.08 | 70.04 | 148.14 | 4.30 | 6.54 | 20.18 | 12.41 | 39.14 | 59.23 | 67.3 |
| 2003 | 85.49 | 66.55 | 214.99 | 0.44 | 10.09 | 39.96 | 16.67 | 66.71 | 65.90 | 88 |
| 2004 | 77.02 | 50.36 | 320.11 | 0.50 | 5.92 | 44.99 | 6.73 | 57.64 | 106.06 | 103.221 |
| 2005 | 102.44 | 67.51 | 493.20 | na | 7.93 | 70.36 | 14.93 | 93.23 | 171.62 | 178.443 |

注：na=无法获得；ABS=资产支持证券；CMBS=商业抵押支持证券；CDO=债务担保证券；Auto=汽车贷款证券；CrCards=信用卡证券；HEL=房屋净值贷款；MH=移动式房屋（manufactured housing）证券；Equip=设备 / 工具应收款支持证券；StLoans=学生贷款证券。

资料来源：美林证券。

表 1-2 美国按 CDO 类型的 CDO 新发行量，2000 ~ 2005

| | 2000 | 2001 | 2002 | 2003 | 2004 | 2005 |
|---|---|---|---|---|---|---|
| SF CBO | 10.3 | 13.5 | 25.2 | 26.2 | 56.8 | 69.9 |
| HY CLO | 16.8 | 11.5 | 14.7 | 16.7 | 30.2 | 50.5 |
| TruPS | 0.3 | 2.2 | 4.3 | 6.5 | 7.5 | 9.0 |
| HY CBO | 17.5 | 15.2 | 1.5 | 0.8 | 0.6 | 0.0 |
| IG CBO | 13.1 | 5.2 | 4.4 | 0.0 | 0.0 | 0.0 |
| 其他 | 10.2 | 5.4 | 3.2 | 4.6 | 3.9 | 25.4 |
| MV | 0.2 | 0.0 | 0.0 | 0.0 | 0.9 | — |
| 总计 | 68.5 | 53.0 | 53.3 | 54.9 | 99.9 | 154.8 |
| 合成 CDO | — | 5.5 | 6.0 | 11.0 | 6.2 | 29.7 |
| 总计 | 68.5 | 58.5 | 59.2 | 65.9 | 106.1 | 184.5 |

注：SF CBO=结构化金融债券担保证券；HY CLO=高收益贷款担保证券；TruPS=信托偏好证券；HY CBO=高收益债券担保证券；IG CBO=投资级债券担保证券；MV=市值债务担保证券。

资料来源：美林证券。

表 1-3 欧洲已募集结构化产品新发行量，2000 ~ 2005

| | 2000 | 2001 | 2002 | 2003 | 2004 | 2005 |
|---|---|---|---|---|---|---|
| ABS | 16.195 | 28.325 | 30.652 | 36.929 | 47.821 | 53.517 |
| CDO | 14.900 | 26.528 | 20.966 | 20.892 | 32.690 | 57.657 |
| CMBS | 9.455 | 22.882 | 20.904 | 10.139 | 14.736 | 45.750 |
| CORP | 6.430 | 14.641 | 13.536 | 18.299 | 17.989 | 9.416 |
| RMBS | 42.186 | 54.001 | 69.463 | 110.653 | 125.933 | 159.748 |
| 总计 | 89.166 | 146.377 | 155.521 | 196.912 | 239.168 | 326.088 |

注：ABS=资产支持证券化；CDO=债务担保证券；CMBS=商业抵押支持证券；CORP=公司证券；RMBS=住房抵押贷款支持证券。

资料来源：美林证券。

表 1-4　欧洲已募集 CDO 新发行量，2000 ～ 2005

| | 2000 | 2001 | 2002 | 2003 | 2004 | 2005 |
|---|---|---|---|---|---|---|
| ABS | 0.66 | 0.20 | 1.83 | 3.15 | 5.80 | 3.62 |
| CBO | 3.85 | 8.19 | 3.39 | 2.10 | 0.40 | 1.86 |
| CDS | 0.97 | 0.67 | 1.59 | 1.22 | 1.60 | 0.90 |
| CFO | 0.00 | 0.00 | 0.85 | 0.24 | 0.56 | 0.56 |
| CLO | 6.56 | 10.18 | 6.19 | 4.37 | 7.94 | 15.49 |
| MCDO | 0.00 | 0.00 | 0.27 | 1.33 | 5.81 | 2.78 |
| SME | 2.86 | 7.29 | 6.84 | 8.48 | 10.58 | 32.46 |

注：ABS=资产支持证券；CDS=信用违约互换；CFO=担保基金凭证；MCDO=多重信用依赖凭证（multiple-credit-dependent obligations）；SME=中小企业贷款 CDO。

资料来源：美林证券。

通常意义上的国际市场是指美国、澳大利亚以及欧洲的市场，能够为国内和外国投资者提供常态化的大规模的供给，然而其他证券化市场就仍然是国内市场主导的。某个市场的国际化或国内特征，不仅与证券的卖出场所和投资者是谁有关，同时还与特定结构化金融证券及其基础资产池的信息披露水平、信息的可获得性，还有接下来的资产池涉及风险的定量（与定性相反）的水平有关。如果为结构化金融证券及其相关资产池的信息披露水平排个序，我们将会认为美国市场在广度、深度和提供信息的质量等方面都远远领先——其结构化金融市场发展的时间最长固然起到作用，但却并不是唯一原因：其他原因如投资者的成熟度，使用金融工具的类型（例如高凸性的工具），更大的低信用质量证券化池份额，更高的为寻找和开发定价无效率的交易强度，等等，这些都起到了作用。

然而，其他的结构化金融市场也在朝这个方向发展。一些理由与使用工具的类型有关：例如，高凸性日本按揭贷款，再融资驱动英国次级债、违约债，以及依赖相关性的债务担保证券结构，等等。大规模发行计划并频繁发行的发行人，以及信息池的存在，也起到了作用。然而，美国之外的一大主要变化正悄悄地在更量化的工作方面发生：结构化金融债券风险的量化需求逐渐地从秘密（对很多人来说）的后台风险管理领域，开始转向基于经济和监管资本考虑的前台投资决策领域，并遵守 BIS2（巴塞尔协议Ⅱ银行监管）和偿付能力监管标准 2（保险公司监管）的新监管条例。同时，目前在欧洲和美国之外的其他市场，结构化金融证券交易的持续增长，需要更好的定价，也需要随之而来的更复杂的定价模型。

在透明度和量化之外，有必要看一下近期美国和欧洲结构化金融市场的一些关键性进展，因为它们最近两年为国际投资者供应了大部分的成交量。我们来找一下二者的相同点和不同点。

- 和作为一个成熟舞台的美国市场相比，欧洲市场并没有选择将证券化和结构化产品进行商品化。与之相反，新结构和新的商品化都源自已有结构。
- 与美国市场类似，欧洲市场也有市场压制时期。甚至在红头文件（销售报告）印刷之前，超额定购的交易并不少见。
- 营销时间的变短，使得通道业务的估计产生了偏差，接下来导致了像2005年12月那样的发行量的激增，使得很多市场参与者都没有做好准备从中受益。
- 产生了定制化的解决方案，尤其是在合成市场，而且对于以公司资产组合为基础的交易并没有限制。
- 交易的崩盘并没有给予欧洲投资者时间来重视这些内容，比如担保物的品种、提前偿付的类型，以及它们的重要性，等等。不像美国，欧洲的结构化金融投资者一般对结构化金融市场板块并不专业，结果他们的分析就相对不重视细节。
- 担保物的质量在放宽，这一情况有时是显而易见的，例如在商业地产和杠杆贷款的证券化中；有时候并不那么显而易见——住房按揭贷款交易，号称优质的贷款池所包含的产品在一些国家并不被当成优质的，例如英国。相反，在美国通常与低FICO（费埃哲公司信用）得分的房屋净值贷款（home equity loan）相关的次级档发展迅猛。优质和次级资产池的差异，尤其在按揭贷款和消费者金融领域，在美国是有明确定义的，并且还有像FICO得分这样的消费者信用质量的量化方法在进一步起作用。
- 欧洲交易报告和信息披露在进步，虽然很缓慢。虽然住房按揭贷款资产池的必要信息已越来越多，这些信息对商业地产之类的交易而言，仍然很分散。两个市场对于提前还贷因素的理解仍然更多地处于萌芽状态。

虽然上述的进展和趋势并未充分列举，我们期待在接下来的几年中，它还会继续有所进展。我们关于结构化信用市场的乐观观点基于以下几点：

- 公司债券和资产担保债券的相对疲弱的供给情况在持续。结构化产品供给连续两年超越公司债券和资产担保债券，在将来会成为现实。
- 结构化产品的利差，相对于类似评级公司和资产担保债券仍然有吸引力。AAA级产品占据着绝大多数（结构化产品市场新发行量的约85%），它比政府债券、资产担保债券和银行票据高出很多。我们并不将这种利差完全归因于流动性溢价（当然定制结构除外）。在低于AAA级的水平，对于一方面结构化产品和另一方面公司债券的利差而言，流动性因素是更需要考虑的因素。

- 结构化操作者能够提供定制交易，定位至特定投资者的需求或关注点。仅这一点就解释了合成交易执行中的巨大私募发行金额。监管资本要求需要公开市场评级，使得这些金额在未来更加显而易见。我们注意到结构化操作者因努力满足特定客户的条件和需要，而应用越来越多的弹性和巧妙设计。市场的进一步定制化，至少从更大比例上说，会使市场波动性更小，流动性更差。
- 很多结构化产品的发行都对敞口（exposure）进行再包装。这些再包装使得结构化产品保持了一定的吸引力，否则它们将不能面向众多投资者。例如，投资者可以面对消费者风险或房地产风险，并且面对熟悉和不熟悉的企业的杠杆风险和管理风险。
- “避风港”条款，与结构化信用市场一样古老。这一条款有一个修改，虽然：欧洲投资者越来越关注债券持仓的逐日盯市，结构化产品至少从历史上讲利差波动性更低，可能是因为考虑到其评级波动性低，其流动性较低。尽管结构化产品对事件风险的敏感性仍然较低，很多结构化产品已加上了更高杠杆，这一点使得它们对于未来波动性更加敏感。然而，证券化产品本质上一般会对事件特性的风险保持更高弹性，这一点是公司债券投资者的主要关注点之一。尽管单个事件对特定结构化金融产品几乎不会产生影响，我们仍然注意到几年后信用风险的累积带来的延迟影响。我们强调这点：信用质量下降，会对作为大多数结构化债券基础的显著静态担保物池产生累积的负面影响。
- 合成资产支持证券（ABS）敞口的发展，如果是以独立名称（欧洲对ABS或美国PAYGO版本的信用违约互换（CDS）），或者基于某资产池——通过合成ABS池或通过美国合成ABS指数ABX——给结构化金融市场带来了翻天覆地的变化。这些创新使得ABS市场能够加速运转，提供了现金市场不能提供的敞口，还提供了对市场表达负面观点的一种机制，来套利或投机。这些进展的重要性不可小觑。考虑到这点，美国领先于欧洲，领先于世界，这一点也是在结构化金融市场所能经常见到的。

说了这么多关于结构化产品市场的好事，我们也来强调一些它的弱点，以符合对事物的批判性。我们以前也提到过关注点，但是它们现在可能会产生新的情况。有一点已形成共识，市场已经达到了当前周期的顶峰，只能横盘并最终下降。这一下降的起点可能源自于若干弱点：

- 总体而言，交易的杠杆更高：不管是因为基础消费者债务、公司金融比率还是因为交易结构。这会在不利和 / 或未预期到的市场进展的情况下，产生更大的波动。

- 投资者会被迫提高自己吸收新交易、监视旧交易和注意新动向的能力。市场复杂度和成交量的上升已经反映在投资者在资产行业和产品的不断提高的定制程度上了。公司研究员通常了解一些行业以及行业中主要公司的一切情况，因此需要几个公司研究员来管理一个更大的公司债券投资组合。然而，结构化信用分析师和投资组合管理人则需要处理各行各业、各种结构和交易，仅仅因为他们陷入一个简单地用错的词“结构化”上了。
- 对结构化产品来说，一个很重要的需求需要满足，就是更为数量化的力量。这一力量仅仅能在关于结构化产品的担保物有更多信息时才会得到充分利用。虽然这一力量在不能量化的数量面前没有用处——比如，商业地产投资组合提前偿还贷款的可能性，或者在反向市场条件下CDO的管理人的影响。在这些情况下，“拍脑袋”这一个好而古老的处理方式，似乎对投资者来说是唯一的手段了。
- 缺乏能够反映差异结构、资产池组成、信息可获得性以及服务者或管理者能力的分层。层级缺乏进一步的划分是欧洲市场长期以来的特征，我们认为这一特征将会适当变化，但仅仅是在市场压力的情况下。我们希望变化的一些迹象已经发生，例如在商业抵押支持证券（CMBS）或者CDO领域，虽然最近偏紧的CMBS利差定价看起来很偶然，尤其是对更次级的层级而言。
- 监管的不确定性或者监管影响的不确定性，例如巴塞尔协议Ⅱ及与之相关的各国国内补充条例，会计标准IAS39，偿付能力监管标准2，以及它们造成的各国和各市场之间可能并不十分公平的市场环境。我们关心一点，一些国家的监管者关于合成产品的暧昧态度不仅妨碍了市场的发展，同时也妨碍了监管机构自己，因为它们不能通过这个市场来获得好处。

## 1.2 并非完全相同的CDO板块

近年主要市场的进展之一在于CDO板块成长为主要的市场板块，并能够影响看起来独立的其他市场板块。CDO板块并不太一样，它由很多不同的二级板块和利基（niche）市场构成。提到其中一个CDO板块的进展，产生结论，并将其应用到其他板块中，这种做法是不正确的，而且非常有误导性。它会增加市场波动性，妨碍投资者做出理性投资决策，而且在极端情况下，如果恐慌蔓延得足够宽，会给特定市场板块或整个市场带来流动性危机。

虽然这一点很明显，但是它并没有被很多市场参与者所领会。因此，需要把在当今市场中处于主导地位的CDO几个主要市场板块进行大致区分，强调一下它们与其他市场的相互作用。

### 1.2.1　套利现金 CDO

套利现金 CDO 板块包括很多 CDO 类型，与用来对 CDO 担保池进行建仓（rampup）的敞口类型有很大不同。套利现金 CDO 板块包括：

- 由高等级和 / 或中间级 ABS 组成的现金 CDO
- 由杠杆贷款和 / 或中间级市场贷款组成的现金 CLO
- 由保险和银行信托偏好证券组成的现金 CDO
- 由新兴市场债务，包括政府和公司债务组成的 CDO

每一个这种子板块都会随着相关市场的信用和技术变化而变化。这些工具的组合支持的 CDO，能够有效地针对风险描述（risk profile）创建分层，并在该组合的基础上增加杠杆。

过去有很多高收益（HY）和高等级（HG）债券支持的现金 CDO 的子板块，它们的财富随着其基础 HY 和 HG 债券的变化（尤其是在操作这些组合的 CDO 管理人）的策略、行为和运气的影响而浮浮沉沉。

我们注意到，在现金 CDO 中，CDO 的资产和负债一开始就建立起来了，而且在交易的生命期内几乎不会变化：

- 负债一侧（即 CDO 的资本结构）从交易开始就确定下来，只有在优先层级摊还或者权益及优先级在资产池违约或损失时减计才会发生变化。
- 资产一侧（即投资的资产池）同样在交易开始时确定，在交易生命期内几乎不会变化。现阶段主导的现金 CDO 品种（上文列举的）中，交易发生在很有限的范围内。在大多数交易中，管理者只能做信贷损失交易（credit impairment trade，由于某给定名称信用状况的预期或真实恶化）和信贷增进交易（credit improvement trade，基于特定利差收紧，但在一些条件下，交易的资产必须替换为类似或者更高信用质量名称）。
- 资产负债缺口（即资金缺口）决定了 CDO 权益投资者能够预期的回报率水平（由投资资产池违约水平决定），在现金 CDO 的权益安排和总体经济可行性决策中是一个关键的考虑因素。

因此，现金套利 CDO 是这样的结构，大多数在交易一开始就设定，并在生命期内有意地尽可能保持稳定，最终目的是偿付债务投资者，并在到期时给予权益投资者合适的回报。

现金 CDO 层级基于市场（而不是模型）进行初始和持续定价。它要考虑一二级市场的其他类似交易价格，并且在资产池出现重大违约或者降级的情况时，考虑资产池的价值，并考虑以之为基础的存续 CDO 债务凭证与资产池价值的相关性。

从这一点可以看出，现金 CDO 一旦成立就对市场几乎没有持续性的影响，它的资产和负债侧有意地保持相对稳定。用其他方式来看现金 CDO：持续的市场变化也几乎不会对现金 CDO 产生影响，除非出现违约，或者 CDO 债务和权益分层的逐日盯市。

因此，违约是套利现金 CDO 要考虑的主要事项，它是否出现、影响程度以及随之而来的具体损失决定了这些交易中债务层的收益率，以及权益层的回报率。

### 1.2.2 合成 CDO

合成 CDO 实质上有很多种，包括很多种工具，这些工具在投资风格和市场影响方面不能直接进行对比。这些工具包括：

合成结构化金融（或 ABS）CDO——一个兴起的板块，在该板块中，欧洲的针对 ABS 的 CDS 以及美国的现收现付（PAYGO）SFCDS，被用来快速有效地构造一个 ABS 投资组合。由于区域、行业以及当前现金结构金融市场的一些过时限制的原因，这种投资组合很难完全以现金来操作。这些合成交易可以是全 / 半备资的（fully/partially funded)，或者成为单一层交易。单一层交易需要对未备资的优先和次级（对已备资部分而言）层进行对冲；对冲经常通过用现金购买并同时卖出相关现金债券的保护工具这样一个组合来产生，它通常会随着相关资产摊还或者损失而向下调整。

- 合成 CDO/CLO 资产负债表（与银行债券或贷款投资组合的信用风险转移相关）在当前市场中所占份额很小，做法与前面讨论的现金 CDO 行为类似（结构相对固定，并且投资表现主要由违约来决定）。
- 其他合成 CDO 产品，如基于固定期限 CDS、CDO 的本金受保护层级，等等，它们的做法根据其特定的结构化特征进行了进一步修改，与其他合成 CDO 的子分类不同。
- 定制合成 CDO——以通过 CDS 引用的公司名称为基础的单一层 CDO 产品。
- CDS 指数的标准化层级——欧洲的 iTraxx 以及美国的 CDX。

后面两个板块一般会冠以“相关性交易”的名号而被放在一起。后者中，因为相关性是一个定价 / 交易模型的衍生变量，它也是利差变化的函数。前者，因为要定价，其隐含的相关性要从标准化的层级市场来输入。从定价和交易（寻找交易机会）的角度来说，这两个板块可以被看成是模型驱动的，但也有区别：

- 定制单一层 CDO 的结构在一开始就设定下来，但是对中介机构来说，需要对冲投资者层级中优先和次级的风险敞口，创造一个持续的与市场的交互关系并影响市场。对无风险对冲再平衡的需求也带来了交易特定 CDS 的需求，因此影响了市场中这些信用资产的供给和需求。单一层市场的规模越大，这种二级无风险再平衡交易可能对其产生的影响就越大：大而更多的单一层级交易表明更大且更复杂的投资组合，其优先和次级必须对冲，对冲需要再平衡。然而单一层投资者可能会通过这些行为进行投资而受到保护，只要违约不超过特定阈值，或者有某种方式能够保护它不会受到交易 / 对冲损失。
- 标准化指数层级被投资者用来表达对利差方向和相关性的观点（轧进头寸），当其观点发生变化或者市场的进展不能证实这一观点（头寸）时，交易的需求就产生了。交易会出于纠正或反转（完全关闭某个头寸）这一立场而发生。这会造成二级市场的活跃，同时几乎不可避免地产生市场波动性。标准化层级市场也被用来对冲头寸或者执行某种策略。想在不必要时或者在市场出现不利变化的时候解开对冲或者头寸，这样会进一步加剧市场波动。

从以上可以看出，相关性交易会对市场产生持续的强烈影响，不管是出于再平衡的需要，还是轧进头寸而后解开的需要。反过来也是正确的：持续的市场变化，例如利差变化，对相关性变化的认知也将对标准指数层级以及相关头寸产生影响。因此，持续的利差变化、实际的降级 / 违约以及与之有关的相关性认知，是在合成标准化层级的交易以及对单一层级 CDO 进行对冲的交易中需要考虑的主要因素。但是，从单一层级 CDO 投资者的角度来看，主要的关注点仍然在于相关资产池的违约水平。

### 1.2.3　不同投资者各自“拥有”不同 CDO 板块

以上对于 CDO 市场的回顾，说明了广义的现金 CDO 和合成 CDO 板块之间一些非常基本的区别。这些区别能够通过审视不同板块中投资者的动机和身份来进一步描述。

- “真实”货币账户倾向于重视现金 CDO，并且倾向于是在购买合成和定制合成 CDO 时购买并持有的投资者。在这个范围内，CDO 的资本结构的不同部分吸引了不同种类的投资者，于是将风险层拓展到市场参与者最大可能的范围。
- “杠杆化”货币账户（对冲基金）的绝大多数活动是在标准化分层市场，虽然一些真实货币账户在最近几个月也更加活跃。这个领域内的活动涉及对相关性的认识，同时也涉及市场中利差的变化能够怎样触发合成层不同分层的重新定价。从某种程度上说，这一板块能被看成是“投机的”，虽然出于对冲的目的而利用它并不少见。

虽然一般都做这样的区分，但是一些投资者从两个方向都会越界，所以这一区分当然不会太精确。

逐日盯市对不同投资者类型产生不同方式的影响，对所有固定收益工具都很普遍。我们注意到现金 CDO“持有到期”并不受逐日盯市影响，但是所有合成 CDO，不论是何种分类，都会受到逐日盯市影响。因为 IAS39 的引入，逐日盯市对欧洲固定收益投资者而言尤其紧要。

最近对冲基金标准分层投资策略出现差错造成的后果，会是利差更大，逐日盯市损失更高，但是市场中并没有证据表明，不同的现金和合成层级 CDO 扩大的利差，比其他相同评级的固定收益品种要大。

### 1.2.4 流动性以及“没想到的”逐日盯市问题

一个关键的市场考虑因素在于结构化金融工具的流动性以及相关的逐日盯市的波动性。后一关注因素相对来说更新，它与逐日盯市方式的引入有关。

表 1-5 说明了欧洲很多结构化产品的利差变化。在该分析的给定有限时间框架以及相对成熟的欧洲市场的有限时间框架内，我们建议读者不要在意名义价值，而要在意资产组和行业的相对量级。如果我们假设表 1-5 中的期间是最近几年市场中利差最紧的期间，很自然就能问出一个问题，这个利差能扩大到多少。因为预期利差的扩大是周期性的（趋势线），我们预测实际利差变化一直由技术面和基本面因素来塑造（沿趋势线曲折）。从这个角度看，对投资者来说，最好去理解欧洲结构化金融市场不同板块和子板块的预计变化，以及它们对于技术面和基本面因素的相互影响情况，还有它们之间的相互影响情况。

投资者在考虑投资组合策略的时候，会将市场和自己的投资组合以不同的方式概念化。在此基础上，他们能够再次审查自己对市场低迷时逐日盯市和信用风险的容忍度。于是，他们会对现有（在市场高点）的投资组合在不同程度的市场低迷情况下会怎样反应进行判断，并且决定他们能够忍受什么样的信用损失和逐日盯市损失。

更值得一提的是，投资者能够预测到其资产组合从今天到某个未来时间点之间的变化（考虑 WAL（加权平均损失）因素、预定或非预定的摊还、预期损失等等），当他们预期市场低迷，并看那样一个投资组合在市场低迷情况下如何反应。最终，投资者必须考虑到当前和不久的将来要采取哪些步骤来将其现有的投资组合变成是对信用和逐日盯市损失敏感的、并且与自身（机构或个人）容忍度相符的。

表 1-5　不同资产池和不同信用等级的月度平均发行利差，1998 ～ 2004

| 资产分类 | 二级分类 | 等级 | 1998 | | | 1999 | | | 2000 | | | 2001 | | | 2002 | | | 2003 | | | 2004 年 3 月 | | |
|---|---|---|---|---|---|---|---|---|---|---|---|---|---|---|---|---|---|---|---|---|---|---|---|
| | | | Ave | Max | Min | Ave | Max | Min | Ave | Max | Min | Ave | Max | Min | Ave | Max | Min | Ave | Max | Min | Ave | Max | Min |
| MBS | NCF | AAA | 27 | 58 | 14 | 41 | 65 | 31 | 35 | 55 | 28 | 35 | 55 | 19 | 27 | 50 | 22 | 35 | 54 | 26 | 19 | 19 | 19 |
| MBS | PRM | AAA | 18 | 24 | 11 | 23 | 28 | 18 | 25 | 28 | 14 | 24 | 30 | 22 | 24 | 28 | 18 | 24 | 40 | 20 | 17 | 22 | 12 |
| CMBS | CMBS | AAA | 47 | 47 | 47 | 44 | 55 | 27 | 34 | 51 | 25 | 37 | 44 | 24 | 43 | 63 | 28 | 45 | 50 | 40 | 38 | 38 | 38 |
| CDO | CDO | AAA | 15 | 39 | 7 | 15 | 30 | 11 | 37 | 43 | 26 | 45 | 57 | 35 | 55 | 68 | 25 | 71 | 81 | 61 | 57 | 64 | 48 |
| ABS | CAR | AAA | 45 | 45 | 45 | 32 | 50 | 19 | 31 | 35 | 26 | 24 | 28 | 14 | 24 | 38 | 13 | 30 | 42 | 11 | 15 | 15 | 15 |
| ABS | CCD | AAA | 22 | 30 | 14 | 18 | 20 | 15 | 20 | 30 | 16 | 25 | 28 | 23 | 20 | 22 | 16 | 20 | 27 | 5 | 13 | 22 | 3 |
| ABS | UCC | AAA | 23 | 36 | 17 | 24 | 36 | 16 | 28 | 33 | 25 | 32 | 35 | 28 | 31 | 36 | 28 | 25 | 31 | 20 | | | |
| MBS | NCF | A | 70 | 83 | 40 | 125 | 160 | 85 | 124 | 150 | 85 | 139 | 203 | 100 | 109 | 125 | 98 | 164 | 188 | 135 | 95 | 95 | 95 |
| MBS | PRM | A | 57 | 80 | 35 | 63 | 77 | 50 | 69 | 86 | 48 | 68 | 77 | 63 | 64 | 83 | 45 | 71 | 85 | 65 | 52 | 62 | 39 |
| CMBS | CMBS | A | | | | 112 | 138 | 73 | 89 | 115 | 65 | 99 | 108 | 83 | 97 | 110 | 83 | 109 | 118 | 93 | 103 | 103 | 103 |
| CDO | CDO | A | 66 | 120 | 36 | 59 | 93 | 45 | 100 | 120 | 48 | 118 | 146 | 97 | 182 | 223 | 125 | 216 | 279 | 174 | 202 | 203 | 200 |
| ABS | CAR | A | 75 | 75 | 75 | 65 | 90 | 51 | 76 | 85 | 65 | 65 | 68 | 47 | 58 | 80 | 43 | 74 | 100 | 35 | 40 | 40 | 40 |
| ABS | CCD | A | | | | 45 | 48 | 40 | 54 | 75 | 37 | 74 | 77 | 70 | 57 | 62 | 50 | 59 | 78 | 30 | 37 | 55 | 19 |
| ABS | UCC | A | 55 | 72 | 47 | 62 | 75 | 40 | 69 | 79 | 50 | 82 | 120 | 47 | 75 | 88 | 43 | 72 | 75 | 69 | | | |
| MBS | NCF | BBB | 139 | 175 | 92 | 244 | 275 | 200 | 256 | 300 | 200 | 256 | 300 | 218 | 240 | 270 | 207 | 326 | 350 | 300 | 212 | 212 | 212 |
| MBS | PRM | BBB | 88 | 93 | 82 | 153 | 160 | 150 | 145 | 188 | 130 | 144 | 165 | 135 | 141 | 179 | 120 | 140 | 163 | 127 | 103 | 121 | 81 |
| CMBS | CMBS | BBB | 140 | 140 | 140 | 248 | 375 | 165 | 199 | 275 | 140 | 194 | 220 | 183 | 201 | 280 | 138 | 214 | 232 | 200 | | | |
| CDO | CDO | BBB | 131 | 183 | 77 | 124 | 188 | 59 | 159 | 200 | 85 | 238 | 311 | 168 | 322 | 467 | 215 | 348 | 490 | 285 | 375 | 500 | 300 |
| ABS | CAR | BBB | 175 | 175 | 175 | 75 | 75 | 75 | 178 | 180 | 175 | 225 | 225 | 225 | 150 | 150 | 150 | 160 | 170 | 155 | | | |
| ABS | CCD | BBB | | | | 90 | 90 | 90 | 112 | 150 | 88 | 151 | 165 | 138 | 149 | 168 | 120 | 159 | 187 | 110 | 83 | 120 | 45 |
| ABS | UCC | BBB | 130 | 130 | 130 | 160 | 160 | 160 | 175 | 175 | 175 | 217 | 275 | 188 | 150 | 170 | 125 | 153 | 170 | 140 | | | |

注：Ave=平均；Max=最大；Min=最小。

资产池：MBS=抵押支持证券；CMBS=商业抵押支持证券；CDO：债务担保证券；ABS=资产支持证券。

子分类：NCF=不合格；PRM=优质；CMBS=商业抵押支持证券；CDO：债务担保证券；CAR=汽车；CCD=信用卡；UCC=未担保消费者贷款。

资料来源：美林证券。

## 1.3 结构化金融交易和投资组合的标准

### 1.3.1 综述和风险容忍度

对结构化金融产品和投资组合的分析是一项复杂的工作。我们来重点说明一些标准，没有特定的顺序：

#### 1.3.1.1 粒度（granularity）

高信用质量的粒状交易，比起非粒状的交易，更难受到单名风险敞口的事件风险影响。历史证据表明，粒度更高的高质量 ABS 相比粒度质量低的交易，其利差波动性更小。在所有的 ABS 资本结构中这一现象都是存在的。对于高等级按揭贷款资产证券化（MBS）和 CMBS 而言，高粒度和低粒度交易的例子满足这一规律；同时对于优质 RMBS 和次级 RMBS 而言，粒度相似而信用质量不同的例子也满足这一规律。这一结论虽然正确，但容易受到以下事实的影响，一般来说粒状的交易与消费者债务有关，非粒状交易与公司债务有关。

#### 1.3.1.2 信用风险敞口类型

欧洲的消费者 ABS，相比公司债务的 ABS（以 CDO 和 CMBS 形式），倾向于表现出低的利差波动性。这可能也与上文所说的资产组合的粒度有关系。一般来说，消费者资产池的分层倾向于反映与大的证券化池有关的系统风险层，并且反映了这个国家的经济状态。

另外，消费者投资组合对系统性风险比对事件风险（单个公司或行业崩溃）更敏感，比如出现大范围的经济恶化。然而我们提醒，当今在大多数国家，消费者都是过度负债的，也就是说消费者板块有些“撑”甚至撑得太大，这和最近一次公司信用周期的低迷还不一样。（英国和美国这两个国家，在最近的低迷中都有相对较高的消费者负债率——今天的负债率甚至更高，消费者债务超过了住房按揭债务。）消费者的借出和花费缓和了上次低迷时的打击——这一缓冲似乎不会在未来一次低迷中是现成的。因此，整体经济，尤其是消费者资产池，可能会比先前历史中的低迷遭受更大的损失。

#### 1.3.1.3 优先档与次级档

优先层比次级层更能抵抗信用质量恶化，这是一个事实。前者对于不同的资产组似乎是正确的，甚至这些资产组粒度类似。一种查看信用抵抗力的有趣方式，是把每一层级的信用增进水平与给定资产组五年累计损失水平做一个比较。当累计损失的数量从统计意义上讲并不是太稳定的时候，就出现了挑战。

前面提到过，同一资产组中优先层比次级层其面临的利差波动性更小。优先层的买卖价差也比次级层要低很多。同一交易中，几乎所有的优先级层的流动性都比次级层要好。市场参与者利用基于二级交易来对优先级头寸进行逐日盯市的定价，为中间层进行估计定价（基于一级市场或者询价），这并不少见。为中间层定价时，有这样一种风险，一次性交易会导致严重的再定价和逐日盯市的波动性。

#### 1.3.1.4　对三者（发起人、服务人和对手方）的敏感性

由于结构化金融债券是为了最小化或者消除资产发起人的角色及其潜在破产风险而设立的，一些联系（以信用或资产组合表现形式）就会存在——这些联系可能建立在发起人或服务人，第三方服务人和 / 或对冲对手方之间。这些联系对二级市场债券定价有直接和间接的影响，理解这一角度的问题对于抵抗逐日盯市损失、违约或者降级来说至关重要。

另外，在决定未来资产池表现时，还应考虑承销和服务的独特性——特别是对于次级和商业地产板块而言。在预计证券化资产池的表现以及相关债券的头条风险时，尤其要关注非银行、未评级的服务者。

#### 1.3.1.5　高低杠杆头寸

在低利差、低违约市场环境下，加杠杆是提高收益的一种必要手段。在过去几年中，投资者为了达到其盈利目标不得不加杠杆。在结构化金融中杠杆化是什么、怎么估计等等，这一话题永远说不完，我们在这里也不打算再重复一遍。然而清楚的是，在好的时候杠杆能够提高回报，在坏的时候也能放大损失。因此，有必要回顾一下杠杆倍率，怎么达到这个倍率，以及在市场低迷时它对于投资组合的不利程度。投资者有必要区别去杠杆化结构（如 MBS）和有意在存续期内保持完全杠杆的结构（如二次 CDO）。

#### 1.3.1.6　资产池和单名敞口

虽然这有可能像是粒度论的重复，但并不一定是这样。单名敞口没准有很多种不同的内涵：可以是多数投资组合中给定公司名称的不断重复，可以面对多个交易中相同的服务人，或者换句话是依赖于给定实体产生现金流之上的给定交易。很显然有必要去估计不同交易下单名的多个风险累计敞口，但是这一估计在实践中并不是那么简单。我们建议不考虑 CDO 领域中为人所知的重叠问题，而要考虑结构化金融投资组合中，现有给定名称的敞口或潜在敞口的所有形式。

#### 1.3.1.7　巴塞尔协议 Ⅱ 的预期影响

我们认为巴塞尔协议 Ⅱ 要求这一因素应该是接下来几年欧洲投资策略的一

个不可忽略的部分。巴塞尔协议Ⅱ风险权重包括所有优先级证券化风险敞口，而不包括所有的次投资级证券化敞口。在决定2006年以后到期的证券化债券的合理价格时，投资者应当考虑2007年元旦以后更低和更高的资本要求。我们同时也注意证券化债务的优先级层粒度调整的分化。

#### 1.3.1.8 其他特定国家考虑的因素

这些考虑因素，可能包括例如：

- 英国养老金监管条例的变化、新的房地产投资信托（REITS）最终立法可能会对商业地产定价产生正面影响。这一方面会使CMBS更少，另一方面也会提高现有交易的财产价值。短期内，这一效果会被房地产通道的增长抵销。
- 更多国家资产担保债券的引入会降低MBS的供给，使其更有吸引力。
- 西班牙SME预算支持的下降会减少其供给，改变其区域分布，或者将其转换成为分层等级更高的独立结构（非AAA债券的更多供给）。

我们当然不会穷举一个列表，但是建议投资者考虑这些变化，考虑这些变化会怎样影响特定结构化金融板块未来的供给和定价。

#### 1.3.1.9 建模

结构化金融证券信用结构复杂，这些结构在相似的经济和市场情景中的表现会有所不同。更重要的是，当解决完全理解这些结构不同的表现这一需求时，模型会很有用。考虑这点，有模型，会正确地使用模型，成了更好理解结构化金融交易及相关投资组合未来表现的关键因素。接下来的讨论表明，简单地重现历史情景对投资者理解其持仓风险（信用风险、逐日盯市风险和久期风险）来说远远不够。不仅需要建模人，还需要在这领域理解风险的建模人。

#### 1.3.1.10 提升投资组合的资产支持流动性

在市场低迷的情景下，我们能感觉到对投资组合的流动性的需求最为强烈，尤其是追加保证金通知或者潜在的短期内现金赎回这样的需求。在这一点，我们建议投资者利用评级机构对于流动性是否合格的指导，并且削减（haircut）结构化金融证券的不同资产池，来确定结构化投资载体的基于资产的流动性。对回购合格性和削减的监管指引也会有用，虽然基本仅限于粒状资产池支持的ABS的优先级层。

#### 1.3.1.11 周期性板块之间的区别

周期性板块（CLO、商业CMBS、次级消费者等）和周期中性板块（零售

CMBS、高质量消费者池等）之间有一些区别。公司 ABS 比优质消费者 ABS 看上去更容易受到下降周期中事件风险的影响。此外，高质量消费者 ABS 看上去比低信用质量消费者池的 ABS 显得更为周期中性。例如，基于公司高收益或高等级板块衍生的 CDO，会随着那一板块的周期而表现绩效，然而交易的绩效会根据 CDO 管理者的行为而发生变化。相似地，次优先级按揭贷款池的绩效会依赖于经济和住房市场的表现（因此说它有周期性特征），但是也会根据相关服务人的行为而发生变化。

#### 1.3.1.12 优先中间层 – 权益头寸

结构化金融产品的不同层级的信用风险和逐日盯市风险是不同的，这一点毋庸置疑。更重要的是，这些差异对于不同资产池的层级仍然适用，高级 ABS 的 CDO 的权益层对于先前提到的风险，其受影响程度不同，例如，与高收益贷款的 CDO 的权益层相比，更不用说优质按揭贷款主信托 MBS 的中间层相比居住性房地产 CDO 的中间层，也不用说独立摊还的荷兰优质 MBS 相比混合租赁的意大利 ABS 的优先层，都是这样。

## 1.4 巴塞尔协议Ⅱ以及其他规则：对结构化金融市场的长期影响

到目前我们提到的几种情况，巴塞尔协议Ⅱ被认为对金融市场各方面都会产生重要影响：供给、需求、利差和逐日盯市的波动性。我们前面探讨了逐日盯市的一些事项，现在我们再来关注巴塞尔协议Ⅱ的修订会带来哪些更为基础性的变化。这里我们只考虑新的资本处理所带来的后果，就像证券化的唯一功能是用来释放证券化银行的净资本，银行仅根据资本金要求来进行投资。我们注意到预计采用 IRB（基于内部评级）方法的欧洲银行数量很多，这一方法也就成为确定风险资本以及巴塞尔协议Ⅱ对证券化影响的主流方法。

### 1.4.1 从发起银行的角度来看

重复一次，如果证券化的理由是为了释放净资本，那么，银行资产负债表中不同类型的风险敞口资本要求的预计变化，会让我们对于哪些资产有益于证券化、哪些不行这一问题有更好的理解。表 1-5 是基于第三次定量研究（QIS3）数据的，大致表明了银行证券化消费者资产的意愿在下降，证券化特别借款敞口、政府以及某种程度其他银行的意愿在上升。这是因为巴塞尔协议Ⅱ使得零售风险敞口尤其是按揭贷款的风险权重大幅下降，特别借款以及政府尤其是高波动的房地产的风险权重大幅上升。更具体点来说：

- 证券化按揭贷款投资组合带来的释放净资本的好处会大幅下降，证券化零售和零售 SME 投资组合带来的释放净资本的好处会有所下降。
- 证券化的意愿会转到更高风险加权的资产之上，如投资以下级或次投资级公司债务、商业地产和特别借款等。
- 按揭和零售投资组合的证券化会更多地由未受监管的公司来推动，也会由银行出于融资的考虑来推动。

然而这些结论应当在证券化基础债务的信用质量的基础上进一步具体化。后文会比较标准化和 IRB 方法下不同类型零售债务的资本要求。

在所有情况下，银行在证券化之前和之后都应当考虑净资本要求（以证券化敞口的净资本留存形式）。简单来说，它决定于证券化前的净资本大于、等于还是小于证券化交易的净资本片（piece），这一净资本片通常由银行发起人保留。考虑这点，监管者和银行自己对于给定违约下损失的估计，EAD（违约敞口）以及 M（到期日）在确定初级 IRB 银行证券化好处中起到了关键性的作用。

从这点来看，我们注意到 IRB 方法下列举的公司债务的范围很广，以及银行被监管机构批准使用自己的净资本计算方法的潜在困难。这会使得银行对特别借款使用我们在讨论 IRB 时已经讨论过的既定的风险权重，因此有着监管资本的意愿来证券化这些债务敞口。

持续主导着证券化产品发行量的银行可能会修改其发行类型，这是证券化经济动力学中基础债务敞口的监管资本处理合并的结果。考虑到减少监管资本带来的好处很有限，按揭贷款的证券化基本上是出于融资的目的，然而商业地产、未担保消费者贷款和项目融资的证券化，首先是由监管资本减少来驱动的。换句话说，银行使用标准化的方法，证券化仍然会有监管资本的好处，然而这一好处对于采用 IRB 方法的银行而言却不大适用。这会导致供给水平、证券化产品类型和服务人考虑条件的变化。

为了更好地调整监管和经济资本，银行也会试图发行 BB 和 B 级甚至卖出损失级的头寸。这会产生这些问题：评级机构对投资以下级如何评级，评级方法有多可靠，以及对这些债务而言投资者基础的广度如何。

### 1.4.2 从投资银行的角度来看

一个银行投资者在确定其证券化产品仓位投资时，很自然地会同时考虑监管资本的成本。再一次从监管资本考虑的角度来看，一个银行投资者应当：

- 购买风险更高的政府、银行和公司债务（如 B 及其以下级），而不是风险更低的证券化债务（如 BB 级）。

- 避免不管次投资级证券化层级的实际风险而投资，除非该层级的定价已经充分补偿该银行面对的风险以及净资本成本的增加。次级层的设置会变得更依赖于未受监管投资者的需求。实际上，非投资级证券化层的设置问题，会成为未来确定很多证券化交易的可行性时的一个关键因素。
- 对投资级层级（除了 BBB–）的投资而言，标准化方法需要更多的净资本，对于更低评级的层级而言需要更少的净资本，这样会造成标准法和 IRB 银行投资者的投资意愿各不相同，使其修改各自的投资定位。
- IRB 银行甚至比起标准法银行更不会去投资于次级非投资级证券化层，更会去探求最优先的投资级证券化层。
- 担保公司债券的优先级和非投资级债务的证券化债务敞口风险权重之间的差别会变得更大。对于 IRB 银行而言，它们会更不愿意去投资于次级证券化债务，而会选择投资于高收益公司债务。
- 资产担保债券和 RMBS 的风险权重会趋于一致，进而减少或消除资产担保债券的监管资本优势，使得当前投资决策更具个性。

考虑到巴塞尔协议 Ⅱ 项目优先层证券的风险权重下降，预计银行会从持有该种证券化头寸中实现特定节省。考虑到银行在欧洲证券化市场是居于主导地位的投资者，很有可能这些节省会以利差缩小的形式传递给市场。这些节省可以看成是证券化债务利差缩小的潜在范围。我们注意到，BB 级债务的“不节省”性或者先前提到的对银行投资者而言监管资本要求的增加，会使得它们避免这些债务。

举个例子来进一步阐述这一问题，一个标准化银行投资于 AAA 级 RMBS 证券化层，会采用 BIS1（巴塞尔 1 规则）项下 50% 的风险权重，以及巴塞尔协议 Ⅱ 项下 20% 的风险权重。这能转换成为净资本成本平均 40 个基点的节省。这些节省会以缩小利差的形式传递给市场，虽然不太可能是一对一的传递方式。还是这家银行，需要对 BB 级证券化债务使用 BIS1 项下 100% 的权重以及巴塞尔协议 Ⅱ 项下 350% 的权重，监管资本的上升会达到 125 个基点，反过来会使得这一债务的 BB 级利差相对扩大，来对银行增加的监管资本进行补偿。对于 IRB 银行在巴塞尔协议 Ⅱ 将采用的证券化评级基础方法（RBA），也能采用类似的分析。相关净资本节省或“取得”比起标准化方法要略大一些。

### 1.4.3 需求—供给变化

从证券化市场需求—供给变化的角度，我们的结论可以进一步扩展到：

- 未受监管公司会增加其在消费者资产证券化市场中的份额，而银行会增加其在商业地产以及其他公司资产证券化市场中的份额。另外，根据银行采取的监管资本处理方法，银行对不同资产池进行证券化的动机也各不相同。

- 相比现有水平，次投资级证券化层的利差会扩大，优先级层会缩小，虽然很难估计证券化总成本的变化，因为早期的变化并不能剔除。
- 相比相同评级的公司债务，证券化层级的利差的变化多少有点不太确定，虽然我们预计非投资级别的证券化层级会比相同评级公司债务利差扩大得要大。
- 我们预计评级在证券化市场中将继续扮演主要角色，甚至比在公司债券市场更重要。在这方面，考虑到不同层级信用评级风险权重的显著不同，证券化层级评级方法和模型的进一步发展，可能是一件很紧急的事情。
- 新的巴塞尔协议Ⅱ指引就像我们今天知道的那样，很可能会放缓证券化市场的发展，但同时也会创造出一些变形出来，一些新的结构化技术会出现。因此，这可能成为证券化的终点，如我们所知，也会成为证券化和结构化市场发展新舞台的起点。
- 考虑到银行和相关通道占到了全市场中证券化证券的约2/3，对低风险权重持仓而言，有必要将其转化为低要求的利差。优先层级潜在极低的风险权重会对它们产生利差缩小的需求，如果这些权重被引入的话（如果是在宽松市场中引入的话，利差扩大得更小）。
- 受益于利差缩小、但并受益于监管资本永久性减少的实体，在利差缩小一旦结束时，也就是说在风险权重效应已经充分定价时，会倾向于卖出。
- 受益于监管资本永久性减少的实体会面对不同的监管资本要求，并且接下来随着它们持有的证券化产品升级或者降级（上帝保佑），会面对更大的利差波动。
- 在两种情况下，前面所说的结构会更具交易性，波动更剧烈。
- 比起以前，降级会导致更大的利差变化，尤其是对于某个层级从某类投资者转移到另一类的边界点；特别是在这一事实的情况下，目前至少投资者基础的广度和深度从优先级到次级都在快速下降。
- 银行将来会对降级更为敏感，因为它们不仅要面对逐日盯市的损失，还要面对监管资本的增加。造成的结果就是在降级时它们更可能会卖出。
- 不同层级投资者基础之间的差异会更显著，并最终将每一层级的定价和动态变化限制在其相关特定的投资者范围内，反过来又会使结构化产品的资本结构产生更多的套利机会（与 iTraxx 标准层级中不同层次的相关性套利类似）。
- 考虑到很多结构化产品（如组合票据、CPPI、单一商业地产贷款的证券化等）的监管资本处理要求还不够清晰，不符合市场预期或操作的处理要求带来的后果会出人意料：首先想到的就是没有需求和全都卖光。

## 1.5 与巴塞尔协议 II 同时的监管规则变化

另外两个监管变化已经开始对结构化金融市场施加影响。一个是会计操作的变化，另一个是保险公司和养老基金监管资本要求的引入，BIS1（而不是巴塞尔协议 II）即是专门针对它们的，但不是很严格。会计变化正中证券化操作的核心问题，影响到证券化的表外处理、证券化风险敞口等等。考虑到很多要点最终解决方案的不确定性，我们下面只强调其中一点——合成证券化的会计处理。另一方面，偿付能力监管标准 2（Solvency2）的操作在很多年前类似于 BIS1，能够改变未来保险公司和偿付基金从事业务的发展道路。

### 1.5.1 IAS/ 会计

虽然 IAS 看起来可能更为超前，但是它的成果仍然有待仔细检查。不确定性的主要事项一般来说与合成证券化有关，尤其是与合成 CDO 有关。有一个问题已经提升到了与哈姆雷特重要性相提并论的高度：到底投不投资？对合成 CDO 的分歧，导致了不必要的错综复杂。

在一些情况下，审计师采用了非常严苛的方法来防止特定的机构完全投资这一产品。不用说，关于这一点，不同的审计师采取的观点和解释都不同。这表明审计师的倾向取代了经济意义。美国 FASB 会计准则留下了一线希望，分歧可以平静解决，所有相关方都能受益。如果这是最终的解决方式，对单一层合成产品以及它的第二、三层衍生品的兴趣很可能重新焕发出活力。

### 1.5.2 偿付能力监管标准 2

对偿付能力监管标准 2 来说（等同于巴塞尔协议 II 的保险公司和养老基金），讨论它为时尚早——它在 2009 年前不会生效，但我们能够指出两个潜在的进展：来自保险公司和养老基金对结构化产品的需求会更大，更多的保险公司也会出于自身需要而成为证券化的发起人。

# 第2章

# 一元风险评估

Arnaud de Servigny 和 Sven Sandow

## 2.1 前言

在本章[㊀]中，我们讨论了与单一债务工具有关的信用风险，以及评估这种风险的各种方法。与可违约债务工具有关的信用风险可以分解成两个部分：违约风险和回收风险。前者反映了与可能的违约有关的不确定性，而后者反映了发生违约时回收情况的不确定性。我们将在这一章讨论这两种类型的风险，同时专注于单一的信用风险；可违约工具组合的相关风险将在第4章到第10章中讨论。

违约风险可以从不同的角度进行分析。其中一个角度是评级方法，违约风险通过信用评级来量化。这些信用评级是信用评级机构给出的，比如标准普尔、穆迪和惠誉国际评级，这些机构给出的评级被市场参与者广泛用作违约风险指标。我们将在下一节回顾评级方法。

另一个广泛使用的量化信用风险的方法，是统计技术的应用。在这种方法中，使用历史数据，通过经典统计学或机器学习的方法来对其进行分析。这种分析的结果可能是一个债务人的信用打分或违约概率（PD）。因此估计的PD可能指的是一段固定的时间，通常是一年，不然这些PD就可以对可能的违约事件提供一个完整的期限结构。这些统计方法是2.2节的主题。

从基本面角度来看，我们可以将违约看成是某个公司股东执行某个期权。

㊀ 这一章包含deServigny和Renault（2004）的内容。

因此，我们可以至少在原则上基于布莱克—斯科尔斯期权定价模型（Black-Scholes option pricing framework）来推导 PD。这就是所谓的结构化或默顿模型，将在“默顿方法”一节进行分析。

关于违约风险的另一个视角，来自于交易债券和信用违约互换的利差。这些利差包含了市场对违约风险的观点信息。虽然这些利差取决于其他因素，但是它们也可以用来提取违约风险信息。我们将在“利差”一节讨论这些内容。回收风险不能像违约风险一样来理解。然而，回收风险在近年来已经受到很多关注；这部分地源自于《新巴塞尔协议》的要求。很多模型已经被开发出来，我们将在“回收风险”一节中看到。在最后一节，我们将讨论回收和违约风险组合的效应。特别地，我们将关注两种类型风险的共同因素的效应。

本章对一些模型和结果的综述，在各种信用风险的教科书中有更严格、更详细的讨论，如 Bielicki 和 Rutkowski（2002），Duffie 和 Singleton（2003），Schönbucher（2003），de Servigny 和 Renault（2004），和 Lando（2004）。Altman 等（2005）给出了一个更详细的关于回收风险模型的综述。这些书中没有包含其他一些结果，我们将在下面给出参考文献。

我们在本章中讨论的许多建模方法，以及许多其他专业人员用来量化信用风险的方法，有赖于标准的统计方法以及来自机器学习领域的方法。要更详细地讨论统计方法，请读者阅读一些统计教科书，如，Davidson 和 MacKinnon（1993），Gelman 等（1995），或 Greene（2000）。机器学习方法的优秀综述来自于 Hastie 等（2003），Jebara（2004），Mitchell（1997），以及 Witten 和 Frank（2005）。我们也想向读者推荐一些教科书，如 Andersen 等（1993），Hougaard（2000），以及 Klein 和 Moeschberger（2003）关于生存的分析，这一分析是绝大多数通常使用的违约期限结构模型的基础。

## 2.2　评级方法

### 2.2.1　什么是评级

信用评级代表了评级机构对一个债务人关于一个特定的债务证券或其他金融凭证（债项信用评级）的信誉的看法。它还适用于发行人的整体信用水平（主体信用评级）。通常，对应不同的金融工具，有两种类型的评估：长期和短期。我们应该强调，来自不同机构的评级传达了不一样的信息。标准普尔认为其评级主要反映了关于发行人违约可能性的意见，[㊀]而穆迪评级往往反映了该机构对预期损失的意见（违约率乘以损失严重性）。

长期债项评级和主体评级可以分为若干类型，如标准普尔的从“AAA”到

㊀ 在给定的相对差的回收前景下，对次级债务而言可能会有一个下调；也可能会有上调。

“D”。短期的债项评级可以使用不同的量表（如，从“A–1”到“D”）。图 2-1 显示了穆迪和标准普尔评级量表。虽然先前提到这些等级不具有直接的可比性，但是我们通常把它们一并考虑。整个评级范围能被分解成两个大类：投资级（IG）和非投资级（NIG）或投机级。IG 公司发行人相对稳定，违约风险温和，而 NIG 类型发行的债券通常被称为“垃圾债券”，更有可能违约。

描述
投资级
穆迪
标准普尔
Aaa
Aa
A
Baa
AAA
AA
A
BBB
最安全
投机级
Ba
B
Caa
BB
B
CCC
最低信用质量


图 2-1　穆迪和标准普尔的评级量表

信用质量在 Aaa/AAA 的评级最高，并随着量表字母顺序的下降而逐渐恶化。AAA，AA，A，…，CCC 的大致分级，也可以通过加号和减号进行补充，以更好地指示风险。

### 2.2.1.1　评级过程

评级机构仅仅会在有足够的可用信息来表达可靠的信用观点的情况下，才会给出评级。这个观点需要基于已定义的分析框架下的各种分析[㊀]。任何评估所遵循的这一标准，有着非常严格的定义，并且在多年来累积的经验下构成了评级机构的无形资产。标准的任何变化通常都会在世界范围内引起讨论。

对于工业企业而言，分析一般分为业务综述（公司竞争力、管理质量及其政策、业务的基本面、监管行为、市场、运营、成本控制等）和定量分析（财务比率等）。这些因素的影响高度取决于行业。

图 2-2[㊁]描绘的是各种因素如何对不同行业可能产生不同的影响。它还显示了影响不同行业评级的各种商业因素。

与要求评级的企业管理层召开会议之后，评级机构审查其定性以及定量的因素，并将公司的表现与同类公司进行比较（参见表 2-1 中各评级的中位数比率）。在审查后会召开评级委员会会议。委员会在投票前，会讨论首席分析师的推荐。

㊀ 定性，定量，而且合法。

㊁ 这一张图的目的在于描述，而可能并未反映某机构或另一机构实际的权重或因素。

| 指示平均 | 零售业 | 航空业 | 地产业 | 制药业 |
|---|---|---|---|---|
| 投资级和投机级（%） | 投资级：82%<br>投机级：18% | 投资级：24%<br>投机级：76% | 投资级：90%<br>投机级：10% | 投资级：78%<br>投机级：22% |
| 业务风险权重 | 高 | 低 | 高 | 高 |
| 财务风险权重 | 低 | 高 | 低 | 低 |
| 业务定性因素 | 规模和地域描述<br>价格、价值和服务地位<br>监管环境 | 市场地位（占有率）<br>最高占有率<br>机队（类型 / 寿命）<br>成本控制（劳力、燃油） | 资产的质量和位置<br>承租人质量<br>租金结构<br>国家特定标准（法律，税务和市场流动性） | 研发项目<br>产品组合<br>专利期限 |

图 2-2　例：为指定评级而可能使用的各种不同因素

表 2-1　美国公司各评级的财务比率（三年中位数，1998 ～ 2000）

| | AAA | AA | A | BBB | BB | B | CCC |
|---|---|---|---|---|---|---|---|
| EBIT 利息保障倍数（x） | 21.4 | 10.1 | 6.1 | 3.7 | 2.1 | 0.8 | 0.1 |
| EBITDA 利保倍数（x） | 26.5 | 12.9 | 9.1 | 5.8 | 3.4 | 1.8 | 1.3 |
| 经营性自由现金流 / 总负债（%） | 84.2 | 25.2 | 15.0 | 8.5 | 2.6 | （3.2） | （12.9） |
| 经营性现金流入 / 总负债（%） | 128.8 | 55.4 | 43.2 | 30.8 | 18.8 | 7.8 | 1.6 |
| 资本回报率（%） | 34.9 | 21.7 | 19.4 | 13.6 | 11.6 | 6.6 | 1.0 |
| 经营性收入 / 销售收入（%） | 27.0 | 22.1 | 18.6 | 15.4 | 15.9 | 11.9 | 11.9 |
| 长期债务 / 资本（%） | 13.3 | 28.2 | 33.9 | 42.5 | 57.2 | 69.7 | 68.8 |
| 总债务 / 资本（%） | 22.9 | 37.7 | 42.5 | 48.2 | 62.6 | 74.8 | 87.7 |
| 公司数 | 8 | 29 | 136 | 218 | 273 | 281 | 22 |

资料来源：标准普尔。

发行人随后会被通知评级，以及支持该评级的主要考虑因素。评级在发布之前，如果发行人提供了有意义的新的或额外的信息，可以申诉，但是不保证会有修改。一个评级被给定后，会通过新闻媒体向公众发布。

评级机构将在一个持续的基础上对所有的评级进行监测，监测任一新的定性和定量的信息，会与发行人管理层组织定期会议。根据监测过程的结果，评级机构可能会决定启动一个审查（即，将其列入信用观察名单）或改变当前评级。在启动信用观察名单后，评级机构会进行一个综合分析。在这个过程之后，评级机构将宣布评级的变化或认定。

最近引入了“展望”的概念。它提供了关于信用评级趋势的信息。例如，如果前景是积极的，这意味着有一些关于该公司的现有设想实现的潜在有利条件。如果相反，负面展望表明公司的信誉会呈现消极的趋势。

一个非常重要的事实总会被评级机构强调，那就是它们的评级仅仅是它们自己的观点，不构成任何购买、出售或持有任何类型证券的推荐。某个评级本身，的确并没有说明具体证券的价格和相对价值。一个 CCC 债券也可能是被低估，而 AA 证券也可能被高估，虽然风险可能适当反映在相应的评级中。

### 2.2.1.2 评级和违约率之间的关系

虽然评级是要向前看的，但是它不是设计来确定精确的PD，而是一个更宽意义上的风险集。评级机构定期公布表格，来报告每个等级类别、每年、每个行业、每个区域的违约率的观测值。这些表格反映了评级范围内各个评级类别的违约频率的经验性平均数。这些统计数据的主要目标在于验证更好（更差）的评级确实与较低（高）的违约率相关。数据表明，各个评级在各个行业往往有大致均匀的违约率，[⊖]见表2-2。

表2-2 各行业一年期违约率平均值

| | 交通 | 公用 | 电信 | 传媒 | 保险 | 高科技 | 化工 | 建筑 | 金融 | 能源 | 消费品 | 汽车 |
|---|---|---|---|---|---|---|---|---|---|---|---|---|
| AAA | 0.00 | 0.00 | 0.00 | 0.00 | 0.00 | 0.00 | 0.00 | 0.00 | 0.00 | 0.00 | 0.00 | 0.00 |
| AA | 0.00 | 0.00 | 0.00 | 0.00 | 0.06 | 0.00 | 0.00 | 0.00 | 0.00 | 0.00 | 0.00 | 0.00 |
| A | 0.00 | 0.11 | 0.00 | 0.00 | 0.09 | 0.00 | 0.00 | 0.42 | 0.00 | 0.20 | 0.00 | 0.00 |
| BBB | 0.00 | 0.14 | 0.00 | 0.27 | 0.67 | 0.73 | 0.19 | 0.64 | 0.32 | 0.22 | 0.17 | 0.29 |
| BB | 1.46 | 0.25 | 0.00 | 1.24 | 1.59 | 0.75 | 1.12 | 0.89 | 0.86 | 0.98 | 1.77 | 1.47 |
| B | 6.50 | 6.31 | 5.86 | 4.97 | 2.38 | 4.35 | 5.29 | 5.41 | 8.97 | 9.57 | 6.77 | 5.19 |
| CCC | 19.40 | 71.43 | 35.85 | 29.27 | 10.53 | 9.52 | 21.62 | 21.88 | 24.66 | 14.44 | 26.00 | 33.33 |

注：CCC债券的违约率是基于非常小的样本计算的，统计意义可能不强。

资料来源：标准普尔的CreditPro，1981～2001年期间。

图2-3显示了标准普尔评级各类别的累积违约率。投资级和投机级评级类别

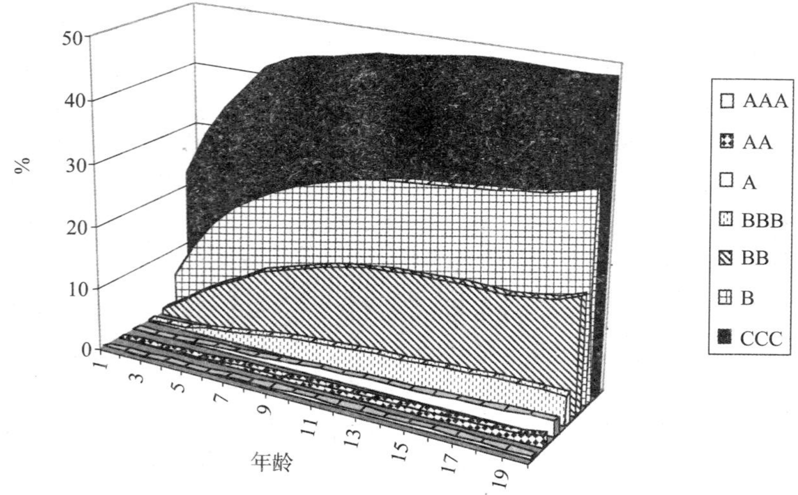


图2-3 各个评级类别的累计违约率（标准普尔的CreditPro）

⊖ 对于某些行业来说，长期违约率的观测值可能不同于平均数据。这种类型的变化可以解释为主营业务的变化，比如说行业内监管的变化。统计效应，比如数量过少和非代表性样本，也可能导致结果有偏差。

之间的一个显著的区别在于违约率曲线的形状。违约率观测值和评级类别之间的明显联系，有力地支持了评级机构的断言，即它们的评级确实是测量信誉的合适方法。

评级机构也会计算迁移矩阵，这一矩阵显示了从一个评级类别迁移到另一个级别的可能性。该矩阵成了一种指标，用来指示到给定的时间区间内给定信用变化的可能路径。提供在违约表格或者迁移矩阵的事后信息，并不能保证提供关于未来 PD 或迁移的事前见解。然而，给定评级类别的 PD，随着时间的稳定以及评级机构所使用标准的稳定，会使得评级对预测违约具有前瞻性。

## 2.2.2　估计累计违约率和转移矩阵

### 2.2.2.1　在经济周期中违约率和转移矩阵的稳定性

迁移矩阵似乎与经济周期有关，因为在经济衰退期间，评级下调次数和违约率都会显著增长。Nickell 等（2000）根据 G7 国家国内生产总值的增长，将 1970 年到 1997 年期间分成三类（增长期、稳定期和衰退期）。他们发现，对 IG 对手方而言，增长期内迁移的波动性远远低于经济衰退期。他们的结论是，迁移矩阵与经济周期有关，不能被看作马尔可夫的。[㊀]

在另一项基于标准普尔数据的研究中，Bangia 等（2002）观察到，独立迁移矩阵的时间线越长，该矩阵就会越非单调。[㊁] 关于它的马尔可夫性质，Bangia 倾向于不像 Nickell 等（2000）那样绝对，即他们的测试表明对马尔可夫过程假设的否定并不那么强烈。然而 Bangia 仍然承认，人们可以观察到迁移概率的路径相依性。例如，评级下调的过去历史会影响到未来的迁移。这一路径相依性非常显著，对最近下调了评级的公司而言，未来 PD 可能增加到 5 倍。

Bangia 接下来关注了经济周期对迁移矩阵的影响。他们根据 NBER 指标，选择了两种类型的时期（扩张，经济衰退）。两个矩阵之间的主要区别在于，在衰退时期，降级的频率更高。将迁移矩阵分裂到两个时期是有用的，也就是说对角元素更为稳定。他们的结论是，选择不同经济周期条件下两个迁移矩阵，在马尔可夫链的稳定性方面，相比只考虑一个对经济周期无条件的矩阵，其结果会更好。

---

㊀ 一个马尔可夫链是指这样一个事实，利用在该链中时刻 $t-1$ 已知的信息，就足以确定时刻 $t$ 的概率。换句话说，没有必要为了获得在时间 $t$ 的概率，而完成从开始到 $t-1$ 的完整路径。

㊁ 单调性规则：概率在远离矩阵对角线时会减小。这一性质是从轨迹概念角度得出的：通过定期的降级或升级发生迁移，而不是一个跳跃式变化。

为了进一步调查经济周期对迁移矩阵和信用 VaR 的影响，Bangia 等（2002）对一个 148 只债券的投资组合，使用了一个版本的信用矩阵。他们表明，相比增长时期，在经济衰退时期必要的经济资本会大幅增加（信用 VaR 在 99% 置信水平下为 30%，或者在 99.9% 置信水平下为 25%）。注意 Bangia 忽略了在经济衰退期间相关性的增加。

#### 2.2.2.2 通过队列分析来估计违约和评级转移概率

对评级公司而言，一个普遍的方法是通过观测相同评级的公司组——常被称作队列（cohort）——的表现来求得历史平均违约或评级迁移概率。在长期"穿周期"风险管理背景下，这些预测通常较为适用，因为这种风险管理试图熨平经济周期和其他经济影响带来的波动。

我们从考虑某特定时间点 $t$（如 2000 年 12 月 31 日）的所有公司开始分析。我们将第 $k$ 个队列在时刻 $t$ 的公司总数记为 $N_k(t)$，将 $T$ 时期（即 $t+T-1$ 时刻和 $t+T$ 时刻之间）内违约观测值总数记为 $D_k(t, T)$。我们就可以得出 $T$ 年时的（边际）PD 的估计值（从 $t$ 时刻来看）：

$$P_k(t,T)=\frac{D_k(t,T)}{N_k(t)}$$ ㊀

对在时刻 $t$ 的 $M$ 个不同的点创造的所有队列重复这一分析，能够让我们估计出 $T$ 时期内的无条件 PD，

$$\overline{P}_k(T)=\sum_{t=1}^{M}w_k(t)P_k(t)$$

这些无条件概率仅仅是不同期间内队列取得的估计的加权平均数。一般来说，形如$w_k(t)=\dfrac{1}{M}$（各期间同权）或$w_k(t)=\dfrac{N_k(t)}{\sum_{m=1}^{M}N_k(m)}$（各期间根据观测数加权）。

求得无条件累计 PD 的一种方法在于将 $T$ 时期内违约（边际）数 $D_k(t, T)$，替换为一直到 $T$ 时期内的累计违约数$D'_k(t, T)=\sum_{m=1}^{T}D_k(t,m)$，但是这一估计会随着 $T$ 的增加而"损失"越来越多的信息，㊁ 一种包含了所有可用信息的替代方法，是从无条件边际概率$\overline{P}_k^{\text{cum}}(T)$来计算无条件（加权平均）累计概率 $\overline{P}_k(T)$。可以通过以下递归来实现：

---

㊀ 这里强调的队列分析基于包含在标准普尔的 CreditPro® Version6.60 中的全球评级表现数据 (http://creditpro.standardandpoors.com/)。

㊁ 一些公司会在这一年的过程中撤回它们的评级。迁移至 NR（未评级）一般被当成是对于信用质量无用的信息。因此，随后的分析将忽略在特定期间内撤回评级的公司。

$$\overline{P}_k^{\,\mathrm{cum}}(1)=\overline{P}_k(1)$$
$$\overline{P}_k^{\,\mathrm{cum}}(T)=\overline{P}_k^{\,\mathrm{cum}}(T-1)+(1-\overline{P}_k^{\,\mathrm{cum}}(T-1))\overline{P}_k(T)$$

表 2-3 和图 2-4 显示了长达 10 年的时间线内的累计 PD，根据标准普尔 CreditPro® 数据库来估计。该数据库包含了从 1981 年 12 月 31 日到 2003 年 12 月 31 日的 9740 家公司的评级历史，还包含 1386 个违约。[⊖]图 2-4 标出了评级类别从 “AAA” 到 “B” 的点。

表 2-3　累计违约率（百分点，1981 ～ 2003）

| 评级 | Y1 | Y2 | Y3 | Y4 | Y5 | Y6 | Y7 | Y8 | Y9 | Y10 |
|---|---|---|---|---|---|---|---|---|---|---|
| AAA | 0.00 | 0.00 | 0.03 | 0.06 | 0.10 | 0.17 | 0.25 | 0.38 | 0.43 | 0.48 |
| AA | 0.01 | 0.04 | 0.10 | 0.19 | 0.31 | 0.43 | 0.58 | 0.71 | 0.82 | 0.94 |
| A | 0.05 | 0.15 | 0.28 | 0.45 | 0.65 | 0.87 | 1.11 | 1.34 | 1.62 | 1.95 |
| BBB | 0.37 | 1.01 | 1.67 | 2.53 | 3.41 | 4.24 | 4.94 | 5.61 | 6.22 | 6.93 |
| BB | 1.36 | 4.02 | 7.12 | 9.92 | 12.38 | 14.75 | 16.65 | 18.24 | 19.84 | 21.00 |
| B | 6.08 | 13.31 | 19.20 | 23.66 | 26.82 | 29.29 | 31.33 | 33.01 | 34.21 | 35.41 |
| CCC/C | 30.85 | 39.76 | 45.47 | 49.53 | 53.00 | 54.30 | 55.50 | 56.11 | 57.59 | 58.44 |

资料来源：标准普尔。

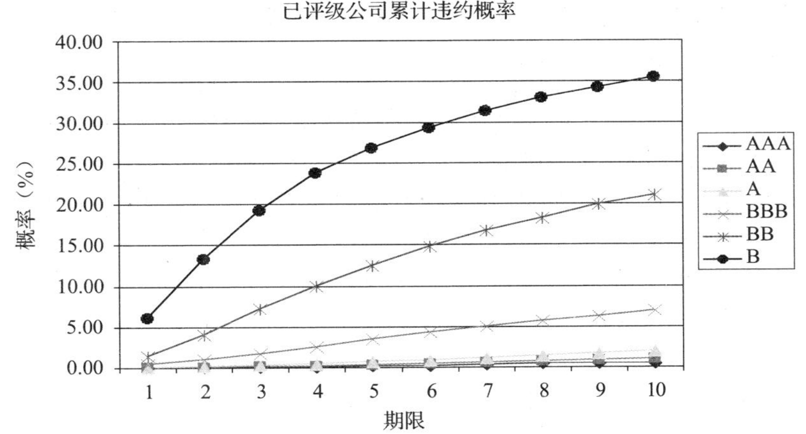


图 2-4　累计违约概率（AAA 到 B），1981 ～ 2003（标准普尔）

在短时间线内对 “AAA” 企业的估计揭示了队列分析的主要缺陷之一。这

⊖ 例如对 $T$=5 年而言，如果数据库最后一行对应于 2003 年 12 月，那么最后的队列可以看成是 1998 年 12 月。这是因为源自前一日期的队列不可能在整个五年都能被观察到，它们是“右设限的”。

一方法在过去未曾观测到违约的情况下，并不能够推导出非零概率。然而，即使是一家高评级的公司，其在一年或两年的过程中违约，也很明显地有某种可能性（但很小）。

在估计评级迁移概率时也可以采取同样的方法。在这一情况下，对于给定时间线，我们有一个概率矩阵（迁移矩阵），而不是一个概率向量。这个矩阵的数据可以通过使用给定方程的简单一般化来估计。表 2-4 给出了相应的评级转移矩阵。

表 2-4 美国各行业一年期迁移矩阵（百分点，1981 ～ 2001）

| 初始评级 | 年末评级 | | | | | | | |
|---|---|---|---|---|---|---|---|---|
| | AAA | AA | A | BBB | BB | B | CC | D |
| AAA | 89.41 | 5.58 | 0.44 | 0.08 | 0.04 | 0 | 0 | 0 |
| AA | 0.58 | 88.28 | 6.51 | 0.6 | 0.07 | 0.09 | 0.03 | 0.01 |
| A | 0.07 | 2.05 | 87.85 | 4.99 | 0.46 | 0.17 | 0.05 | 0.06 |
| BBB | 0.04 | 0.24 | 4.52 | 84.4 | 4.24 | 0.68 | 0.16 | 0.27 |
| BB | 0.03 | 0.07 | 0.43 | 6.1 | 75.56 | 7.33 | 0.82 | 1.17 |
| B | 0 | 0.09 | 0.25 | 0.32 | 4.78 | 74.59 | 3.75 | 5.93 |
| CCC | 0.13 | 0 | 0.25 | 0.75 | 1.63 | 8.67 | 51.01 | 25.25 |

注：本表中 D 表示违约。

资料来源：标准普尔的 CreditPro。

对评级撤回（NR）进行调整。一些公司在给定时期的开始有评级，而在结束时可能不再有评级。这可能是因为发行人已经没有再支付评级机构的费用，或者他已经要求该机构撤销其评级。这些事件并不少见，在给定某年的 IG 类中约占到迁移的 4.5%，在投机级内约占到 10%。

在计算概率时，我们需要调整之前计算的概率，以将撤销评级的可能性考虑在内。否则，$n$ 评级的迁移概率之和会小于 1。

这一调整是通过忽略给定期限内撤回评级的公司来实现的。潜在假设在于评级撤回是一个中性事件，也就是说它无关于发行人信用质量的任何信息。然而，我们能够认为，公司是因为预计到评级将下调到低于他们认为的一个可接受水平才要求撤回的，而公司对自己评级满意的话一般就不会撤回。

由于很难获取评级撤回背后的动机信息，因此这样的调整通常被认为是可以接受的。

表 2-5 显示了用于债务担保证券标准普尔 CDO 估价者 2.4.1 版本的违约表格。队列分析是那一版本使用方法的基础。

表 2-5　各评级类别的累计违约率（百分点）——由 CDO 估价者 2.41 给出

| | AAA | AA+ | AA | AA− | A+ | A | A− | BBB+ | BBB | BBB− | BB+ | BB | BB− | B+ | B | B− | CCC+ | CCC | CCC− | CC | SD | D |
|---|---|---|---|---|---|---|---|---|---|---|---|---|---|---|---|---|---|---|---|---|---|---|
| 1 | 0.023 | 0.023 | 0.111 | 0.136 | 0.136 | 0.136 | 0.145 | 0.225 | 0.225 | 0.544 | 1.666 | 2.772 | 2.792 | 3.667 | 8.594 | 9.563 | 14.693 | 19.824 | 46.549 | 100.000 | 100.000 | 100.000 |
| 2 | 0.062 | 0.071 | 0.242 | 0.290 | 0.303 | 0.317 | 0.358 | 0.532 | 0.638 | 1.357 | 3.316 | 5.265 | 5.667 | 7.535 | 14.514 | 16.626 | 23.401 | 30.176 | 53.451 | 100.000 | 100.000 | 100.000 |
| 3 | 0.119 | 0.143 | 0.394 | 0.464 | 0.501 | 0.542 | 0.632 | 0.911 | 1.182 | 2.317 | 4.916 | 7.498 | 8.380 | 11.078 | 18.594 | 21.564 | 28.696 | 35.829 | 57.219 | 100.000 | 100.000 | 100.000 |
| 4 | 0.193 | 0.239 | 0.565 | 0.659 | 0.728 | 0.808 | 0.959 | 1.352 | 1.814 | 3.344 | 6.439 | 9.489 | 10.826 | 14.122 | 21.446 | 24.962 | 32.024 | 39.086 | 59.390 | 100.000 | 100.000 | 100.000 |
| 5 | 0.284 | 0.357 | 0.757 | 0.875 | 0.984 | 1.111 | 1.330 | 1.841 | 2.500 | 4.387 | 7.866 | 11.255 | 12.973 | 16.655 | 23.488 | 27.316 | 34.200 | 41.083 | 60.722 | 100.000 | 100.000 | 100.000 |
| 6 | 0.392 | 0.497 | 0.968 | 1.113 | 1.265 | 1.448 | 1.737 | 2.368 | 3.215 | 5.415 | 9.189 | 12.817 | 14.834 | 18.735 | 24.997 | 28.985 | 35.690 | 42.394 | 61.596 | 100.000 | 100.000 | 100.000 |
| 7 | 0.517 | 0.656 | 1.198 | 1.372 | 1.570 | 1.814 | 2.173 | 2.921 | 3.941 | 6.410 | 10.407 | 14.197 | 16.436 | 20.438 | 26.151 | 30.208 | 36.762 | 43.317 | 62.211 | 100.000 | 100.000 | 100.000 |
| 8 | 0.658 | 0.835 | 1.445 | 1.650 | 1.896 | 2.204 | 2.632 | 3.492 | 4.667 | 7.360 | 11.525 | 15.419 | 17.816 | 21.840 | 27.065 | 31.141 | 37.576 | 44.010 | 62.673 | 100.000 | 100.000 | 100.000 |
| 9 | 0.815 | 1.033 | 1.710 | 1.946 | 2.242 | 2.614 | 3.108 | 4.074 | 5.383 | 8.261 | 12.548 | 16.503 | 19.008 | 23.004 | 27.816 | 31.883 | 38.222 | 44.562 | 63.041 | 100.000 | 100.000 | 100.000 |
| 10 | 0.988 | 1.247 | 1.990 | 2.259 | 2.604 | 3.041 | 3.597 | 4.661 | 6.084 | 9.112 | 13.486 | 17.470 | 20.044 | 23.984 | 28.453 | 32.497 | 38.760 | 45.023 | 63.349 | 100.000 | 100.000 | 100.000 |
| 11 | 1.176 | 1.478 | 2.285 | 2.588 | 2.981 | 3.481 | 4.096 | 5.248 | 6.766 | 9.914 | 14.346 | 18.338 | 20.952 | 24.821 | 29.008 | 33.023 | 39.223 | 45.424 | 63.616 | 100.000 | 100.000 | 100.000 |
| 12 | 1.378 | 1.724 | 2.594 | 2.931 | 3.371 | 3.931 | 4.599 | 5.831 | 7.428 | 10.671 | 15.139 | 19.122 | 21.755 | 25.548 | 29.504 | 33.488 | 39.635 | 45.782 | 63.855 | 100.000 | 100.000 | 100.000 |
| 13 | 1.594 | 1.985 | 2.916 | 3.287 | 3.772 | 4.389 | 5.106 | 6.409 | 8.068 | 11.384 | 15.872 | 19.835 | 22.473 | 26.190 | 29.957 | 33.910 | 40.011 | 46.111 | 64.074 | 100.000 | 100.000 | 100.000 |
| 14 | 1.823 | 2.259 | 3.249 | 3.654 | 4.183 | 4.852 | 5.614 | 6.979 | 8.687 | 12.058 | 16.554 | 20.489 | 23.122 | 26.765 | 30.377 | 34.300 | 40.359 | 46.418 | 64.278 | 100.000 | 100.000 | 100.000 |
| 15 | 2.066 | 2.546 | 3.593 | 4.032 | 4.601 | 5.319 | 6.120 | 7.539 | 9.286 | 12.697 | 17.189 | 21.093 | 23.714 | 27.288 | 30.771 | 34.667 | 40.687 | 46.708 | 64.472 | 100.000 | 100.000 | 100.000 |
| 16 | 2.320 | 2.844 | 3.947 | 4.418 | 5.025 | 5.789 | 6.624 | 8.090 | 9.864 | 13.304 | 17.786 | 21.655 | 24.260 | 27.770 | 31.146 | 35.015 | 41.000 | 46.986 | 64.657 | 100.000 | 100.000 | 100.000 |
| 17 | 2.586 | 3.154 | 4.310 | 4.812 | 5.454 | 6.259 | 7.125 | 8.629 | 10.425 | 13.882 | 18.349 | 22.182 | 24.768 | 28.220 | 31.506 | 35.349 | 41.301 | 47.253 | 64.835 | 100.000 | 100.000 | 100.000 |
| 18 | 2.863 | 3.473 | 4.681 | 5.213 | 5.887 | 6.728 | 7.621 | 9.159 | 10.967 | 14.435 | 18.882 | 22.680 | 25.245 | 28.643 | 31.854 | 35.673 | 41.593 | 47.513 | 65.009 | 100.000 | 100.000 | 100.000 |
| 19 | 3.150 | 3.802 | 5.058 | 5.619 | 6.323 | 7.197 | 8.112 | 9.677 | 11.493 | 14.965 | 19.390 | 23.152 | 25.696 | 29.045 | 32.191 | 35.987 | 41.877 | 47.766 | 65.178 | 100.000 | 100.000 | 100.000 |
| 20 | 3.447 | 4.140 | 5.442 | 6.030 | 6.761 | 7.663 | 8.598 | 10.185 | 12.005 | 15.474 | 19.875 | 23.603 | 26.126 | 29.430 | 32.520 | 36.294 | 42.154 | 48.014 | 65.343 | 100.000 | 100.000 | 100.000 |
| 21 | 3.753 | 4.485 | 5.831 | 6.444 | 7.200 | 8.127 | 9.078 | 10.683 | 12.502 | 15.966 | 20.342 | 24.036 | 26.538 | 29.801 | 32.843 | 36.595 | 42.427 | 48.258 | 65.505 | 100.000 | 100.000 | 100.000 |
| 22 | 4.067 | 4.838 | 6.224 | 6.861 | 7.639 | 8.588 | 9.552 | 11.171 | 12.987 | 16.442 | 20.792 | 24.454 | 26.935 | 30.161 | 33.159 | 36.892 | 42.695 | 48.498 | 65.665 | 100.000 | 100.000 | 100.000 |
| 23 | 4.389 | 5.197 | 6.622 | 7.281 | 8.078 | 9.046 | 10.021 | 11.650 | 13.460 | 16.904 | 21.227 | 24.858 | 27.319 | 30.510 | 33.471 | 37.183 | 42.959 | 48.735 | 65.823 | 100.000 | 100.000 | 100.000 |
| 24 | 4.719 | 5.562 | 7.023 | 7.702 | 8.517 | 9.500 | 10.483 | 12.120 | 13.923 | 17.353 | 21.650 | 25.251 | 27.692 | 30.852 | 33.779 | 37.472 | 43.220 | 48.969 | 65.979 | 100.000 | 100.000 | 100.000 |
| 25 | 5.056 | 5.932 | 7.426 | 8.124 | 8.954 | 9.950 | 10.940 | 12.582 | 14.376 | 17.791 | 22.062 | 25.634 | 28.056 | 31.186 | 34.083 | 37.756 | 43.479 | 49.201 | 66.134 | 100.000 | 100.000 | 100.000 |
| 26 | 5.398 | 6.307 | 7.831 | 8.547 | 9.389 | 10.396 | 11.391 | 13.036 | 14.819 | 18.219 | 22.463 | 26.008 | 28.412 | 31.515 | 34.383 | 38.039 | 43.734 | 49.430 | 66.287 | 100.000 | 100.000 | 100.000 |
| 27 | 5.747 | 6.686 | 8.239 | 8.970 | 9.823 | 10.838 | 11.836 | 13.482 | 15.255 | 18.638 | 22.856 | 26.375 | 28.761 | 31.838 | 34.681 | 38.318 | 43.988 | 49.658 | 66.438 | 100.000 | 100.000 | 100.000 |
| 28 | 6.101 | 7.068 | 8.647 | 9.392 | 10.254 | 11.276 | 12.276 | 13.921 | 15.683 | 19.048 | 23.242 | 26.735 | 29.104 | 32.157 | 34.976 | 38.595 | 44.239 | 49.883 | 66.589 | 100.000 | 100.000 | 100.000 |
| 29 | 6.459 | 7.454 | 9.056 | 9.813 | 10.684 | 11.710 | 12.711 | 14.354 | 16.104 | 19.452 | 23.620 | 27.089 | 29.442 | 32.472 | 35.268 | 38.870 | 44.489 | 50.107 | 66.738 | 100.000 | 100.000 | 100.000 |
| 30 | 6.822 | 7.842 | 9.465 | 10.234 | 11.110 | 12.140 | 13.140 | 14.780 | 16.518 | 19.848 | 23.992 | 27.437 | 29.775 | 32.783 | 35.559 | 39.143 | 44.737 | 50.330 | 66.887 | 100.000 | 100.000 | 100.000 |

### 2.2.2.3 通过久期技术来估计违约和评级迁移概率

前面我们所强调的队列方法在计算评级迁移概率或迁移矩阵时会经常用到。我们不使用违约次数 $D_k(t, T)$，而是使用从 $k$ 级迁移到不同的 $l$ 级的评级迁移次数 $N_{kl}(t, T)$。虽然矩阵能够在不同的时间线 $T$ 下求得，但我们一般要看平均的一年期迁移矩阵，记为 $\overline{Q}$。假设评级迁移满足一个时间齐次的马尔可夫过程，$T$ 时期矩阵 $\overline{Q}(T)$ 由 $\overline{Q}(T)=\overline{Q}^T$ 给出。这一分析没有考虑事件的确切时间，还忽略了时刻 $t$ 到观测期间结束时 $t+T$ 这一期间内的多个迁移。而且估计值也可能随着在固定的时间期间内（例如月度或年度队列）$t$ 的确切选择以及队列数量的不同而不同。一种克服这些缺点的方法是在一个所谓的持续时间（或风险）模型框架下工作，这一框架能够准确捕获迁移的时间点。以其最简单的形式，持续时间分析涉及一个马尔可夫链的生成元矩阵的估计，它无论在齐次时间情况下还是在非齐次时间情况下，都仅仅只是比队列分析略微复杂。Lando 和 Skodeberg（2002), Jafry 和 Schuermann（2003）以及 Jobst 和 Gilkes（2003）更详细地讨论过这些方法。持续时间框架的另一个优点在于，为了捕捉到经济周期和评级势头的影响，估计过程可以扩展到合并状态变量（经济变量或历史评级）。参见 Kavvathas（2001），Christensen 等（2004），以及 Couderc 和 Renault（2005）。

我们来考虑一种最简单的情况，即时间齐次、强度恒定的估计量。迁移矩阵可以以一种直截了当的方式来估计。在迁移强度恒定的假设下，最大似然估计函数为：

$$\lambda_{ij} = \frac{m_{ij}(0, T)}{\int_0^T n_i(u)\mathrm{d}u}$$

式中，$m_{ij}(0, T)$ 对应于从 $i$ 级到 $j$ 级迁移的总数量，在区间 $[0, T]$ 内 $i \neq j$；它包含了最开始并没有在 $i$ 评级，但在区间 $[0, T]$ 中进入 $i$ 评级，并最终在相同区间内进入 $j$ 评级的公司，$n_i(u)$ 为在 $u$ 时刻 $i$ 评级的公司总数。结果 $\int_0^T n_i(u)\mathrm{d}u$ 表示在区间 $[0, T]$ 内 $i$ 评级公司的加权总数，其权重为这一评级内每个公司所花掉的实际时间长度。

我们在表 2-6a 和 b 中表明对一年期时间齐次的迁移矩阵进行估计，使用持续时间方法和队列方法会有什么样的不同。我们使用标准普尔的信用估价者（Credit Pro）1981 ～ 2002 年间数据，并调整了 NR。

对矩阵进行的对比揭示了三个主要差异：

（1）在持续时间方法下，AAA 的违约概率和迁移到 B 和 CCC 的频率都非零，尽管事实上对高评级的发行人来说没有观测到违约。一个公司从 AAA 级降至 AA 再到 A，接下来再到违约的迁移，足够产生 AAA 评级违约概率数据（$\mathrm{PD}_{\mathrm{AAA}}$）。

**表 2-6 使用持续时间法和队列方法的效果比较**

a）持续时间方法：一年期（NR 已调整）迁移矩阵（1981 ～ 2002）

| | AAA | AA | A | BBB | BB | B | CCC | D |
|---|---|---|---|---|---|---|---|---|
| AAA | 93.1178 | 6.1225 | 0.5736 | 0.1267 | 0.0536 | 0.0048 | 0.0006 | 0.0003 |
| AA | 0.5939 | 91.3815 | 7.3290 | 0.5600 | 0.0697 | 0.0527 | 0.0092 | 0.0040 |
| A | 0.0641 | 1.9125 | 91.9291 | 5.4793 | 0.4386 | 0.1514 | 0.0157 | 0.0093 |
| BBB | 0.0363 | 0.2314 | 4.0335 | 89.5775 | 5.0656 | 0.8554 | 0.0866 | 0.1137 |
| BB | 0.0299 | 0.0987 | 0.5407 | 5.0917 | 83.8964 | 8.8088 | 0.8564 | 0.6774 |
| B | 0.0043 | 0.0764 | 0.2531 | 0.4936 | 4.3764 | 83.4296 | 6.3009 | 5.0658 |
| CCC | 0.0595 | 0.0101 | 0.3169 | 0.4650 | 1.1593 | 7.0421 | 47.1048 | 43.8423 |
| D | 0.0000 | 0.0000 | 0.0000 | 0.0000 | 0.0000 | 0.0000 | 0.0000 | 100.000 |

b）队列方法：平均一年期（NR 调整）的迁移矩阵（1981 ～ 2002）

| | AAA | AA | A | BBB | BB | B | CCC | D |
|---|---|---|---|---|---|---|---|---|
| AAA | 93.0859 | 6.2624 | 0.4534 | 0.1417 | 0.0567 | 0.0000 | 0.0000 | 0.0000 |
| AA | 0.5926 | 91.0594 | 7.5372 | 0.6134 | 0.0520 | 0.1144 | 0.0208 | 0.0104 |
| A | 0.0538 | 2.0987 | 91.4858 | 5.6084 | 0.4664 | 0.1913 | 0.0419 | 0.0538 |
| BBB | 0.0324 | 0.2265 | 4.3362 | 89.2161 | 4.6355 | 0.9223 | 0.2751 | 0.3560 |
| BB | 0.0361 | 0.0843 | 0.4334 | 5.9595 | 83.0966 | 7.7173 | 1.2039 | 1.4688 |
| B | 0.0000 | 0.0830 | 0.2844 | 0.4029 | 5.2264 | 82.4484 | 4.8353 | 6.7196 |
| CCC | 0.1053 | 0.0000 | 0.3158 | 0.6316 | 1.5789 | 9.8947 | 56.5263 | 30.9474 |
| D | 0.0000 | 0.0000 | 0.0000 | 0.0000 | 0.0000 | 0.0000 | 0.0000 | 100.0000 |

（2）特别是，时间齐次法求出的投资级（除 AAA）的 PD 明显较小：低效的队列方法似乎大幅高估了违约风险。例如，队列法的 PDA 大约高出 6 倍。当公司在从较低（较高）评级向上（下）至较高（较低）评级的年份会停留在 A 级一段时间时，会取得这些较低的估计。这些变化减少了 A 级发行人的违约强度（因为分母增加），这反过来会导致较低的 PD。

（3）对非常低的评级类别（如上述设定中的 CCC 级）而言，差异也很极端；队列法 CCC 违约率大约为 30%，而持续时间法为 44%。因此，使用效率较低（但却是行业标准）的队列方法将导致结果低了 13%。一种解释是，一些公司跳过 CCC 评级而违约，如果它们这样做的话，在 CCC 级上通常只会花很少的时间。这会产生一个更小的分母，因此 PD 更高。

使用这种持续时间方法对嵌入到 CDO 估价者版本 3 中的违约表格有着显著的影响。新的违约表格（表 2-7）将在接下来表述，同时也能从对应于 CDO 估计者版本 2.41 的表（表 2-5）中看到变化。这一新表是队列方法、持续时间方法和实证观测的累积违约率三者相混合的结果。

表 2-7　每个评级类别的累计 PD（百分点）——CDO 估价者 3 违约率

| | AAA | AA+ | AA | AA− | A+ | A | A− | BBB+ | BBB | BBB− | BB+ | BB | BB− | B+ | B | B− | CCC+ | CCC | CCC− | CC | SD | D |
|---|---|---|---|---|---|---|---|---|---|---|---|---|---|---|---|---|---|---|---|---|---|---|
| 1 | 0.000 | 0.001 | 0.008 | 0.014 | 0.018 | 0.022 | 0.033 | 0.195 | 0.294 | 0.806 | 1.484 | 2.296 | 3.457 | 4.100 | 5.295 | 8.138 | 23.582 | 45.560 | 66.413 | 100.000 | 100.000 | 100.000 |
| 2 | 0.005 | 0.009 | 0.039 | 0.048 | 0.064 | 0.080 | 0.121 | 0.427 | 0.684 | 1.805 | 2.915 | 4.506 | 6.624 | 8.124 | 10.833 | 16.559 | 38.046 | 59.087 | 79.205 | 100.000 | 100.000 | 100.000 |
| 3 | 0.016 | 0.027 | 0.085 | 0.102 | 0.138 | 0.172 | 0.262 | 0.701 | 1.162 | 2.899 | 4.312 | 6.597 | 9.516 | 11.903 | 15.940 | 23.729 | 46.605 | 64.704 | 82.840 | 100.000 | 100.000 | 100.000 |
| 4 | 0.034 | 0.056 | 0.144 | 0.178 | 0.240 | 0.298 | 0.451 | 1.023 | 1.713 | 4.034 | 5.681 | 8.567 | 12.164 | 15.388 | 20.479 | 29.578 | 52.040 | 67.875 | 84.478 | 100.000 | 100.000 | 100.000 |
| 5 | 0.061 | 0.098 | 0.219 | 0.276 | 0.371 | 0.459 | 0.686 | 1.391 | 2.323 | 5.179 | 7.020 | 10.424 | 14.595 | 18.571 | 24.463 | 34.333 | 55.809 | 70.042 | 85.513 | 100.000 | 100.000 | 100.000 |
| 6 | 0.097 | 0.153 | 0.310 | 0.397 | 0.531 | 0.655 | 0.966 | 1.805 | 2.980 | 6.316 | 8.327 | 12.175 | 16.832 | 21.462 | 27.947 | 38.234 | 58.626 | 71.685 | 86.285 | 100.000 | 100.000 | 100.000 |
| 7 | 0.144 | 0.224 | 0.420 | 0.543 | 0.719 | 0.887 | 1.287 | 2.261 | 3.672 | 7.434 | 9.598 | 13.826 | 18.895 | 24.083 | 30.999 | 41.476 | 60.850 | 73.005 | 86.907 | 100.000 | 100.000 | 100.000 |
| 8 | 0.204 | 0.311 | 0.549 | 0.713 | 0.937 | 1.152 | 1.648 | 2.756 | 4.390 | 8.529 | 10.831 | 15.387 | 20.800 | 26.457 | 33.680 | 44.209 | 62.672 | 74.105 | 87.429 | 100.000 | 100.000 | 100.000 |
| 9 | 0.276 | 0.414 | 0.700 | 0.909 | 1.184 | 1.451 | 2.047 | 3.284 | 5.127 | 9.598 | 12.025 | 16.862 | 22.563 | 28.610 | 36.046 | 46.543 | 64.204 | 75.041 | 87.877 | 100.000 | 100.000 | 100.000 |
| 10 | 0.362 | 0.536 | 0.872 | 1.130 | 1.458 | 1.782 | 2.479 | 3.842 | 5.876 | 10.637 | 13.179 | 18.258 | 24.197 | 30.565 | 38.145 | 48.559 | 65.517 | 75.853 | 88.268 | 100.000 | 100.000 | 100.000 |
| 11 | 0.463 | 0.678 | 1.066 | 1.377 | 1.761 | 2.143 | 2.943 | 4.425 | 6.634 | 11.649 | 14.295 | 19.580 | 25.717 | 32.346 | 40.016 | 50.320 | 66.657 | 76.565 | 88.614 | 100.000 | 100.000 | 100.000 |
| 12 | 0.581 | 0.839 | 1.284 | 1.650 | 2.092 | 2.534 | 3.434 | 5.029 | 7.396 | 12.631 | 15.371 | 20.834 | 27.132 | 33.973 | 41.694 | 51.871 | 67.659 | 77.197 | 88.921 | 100.000 | 100.000 | 100.000 |
| 13 | 0.715 | 1.020 | 1.525 | 1.947 | 2.448 | 2.952 | 3.952 | 5.651 | 8.160 | 13.587 | 16.410 | 22.025 | 28.453 | 35.463 | 43.206 | 53.248 | 68.548 | 77.762 | 89.197 | 100.000 | 100.000 | 100.000 |
| 14 | 0.867 | 1.223 | 1.790 | 2.270 | 2.830 | 3.396 | 4.491 | 6.287 | 8.923 | 14.515 | 17.414 | 23.157 | 29.689 | 36.832 | 44.575 | 54.481 | 69.343 | 78.271 | 89.447 | 100.000 | 100.000 | 100.000 |
| 15 | 1.037 | 1.447 | 2.078 | 2.617 | 3.237 | 3.864 | 5.051 | 6.936 | 9.684 | 15.418 | 18.383 | 24.234 | 30.849 | 38.096 | 45.822 | 55.592 | 70.060 | 78.732 | 89.674 | 100.000 | 100.000 | 100.000 |
| 16 | 1.225 | 1.693 | 2.389 | 2.988 | 3.666 | 4.353 | 5.628 | 7.593 | 10.441 | 16.296 | 19.320 | 25.262 | 31.940 | 39.265 | 46.962 | 56.599 | 70.710 | 79.154 | 89.882 | 100.000 | 100.000 | 100.000 |
| 17 | 1.433 | 1.961 | 2.724 | 3.382 | 4.117 | 4.862 | 6.221 | 8.258 | 11.193 | 17.152 | 20.226 | 26.243 | 32.969 | 40.351 | 48.009 | 57.517 | 71.304 | 79.541 | 90.074 | 100.000 | 100.000 | 100.000 |
| 18 | 1.661 | 2.250 | 3.080 | 3.798 | 4.588 | 5.390 | 6.826 | 8.928 | 11.940 | 17.985 | 21.103 | 27.181 | 33.941 | 41.363 | 48.976 | 58.359 | 71.848 | 79.898 | 90.250 | 100.000 | 100.000 | 100.000 |
| 19 | 1.908 | 2.561 | 3.458 | 4.234 | 5.078 | 5.934 | 7.442 | 9.602 | 12.680 | 18.798 | 21.952 | 28.081 | 34.862 | 42.310 | 49.872 | 59.134 | 72.350 | 80.229 | 90.414 | 100.000 | 100.000 | 100.000 |
| 20 | 2.175 | 2.893 | 3.858 | 4.690 | 5.586 | 6.493 | 8.068 | 10.279 | 13.414 | 19.591 | 22.777 | 28.944 | 35.737 | 43.198 | 50.706 | 59.851 | 72.816 | 80.538 | 90.568 | 100.000 | 100.000 | 100.000 |
| 21 | 2.462 | 3.246 | 4.277 | 5.165 | 6.110 | 7.065 | 8.701 | 10.957 | 14.142 | 20.365 | 23.577 | 29.773 | 36.570 | 44.034 | 51.486 | 60.517 | 73.249 | 80.827 | 90.711 | 100.000 | 100.000 | 100.000 |
| 22 | 2.769 | 3.619 | 4.715 | 5.657 | 6.648 | 7.648 | 9.340 | 11.636 | 14.862 | 21.123 | 24.355 | 30.572 | 37.365 | 44.824 | 52.216 | 61.140 | 73.654 | 81.099 | 90.845 | 100.000 | 100.000 | 100.000 |
| 23 | 3.095 | 4.012 | 5.171 | 6.164 | 7.200 | 8.241 | 9.985 | 12.314 | 15.575 | 21.863 | 25.112 | 31.343 | 38.126 | 45.571 | 52.904 | 61.723 | 74.035 | 81.355 | 90.973 | 100.000 | 100.000 | 100.000 |
| 24 | 3.440 | 4.423 | 5.644 | 6.687 | 7.763 | 8.844 | 10.633 | 12.991 | 16.281 | 22.589 | 25.850 | 32.087 | 38.855 | 46.281 | 53.554 | 62.271 | 74.394 | 81.598 | 91.093 | 100.000 | 100.000 | 100.000 |
| 25 | 3.804 | 4.853 | 6.133 | 7.223 | 8.337 | 9.454 | 11.284 | 13.667 | 16.980 | 23.300 | 26.570 | 32.808 | 39.556 | 46.958 | 54.169 | 62.789 | 74.733 | 81.828 | 91.207 | 100.000 | 100.000 | 100.000 |
| 26 | 4.187 | 5.300 | 6.638 | 7.772 | 8.921 | 10.070 | 11.937 | 14.340 | 17.671 | 23.997 | 27.272 | 33.506 | 40.230 | 47.604 | 54.754 | 63.280 | 75.055 | 82.048 | 91.316 | 100.000 | 100.000 | 100.000 |
| 27 | 4.586 | 5.763 | 7.156 | 8.331 | 9.513 | 10.692 | 12.591 | 15.010 | 18.356 | 24.682 | 27.959 | 34.184 | 40.881 | 48.222 | 55.311 | 63.746 | 75.362 | 82.258 | 91.419 | 100.000 | 100.000 | 100.000 |
| 28 | 5.003 | 6.241 | 7.686 | 8.901 | 10.112 | 11.318 | 13.245 | 15.678 | 19.033 | 25.354 | 28.630 | 34.842 | 41.510 | 48.815 | 55.844 | 64.190 | 75.655 | 82.459 | 91.519 | 100.000 | 100.000 | 100.000 |
| 29 | 5.436 | 6.735 | 8.229 | 9.480 | 10.718 | 11.947 | 13.900 | 16.342 | 19.704 | 26.015 | 29.288 | 35.483 | 42.118 | 49.386 | 56.355 | 64.615 | 75.935 | 82.653 | 91.614 | 100.000 | 100.000 | 100.000 |
| 30 | 5.885 | 7.241 | 8.781 | 10.066 | 11.329 | 12.580 | 14.553 | 17.003 | 20.367 | 26.665 | 29.933 | 36.108 | 42.709 | 49.936 | 56.845 | 65.022 | 76.205 | 82.839 | 91.706 | 100.000 | 100.000 | 100.000 |

## 2.3 统计违约率建模和信用打分

为了量化信用风险，专业人员通常构建能够提供特定债务人在给定时间期间内 PD 的模型。另外，我们通常会给一个债务人分配一个所谓的信用分数，如一个 1 到 10 之间的数字，1 对应低风险而 10 对应较高的违约风险。

对 PD 进行建模或者分配信用分数有两种不同的方法：

- 统计学方法
- 结构化方法（也称作默顿模型）

两种类型的方法以及二者的种种混合在实践中应用很普遍。我们首先将对前一方法回顾一些广为人知的例子，并在之后的内容中讨论后一种方法。

### 2.3.1 一些统计技术

在本节中，我们简要讨论一些对给定的一段时间（通常是一年）内 PD 建模的统计方法，并生成信用打分。其中一些方法基于经典统计技术，而其他方法则依赖于机器学习（也称为统计学习）。它们有着共同的理念，即债务人的 PD 可以从数据中取得，而不用知道导致公司违约的机制。

在统计学的学习中，我们通常会区分监督和非监督两种方法。这两种方法的区别在于我们学习的数据。在监督学习中，所谓的标记训练数据是可用的，即观察值提供了违约指标或信用评分以及潜在风险因素。换句话说，一个监督学习算法从我们知道分类标记（违约指标或信用评分）的公司历史观测数据中学习。另一方面，非监督学习算法依赖于所谓的无标记数据，即观测值的这类标记是未知的。虽然这种类型的学习可以用于分配信用分数，它并不广泛用于对 PD 建模；我们在这一章不会讨论非监督学习。

可以用于对 PD 建模或者生成信用分数的方法[⊖]有：

（1）逻辑回归和概率单位

（2）最大似然估计

（3）贝叶斯估计（例如，朴素贝叶斯分类）

（4）最小相对熵模型

（5）费舍线性判别分析

（6）$k$- 最邻近分类法

（7）分类树

⊖ 另见，例如 Mitchell（1997），Hastie 等（2003），Jebara（2004）或者 Witten 和 Frank（2005）。

（8）支持向量机

（9）神经网络

（10）基因算法

这个列表中的一些方法彼此是密切相关的，也并不互斥。例如，逻辑回归可以被视为方法 2、3 或 4 的一个个案，最大似然估计可以在贝叶斯框架下解释。然而，所有这些方法就其本身而言都很有趣，并被实践者所应用。

前四种方法为各评级类别提出了给定风险因素值情况下的条件概率（PD 模型为违约或非违约，信用评分为分数）。列表上的其余方法通过具体设计来分级，也就是说它们对债务人只分配单一分类，但不分配类别概率。于是在信用打分上这些方法比 PD 建模更适合。然而，这些方法可以一般化到给出条件概率。这样做的方法之一是对于一个给定的债务人应用多个略有不同分类的方法，根据每个类别分配的频率来指定类别概率。

接下来，我们来看 PD 建模，并专注于逻辑回归，这也许是最受欢迎的 PD 建模方法，而且从一般意义上讲，它也适合框架 2、3 和 4。

我们考虑一个风险因素的向量 $X, X \in R^d$。在逻辑回归中，以信息 $X$ 为条件，在给定时间期间内（例如一年）违约的概率（记为“1”），被写成是特征函数集 $f_j(X)$ 线性组合的一个逻辑变换，其中 $j=1, \cdots, J$，也即

$$P(1|X) = \frac{1}{1+\mathrm{e}^{-\left(\beta_0+\sum\limits_{i=1}^{j}\beta_j f_j(X)\right)'}}$$

式中，$\beta_j$ 为参数。我们可以将特征函数当成是泰勒展开形式的一些以 $X$ 为自变量的合适函数，它反映了 PD 对风险因素的相依性。逻辑转换[⊖] 使得我们能够取得一个在区间 ] 0，1 [ 的结果。

我们有很多种选择来得到特征函数。最简单也最常用的选择是设置一个线性函数。在这一情况下，我们得到所谓的线性逻辑模型，也就是

$$P(1|X) = \frac{1}{1+\mathrm{e}^{-\left(\beta_0+\sum\limits_{i=1}^{d}\beta_i x_i\right)}}$$

特征函数另一种有时会使用的选择是设置风险因素所有一阶和二阶的组合；它也就是

$$P(1|X) = \frac{1}{1+\mathrm{e}^{-\left(\beta_0\ \sum\limits_{i=1}^{d}\beta_i x_i+\sum\limits_{j=1}^{p}\sum\limits_{k=j}^{p}\delta_{jk}x_j x_k\right)}}$$

这里我们将一些 $\beta_j$ 重命名为 $\delta_{jk}$ 以简化表述。

---

⊖ 其他转换比如概率单位也是有可能的；概率单位被用于穆迪的 Riskcalc ™，见 Falkenstein（2000）。给出转换的另一种方法是进一步减少残差项或误差项。

另一种针对标准普尔 PD 模型的选择，被称作信用风险追踪器（CRT）(见 Zhou 等，2006)，它不仅包含了一阶和二阶，还包含了钟状特征，即 $f_j(X)=\frac{(x_i-a_j)^2}{\sigma^2}$，$a_j$ 表示选定的均值，$\sigma$ 表示对应于钟形衰减的频宽（bandwidth）。

为了特定化任一这些类型的模型，我们需要估计模型参数，也就是 $\beta_j$。做这种处理的标准方法是针对 $\beta_j$ 来最大化对数似然函数

$$L(\beta)=\sum_{i=1}^{N}\{Y_i\log P(1|X_i)+(1-Y_i)\log[1-P(1|X_i)]\}$$

式中，$(X_i, Y_i)$，$i=1, \cdots, N$，是风险因素和违约指标的观测对（1 表示违约，0 表示未违约）。这一方法常常被称作逻辑回归（见 Hosmer 和 Lemeshow，2000）。这一最大似然方法是有效的，如果有相对少的特征函数，且对模型训练而言有很多可用的观测值。要不然，它会造成过度拟合，也就是说模型会对训练数据拟合得很好，但对样本外数据就拟合得很差。为了消除过度拟合，我们可以使用所谓的正则化，也就是最大化一个正则的似然函数，一般满足以下形式

$$L(\beta)+R(\beta)$$

这里 $R(\beta)$ 是一个正则形式，对绝对值大的 $\beta_j$ 而言有一个大的值，对绝对值小的 $\beta_j$ 而言有个小的值。因为较小的 $\beta_j$ 对应于更光滑的（作为风险因素的函数）PD，上述正则形式并不利于不光滑的 PD。估计的结果是这种 PD 会比我们从最大似然估计中求得的 PD 要更光滑。在实践中，我们使用对 $\beta_j$ 的绝对值要么是二次的要么是线性的一种正则形式。很有意思的是，$\beta_j$ 绝对值的线性正则形式会是一个很自然的选择。[⊖]

上述统计方法通常被看成是（可能是正则化）指数概率的最大似然估计量。它们也可以被证明是相当于最小相对熵方法（参见 Jebara，2004)。此外，从一个最大化期望效用的投资者的角度看，生成的概率结果会很强大（见 Friedman 和 Sandow，2003b)。

## 2.3.2 违约率模型的性能分析

目前有各种各样的用来量化 PD 模型性能的方法。比如我们接下来将讨论的基尼（Gini）曲线或累计精度曲线（CAP)，还有受试者工作特征（ROC）曲线，分析了一个 PD 模型怎样去对单个债务人排序。其他一些业绩衡量方法，比如我们接下来也将讨论的似然法，并没有明显地重视排名，而看重分配给各债务人的 PD 的值。

---

⊖ 见 Hastie 等（2003）对正则化的一般观点，见 Zhou 等（2006）在 PD 背景下的应用。

### 2.3.2.1 基尼 /CAP 和 ROC 方法[⊖]

衡量分类性能的一个常用的手段是基尼曲线或称作 CAP。这条曲线评估了评分模型预测对违约观测值排名的一致性（以公司违约概率排名顺序的形式）。公司首先按照打分模型提供的违约概率进行降序排列（水平轴，图 2-5）。纵轴显示了公司的实际违约比例。

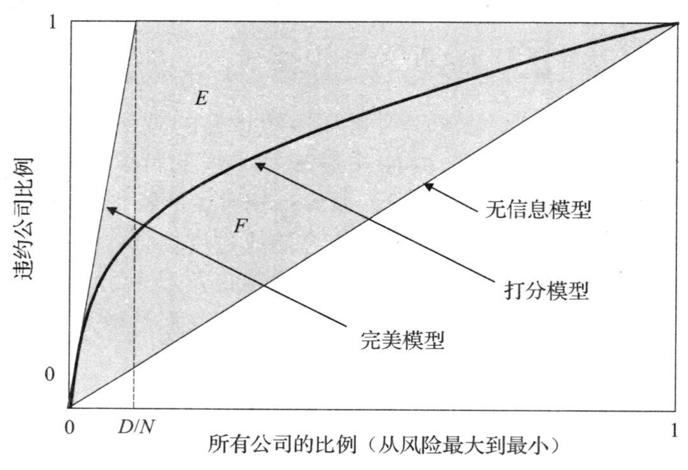


图 2-5 CAP 曲线

一种完美的模型会将 D 即最高的 PD 分配给在样本 $N$ 中已经实际违约的 D 级公司。因此，完美的模型应当是从点（0,0）到点（$D/N$,1）的一条直线和从点（$D/N$,1）到点（1,1）的一条水平线。相反地，一个无信息模型会随机地将 PD 分配给高风险和低风险的公司，结果的 CAP 曲线是一条从点（0,0）到点（1,1）的斜线。

任意一个真实打分模型多少会在某个区间有一条 CAP 曲线。基尼比率（或精确比率）衡量的是排名顺序打分模型的性能，定义为：$G=F/(E+F)$，其中 $E$ 和 $F$ 表示图 2-5 描述的区域。这一比率取值在 0 到 1 之间；比值越高，模型的性能就越好。

CAP 方法提供了模型的排名顺序性能的测量方法，它高度依赖于模型校准的样本。例如任意一个在没有违约观测值的样本上校准的模型，将有一个 100% 的基尼系数。然而，这个结果并不会显示太多关于底层模型的“真正业绩”的信息。例如，根据基础样本的特征，同样的模型显示的精度可能低于 50%，也可能接近 80%。因此，在精度比率并针对不同样本进行计算的基础上来比较不同模型，这一做法非常荒谬。

⊖ Gini 的一个更正式的表述见附录 2A。ROC 的一个更详细的讨论，见 Hosmer 和 Lemeshow（2000）。

一个近似的相关方法是 ROC 曲线。这里我们提出一个参数 $\alpha$ 并且对每一个 $\alpha$ 都计算命中率（假设 $P(1|X)>\alpha$ 表示违约，真正预测出违约的百分比）和错误警报率（假设 $P(1|X)>\alpha$ 表示违约，错误预测的百分比）。ROC 曲线是命中率对错误警报率的点集。在 ROC、ROC 曲线之下和基尼系数、基尼这一区域内存在着一个简单的关系，也就是

$$\text{Gini}=2(\text{ROC}-0.5)$$

为了表明基尼或 ROC 预期达到了什么范围，我们引用 Hosmer 和 Lemeshow（2000）：

- 若 ROC=0.5：这表明没有判别性（即我们不如抛个硬币）。
- 若 0.7<ROC<0.8：这被看成是判别性尚可接受。
- 若 0.8<ROC<0.9：这被看成是判别性非常好。
- 若 ROC>0.9：这被看成是差别性非常显著。
- 在实践中，观测到 ROC 曲线下的区域大于 0.9 的情况非常罕见。

所有的模型业绩评价方法仅仅单纯地关注模型如何对一组债务人的 PD 进行排名。它们提供了非常有价值的信息，并在实践中也运行得很好。然而，它们忽略了 PD 的绝对水平。也就是说，如果对一组给定债务人的所有 PD 都乘以 10（或应用了任一其他单调变换），上述业绩衡量方法并不改变 PD 的值。所以最好进一步补充这些衡量方法，如似然法。

#### 2.3.2.2 对数似然比率

在统计学家中可能最受欢迎的概率模型业绩衡量方法就是似然法。我们在前面的部分中已经将它作为一种估计模型参数的工具而加以讨论。为了测量两个 PD 模型的相对表现，我们经常使用以下的对数似然比（两个模型似然比值的对数）：

$$L(P_1,P_2)=\sum_{i=1}^{N}\left\{Y_i\log\frac{P_1(1|X_i)}{P_2(1|X_i)}+(1-Y_i)\log\frac{1-P_1(1|X_i)}{1-P_2(1|X_i)}\right\}$$

式中，$(X_i,Y_i), i=1,\cdots,N$，是在测试数据集（与模型训练集完全相反）上的风险因素和违约指标的观测对（1 表示违约，0 表示生存）

上述的对数似然比有一些解释：

- 它（通过建设）衡量两个模型对观测数据计算出的相对概率。
- 从贝叶斯统计学的立场上来看，它是一个很自然的业绩衡量指标（参见 Jaynes，2003）。
- 它是这样一种业绩衡量指标，对模型的选择产生了最优化的（从 Neyman-Pearson 引理的意义上讲）决策平面（参见 Cover 和 Thomas，1991）。

- 在一个概率等于测试数据集经验概率的完全市场中，相信第一个模型的特殊理性投资者和相信第二个模型的这样一个投资者，对数自然比是这二者期望效用之差（参见 Friedman 和 Sandow，2003a）。

### 2.3.3 对违约率的期限结构进行建模

到目前为止，我们已经讨论了固定时间期间的 PD。对于结构性金融中的许多实际应用而言，我们需要量化 PD 的期限结构，即我们需要知道未来一系列时间间隔上的违约概率。例如，为了理解一个典型的 CDO 层级的信用风险，我们必须能够模拟担保品产生现金流的数量和时间，这正需要一个 PD 期限结构模型。

对 PD 期限结构进行建模最自然的框架就是所谓的风险率（hazard rate）框架，可能引入风险率的最简单的方法是从一系列始于当前的连续离散时间间隔 $t_1, t_2, \cdots t_n$ 开始。给定债务人的这一离散时间的风险率就可以定义为

$$h(t_i, x, z(t_i))=\text{Prob}(t_i \text{ 时违约} \mid t_i \text{ 前未违约},\ X=x,\ Z(t_i)=z(t_i))$$

式中，$X$ 是 0 时刻的风险因素集（例如某债务人的资产负债表信息），$Z(t_i)$ 是 $t_i$ 时刻的风险因素集（例如经济情况）。生成风险因素 $X$ 和 $Z$ 有很多种选择；尤其是，我们能够忽略 $Z$ 类型或 $X$ 类型的变量。

了解了给定债务人的风险率之后，我们可以计算出其直到 $t_i$ 结束时的生存概率

$$S(t_i, x, z) = \prod_{j=1}^{i}[1 - h(t_j, x, z(t_j))]$$

以及 $t_i$ 时违约的概率

$$S(t_{i-1}, x, z)h(t_i, x, z(t_i))$$

不幸的是，生存概率 $S(t_i)$ 依赖于 $t_i$ 前所有时间的 $Z(t_j)$，而在观测时间点上这一数值是未知的。基本上有两种方法来处理这个问题；一种是建立一个不包括任何 $Z$ 类型因素的模型，一种是对那些因素构建一个时间序列模型并对其联合分布进行平均。[⊖] 这两种方法都是可行的，并用于实践。

很多模型都基于一个持续时间的风险率 $\lambda(t, x, z(t))$ 而运作，这一风险率能够通过将时间间隔的长度 $\Delta t$ 趋于 0 来定义，也就是

$$\lambda(t, x, z(t)) = \lim_{\Delta t \to 0} \frac{h(t_i, x, z(t_i))}{\Delta t}$$

⊖ 包含，建模，并对投资组合中所有债务人来说都一样的 $Z$ 类型因素（例如宏观变量）进行平均，提供了一个对违约相依性进行建模的方法。即使是单一的风险率在给定的 $Z$ 路径下是独立的，在对 $Z$ 类型变量做了平均之后，违约也会变得具有相依性。

于是生存概率就是

$$S(t,x,z)=\exp\left(-\int_0^t \lambda(\tau,x,z(\tau)\mathrm{d}\tau)\right)$$

对于两种类型的模型是离散的还是连续的，风险率都必须从数据中估计。这一般通过假设一个参数形式，并通过（可能是正则的）最大似然方法来估计参数。[㊀] 我们也可以利用非参数技术，如 Nelson-Aalen 估计量（参见，例如 Klein 和 Moeschberger，2003）。然而，这些非参数技术不适合直接推导（$X$ 和 / 或 $Z$ 下的）条件风险率；我们可以在我们的背景中使用它们，从风险因素相依性分离出时间相依性之后，仅仅用来对时间相依性进行建模。[㊁]

Shumway（2001）提出的模型是一例仅包含 $X$ 类型信用因素的模型，是具有下述估计形式的离散风险率

$$h(t_i,x)=\frac{1}{1+\exp(g(t_i)\theta_1+x'\theta_2)}$$

式中，$\theta_1$ 和 $\theta_2$ 是参数，且 $g$ 是一个时间函数，反映了公司寿命。

Duffie 等（2005）提出的模型之一是包含 $Z$ 类型的变量但没有包含 $X$ 类型变量的模型。这里 $Z$ 类型的变量描述了宏观经济变量，也描述了公司特有的信息；例如，每个公司距违约的距离（参见下一节）以及随后一年的股权回报率在模型中是 $Z$ 类型变量。该模型在持续时间的设定下阐述。

另一个略微不同的方法是 Friedman 等（2006）提出的，它用 $X$ 类型体现了公司特有信息，用 $Z$ 类型变量体现了宏观经济信息。

## 2.4 默顿方法

Black 和 Scholes（1973）在他们最初的期权定价论文中提到其方法可以用于对公司债券进行定价。Merton（1974）受到了他们的启发，首先将该方法应用到企业债券定价中。许多学者进行了扩展，一些商业产品也使用相同的基本结构。

### 2.4.1 默顿模型

默顿（1974）模型，是对或有要求权进行分析，并以此给公司债券定价的第一个应用例子。Merton 对公司价值的变化和公司的资本结构使用了简化的假

㊀ 在一种略有不同的方法中，我们可能将风险率模拟为一个通常用作利率的类型的仿射随机过程（参见 Lando，2004）。

㊁ 后一方法通常被用来估计 Cox 比例风险模型（参见 Cox，1972，或 Klein 和 Moeschberger，2003）。

设，能够从很流行的 Black 和 Scholes（1973）范式给出公司债券和股权的定价公式。

在默顿模型中，有价值 $V$ 的公司被假定为通过股权（价值为 $S$）和价值为 $P$、到期日为 $T$ 的零息债券来融资。债务的本金为 $K$。公司的价值是其证券价值之和：$V_t=S_t+P_t$。在默顿模型中，假设债权人在债务到期前并不能强迫公司破产。在到期日 $T$，如果公司的价值足以偿付债务本金，公司被看成是有偿付能力的。否则，公司违约。

假定公司的价值 $V$ 满足几何布朗运动，[㊀] 比如[㊁] $dV=\mu Vdt+\sigma_v VdZ$。如果公司的价值不足偿付债务本金时发生违约：$V_T<K$。在这一情况下，债权人优先级在股东之前，并且掌握了公司的全部价值 $V_T$。否则（如果 $V_T>K$），债权人拿到他们应得的部分：本金 $K$。因此他们的回报 $P(T, T)=\min(K, V_T)=K-\max(K-V_T, 0)$（参见图 2-6）。

股东在公司违约时什么也拿不到，但是在公司有偿付力时就能拿到上面的所有利润，也就是公司的全部价值减去偿付的债务（$V_T-K$）就会落到股东的手里。因此股东的回报就是 $\max(V_T-K, 0)$（参见图 2-6）。

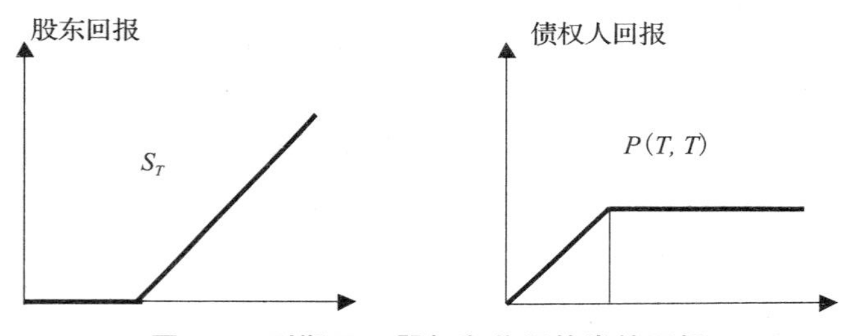


图 2-6　到期日 $T$ 股权和公司债券的回报

熟悉期权的读者会认识到，股东的回报类似于公司价值执行价格为 $K$ 的一个看涨期权。同样地，公司债权人收到的回报可以看成是一个无风险债券减去公司价值看跌期权的回报。

Merton（1974）使用了和 Black 和 Scholes（1973）一样的假设，看涨和看跌期权可以用 Black 和 Scholes 公式算得。例如，看涨期权（股权）可以通过下式很快得到：

$$S_t = V_t N(k + \sigma_V \sqrt{T-t}) - Ke^{-r(T-t)} N(k)$$

㊀ 几何布朗运动是一个随机过程，在固定的时间点前会产生对数正态分布。$\mu$ 是过程的增长率，$\sigma_v$ 是过程的波动率。$Z$ 是一个标准的布朗运动，其增量 $dZ$ 的增值为 0，且方法等于时间。$\mu Vdt$ 这一块表示该过程的确定性漂移，另一块 $\sigma_v VdZ$ 则是一个随机的波动率组成部分。见 Hull（2002）来看几何布朗运动的简单介绍。

㊁ 为了方便表述我们省去了时间下标。

式中

$$k = (\ln(V_t/K) + \left(r - \frac{1}{2}\sigma_V^2\right)(T-t))/(\sigma_V\sqrt{T-t})$$

且 $N(\cdot)$ 表示累计正态分布，$r$ 表示无风险利率。

默顿模型能让我们更进一步地了解公司基本面价值和它的证券价值之间的关系。然而，其最初的模型依赖于很强的假设：

- 资本结构简单：股权单一零票息债务。
- 公司的价值能够完全观测到。
- 公司的价值满足对数正态过程。这一类型的过程并不涵盖导致未预期违约的一个突然性变化（一个跳跃）。违约是渐渐来到的，就像 Duffie 和 Lando（2001）所说的，“不是呼地一下子而是悄悄地”。
- 违约只会在债务到期时发生。
- 无风险利率在到期日之前是个常数。
- 模型并不允许股东和债权人再协调债务。
- 没有对流动性进行调整。

这些严格的假设可以解释为什么默顿模型的简单版本很难符合市场上观察到的经验利差。Van Deventer 和 Imai（2002）实证测试了默顿模型所预测的股权价格和信用利差价格的逆向同步性。他们的样本包含了第一洲际银行两年期信用利差和相关股权价格数据。作者发现，只有 42% 的信用利差变化和股权价格符合默顿模型所预测的方向（增加或减少）。

实际中的困难也阻碍了默顿模型的实证有效性：

- 公司的价值是很难确定的，因为债务的逐日盯市价值往往是未知的。此外，所有与商誉和表外元素有关的东西都难以准确衡量。
- 很难估计资产价值的波动性，因为观测的频率太低。

有大量的文献对原始默顿模型进行了扩展，并弥补了几个它最为不现实的假设。我们引用一些：

- 提前破产（违约壁垒）和清算成本，由 Black 和 Cox（1976）引入
- 附息债券，Geske（1977）
- 随机利率，Nielsen 等（1993）和 Shimko 等（1993）
- 更真实的资本结果（优先和次级债务），例如 Black 和 Cox（1976）
- 包含公司价值跳跃的随机过程，例如 Zhou（1997）
- 股东和债权人的策略博弈，例如 Anderson 和 Sundaresan（1996）
- 分析了不完全会计信息，Duffie 和 Lando（2001）

- 违约壁垒不确定，Duffie 和 Lando（2001）
- 内生违约边界，Leland（1994）以及 Leland 和 Toft（1996）

### 2.4.2 穆迪的 KMV 信用监视器®模型及相关方法

尽管 Merton(1974）主要关注的还是债务定价，但是在债务定价的实践中，几乎还没有应用基于公司价值的方法。其主要的成功还是对违约的预测。

穆迪 KMV 信用监视器®（参见 Crosbie 和 Bohn，2003）应用结构化方法从股权价格来提取给定时间线内的违约概率。大量的公司都有股权价格。如果这些公司的资本结构是已知的，那么就有可能从它们的股权价格中提取到市场隐含的违约概率。这一违约概率被穆迪 KMV 称为期望违约频率（expected default freguency，EDF)。

用现实的资本结构来补充 Merton 类型的方法时有两个主要的困难。原默顿模型只适用于公司资金来源是股权和单一零息票债券：如果发行了多期债务，我们应该如何计算看涨期权（股权）和看跌期权（债务违约部分）的执行价格？公司价值过程的估计也是困难的：当很难观测到资产价值过程的漂移和波动性的时候，如何估计这个值？穆迪 KMV 使用“经验方法”来计算违约看跌期权的执行价格，使用“专有方法”来计算波动率。

穆迪的 KMV 假设发行人的资本结构由记为 $LT$ 的长期债务（即到期日比选定的时间线更长）和记为 $ST$ 的短期债务（在选定的时间线前到期）构成。违约时点的执行价格能够通过组合短期和长期债务来求得：“我们能够发现违约点，也就是公司违约时的资产价值，一般介于总负债和现有或短期负债之间”（参见 Crosbie 和 Bohn，2003）。选择违约价值 $K$ 的实际规则为

$$K=ST+0.5LT$$

这一经验规则单纯是经验性的，并没有任何强大的理论基础。因此，并不能保证同样的规则适用于所有国家 / 地区和所有的行业。另外，没有实证研究能够提供关于这一违约点的置信水平信息。[㊀]

在默顿模型中，$PD$[㊁] 是

$$PD_t=N(-DD)$$

式中，$DD=(\ln(V_t)-\ln(K)+(\mu-\sigma_V^2/2)(T-t))/(\sigma_V\sqrt{T-t})$ 是所谓的违约距离，我们还使用了以下记号：

$N(\cdot)$=累计高斯分布

$V_t$=时刻公司价值

㊀ 最近一些文章和论文重视违约门槛的随机行为。见 Hull 和 White（2000）以及 Avellaneda 和 Zhu（2001）。

㊁ 这是历史方法下的概率。风险中性概率是 $N(-K)=1-N(K)$，已在股权定价公式中给出。

$X$=违约门槛

$\sigma_V$=公司资产价值波动性

$\mu$=资产预期回报率

例：考虑一个公司，市场价值为 30 亿美元，股权波动率为 40%，*ST* 债务为 70 亿美元，*LT* 债务为 60 亿美元。因此 $X=7+0.5\times6=100$ 亿美元。进一步假设，我们解出了 $A_0=125.11$ 亿美元且 $\sigma=9.6\%$。最终 $\mu=5\%$，公司不支付股息，信用期限为 1 年。于是

$$\frac{\log(V_t/K)+(\mu-\sigma_V^2)}{\sigma_V}=3$$

且一年期 Merton 式违约概率为 $N(-3)=0.13\%$。

为了在实践中使用 Merton 框架，我们需要从市场数据中来估计当前的资产价值和资产的波动性。[⊖] 穆迪的 KMV 通过使用 Black-Scholes 的期权定价框架来完成这点，将股权看成是对公司资产价值的看涨期权。这样的话我们就有以下两个式子

$$\sigma_s=C'(V_t,\sigma_V)\sigma_V\frac{V_t}{S_t},\qquad \text{且}\qquad S_t=C(V_t,\sigma_V,t,K,r)$$

式中，$S_t$ 是股权价值，$\sigma_s$ 是其波动性，$C$ 将 Black-Scholes 价值指定给一个看涨期权的函数。股权价值通常是已知的（最起码对公开上市公司来说），而且如果那些都是可以获取的话，股权的波动性要么能从历史数据中估计，要么隐含在期权价格中。已知了 $S_t$ 和 $\sigma_s$，我们可以解上述两个关于 $V_t$ 和 $\sigma_V$ 的方程，它完成了对默顿模型的校准。

估计 $V_t$ 和 $\sigma_V$ 的另外一种方法是 Vassalou 和 Xing（2004）的迭代方案。根据这一方案，资产价值的时间序列是由 Black-Scholes 公式对看涨期权计算出的股权价值的时间序列来计算的，且 $\sigma_V$ 接下来可以从这一时间序列中得出。

穆迪的 KMV 将 DD 估计为

$$\text{DD}=\frac{V_t-K}{\sigma_V V_t}$$

EDF 则能计算为

$$\text{EDF}_t=\Xi(-DD)$$

（参见 Crosbie 和 Bohn，2003）。这里我们用 Ξ(·) 来表示将 DD 映射到 EDF 上的函数。不像默顿模型，穆迪的 KMV 并不依赖于累计正态分布 $N(\cdot)$。正态分布假设下计算为 $N(-\text{DD})$ 的 PD 会往往低很多（尾太薄）。因此穆迪的 KMV 校准了 EDF 使得它能够符合其数据库中的违约数据频率。例如，如果历

⊖ 通过违约距离 PD 实际上也取决于资产价值漂移。然而这一相依性在实践方法中通常被忽略（参见在此给出的 DD 近似公式）。

史上1000家公司中有2家DD为3的公司在一年时间线内违约，则DD为3的公司其EDF就被指定为0.2%。于是公司就能基于其DD而被放在“篮子”里。软件中篮子是怎么使用的，这一点并未向读者透露。

图2-7显示了资产价值过程，并解释了EDF。

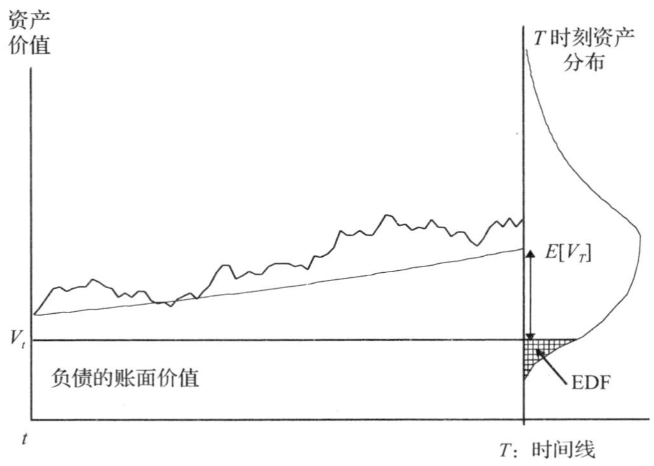


图2-7 PD与DD相关

一旦计算出EDF，就能够将其映射到更为熟悉的标尺上，比如机构评级分类（参见表2-8）。这一映射被实践者广泛使用，但毫无意义，因为EDF是在一年时间线上对侧重于违约率的信用风险的时点衡量方法，而评级是信誉的穿周期估计，因此它们不能简单地转化为一个一年期PD。

表2-8 EDF和相应的评级类别

| EDF（%） | 标准普尔 |
|---|---|
| 0.02 ～ 0.04 | AAA |
| 0.04 ～ 0.10 | AA/A |
| 0.10 ～ 0.19 | A/BBB+ |
| 0.19 ～ 0.40 | BBB+/BBB– |
| 0.40 ～ 0.72 | BBB–/BB |
| 0.72 ～ 1.01 | BB/BB– |
| 1.01 ～ 1.43 | BB–/B+ |
| 1.43 ～ 2.02 | B+/B |
| 2.02 ～ 3.45 | B/B– |

资料来源：Crouhy，Galai，and Mark（2000）.

标准普尔内部默顿模型也采用了一种类似的方法（参见Park，2006）。这一模型的结果在图2-8中表示，它显示了德尔塔航空公司股权的一年期PD。这一模型被用来与标准普尔对美国公众公司的信用风险追踪器（CRT）做比较（参见 Huang（2006）和 Zhou 等（2006）)，后者是一个统计模型（参见“一些统计技术”一节）。

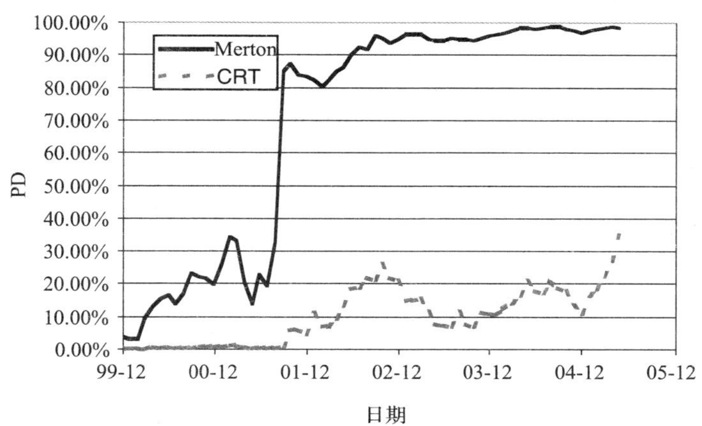


图 2-8　德尔塔航空从标准普尔默顿模型计算出的一年期 PD 以及 CRT 的变化（标准普尔）

在表 2-9 中，我们比较了标准普尔的默顿模型和标准普尔对美国公众公司的 CRT。这一默顿模型根据公司的违约距离将其排序，足够计算出 ROC 而不用在真实世界 PD 上进行映射。CRT 使用默顿模型的违约距离作为一个输入变量。表 2-9 中显示的结果很有意思。我们可以看到两个模型中，最大 2000 家公司的表现都比所有公众公司要好。我们也还可以看到默顿模型对公司排序出奇得好。尤其是对大公司而言，统计模型和默顿模型 ROC 的分别仅为 3%；也就是说，统计模型的大部分解释力都能从 DD 得出。还有，该表似乎也表现出默顿模型多少是针对大公司的。

表 2-9　标准普尔默顿模型的受试者工作特征（ROC）（参见 Park，2006）和标准普尔关于美国公众公司的 CRT。对所有美国公众公司都计算 ROC，也对最大的 2000 家公众公司子集合计算 ROC。无论哪种情况，都应用了一个 5 倍的交叉验证

| | CRT | 默顿模型 |
|---|---|---|
| 所有美国公众公司的 ROC | 0.87 | 0.80 |
| 最大 2000 家美国公众公司的 ROC | 0.95 | 0.92 |

资料来源：标准普尔（见 Zhou 等，2006）。

## 2.4.3　违约预测中基于股权模型的使用和滥用

基于股权的模型在个体公司的提前预警系统中会很有用。Crosbie（1997）以及 Delianedis 和 Geske（1999）研究了结构化模型的提前预警能力，并表明

这些模型能够提前给出评级迁移和违约信息。

毫无疑问，有许多成功例子表明，结构化模型能够从股权市场捕捉到提前预警信号，如世通的案例被股权系统的供应商大力宣传。供应商从不提到的是，也有许多错误的例子：一般股票市场的下跌会使所有 EDF 增加，基于它们的许多内部评级会“降级”，尽管一些公司的信用质量可能并未受到影响。这些错误的结果可能会很昂贵，因为他们经常使得银行在暂时性的低迷时以不利价格进行平仓。

相反地，在股票市场爆发的时期比如 1999 年，这些模型会给几乎所有的公司分配很低的 PD。简而言之，基于股权的模型很容易因为市场泡沫而过度反应。

### 2.4.4 求得 Merton 违约率的期限结构：将默顿模型结果输入 CDO 模型

为了得到一个违约期限结构，我们必须将默顿模型一般化。Black 和 Cox（1976）提出了这样一种一般化方法，假设债券的违约可以在到期日前任一时刻发生，不管什么时候资产价值触到给定的壁垒上。如果有债券安全协议或者在一个债务人连续支付流的背景下，这一想法就更为可靠。

Black-Cox 模型的基本想法在于，在默顿模型中公司的价值满足一个几何布朗运动，也就是

$$\mathrm{d}V=\mu V\mathrm{d}t+\sigma_V V\mathrm{d}Z$$

在 $V$ 第一次触到壁垒 $C$ 时会发生违约，$C$ 的变化满足

$$C_t=C_0\exp(\gamma t)$$

在这一设定下计算 PD 的期限结束来解决这个很容易理解的第一段提到的时间问题。这使得 Black-Cox 模型非常具有吸引力。更重要的是，在理论上可以将这一模型一般化到多元情形（参见 Zhou，2001）。

我们能从 Black-Cox 模型中取得的违约期限结构并不一定是现实的。虽然我们可以试图校准参数 $C_0$ 和 $\gamma$ 使其成为一个统计风险率模型的期限结构，这一校准一般不会太好，因为仅有两个可用参数。为了避免这个问题，我们可以将违约壁垒的变化一般化。这样的一个一般化方法由 Hull 和 White（2001）提出，他们假设了一个非常灵活的变化，能够校准一个任意的期限结构。然而这种类型的模型几乎不能再被称作是一个结构化模型了。

## 2.5 利差（收益率利差和 CDS 利差）

### 2.5.1 信用利差的变化（收益率利差）

在本节中，我们回顾美国信用利差序列的变化。数据包含 Aaa 和 Baa 平均

利差指数的 4177 个日度观测值，从 1986 年初到 2001 年底。利差指数根据穆迪对美国长期（大于 10 年）Aaa 和 Baa 债券的平均利差减去 10 年期固定期限的国库券来算得

$$S_t\text{Aaa}=Y_t\text{Aaa}-Y_tT,\quad \text{以及}\quad S_t\text{Baa}=Y_t\text{Baa}-Y_tT$$

所有的序列都可以从美联储的网站上获得[⊖]，样本中的债券都不含权。

Aaa 是穆迪分类中的最高级，10 年内其历史违约频率为 0.64%，而 Baa 在 IG 类的最后一级，其 10 年内历史违约频率为 4.41%（见 Keenan 等，1999）。二者的最小值都出现在 1989 年，之前两年的违约率都很低。在样本的末尾，利差达到其历史最大值，仅匹配 1986 年的 Aaa 序列。评级机构按照违约债务的数量将 2001 年记为最差的一年。

表 2-10 给出了这些序列的统计摘要。

表 2-10　统计摘要

| | $S_t^{\text{Aaa}}$ | $S_t^{\text{Baa}}$ |
|---|---|---|
| 平均值 | 1.16% | 2.04% |
| 标准差 | 0.40% | 0.50% |
| 最小值 | 0.31% | 1.16% |
| 最大值 | 2.67% | 3.53% |
| 偏度 | 0.872 | 0.711 |
| 峰度 | 3.566 | 2.701 |

图 2-9 描述了 Aaa 和 Baa 级别的利差历史，而图 2-10 是一张 Baa 利差日度变化的散点图，是利差水平的函数。Aaa 序列围绕着 1.2% 左右的平均值振荡，而 Baa 序列的平均值约为 2%。

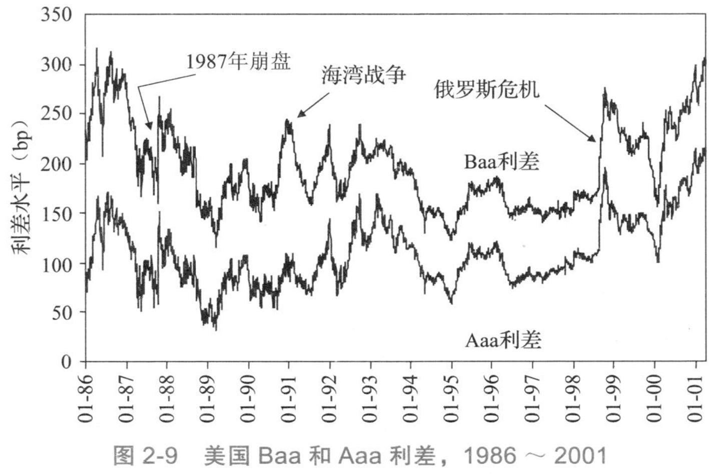


图 2-9　美国 Baa 和 Aaa 利差，1986 ～ 2001

⊖ http://www.federalreserve.gov.

过去20年几个引人注目的事件影响到利差指数的走势。第一个主要事件发生在著名的1987年10月股票市场崩盘时。这一事件被当成是一个股权市场的崩溃而被铭记，但是公司债券也同样受到影响，Baa的利差在两天内飙升了90个基点，为空前大的一次（见图2-10和图2-11）。

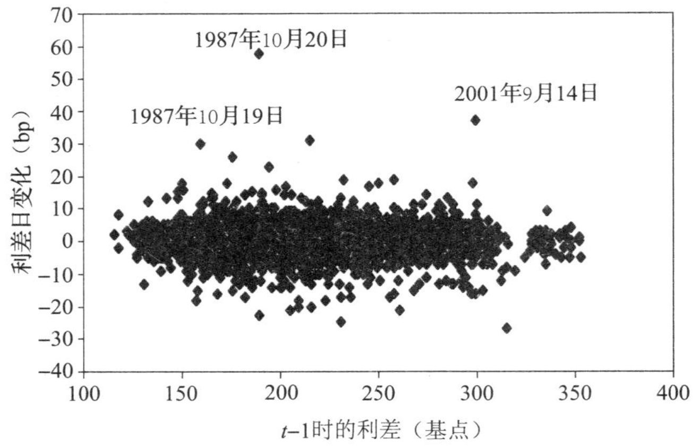


图2-10 美国Baa利差指数的日度变化

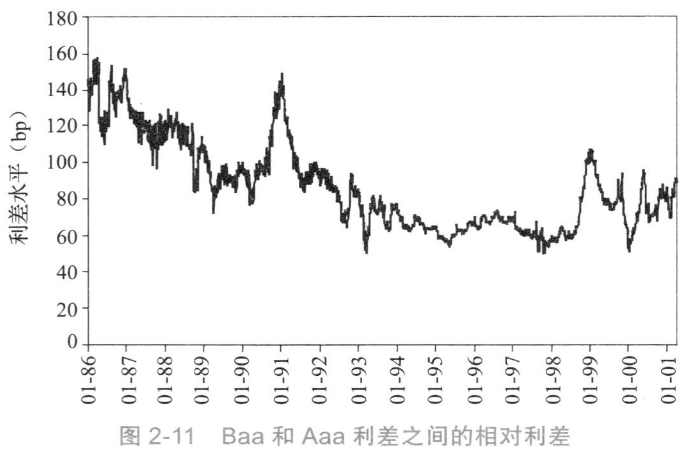


图2-11 Baa和Aaa利差之间的相对利差

海湾战争在图2-9中也能清楚地看见。在战争的准备阶段，Baa利差上升了100个基点，冲突一旦开始就缩小，直到战争结束；它们回到了自己原先的水平。Aaa的利差却几乎没有受到该事件的影响。

最后我们来提一下利差巨大又突然的上升，它们发生在俄罗斯债券1998年8月的违约时，以及2001年的“9·11”时。[⊖]

⊖ 9月14日是那场悲剧之后的第一个交易日。

### 解释 Baa-Aaa 利差

我们之前提到过一些事件比如海湾战争对 Baa 利差产生了显著的影响，而 Aaa 利差却几乎没有受影响。因此看 Baa 和 Aaa 的相对利差会很有意思。图 2-11 是这一差值的散点图。

我们可以观察到 1987 ～ 1998 年间呈一个明显的下降趋势，仅仅被海湾战争打断。这个相对价差收缩的主要原因在于低评级债券市场流动性的改善。

我们可以观察到相对利差（Baa-Aaa）的三个峰值在 1991 年、1998 年和 2001 年。这些都与市场波动性的增加有关，峰值可以根据信用风险的结构化模型来解释。

回想一下，在 Merton（1974）类型的模型中，一个有风险债券可以被视为一个无风险的债券减去一个公司价值的看跌期权。看跌期权的执行价格与发行公司的杠杆率有关（在简单的情况下，即公司的债务仅由单一零息债券构成，该看跌期权的价格为债务的本金）。显然，Baa 企业的价值比 Aaa 企业更为接近于它们的"执行价格"（高风险）。因此，Baa 公司的 vega 值[⊖] 比 Aaa 公司更高。因此，随着波动性的增加，Baa 利差的增加比 Aaa 利差要大。

## 2.5.2 收益率利差的决定因素

利差应该至少反映违约率和回收率。在结构化模型的背景上，Delianedis 和 Geske（2001）仔细分析公司债券利差的组成部分，提出只有 5% 的 AAA 利差和 22% 的 BBB 利差可以归因于违约风险。现在我们来更详细地描述一个利差解释性模型的可能组成部分。

### 2.5.2.1 回收率

给定行业中给定优先级债券的期望回收率会影响利差，因此也很自然的是一个利差模型所应包含的因素。在接下来一节我们将讨论回收率。我们看到回收率将会随着经济周期而波动。因此，同样，采用以经济状态为条件的期望回收率衡量指标是一个更为合适的选择。

### 2.5.2.2 违约率

利差应当也反映 PD。对大公司来说最容易获取的信誉衡量方法毫无疑问就是评级，它们也很容易包含在利差模型中。图 2-12 是一个关于美国行业和国

⊖ 期权的 vega（或 kappa）值是期权的价格对基础证券波动性变化的敏感性。接近于货币的期权，也就是说基础证券的价格接近于期权的执行价格，其 vega 值更高（见 Hull，2002）。

库券收益率的散点图。随着信用评级的恶化，利差明显在上升。Fons（1994）提出了每个评级类别的违约率和利差水平之间的明确关系。对与波动性有关的风险溢价进行建模的主要困难在于违约率，因为市场利差包含了投资者的风险规避。

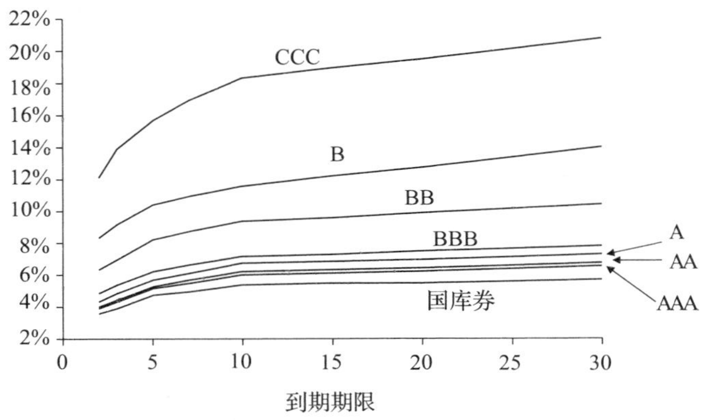


图 2-12 美国行业和国库券利差（风险矩阵）

图 2-13 给出了一个类似但动态的关于评级和利差关系的视角。我们再来观察 1998 年 8 月的利差变化中看上去使结构性破坏的因素是什么。1998 年后的一段时期里，所有风险类别的平均利差和波动率更高。虽然触发该变化的事件是很明确的（俄罗斯违约及随之而来的资本向高质量和流动性出逃），分析师不同意市场中高利差持续的原因。一些人认为投资者规避风险持续发生变化，信用风险每个额外“单位”就风险溢价而言其定价更高。其他分析师提出这样的事实，资产波动性仍然非常高，违约率在该时期也在稳步增加。投资者对风险的感知保持不变，利差只不过反映了更高的真实信用风险。

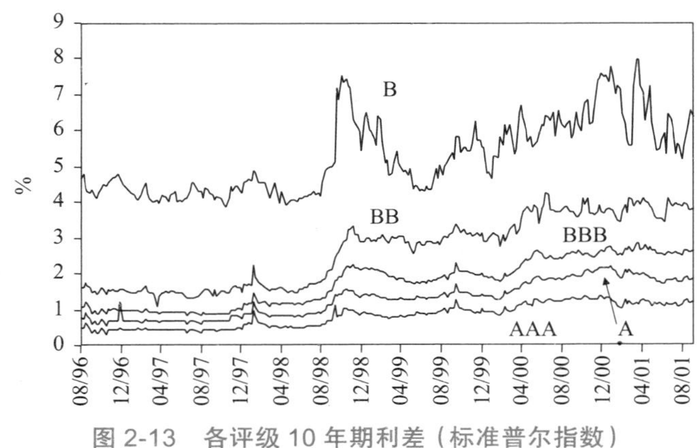


图 2-13 各评级 10 年期利差（标准普尔指数）

另一种解释在于利差变化适逢股票市场对企业债券价格影响力的增加。其原因有两方面：最近股票 / 企业债券交易受到市场参与者的欢迎，以及股权驱动的信用风险模型的普遍使用。

### 2.5.2.3　从结构化模型中提取的违约率

在关于利差的许多实证研究中，股权的波动往往是其中一个最强大的解释变量。这印证了信用风险的结构化方法，即公司的价值低于其负债时触发违约。波动率越高，公司越有可能达到违约边界，利差应该会更高。可能有几种选择：历史与隐含波动率、总体与单体等。隐含波动率的优势是前瞻性（交易员对未来波动率的观点），可以说是一个更好的选择。然而，隐含波动率仅适用于有股票期权交易的公司。在总体层面上，芝加哥期权交易所 VIX 公布的 VIX，通常被选择为隐含波动率的衡量手段。它是 8 个 30 日期限的期权隐含波动率的加权平均数。

结构化方法中 PD 的第二个关键因素是公司杠杆倍率。它衡量的是公司的负债水平占其资产总额的比重。实证工作普遍用到杠杆倍率，即债务的账面价值除以股本的市值加上债务的账面价值。在分析债务时，选择账面价值的原因单纯在于数据的可得性：公司债务份额的一大部分是不会交易的，因此在许多情况下不可能获取它的市场价值。上市公司股票不会出现这个问题。如果没有可用的负债水平信息，或者如果模型旨在估算总利差，那么股票回报率（个体或市场水平）可以作为一个杠杆倍率的一个粗略的替代数。其潜在假设是，未清偿债务的账面价值的波动性可能会比公司股票的市场价值小得多。因此，一般而言，股票回报率为正应该意味着杠杆倍率和利差的下降。

在宏观经济层面上，收益率曲线通常是市场对未来增长率观点的一个指标。特别地，一个陡峭的收益率曲线往往意味着增长预期，而倒置或平坦的收益率曲线通常会在经济衰退时被观察到。自然，在衰退时违约率要高得多（见图 2-14[㊀]）；收益率曲线的斜度可以用来预测将来的违约率，我们可以认为收益率利差与期限结构的斜率反向相关。

### 2.5.2.4　无风险利率

关于无风险利率和利差之间的相互作用，学术文献有很多争论。多数论文（例如 Duffee，1998）表明了负相关性，并暗示当利率上升（下降）时，风险利差并未完全反映这一上升（下降）的影响。Morris 等（1998）区别了无风险利率变化对公司债券利差具有负的短期影响和正的长期影响。这一发现的一种可能解释在于，风险利差对国债利率的变化调整得很慢（短期影响），但是在长期

㊀ GDP 和 NIG，分别表示国内生产总值和非投资级别。

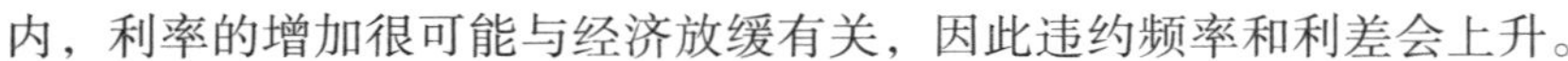
内，利率的增加很可能与经济放缓有关，因此违约频率和利差会上升。

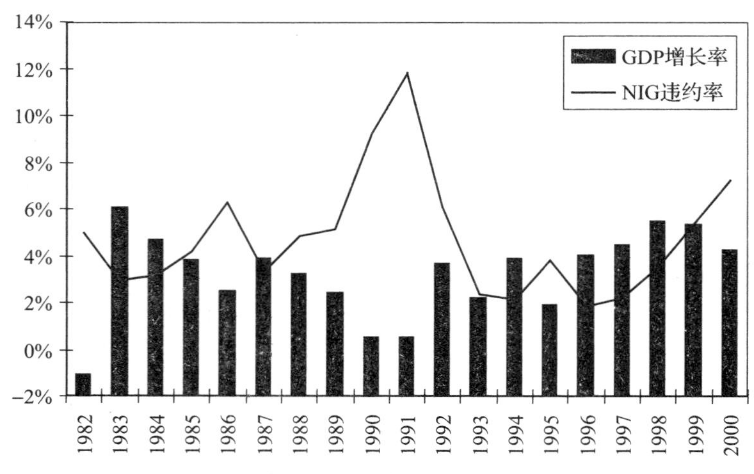


图 2-14　违约率和经济增长率（标准普尔）

### 2.5.2.5 风险溢价

信用利差衡量了给予投资者作为信用风险补偿的债券超额回报。用违约概率和回收率来测量信用风险远远不够，也需要考虑投资者的风险厌恶情绪。

如果这种做法的目的在于确定某债券样本的利差水平，我们可以从信用利差指数中提取一些关于“信用风险的市场价格”的信息。假设高评级债券和投机债券的风险之差随着时间保持不变（这是一个很强的假设），两个信用利差指数之间差值的变化，比如那些在本章前面探讨过的指数，应该会是风险溢价变化的结果。

*有没有系统性因素在起作用？*许多之前识别出的变量对于解释公司债券收益率的水平和变化很有帮助。我们可以提出一个类似的分析来确定主权债务利差的驱动因素，比如意大利对德国利差，或墨西哥对美国利差。然而这些市场的基本面是非常不同的，我们可能会认为，这些不同的市场中的交易或投资策略应该是不相关的。这一直觉会在大多数情况下看上去有效，但在危机的时候，利差往往表现出极端的联动性。

为了说明这一点，我们来看一下 1998 年俄罗斯和长期资本管理公司的危机。我们已经看到，8 月俄罗斯的违约大幅推高了公司债券利差。这并不是一个孤立的现象。图 2-15 右轴显示了 10 年期意大利国债对 10 年期邦德债券（德国基准）的利差，左轴显示了墨西哥布雷迪[⊖] 贴现债券对 30 年期美国国债的利差。

⊖ 布雷迪债券是由发展中国家作为其外部债务协商重组的一部分而发行的证券。其命名源自于美国财政部长 Nicholas Brady，他的计划旨在永久重组未到期主权贷款，并将其展期为流动债务工具。布雷迪债券期限在 10 ～ 30 年之间，一些利息的支付由高等级公司的担保品保证（通常是前三次票息由滚动担保物担保）。它们是新兴市场中最具流动性的工具。

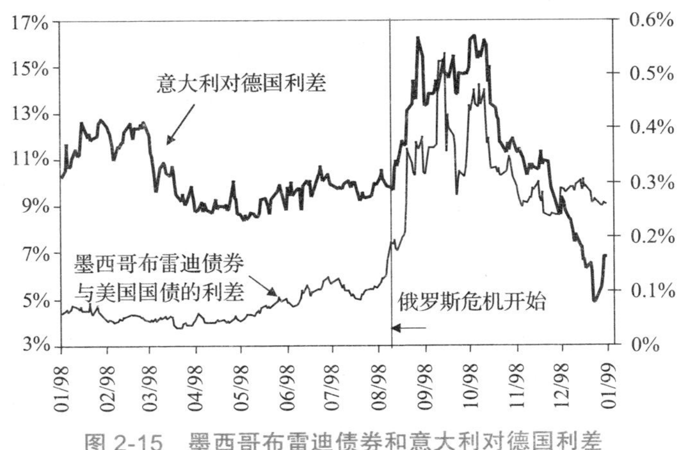


图 2-15 墨西哥布雷迪债券和意大利对德国利差

图 2-15 在几个方面有启发意义。首先，它表明明显分割市场中的金融工具会因为同一事件而同时反应。在这种情况下，它似乎表明 1998 年 8 月俄罗斯的违约就是这一关键事件。[⊖]

其次，它解释了为什么对冲、分散化和风险管理策略在 1998 年 8 月至 1999 年 2 月这一期间出现严重失败。典型的风险管理工具比如在险价值，使用值固定的资产相关性来计算需要计提的资本金数量。在我们的例子中，从 1998 年 1 月到 7 月两个利差的相关性是 −11%。然后，虽然市场并非受制于经济基本面，虽然危机发生在显然不相关的第三市场，但是相关性突然都变为正数，而且特别显著。在这个例子中，到 1998 年底相关性增加到 62%。

有些人可能会说，俄罗斯违约可能只是全面增加了违约风险，或者说市场参与者预期到所有债券市场的外溢效应。另一个解释在于，这一时期的流动性迁徙和避险迁徙：投资者大规模转向最具流动性和最安全的产品，也就是美国国债和德国国债。在金融危机的余波，许多有信用风险的产品似乎并没有以任何价格找到任何买方。

从风险管理的角度来看，一种想法很明智，就是说有一种全球性因素（可能是投资者的风险厌恶）对所有债券市场都会产生影响，并可能在动荡时期导致重大损失。

### 2.5.2.6 流动性

最后或许也是最重要的一点，收益率利差反映了公司和政府证券的相对流动性。流动性是公司债券存在利差的一个主要解释之一。这一点早就被认识到了（参见 Fisher，1959），也能被这一事实证明，政府债券通常发行量大且交易

⊖ 可以从 Anderson 和 Renault（1999）找到一个关于该案例的更彻底的研究。

活跃，而企业债券市场则是一个场外交易市场，其交易量和交易频率要小得多。投资者因为持有流动性较差的证券而需要一定补偿（以增加收益率的形式）。

对于IG债券，信用风险没有投机级债券那么重要，流动性是其利差中的主要因素。然而，流动性是一个非常模糊的概念，并不存在一个明确的定义。它可以意味着，企业能够快速融资以应对突然性的现金流，也可以意味着，该债务在二级市场中具有可交易性。我们偏重于后一定义。更具体地说，我们将流动性看成是，能够迅速在市场上平仓而不显著影响其价格的能力。流动性可能因此被看成是释放某个仓位的一种选择。

Longstaff（1995）遵循了这一方法，并提出了交易受限制证券其流动性折扣的上界。如果一个证券比如说在七天内不能买卖，相比一个能够连续交易的相同债券，它就会打一个折扣。这个折扣代表了不能在限制期内交易的机会成本。因此，它的边界就在于，在限制期内以最好（最高）的价格卖出[⊖] 仓位的价值。因此流动性价值的上限就是回溯看跌期权的价格。

关于非政府债券的流动性的研究很少。Kempf 和 Uhrig（1997）提出一个对流动性利差的直接建模——归因于政府和公司债券流动性差异的一部分收益率利差。他们认为，流动性利差遵循均值回归过程，并以德国政府债券数据对其进行了估计。Longstaff（1994）考虑了日本的市政债券和其他信用风险债券。Ericsson 和 Renault（2001）对债权人的行为进行了建模，该债权人会被迫因为外部冲击而出售其仓位（急需现金）。流动性利差的产生是因为强制出售可能伴随着市场需求的缺乏（流动性危机）。他们基于 Merton（1974）违约风险框架的理论模型，生成的像 Kempf 和 Uhrig（1997）还有 Longstaff（1994）所说的那种流动性利差，其期限结构是向下倾斜的。他们还发现，流动性利差会随着信用风险增加：如果流动性是清空某个仓位的选择，那么这个选择就会在存在信用风险时更具价值，因为长期无法释放仓位可能会使得债权人被迫持有即将违约的债券，并面临破产损失。在一个有500多只美国公司债券的样本中，他们找到了支持流动性溢价期限结构斜率为负以及信用风险和流动性利差存在正相关关系的证据。

在实证方面，股票市场的流动性（在较小范围内，国债市场的流动性也）一直得到广泛的实证研究，但是衡量违约风险证券的流动性溢价的实证研究却几乎没有。几个变量可以用来代表流动性。候选变量之一自然就是市场中交易的数量以及交易量。公司债券市场的场外性质使得这些数据难以获得。次优的候选变量，发行余额也能作为流动性的代表。它隐含了一个假设，就是发行量大的债券通常比发行量小的债券其交易要更加活跃。

债券的一个风格化事实是，它们在发行时流动性会更大，但随着发行额的很大一部分被锁定到投资组合中之后，它们会很快失去流动性（参见 Fabozzi

⊖ 我们假设该投资者持有该证券的多头仓位。

写的第 10 章，以及 Fabozzi，1995）。因此发行期在一个收益率利差的解释模型中，可能会代表着流动性。同样的道理，新券 / 旧券利差（到期期限相同的已发行和新发行债券的收益率之差）经常被用来作为一种流动性的指标。1998 年俄罗斯危机期间，伴随着流动性的急剧紧缩，美国长期债券（30 年期基准）相比仅有几个月就到期的期限第二长的债券，其交易存在 35 个基点的溢价，而历史上这种差异仅有 7 ～ 8 个基点（Poole，1998）。

#### 2.5.2.7　税收

为了结束这一利差影响因素的未穷举的列表，我们提一下税收。在某些司法管辖区（如美国），公司债和美国国债的税收待遇不尽相同（见 Elton 等，2001）。例如，在美国，国债的一些税是免征的，而公司债券就不是。投资者当然会对征税更多的工具要求更高的回报。

我们已经提到很多因素会影响到收益率利差，而且这些利差并不能单纯地归因于信用风险。我们现在更集中具体地来看结构化模型解释利差水平及其变化的能力。

### 2.5.3　CDS 利率

另一个提供违约风险信息的市场量是 CDS 利率。这里 CDS 代表信用违约互换。信用违约互换是最常用的信用衍生品。在最基本的形式下，它的工作原理如下：甲方，所谓的保护买家，支付年度或半年度的保险费给乙方，即所谓保护卖家。这些付款要么在给定的时间段（CDS 到期日）之后结束，要么在参考实体违约之后支付。对于这种违约的情况，保护卖家补偿保护买家由于违约而产生的损失。CDS 利率，也称为信用互换利差或 CDS 保费，是由保护买家支付的保费。图 2-16 说明了一个信用违约互换的现金流。

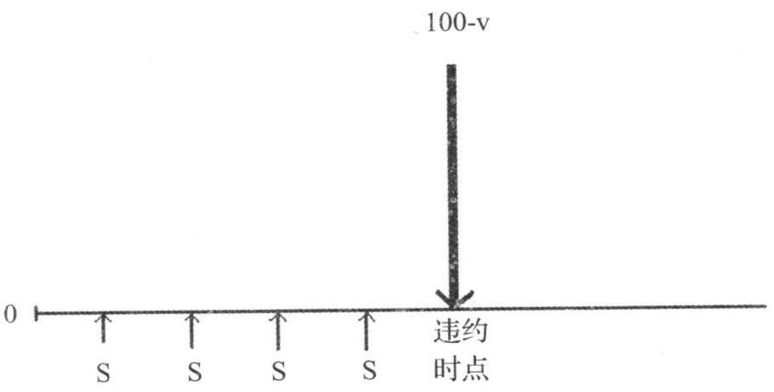


图 2-16　在 CDS 到期前的某时刻，参考实体违约这一情况下，面值 100 的信用违约互换（CDS）的现金流。这里 S 表示 CDS 的保费，v 表示违约时参考证券的价值。在未违约的情况下，CDS 保费的支付在 CDS 到期前一直持续

它由一个无套利原则产生，在一些理想化的假设下，CDS 利率应当等于相同债务人的相应债券利差（对 LIBOR），因此 CDS 利率由一些相同的因素确定，如违约概率、风险溢价和预期回收率。然而，这种关系的基础假设在实践中往往不太准确，这可能导致 CDS 利率和债券收益率之间存在差异，也就是说 CDS 利差和收益率利差存在差值。我们列出了一些为什么会出现这种差异的原因：

- 如果 CDS 的基础票据流动性很差，那么无套利原则就不适用，CDS 利差与收益率利差之间的差别就会非常大。
- CDS 经常对信用事件的定义更宽，这样会增加长期折价交易债券的 CDS 的利差。
- 通过逆回购来做空票据一般不是免费的，它会增加 CDS 关于债券的利差。增值的值就是所谓的回购特价（repo-special）。

关于 CDS 利率的实证研究，我们为读者介绍 Houweling 和 Vorst（2002），Aunon-Nerin 等（2002），以及 Nordon 和 Weber（2004）。图 2-17 中显示了历史 CDS 利差作为时间函数的例子。

图 2-17 通用汽车五年期 CDS 利差对时间的函数（Markit 合伙）

### 2.5.4 从利差中提取违约信息：市场隐含评级

正如我们在前一节中看到的，利差包含着违约风险信息，更确切地说包含着市场感知到的违约风险信息。有多种方法来从利差数据提取该信息，一种方法是构造市场隐含评级。穆迪提供了一个产品，给出了基于债券利差和 CDS 利率的这种评级。

最近标准普尔的一些研究表明，有一种方法可以从债券或 CDS 利率来构建市场隐含评级。因为这些利差不仅取决于违约概率，还取决于其他因素，比如说预期回收率和流动性，我们必须过滤掉其中的一些其他因素，以将利差映射到评级上。这些其他因素包含市场性并且特质化的组成部分。我们可以通过使用与对应于给定评级类别的平均市场利差有关的利差，来过滤掉市场性的组成部分。为了做到这一点，我们对给定时间点对每个（实际）评级都构造一个市场利差曲线。这个可以通过例如对每个评级在给定日期的利差运用联合 Nelson-Siegel（参见 NelsonandSiegel，1987）插值法来完成。[⊖] 图 2-18 显示了一个一组利差曲线结果的例子。

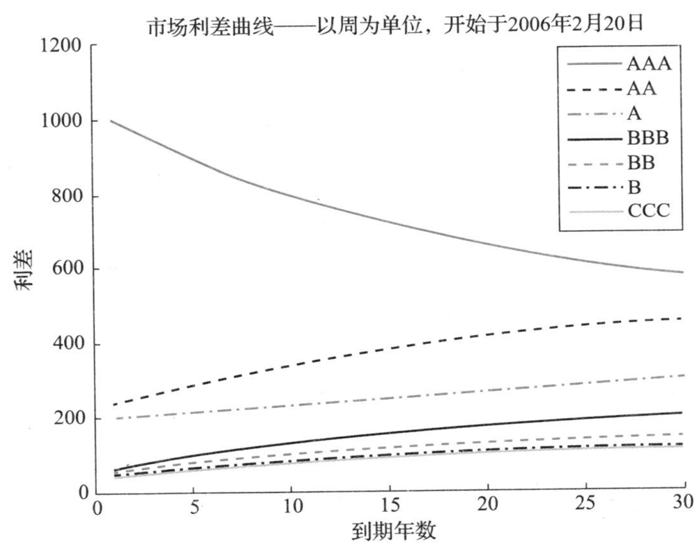


图 2-18　根据基于 Nelson-Siegel 插值的美国债券利差数据构建的各评级的利差曲线（标准普尔）

在对每个评级类别都构造了一个给定日期的利差曲线后，我们就可以通过将给定债务人的利差与利差曲线进行比较而指定一个利差隐含的评级（再一次，对非违约级别因素的特质部分进行调整后）。一个简单的距离测度例如平均平方距离，可以用来识别最接近于我们关心的债务人的利差曲线。对应于这一最近的利差曲线的评级就是利差隐含评级。

另一种获得利差隐含评级的方法是由 Breger 等（2002）引入的。在这种方法中，评级类别之间的最优利差边界是通过处罚函数来确定的；这些边界随后会用于求得隐含评级。Kou 和 Varotto（2004）使用这种方法来预测评级迁移。

⊖ 在做实际插值之前，我们应该剔除异常值，并调整为非违约级别因素特有的组成部分，比如回收率和流动性。这一调整可以通过对历史数据进行回归来求得。

## 2.6 回收风险

在前面几节中，我们回顾了评估违约风险的各种方法。然而，投资者面临的信用风险由违约风险和回收风险两部分构成。后者反映出违约债务回收率的不确定性，是本节的主题。到目前为止，关于对回收风险进行建模的研究比起理解违约风险的建模少了很多。结果，关于这一主题的文献在量上就很少；可能最早发表的关于回收率的作品是由 Altman 和 Kishore（1996）以及 Asarnow 和 Edwards（1995）出版的。一个相当全面的概述是由 Altman 等（2005）提出的。

刻画回收风险的指标是违约回收率（RGD）或者等价的违约损失率(LGD)。RGD 通常定义为从违约债务工具回收的价值除以投资票面金额的比率，而 LGD=1−RGD。有多种方法来定义回收价值；有些人把它定义为刚刚违约时违约证券的交易价值，也有些人把它定义为完全破产时支付给债权人的价值(通常被称为最终回收率)。究竟哪一种回收定义是适当的，取决于分析的目的。例如，一个总是在刚违约时就立即出售债券的投资者（例如债券共同基金）会对前一类型的回收价值感兴趣，而一个持有债务直到完全破产的投资者（例如一家解决违约贷款的银行）应该关心的是第二种类型的回收率。

RGD 的一个突出特点在于，在一个典型的投资者违约之前可以获得的给定信息下的高度不确定性。例如，一个美国大型公司债券投资者可能会知道债务人资产负债表并意识到经济环境，但关于债务却没有任何更详细的信息，只能够将 RGD 预测到 30% ～ 40% 的不确定性范围，就像一个预测模型的标准差衡量的那样（参见 Friedman 和 Sandow，2005）。出于这个原因，在给定的相关指标情况下，最好对与回收率有关的不确定性进行建模，而不仅仅是对其预期价值进行建模。

RGD 建模的可能最常见的方法是贝塔分布。这里我们假设 RGD 有以下的条件概率密度函数（pdf）：[㊀]

$$p(r|D,x)=\frac{1}{B(\alpha(x),\beta(x))}\left(\frac{r-r_{\min}}{r_{\max}}\right)^{\beta(x)-1}\left(1-\frac{r-r_{\min}}{r_{\max}}\right)^{\alpha(x)-1}$$

式中，$r_{\max}$ 为 RGD 最大的、$r_{\min}$ 为 RGD 最小的可能值[㊁]；$B$ 代表贝塔函数；$\alpha$ 和 $\beta$ 是风险因素 $x$ 的参数化函数。该式中 $D$ 表示我们以所有 PD 都已发生为条件。

㊀ 这一条件概率密度函数解释如下：对风险因素为 $x$ 的债务人来说，在无限小的区间（r，r+dr）内回收到某价值的概率为 $p(r|D,x)\mathrm{d}r$。

㊁ 我们可能会认为 $r_{\max}=1$，对应于完全回收。然而至少对美国大公司的最高回收率来说，实际上的回收金额可能比投资的票面额要高。这会发生在，例如投资者回收到在破产程序期间价值增长的股票。可能最小的回收率 $r_{\min}$ 为 0，除非我们还考虑工作成本。在这种情况下，$r_{\min}$ 可能为负。

通常我们假设 $\alpha$ 和 $\beta$ 对风险因素是线性的，然后就能通过最大似然法来直接估计模型参数。

基于这一贝塔分布的一种 RGD 模型是穆迪 KMV 的 LossCalc ™（参见 Gupton 和 Stein，2002）。[㊀] 这一模型预测的是美国公司回收物的交易价格，可以在市场上购买到。它是基于穆迪回收数据库的数据来训练的。

另一个市售的 RGD 模型，是标准普尔的 LossStats ™模型（参见 Friedman 和 Sandow，2005）。这一模型预测美国大型公司违约后在任一时刻的最终回收率和交易价格；它的构造使用的是标准普尔 LossStats ™数据库的数据。[㊁] 它基于一种与标准普尔 PD 建模有关的方法（见“一些统计技术”一节）。特别地，对假设交易价格满足下式的情况来说，

$$p(r \mid D, x) = \frac{1}{Z(x)} \exp\{\alpha(x) r + \beta(x) r^2 + \gamma(x) r^3\}$$

式中，$Z(x)$ 是一个归一化常数；$\alpha$，$\beta$，和 $\gamma$ 是风险因素 $x$ 的线性函数。在最大回收的情况下，为 $r$=0 和 $r$=1 添加了额外的点概率，来解释有很多观测值集中在这些点上的这一事实。这些参数是通过一种正则化最大似然方法来估计的。和标准普尔 PD 模型一样，从投资者期望效用最大化的角度看，概率结果很强大。

标准普尔 LossStats ™模型中的风险因素包括：

- 担保物质量。债务的担保物质量被分成 16 类，从“未担保”到“所有资产”。
- 级别下债务。这是指资产负债表上的合同约定偿付顺序后，于所考虑债务工具级别的债务占比。
- 级别上债务。这是指资产负债表上的合同约定偿付顺序先于所考虑债务工具级别的债务占比。
- 区域违约率，这是标准普尔评级的美国债券在违约前 12 个月内违约的占比。
- 行业因素。这是所关注行业中的标准普尔评级债券在违约前 12 个月内违约数的占比除以上述区域违约率的比值。

穆迪 KMV 的 LossCalc ™的风险因素并不一样，但是也涵盖了资产负债表和经济的类似特征。

图 2-19 显示了模型典型的输出结果。该图显示了概率密度是如何取决于风险因素之一的。它同时也显示了概率密度非常平，也就是说不确定性很高。

---

㊀ 在 LossCalc ™中，分布的参数不是通过最大似然法来估计的，而是根据将分布转换成正态分布之后进行线性回归来估计的。

㊁ 更详细内容参见 Bos 等，2002。

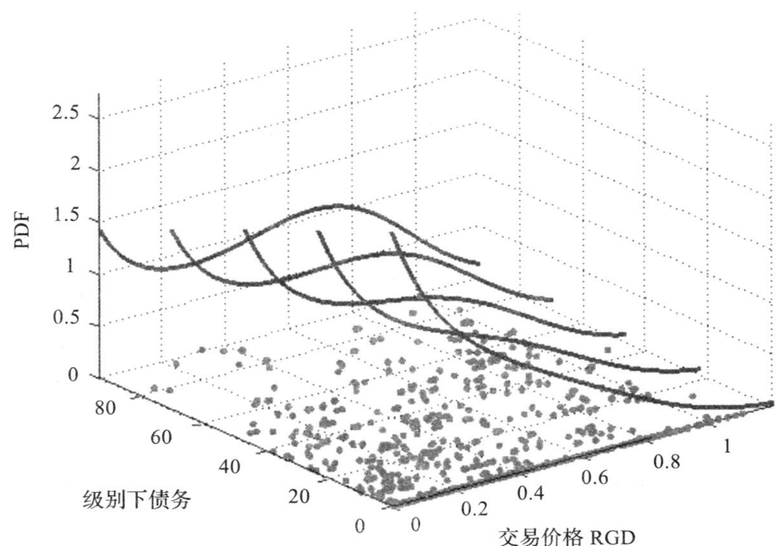


图 2-19 来自 LossStats ™模型的各种级别上债务的交易价格回收率的条件概率密度函数（蓝线）。其他风险指标在其历史范围内保持固定。灰点为来自 LossStats ™数据库的美国大公司的实际观测数据

这里我们提到的模型从统计学的角度来取得回收率：从数据中学习得到概率密度，并不对产生违约的基础过程做任何假设。一种替代的方法由 Chew 和 Kerr（2005）提出，他们从基本面的角度来取得回收模型。

## 2.7 组合 PD 和回收率模型

信用风险债务的投资者通常感兴趣的是，给定债务工具的预期损失或损失分布。反过来，后者可以输入到一个投资组合模型，来计算一个信用组合的 VaR、经济资本或其他风险特征。单一信用资产的损失分布可以通过将一个 PD 模型和回收模型进行组合来计算。我们来考虑一个债务工具，风险因素表示为 $x$（表示所有风险因素的向量），PD 表示为 $P(D|x)$，LGD 的概率密度（即 1−RGD）表示为 $p(l|D,x)$，其中 $l$ 表示损失价值，$D$ 表示违约事件。损失分布也就成为

$$p(l|x)=(1-P(D|x))\delta(l)+P(D|x)p(l|D,x)$$

式中，$\delta$ 是 Dirac 的德尔塔函数。这一等式暗含着

$$E[L|x]=P(D|x)E[L|D,x]$$

也就是说，对于已知风险因素 $x$ 的债务工具来说，预期损失等于 PD 乘以预计的 LGD。这一公式被很多实践者广泛使用。

但是在很多实际应用中，风险因素应当被看成是有一个概率分布 $p(x)$ 的，而不是给定一个单一的值。主要基于以下原因：

- 违约时刻的经济环境并不确定。
- 相比单一贷款我们更感兴趣的是投资组合。投资组合中的组成部分的风险因素值一般并不相同。

在这种情况下，损失分布为

$$p(l)=\int p(x)p(l|x)\mathrm{d}x=\int p(x)[(1-P(D|x))\delta(l)+P(D|x)p(l|D,x)]\mathrm{d}x$$

且预期损失为

$$E[L]=\int p(x)E[L|x]\mathrm{d}x=\int p(x)P(D|x)E[L|D,x]\mathrm{d}x$$

这些式子包含了对乘积的积分。因此，如果有任何 PD 和 LGD 都面临的风险因素，[⊖] 我们不能在给定的风险因素下对 $x$ 分别求 PD 和 LGD 的平均值之后，简单地在这一计算公式的基础上计算损失分布或预期损失。这一事实在最近的文献中引起了一些关注（参见 Frye，2003 或 Altman 等，2006），并且有重要的实际后果。可以看出确实有共同的风险因素，如经济层面上的因素，使得 PD 和 LGD 向同一个方向变化。数值实验显示（参见 Altman 等，2006），这将导致一个预期损失；如果缺乏这样的共同风险因素，VAR 会高于预期损失。这些实验符合了我们前面针对 $p(l)$ 的等式的预期；如果这些 PD 较高的 $x$- 值相比那些 PD 较低的 $x$- 值其重大损失的概率更大，那么 $p(l)$ 会比其他情况更多地集中在高损失的值上。换句话说，对于驱动 PD 和 LGD 向同一方向变化的一般因素而言，如果关于 PD 的情况变坏，那么 LGD 的情况也会变坏，投资者会两次挨打。

## 2.8　结论

在本章中，我们回顾了一些对 RGD 和 PD 进行建模的流行方法。大多数从业者从以下角度之一来分析 PD：

（1）评级

（2）统计建模

（3）结构化（Merton）模型

（4）利差

很有趣的是，在定价世界（风险中性）中，占主导地位的技术依赖于利差，但我们已经看到，从历史情况看，很难从利差中提取一个违约概率。这就解释了为什么前三种方法一直占统治地位。

---

⊖ 影响 PD 或 LGD 其中一个的风险因素只能分别求平均值，因此也不会影响接下来的结论。

展望未来，我们相信两种使用基于评级模型和统计模型的方法将占据统治地位，即方法 1 和方法 2。我们不排除结构化模型，认为这些年来它们的改进越来越拉近了它们离统计模型的距离。这两种方法通常提供了不同的信息。方法 1，很大程度上是建立在专家判断的基础上的，（通过循环）在长时间线内给出了一个平滑的观点；而方法 2，通常是用来从定量因素生成一年的 PD，给出了更精确的、但波动性更大的关于某债务人信誉期限结构的观点。但是我们也可以使用方法 2 来估计长期 PD，这种情况下它的输出结果更接近于评级生成的 PD。

RGD 是相当难以预测的。出于这个原因，似乎最好对给定信用因素集的条件概率分布进行建模。这样做的最流行的方式，可能是估计一个贝塔分布。然而，更一般性的分布族（如点概率的指数密度分布）可以大幅提高模型的性能。任何模型都应该反映的一个重要的特征，在于实证观测的 RGD 和 PD 使用共同的信用因素，而这一事实往往会增加投资组合大额损失的风险。

## 附录 2A　基尼（Gini）系数的定义

给定 $n$ 个有序个体的样本，$x_i$ 表示个体 $i$ 的大小，在这一根据 PD 即违约事件占比进行排序，且 $x_1<x_2<\cdots<x_n$ 的特定情况下，样本的洛伦兹（Lorenz）曲线为连接点（$h/n, L_h, L_n$）的多边形，其中 $h=0, 1, 2, \cdots, n$，$L_0=0$ 且

$$L_h=\sum_{i=1}^{h} x_i$$

如果所有的个体大小相同，则 Lorenz 曲线是一条直的对角线，被称作均等线。Lorenz 曲线可以被表示为

$$L(y)=\frac{\int_0^y xF(x)}{\mu}$$

式中，$F(x)$ 是累计分布函数 $\mu$ 为 $x_i$ 的平均值。

如果有相等值的情况，则 Lorenz 曲线会落于均等线之下或浮于均等线之上。

大小不相等的数量可以用 Gini 系数来概括，该系数是均等线和 Lorenz 曲线所围成的面积除以均等线下面的三角形面积的比率。Gini 系数 G 是 Lorenz 曲线的一个摘要统计量，它衡量的是人口中的不平等性。Gini 系数很容易通过未对大小排序的数据被算成是“相对平均差”，也就是每对可能的个体之间的差的平均数除以 $\mu$：

$$G=\frac{\sum_{i=1}^{n}\sum_{j=1}^{n}|x_i-x_j|}{2n^2\mu}$$

相反，如果数据是根据个体的增量大小排序的，在这一根据 PD 即违约事件占比进行排序的特定情况下，$G$ 由下式给出

$$G = \frac{\sum_{i=1}^{n}(2i - n - 1)x_i}{n^2\mu}$$

Gini 系数的取值范围从最小值 0，此时所有个体是相等的，到理论上的最大值 1，此时在一个有限数量的人口中除了 1 以外的任何个体的大小都为 0。总而言之，在信用领域，Gini 系数一般介于 50% ～ 80% 的区间内。

## 参考文献


Altman, E., B. Brady, A. Resti, and A. Sironi (2006), "The link between default and recovery rates: theory, empirical evidence and implications," *Journal of Business*, forthcoming, also: Working Paper Series #S-03-4, NYU Stern.

Altman, E., and V. Kishore (1996), "Almost everything you wanted to know about recoveries on defaulted bonds," *Financial Analyst Journal*, November/December, 57.

Altman, E., A. Resti, and A. Sironi (2005), *Recovery Risk: The Next Challenge in Credit Risk Management*, Risk Books.

Andersen, P. K., Ø. Borgan, R. D. Gill, and N. Keiding (1993), *Statistical Models Based on Counting Processes*, Springer.

Anderson, R., and O. Renault (1999), "Systemic factors in international bond markets," *IRES Quarterly Review*, December, 75–91.

Anderson, R., and S. Sundaresan (1996), "Design and valuation of debt contracts," *Review of Financial Studies*, 9, 37–68.

Asarnow, E., and D. Edwards (1995), "Measuring loss on defaulted bank loans: a 24-year study," *Journal of Commercial Lending*, 77, 11.

Aunon-Nerin, D., D. Cossin, T. Hricko, and Z. Huang (2002), "Exploring for the determinants of credit risk in credit default swap transaction data: Is fixed-income markets' information sufficient to evaluate credit risk?" FAME Research Paper No. 65, http://papers.ssrn.com/sol3/papers.cfm?abstract_id=375563

Avellaneda, M., and J. Zhu (2001), "Modeling the distance-to-default process of a firm," WP Courant Institute of Mathematical Sciences.

Bangia, A., F. Diebold, A. Kronimus, C. Schagen, and T. Schuermann (2002), "Rating migration and the business cycle, with application to credit portfolio stress testing," *Journal of Banking and Finance*, 26, 445–474.

Bielicki, T. R., and M. Rutkowski (2002), *Credit Risk: Modeling, Valuation and Hedging*, Springer.

Black, F., and J. Cox (1976), "Valuing corporate securities: Some effects of bond indenture provisions," *Journal of Finance*, 31, 351–367.

Black, F., and M. Scholes (1973), "The pricing of options and corporate liabilities," *Journal of Political Economy*, 81, 637–659.

Bos, R., K. Kelhoffer, and D. Keisman (2002), "Ultimate recovery in an era of record defaults," *Standard & Poor's CreditWeek*, August 7, 23.

Breger, L., L. Goldberg, and O. Cheyette (2002), "Market implied ratings," *Horizon, The Barra Newsletter*, Autumn.

Chew, W. H., and S. S. Kerr (2005), "Recovery ratings: A fundamental approach to estimating recovery risk", in E. Altman, A. Resti, and A. Sironi (eds.), *Recovery Risk: The Next Challenge in Credit Risk Management*, Risk Books.

Christensen, J., E. Hansen, and D. Lando (2004), "Confidence sets for continuous-time rating transition probabilities," working paper, Copenhagen Business School and University of Copenhagen.

Couderc, F., and O. Renault (2005), "Times-to-default: life cycle, global and Industry cycle impacts," WPFame.

Cover, T., and J. Thomas (1991), *Elements of Information Theory*, Wiley.

Cox, D. R. (1972), "Regression Models and Life-Time Tables (with discussion)," *J. R. Statist. Soc. B*, 34, 187–220.

Crosbie, P., and J. Bohn (2003), "Modeling default risk," Moody's KMV white paper, http://www.moodyskmv.com/research/files/wp/ModelingDefaultRisk.pdf

Crosbie, P. J. (1997), "Modeling default risk," KMV, June.

Davidson, R., and J. G. MacKinnon (1993), *Estimations and Inference in Econometrics*, Oxford University Press.

de Servigny, A., and O. Renault (2004), *Measuring and Managing Credit Risk*, McGraw Hill.

Delianedis, G., and R. Geske (1999), "Credit risk and risk neutral default probabilities: Information about default migrations and defaults," WP UCLA, May.

Duffee, G. (1998), "The relation between treasury yields and corporate bond yield spreads," *Journal of Finance*, 53, 2225–2242.

Duffie, D., and D. Lando (2001), "Term structure of credit spreads with incomplete accounting information," *Econometrica*, 69, 633–664.

Duffie, D., L. Saita, and K. Wang (2005), "Multi-period corperate default prediction with stochastic covariates," CIRJE-F-373, http://www.e.u-tokyo.ac.jp/cirje/research/03research02dp.html.

Duffie, D., and K. J. Singleton (2003), *Credit Risk*, Princeton University Press.

Elton, E., M. Gruber, D. Agrawal, and C. Mann (2001), "Explaining the rate spread on corporate bonds," *Journal of Finance*, 56, 247–277.

Ericsson, J. and O. Renault (2001), "Liquidity and credit risk," working paper, London School of Economics.

Fabozzi, F., and T. Fabozzi (1995), *The Handbook of Fixed Income Securities*, Irwin.

Falkenstein, E. (2000), "Riskcalc™ for private companies: Moody's default model," Moody's Investor Service, May.

Fisher, L. (1959), "Determinants of the risk premiums on corporate bonds," *Journal of Political Economy*, 67, 217–237.

Fons, J. (1994), "Using default rates to model the term structure of credit risk," *Financial Analysts Journal*, 25–32.

Friedman, C., J. Huang, S. Sandow, and X. Zhou (2006), "An approach to modeling multi-period default probabilities," working paper, International Conference on Financial Engineering at the University of Florida in Gainesville, March 22–24.

Friedman, C., and S. Sandow (2003a), "Model performance measures for expected utility maximizing investors," *International Journal of Applied and Theoretical Finance*, 5(4), 335–401.

Friedman, C., and S. Sandow (2003b), "Learning probabilistic models: an expected utility maximization approach," *Journal of Machine Learning Research*, 4, 257–291.

Friedman, C., and S. Sandow (2005), "Estimating conditional probability distributions of recovery rates: A utility-based approach," in E. Altman, A. Resti, and A. Sironi (eds.), *Recovery Risk: The Next Challenge in Credit Risk Management*, Risk Books.

Frye, J. (2003), "A false sense of security," *Risk*, August, 63.

Gelman, A., J. B. Carlin, H. S. Stern, and D. B. Rubin (1995), *Bayesian Data Analysis*, Chapman & Hall/CRC.

Geske, R. (1977), "The valuation of corporate liabilities as compound options," *Journal of Financial and Quantitative Analysis*, 12, 541–552.

Greene, W. (2000), *Econometric Analysis*, Prentice Hall.

Gupton, G., and R. Stein (2002), "LossCalc™: Model for predicting loss given default (LGD)," Moody's Investors Service.

Hastie, T., R. Tibshirani, and J. H. Friedman (2003), *The Elements of Statistical Learning*, Springer.

Hosmer, D., and S. Lemeshow (2000), *Applied Logistic Regression*, 2nd ed., Wiley.

Hougaard, P. (2000), *Analysis of Multivariate Survival Data*, Springer.

Houweling, P., and A.C.F. Vorst (2002), "An empirical comparison of default swap pricing models," Research Paper ERS; ERS-2002-23-F&A, Erasmus Research Institute of Management (ERIM), RSM Erasmus University, http://ideas.repec.org/e/pho1.html

Huang, J. (2006), personal communication.

Hull, J. (2002), *Options, Futures and Other Derivatives*, 5th ed., Prentice Hall.

Hull, J., and A. White (2000), "Valuing credit default swaps I: No counterparty default risk," *Journal of Derivatives*, 8(1), 29–40.

Hull, J., and A. White (2001), "Valuing credit default swaps II: modelling default correlations," *Journal of Derivatives*, 8(3), 12–22.

Jafry, Y., and T. Schuermann (2003), "Measurement and estimation of credit migration matrices," working paper, Federal Reserve Board of New York.

Jaynes, E. T. (2003), *Probability Theory. The Logic of Science*, Cambridge University Press.

Jebara, T. (2004), *Machine Learning: Discriminative and Generative*, Kluwer.

Jobst, N., and K. Gilkes (2003), "Investigation transtition matrices: Empirical insights and methodologies," working paper, Standard & Poor's, Structured Finance Europe.

*Journal of Commercial Lending*, 77, 11.

Kavvathas, D. (2001), "Estimating credit rating transition probabilities for corporate bonds," working paper, Department of Economics, University of Chicago.

Keenan, S., I. Shtogrin, and J. Sobehart (1999), "Historical default rates of corporate bond issuers, 1920–1998," Special Comment, Moody's Investors Service.

Kempf, A., and M. Uhrig (1997), "Liquidity and its impact on bond prices," working paper, Universität Mannheim.

Kim, J. (2006), personal communication.

Klein, J. P., and M. L. Moeschberger (2003), *Survival Analysis*, Springer.

Kou, J., and S. Varotto (2004), "Predicting agency rating migration with spread implied ratings," working paper, http://ccfr.org.cn/cicf2005/paper/20050201065013.PDF

Lando, D. (2004), *Credit Risk Modeling*, Princeton University Press.

Lando, D., and T. Skodeberg (2002), "Analysing rating transitions and rating drift with continuous observations," *Journal of Banking and Finance*, 26, 423–444.

Leland, H. E. (1994), "Corporate debt value, bond covenenants, and optimal capital structure," *Journal of Finance* 49, 157–196.

Leland, H. E., and K. Toft (1996), "Optimal capital structure, endogenous bankruptcy, and the term structure of credit spreads," *Journal of Finance*, 51, 987–1019.

Longstaff, F. (1994), "An analysis of non-JGB term structures," Report for Credit Suisse First Boston.

Longstaff, F. (1995), "How much can marketability affect security values," *Journal of Finance*, 50, 1767–1774.

Merton R. (1974), "On the pricing of corporate debt: the risk structure of interest rates," *Journal of Finance*, 29, 449–470.

Mitchell, T. M. (1997), *Machine Learning*, McGraw-Hill.

Morris, C., R. Neal, and D. Rolph (1998), "Credit spreads and interest rates: A cointegration approach," working paper, Federal Reserve Bank of Kansas City.

Nelson, C., and A. Siegel (1987), "Parsimonious modelling of yield curves," *Journal of Business*, 60, 473–489.

Nickell, P., W. Perraudin, and S. Varotto (2000), "Stability of rating transitions," *Journal of Banking and Finance*, 24, 203–228.

Nielsen, L. T., J. Saa-Requejo, and P. Santa-Clara (1993), "Default risk and interest rate risk: the term structure of default spreads," WP Insead.

Nordon, L., and M. Weber (2004), "The comovement of credit default swap, bond and stock markets: an empirical analysis," CFS Working Paper No. 2004/20, http://www.ifk-cfs.de/papers/04_20.pdf

Poole, W. (1998), "Whither the U.S. Credit Markets?," Presidential Speech, Federal Reserve of St Louis.

Schönbucher, P. (2003), *Credit Derivative Pricing Models*, Wiley.

Shimko, D., H. Tejima, and D. Van Deventer (1993), "The pricing of risky debt when interest rates are stochastic," *Journal of Fixed Income*, September, 58–66,

Shumway, T. (2001), "Forecasting bankruptcy more accurately," *Journal of Business*, 74, 101–124.

Vassalou, M., and Y. Xing (2004), "Default risk in equity returns," *The Journal of Finance*, 59, 831–868.

Witten, H., and E. Frank (2005), *Data Mining*, Elsevier.

Zhou, C. (1997), "Jump-diffusion approach to modeling credit risk and valuing defaultable securities," WP Federal Reserve Board, Washington,

Zhou, C. (2001), "An analysis of default correlations and multiple defaults," *Review of Financial Studies*, 14, No. 2, 555–576.

Zhou, X., J. Huang, C. Friedman, R. Cangemi, and S. Sandow (2006), "Private firm default probabilities via statistical learning theory and utility maximization," *Journal of Credit Risk*, forthcoming.

第3章

# 一元信用风险定价

Arnaud de Servigny 和 Philippe Henrotte

## 3.1 前言

一元定价对于结构性投资工具来说是一个关键要素。一些作者比如Bielecki 和 Rutkowski（2002）(BR) 详细综述了最新的建模技术。[⊖] 在这一章，我们重点来回顾各种可能的定价方法。我们从已成为市场标准的简约模型开始入手。接下来，我们来详细说明最近结构化建模的一些定制情况。最后我们将给出一个关于更先进的混合建模框架的例子。

到目前为止，信用市场仍然是一个很不完全的市场。而且通常很难用一个简单扩散模型来描述信用市场的变化，因为违约风险通常被看成是一个意想不到的事件，即一次跳跃。不完全市场和跳跃的存在使得信用市场很难模拟，在这个市场中，通过复制（对冲）策略 / 投资组合，根据复制成本求得价格，并不是很容易。

基于这些特点，市场参与者一直在努力地充分利用两种方案：

- 使用源于评级信息的动态变化，以便于利用信用事件（或多或少完美的）马尔可夫链性质。
- 使用股票市场（股票和期权价格）信息来提高信用工具定价精度。有趣的是，结构化方法重新被重视，主要是出于这个原因。不幸的是，它对

⊖ 这些作者花费了一些时间来定义适当参考滤波 (appropriate reference filtration)，更一般化的适当概率空间，以及鞅测度的独特性。有兴趣的读者可以看看。

校验来说不是很有用，而且它考虑到的额外信息很有限，因为这些模型主要看的是股票价格，而很少看关于股票期权的信息。

我们相信这个领域要进一步发展。本章中，我们会讨论各种风险 / 标的资产的联合校验，比如评级和信用利差，或者债务和权益工具。

## 3.2 简化模型

在信用风险的结构化模型中，违约事件明显与发行公司的价值有关。这一方法的难点之一在于资产价值过程参数的估计，以及对违约边界的定义。对于非标准支付的复杂资本结构或证券，比如信用衍生产品，基于公司价值的模型往往处理起来很麻烦。简化模型㊀旨在通过忽略违约机制来简化这些工具的定价。在这种方法中，违约不可预知，并由一个跳跃过程决定：当没有跳跃发生时，该公司仍有偿付能力，但是一旦发生了跳跃，违约就触发。

在本节中，我们首先来回顾定价文献中用来描述违约的常用过程，即风险率过程。在回顾了风险率过程的主要属性后，我们给出违约风险债券的定价公式，并解释一些使用简约方法推导的关键结果。

接下来，我们在关注利差校验之前，将建立一个连续时间的迁移矩阵，用来满足债券和信用衍生品的基于评级定价的模型。

最后，我们来看将变成市场标准的方法：带迁移的利差过程组合。

### 3.2.1 基于风险率模型定价

利差建模的主要方法（参见 Lando，1998；Duffie 和 Singleton，1999）是将违约描述为跳跃过程的不可预知结果。当强度为 $\lambda_t$ 的泊松过程第一次跳跃时发生违约。$\lambda_t dt$ 是违约的瞬时概率。在一些假设下，Duffie 和 Singleton（1999）确定，有违约风险的债券可以在对国债定价的普通鞅框架下进行定价。㊁ 因此有信用风险的零息票债券的价格为：

$$P(t,T)=E_t^Q\left[\mathrm{e}^{-\int_t^T A_s \mathrm{d}s}\right]$$

式中，$A_s=r_s+\lambda_s L_s$ 且 $Q$ 表示风险中性概率测度（详细内容见附录 3A）。

$L_s$ 是违约损失率（LGD），因此第二项就能理解为预期损失（违约概率乘以违约损失率）。$\lambda_s L_s$ 也能被看成是瞬时利差，即超过无风险利率的超额利差。这一方法功能很强大，因为它能够将债券和信用风险证券的价格定为 $Q$ 之下的一

㊀ 也称作基于强度模型。

㊁ 关于这一概率，见附录 3A 的简单介绍。

个折现值，只不过要修改折现率。

#### 3.2.1.1 标准泊松过程

令 $N_t$ 为标准泊松过程。在 0 时刻开始（$N_0=0$），并在随机的时间点 $T_1, T_2, T_3, \cdots$ 每次增加一个单位。跳跃时点之间的间隔 $T_i-T_{i-1}$ 满足指数分布。

处理泊松过程的传统方法是考虑离散的时间区间，并取极限，成为连续的时间。考虑一个过程，其在很短时间段 $\Delta t$ 内的跳跃概率是时间的一个比例：

$$P[N_{t+\Delta t}-N_t=1]=\lambda\Delta t \quad \text{且}^{㊀} \quad P[N_{t+\Delta t}-N_t=0]\approx 1-\lambda\Delta t$$

常数 $\lambda$ 称作泊松过程的强度或者风险率。

将时间区间 $[t, s]$ 分成 $n$ 个长度为 $\Delta t$ 的子区间，并令 $n\rightarrow\infty$ 且 $\Delta t\rightarrow \mathrm{d}t$，我们能够得到无跳跃过程的概率：

$$P[N_s-N_t=0]=\exp(-\lambda(s-t))$$

且观测到整整 $m$ 次跳跃的概率为：

$$P[N_s-N_t=m]=\frac{1}{m!}(s-t)^m\lambda^m\exp(-\lambda(s-t)) \tag{3-0}$$

最后，强度就满足 $E[\mathrm{d}N]=\lambda\mathrm{d}t$。这些属性刻画了一个强度为 $\lambda$ 的泊松过程。

#### 3.2.1.2 非齐次泊松过程

一个非齐次的泊松过程采用与标准泊松过程类似的方法构建，其多数属性和标准泊松过程相同。二者的区别在于，强度不再是个常数，而是一个确定的时间函数 $\lambda(t)$。跳跃概率相应的有一点变化：

$$P[N_s-N_t=0]=\exp\left(-\int_t^s\lambda(u)\mathrm{d}u\right) \tag{3-1}$$

且

$$P[N_s-N_t=m]\frac{1}{m!}\left(\int_t^s\lambda(u)\mathrm{d}u\right)^m\exp\left(-\int_t^s\lambda(u)\mathrm{d}u\right) \tag{3-2}$$

#### 3.2.1.3 Cox 过程

更进一步，Cox 过程或“双重随机”泊松过程，将强度本身作为一个随机变量。因此，不仅跳跃的时间是随机的（就像所有泊松过程那样），在给定时间区间内观测到跳跃的条件概率也是随机的。式（3-1）和式（3-2）对于期望值仍然有效，也就是

$$P[N_s-N_t=0]=E\left[\exp\left(-\int_t^s\lambda_u\mathrm{d}u\right)\right] \tag{3-3}$$

---

㊀ 如果 $\Delta t$ 足够小，多次跳跃的概率可以忽略。

且

$$P[N_s - N_t = m] = E\left[\frac{1}{m!}\left(\int_t^s \lambda_u \mathrm{d}u\right)^m \exp\left(-\int_t^s \lambda_u \mathrm{d}u\right)\right] \quad (3\text{-}4)$$

式中，$\lambda_u$ 为正值的随机过程。

## 3.2.2 仅违约简约模型

我们现在来在风险率设定下研究可违约债券的定价，假设违约过程是个强度为 $\lambda$ 的泊松过程。

Cox 过程的情况将在随后讨论。我们进一步假设存在多重违约，并且每个违约都会造成常数 $L$ 百分比的本金损失（RMV）。㊀ 这意味着发生违约时，该债券将被换成是到期日相同但面值更低的另一只债券。

在本节中，我们不会给出存在回收情况的定价模型公式。对于 RT 和 RFV 的情况，我们向读者推荐 Jobst 和 Schönbucher（2002）。

令 $P(t, T)$ 为某期限为 $T$ 的可违约零息票债券在 $t$ 时刻的价格。

利用伊藤引理，我们推导出风险债券价格的动态变化：

$$\mathrm{d}P = \frac{\partial P}{\partial t}\mathrm{d}t + \frac{\partial P}{\partial r}\mathrm{d}r + \frac{1}{2}\frac{\partial^2 P}{\partial r^2}(\mathrm{d}r)^2 - LP\mathrm{d}N \quad (3\text{-}5)$$

式（3-5）中的前三项表示债券价格对日历时间和无风险利率的相依性。最后一项表示这种情况，当存在跳跃时（$\mathrm{d}N=1$），价格下降一个百分比 $L$。

在风险中性测度㊁ $Q$ 下，我们必须使得 $\mathrm{E}^Q[\mathrm{d}P]=rP\mathrm{d}t$，并且，假设无风险利率服从随机过程 $\mathrm{d}r=\mu_r\mathrm{d}t+\sigma_r\mathrm{d}w_r$，偏移项为 $\mu_r$，波动率为 $\sigma_r$，在 $Q$ 条件下，我们求得

$$0 = \frac{\partial P}{\partial t} + \frac{\partial P}{\partial r}\mu_r + \frac{1}{2}\sigma_r^2\frac{\partial^2 P}{\partial r^2} - (r + L\lambda)P \text{ ㊂} \quad (3\text{-}6)$$

将这一偏微分方程与无风险债券 $B(t, T)$ 价格满足的下列方程进行比较：

$$0 = \frac{\partial B}{\partial t} + \frac{\partial B}{\partial r}\mu_r + \frac{1}{2}\sigma_r^2\frac{\partial^2 B}{\partial r^2} - rB \quad (3\text{-}7)$$

我们可以很容易地看到唯一的区别在最后一项，如果我们能够解出式（3-7）的 $B(t, T)$，就能够立即获得风险债券的定价 $P(t, T)=B(t, T)\mathrm{e}^{-L\lambda(T-t)}$。因此利差就是 $L\lambda$，即风险中性预期损失。

---

㊀ 到目前为止，我们还没有考虑回收率不确定的情况。有很多选择已经被研究过，像①国债回收率（RT），是指当违约时一个预先确定的无风险债券价值的比例；②刚违约时面值的回收占比（面值回收率——RVF）；③可违约债券的违约前价值的回收占比（市场回收率——RMV）；④随机回收率等等。更详细的信息我们向投资者推荐 BR。

㊁ 见附录 3A。

㊂ 假设 $E^Q[\mathrm{d}N]=\lambda\mathrm{d}t$ 且 $E^Q[\mathrm{d}r]=\mu_r\mathrm{d}t$。

当然从很多方面说，这个例子都太过简化了。一个长度给定的时间区间内，因为过程的强度为常数就假设违约概率为常数。另外，违约风险和利率也没有任何关系。

我们可以考虑一个更全面的随机风险率，其强度为 $\lambda_t$，于是在风险中性测度下：[一]

$$\mathrm{d}r = \mu_r \mathrm{d}t + \sigma_r \mathrm{d}W_1$$

$$\mathrm{d}\lambda = \mu_\lambda \mathrm{d}t + \sigma_\lambda \mathrm{d}W_2$$

两个布朗运动 $W_1$ 和 $W_2$ 的瞬时相关性为 $\rho$。

有信用风险的零息票债券的定价，和之前在泊松强度的情况中描述得很像，我们从将伊藤引理应用于债券价格变化开始：

$$\begin{aligned}\mathrm{d}P &= \frac{\partial P}{\partial t}\mathrm{d}t + \frac{\partial P}{\partial r}\mathrm{d}r + \frac{\partial P}{\partial \lambda}\mathrm{d}\lambda \\ &+ \frac{1}{2}\left(\sigma_r^2 \frac{\partial^2 P}{\partial r^2} + \sigma_\lambda^2 \frac{\partial^2 P}{\partial \lambda^2} + 2\rho\sigma_r\sigma_\lambda \frac{\partial^2 P}{\partial r \partial \lambda}\right)\mathrm{d}t - LP\mathrm{d}N\end{aligned} \tag{3-8}$$

我们再加上无套利条件 $E^Q[\mathrm{d}P]=rP\mathrm{d}t$ 会得到下列偏微分方程：

$$0 = \frac{\partial P}{\partial t} + \frac{\partial P}{\partial r}\mu_r + \frac{\partial P}{\partial \lambda}\mu_\lambda + \frac{1}{2}\left(\sigma_r^2 \frac{\partial^2 P}{\partial r^2} + \sigma_\lambda^2 \frac{\partial^2 P}{\partial \lambda^2} + 2\rho\sigma_r\sigma_\lambda \frac{\partial^2 P}{\partial r \partial \lambda}\right) - (r + L\lambda)P \tag{3-9}$$

这一方程的解法过程取决于利率和强度过程的具体实现，但是再说一次，我们能观察到，利差有可能与 $L\lambda$ 有关。

我们也许可以通过鞅方法来给出方程的解，而不是通过式（3-9）的随机微分方程（SDE）来给出信用风险零息票债券的动态变化。这一方法是 Duffie 和 Singleton（1999）所采用的。

从 FTAP[二] 我们知道无风险债券和风险债券的价格必须分别满足

$$B(t,T) = E_t^Q\left[1 \times \exp\left(-\int_t^T r_s \mathrm{d}s\right)\right] \tag{3-10}$$

以及

$$P(t,T) = E_t^Q\left[(1-L)^{N_T} \times \exp\left(-\int_t^T r_s \mathrm{d}s\right)\right] \tag{3-11}$$

式（3-10）为在给定的路径 $r_s$ 下，1 美元无风险零息票债券预期价值的折现。式（3-11）表明在无风险证券的情况下，其到期的支付并不会总是 1 美元，而会在该过程在 [0，$T$] 期间内出现跳跃时，每次减少一个百分比 $L$。$N_t$ 是到期前跳跃的总数，因此到期支付为（$1-L$）$^{N_T} \leqslant 1$。

---

[一] 我们省去了 $r_t$ 和 $\lambda_t$ 的时间下标以简化表述。

[二] FTAP：资产定价的第一基本原理，见附录 3A。

利用 Cox 过程的性质，我们可以简化式（3-11）[⊖] 以得到

$$P(t,T)=E_t^Q\left[\exp\left(-\int_t^T\left(r_s+L\lambda_s\right)\mathrm{d}s\right)\right]\equiv E_t^Q\left[\exp\left(-\int_t^T A_s\,\mathrm{d}s\right)\right] \tag{3-12}$$

它表示在路径 $r_s$ 和 $\lambda_s$ 的条件下，可违约债券预期价值的折现。这一公式非常有用，因为它表示我们可以使用熟悉的国债定价工具来对可违约债券进行定价。我们只需要将无风险利率替换为风险调整折现率 $A_t\equiv r_t+L\lambda_t$，所有的通常公式仍然有效。对更一般性的支付方式的可违约债券来说，将它们分解为特征不同的可违约零息票债券的组合或函数，也可以推导出类似的公式。

显然，主要的操作挑战仍然在于风险率过程的合适校验。到目前为止，我们的重点在于特定信用事件：违约。在存在涉及评级迁移的多重离散强度态势的情况下，下一节我们的重点，将放在这一高级设定下的多重信用事件上。

### 3.2.3 可违约 HJM/ 市场模型

在利率空间中，下一步自然是从校验特定风险率模型走出来，而对其整个期限结构进行建模。

因此 Heath、Jarrow 和 Morton（1992）（HJM）框架就得到扩展，以便于对可违约远期利率的动态过程进行建模：

- Schönbucher（2000）表明，在固定的无套利条件下，模型适用于“零回收率”情况，也适用于（在特定假设下）等价于 RMV 假设的多重违约设定。
- Duffie 和 Singleton（1999）在存在回收率（RMV）的情况下得到了类似的结果。
- Duffie 和 Singleton（1998）表明，在 RT 的情况下，如果一般条件变为自定义条件，仍然可以参考 HJM 设定。

从方法论的角度来看，这些结果很重要。然而一个实践限制在于，到目前为止，缺乏数据对这些期限结构进行合适校验。

### 3.2.4 基于评级的模型

这一类模型背后的思想，是将发行人的信誉作为一个关键状态变量，用于校验风险中性概率。

这类基于评级的模型的源头文章是 Jarrow、Lando 和 Turnbull（1997）

---

⊖ 详细步骤见 Schönbucher（2000）。

(JLT)。我们回顾一下他们的持续时间定价方法，并且讨论放宽了 JLT 模型初始假设的一些扩展方法。

#### 3.2.4.1 关键假设和基本结构

JLT 模型考虑了信用质量到违约的连续漂移，而不再是像很多基于强度的模型那样一步就到破产。回收率假定是常数，违约是一个吸纳状态（absorbing state）。

JLT 假设所有期限的无风险和风险零息票债券都存在，并且存在一个鞅测度 $Q$ 等于历史测度 $P$。接下来我们直接在 $Q$ 的情况下操作。

作者们假设历史测度下，迁移过程是一个齐次时间马尔可夫链，有 $K$ 个非违约状态（1 为最高评级，$K$ 为最低评级）和一个兜底的违约状态（$K$+1）。给定时间线 $h$ 上的风险中性迁移矩阵为

$$Q(h)=\begin{pmatrix} q_h^{1,1} & q_h^{1,2} & \cdots & q_h^{1,K+1} \\ \cdots & \cdots & & \cdots \\ q_h^{K,1} & q_h^{K,2} & \cdots & q_h^{K,K+1} \\ 0 & 0 & \cdots & 1 \end{pmatrix} \tag{3-13}$$

式中，形如 $q_n^{1,2}$ 表示 $h$ 期间内，从评级 1 迁移到评级 2 的风险中性概率。

所有时间线 $h$ 上的迁移矩阵能够从生成元[⊖] 矩阵 $\boldsymbol{\Lambda}$ 得到：

$$\boldsymbol{\Lambda}=\begin{pmatrix} \lambda_1 & \lambda_{12} & \cdots & \\ \lambda_{21} & \lambda_2 & & \\ \vdots & & \ddots & \lambda_{K,K+1} \\ 0 & & 0 & 0 \end{pmatrix} \tag{3-14}$$

通过这一关系 $Q(h)=\exp(h\boldsymbol{\Lambda})$。在一个无穷小的期间 $\mathrm{d}t$ 内，$Q(\mathrm{d}t)=I+\boldsymbol{\Lambda}\mathrm{d}t$，其中 $I$ 为 $(K+1)\times(K+1)$ 识别矩阵。

#### 3.2.4.2 对零息票债券定价

令 $B(t,T)$ 为在到期日 $T$ 支付 1 美元的无风险零息票债券的价格，$t\leqslant T$。于是有：

$$B(t,T)=E_t^Q\left[\exp\left(-\int_t^T r_s\,\mathrm{d}s\right)\right]$$

$P^i(t,T)$ 是评级为 $i$、在 $T$ 时刻支付 1 美元的可违约零息票债券在 $t$ 时刻的价值。在发生违约时（假设在 JLT 模型中处于吸纳状态），回收率是常数，并且等于 $\delta<1$。假设违约过程独立于利率过程，且违约时间表示为 $\tau$，最后，令 $G(t)=1,\cdots,K$ 为债务人在 $t$ 时刻的评级。

---

⊖ 宽松地讲就是强度矩阵。

因此风险债券的价格为：

$$P^i(t,T) = E_t^Q\left[\exp\left(-\int_t^T r_s\,ds\right)(\delta 1_{(\tau\leqslant T)} + 1_{(\tau>T)})|G(t)=i\right] \tag{3-15}$$

假设违约过程独立于利率，我们可以将期望值分成两部分：

$$\begin{aligned} P^i(t,T) &= E_t^Q\left[\exp\left(-\int_t^T r_s\,ds\right)\right]E_t^Q\left[\delta 1_{(\tau\leqslant T)} + 1_{(\tau>T)}|G(t)=i\right] \\ &= B(t,T)E_t^Q\left[1-(1-\delta)1_{(\tau\leqslant T)}|G(t)=i\right] \\ &= B(t,T)\left(1-(1-\delta)q_{T-t}^{i,K+1}\right) \end{aligned} \tag{3-16}$$

式中，$q_{T-t}^{i,K+1}=E_t^Q[1_{(\tau\leqslant T)}|G(t)=i]$ 为 $i$ 评级债券在到期日 $T$ 之前违约的概率。

从式（3-10）到式（3-16），我们可以观察到利差的期限结构完全取决于 $T$ 变化时违约概率的变化。我们稍后再回到利差。

#### 3.2.4.3 对其他信用风险工具定价

零息票债券唯一相关的信息是到期前会不会违约，基于评级的模型的主要相对优势，并不在于对这种债券进行定价。JLT 类型的模型对于支付取决于发行人评级的债券的定价来说很方便。一些信用衍生品是基于特定企业的评级的，例如补偿降级的衍生品。[⊖] 更一般地，步升债券（step-up bond），其息票是发行人评级的函数，也能够使用基于评级模型来定价。

我们考虑一个简单例子，一个基于某公司最终评级 $G(T)$ 的欧式信用衍生品。我们假设其初始评级为 $G(t)=i$ 且在违约时该衍生品不支付任何费用。该衍生品要支付的金额为 $\Phi(G(T))$ 且在给定最终评级 $G(T)$ 的情况下其价值是已知的。

通过 FTAP，该衍生品的价值为：

$$C^i(t,T) = E_t^Q\left[\exp\left(-\int_t^T r_s\,\mathrm{d}s\right)\Phi(G(T))|G(t)=i\right] \tag{3-17}$$

假设评级过程独立于利率，我们有：

$$C^i(t,T) = E_t^Q\left[\exp\left(-\int_t^T r_s\mathrm{d}s\right)\right]E_t^Q\left[\Phi(G(T))|G(t)=i\right] = B(t,T)\sum_{j=1}^{K} q_{T-t}^{i,j}\Phi(j) \tag{3-18}$$

#### 3.2.4.4 根据 JLT 模型生成利差

令 $f(t,T) = -\dfrac{\partial \log B(t,T)}{\partial T}$ 为在 $t$ 时刻约定在 $T$ 时刻的瞬时时间内借贷的远期无风险利率。因此有：$f(t,t)=r_t$。

⊖ 参见 Moraux 和 Navatte（2001），对于这种期权的定价公式。

评级 $i$ 的风险远期利率为：

$$f^i(t,T) = -\frac{\partial \log P^i(t,T)}{\partial T} = \frac{-\partial \log(B(t,T)(1-(1-\delta)q_{T-t}^{i,K+1}))}{\partial T}$$

因此，

$$f^i(t,T) = f(t,T) + 1_{\tau>t}\left[\frac{(1-\delta)\dfrac{\partial q_{T-t}^{i,K+1}}{\partial T}}{1-(1-\delta)q_{T-t}^{i,K+1}}\right] \tag{3-19}$$

$T$ 期限评级 $i$ 的信用利差定义为 $f^i(t,T)-f(t,T)$。通过式（3-19），我们确实可以观察到不同的利差反映了违约概率的变化，还反映了到 $T$ 时刻违约概率曲线斜率的变化。

为了取得短期风险利率，我们取极限 $T \to t$ 以及 $f(t,T) \to r_t$：

$$r_t^i = r_t + 1_{\tau>T}(1-\delta)\lambda_{iK+1}$$

随着 $r_t^i - r_t$ 该式立即得到即期瞬时利差。

#### 3.2.4.5　从经验转移矩阵来计算风险中性转移矩阵[⊖]

为了进行定价，我们需要“风险中性”概率。风险中性转移矩阵可以从历史矩阵以及一个公司债券价格的集合中提取。

$$Q(h) = \begin{pmatrix} q_h^{1,1} & q_h^{1,2} & \cdots & q_h^{1,K+1} \\ \cdots & \cdots & & \cdots \\ q_h^{K,1} & q_h^{K,2} & \cdots & q_h^{K,K+1} \\ 0 & 0 & \cdots & 1 \end{pmatrix}$$

式中，所有的 $q$ 概率的解释与经验转移矩阵的解释相同，然而是在风险中性测度下。

$$P(h) = \begin{pmatrix} p_h^{1,1} & p_h^{1,2} & \cdots & p_h^{1,K+1} \\ \cdots & \cdots & & \cdots \\ p_h^{K,1} & p_h^{K,2} & \cdots & p_h^{K,K+1} \\ 0 & 0 & \cdots & 1 \end{pmatrix}$$

非齐次时间马尔可夫链　在最初的 JLT 论文中，作者们对风险溢价调整强加了以下指定，能够从历史概率中求得风险中性概率：

$$q^{i,j}(t,t+1) = \begin{cases} \pi_i(t)p^{i,j} & \text{当 } i \neq j \\ 1-\pi_i(t)(1-p^{i,i}) & \text{当 } i = j \end{cases} \tag{3-20}$$

注意，风险溢价调整 $\pi_i(t)$ 是确定的，并不依赖于最终评级，仅依赖于初始评级。这一假设使得 JLP 可以在风险中性测度下对迁移过程采用一个非齐次时

⊖ 本节的某些部分来自于 deServigny 和 Renault（2004）。

间的马尔可夫链。

真实数据下的风险中性矩阵可以参照以下方法计算。假设违约的回收率为某同期限国债的百分比 $\delta$，则期限为 $T$ 的风险零息票债券在 $t$ 时刻的价格为

$$P^i(t, T)=B(t, T)\times(1-q^{i,K+1}(1-\delta))$$

因此我们有

$$q^{i,K+1}=\frac{B(t,T)-P^i(t,T)}{B(t,T)(1-\delta)}$$

因此一年期风险溢价为

$$\pi_i(t)=\frac{B(t,t+1)-P^i(t,t+1)}{B(t,t+1)(1-\delta)q^{i,K+1}}$$

这种 JLT 模型很容易实施，但是经常造成数值问题，因为投资级债券在短时间内的违约概率实在太低。为了防止套利，风险中性概率当然不能为负。于是风险溢价调整仅限于以下区间内：

$$0<\pi_i(t)\leqslant\frac{1}{1-p^{i,i}},\quad \text{对所有}i$$

在这里我们注意，AAA 级债券在一年内违约的历史概率为 0。因此，一年内违约的风险中性概率也为零。[㊀] 然而这会说明短期 AAA 级债券的利差应当为零。（为什么无风险债券会有利差呢？）为了处理这一数值问题，JLT 假设 AAA 级债券一年内违约的历史概率实际上是 1 个基点。因此 AAA 级风险溢价调整会有上界，这一上界经常会与实际数据不一致，我们在下一等式中可以看到。

Kijima 和 Komoribayashi（1998）提出了另一个风险溢价调整，能够保证风险中性概率在实际实施中为正。

$$\pi_{ij}(t)=l_i(t)\quad \text{for } j\neq K+1$$

$$q^{i,j}(t,t+1)=\begin{cases}l_i(t)p^{i,j} & \text{当} i\neq K+1\\ 1-l_i(t)(1-p^{i,i}) & \text{当} i=K+1\end{cases}\tag{3-21}$$

式中，$l_i(t)$ 为确定的时间函数。有了这一调整，“负价格”得以避免。

齐次时间马尔可夫链　不像之前的学者，Lamb、Peretyatkin 和 Perraudin（2005）提出计算一个齐次时间马尔可夫链的风险调整后的转移矩阵。这一矩阵依赖于债券的利差，而每个评级类别利差都有一个期限结构。

$$\exp(-S_i(t))=(\delta q_i^{K+1}(t)+(1-q_i^{K+1}(t))$$

式中，$t$ 表示整数年的期限。

为了求得矩阵，他们对下式取最小值[㊁]

㊀ 回想一下两个等价的概率测度有相同的空集合。

㊁ 如果在最小化过程中，转移矩阵的输入值为负，会出现错误。

$$\underset{q_i^j(t)}{\mathrm{Min}}\sum_{t=1}^{n}\sum_{i=1}^{K}\left[S_i(t)-(\delta q_i^{K+1}(t)+(1-q_i^{K+1}(t))\right]^2 \tag{3-22}$$

注意，$q_i^{K+1}(t)$ 是 $q_i^j(\cdot)$ 的一个函数。

这一方法的一个小缺陷在于它并不能保证利差与所有期限的市场价格相匹配。

#### 3.2.4.6　JLT 的一些扩展

Das 和 Tufano（1996）　Das 和 Tufano（1996）模型的特点在于有一个与无风险利率有关的随机回收率。这一灵活性可以生成更多种利差。特别是，模型包括以下特征：

- 尽管评级不变，信用利差可以改变。在 JLT 模型中，给定的评级对应于独特的利差期限结构，期限和评级相同的所有债券的利差是一致的。
- 利差与利率有关。
- 利差不仅仅是“特定于评级的”，还是“特定于公司的”。
- 信用衍生品的定价很方便。

尽管 JLT 模型假定违约回收额是在到期日支付的，㊀ Das 和 Tufano（1996）认为回收额是在违约时间 $\tau$ 支付的面值的一个随机比例。

Arvanitis 等（1999）：Arvanitis 等（1999）考虑了非常数的转移矩阵，扩展了 JLT 模型。从过去的评级会影响到未来迁移概率这种意义上说，他们的模型是“伪非马尔可夫的”。这一条件能让作者们再现更接近于观测值的利差期限结构。

特别地，他们的模型允许违约概率和利率变化之间存在相关性，允许不同信用级别的利差存在相关性，允许给定信用评级内，被上调或下调评级的债券的利差存在差异。

### 3.2.5　利差过程的校验

市场实践通常是直接对利差建模，通常不需要对回收率进行假设。

#### 3.2.5.1　利差模型

Longstaff 和 Schwartz（1995）提出了一个简单的参数化模型，首次给出了真实市场数据的实证结果。他们的模型包含的主要格式化事实，是利差的回归均值行为：假设利差的对数满足风险中性测度 $Q$ 下的 Ornstein-Uhlenbeck

---

㊀ 或者换句话说，回收发生在违约时刻，但是是一个期限为 $T$ 的无风险债券的百分比 $\delta$。

过程：

$$ds_t = \kappa(\theta - s_t)dt + \sigma dW_t \tag{3-23}$$

式中，利差的对数为 $s_t$。参数都是常数，长期均值为 $\theta$，波动率为 $\sigma$，且均值回归速度为 $\kappa$。

均值回归是信用利差的一个重要性质，由 Longstaff 和 Schwartz（1995）以及 Prigent、Renault 和 Scaillet（2001）（PRS）发现。有意思的是，Baa 和 Aaa 利差的均值回归速度并不一样。比如，PRS 给出了一个详细的信用利差的参数化和非参数化的分析，发现高评级的利差回归中期均值的速度往往比低评级利差更快。Longstaff 和 Schwartz（1995）的一个不同样本也给出了类似的结论。

利差的另外一个性质是，利差的波动率水平一直在上升。以前的模型没有包含这一点。为了处理这个，Das 和 Tufano（1996）提出了一个替代模型，与 Cox-Ingersoll-Ross（1985）对利率特定化的模型类似：㊀

$$ds_t = \kappa(\theta - s_t)dt + \sigma\sqrt{s_t}\,dW_t \tag{3-24}$$

当然，可以考虑各种其他随机过程。比如对式（3-1）进行一般化，有

$$dx = (a + bx)dt + \sigma x^{\gamma} dW$$

其中均值回归水平由 $\theta=-(a/b)$ 给出，均值回归速度由 $\beta=-b$ 给出，且 $\gamma$ 是一个标量。PRS 将模型应用于利差数据。取决于参数 $\gamma$（其衡量的是水平和波动率之间的非线性水平），能够推导出几个常见的模型。例如，$\gamma=0$ 就得出 Vasicek（1977）过程，而 $\gamma=1/2$ 得出 Cox、Ingersoll 和 Ross（1985）（CIR）过程。

PRS 还讨论了一个跳跃扩展的动态变化，通过实证证据支持了他们的结论。因此他们从不同的方向，扩展了 Longstaff 和 Schwartz（1995b）模型，包含了二项式的跳跃。㊁

$$ds_t = \kappa(\theta - s_t)dt + \sigma dW_t + dN_t \tag{3-25}$$

式中，$N_t$ 为复合泊松过程，其跳跃的值要么为 $+a$ 要么为 $-a$（假设模型是对数形式的，跳跃就是百分比）。

在不同的评级序列（Aaa 和 Baa）中，跳跃很重要，在 5% 的水平下对跳跃过程和扩展过程进行的似然率测试，与无跳跃假设存在很大差别。注意 Baa 级别利差的百分比跳跃大约只有 Aaa 级利差的一半。然而，从绝对值来说，两个序列的平均跳跃量基本上大小相同，因为 Aaa 级利差的水平差不多是 Baa 利差的一半。

---

㊀ 他们的模型实际上是离散时间的。这一随机微分方程在持续时间情况下是“等价”的。

㊁ PRS 估计的模型是这一历史测度下的，而且不能直接同之前提到的风险中性过程进行比较。

#### 3.2.5.2 将利差模型校验为跳跃扩散过程

我们这里保留的特定化模型是式（3-25）。

模型 将（3-25）式离散化得到：

$$s_{t+1}-s_t=\kappa(\theta-s_t)\mathrm{d}t+\sigma\sqrt{t}.N(0,1)+I_t.N_t(u,v) \tag{3-26}$$

复合泊松过程模型意味着在跳跃的时间点服从泊松过程，且跳跃的大小服从参数为 $u$ 和 $v$ 的正态分布。实际上，当 $t$ 时刻和 0 时刻之外存在跳跃时，$I_t$ 等于 1。$u$ 从标准均匀分布中获得，如果 $u<1-\exp(-\lambda \mathrm{d}t)$ 时会发生跳跃。

MLE 校验 一般方法是最大化似然函数。为建立这个函数，我们要定义，给定上一利差观测值为 $S_{t-1}$ 的条件下，求得利差水平为 $S_t$ 的概率。我们从 Ball 和 Torous（1983）可以知道，$p(\mathrm{d}s_t)$ 会服从一个加权正态分布，权重为跳跃概率 $K=P(x=1)\approx 1-\exp(-\lambda t)$

$$p(\mathrm{d}s_t)=p(s_t-s_{t-1})=K\frac{1}{\sqrt{2\pi V_{\text{jump}}}}\exp\left(\frac{-(\mathrm{d}s_t-E_{\text{jump}})^2}{2V_{\text{jump}}}\right)$$

$$+(1-K)\frac{1}{\sqrt{2\pi V_{\text{no\_jump}}}}\exp\left(\frac{-(\mathrm{d}s_t-E_{\text{no\_jump}})^2}{2V_{\text{no\_jump}}}\right)$$

其中正态分布的利差变化的强度可以写成：

$$p(\mathrm{d}s_t)=\frac{1}{\sqrt{2\pi V}}\exp\left(\frac{-(\mathrm{d}s_t-E)^2}{2V}\right)$$

$E_{\text{no\_jump}}=\kappa(\theta-s)\mathrm{d}t$ 和 $E_{\text{jump}}=\kappa(\theta-s)\mathrm{d}t+u$ 为利差过程的期望

$$V_{\text{no\_jump}}=\sigma^2\mathrm{d}t \quad \text{and} \quad V_{\text{jump}}=\sigma^2\mathrm{d}t+v^2$$

于是最大化似然函数就是：

$$\underset{\kappa,\theta,u,v,\lambda}{\mathrm{Max}(L)} \text{ with } L=\sum_{t=1}^{T}\log(p(s_t-s_{t-1})) \tag{3-27}$$

前面这一方法已经表现出易处理性，而且可用的数据越多，MLE 估计量越接近于“真实”参数（即，置信水平较高）。

### 3.2.6 更高级的校验

关于利差校验这方面的研究，相对最近的趋势，是将利差运动校验为跳跃—扩散过程和相关迁移过程的组合。这种过程可以看作是一个高级版本的信用度量术，没有单纯依靠确定的利差，只不过增加了利差的不确定性。Kiesel 等（2001）以及 Jobst 和 Zenios（2005）已经考虑了这样一个框架，探讨了利差、（利率）和迁移 / 违约风险对各类债券组合的相对贡献。

如果两个过程被看成是相互独立的，那么对它们进行校验不是个很大的问题。当校验两个相互关联的过程时，问题会变得明显。对这一主题的研究仍在进行，参见 Bielecki 等（2005），他们想在形式上处理这个问题。

## 3.3 结构化模型

结构化模型最近出现了一些新的想法，随着市场参与者对混合产品以及债务股权套利进行了更为彻底的研究，例如包含了信用违约互换和股权违约互换的交易。另外因为股票市场相比信用市场更像是完全市场，基于股权产品的信用定价和对冲方案越来越受到市场的关注。㊀

### 3.3.1 默顿模型

Merton（1974）模型，是第一个应用了或有要求权分析来对公司债券进行定价的例子。使用关于公司价值动态变化的简单假设，作者能够在广为人知的 Black 和 Scholes（1973）框架下，给出公司债券和股权的定价公式。

在默顿模型中，假设价值为 $V$ 的公司通过股权（价值为 $S$）和期限为 $T$ 的纯折价债券（价值为 $P$）来融资。债务的本金为 $K$，公司的价值由其证券的价值之和给出：$V_t=S_t+P_t$。在默顿模型中，假设债券持有人不能强制要求公司在债务到期前破产。在到期日 $T$，如果公司的价值仍然能够支付债务的本金，则表明它有偿付力。否则，公司违约。

假设公司的价值 $V$ 服从几何布朗运动㊁，也就是㊂ $dV=\mu dt+\sigma_v VdZ$。如果公司的价值不足以偿付债务的本金，则违约发生：$V_T<K$。在这一情况下，债权人相对于股东有优先权，并拿到整个公司的价值 $V_T$。不然（如果 $V_T>K$），债权人拿到他们应当拿的那一部分：本金 $K$。因此支付给他们的金额为 $P(T,T)=\min(K,V_T)=K-\max(K-V_T,0)$（见图 3-1）。

如果公司违约，股东拿不到任何价值，但是当公司有偿付能力时，股东能拿到所有上面的价差，也就是说，股东能拿到公司的总价值减去偿付的债务 $V_T-K$。支付给股东的金额因此就是 $\max(V_T-K,0)$（见图 3-1）。

熟悉期权的读者会认识到，支付给股东的金额与对公司价值的执行价格为 $X$ 的看涨期权是相等的。同理，支付给公司债债权人的金额也能看成是无风险利率减去公司价值的看跌期权的支付金额。

㊀ 特别是这些模型对上市公司的贷款提供了“公允价值”的利差估计。

㊁ 一个几何布朗运动指对数正态分布的随机过程。该过程中，$\mu$ 为增长率，$\sigma_v$ 为波动率。$Z$ 是一个标准布朗运动，其增量 $dZ$ 的均值为 0，方差等于时间。其中一项 $\mu Vdt$ 为随机过程的确定性漂移，另一项 $\sigma_v VdZ$ 为随机波动部分。关于几何布朗运动的简介，参见 Hull（2002）。

㊂ 为了简化表述，我们省去了时间下标。

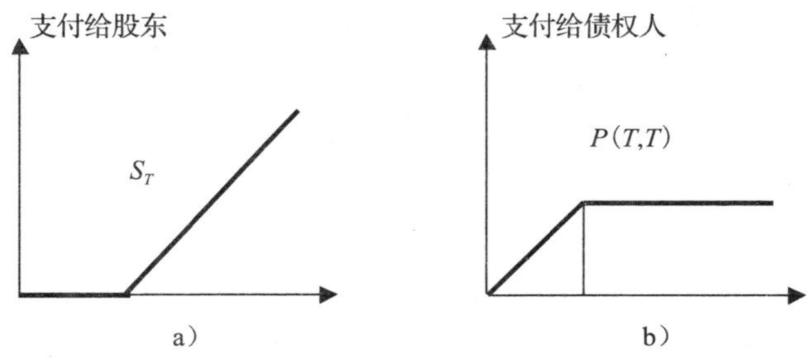


图 3-1　在到期日 $T$ 股票和公司债券的支付

Merton（1974）的假设和 Black 和 Scholes（1973）一样，看涨期权和看跌期权的定价可以使用 Black-Scholes 的定价公司来推导。

例如，看涨（股权）可以通过正式直接得出：

$$S_t = V_t N(k+\sigma_v\sqrt{T-t}) - Ke^{-r(T-t)}N(k) \tag{3-28}$$

式中，$k=\left(\ln(V_t/X)+\left(r-\frac{1}{2}\sigma_V^2\right)(T-t)\right)/(\sigma_V\sqrt{T-t})$；$N(\cdot)$ 表示累计正态分布；$r$ 表示常量的无风险利率。

## 3.3.2　从风险中性概率到利差

公司价值方法有一些理论上的缺陷，比如说公司价值的变化往往服从的是扩展过程，并不支持未预期违约。

从市场参与者的角度来看，更重要的在于去评估一个结构化模型是否能够帮助他们推导出像可违约债务或信用违约互换（CDS）等信用工具的价格。需要关注的一个特定领域是短期信用利差，在传统结构化模型中，公司在短期内违约的概率为 0，使得信用利差的初始值为 0。我们回顾各种方法，并评估它们提供的结果能否符合实际。

### 3.3.2.1　资本资产定价模型（CAPM）方法

在第 2 章中，我们主要关注了违约的历史概率，也就是基于历史数据估计的概率。然而，对定价来说（计算利差），我们需要估计风险中性概率。这里我们介绍一个从历史概率求出利差的常用方法：MKMV 公司（Moody 的 KMV）和很多银行使用了一种类似的计算方法。（参见 McNulty 和 Levin，2000）。

回想一下公司 $i$ 的累计违约概率（历史概率）（$HP_t^i$）被定义为，在历史测试 $P$ 下时刻 $t$ 时的违约概率。在 MKMV 中模型，这一概率指其违约频率。

我们现在引入风险中性概率 $RNP_t^i$，它是指在风险中性测度 $Q$ 下的等价概率（见附录 3A）。在 $Q$ 下，所有资产的价格都相对于无风险利率有所漂移，因

此我们应当在公司价值的动态变化中，将 $r$ 替换为 $\mu_i$。㊀

因此两个累计违约概率公式也就是：

$$\begin{aligned}\mathrm{HP}_t^i &= N\left(-\frac{(\ln(V_0^i)-\ln(X_i)+(\mu_i-\sigma_i^2/2)t)}{\sigma_i\sqrt{t}}\right)\\ \mathrm{RNP}_t^i &= N\left(-\frac{(\ln(V_0^i)-\ln(X_i)+(r-\sigma_i^2/2)t)}{\sigma_i\sqrt{t}}\right)\end{aligned} \tag{3-29}$$

式中 $N(\cdot)$——累计标准正态分布；

$V_0^i$——0 时刻公司的资产价值；

$X_i$——违约点（负债价值）；

$\sigma_i$——资产价值的波动率；

$\mu_i$——资产价值的预期回报率（增长率）；

$r$——无风险利率。

某项资产的预期回报率包含了风险溢价，造成 $\mu_i \geqslant r$，因此

$$\mathrm{RNP}_t^i \geqslant \mathrm{HP}_t^i$$

将风险中性违约概率写成是 $\mathrm{HP}_t^i$ 的一个函数，我们得到：

$$\begin{aligned}\mathrm{RNP}_t^i &= N\left(-\frac{\left(\ln(A_0^i)-\ln(X_i)+(\mu_i-\sigma_i^2/2)t-(\mu_i-r)t\right)}{\sigma_i\sqrt{t}}\right)\\ &= N\left(N^{-1}(HP_t^i)+\left(\frac{\mu_i-r}{\sigma_i}\right)\sqrt{t}\right)\end{aligned} \tag{3-30}$$

根据 CAPM（见 Sharpe 等，1999），资产的风险溢价仅仅取决于其系统性风险，用其回报和市场指数回报的协方差来衡量。

对给定预期资产回报率为 $\mu_i$ 的公司 $i$ 来说，更精确地我们有

$$\mu_i = r+\beta_i\,(E(r_m)-r) \equiv r+\beta_i\pi_t$$

式中，$E(r_m)$ 为市场指数的预期回报率；$\pi_t$ 为市场风险溢价。$\beta_i=\sigma_{im}/\sigma_m^2=\rho_{im}\sigma_i/\sigma_m$ 衡量的是公司资产的系统性风险，其中 $\sigma_m$、$\sigma_{im}$ 和 $\rho_{im}$ 分别为市场波动率、协方差和资产回报与市场回报的相关系数。

使用这些记号，风险中性违约概率变为：

$$\mathrm{RNP}_t^i = N\left(N^{-1}(\mathrm{HP}_t^i)+\rho_{\mathrm{im}}\left(\frac{\pi_t}{\sigma_m}\right)\sqrt{t}\right) \tag{3-31}$$

公司债的利差为公司债券收益率 $Y(t,T)$ 与同等无（违约）风险债券的收益 $R(t,T)$ 之差。$T$ 表示到期日，$t$ 表示当前日期。㊁

---

㊀ 也就是说，我们在 $Q$ 下有 $dA_t=rA_t dt+\sigma A_t dW_t$ 且在 $P$ 下有 $dA_t=\mu A_t dt+\sigma A_t dW^*_t$。

㊁ 为了表述方便，我们省去了概率的下标 $i$。

因此利差为 $S(t,T)=Y(t,T)-R(t,T)$。回想一下 $T$ 时刻到期的风险无息票债券在 $t$ 时刻的价格 $P(t,T)$ 可以通过下式给出：

$$P(t,T)=\exp(-Y(t,T)\times(T-t))$$

同理，无风险债券的价格 $B(t,T)$：

$$B(t,T)=\exp(-R(t,T)\times(T-t))$$

因此，

$$S(t,T)=1/(T-t)\log(B(t,T)/P(t,T)) \tag{3-32}$$

因此，在其他因素相同的情况下，当风险债券价格下降时，利差会扩大。

为了简便，现在我们假设投资者是风险中性的。在风险中性测度下，投资者拿到确定的 1 美元和拿到期望值的 1 美元，对他来说没有分别。

于是：$B(t,T)=P(t,T)/(1-\mathrm{RNP}_{T-t}{}^*L)$，其中 $L$ 为违约损失率（1 减回收率）且 $\mathrm{RNP}_T$ 为违约概率。因此我们得到：$S(t,T)=-1/(T-t)1\mathrm{n}(1-\mathrm{RNP}_{T-t}{}^*L)$。

风险中性利差不仅反映了违约概率，还反映了回收风险。当然在现实中，投资者表现出风险规避性，也能够通过利差来解释。

我们现在要使用风险中性的违约概率来计算可违约债券的价格。令 $P^C(t,T)$ 为 $T$ 期限的息票为 $C$ 的风险附息债券在 $t$ 时刻的价值（有 $n$ 次付息日，每隔 $\Delta t$ 年一次）。我们假设债券的本金为 1，发生违约时能够回收的价值是常数并等于 $R$。

我们有

$$\begin{aligned}P^C(t,T)=&\sum_{k=1}^{n}B(t,t+k\Delta t)\left[C\times(1-\mathrm{RNP}_{k\Delta t})+R\times(\mathrm{RNP}_{k\Delta t}-\mathrm{RNP}_{(k-1)\Delta t})\right]\\&+B(t,T)\times(1-\mathrm{RNP}_{T-t})\end{aligned} \tag{3-33}$$

需要注意的重要一点在于这一方法并不能很满意地符合非零短期信用利差。

### 3.3.2.2　市场隐含波动率方法

在 Merton 的设定下，在 $t$ 时刻股票的价值能够通过正式立即给出：

$$S_t=V_tN(k+\sigma_V\sqrt{T-t})-K\mathrm{e}^{-r(T-t)}N(k)$$

式中，$k=\left(\ln(V_t/X)+\left(r-\frac{1}{2}\sigma_V^2\right)(T-t)\right)/(\sigma_V\sqrt{T-t})$ 且 $N(\cdot)$ 表示累计正态分布，$r$ 表示无风险利率。在 $t$=0 时，它可以重写为：

$$S_0=(P_0+S_0)N(k+\sigma_V\sqrt{T})-K\mathrm{e}^{-r(T)}N(k)$$

$$k=\frac{\ln((P_0+S_0)/X)+\left(r-\frac{1}{2}\sigma_V^2\right)(T)}{\sigma_V\sqrt{T}}$$

如果我们假设可以从市场推导出一个隐含波动率 $\sigma_V$，我们可以得到 $P_0$ 为 $S_0$ 的一个函数：$S_0$:$P_0=F(S_0)$。对于很小的 $t$ 来说，我们能够假设：$P_t\approx F(S_t)$。

我们也可以从 $S_t$ 的密度函数得到 $P_t$ 的密度函数。股权分布的标准假设为对数正态分布。

我们将 $\varphi(\cdot)$ 称为 $S_t$ 的密度函数：

$$\varphi(S)=\frac{1}{\sigma_s S\sqrt{2\pi t}}\exp\left(-\frac{1}{2}\frac{(\ln(S_0)-\ln(S)+(\mu_s-\sigma_s^2/2)t)^2}{\sigma_s^2 t}\right) \tag{3-34}$$

式中，$\mu_s$ 和 $\sigma_s$ 分别为历史测度下股票价格的漂移量和波动率。

现在 $P_t$ 的密度函数可以从 $S_t$ 的密度函数中给出数值：

$$\text{Probability } (P_t)\in[P;P+\mathrm{d}P]=\xi(P)\mathrm{d}P=\varphi(F^{-1}(S))\mathrm{d}(F^{-1}(S))$$

无息票债券价格的预期回报率可以写成是：

$$\overline{R}_P(t)=E\left[\frac{1}{t}\ln\left(\frac{P_t}{P_0}\right)\right]=\frac{1}{t}\left(\int_0^{\infty}\ln(P)\xi(P)\mathrm{d}P-\ln(P_0)\right) \tag{3-35}$$

且债券利差可以推导为$\bar{s}_P(t)=\left|R_P(t)-r\right|$。

这种分析一般被金融机构用来求出某个关于债券是“贵”还是“便宜”的某种指标，基于一个观测利差和相应的平价利差之间的相关价值来估计。

显然，债券的平价利差取决于指定的股票价格动态变化。我们已经将 $[0,T]$ 期间内公司的价值 $V(\cdot)$ 看成是一个对数正态过程，我们不能再武断地假定一个相应时期内的 $S$ 的密度函数。然而，当我们集中来看一段非常短的时间，可以考虑一种更复杂的方式，它生成了一条隐含波动率斜线。很大范围内的概率是基于例如使用标准 CEV 扩散过程的。我们甚至能够考虑跳跃，来生成非常陡峭的波动率斜线。

到目前为止，我们还没有提到利差的期限结构，只是估计了利差的市场价值在很短时期内会是什么样子的。取得利差期限结构的方法会依赖于股票的远期价格和无风险利率，以及指定的股票价格远期密度函数。最后可以很公平地说，这一结果既是一项科学作品，也可以说是一项艺术品。

## 3.3.3 默顿框架的扩展

### 3.3.3.1 首次通过时间模型

“首次通过时间方法”是原默顿模型的一个重要扩展。这一想法是 Black 和 Cox（1976）提出的。它允许违约在债务到期之前发生。这一方法构造一个与时间无关的提前违约壁垒，如图 3-2 所示。根

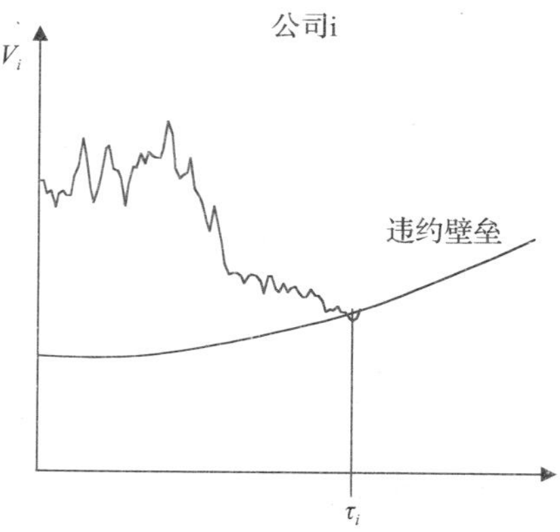


图 3-2 引入时间相关的违约壁垒

据作者，壁垒的动态变化（壁垒过程）可以从外部或从内部指定。例如，对于一个简单的常量壁垒 $K$ 来说，违约概率（“首次通过时间”）可以给出以下闭型解：

$$P(\min_{[0,T]} V_t < K) = 1 - \Phi\left(\ln\left(\frac{V_0}{K}\right) \Big/ (\sigma_V \sqrt{T}) + (\mu_V - 0.5\sigma_V^2)\sqrt{T}/\sigma_V\right)$$
$$+ \left(\frac{K}{V_0}\right)^{2(\mu_V - 0.5\sigma_V^2)/\sigma_V^2} \Phi\left(\ln\left(\frac{K}{V_0}\right) \Big/ (\sigma_V \sqrt{T}) + (\mu_V - 0.5\sigma_V^2)\sqrt{T}/\sigma_V\right)$$

另外，违约回收率可以用很多种方式来定义。

不完全信息效应　Duffie 和 Lando（2001）注重这一事实，首次通过结构化模型都基于会计信息。这些信息对投资者来说多少有点不太透明，有时不太完整，就像我们所观察到的最近关于安然、世通和帕玛拉特等等。此外，会计实务还导致数据披露的滞后性和离散性。正因为这些原因，将部分信息作为结构化模型输入变量（如资产价值和违约边界）会不太完美。

Duffie 和 Lando（2001）表明，如果投资者所能获得的信息是完美的，观测到的信用利差将接近理论值，即默顿模型的预测值。然而，由于金融市场的信息并不完整，观测到的利差表现出显著差异（见图 3-3）。

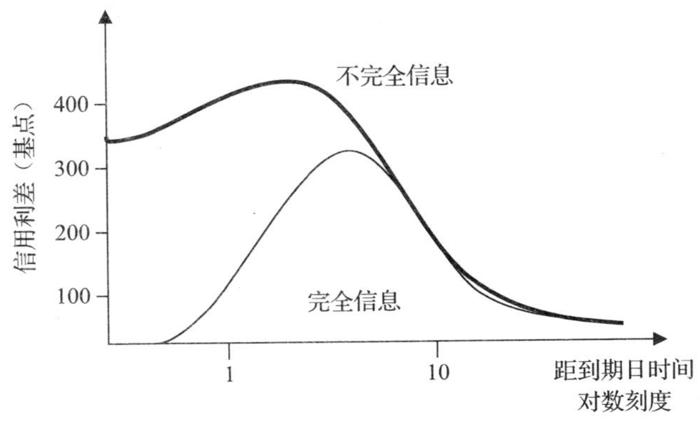


图 3-3　信用利差和信息

总而言之，默顿方法的动态变化背后的驱动因素，我们可以说是反映在其利差中的公司债务风险，很大程度上取决于三个主要因素：债务股权杠杆、资产波动率和违约壁垒的动态变化。

#### 3.3.3.2　动态壁垒方法

这一类模型建立在第一通过时间方法的基础上，当公司价值触及一个随时间变化的壁垒时，违约可能发生在债务到期之前。这些模型的问题在于，为便于求出定价解，而指定一个依赖于时间的壁垒。

*信用等级方法* Finger 等（2002）给出了一个公允价值利差估计量（信用等级），相比 MKMV 的方法更为精练。为了支付 CDS 生命期开始时的非零利差，该模型假设随机壁垒由对数正态分布的随机回收率确定。

假设漂移量为零，作者们表明可以以一种简单的方式给出债务人违约中性概率：

$$\mathrm{RNP}_t^i = N\left(\frac{\left(\ln(V_0^i)-\ln(\hat{X}_i)\right)}{\sqrt{\mathrm{var}_i}}-\sqrt{\mathrm{var}_i}/2\right)-\frac{V_0^i}{\hat{X}_i}N\left(-\frac{\left(\ln(V_0^i)-\ln(\hat{X}_i)\right)}{\sqrt{\mathrm{var}_i}}-\sqrt{\mathrm{var}_i}/2\right)$$

式中，$\hat{X}_i$ 为新壁垒的均值，取决于平均回收价值和 $\mathrm{var}_i$，一个依赖于时间的变量，由刻画了公司资产价值的几何布朗运动的布朗部分的方差项给出，作为回收率方差的补充。于是当初始时间为零或接近于 0 时，$\mathrm{var}_i$ 项不为零，且风险中性概率严格为正。这反过来也证明了非零初始利差的存在。

利差可以通过上一段的方式求得。作者们给出了一个连续复合利差情况下的闭型解。

这一模型已经因为它的易处理性而成为一个市场标准。然而它依赖于一个关于回收率的特别假设，这一假设很难在实证中验证，并使得该模型处于结构化模型的边缘位置。

*安全壁垒方法* Brigo 和 Tarenghi（2005）建议考虑“安全壁垒”，它被定义为债务到期时壁垒和一个来源于某调整漂移的折现因子的产物，该漂移从公司资产回报的几何布朗运动中提取。风险中性漂移根据这一想法进行调整，它包括一个参数 $\beta$，其主要作用是通过增加波动率的效应来改变安全壁垒的斜率。在此选择的基础上，作者们以解析形式给出公司的风险中性生存概率。假设无风险利率确定，且股票和公司价值的波动率相等，他们最终能够很直接地推出 CDS 在 0 时刻的价格。

开始，作者假设公司价值变化的扩散过程在一个风险中性测度下，其无风险利率，支付率和资产波动性都与时间有关。

$$\frac{\mathrm{d}V_t}{V_t}=(r_t-q_t)\mathrm{d}t+\sigma_t\mathrm{d}W_t$$

“安全壁垒” $\hat{H}(t)$ 这一表述与违约门槛 $H$ 有关

$$\hat{H}(t)=H\exp\left(-\int_0^t\left(q_s-r_s+(1+2\beta)\frac{\sigma_s^2}{2}\right)\mathrm{d}s\right) \tag{3-36}$$

$\tau$ 为当 $V$ 首次触及 $\hat{H}$ 的时间

$$\tau=\inf\{t\geqslant 0: V_t\leqslant \hat{H}(t)\}$$

生存概率可以以闭型解的方式给出：

$$Q\{\tau>T\}=\left[\Phi\left(\frac{\ln\frac{V_0}{H}+\beta\int_0^T\sigma_s^2\mathrm{d}s}{\sqrt{\int_0^T\sigma_s^2\mathrm{d}s}}\right)-\left(\frac{H}{V_0}\right)^{2\beta}\Phi\left(\frac{\ln\frac{H}{V_0}+\beta\int_0^T\sigma_s^2\mathrm{d}s}{\sqrt{\int_0^T\sigma_s^2\mathrm{d}s}}\right)\right] \quad (3\text{-}37)$$

在利率确定的情况下，0 时刻在两次保费付款时间 $T_a$ 和 $T_b$ 之间的 CDS 价值可以很容易地通过下式推导出，其中每个 $R$ 期间内其运营费率固定，LGD 也固定：

$$\mathrm{CDS}_{T_a,T_b}(0,R,\mathrm{LGD})=-R\sum_{i=a+1}^{b}P(0,T_i)\alpha_i Q(\tau\geqslant T_i)-\mathrm{LGD}\int_{T_a}^{T_b}P(0,t)\mathrm{d}Q(\tau>t)$$

式中 $P(0,t)$ 为 0 时刻期限为 $t$ 的零息票债券价格。

我们可以看到，CDS 的定价取决于 $V_0/H$ 的定义，这一资产波动率根据股票波动率和壁垒曲度参数 $\beta$ 来估计。

作者们根据 $V_0/H=2$ 和 $\beta=0.5$ 校验了[⊖] 他们的模型。有了这一校验，他们表示能够给出沃达丰（Vodafone）CDS 的校验，其结果非常接近于强度模型给出的结果。

这一论文看上去相当有前途，它产生了很便于处理的结果，同时还通过合理的经济解释给出了一些启发。

### 3.3.3.3　结构化方法混合跳跃扩散过程来模拟公司发展

与跳跃扩展结构化模型有关的先驱文献是 Zhou（2001）。

我们可以将公司价值的演进写成是一个扩散过程和一个复合泊松跳跃过程 $Z$ 之和。$c$ 为泊松过程平均跳跃量的到达强度。

$$\frac{\mathrm{d}V_t}{V_t}=(r-\gamma-c)\mathrm{d}t+\sigma\,\mathrm{d}W_t+\mathrm{d}Z_t \quad (3\text{-}38)$$

Zhou（2001）能够给出风险中性违约概率闭型的表达式。

对这一模型进行校验有一些技术难点：

- 资产回报率难以难测。
- 资产回报率的一个替代品是股票回报率或者指数回报率，但是这一校验需要从现实情况转化为风险中性概率测度，并且由于市场的不完全性，问题没有唯一解。

Huang 和 Huang（2003）在一个结构化框架校验了一个跳跃扩散过程。他们发现，即使引入跳跃项，纯信用风险也无法解释观测到的信用利差水平。达到这种水平的唯一方法是通过指定模型参数，但是这一做法缺乏实证支持。

---

⊖ Brigo 和 Tarenghi（2005）建议将公司的初始价值和壁垒的比率与预期回收率联系起来。也就是说，我们有在 $Q$ 下 $\mathrm{d}A_t=rA_t\mathrm{d}t+\sigma A_t\mathrm{d}W_t$，以及在 $P$ 下 $\mathrm{d}A_t=\mu A_t+\sigma A_t\mathrm{d}W_t^*$。

#### 3.3.3.4 混合模型：关于股权对信用范式的讨论

在本节中，我们讨论基于对股权产品进行共同校验的信用工具定价的新方法。这被概括为“股权对信用范式”（equity-to-credit paradigm），它试图在一个一致性框架内来刻画单一名称发行的或相关的各种证券的复杂性。它来自于对股权产品（如期权）、信用工具（如债券）和 CDS 以及混合证券（如可转换债券）进行持续定价的需要。其直观想法很简单。价外看跌期权的价格必须在某种程度上反映发行人的违约概率，而且相应地 CDS 利差期限结构揭示的信用状况应当影响到隐含波动率曲线。单一名称的不同类型资产的联合校验通常被看成是一个复杂而遥远的挑战。相反，我们认为大集合的可用市场数据为提取关于单一名称的准确信息提供了一个很好的机会。与单一名称模型这一出色性质形成鲜明对比的是多名称问题，比如 CDO 定价，没有办法找到足够的工具来精确校验成百个名称的相关性结构。因此，多名称的定价仅限于据理猜测，从过去数据中统计推断。单一名称模型的校验有幸能够依靠大量的前瞻性衍生品的价格。挑战在于提出一个模型，能够处理这么多的信息来源。我们回顾一下标准结构化模型和简单的简约模型失败的原因，并提出一种新的基于态势（regime）的模型，它的功能强大到足以用数值处理方式来应付大多数情况。

### 3.3.4 结构化模型

正如我们前面看到的，结构化模型利用关于公司资本结构的可用信息，来试图解释单一名称相关的各种工具的价格动态变化，即所谓的股权对信用空间（equity-to-credit universe）。违约触发时，公司的资产低于一些关键阈值。公司的资产价值是唯一的状态变量，各个证券的价格从其过程以及其与临界阈值的关系来求出。从 Merton 在 1974 年引入结构化模型以来，这些模型在不断完善，但思想一直保持一致。最先进的模型更加细化，对资产价值以及临界违约阈值引入了复杂的联合动态变化。例如，在资产价值或在阈值本身，跳跃使得公司可能在每一个瞬间陷入违约。这是一个非常必要的特性，因为否则违约将永远是可预测的，短期 CDS 利差因此应该接近于零，这显然与经验相矛盾。

结构化模型的主要问题是它们无法再现股权对信用工具价格的观测值。通过比如调整资产价值过程的波动率参数，结构化模型可以解释观察到的 CDS 利差期限结构。然而这样的校验仅仅局限于单一资产类别。调整模型在一般情况下无法再现平价隐含波动率的期限结构的观测值，更不用说从执行日到到期日的整个微笑曲线，也不用说临界奇异衍生品比如壁垒或远期起点期权的价格。

重要的是要理解为什么结构化模型的不足之处在于没有边际。它无法校验股权对信用空间，这是根本性的，不能通过对底层过程进行少数调整来处理。原因很明显：企业的生命是一个复杂的过程，不能概括在一维过程中。有股票和信用敞口的交易员直觉上就知道，股票价格并不是影响他的 P&L（损益表）的唯一变量。至少，他同样关注波动性和利差的变化。这些风险维度，尽管显然与股票价格有关，但是仍然不能简化为一维问题。结构化模型的关键弱点是假定每一个与发行人有关证券的价值，仅仅是公司资产一个变量的函数。实证情况的景象更为复杂。

CDS 利差或隐含波动率对股票价格的简单散点图，显示了结构化理论和实证证据之间通常存在的差距。图 3-4 和 3-5 的数据分别显示了五年期 CDS 利差和一年期 ATM 隐含波动率，作为雅高（Accor）集团股票从 2003 年 4 月到 2005 年 12 现货价格的函数。结构化理论预测利差和隐含波动率应该是现货价格的递减函数。

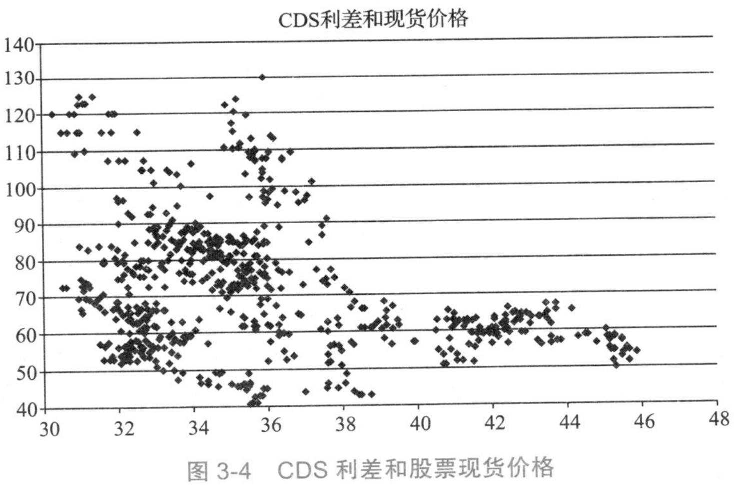


图 3-4　CDS 利差和股票现货价格

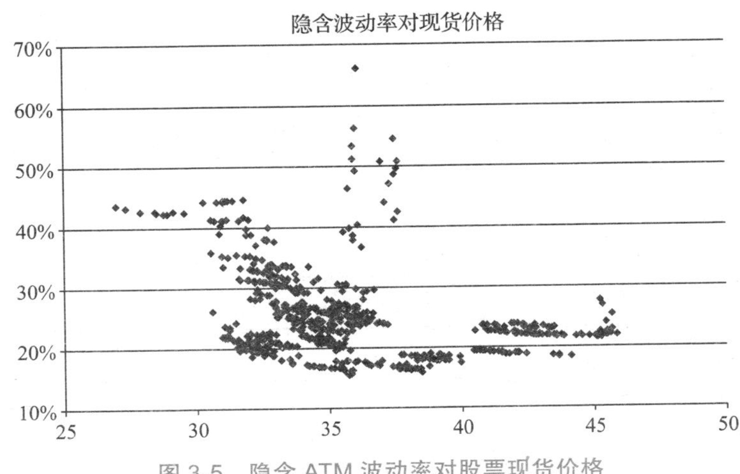


图 3-5　隐含 ATM 波动率对股票现货价格

很明显，不仅股权对信用证券价格的动态变化在许多情况下不能简化为一维流形，而且在一些重要的情况下，结构化模型也没有把握相关性信号。结构化模型把股票看成是公司资产的看涨期权，其价值随资产价值下降而下降。随着股票价格随资产价值下跌，杠杆率会增加，公司将变得更加危险，利差会更大，股票价格的波动水平更高。这种直观的行为往往也无法把握股权对信用空间的丰富变化。

图 3-6 更详细地检查了之前提到的雅高集团从 2005 年 6 月 1 日到 2005 年 12 月 8 日股票现货价格数据的一个子集。它可以分解为三个阶段，分别对应于三个不同的态势。阶段 1 从 6 月 1 日到 7 月 7 日，它的特点在于波动率水平低。7 月 8 日开始波动率突然增加，这个态势持续到 8 月 10 日（阶段 2）。8 月 11 日波动率又跳跃到第三个态势，直到样品期结束（阶段 3）。在每一个时刻，现货价格几乎没有变化。同期的 CDS 利差散点图（见图 3-7）没有表现出任何明确的态势，也没表现出与现货价格的任何相关性。因此这些态势可以很好地描述为波动率态势。它们对应于影响公司生命或商业环境的真实事件。2005 年 7 月 7 日第一个态势变化最有可能因伦敦恐怖袭击引发，它造成了一定时期内的不稳定预期，反映在更大的隐含波动率中。第二个态势开始于雅高集团管理层洗牌以及可能被房地产基金公司柯罗尼（Colony）资本以及喜达屋（Starwood）全球酒店及度假村公司收购的传闻。其股票价格首先从 41.78 增加到 8 月 5 日周五的 43.69 欧元，隐含波动率然后在 8 月 11 日从 18.4% 跳到 21.9%。不用说，这些态势的变化可以通过标准的结构化模型来解释。潜在收购在逻辑上对股票价格和隐含波动率产生积极影响，而结构化模型表明随着价格上涨风险更小。

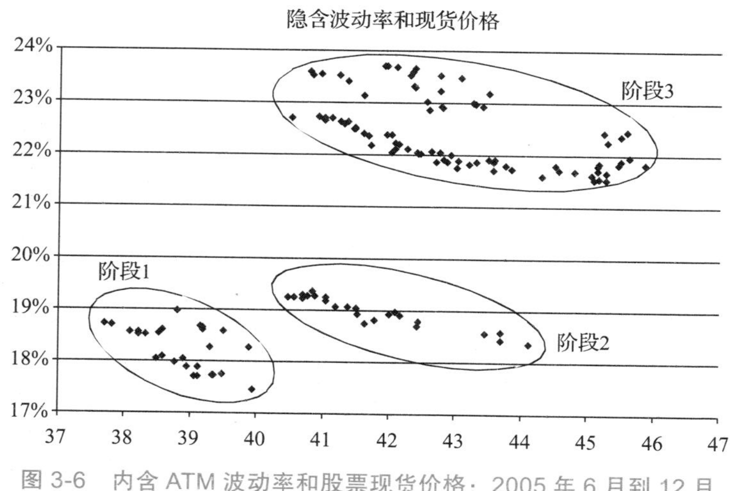


图 3-6 内含 ATM 波动率和股票现货价格：2005 年 6 月到 12 月

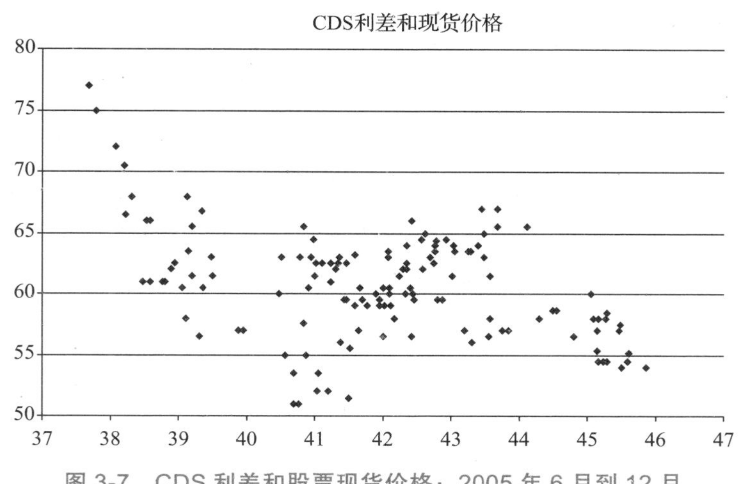


图 3-7　CDS 利差和股票现货价格：2005 年 6 月到 12 月

可以说，在每个态势内，结构模型对于描述股权对信用空间的日常变化仍然是一个不错的选择。图 3-7 已经表明，很难相信 CDS 利差是现货价格的函数，甚至在每一个态势中。图 3-8 描述了 CDS 利差和隐含波动性在 2005 年 5 月 4 日到 6 月 3 日这一小段时间内的共同变化，而图 3-9 显示同一时期内股票的现货价格走势。

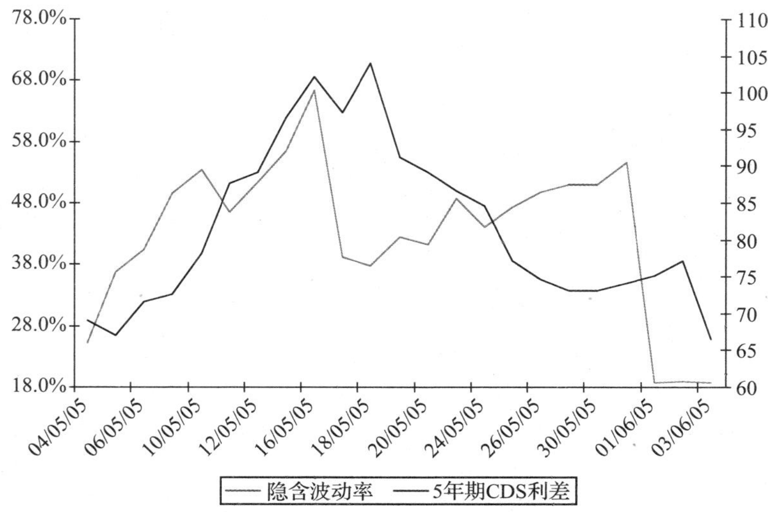


图 3-8　内含 ATM 波动率（左轴）与 CDS 利差（右轴）

在那段时期，直到 5 月 18 日，股票价格维持在 36 欧元几乎不变的水平，而利差和隐含波动率显著增加。然后股票上涨到约 37.5 欧元，而利差和隐含波动率回到原来的值。根据结构化模型，想在2005年5月前两周将雅高集团的信用或波动性仓位仅限制在基础资产的交易员，就远离了他的目标。

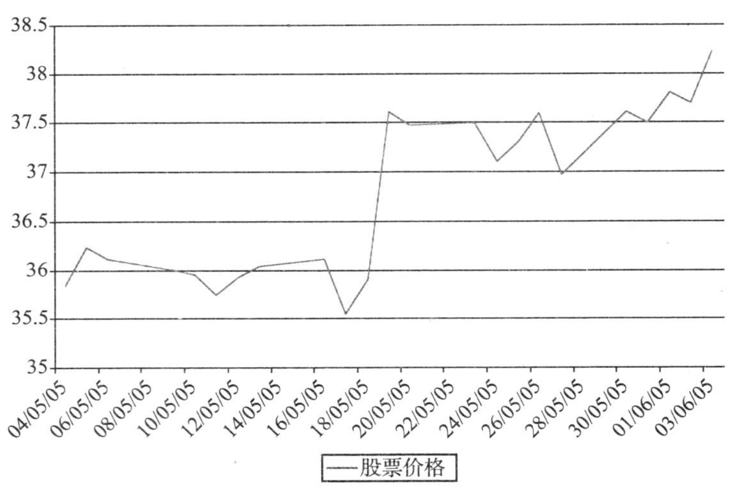


图 3-9 雅高集团股票价格

## 3.3.5 简约形式的股权对信用模型

简约模型有时被看成是试图弱化结构化模型的最显著的缺点：违约事件本身由股价引发。在其标准公式中，典型的简约模型常常以股票价格作为除了违约事件之外的整个股权对信用空间的唯一解释变量。违约被看成是外生变量，并且是一个无法解释的事件，根据泊松过程随时可能发生。这一过程的强度，就像股票价格的瞬时波动，本身就可能是一个时间和地点的函数。状态空间因此从仅有股票价格（如结构化模型）扩展到简约模型中的股票价格和违约事件。股票价格 $S$ 遵循风险中性概率下的随机微分方程：

$$\mathrm{d}S_t / S_t = (r_t + \lambda(S_t, t))\,\mathrm{d}t + \sigma(S_t, t)\,\mathrm{d}W_t - \mathrm{d}N_t$$

式中，$r_t$ 表示时刻 $t$ 的短期无风险利率，$N_t$ 是一个泊松过程，其瞬时强度为 $\lambda(S_t, t)$，引发违约。我们这里简单假设违约时，股票价格跳跃至零。注意这一漂移经过调整，以保证股票价格在风险中性概率测度下服从折现鞅，这是无套利条件所需要的。任何衍生工具在风险中性测度下，其平均收益也需要满足无风险利率，从这里我们可以推导出任一衍生证券的价值 $V$：

$$E[\mathrm{d}V]/\mathrm{d}t = r_t V = \partial V / \partial t + (r_t + \lambda(S_t, t))S\partial V / \partial S + \frac{1}{2}\sigma^2 S^2 \partial^2 V / \partial S^2 + \lambda(S_t, t)\Delta V$$

项 $\Delta V$ 描述了因标的资产违约而造成的衍生品价值的跳跃。相比结构化模型，简约模型不会在本地违约强度和波动率参数上强加任何的先验结构。在实践中，我们会试图根据比如单纯期权和 CDS 的市场数据来校验这些函数。

结构化模型设置未能很好掌握股权对信用空间的丰富变化，因为现货价格作为一个状态变量实在太过粗糙。将违约事件添加到状态空间当然很好，但是仍然不够充分。标准简约模型也无法掌握除了最极端的违约情况之外的态势变化。因此，即使他们设法复制一个给定时间上的单纯期权的微笑曲线和 CDS 的期限结构，他们也不能正确地考虑它们丰富的动态变化。这反过来意味着他们的对冲将产生错误，无法正确地对奇异工具定价。

### 3.3.6　态势转换模型

到目前为止我们回顾的模型有着相同的缺点。它们所依赖的状态空间太过严格，而不能把握处理公司运营中经常见到的复杂情况。将状态空间从在结构化模型中的仅考虑股票价格，扩展到在标准简约模型中考虑额外的违约状态变量，方向是正确的，但仍然受到限制。我们选择状态空间的其他维度，由两个资源做补充，一个是资产定价理论，另一个是公司融资。

从高级资产定价理论我们知道，股票和信用衍生品的定价和对冲很大程度上需要复杂的模型，包括带跳跃的股票价格过程模型，带跳跃的随机波动率模型，以及一个各风险因子之间存在复杂相关关系的随机信用维度。这意味着我们需要在股票价格和违约状态之外，还要跟踪至少两个或两个以上的过程：一个是瞬时波动过程，另一个是瞬时违约强度过程。然而，一个完备的三维或更多维的状态变量处理起来极其繁琐，这一类复杂模型到目前为止仅局限于学术研究。通常这些模型的校验时间对从业者来说有着非常重要的价值，这也就解释了状态空间实际上局限于股票价格的更简单的模型受到欢迎的原因。我们面临着一个令人不安的矛盾。资产定价理论需要一个复杂的状态空间，而数值处理的便利性则要求风险维度的数量有限。

离散的态势为解决这个矛盾提供了一个很好的方法。这里我们只考虑少数抽象态势：在实践中，两个往往不够，很多情形下是三个。在每一个态势上，股票价格遵循常参数的几何跳跃扩散过程。定义每个态势的波动率不同，风险率不同，股票价格的跳跃不同。态势之间的切换服从一个连续时间马尔可夫链。违约可以被看成是一个另外的公司未恢复的态势。形式上，状态空间被描述为股票价格和一个额外的追踪态势和违约的离散变量。最后，非常需要的股票价格、波动性和违约风险之间的相关性，通过在态势发生改变时让股票价格完成各种大小的跳跃来获得。我们所说的状态空间既宽泛到足以保持数值的易处理性，又丰富到足以捕获高级定价理论所需要的风险维度。提到一点是很重要的，与股票价格或违约状态相反，波动率和风险率是抽象变量，不能直接观测到。基本马尔可夫链是一个最简单的框架，其中这些变量是随机的，并且相互之间存在着复杂的关联性。

任何态势转换模型（regime switching）的一个缺陷在于没有闭型解，这意味着校验工作必须依靠快速数值分析。幸运的是，通过使用耦合偏微分方程，态势转换模型便于快速数值分析。我们需要对每个态势解一个后向一维网格，这意味着一个三态势期权的定价，其成本只有标准跳跃扩展过程计算的 3 倍，远低于解决一个完整的三维网格所需的时间。在每个态势 $i$ 上，在风险中性概率下基础资产的价格服从跳跃扩展过程，其布朗波动率为 $\sigma_i$，跳跃大小为 $y_{ij}$，强度为 $\lambda_{ij}$：

$$dS_t / S_t = (r_t - \Sigma_j \lambda_{ij} y_{ij})\,dt + \sigma_i\,dW_t + \Sigma_j y_{ij}\,dN_{ijt}$$

我们区别三种不同的跳跃：态势内简单价格跳跃、强度或风险率独立于态势的跳跃至违约，以及伴随态势转换的跳跃。在态势 $i$ 上衍生品的价值 $V_i$ 是一个一维发展方程的解，该方程来自于，在无风险套利原则下，每个证券都必须在风险中性概率下赚取无风险利率。

$$E[dV_i]/dt = r_t V_i = \partial V_i/\partial t + (r_t - \Sigma_j \lambda_{ij} Y_{ij}) S \partial V_i/\partial S + \frac{1}{2}\sigma_i^2\ S^2 \partial^2 V_i/\partial S^2 + \Sigma_j \lambda_{ij} \Delta V_{ij}$$

最后一项 $\Delta V_{ij}$ 衡量的是由基础资产相应跳跃引起的衍生工具的跳跃。对跳跃至违约而言，我们这里需要输入违约后工具的余值。对于态势转换的跳跃而言，$\Delta V_{ij}$ 包含了新态势中衍生工具的价值。这一双重跳跃项解释了不同态势中的衍生品价值是如何相互影响的。

态势转换模型虽然很简单，但是其功能非常强大。即使对两个态势而言，它可能会对参数的不同值产生非常不同的解释。例如，它可以再现随机波动模型或信用迁移模型的特点。有趣的是，与结构化模型不同，它可以容纳股票价格、信用质量和波动率之间任何符号和大小的相关性。

资产定价理论预测，态势转换模型可以成功再现单纯期权整个微笑曲线和 CDS 期限结构。这里我们考虑泰科（Tyco）2005 年 4 月 13 日的情况，其股价报 33.64 美元。我们使用一个简单的两态势模型。有三种类型的跳跃。首先，股票价格在违约时跳跃为零，这可能发生在每个态势上，强度不同。其次，当态势转换时股价跳跃。最后，我们再说一个额外的，仅在第一个态势中股票价格的跳跃，这有助于处理很短期限的期权。图 3-10 描述了校验参数，而图 3-11 到 3-13 将模型生成的期权价格和 CDS 利差与市场数据做了比较。这两个态势通过耦合一维 PDE（偏微分方程）求解，数值处理工作量实际上是标准跳跃扩散模型的两倍。在正常的笔记本电脑上，校验在几分钟内得到。

| | 布朗波动率 | 违约强度 |
|---|---|---|
| 态势1 | 16.09% | 0.000 |
| 态势2 | 66.17% | 0.041 |

| | 跳跃大小 | 跳跃强度 |
|---|---|---|
| 态势1 | -15.96% | 0.986 |
| 态势1到2 | -44.58% | 0.078 |
| 态势2到1 | 21.29% | 0.020 |

图 3-10 模型校验：一个两态势的态势转换模型

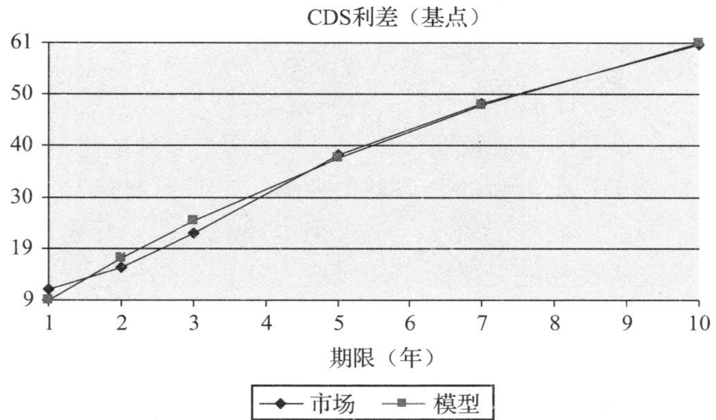


图 3-11　模型拟合和市场数据：信用利差

市场时间价值

| 执行价格/到期日 | 15 | 20 | 22.5 | 25 | 27.5 | 30 | 32.5 | 35 | 37.5 | 40 | 42.5 | 45 | 50 |
|---|---|---|---|---|---|---|---|---|---|---|---|---|---|
| 21/05/05 | | | | 0.12 | 0.19 | 0.25 | 0.68 | 0.56 | 0.18 | | | | |
| 16/07/05 | | | 0.14 | 0.23 | 0.30 | 0.63 | 1.23 | 1.14 | 0.37 | 0.12 | | | |
| 22/10/05 | | | 0.19 | 0.40 | 0.67 | 1.15 | 1.90 | 2.02 | 1.05 | 0.43 | 0.22 | 0.13 | |
| 21/01/06 | 0.15 | 0.25 | 0.33 | 0.56 | 0.96 | 1.54 | | 2.59 | | 0.85 | | 0.18 | 0.14 |
| 20/01/07 | | 0.74 | | 1.58 | | 2.91 | | 4.55 | | 3.10 | | 1.84 | 1.10 |

模型时间价值

| 执行价格/到期日 | 15 | 20 | 22.5 | 25 | 27.5 | 30 | 32.5 | 35 | 37.5 | 40 | 42.5 | 45 | 50 |
|---|---|---|---|---|---|---|---|---|---|---|---|---|---|
| 21/05/05 | | | | 0.06 | 0.10 | 0.24 | 0.59 | 0.41 | 0.03 | | | | |
| 16/07/05 | | | 0.09 | 0.16 | 0.29 | 0.58 | 1.18 | 1.07 | 0.34 | 0.07 | | | |
| 22/10/05 | | | 0.23 | 0.38 | 0.65 | 1.11 | 1.86 | 2.00 | 1.07 | 0.50 | 0.21 | 0.08 | |
| 21/01/06 | 0.08 | 0.24 | 0.38 | 0.61 | 0.97 | 1.52 | | 2.69 | | 1.01 | | 0.29 | 0.07 |
| 20/01/07 | | 0.75 | | 1.50 | | 2.82 | | 4.85 | | 3.05 | | 1.78 | 1.00 |

图 3-12　模型拟合与市场数据：内含股票期权的执行价格与到期日

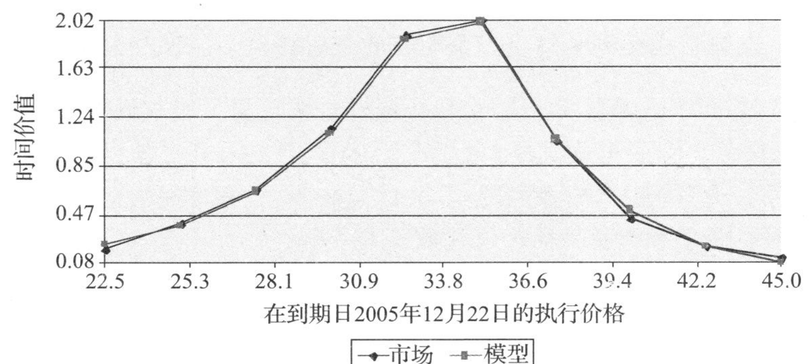


图 3-13　模型拟合与市场数据：内含股票期权的执行价格与到期日（2005 年 12 月）

这两个态势的波动率或违约强度有很大的不同。第一个态势波动率较低，违约概率为零；而另一个态势波动率大，风险率高。从第一个态势转换到第二个态势，发生负向跳跃；而恢复到第一个态势，则发生正向跳跃。这样再现了我们很熟悉的结构化模型相关性类型，即波动率和风险率随着价格下降而增加。然而要注意这里的相关性不是函数，而只是概率。

这些态势不单单是解决股权对信用空间中的资产定价问题的一种简便方法，还为标的公司提供了一个独特的公司融资视角。这是扩展状态空间的第二个重要的灵感来源，即公司融资的角度。资产定价理论将态势看成是一种廉价而抽象的，产生随机波动性和随机风险率的权宜之计，而公司融资会对态势进行命名，并将态势的变化与公司的运营联系起来。

在我们的例子中，这一命名实践相当明显。态势的变化描述了公司信誉的可能恶化，而且态势这里可以简单地解释为另一种信用评级。于是降级对应着较高的波动性和 –44% 的很大负值跳跃。从这一较差态势恢复是可能的，并且对应着一个 21% 的正值跳跃。有趣的是，这两个态势都可以相当准确地再现 CDS 利差的整个期限结构。这也当然可以通过一个模型获得，模型中风险率是时间的递增函数，但是我们将失去潜在的概率解释。

态势模型的万能性，意味着它可以变成是完全不同的公司融资模型工具。面临 LBO（杠杆收购）的公司通常会被描述为第二种态势，波动性和风险率更高，如果市场认为这一交易会创造价值，将发生达到这一态势的正向跳跃。这一关系模式，和标准结构化模型的杠杆模型工具功能不一样。

企业重组可能是传统模型无法解释的另一种情况。第二个态势将对应于一个公司资产负债表的成功重组。它一般意味着风险率和波动率更小。股票价格方向不是很清楚，因为它取决于不同涉众之间的谈判结果。

风险率较大不会总是意味着波动性较大。被收购公司的股票会被交换，而收购公司违约的风险较低，但股票价格波动的风险更大。这对目标公司来说通常意味着的正向跳跃，但这肯定不是确定的，也不能先验地拒绝任何情景。

总之，态势转换模型为解决三个明显的矛盾提出了一种令人满意的回答：

- 资产定价理论需要一个足够复杂的模型来把握“股权到信用”（equity-to-credit）空间中的证券。
- 交易员需要快速的数值解。
- 最后，企业融资需要捕捉运营的重大事件。

毫无疑问，这种模型在提供了灵活性之外，还引起了衍生品专家和资本结构专家之间的激烈争论。

## 附录 3A　资产定价基本原理（FTAP）与风险中性测试

在本书的很多地方我们都会遇到风险中性测度和预期折现定价的概念。我们现在简要地总结一下这一领域的关键结果。更详细和严密的说明参见 Duffie（1996）。

直观上证券的价格应当与其可能的支付有关，与该支付的可能性有关，与反映了货币时间价值和投资者风险规避特征的折现因子有关。

标准定价模型（如股票折现模型）使用这一方法来决定股票价值。对衍生品或总体上支付很复杂的证券来说，使用这一方法有两个基本难点：

（1）要确定给定支付的实际概率。

（2）要计算合适的折现因子。

Harrisson 和 Kreps（1979）以及 Harrisson 和 Pliska（1981）的源头文献提供了一些手段来规避这些困难，形成了所谓的 FTAP。

第 1 个 FTAP：市场是无套利的，当且仅当有一个测试 $Q$ 等价[㊀] 于历史测度 $P$，在该测度下以无风险利率折现的资产价值是鞅。[㊁]

第 2 个 FTAP：这一 $Q$ 是独一无二的，当且仅当市场是完全的。

一个完全的市场是指在市场中所有资产都是可复制的。这意味着你能够通过创造另外的一个交易资产组合来完全对冲任何资产的仓位。

第一条基本原理给出了一般性的期权定价公式，该公式不依赖于风险调整折现因子，也不依赖于找出未来支付的实际概率。假设我们要对在 $T$ 时刻随机支付 $g(T)$ 的证券在 $t<T$ 时刻进行定价。在无套利情况下，我们知道在到期日证券的价格应该等于支付金额 $P_T=g(T)$。根据第 1 个 FTAP，我们立即得到价格：

$$P_t=E^Q[\mathrm{e}^{-r(T-t)}\,P_T|P_t] = E^Q[\mathrm{e}^{-r(T-t)}g(T)|P_t]$$

概率 $Q$ 一般能从交易证券中求得。它被称作风险中性测度，或者鞅测度。

第二条基本原理是说测度 $Q$（因此也可以是之前计算的证券价格）是独一无二的，当且仅当市场是完全性的。这是一个非常强的假设，尤其是对于流动性通常较差的信用市场来说。

## 参考文献

Arvanitis, A., J. Gregory, and J-P. Laurent (1999), "Building models for credit spreads," *Journal of Derivatives*, Spring, 27–43.

Ball, C., and W. Torous (1983), "A simplified jump process for common stock returns," *Journal of Financial Quantitative Analysis*, 18(1), 53–65.

Bielecki, T. and M. Rutkowski (2002), *Credit Risk: Modeling, Valuation and Hedging*, Springer-Verlag, Berlin.

㊀ 两种测度都为空集时，可以被认为是等价的，也就是说一个测度的所有 0 概率事件在另一个测试下的概率也为 0。

㊁ 鞅是一种无漂移过程，也就是说该过程在其当前价值的条件下，其预期未来价值的期望值就是当前价值。更正式地：当 $s \geqslant t$ 时，有 $X_t=E[X_s|X_t]$。

Black, F., and J. Cox, Valuing Corporate Securities (1976), "Some effects of bond indenture provisions," *Journal of Finance*, 31, 351–367.

Black, F., and M. Scholes (1973), "The pricing of options and corporate liabilities," *Journal of Political Economy*, 81, 637–659,

Brigo, D., and M. Tarenghi (2005), "Credit default swap calibration and equity swap valuation under counterparty risk with a tractable structural model," in Proceedings of the FEA 2004 Conference at MIT, Cambridge, Massachusetts, November 8–10, and in Proceedings of the Counterparty Credit Risk 2005 C.R.E.D.I.T. conference, Venice, September 22–23, 2005, Vol. 1.

Cox, J., J. Ingersoll, and S. Ross (1985), "A theory of the term structure of interest rates," *Econometrica*, 53, 385–407.

Das, S., and P. Tufano (1996), "Pricing credit sensitive debt when interest rates, credit ratings and credit spreads are stochastic", *Journal of Financial Engineering*, 5, 161–198.

Duffie D. (1996), 201cDynamic Asset Pricing Theory201d, Princeton University Press.

Duffie D., and Lando D. (2001), "Term structures of credit spreads with incomplete accounting information," *Econometrica*, 69, 633–664.

Duffie, D., and K. Singleton (1998), "Defaultable term structure models with fractional recovery at par," working paper, Graduate School of Business, Stanford University.

Duffie, D., and K. Singleton (1999), "Modeling term structures of defaultable bonds," *Review of Financial Studies*, 12, 687–720.

Finger, C., V. Finkelstein, G. Pan, J-P. Lardy, and T. Ta, (2002), *CreditGrades™ Technical Document*, RiskMetrics Publication.

Harrison J. and D. Kreps (1979), 201cMartingale and arbitrage in multiperiod securities markets201d, Journal of Economic Theory, 20, 348–408.

Harrison J. and S. Pliska (1981), 201cMartingales and stochastic integrals in the theory of continuous trading201d, Stochastic Processes and their Applications, 11, 215–260.

Heath, D., R. Jarrow, and A. Morton, (1992), "Bond Pricing and the term structure of interest rates: a new methodology for contingent claims valuation," *Econometrica*, 60, 77–105.

Huang, J. and M. Huang (2003), "How much of the corporate-treasury yield spread is due to credit risk?" working paper, Penn State University.

Hull J. (2002), Options, Futures and Other Derivatives, 5th edition, Prentice Hall.

Jarrow, R., D. Lando, and S. Turnbull (1997), "A Markov model for the term structure of credit risk spreads," *Review of Financial Studies*, 10, 481–523.

Jobst, N., and P. J. Schönbucher (2002) "Current developments in reduced-form models of default risk," working paper, Department of Mathematical Sciences, Brunel University.

Jobst, N., and S. A. Zenios (2005), "On the simulation of interest rate and credit risk sensitive securities," *European Journal of Operational Research*, 161, 298–324.

Kiesel, R., Perraudin, W., and Taylor, A. (2001), "The structure of credit risk: spread volatility and ratings transitions," technical report, Bank of England.

Kijima, Masaaki and Katsuya Komoribayashi, "A Markov chain model for valuing credit risk derivatives", Journal of Derivatives, Vol. 6, Kyoto University, (Fall 1998) pp. 97–108.

Lamb R., Peretyatkin V. and Perraudin W. (2005), 201c Hedging and asset allocation for structured products201d, Working Paper Imperial College.

Lando, D. (1998), "On Cox processes and credit risky securities," *Review of Derivatives Research*, 2, 99–120.

Longstaff, F., and E. Schwartz (1995) "Valuing credit derivatives," *Journal of Fixed Income*, 5, 6–12.

McNulty, C., and R. Levin (2000), "Modeling credit migration," Risk Management Research Report, J.P. Morgan.

Merton, R. (1974), "On the pricing of corporate debt: The risk structure of interest rates," *Journal of Finance*, 29, 449–470.

Moraux, F., and P. Navatte (2001), "Pricing credit derivatives in credit classes frameworks," in Geman, Madan, Pliska, and Vorst (eds.), *Mathematical Finance—Bachelier Congress 2000 Selected Papers*, Springer, 339–352.

Prigent, J-L., O. Renault, and O. Scaillet (2001), "An empirical investigation into credit spread indices," *Journal of Risk*, 3, 27–55.

Sharpe W., G. Alexander and J. Bailey (1999), Investments, Prentice-Hall.

Schönbucher, P. J., (2000), "A Libor market model with default risk", working paper, Department of Statistics, University of Bonn.

Valuation of Basket Credit Derivatives in the Credit Migrations Environment by Tomasz R. Bielecki of the Illinois Institute of Technology, St9c28ane Cr9c25y of the Universit9824'0276ry Val d'Essonne, Monique Jeanblanc of the Universit9824'0276ry Val d'Essonne, and Alexander McNeil of the University of New South Wales and Warsaw University of Technology, March 30, 2005.

Zhou, C., (2001), "The term structure of credit spreads with jump risk," *Journal of Banking and Finance*, 25, 2015–2040.

# 第4章

# 对信用相依性建模

Arnaud de Servigny

## 4.1 前言

在这一章[㊀] 我们介绍多元效应，即信用工具或债务人之间的相互作用。

投资组合中信用风险的分析需要衡量资产之间的相依关系。定价领域中的单个利差、管理领域中风险板块的违约概率（PD）和违约损失率很重要，但不足以确定多名称产品的价格 / 风险和损失的整个分布。因为分散化效应与相依性有关，投资组合的价格不能被定义为其底层证券价格的一个线性组合，其损失分布也不能是个体损失分布的总和。

最常见相依性测度是线性相关性。图 4-1 说明了投资组合损失相关性的影响。[㊁] 当违约相关性为零时，投资组合中极端事件的概率（大量违约或零违约）很低。然而，当相关性很显著时，特别好或坏的事件的概率将大大增加。鉴于市场参与者和风险管理者关注信用风险的像在险价值这样的尾测度，相关性至关重要。此外，像债务担保证券（CDO）、一篮子产品等这样的，基于投资组合的联合违约或生存而进行定价和对冲的衍生产品的不断发展，使得相依性建模特别受到重视。

---

㊀ 本章的一些内容是从“测量并管理信用风险”中提取的，作者是 Arnaud de Servigny 和 Olivier Renault，McGrawHill，2004。

㊁ 这里的相关性指的是因子相关性。假设组合中有 100 支债券，所有债券的违约概率均为 5%，期限为一年，使用一个信用风险的因子模型，得出本图。

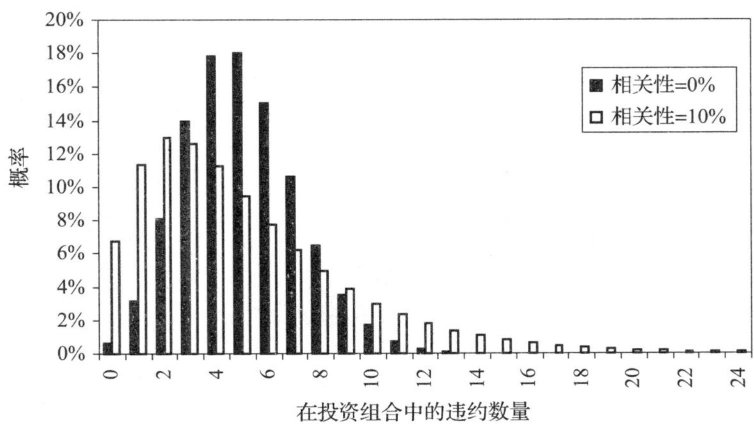


图 4-1　投资组合损失的相关性效应

在预定的时间期间内，相依性是一个比线性相关性更为一般化的概念。对于大多数边际分布来说，线性相关性只是相依性结构的一部分，并不足以构建损失的联合分布。此外，还可以从相同的边际分布中，构造一个不同联合分布的大集合。

在结构化信用市场，违约相关性已经让位于 Li（2000）引入的更为灵活的“距违约时间”（time-to-default）生存相关性形式的方法。此外，最好需要考虑极端联合事件或共同变化，这使得被称为连接函数（copula）的更为个性化的相依性结构受到关注。

强度或连接函数不存在随机过程，从这个意义上讲，连接函数方法并不是动态的。在这方面，需要进行更多的动态分析，因此要重新强调一下联合强度建模。

相依性包括比相关性更为复杂的效应，比如两个时滞变量的联动性（comovement），或者因果关系效应。一些最近的研究试图将相依性表达为易扩散事件蔓延的后果。

## 相依性的来源

在本章中，我们重点来衡量违约和利差的相依性，而不是解释它们。这样做之前，需要花一点时间来看联合违约和价格联动的原因。

违约主要基于三类原因而发生：

- 公司特有原因：管理不善、欺诈、大型项目失败等。
- 行业特有原因：全行业有时受到冲击，比如产能过剩、原材料价格上升，等等。

- 一般宏观经济环境：经济增长和衰退、利率变化、商品价格都对所有公司产生不同程度的影响。

公司特有原因不会导致联合违约。因为这些特性而引发的违约似乎是独立发生的。相反，宏观经济和行业特有冲击导致经济中整个行业违约率的增加，并推高了相关性。

图 4-2 显示了宏观经济增长（以国内生产总值的增长率衡量）和非投资级（NIG）发行人违约率之间的关系。违约率看上去几乎是增长率的一个镜像。这表明违约是相互关联的，且取决于一个一般因素。

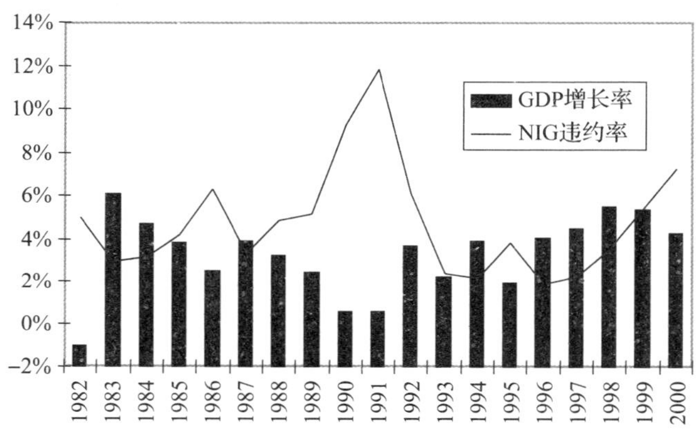


图 4-2 美国 GDP 增长率和合计违约率

资料来源：标准普尔和美联储。

图 4-3 显示了能源和电信行业的行业危机对违约率的影响。20 世纪 80 年代中期石油价格的飙升以及 21 世纪初期电信业的崩溃都能清楚地看到。

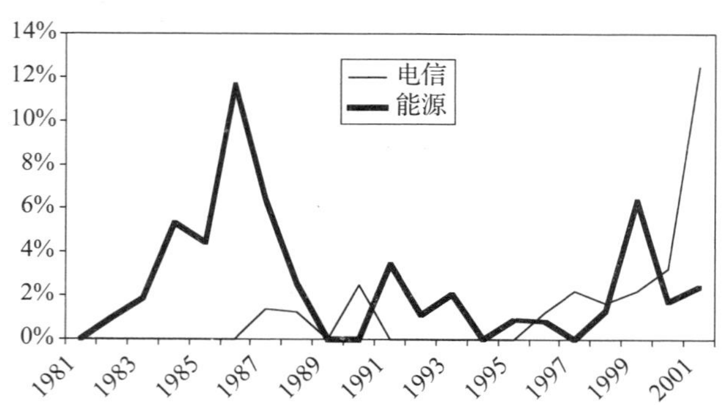


图 4-3 电信和能源行业的违约率

资料来源：标准普尔的 CreditPro。

价格即信用利差能够同时变化至少基于以下原因：

- 基于行业、宏观经济和特殊因素变化而触发了价格的违约信息。
- 因经济情况的变化造成的市场参与者避险情绪的一般性变化，比如 2005 年 5 月通用汽车（GM）和福特汽车的降级（见图 4-4[⊖]）。

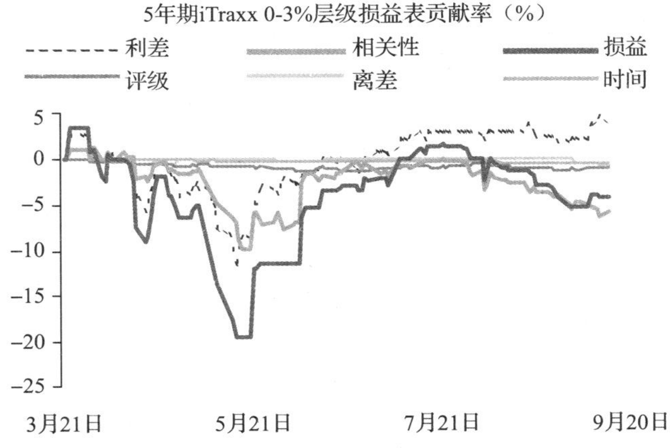


图 4-4　通用汽车和福特汽车降级的蔓延效应

资料来源：花旗集团 2005。

本章的第一部分回顾了一些有用的统计概念。我们从引入最常用的相依性测度（协方差和相关系数）开始，来说明怎样从个体风险来计算投资组合的方差。

接下来我们用几个例子来说明协方差作为随机变量联动性或相依性的测度是片面的，有时还有误导性。我们回顾一些其他的片面性测度。接下来我们介绍违约因子相关性和生存因子相关性以及连接函数，这些更精确地描述了多元分布。我们最后来描述基于强度的相关性。

前面所说的统计工具对理解接下来的内容很有用，它针对信用领域应用了这些相关性测度。我们提出了各种方法来估计违约相关性。这些能够直接从违约数据中提取，或者从股票或利差信息中推导出。

## 4.2　第一部分：相关性方法

### 4.2.1　相关性及其他相依性测度

#### 4.2.1.1　定义

两个随机变量 $X$ 和 $Y$ 之间的协方差定义为：

---

⊖ 在图 4-4 中，我们给出了福特汽车和通用汽车的降级对 CDO 价格的影响。结果造成利差和相关性水平之类的指标在这一时期显示出巨大的变化。

$$\mathrm{cov}(X,Y)=E(XY)-E(X)E(Y) \tag{4-1}$$

式中，$E(\cdot)$ 表示期望。

它衡量的是两个随机变量之间的联动性。协方差满足一些有用的性质，包括：

- $\mathrm{cov}(X,X)=\mathrm{var}(X)$，其中 $\mathrm{var}(X)$ 表示方差
- $\mathrm{cov}(aX,bY)=ab\,\mathrm{cov}(X,Y)$
- 在 $X$ 和 $Y$ 相互独立的情况下，$E(XY)=E(X)E(Y)$，且协方差为 0。

线性相关系数，也称作 Pearson 相关性测试，给出的关于 $X$ 和 $Y$ 联动性的信息是一样的，但是其取值在 −1 和 +1 之间。它被定义为变量的协方差与其标准差之积的比值：

$$\mathrm{corr}(X,Y)=\rho_{XY}=\frac{\mathrm{cov}(X,Y)}{\mathrm{std}(X)\mathrm{std}(X)} \tag{4-2}$$

$$=\frac{E(XY)-E(X)E(Y)}{\sqrt{\left(E(X^2)-[E(X)]^2\right)\left(E(Y^2)-[E(Y)]^2\right)}} \tag{4-3}$$

对于一种特定的二态变量 $A$ 和 $B$ 取值为（0, 1）的情况，取值为 1 的概率分别为 $p_A$ 和 $p_B$，其他为取 0 值的概率。给定联合概率 $p_{AB}$，我们能够计算出：

$$E(A)=E(A^2)=p_A,\quad E(B)=E(B^2)=p_B,\quad \text{and}\quad E(AB)=p_{AB}$$

因此相关系数为：

$$\mathrm{corr}(A,B)=\frac{p_{AB}-p_Ap_B}{\sqrt{p_A(1-p_A)p_B(1-p_B)}} \tag{4-4}$$

这一公式对违约相关性而言特别有用，因为违约就是个二态事件。在第二部分，我们来解释怎么样估计式（4-4）的各种形式。

#### 4.2.1.2 计算投资组合的分散化效应

1. 两资产情况　我们首先来考虑一种简单情况，一个投资组合中有两个资产 $X$ 和 $Y$，分别占比 $w$ 和 $1-w$，其方差和协方差分别为 $\sigma_X^2$、$\sigma_Y^2$ 和 $\sigma_{XY}$。

组合的方差由下式给出：

$$\sigma_P^2=w^2\sigma_X^2+(1-w)^2\sigma_Y^2+2w(1-w)\sigma_{XY} \tag{4-5}$$

组合方差的最小值能够通过对式（4-5）进行微分，并将结果取值为 0 来得到：

$$\frac{\partial\sigma_P^2}{\partial w}=0=2w\sigma_X^2-2\sigma_Y+2w\sigma_Y^2+2(1-2w)\sigma_{XY} \tag{4-6}$$

最优比例 $w^*$ 即为式（4-6）的解：

$$w^*=\frac{\sigma_Y^2-\rho_{XY}\sigma_X\sigma_Y}{\sigma_X^2+\sigma_Y^2-2\rho_{XY}\sigma_X\sigma_Y} \tag{4-7}$$

因此我们找到了两个资产的最优比例，以使得组合的总方差最小。我们立

即可以看到最优比例取决于两个资产之间的相关系数，最终的方差也受相关系数的影响。图 4-5 和 4-6 说明了最优比例和最小投资组合方差作为相关系数的函数是怎样变化的。在这一个例子中，$\sigma_X$=0.25 且 $\sigma_Y$=0.15。

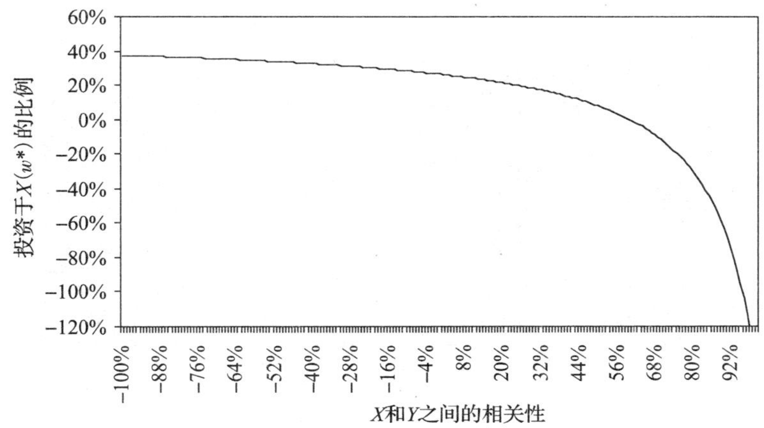


图 4-5　最优配置作为相关性的函数

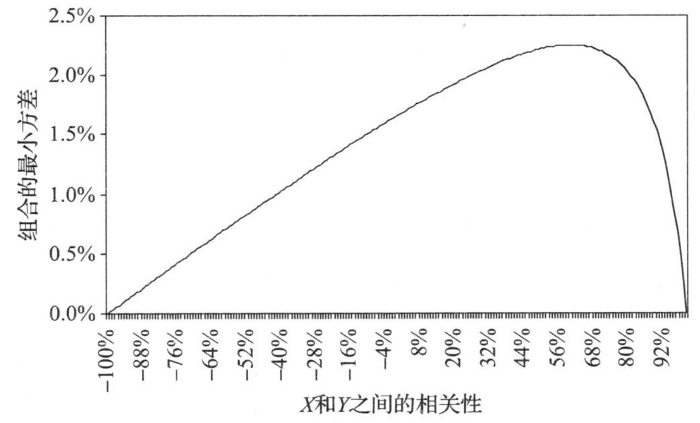


图 4-6　最小组合方差作为相关性的函数

在图 4-5 中，我们能看到投资组合在 $X$ 和 $Y$ 上的分配，相关系数是高度非线性的。如果两种资产是高度正相关的，最好卖空高方差的资产（我们的例子中为 $X$），因此 $w^*$ 是负的。如果 $X$ 和 $Y$ 之间的相关性是“完美”的，也就是说如果 $\rho$=1 或者 $\rho$=−1，就有可能创造出一个无风险的投资组合（图 4-6）。否则，最优比例 $w^*$ 会产生一个更低但是为正的方差。

图 4-7 显示了相关系数对 $X$ 和 $Y$ 联合密度函数的影响，假设二者都服从正态分布。这张图显示了一个钟形的密度函数的切面。当相关性为零时（左侧），联合密度就像同心圆一样。当引入非零的相关系数（本例中为正），形状就会弯

曲：它表明 $X$ 价值的高低与 $Y$ 价值的高低是相关的。因此右上和左下区域的概率比左上和右下区域的概率更高。在相关系数为负的情况下，我们能够看到相反的情况。

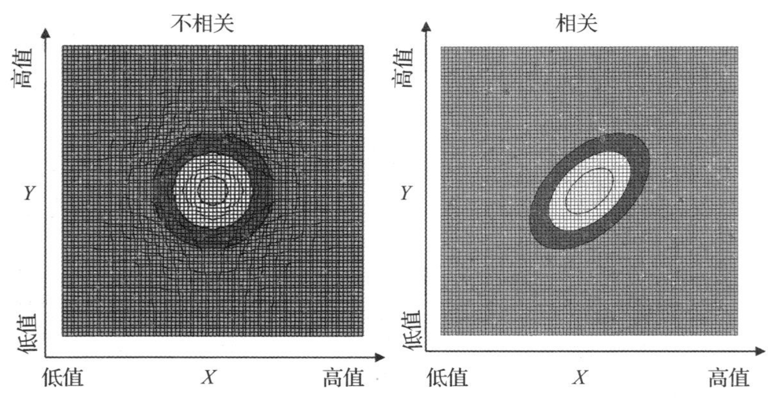


图 4-7 相关性对分布函数形状的影响

**2. 多资产情况** 现在我们可以将协方差的性质应用于计算多资产的投资组合方差。假设我们的一个投资组合有 $n$ 个工具，其方差均为 $\sigma^2$，协方差为 $\sigma_{i,j}$，$i, j=1, \cdots, n$。

投资组合的方差由下式给出：

$$\sigma_P^2 = \sum_{i=1}^{n} x_i^2 \sigma^2 + \sum_{i=1}^{n} \sum_{\substack{j=1 \\ j \neq 1}}^{n} x_i x_j \sigma_{i,j} \tag{4-8}$$

式中，$X_i$ 为投资组合中资产 $i$ 的权重。

假设投资组合是等权的，即对所有 $i$ 来说有 $X_i=\dfrac{1}{n}$，且所有资产的方差有界的，则投资组合的方差可以简化为：

$$\sigma_P^2 = \frac{\sigma^2}{n} + \frac{n(n-1)}{n^2}\overline{\text{cov}} \tag{4-9}$$

式中最后一项表示资产之间的平均协方差。

当投资组合越来越分散时，即当 $n \to \infty$，我们有 $\sigma_P^2 \to \overline{\text{cov}}$。投资组合的方差收敛到资产的平均协方差。相比联合变化，方差项可忽略不计。

对一个股票组合而言，分散化的好处可以很快得到：对一个所有股票的相关系数为 30%、波动率为 30% 的投资组合而言，在 $n$ 约为 20 时最小协方差小于 10%。对一个纯违约模型而言（即当我们忽略利差和迁移风险并假设回收率为 0），要达到相同的分散化水平，资产的数量需要的更多。例如，如果所有债务人违约概率和每两个债务人之间的相关系数为 2%，我们需要至少 450 个债务人来使其最小渐近方差达到 10% 以内。

### 4.2.1.3　相关性的缺陷

我们之前提到，到目前为止相关性是金融市场中最常用的相依性测度，一般也可以说相关性是联动性的通用名称。我们在本章的第 3 节以及关于 CDO 定价的下一章中会多次用到它。在这一节，我们要回顾一些线性相关的性质，这些性质一般而言使得其不足以衡量相依性，而且在一些情况下会有误导性。最好通过例子来解释这些。[⊖]

- 利用式（4-2），我们立即可以看到，如果其中一个方差是无穷大的，相关性就不能定义。在信用风险模型中这并不很常见，但是一些市场风险模型在一些情况会表现出这一属性。

  **例：** 见 Mandelbrot（1963）之后的关于 $\alpha$- 稳定模型的大型金融文献，其中方差的有限性取决于参数 $\alpha$ 的值。
- 当指定一个模型时，我们不能武断地觉得相关性作为自由度处在 [−1；1] 内。取决于分布函数的选择，相关性一般限制在窄的范围 $[\underline{\rho};\ \overline{\rho}]$ 内，其中 $-1<\underline{\rho}<\overline{\rho}<1$。

  **例：** 如果我们有两个正态分布变量 $x$ 和 $y$，其方差均为 0，标准差分别为 1 和 $\sigma$。于是 $X=\exp(x)$ 且 $Y=\exp(y)$ 满足对数正态分布。然而，X 和 $Y$ 之间的相关性并不完全是可获得的。

我们可以表明，其相关性严格地处于以下二者之间：

$$\underline{\rho}=\frac{e^{-\sigma}-1}{\sqrt{(e-1)(e^{\sigma^2}-1)}}\quad \text{以及}\quad \overline{\rho}=\frac{e^{\sigma}-1}{\sqrt{(e-1)(e^{\sigma^2}-1)}}$$

参见 Embrecht 等（1999a）的证明。

- 完全函数相关的两个随机变量，其相关性可能为零。

  **例：** 考虑一个 0 均值的正态分布的随机变量 X 并定义 $Y=X^2$。虽然 X 的变化完全决定了 $Y$ 的变化，但是它们的相关性为零。这清楚地表明尽管独立性意味着相关性为零，但反过来却不正确。
- 线性相关性在单调变换下并非不变的。

  **例：** $(X, Y)$ 和 $(\exp(X), \exp(Y))$ 的相关性并不相同。
- 很多边际分布函数和相关性都一样的二维分布并不一样。

  **例：** 见关于连接函数的章节。

所有这些考虑都应该明确，在一般情况下，相关性是一个片面而不充分的相依性测度。它衡量的只是线性相依性。但这并不意味着相关性无用。对椭圆分布类来说，相关性足以组合两个边际分布形成二维分布。例如，给定两个边

---

⊖ Embrecht 等（1999a, b）给出了一个关于相关性缺陷的清晰分析。

际正态分布的 $X$ 和 $Y$ 和一个相关系数 $\rho$，我们可以为 $(X, Y)$ 建立一个联合正态分布。

宽松来说，这一分布类被称作椭圆分布，是因为当我们对其多元密度函数用平面进行切割，其截面是椭圆形（见图 4-7）。正态分布和 $t$- 分布，和其他一些分布一样，都属于此类。

甚至对其他一些非椭圆的分布来说，相关系数（因此相关性）是需要校正的二阶矩。虽然它们不足以包含所有相依性，当对一个分布进行实证拟合时，它们并不能被忽略。

#### 4.2.1.4 其他相依性测度：秩相关

为解决我们前面提到的线性相关性问题，很多其他的测试指标被提出来。我们这里仅提两个，而还有数不清的例子：

1. Spearman 之 $\rho$ 这仅仅是线性相关性，但是用于变量的排序，而不用于变量本身。

2. Kendall 之 $\tau$ 假设我们对两个随机变量 $(X_i, Y_i)$ 分别有 $n$ 个观测值，$i=1, \cdots, n$。

我们首先来对组成一致的二元观测值对进行计数，组成一致也就是说一对变量中的两个元素要么都大于要么都小于其他对。将这一数量计为 $N_c$。

于是 Kendall 之 $\tau$ 根据下式来计算：

$$\tau_K=\frac{(N_c-N_D)}{(N_c+N_D)}$$

式中，$N_D$ 为组成不一致（非一致组成）的变量对。

Kendall 之 $\tau$ 的一些性质与线性相关性相同：$\tau_K \in [-1, 1]$ 且对相互独立的 $X$ 和 $Y$ 有 $\tau_K(X, Y)=0$。然而，它有一些显著的性质，使得它在一些情况下比线性相关性更合适。如果 $X$ 和 $Y$ 是同单调的（comonotonic），[㊀] 则 $\tau_K(X, Y)=1$；而如果它们是反单调的，则 $\tau_K(X, Y)=-1$。$\tau_K$ 在严格单调变换下也是不变的。回到我们之前的例子，$\tau_K(X, Y)=\tau_K(\exp(X), \exp(Y))$。

Kendall 之 $\tau$ 的一个有意思的性质在于，它能让我们以动态的方式来分析联动性（见图 4-8）。

在正态分布的情况下，[㊁] 线性相关性和秩相关性可以以解析形式联系起来：

$$\tau_K(X, Y)=\frac{2}{\pi}\arcsin(\rho(X, Y)) \tag{4-10}$$

这些相依性测度都有比较好的性质，但是金融从业者使用的比较少。并且，

㊀ 如果我们给出 $Y=G(X)$，其中 $G(\cdot)$ 是一个增函数，则 $X$ 和 $Y$ 是同单调的。如果 $G(\cdot)$ 是一个减函数，则它们是反单调的。

㊁ 更一般地，这一结果对椭圆分布也适用。

它们都不足从边际分布来求得整个的二元分布。我们现在重点来看一类非常重要的解释相关性的模型：因子模型。

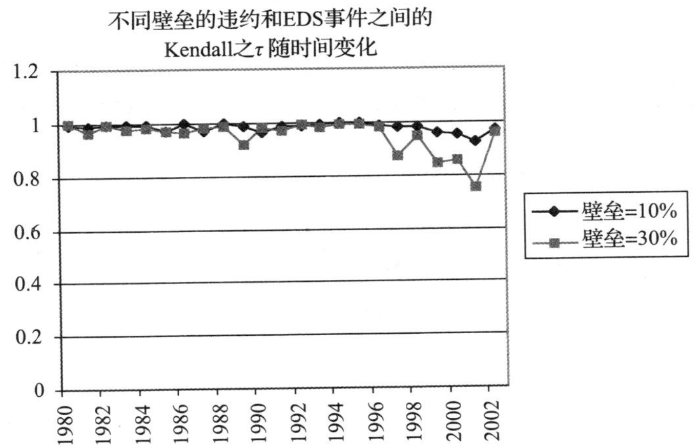


图 4-8　比较美国电子计算机会计数据库中的违约和股权违约互换事件

### 4.2.1.5　信用风险的因子模型

这一方法是对公司进行结构化模型分析的投资组合模型的基础。它用于商业投资组合信用风险模型中，比如市面上的风险度量术、MKMV 和标准普尔的信用解决方案。这一模型的主要优势在于它对大的投资组合降低了相依性问题的维度。

在因子模型中，一个潜在变量驱动着违约过程：当潜在变量的价值足够低（低于一个阈值 $K$）时，违约触发。按照惯例，我们使用术语“资产回报率”而不是“潜在变量”，因为它关系到广为人知的默顿类型的模型——在这个模型中，当公司的价值低于负债的价值时出现违约。

假设不同债务人的资产回报率是一个函数，其自变量包括一般状态变量的函数（系统性因素，一般为行业和国家因素）和特定于每个公司 $i$ 且与一般变量无关的特殊项 $\varepsilon_i$。通常假设系统性因子和特殊因子是正态分布的，其方差为 1，均值为 0。因此，资产回报率也满足正态分布。在一元模型的情况下，系统性因素表示为 $C$，对债务人 $i$ 和 $j$ 而言，在选定时间（如一年）内资产回报率可以写成：

$$A_i = \rho_i C + \sqrt{1-\rho_i^2}\varepsilon_i \tag{4-11}$$

$$A_j = \rho_j C + \sqrt{1-\rho_j^2}\varepsilon_j \tag{4-12}$$

使得：

$$\rho_{i,j} \equiv \mathrm{corr}(A_i, A_j) = \rho_i \rho_j \tag{4-13}$$

为了用式（4-4）来计算违约相关性，我们需要得到一年期的个别和联合违约概率公式。在给定的资产回报率分布假设下，我们立即有：

$$p_i^D = P(A_i \leqslant K_i) = N(K_i) \qquad (4\text{-}14a)$$

且

$$p_j^D = P(A_j \leqslant K_j) = N(K_j) \qquad (4\text{-}14b)$$

式中，$N(\cdot)$ 为累计标准正态分布函数。相反，违约门槛能够根据违约概率来确定，只需对高斯分布求逆：$KN^{-1}(p)$。

图 4-9 显示了资产回报率分布和违约区域（$A \leqslant K$ 的区域）。违约概率对应于从 $-\infty$ 到 $K$ 内密度曲线下方的面积。

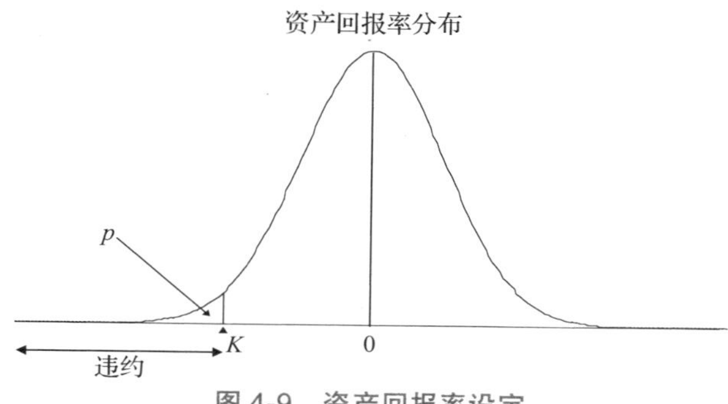


图 4-9　资产回报率设定

进一步假设债务人 $i$ 和 $j$ 的资产回报率满足二元正态分布，[㊀] 联合违约概率通过下式求得：

$$p_{i,j}^{D,D} = N_2(K_i, K_j, \rho_{ij}) \qquad (4\text{-}15)$$

式（4-14）和式（4-15）给出了用于计算信用风险因子模型中的违约相关性的所有必要构件。

图 4-10 用式（4-15）和式（4-4）说明了各种违约概率水平下资产相关性和违约相关性之间的关系。这些线条都经过校正，以使得它们能够反映各个评级类别的公司在一年期的违约概率。[㊁]

从图 4-10 中可以很清楚地看出，在给定的资产相关性水平下，随着违约率增加，违约相关性也在上升。

现在我们能够计算出投资组合的总损失分布。债务人之间的相关性来源于潜在变量实现。它影响到资产价值，也因此影响违约概率。在因子的特定实现值 $C=c$ 的条件下，债务人 $i$ 的违约概率为：

$$P_i(c) = P_i(A_i < K_i \mid C = c) = N\left(\frac{K_i - \rho_i c}{\sqrt{1-\rho_i^2}}\right) \qquad (4\text{-}16)$$

㊀ 从关于连接函数的章节我们知道我们可以选择其他的二元分布，同时保持高斯边际。

㊁ AAA 级曲线不能计算，因为没有 AAA 在一年内违约过。

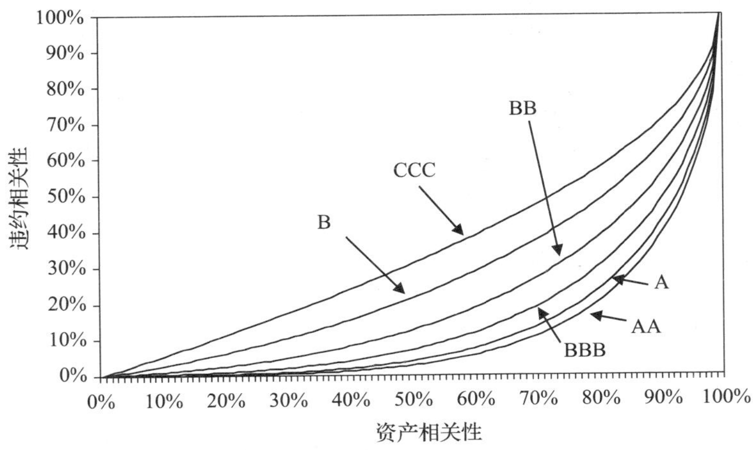


**图 4-10　违约相关性和资产相关性之间的关系**

进一步，在 $c$ 的条件下，违约事件变为独立的伯努利事件。这会使得投资组合损失概率的计算更简单。

假设我们有一个 $H$ 个债务人的投资组合，其违约概率相同，因子载荷相同并为 $\rho$。在这些债务人之外，我们在时刻 $T$ 之前可能观察到 $X=0,1,2$ 或直到 $H$ 个违约。使用期望值的迭代法则，观察到正好 $h$ 个违约的概率能够写成是条件概率的期望值：

$$P[X=h]=\int_{-\infty}^{+\infty} P[X=h|C=c]\phi(c)\,\mathrm{d}c \tag{4-17}$$

式中，$\phi(\cdot)$ 表示标准正态密度函数。

假设违约事件是条件独立的，则在一个系统性因子实现值的条件下，观测到 $h$ 次违约的概率就会是二项式的，也就是：

$$P[X=h|C=c]=\binom{H}{h}(p(c)^h(1-p(c))^{H-h}) \tag{4-18}$$

利用式（4-17）和式（4-18），我们可以得到观测到少于 $m$ 次违约的累计概率：

$$P[X\leqslant m]=\sum_{h=0}^{m}\binom{H}{h}\int_{-\infty}^{+\infty}\left(N\left(\frac{K-\rho c}{\sqrt{1-\rho^2}}\right)\right)^h\left(1-N\left(\frac{K-\rho c}{\sqrt{1-\rho^2}}\right)\right)^{H-h}\phi(c)\,\mathrm{d}c \tag{4-19}$$

图 4-11 给出了一个在不同的因子相关性假设下 $P[X=h]$ 的散点图从 $\rho=0\%$ 到 10%。对所有 $H=100$ 个债务人而言，假设违约的概率为 5%。

在所有三种情景下，违约次数的均值都为 5，但是分布的形状却非常不同。当 $\rho=0\%$ 时，我们看到的曲线呈现出一个粗糙的钟形特征，其中心为 5。当相关性增加时，联合坏事件的可能性增加，意味着右侧尾部较平。联合好事件

（几乎没有或零违约）的可能性也会增加，出现零次违约的机会也会更大。

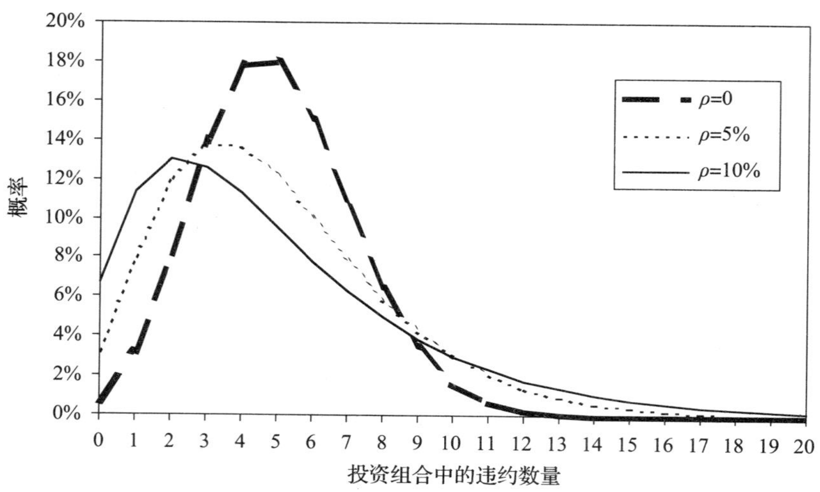


图 4-11 相关性对投资组合损失分布的影响

这一方法相关的主要缺点在于：

- 它说的是违约是否在预定的时刻前发生，而不指定具体时间。
- 在给定的资产回报率满足正态分布的假设下，它可能会低估“尾部依赖性”。

### 4.2.1.6 从违约因子模型到生存因子模型

这一方法通常被称作“高斯连接函数”违约时间法，由 Li（2000）给出。它成了市场对 CDO 和信用衍生品篮子进行定价的标准。其核心创新点在于质疑在之前章节中描述的固定预定时刻，并将两个实体之间的相关性定义为其生存时间的相关性。

我们定义 $S_i(t)$ 为债务人 $i$ 的累计生存时间，其中 $\tau_i$ 为违约之前的时间：

$$S_i(t)=P(\tau_i>t)$$

相关的债务人 $i$ 的累计违约概率被表示为：

$$F_i(t)=P(\tau_i\leqslant t)=1-S_i(t)$$

对两个债务人 $i$ 和 $j$，其生存时间分别为 $T_i$ 和 $T_j$，我们定义生存时间相关性：

$$\rho_{i,j}=\frac{\operatorname{cov}(T_i,T_j)}{\sqrt{\operatorname{var}(T_i)\operatorname{var}(T_j)}} \tag{4-20}$$

本节的目标在于对包括在一个像 CDO 一样的金融工具中的一堆债务人求得累计生存分布，将其相互关联的生存时间考虑在内。在前一节的式（4-11）

中，我们考虑了一个因子模型，其中债务人 $i$ 的资产回报率取决于一个系统性风险因子和一个特殊因子。

下一步在于计算信用曲线，也就是债务人违约概率或生存概率随时间的变化。我们再次向读者提到第 2 章和第 3 章关于“一元风险和一元定价”的内容，在这里我们简化一下。

我们首先从一个简单地使用信用评级的程式化方法开始。[⊖] 在这一情况下，我们不是对每个债务人计算一个特定的违约曲线，而是对每个信用评级类别定义标准的违约曲线。关于估计累计评级曲线（图 4-12）的详细方法，参见第 2 章。

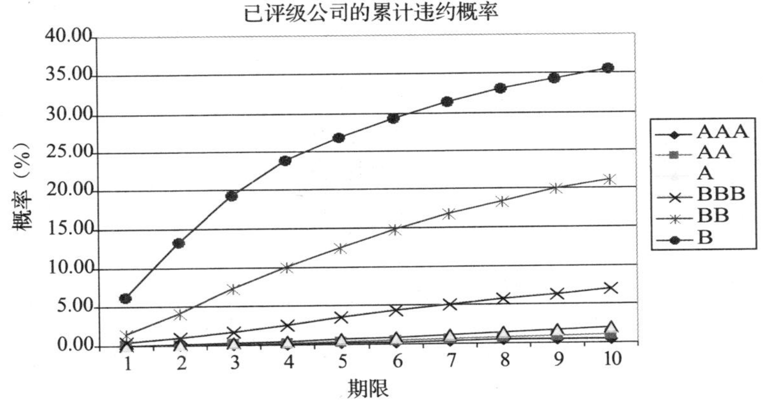


图 4-12　累计违约概率（AAA 到 B）1981 ～ 2003

资料来源：标准普尔。

另一种方法是像第 3 章描述的那样使用可观测的市场数据——资产互换利差、信用违约互换（CDS）利差等。这一方法是将信用事件定义为泊松过程在时刻 $t$ 的第一次发生，其中 $\tau$ 为违约时间，$h$ 为风险率。

$$\Pr[\tau \leqslant t+\mathrm{d}t \mid \tau > t]=h(t)\,\mathrm{d}t \tag{4-21}$$

于是我们可以将 $[0, t]$ 上的生存概率写并校准为

$$S(t)=\exp\left(-\int_0^t h(u)\,\mathrm{d}u\right)=\exp\left(-\sum_{t=1}^{n} h_i(t_i-t_{i-1})\right) \tag{4-22}$$

假设 $h$ 在每个区间（$t_{i-1}, t_i$）上是常数。实际上，对违约或生存曲线进行适当的建模是市场参与者的竞争优势之源。

这里我们考虑在工具的生命期内，风险率 $h$ 的强度为常数，我们甚至可以将等式简化为：

$$S(t)=\mathrm{e}^{-ht} \tag{4-23}$$

---

⊖ 也可以使用 Merton（1974）模型及其扩展来求得违约曲线。

在两个例子中，也就是说，对给定的评级或给定的债务人，生存概率或违约概率与一个相应时间存在一种独一无二的关系。因此我们可以对每个债务人求得违约时间 $\tau$，取决于违约曲线上任一选定的随机变量 $u$。

$$\tau = -\frac{\log(u)}{h} \tag{4-24}$$

现在生存概率可以使用也被称作“高斯连接函数”的多元正态分布模型来进行加总：

基于对式（4-16）的调整，使用基于“百分位每百分位”进行处理的连接函数映射 $F_i(t)=N(K_i)$ [⊖]，任一边际条件生存概率函数 $u_i=(S(\tau_i \mid C)=P(t<\tau_i \mid C)$ 可以写成是：

$$P(t < \tau_i|C) = N\left(\frac{\rho_i C - N^{-1}(F_i(t))}{\sqrt{1-\rho_i^2}}\right) \tag{4-25}$$

由于条件独立性，联合条件生存概率能够写成是：

$$S(t_1,\ldots,t_n|C) = \prod_{i=1}^{n} S_i(t_i|C) \tag{4-26}$$

最终联合无条件生存概率能够表示为：

$$S(t_1,\ldots,t_n) = \int_{-\infty}^{+\infty} S(t_1,\ldots,t_n|c)\frac{e^{-c^2/2}}{\sqrt{2\pi}}\mathrm{d}c \tag{4-27}$$

这里我们列出用 Excel 来生成互相相关生存概率时间的经验机制，并在图 4-13 中有所概括。我们首先考虑一个 $i \times j$ 的矩阵 $\boldsymbol{A}$，$i$ 个大小为 $j$ 的不相关的均匀随机变量。

- 步骤 1：拉下 $i$ 个服从 $[0, 1]$ 上的均匀分布的随机变量以得到矩阵 $\boldsymbol{A}$。
- 步骤 2：将累积标准正态分布函数求逆，以得到一个新的矩阵 $\boldsymbol{B}$，有 $i$ 个不相关的满足 $N(0, 1)$ 的随机变量。
- 步骤 3：对协方差矩阵进行 Cholesky 分解后再乘以矩阵 $\boldsymbol{B}$ 来得到相关性矩阵。新矩阵 $\boldsymbol{C}$ 包含 $i$ 个互相关联的满足 $N(0, 1)$ 的随机变量。
- 步骤 4：使用累积正态分布函数来得到均匀分布随机变的新矩阵。
- 步骤 5：根据违约 / 生存曲线，对每个债务人 $i$ 求出有 $j$ 个条件生存时间的序列。

#### 4.2.1.7 更先进的多元分布：连接函数

连接函数（连接函数）是一个将多元密度函数连接为联合分布函数的函数。我们实际上要么从多元分布来提取连接函数，要么通过用选定的连接函数将边

---

⊖ 这是指潜在变量 $A_i$ 的实现值离违约门槛 $K_i$ 越近，违约发生得越快。

际分布组合起来创造一个新的多元分布。连接函数的好处在于边际分布和相依性结构能够分别进行建模。从 Nelsen（1999）可以找到一个关于连接函数的更深层次的分析。

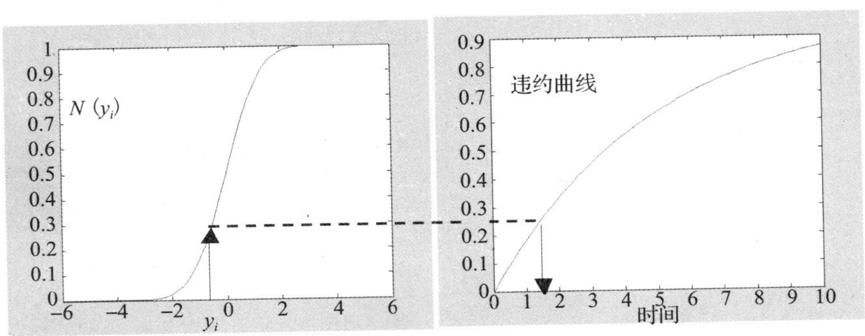


图 4-13　从给定时间线上潜在变量的实现值来求得一元生存时间

应用连接函数来进行风险管理并对衍生品进行定价在近几年发展较快。连接函数的一个有意思的特点是 Sklar 定理。

**1. 定义以及 Sklar 定理**　定义：$n$ 维连接函数是一个定义在 $[0,1]^n$ 上的 $n$ 维概率分布函数，其边际分布是均匀分布 $U_i$。

$$C(u_1,\ldots,u_n)=P[U_1\leqslant u_1, U_2\leqslant u_2,\ldots,U_n\leqslant u_n] \tag{4-28a}$$

连接函数最重要也最有用的结果被称为 Sklar 定理（Sklar, 1959）。该定理是指，任一一组随机变量都能够通过使用连接函数连接成为多元分布。更正式地，有：

如果 $X_i, i=1,\cdots,n$ 是边际分布为 $F_i, i=1,\cdots,n$ 的随机变量，其多元概率分布函数为 $F$，那么存在一个 $n$ 维的连接函数使得：

$$F(X_1,\ldots,X_n)=C(F_1(X_1),\ldots,F_n(X_n))\quad 对所有(X_1,\ldots,X_n) \tag{4-28b}$$

且

$$C(u_1,\ldots,u_n)=F(F_1^{-1}(u_1),\ldots,F_n^{-1}(u_n)) \tag{4-28c}$$

式中，伪逆函数 $F^{-1}$ 定义为（见图 4-14）：

$$x=F^{-1}(u)=\sup\{x/F(x)\leqslant u\}$$

更进一步，如果边际分布函数是连续的，则连接函数是唯一的。

我们来看式（4-28c），可以清楚地知道怎么从数据求出联合分布。第一步是要拟合边际分布函数 $F_i$，$i=1,\cdots,n$，分别根据数据（$X_i$ 的实现值，$i=1,\cdots,n$）。这样就产生了一组均匀分布的随机变量 $u_1=F_1(x_1),\cdots,u_n=F_n(u_n)$。

第二步是找到适当的相关函数来描述随机变量的联合行为。有大量的可能的选择使得使用连接函数有时不切实际。它们的主要好处在于能让我们将边际分布的校准从联合分布中分离出来。图 4-15 是一个二元 Frank 连接函数的图形（见下一段解释）。

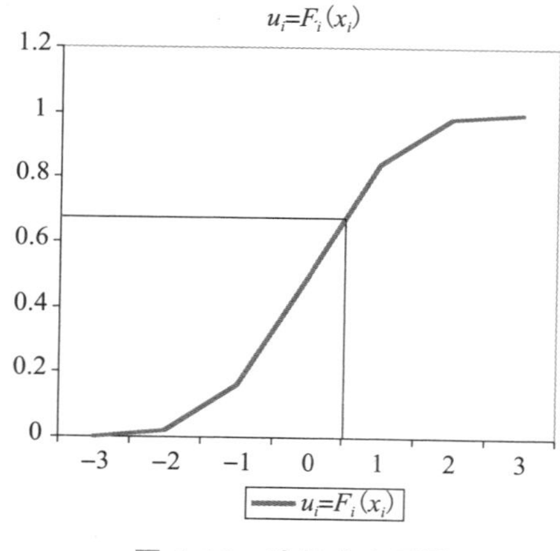

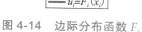

图 4-14 边际分布函数 $F_i$

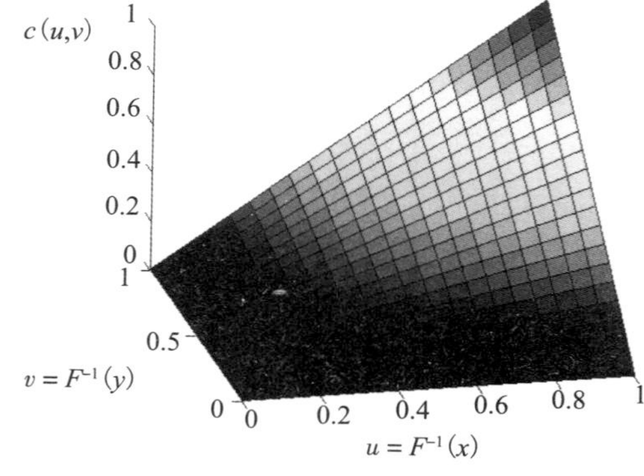


图 4-15 二元 Frank 连接函数的形状

2. 连接函数的属性 连接函数满足一系列的属性，我们下面列出来一部分。第一个属性是说，对独立随机变量来说，连接函数只是边际分布的产物。第二个属性是指单调变换的不变性。[⊖] 第三个属性指出了连接函数值的边界：如果随机变量是反单调的或同单调的，则连接函数的值会有下界或上界。最后，第四个属性是说两个连接函数的凸组合也是一个连接函数。

使用之前类似的记号，$X$ 和 $Y$ 表示随机变量，$u$ 和 $v$ 表示连接函数的均匀分布的边际函数，我们有：

1. 若 $X$ 和 $Y$ 相互独立，则 $C(u,v)=uv$。
2. 连接函数在对边际函数进行递增并连续的转换下，是不变的。
3. 对任一连接函数 $C$ 来说，我们有 $\max(u+v-1 \leqslant C(u,v) \leqslant \min(u,v)$。
4. 若 $C_1$ 和 $C_2$ 是连接函数，则 $C=\alpha C_1+(1-\alpha)C_2(0<\alpha<1)$ 也是连接函数。

3. 生存连接函数 在上一节我们已经看到，CDO 的世界重视联合生存时间。我们定义 $S_i(t)$ 为债务人 $i$ 的累积生存时间函数，其中 $\tau_i$ 为直到违约的时间。

$$S_t(t)=P(\tau_i>t)$$

则债务人 $i$ 的相关累积违约概率能表示为：

$$F_t(t)=P(\tau_i \leqslant t)=1-S_i(t)$$

我们现在考虑两个债务人 $i$ 和 $j$。我们将 $C$ 作为是连接 $\tau_i$ 和 $\tau_j$ 的连接函数。联合生存函数可以写成是 $S(t_i,t_j)=P(\tau_i,>t_i,\tau_j>t_j)$ 且 $S(t_i,t_j)=C(S_i(t_i),S_j(t_j))=S_i(t_i)+S_j(t_j)-1+C(-1-S_i(t_i)1-S_j(t_j))$，其中 $C$ 被称为 $\tau_i$ 和 $\tau_j$ 的生存连接函数。

我们现在来简单回顾连接函数的三种重要类型，它们在风险管理应用中会经常用到：椭圆（高斯和学生 $-t$）连接函数、阿基米德连接函数和 Marshall-

⊖ 这一属性在考虑非线性相依性和不同时刻时非常重要。特别地，它就是为什么可以使用一年期的相关性矩阵来生成多年期投资组合的损失分布的成因。

Olkin 连接函数。

**4. 连接函数的重要类型** 可以用到的连接函数有很多种。Nelsen（1999）列出来很多，但是没有列全。接下来，我们简单介绍一下椭圆、阿基米德和 Marshall-Olkin 连接函数。在椭圆连接函数中，高斯连接函数目前普遍用于生成应用如蒙特卡罗模拟时的相互依赖的随机向量（参见 Bouyé 等，1999，或 Wang，2000）。阿基米德连接函数族比较方便，因为它比较精练，有一个简单的可加结构。将阿基米德连接函数用于风险管理，可以在 Das 和 Geng（2002）或 Schönburcher（2002）等文献中看到。Marshall-Olkin 连接函数最近用于 CDO 世界，作为一种替代性方法来补充高斯连接函数的不足。

**5. 椭圆连接函数：高斯和 $t$– 连接函数** 高斯连接函数正如前面所提到的，连接函数是多元分布函数。显然高斯连接函数是一个多元高斯（正态）分布函数。

使用式（4-28b）的记号，我们能够用$C_{\Sigma}^{\mathrm{Gau}}$表示 $n$ 维高斯连接函数，其协方差矩阵为为 $\Sigma$*：

$$C_{\Sigma}^{\mathrm{Gau}}(u_1,\ldots,u_n)=N_{\Sigma}^{n}(N^{-1}(u_1),\ldots,N^{-1}(u_n)) \tag{4-29}$$

式中，$N_{\Sigma}^{n}$和 $N^{-1}$ 分别表示协方差矩阵为 $\Sigma$ 的 $n$– 维累积高斯分布函数，以及累积一元标准正态分布函数的逆函数。

在二元的情况下，假设两个随机变量之间的相关系数为 $\rho$，则式（4-29）可以代为：

$$\begin{aligned} C_{\rho}^{\mathrm{Gau}}(u,v) &= N_{\rho}^{2}(N^{-1}(u),N^{-1}(v)) \\ &= \frac{1}{2\pi(1-\rho^2)}\int_{-\infty}^{N^{-1}(u)}\int_{-\infty}^{N^{-1}(v)}\exp\left(-\frac{g^2-2\rho gh+h^2}{2(1-\rho^2)}\right)\mathrm{d}g\,\mathrm{d}h \end{aligned} \tag{4-30}$$

*$t$– 连接函数* 自由度为 $\nu$ 的 $t$– 连接函数（二元 $t$– 分布）可以以类似方式获得。使用浅显的表述，我们有：

$$C_{\rho,\nu}^{t}(u,v)=t_{\rho,\nu}^{2}(t_{\nu}^{-1}(u),t_{\nu}^{-1}(v)) \tag{4-31}$$

二元 $t$– 连接函数可以定义为一个多元正态分布函数$N_{\Sigma}^{2}$和一个标量随机变量 $S=\sqrt{\frac{\nu}{W}}$的独立混合，其中 $W$ 服从自由度为 $\nu$ 的卡方分布，$\rho_{ij}=\sigma_{ij}/\sqrt{\sigma_{ii}\sigma_{jj}}$[⊖]且 $\mathbf{\Sigma}=\lfloor\sigma_{ij}\rfloor$许多学者建议使用 $t$– 连接函数来进行信用建模，比如 Frey 等（2001）。$t$– 连接函数生成“尾部相依性”，也就是说比高斯连接函数更支持极端事件。

最近，Hull 和 White（2004）提出双 $t$ 连接函数来对 CDO 定价。在这一情况下，边际概率分布函数的推导，并不是通过服从学生 $-t$ 分布的潜在变量，而通过两个学生 $t$ 分布的卷积。这一卷积本身不是学生 $-t$ 分布，这一连接函数也不是学生 $-t$ 的连接函数。

---

⊖ 这一情况也是相关系数矩阵。

**6. 阿基米德连接函数** 阿基米德连接函数族是一组 $[0,1]^n$ 上的多元分布函数，可以写成

$$C^{\text{Arch}}(u_1,\cdots,u_n)=G^{-1}(G(u_1)+\cdots+G(u_n)) \tag{4-32}$$

式中，$G$ 是一个合适的 $[0,1]$ 上的连续单调函数，满足 $G(1)=0$。$G(\cdot)$ 被称作连接函数的生成元。

金融文献中有三个阿基米德连接函数的例子，分别是 Gumbel、Frank 和 Clayton 连接函数，我们现在只给出函数形式。这些连接函数很容易通过指定其生成元来构造（参见 Marshall 和 Olkin，1988，或 Nelsen，1999）。

- 例 1：Gumbel 连接函数（多元指数分布）

  Gumbel 连接函数的生成元是：

  $$G_G(t)=(-\ln t)^{\theta} \tag{4-33}$$

  其逆函数 $G_G^{[-1]}(s)=\exp(-s^{1/\theta})$，且 $\theta\geqslant 1$。

  因此利用式（4-29），可以得出二元情况下的连接函数：

  $$C_G^{\theta}(u,v)=\exp\left(-\left[(-\ln u)^{\theta}+(-\ln v)^{\theta}\right]^{1/\theta}\right) \tag{4-34}$$

- 例 2：TheFrank 连接函数

  生成元为：

  $$G_F(t)=-\ln\left(\frac{e^{-\theta t}-1}{e^{-\theta}-1}\right) \tag{4-35}$$

  其逆函数为 $G_F^{[-1]}(s)=\dfrac{-1}{\theta}\ln[1-e^{s}(1-e^{\theta})]$，且 $\theta\neq 0$。

  因此二元连接函数为：

  $$C_F^{\theta}(u,v)=\frac{-1}{\theta}\ln\left(1+\frac{(e^{-\theta u}-1)(e^{-\theta v}-1)}{(e^{-\theta}-1)}\right) \tag{4-36}$$

- 例 3：Clayton 连接函数

  生成元为：

  $$G_C(t)=\frac{1}{\theta}(t^{-\theta}-1) \tag{4-37}$$

  其逆函数为 $G_C^{[-1]}(s)=(1+\theta s)^{-1/\theta}$，且 $\theta\geqslant 0$。

  因此二元连接函数为：

  $$C_C^{\theta}(u,v)=\max([u^{-\theta}+v^{-\theta}-1]^{-1/\theta},0) \tag{4-38}$$

利用阿基米德连接函数来计算联合累积概率函数 假设我们要计算两个随机变量 $X$ 和 $Y$ 的联合累积概率函数 $P(X<x, Y<y)$。

$X$ 和 $Y$ 均满足标准正态分布。我们的兴趣在于根据连接函数的选择和参数 $\theta$ 来看联合概率。

第一步是要计算连接函数分布的边际函数：$v=P(Y<y)=N(y)$ 和 $u=P(X<x)=N(x)$。举个数值化的例子，我们假设 $x=-0.1$ 且 $y=0.3$。因此 $u=0.460$ 且 $v=0.618$。

于是联合累积概率可能通过将这些值代入选定的连接函数 [ 式（4-34），式（4-36）和式（4-38）] 中来求得。

图 4-16 描述了联合概率怎么样作为 $\theta$ 的函数来变化，$\theta$ 为前面所说的三个阿基米德连接函数的参数。这张图显示出选择不同的连接函数和不同的参数，会导致联合概率非常不同的结果。

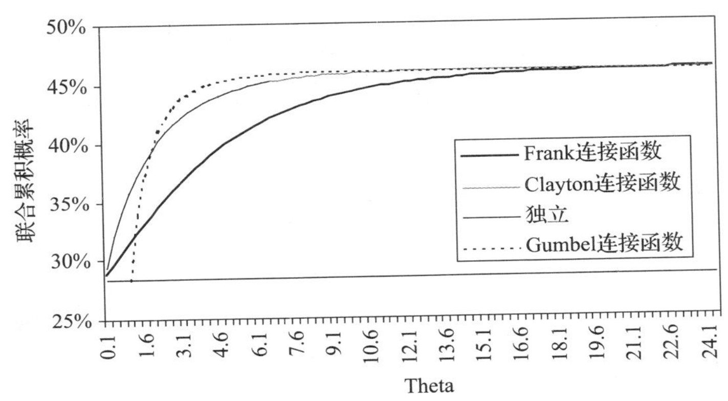


图 4-16　使用阿基米德连接函数得出的联合累积概率例子

**7. Marshall-Olkin 连接函数**　这种连接函数由几个作者比如 Elouerkhaoui（2003a, b）和 Giesecke（2003）最近提出。这一连接函数对描述违约相关的基于强度的模型很有用，其中不可预知的违约事件到达时间满足联合指数分布。

二元生存连接函数被表示为：

$$C_{\mathrm{MO}}^{\theta_1,\theta_2}(u,v)=uv\min(u^{-\theta_1},v^{-\theta_2}) \tag{4-39}$$

式中，$\theta_1$ 和 $\theta_2$ 分别为公司 1 和 2 违约时间之间的相依性程度的控制参数。

**8. 功能性连接函数**　“功能性连接函数”的定义是由 Hull 和 White（2005）给出的。

功能性连接函数方法源自于我们前面描述的“信用风险的因子模型”一节。

其基础思想在于，一个因子模型模拟的是，在系统性因素 $c$ 的实现值条件下的一个违约调整概率的分布函数 [ 式（4-16）]。通常情况下，一般因素的不良实现值（如经济衰退），违约调整概率会高于实证估计值。因此，我们可以认为潜在因素 $C$ 的分布即为到指定时间线的各种静态违约环境的描述。

从违约因子模型到生存因子模型，在常风险率模型的情况下，我们可以将违约概率写为：

$$F_i(t)=P(\tau_i\leqslant t)=1-S_i(t)=1-\mathrm{e}^{-ht} \tag{4-40}$$

若债务人 $i$ 的条件生存概率为式（4-25），我们可以提出一个条件风险率，其取决于一般因素 $C$ 的实现值：

$$h_C = -\frac{1}{t} * \ln N\left(\frac{\rho_i C - N^{-1}(F_i(t))}{\sqrt{1-\rho_i^2}}\right) \tag{4-41}$$

$C$ 的分布可以生成静态伪风险率 $h_C$。这些条件风险率代表了预期风险率的可能范围，它决定于宏观经济环境的不同实现。但是这些条件平均风险率在工具的存续期内一般并不是可观测的。

Hull 和 White（2005）提出假定一般因素 $C$ 和特殊因素 $\varepsilon_i$ 满足正态分布是没有依据的。因此式（4-11）可以写成更一般的形式：

$$h_C = -\frac{1}{t} * \ln H_i\left(\frac{\rho_i C - G_i^{-1}(F_i(t))}{\sqrt{1-\rho_i^2}}\right) \tag{4-42}$$

式中，$H_i$ 和 $G_i$ 分别表示 $\varepsilon_i$ 和潜在变量 $A_i$ 的累计概率分布。此外，条件风险率当然也能被看成是独立于时间的。

作者们实际上不想对对任一变量指定一个参数形式，而是从经验的 CDO 定价观测值中来提取条件风险率的经验分布。

该经验分布可以通过三步的过程来得到：

- 步骤 1：为金融工具在给定的时间线水平上假设一个可能违约率的系列，并且提取相应的伪风险率。
- 步骤 2：对每一种从步骤 1 中提取出的伪风险率，计算不同市场工具（CDO 层级）的现金流入流出。
- 步骤 3：把工具的无条件预期价值看成是一个步骤 2 中条件预期价值的加权线性组合。通过令每种工具的无条件预期价值为 0，估计出权重。

因为违约率通常比信用工具多，因此经验分布并不是只有唯一解集，但在求条件风险率分布的平滑度的最大化问题中加上一个定期项时，结果就会比较稳定。

有了这一方法，计算出来伪风险率后，观测值就能得到几乎完美的匹配。这一分布独立于时间，并且反映了对这种多状态转换模式的市场预期的变化。

**9. 连接函数和其他相依性测度** 我们之前提到过的，用 Spearman 之 $\rho$ 和 Kendall 之 $\tau$ 作为线性相关性的替代品。我们提到，它们可以以连接函数的形式来表达。将这些相依性测度与连接函数联系起来的公式为：

- Spearman 之 $\rho$：

$$\rho_S = 12\int_0^1\int_0^1 (C(u, v) - uv)\,\mathrm{d}u\,\mathrm{d}v \tag{4-43}$$

- Kendall 之 $\tau$：

$$\tau_K = 4\int_0^1\int_0^1 C(u,v)\mathrm{d}C(u,v)-1 \quad (4\text{-}44)$$

因此，一旦定义了连接函数的解析形式，我们就可以立即从它来算得秩相关性（rank correlation）。连接函数同时产生了尾部相依性。直观来看，当极有可能出现同步的极端事件时，尾部相依性会存在。下（上）的尾部相依性反映出共同的正（负）异常值。

如果我们考虑两个随机变量 $X_1$ 和 $X_2$，其边际分布分别为 $F_1$ 和 $F_2$，下尾部相依性和上尾部相依性的系数 LTD 和 UTD 分别为[⊖]：

$$\mathrm{UTD} = \lim_{z\to 1}\Pr\left\lfloor X_2 > F_2^{-1}(z) \middle| X_1 > F_1^{-1}(z)\right\rfloor \quad (4\text{-}45)$$

以及

$$\mathrm{LTD} = \lim_{z\to 0}\Pr\left\lfloor X_2 < F_2^{-1}(z) \middle| X_1 < F_1^{-1}(z)\right\rfloor \quad (4\text{-}46)$$

图 4-17 显示出上尾中变量相依性的渐近性，使用的是 $t$- 连接函数。图 4-17 显示的尾部相依性系数对应于 UTD。可以观察到，高斯连接函数没有体现尾部的相依性。

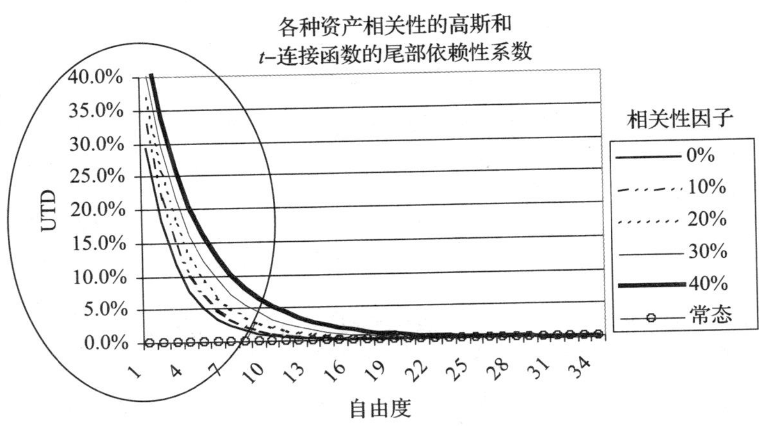


图 4-17　对高斯和 $t$- 连接函数的上尾相依性系数进行比较

#### 4.2.1.8　用来选择并校准连接函数的统计技术

本节中，我们主要来看与连接函数的使用有关的两个敏感性事项：怎么样选择合适的连接函数，以及怎么样对选择的连接函数进行校准。

简单来说，连接函数的估计仍然比较初级，到目前为止也没有真正的方法从一系列的参数值集中来定义并估计“最优参数连接函数”。出现这种情况有以

⊖ UTD 和 LTD 仅取决于连接函数，而不是边际函数。

下几个原因：

- 连接函数以稳定的方式概括了边际函数之间的独立性。时间序列中暂时相依性的存在，使得稳定方式较难以识别。例如，Longin 和 Solnik（2001）识别了回报率变化较大以及较为稳定的不同时期的不同相依性。
- 连接函数组是一个大的集合，没有证据表明选这个比选那个好。市场中的通常做法是只保留那些流行的或易处理的连接函数（见之前的描述）。
- 一旦选择了连接函数，它通常不是很容易校准。当遇到尾部事件时连接函数能有效地拟合吗？什么时候它能够很好地再现绝大多数的联合观测值呢？

合适连接函数的选择，通常由一些关键特征的识别来决定，例如：

- 高斯连接函数的情况下，没有渐近的相依性（无厚尾），除非在完全相关的情况下。
- *t*- 连接函数和 Frank 连接函数渐近相依性的对称性。
- 使用 Clayton 连接函数时，熊市条件下的相依性更高。
- 使用 Gumbel 连接函数时，牛市条件下的相依性更高。

在选择了连接函数的基础上，我们来回顾一下怎么样校准连接函数，并计算拟合优度。

根据校准，首先要在参数估计和非参数估计之间进行选择。

我们这里来说明三种最常见的参数方法：完全最大似然法（FML，单步参数法），边际引用函数（IFM，两步参数法）和条件最大似然法（CML，两步半参数法）。Fermanian 和 Scaillet（2004）认为，这些不同的估计技术会有一些误区，可能是因为边际函数的错误认定，也可能是边际函数并不需要明显认定时的效率损失。

接下来我们介绍非参数估计，基于 Deheuvels（1979）定义的“经验连接函数”的计算。

将经验连接函数映射到一种广为人知的参数化方法，在多元环境中会产生拟合优度的问题。经典的统计测试，比如 Kolmogorov-Smirnov 测试、卡方测试以及 Anderson-Darling 测试通常都不能直接使用。

为使拟合效果达到最佳，通常主要有两种类型的方法：

- 基于视觉比较的方法，见 Genest 和 Rivest（1993）。
- 选取与经验连接函数距离最小的连接函数。显然，结果将取决于距离的选择。Scaillet（2000）、Fermanian（2003）和 Chen 等（2004），还有其他一些学者，建议在拟合之前使用 Kernel 来平滑经验连接函数，以便于对测试统计取显式极限。

**1. 完全最大似然法，也称精确最大似然法**　这一方法中，连接函数和边际分布的参数是同时估计的。值得注意的是，无论是一元还是多元分布，都对应于一些预先选择的参数形式，也即参数估计类别下 FML 的分类。

连接函数 $C$ 的概率密度 $c$ 定义为：

$$c(u_1,u_2,\dots,u_n)=\frac{\partial C(u_1,u_2,\dots,u_n)}{\partial u_1\partial u_2\cdots\partial u_n}=\frac{f(x_1,x_2,\dots,x_n)}{\prod_{1}^{n} f_i(x_i)} \tag{4-47}$$

$$\text{and}\quad x_i=F_i^{-1}(u_i)$$

式中，$f$ 是联合分布函数 $F$ 的密度函数，$f_i$ 是边际分布函数 $F_i$ 的密度函数。

我们定义 $\boldsymbol{\theta}$ 为将进行估计的参数向量，$l_t(\boldsymbol{\theta})$ 为在 $t$ 时刻 $n$ 个观测值 $(x_i^t)$ 的对数似然函数，$i$=1 ～ $n$。对于密度函数 $f$ 来说，对数似然函数的典型形式可以写成：

$$l(\boldsymbol{\theta})=\sum_{t=1}^{T}\ln c(F_1(x_1^t),\dots,F_n(x_n^t))+\sum_{t=1}^{T}\sum_{t=1}^{n}\ln f_i(x_i^t) \tag{4-48}$$

在高斯连接函数的情况下，参数需要根据协方差矩阵 $\Sigma$ 来估计：它们能够很容易求得，是下列方程的解：

$$\frac{\partial l(\boldsymbol{\theta})}{\partial \boldsymbol{\theta}}=0,\quad \hat{\boldsymbol{\theta}}=\hat{\Sigma}$$

在 $t$– 连接函数的情况下，解就会更复杂，因为$\Sigma$和 $v$ 需要同时估计。

在适当的正则性假设下，我们知道最大似然估计量是存在的，并且是渐近有效的。

**2. 边际引用函数**　IFM 法由 Joe 和 Xu（1996）首次提出，通过 Sklar 表述来利用连接函数的性质：将一元边际函数和多元相依性结构进行分离。值得注意的是，不管是一元还是多元分布，它们都假设对应于预先选择的参数形式——因此 IFM 是归在参数估计类别里面的。

第一步是要估计一元边际函数的参数，然后校准连接函数的参数，使用的是一元边际函数的估计量。

我们来看 $\theta=(\theta_1\cdots,\theta_n,\alpha)$，其中 $\theta_i$ 为与边际分布有关的参数，$\alpha$ 为连接函数参数向量。对数似然函数（式（4-48））能写成：

$$l(\boldsymbol{\theta})=\sum_{t=1}^{T}\ln c(F_1(x_1^t,\theta_1),\dots,F_n(x_n^t,\theta_n),\boldsymbol{\alpha})+\sum_{t=1}^{T}\sum_{t=1}^{n}\ln f_i(x_i^t,\theta_i) \tag{4-49}$$

求最大值的两步过程分别为：

$$\hat{\theta}_i=\arg\max_{\theta_i}\sum_{t=1}^{T}\ln f_i(x_i^t,\theta_i) \tag{4-50}$$

以及

$$\hat{\boldsymbol{\alpha}} = \arg\max_{\alpha} \sum_{t=1}^{T} \ln c[F_1(x_1^t, \hat{\theta}_1), \ldots, F_n(x_n^t, \hat{\theta}_n), \boldsymbol{\alpha}] \tag{4-51}$$

值得注意 IFM 估计比 FML/ 精确最大似然法计算起来相对容易一些。

**3. 条件最大似然法或典型最大似然法** 这一方法在 Mashal 和 Zeevi（2002）中有所表述，并没有与边际分布有关的参数假设。

观测值 $X=(X_1^t, \cdots, X_n^t)_{t=1}^T$ 的 $n$ 个结果的集合，通过下式的经验函数$\hat{F}_i(\cdot)$转换为离散变量$\hat{u}=(\hat{u}_1^t, \cdots, \mu_n^t)_{t=1}^T$

$$\hat{F}_i\left(\frac{\tau}{T}\right) = \frac{1}{T}\sum_{t=1}^{T} 1_{\{X_i^t \leqslant X_i^\tau\}}, \quad 且 \quad \hat{u}_i = (\hat{F}_i(X_i))_{t=1}^T \tag{4-52}$$

这一转换被称作“经验边际函数转换”。图 4-18 是 20 年来两组企业的季频时间序列的违约率数据。数据来源于 CreditPro。

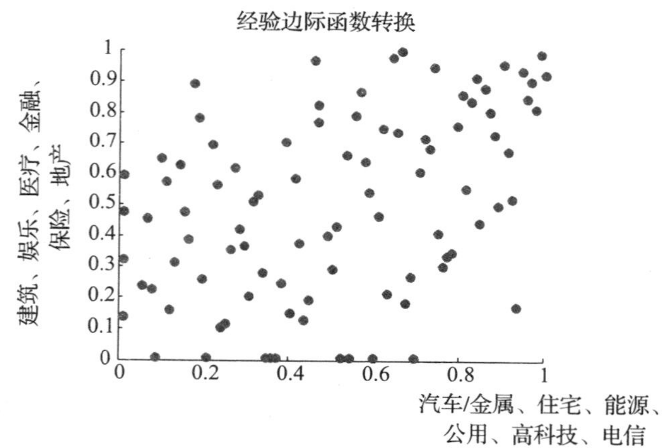


图 4-18 两个行业组季度违约率的两个时间序列的散点图，使用经验边际函数转换技术

在第二步，对于已选定的参数族的连接函数参数，可以通过下列方式来直接估计：

$$\hat{\boldsymbol{\alpha}} = \arg\max_{\alpha} \sum_{t-1}^{T} \ln c(\hat{u}_1^t, \ldots, \hat{u}_n^t, \boldsymbol{\alpha}) \tag{4-53}$$

**4. 经验连接函数的定义** 使用这一方法，边际分布和连接函数本身都没有参数假设。这一方法由 Deheuvels（1979）引入，由 Durrleman 等（2000）对适当的假设进行了总结。

在前一段中，我们考虑一个数据集，$n$ 个独立同分布的随机变量的 $T$ 组观测值 $X=(X_1^t, \cdots, X_n^t)_{t=1}^T$，我们要在这个数据集上进行经验边际转换。

下一步并没有选择一个参数化连接函数，而是去观察新的一致的观测值 $\hat{u}=(\hat{u}_1^t, \cdots, u_n^t)_{t=1}^T$，并且定义一个相关的连接函数$\hat{C}$：

$$\hat{C}_T\left(\frac{\tau_1}{T},\frac{\tau_2}{T},\ldots,\frac{\tau_n}{T}\right)=\frac{1}{T}\sum_{t=1}^{T}1_{\{X_1^t\leqslant X_1^{\tau_1},X_2^t\leqslant X_2^{\tau_2},\ldots,X_n^t\leqslant X_n^{\tau_n}\}} \tag{4-54}$$

$T$ 的引入定义了连接函数的顺序，也就是样本 / 时间序列所使用的维度。

Deheuvels（1981）提出经验连接函数一致收敛于基础连接函数。

经验连接函数可以基于经验频率$\hat{c}_T$来表达（Nelsen，1999）：

$$\hat{C}_T\left(\frac{\tau_1}{T},\frac{\tau_2}{T},\ldots,\frac{\tau_n}{T}\right)=\sum_{t_1=1}^{\tau_1}\cdots\sum_{t_n=1}^{\tau_n}\hat{c}_T\left(\frac{t_1}{T},\frac{t_2}{T},\ldots,\frac{t_n}{T}\right) \tag{4-55}$$

式中

$$\hat{c}_T\left(\frac{t_1}{T},\frac{t_2}{T},\ldots,\frac{t_n}{T}\right)=\begin{cases}\dfrac{1}{T} & \text{若}(X_1^{t_1},X_2^{t_2},\ldots,X_n^{t_n})\text{低于}(X_1^{\tau_1},X_2^{\tau_2},\ldots,X_n^{\tau_n})\\ & \text{所定义的值}\\ 0 & \text{否则等于}0\end{cases}$$

图 4-19 给出了一个实际例子。

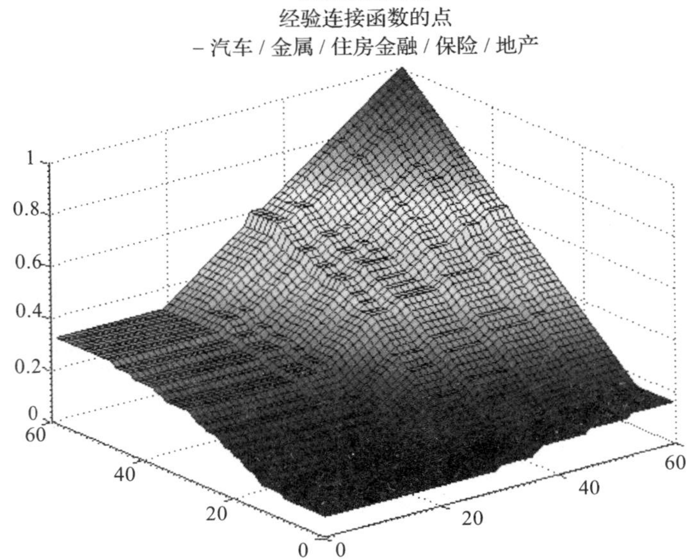


图 4-19　对应经验连接函数的散点图

5. 拟合优度和视觉比较　Genest 和 Rivest（1993）提出了一种图形化方法，来比较并拟合一个属于参数组 $C$ 的连接函数，就像阿基米德连接函数组对经验连接函数的那样。

我们来定义 $K\theta(y)=P\{C(U_1, U_2, \cdots, U_n)\leqslant y\}$，其中 $(U_1, U_2, \cdots, U_n)$ 为随机

均匀分布变量向量，连接函数为 $C$。$K_\theta$ 的一个非参数估计$\hat{K}_T$可以写成是一种累计分布函数，它由每个权重为 $1/T$ 的虚拟观测值之和构成：

$$\hat{K}_T(y)=\frac{1}{T}\sum_{\tau=1}^{T}(V_{\tau T}\leqslant y),\quad 其中\ y\in[0,1]\ 且 \tag{4-56}$$

$$V_{\tau T}=\frac{1}{T}\sum_{t=1}^{T}1_{\{X_1^t\leqslant X_1^\tau,X_2^t\leqslant X_2^\tau,\ldots,X_n^t\leqslant X_n^\tau\}} \tag{4-57}$$

若我们将 $R_i^t$ 定义为 $X_i^t$ 在 $X_i^1, X_i^2, \cdots, X_i^T$ 中的排序，则有

$$V_{\tau T}=\frac{1}{T}\sum_{t=1}^{T}1_{\{R_1^t\leqslant R_1^\tau,R_2^t\leqslant R_2^\tau,\ ,R_n^t\leqslant R_n^\tau\}} \tag{4-58}$$

图 4-20 给出了先前描述情况下$\hat{K}_T$的一个例子。

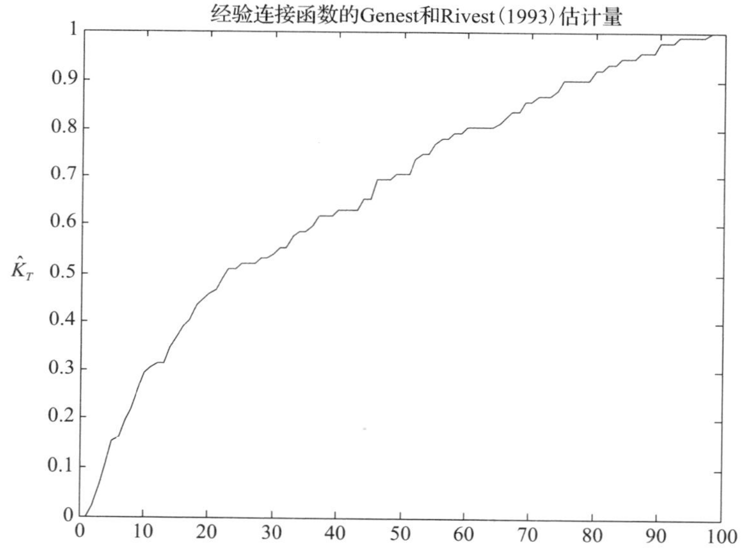


图 4-20 Genest 和 Rivest（1993）估计的一个视觉表述，两个违约率序列情况

模型选择的图形过程是基于对非参数估计$\hat{K}_T$和参数估计 $K_\theta$ 进行视觉比较来得到（见图 4-21）。

一种估计函数图像接近程度的方法是计算图像之间的距离（见图 4-22）。距离可以定义为差的二次式的加权和$D_\theta^W=\sum_\theta[K_y(y)-\hat{K}_T(y)]^2\,W_y$。

当然，对距离没有唯一的定义，也没有唯一的方法来赋权。特别地，在观测值中，对极端事件可以赋较高权重，而不是等权。并且，实际上根据分布的容量进行校准。最终，$\hat{\theta}=\arg\min_\theta(D_\theta^W)$。

然而这一方法的一个缺点在于多元函数$\hat{K}_T$的定义，因为有一个 $n$ 维连接函

数问题。没有证据表明选择$\hat{K}_T$是最好的，并且能够使我们选择到最合适的连接函数。

**6. 拟合优度和不依赖于分布的距离最小化**　前一方法可能产生的另一个问题在于，经验连接函数的形状都不够平滑，结果就造成拟合优度高度依赖于其计算所使用的观测值集合。通过对经验连接函数密度使用一种平滑的核估计量，Fermanian（2005）建议，如果分布的渐近性更好，则拟合优度测试更为稳定。

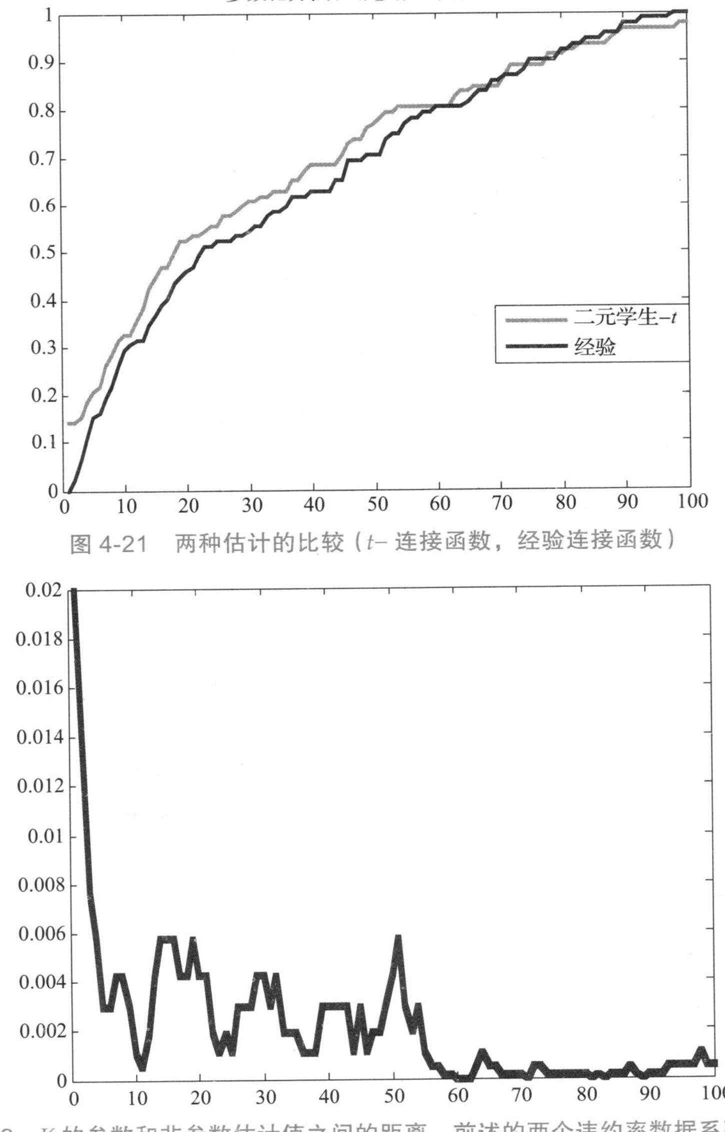


图 4-21　两种估计的比较（$t$- 连接函数，经验连接函数）

图 4-22　$K$ 的参数和非参数估计值之间的距离，前述的两个违约率数据系列的情况

接下来我们说明源自于 Fermanian 和 Scaillet（2004）的表述。回到先前的步骤，设计一个拟合优度测试来测试一个空值假设，在这一情况下将是：

$$\mathrm{H}_0\text{: } \hat{C} \in \boldsymbol{C} \text{ against } \mathrm{H}_a\text{: } \hat{C} \notin \boldsymbol{C}$$

式中，$\hat{C}$为将测试的连接函数，且 $\boldsymbol{C}=\{C_\theta, \theta \in Q\}$ 表示连接函数的参数集

我们定义 $p$ 个不相交的维度 $n$ 的子集：$A_1$，…，$A_p$，$\hat{u}=(\hat{u}_1^t, \cdots, \hat{u}_n^t)_{t=1}^T$

$$\chi^2 = T\sum_{l=1}^{p} \frac{[\hat{C}(\hat{u} \in A_l) - C_\theta(\hat{u} \in A_l)]^2}{C_\theta(\hat{u} \in A_l)} \tag{4-59}$$

式中，$T$ 表示样本的规模。在空值假设下，$\chi^2$ 趋近于卡方分布。

为了求出一个易处理的解，我们考虑经验连接函数并使用一个经典核估计量来对其做一个平滑。我们称 $g_T$ 为其在点 $u$ 的概率密度：

$$\hat{g}_T(u) = \frac{1}{T h^n} \sum_{t=1}^{T} K\left(\frac{u - \hat{u}^t}{h}\right) \tag{4-60}$$

式中，$K(\cdot)$ 是一个 $n$ 维核估计量，$h(T)$ 为频宽（bandwidth），且向量$\boldsymbol{u}^t=(\hat{u}_1^t, \cdots, u_n^t)$基于经验边际转换方程式（4-52）的基础来定义。

和通常相同，$\int K(\cdot)=1$ 且$\lim\limits_{T\to\infty} h(T) = 0$。

基于这一核估计量的定义，我们就可以来看 $\chi^2$ 测试，它能写成：

$$\chi^2 = \frac{T h^n}{\int K^2} \sum_{l=1}^{p} \frac{[\hat{g}_T(\hat{u}^l) - g_{\hat{\theta}}(\hat{u}^l)]^2}{g_{\hat{\theta}}(\hat{u}^l)} \tag{4-61}$$

式中，$g_\theta(\cdot)$ 为参数连接函数密度，$\hat{\boldsymbol{\theta}}$为估计的参数向量，测试者可以主观地选择 $p$ 个向量$(\hat{\boldsymbol{u}}_l)_{l=1}^p$来达到拟合的质量。

**7. 讨论时间序列的连接函数的估计** 到目前为止，连接函数的估计都是在独立同分布的可观测样本或时间序列的环境下进行假设的。当处理部分展示出不同异方差的自相关序列时，我们需要再用到之前所说的连接函数估计技术来达到稳健。这一点尤其重要，例如在合成 CDO 世界中，样本一般都与利差价格相关。

可能需要在一元水平上对数据进行某种初始转换，以便于使用独立同分布假设。可以用到一些技术。时间序列的自相关、不平稳性、异方差都可以通过 GARCH 和 ARMA 过程来进行过滤。

基于这一转换，我们集中来看残差，因为它更可能是独立同分布的。参数连接函数一般就能够基于这些参差来拟合。

我们再次向读者提一下 Scaillet 和 Fermanian（2003）、Fermanian 等（2004）、Doukhan 等（2005）以及 Chen 和 Fan（2006），来看这一关于时间序列连接函数的估计以及依赖于时间的连接函数的主题。

### 4.2.1.9 作为联合强度模型结果的相关性

在 2005 年 5 月，标准普尔对福特和通用汽车的降级造成了 CDS 指数的几

乎所有成分的利差扩大。在 Credit Metrics 的设定下，我们能够想象，汽车行业的一个冲击会造成同行业其他一些公司的评级变化，但对其他行业的公司造成影响的程度就没有那么大。在这种情况下，就不会产生其他重大评级变化的结果。因此，Credit Metrics 就不能解释为什么 CDO 层级价格会有变化。从某种意义上讲这一时期是很奇妙的，两个投资者在投资组合（假设不包含福特和通用）中持有某 CDO 的相同层级，对其资产质量有着完全不同的观点，不管他们是从盯市角度来看，还是从一种传统的纯违约风险的角度看。在最近时期内，将违约相依性和市场价格风险放在一起来解释，成了一种趋势。

正如 Schönbucher 和 Schubert（2001）所指出的，两个债务人 A 和 B 的联合风险中性生存函数会极大地取决于二者任一的违约事件。一般来说，B 的违约概率会在 A 违约时立即增加。我们来看债务人 A 刚违约前的时刻和违约时刻，我们能够观察到 B 违约强度的突变。任何重大变化，比如非投资级的一些债务人的降级，都可能产生像违约一样的影响，并且对其他债务人造成价格传染，这一现象可以很容易地由高斯连接函数来解释。通用和福特的例子是这一现象的很好说明。

所有这些联合强度的模型刚开始都得看每个债务人单独的价格或者信用度（风险率）的估计。这些方法并不妨碍连接函数的使用，只是鼓励了基于一些明确理由的多元函数模型的选择。到目前为止这些方法并没有为参与者广泛使用的一个主要原因可能在于，估计的问题比传统高斯连接函数更为复杂。然而这一类型的模型越来越引起人们的兴趣，因为它们能够相当精确地反映观测到的价格。

在这一背景下，重点就在于处理相依性时引入基于强度的模型。为了总结这一领域的发展，我们将联合强度模型划分为四个层次：

- 最传统的一类模型在于对债务人违约强度的动态变化引入一些相关性。这已在利率和外汇建模的背景下广泛使用，也被引入信用领域。这些最初的模型都被认为是低估了观测到的相关性。Duffie（1998）以及 Duffie 和 Singleton（1999）建议通过增加联合违约事件的可能性来得到更高的违约相依性。他们的模型中，当债务人违约时，能观测到其他债务人强度的变化量的增加。很明显，在一个大的样本集中，对强度进行校准会是一个问题。因此，反映了跳跃强度相关性的一些模型就被开发出来，使得如 Giesecke（2003）那样的特殊以及系统性的变化能够适用，并能处理校准问题，都应归功于指数型连接函数的框架。
- 另一个探索领域在脆弱模型（frailty model）方向。这些模型应用于如生物医药领域。在脆弱模型的设定下，不同类别的个体可能受到相同脆弱性的影响。在信用领域，这一说法也就变成了源于未观测到的风险因素的极端压力因素（见 Yashin 和 Iachine，1995）。在这一情况下，一个伽马脆弱模型强度，就可以写成是：

$$\lambda_t(t, X, Z) = (Z_0 + Z_t)\lambda_0(t)\exp(\beta' X_t) \tag{4-62}$$

其中 $Z_0$ 是一个无法观测的伽马随机变量，所有债务人都相同（共同的脆弱性特征），$Z_i$ 也是一个无法观测的伽马随机变量，是特定于债务人 $i$ 的，其他指定都对应于一个经典的比例风险率模型[㊀]；即，一个简单时间依赖的风险率函数和一个额外解释变量的多因子模型的组合。Fermanian 和 Sbai（2005）表明这一种模型能够提供真实水平的相依性。

- 另一类模型为违约传染模型。这一领域最初的论文为 Davis 和 Lo（1999a, b，2000）以及 Jarrow 和 Yu（2001）。在这一方法中，某债务人的违约通过一个跳跃会影响到其他债务人的违约强度。我们考虑 $n$ 个债务人。债务人 $i$ 在时刻 $t$ 的违约强度可以写成是：

$$\lambda_i(t) = \alpha_i(t) + \sum_{j=1}^{n} \beta_{ij}(t) 1_{(\tau_j \leq t)} \tag{4-63}$$

这一类模型的校准并不非常直接。

- 我们这里提到的最后一类模型为阈值连接函数模型，由 Schönbucher 和 Schubert（2001）给出。这一模型的详细描述在附录 A 中提供。它尤其注重的是生存概率和风险率的动态指定。它的理念在于投资组合中的任一违约会通过修改过的生存连接函数创造一个阈值，因为到投资组合中债务人的违约状态时，会产生额外信息。这一阈值信息也可以被看成是在修正个体的伪强度。虽然这些方程看起来复杂，其启发性比较简单。主要的限制在于它的使用，因为它似乎仅对于阿基米德连接函数来说较易处理。

## 4.2.2 对相依性建模发展变化的讨论

本节我们完成相关性、连接函数和其他相依性测试的介绍。向以往看，我们可以看到相依性测度在短时间跨度内的准确性和复杂性都已经大大提高。在 20 世纪 90 年代末，在信用度量的设定下，信用领域已迅速地从最初的线性相关性法朝着静态因子模型发展。随后的飞跃，是从违约相关性到 Li（2000）的生存相关性。它使得我们能够采取更加灵活的相关性，考虑违约的时机因素。市场参与者几乎同时接触到各种形式的连接函数，能以更精致的方式来计算相依性。令人惊讶的是，到目前为止许多从业者没有全部地采用这些创新的解决

㊀ 也称作 Cox 回归模型。

方案，有这样几个原因。最合理的原因就是选择合适的连接函数并不是一个完全客观的过程，其校准并不是直接的。第二个原因在于这样一个事实，在从业者之间，到目前为止，没有一个连接函数像高斯连接那样通用。在这个阶段要提到一点，似乎有越来越多的关于信用市场的看法在于，连接函数方法已经显示出一定的局限性，可能正如 Hull 和 White（2005）所说，不存在任何完美的解决方案或“完美连接函数”。这样的局限也使我们联想起动态角度下连接函数的不完全处理。相依性模型的下一个前沿的确不仅在于违约的动态变化，也在于价格的动态变化，例如信用事件或信用危机的蔓延。未来可能会引入与连接函数有关的态势转换模式这样的路径，以更好地说明暂时的相依性，或者专注于基于强度模型联合函数的建模，并且作为其他问题之一，寻找这种方法相关的内在维度问题的新的解决方案。

## 4.3 第二部分：相关性的实证结果

### 4.3.1 计算实证的资产隐含相关性

为了计算投资组合的损失分布，传统的方法是假设一般相关性的过程决定于部分地驱动了组合中企业债务人的违约或违约时间的潜在变量。这样的模型属于因子模型，我们在前面“信用风险的因子模型”中描述了。这类模型最终依赖于默顿的结构化框架来解释。在这一背景下，违约相关性间接来自于资产相关性，伴随着不同债务人资产价值共同朝着一个违约阈值的联动。

CDO 定价和风险管理的通常方法，在于把权益或信用利差的相关性当成是资产相关性的替代品。接下来，我们重点来看从经验违约观测值中提取的资产相关性。这将使我们接下来能够正确地理解各种结构的评级和价格之间的套利。

我们描述三种方法来估计隐含资产相关性。第一种方法称为联合违约概率法（JPD）。第二种方法为最大似然法（MLE）。第三个是基于贝叶斯推理技术的广义线性混合模型（GLMM）。

#### 4.3.1.1 联合违约概率方法

在前面的式（4-4）中，我们已经对两个二进制事件 $A$ 和 $B$ 推导出来相关性公式。这两个事件可以是联合违约或者联合降级。比如，考虑两个公司，其初始评级分别为 $i$ 和 $j$，用 $D$ 表示违约级。违约的边际概率函数分别为 $P_i^D$ 和 $P_j^D$，而 $P_{i,j}^{D,D}$ 表示二者在选定的时间线上违约的概率。式（4-64）因此就可以写为：

$$\rho_{i,j}^{D,D}=\frac{p_{i,j}^{D,D}-p_i^D p_j^D}{\sqrt{p_i^D(1-p_i^D)p_j^D(1-p_j^D)}} \tag{4-64}$$

对每个评级类别求个体的违约概率是直接的。这些统计数据可以从迁移矩阵获得。需要在式（4-64）中求得的唯一的未知项是联合概率。

**1. 估计联合概率** 考虑两个债务人从相同信用等级 $i$（比如 BB）联合迁移到违约级。违约相关性公式可以从式（4-64）中求得，令 $j=i$，我们要来估计 $P_{i,i}^{D,D}$。

假设在 $t$ 年初，我们有 $N_i^t$ 个评级为 $i$ 的公司。从一个给定的有 $N_i^t$ 个元素的集合，我们可以创造 $(N_i^t(N_i^t-1))/2$ 个不同的元素对。用 $T_{i,D}^t$ 来表示从这一级别迁移到违约级的债券数量，我们可以创造 $(T_{i,D}^t(T_{i,D}^t-1))/2$ 个违约对（pair）。对已违约的元素对数量和应当违约的元素对数量求比值，我们得到一个联合概率的自然估计量。考虑我们有 $n$ 年的数据，而不只是一年，该估计量就是：

$$p_{i,i}^{D,D}=\sum_{t=1}^{n}w_i^t\frac{T_{i,D}^t(T_{i,D}^t-1)}{N_i^t(N_i^t-1)} \tag{4-65}$$

式中，$w$ 是权重，代表给定年的重要性。

在所有可能的权重集合中，我们可能可以得到：

$$w_i^t=\frac{1}{n} \tag{4-66a}$$

$$w_i^t=\frac{N_i^t}{\sum_{s=1}^{n}N_i^s},\ \text{or} \tag{4-66b}$$

$$w_i^t=\frac{N_i^t(N_i^t-1)}{\sum_{s=1}^{n}N_i^s(N_i^s-1)} \tag{4-66c}$$

式（4-65）是 Lucas（1995）及 Bahar 和 Nagpal（2001）用来计算联合违约概率的公式。相似的公式也可以从不同评级组的迁移矩阵中求得。这两个论文都依赖于式（4-66c）的权重体系。

虽然有些直观，式（4-65）中的估计量有个缺点，它在违约数量较少时，可能造成假的负相关性。对给定的一年来说，我们确实可以检查到如果当年只有一次违约，$T(T-1)=0$。这会造成联合违约概率为零。然而个体违约的概率为 $1/N$。因此式（4-64）直接就生成了一个负的相关性，联合概率为 0 且边际概率之积为 $(1/N)^2$。

因此 de Servigny 和 Renault（2002）提出用下列公式来替代式（4-2）：

$$p_{i,i}^{D,D}=\sum_{t=1}^{n}w_i^t\frac{(T_{i,D}^t)^2}{(N_i^t)^2} \tag{4-67}$$

这种联合概率的估计量也比较直观，它将违约企业对的数量与企业对的总数进行比较。区别在于假设使用的是替换的企业对。de Servigny 和 Renault（2002）使用式（4-66b）中的权重。在仿真实验中，他们表明式（4-67）比式（4-65）具有更好的有限样本性质；也就是说，对于小样本（小 $N$）使用式（4-67）

提供的估计其平均值比使用式（4-65）更接近真正的相关性。

**2. 经验违约相关性**　使用标准普尔的 CreditPro 6.20 数据库，这个数据库包含了约 10 000 个公司及 22 年的数据（1981 ～ 2002），我们可以将式（4-4）和式（4-1）应用到经验违约相关性的计算上来。我们在表 4-1 中提供了计算结果。

表 4-1　一年期违约相关性，所有国家，所有评级（1981 ～ 2002，%）

| | 汽车 | 工程 | 能源 | 金融 | 建筑 | 化工 | 高科技 | 保险 | 娱乐 | 地产 | 电信 | 运输 | 公用 |
|---|---|---|---|---|---|---|---|---|---|---|---|---|---|
| 汽车 | **2.44** | 0.87 | 0.68 | 0.40 | 1.31 | 1.15 | 1.55 | 0.17 | 0.93 | 0.71 | 2.90 | 1.08 | 1.03 |
| 工程 | 0.87 | **1.40** | −0.42 | 0.44 | 1.45 | 0.96 | 1.07 | 0.27 | 0.79 | 1.93 | 0.34 | 0.95 | 0.20 |
| 能源 | 0.68 | −0.42 | **2.44** | −0.37 | 0.01 | 0.19 | 0.27 | 0.26 | −0.37 | −0.27 | −0.11 | 0.17 | 0.29 |
| 金融 | 0.40 | 0.44 | −0.37 | **0.60** | 0.55 | 0.22 | 0.30 | −0.05 | 0.52 | 1.95 | 0.30 | 0.23 | 0.23 |
| 建筑 | 1.31 | 1.45 | 0.01 | 0.55 | **2.42** | 0.95 | 1.45 | 0.31 | 1.54 | 1.92 | 2.27 | 1.65 | 1.12 |
| 化工 | 1.15 | 0.96 | 0.19 | 0.22 | 0.95 | **1.44** | 0.84 | 0.12 | 0.67 | −0.15 | 1.03 | 0.78 | 0.23 |
| 高科技 | 1.55 | 1.07 | 0.27 | 0.30 | 1.45 | 0.84 | **1.92** | −0.03 | 0.94 | 1.27 | 1.25 | 0.89 | 0.20 |
| 保险 | 0.17 | 0.27 | 0.26 | −0.05 | 0.31 | 0.12 | −0.03 | **0.91** | 0.28 | 0.47 | 0.28 | 0.72 | 0.48 |
| 娱乐 | 0.93 | 0.79 | −0.37 | 0.52 | 1.54 | 0.67 | 0.94 | 0.28 | **1.74** | 2.87 | 1.61 | 1.49 | 0.85 |
| 地产 | 0.71 | 1.93 | −0.27 | 1.95 | 1.92 | −0.15 | 1.27 | 0.47 | 2.87 | **5.15** | −0.24 | 1.38 | 0.71 |
| 电信 | 2.90 | 0.34 | −0.11 | 0.30 | 2.27 | 1.03 | 1.25 | 0.28 | 1.61 | −0.24 | **9.59** | 2.36 | 3.97 |
| 运输 | 1.08 | 0.95 | 0.17 | 0.23 | 1.65 | 0.78 | 0.89 | 0.72 | 1.49 | 1.38 | 2.36 | **1.85** | 1.40 |
| 公用 | 1.03 | 0.20 | 0.29 | 0.23 | 1.12 | 0.23 | 0.20 | 0.48 | 0.85 | 0.71 | 3.97 | 1.40 | **2.65** |

资料来源：标准普尔 CreditPro 6.20。

可以看到对角线上的相关性最高，也就是说相同行业的相关性最高。多数的行业相关性都在 1% ～ 3% 之间。房地产尤其是电信行业非常特殊，展示出特别高的相关性。非对角线的相关性就相对比较低。

表 4-2 给出了每个评级的两两违约相关性。[⊖] 从这些结果我们可以看出，违约相关性倾向于随着评级的降低而增加。这与信用风险的各种结构化模型以及基于强度的模型的研究结果是一致的。

表 4-2　一年期违约相关性，所有国家，所有行业（1981 ～ 2002，%）

| 评级 | AAA | AA | A | BBB | BB | B | CCC |
|---|---|---|---|---|---|---|---|
| AAA | NA | NA | NA | NA | NA | NA | NA |
| AA | NA | 0.16 | 0.02 | −0.03 | 0.00 | 0.10 | 0.06 |
| A | NA | 0.02 | 0.12 | 0.03 | 0.19 | 0.22 | 0.26 |
| BBB | NA | −0.03 | 0.03 | 0.33 | 0.35 | 0.30 | 0.89 |
| BB | NA | 0.00 | 0.19 | 0.35 | 0.94 | 0.84 | 1.45 |
| B | NA | 0.10 | 0.22 | 0.30 | 0.84 | 1.55 | 1.67 |
| CCC | NA | 0.06 | 0.26 | 0.89 | 1.45 | 1.67 | 8.97 |

资料来源：标准普尔 CreditPro 6.20。

⊖ 涉及 AAA 的一年违约相关性很难计算，因为从来没有 AAA 级的公司在一年内违约的情况。

我们稍后在信用风险的强度模型的背景下研究违约相关性时，将会回到这个问题。

**3. 从违约相关性到资产隐含相关性** 估计的联合违约概率可以用来淘汰在先前章节的因子模型设定下的潜在变量相关性 $\Sigma=[\rho_{ij}]$。

我们考虑两个公司（或两个行业）$i$ 和 $j$。其联合违约概率 $P_{ij}$ 由下式给出：

$$P_{ij}=\Phi(Z_i, Z_j, \rho_{ij}) \quad (4\text{-}68)$$

式中，$Z_i$ 和 $Z_j$ 表示每个公司的违约阈值（或者每个行业的平均违约阈值）。

两个公司（或两个行业）之间的资产相关性就可以通过对下式求解得到：

$$\rho_{ij}=\Phi^{-1}(P_{ij}, Z_i, Z_j) \quad (4\text{-}69)$$

在这一特殊背景下，我们成对地来看行业的违约相关性，就能够生成相应的成对的行业资产相关性。

### 4.3.1.2 最大似然法

隐含资产相关性的估计也可以通过最大似然过程来直接提取，如 Gordy 和 Heitfield（2002）所述。然而在违约数据匮乏的情况下，这种方法的数值处理问题是一个主要障碍。Demey 等（2004）提出了一个比之前的评估技术更简化的版本，所有行业内部相关性的参数假定是相等的。由于有这些额外限制，对于每一个公司或行业，要估计的参数数量实际上已不超过两个。

为了准确地描述这一估计技术，我们将投资组合中的每个债务人 $i$ 的潜在变量（资产价值）表示为减少了数量的独立因子的线性组合。在假设了所有行业的独特相关性强度后（$\rho_{cd}=\rho$，对所有行业 $c \neq d$），行业 $c$ 中的任何公司 $i$ 的资产价值可以写成是两个独立一般因素 $C$ 和 $C_c$ 的函数，即：

$$A_i=\sqrt{\rho}C+\sqrt{\rho_c-\rho}C_e+\sqrt{1-\rho_c}\varepsilon_i, \quad i\in c \quad (4\text{-}70)$$

$C$ 可以看成是对整个经济适用的一般因素，而 $C_c$ 是更具有行业特征的一般因素，$\varepsilon_i$ 是对应于债务人 $j$ 的特殊因素。

资产相关性矩阵的结果可以写成是：

$$\boldsymbol{\Sigma}_{\text{MLE}}=\begin{pmatrix} \rho_1 & \rho & \cdots & & \rho \\ \rho & \rho_2 & \ddots & & \\ \vdots & \ddots & & & \vdots \\ & & & \ddots & \rho \\ \rho & \cdots & & \rho & \rho_C \end{pmatrix}$$

假设特殊因素 $\varepsilon_i$ 服从高斯分布，且 $Z_c$ 对应于时间恒定的、$c$ 行业中所有公司的平均违约阈值，我们就可以写出在因素 $(F, F_c)$ 的实现值 $(f, f_c)$ 条件下 $c$ 行业中的违约概率为：

$$P_c(f,f_c)=\Phi\left(\frac{Z_c-\sqrt{\rho}f-\sqrt{\rho_c-\rho}f_c}{\sqrt{1-\rho_c}}\right) \tag{4-71}$$

式中，$\Phi$ 为正态累积分布函数。

以这些因素的实现值为条件，给定行业 $c$ 的违约数量服从二项式分布，其参数为 $N_c$，表示 $t$ 时刻处于 $c$ 类的公司数量，$D_c$ 表示处于 $c$ 类的违约数量。

$$\text{Bin}_c(f,f_c)=\binom{N_c}{D_c}P_c(f,f_c)^{D_c}(1-P_c(f,f_c))^{N_c-D_c} \tag{4-72}$$

根据条件独立性的性质，我们可以将无条件对数似然函数写为：

$$l_t(\theta)=\log\int\left(\prod_{c=1}^{C}\int_R \text{Bin}_c(f,f_c)\,\mathrm{d}\Phi(f_c)\right)\mathrm{d}\Phi(f) \tag{4-73}$$

Demey 等（2004）研究了一些引导实验中的潜在的稳定性和偏值问题。在引导分布的均值快速收敛于数量小到 50 个样本集的真正的相关性时，他们取得了一些相当好的结果。

**通过 JPD 和 MLE 计算隐含资产相关性**　de Servigny 和 Jobst（2005）使用 1981 ～ 2003 年时间段上的标准普尔 Credit Pro 6.60 的数据库。这个库包含了 66 536 个年度观测值以及 1170 个违约事件。基于年度数据以及对 13 个行业的每个行业 $c$，他们计算了 $N_c$ 和 $D_c$。

作者们将 JPD 法下估计的隐含资产相关性的值与 MLE 法下估计的相同值进行了比较（表 4-3 和图 4-23）。他们发现两个方法相当吻合。

表 4-3　使用 JPD 和 MLE 计算的隐含资产相关性比较

| 行业 | 平均 N | 平均 PD | 隐含资产相关性 JPD | 隐含资产相关性 MLE |
|---|---|---|---|---|
| 汽车 | 297 | 2.17 | 11.80 | 10.84 |
| 建筑 | 354 | 2.48 | 6.80 | 7.63 |
| 能源 | 149 | 2.20 | 12.60 | 19.06 |
| 金融 | 530 | 0.60 | 9.40 | 15.93 |
| 化工 | 113 | 2.04 | 13.40 | 6.55 |
| 医药 | 149 | 1.25 | 10.00 | 8.44 |
| 高科技 | 97 | 1.84 | 9.60 | 6.55 |
| 保险 | 260 | 0.65 | 14.60 | 13.32 |
| 娱乐 | 169 | 3.07 | 8.60 | 9.16 |
| 地产 | 60 | 1.11 | 34.20 | 33.02 |
| 电信 | 119 | 1.97 | 27.80 | 30.32 |
| 交通运输 | 134 | 2.07 | 9.70 | 6.55 |
| 公用事业 | 352 | 3.52 | 21.90 | 21.30 |
| 平均行业内部 | | | 14.65 | 14.51 |
| 平均行业之间 | | | 4.70 | 6.45 |

注：JPD 为联合违约概率法；MLE 为最大似然法；PD 为违约率。

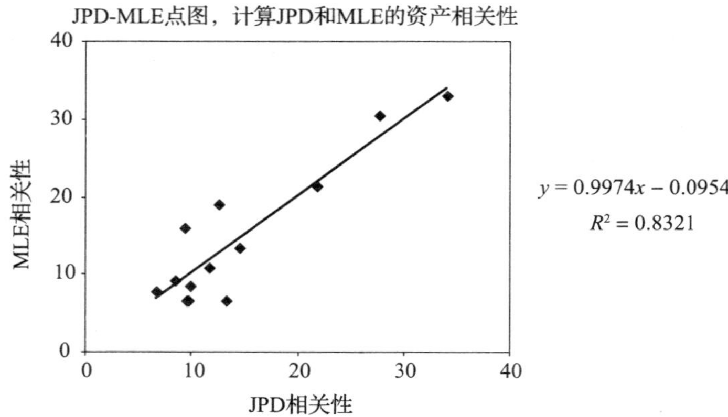


图 4-23 使用最大似然法和联合违约概率法计算的行业内部相关性估计的拟合质量

考虑基于违约的隐含资产相关性，有必要提到 Gordy 和 Heitfield（2002）的研究成果：资产质量和隐含资产相关性上轻微的正相关性并不具有统计上的显著性，且从不同评级的违约数据得出的隐含资产相关性增加了精度，也不一定能推翻隐含资产相关性是常数的假设。

### 4.3.1.3 贝叶斯估计法——GLMM

这一方法最近由 Mc Neil 和 Wendin（2005）给出。作者们假设了一个多时间步的计量经济学模型模型，以不同的预测性协变量为条件。这一模型属于 GLMM 类。在这一设定下，违约的概率依赖于一些通常固定的用于打分的协变量，㊀ 但它们也包含了一个观测不到的随机动态因子向量。这一向量的序列相关性得到估计，也就是说，其现有实现值部分地是以其过去的实现值为条件，通过一个序列相关性 AR(1) 的特定化。

一个投资组合中违约概率的综合通过假设条件独立来给定，这个条件为随机协变量的一般向量的路径的实现。为了解决这一动态估计问题，作者们使用了一种贝叶斯计算技术。

作者们用实证研究测试了他们的方法，使用的是标准普尔 Credit Pro 6.60 的评级数据，选择的是美国和加拿大从 1981 年到 2000 年的观测值。

对某个债务人 $i$ 而言，在 $t$ 时刻，这一系统性、未观测的风险因素 $F_i$ 实现值条件下的违约概率因此就是：

$$P(Y_t^i=1/F_t)=\text{logit}(\mu_t^i+\beta X_t+\gamma_t^j F_t)$$

式中，$X_t$ 表示可解释的一般宏观经济效应向量，㊁ $\mu_t^i$ 表示截距，㊂ $\beta_t^i$ 和 $\gamma_t^i$ 表示相

㊀ 一般而言特定于公司的协变量或宏观经济协变量。

㊁ 我们来考虑一下信用打分模型中使用的一般信用因素。

㊂ 可能来源于公司特征因素以及一个正截距。

关的权重。潜在系统性未观测高斯随机变量 $F_i$ 向量的 AR(1) 过程可以写成是：

$$F_t=\alpha F_{t-1}+\phi\varepsilon_t$$

在资产组合层面，条件独立性的通常假设使得损失分布的计算更为直接。

在第一步中，作者们假设没有一个固定的一般变量 $X_t$，仅有一个随机的无法观测的变量 $F_t$。使用贝叶斯技术，他们观察到在每一步中对该因素进行独立模型的假设，也就是说 $\alpha=0$，与实证情况显著不同。估值量的均值大概在 0.65 左右，方差约为均值的 25%。另外，隐含资产相关性的期望价值也能够被估计。实际中它的估计值为 7.6%。

在第二步，作者们引入了一个固定的宏观经济变量 $X_t$，表示芝加哥联储全国活动指数（Chicago Fed National Activity Index），该数据以月度形式公布。他们还考虑了六个宽泛的行业：

- 航空、汽车、资本货物和金属
- 消费者与服务
- 娱乐传媒
- 公用事业
- 医药保健与化工
- 高科技、计算机、办公设备和通信

他们表明一般随机变量均值的实现值非常清楚地受到经济周期影响，可以从图 4-24 中看到。

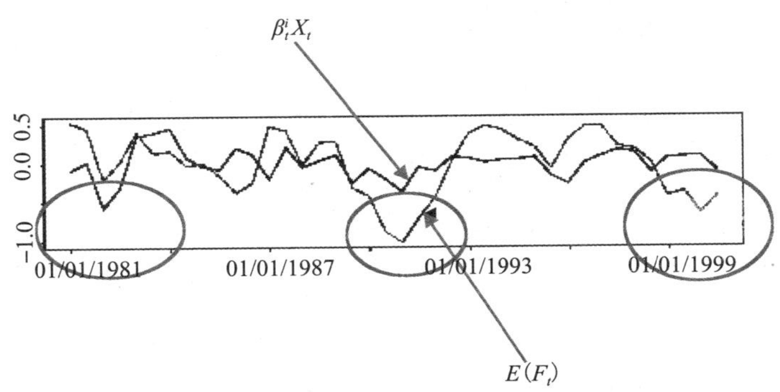


图 4-24　一般因素与经济周期的相关性很明确（McNeil 和 Wendin，2005）

结果表明引入因素和宏观经济因素会增强估计的质量。有了这样一个特定化，平均行业内部隐含资产相关性变为 6%，行业之间的隐含资产相关性变为 10.5%。这些结果与使用前述的 MLE 和 JPD 估计量得出的等级形式的结果是一致的，况且我们考虑的行业特定化的粒度是比较小的。我们也注意到资产相关性也呈现出依赖于经济周期的特征。

#### 4.3.1.4 股权相关性能很好地代替资产相关性吗

我们刚刚看到，成对违约的相关性的公式很简单，但依赖于资产相关性，而资产相关性并不是直接可见的。使用股票相关性作为资产相关性的替代指标已成为市场惯例。这一方法的潜在假设是，股票回报率应该反映公司潜在的价值，因此，如果两家公司资产价值高度相关，其股票也应该高度相关。

为了测试这种假设的有效性，de Servigny 和 Renault（2002）收集了至少有 5 年的评级数据的超过 1100 家公司的样本的股票价格和行业分类的数据，然后他们计算股票在行业内和行业间的平均相关性。

将这些股票相关性的比例值代入式（4-68）可获得一系列的从股票价格中提取的违约相关性。接下来，他们开始把以这种方式计算的违约相关性与使用式（4-69）实证计算的违约相关性进行比较。

图 4-25 总结了他们的研究成果。股票驱动的违约相关性和经验相关性似乎只有很弱的关系，或者换句话说，股票相关性充其量是违约相关性的一个噪声指标。他们对作为市场标准的假设的可靠性提出了一些质疑，也质疑使用发行人股票价格来对信用产品进行对冲的可能性。

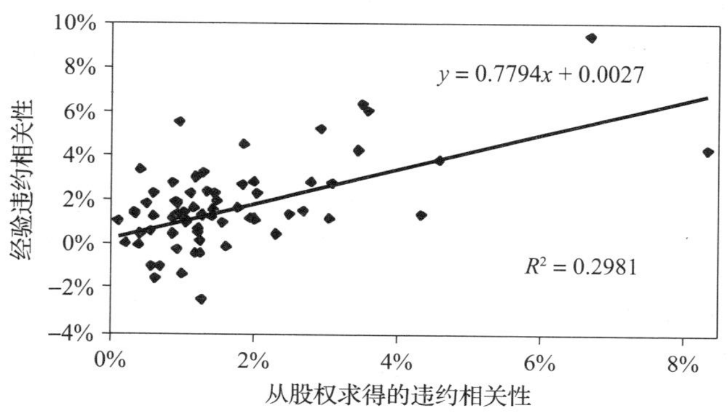


a）股权违约相关性和经验违约相关性的匹配

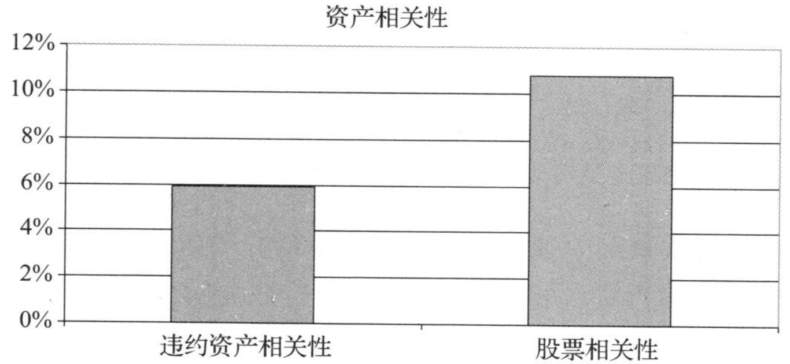


b）资产相关性的两种代表：来自违约事件的隐含资产相关性或者股票相关性

图 4-25 股权相关性与资产相关性的替代性

这一结果虽然有些令人失望，但也是情理之中的：股票的回报率包含了很多的噪声信息（泡沫等），而且受到供给需求效应（流动性变化）的影响，而这些都与公司的基本面无关。因此，虽然我们需要的基本面相关性信息包含在股票回报中，它却混合在其他类型的信息中而不容易提取。图 4-25b 确认了这一事实，它表明有一半的股票相关性并不是来源于联合违约事件。

#### 4.3.1.5　描述隐含资产相关性的行为

到目前为止，我们已经观察到不同的基于违约的隐含资产相关性估计量能给出可比较的结果。但是根据我们观察到的隐含资产相关性与股票相关性之间的差别，我们也许更能够深入理解这一问题。在这方面，我们来测试这一隐含资产相关性的稳定性，基于不同的“违约”事件。

因此在本段我们将使用 MLE 计算两种情况下的隐含资产相关性：

- 我们定义违约事件为在 EDS 的情况下股票价值下降到某一阈值。[⊖]
- 同时我们考虑与违约不同的单纯的信用事件触发。例如，我们考虑基于评级的事件比如说联合降级到某预定的评级水平（从 CCC 到 BBB）。

将隐含资产相关性从不同的事件如联合违约、联合 EDS 触发或联合降级中计算出来，我们能够期望获得相似的结果。不管我们考虑什么样的工具或事件，基础的引用资产池对任一债务人来说都是独一无二的。

1. 从 EDS 中提取隐含资产相关性　基于不同阈值水平上的 EDS 事件，Jobst 和 de Servigny（2006）使用 JPD 和 MLE 计算了隐含资产相关性。他们使用的样本包含了 2200 个公司，使用的是 1981 年到 2003 年月度的股票价格时间序列、相应评级和财务信息。

我们从图 4-26 和图 4-27 可以观察到，隐含资产相关性在不同的阈值水平上差异很大。

我们可以观察到一条相关性斜线，不管用的是哪个估计量。注意壁垒在 50% 以下时，EDS 可以看成是更像债务产品，如 de Servigny 和 Jobst（2005）所表明的那样。相反在 50% 以上时，EDS 更像是个权益产品。

我们可以观察到三种明显的相关性状态，来总结这一现象：

（1）纯违约：(平均行业内部隐含资产相关性，平均行业之间隐含资产相关性)=(14.5，5.5)。

（2）EDS 低于 50% 的阈值：(平均行业内部隐含资产相关性，平均行业之间隐含资产相关性)=(26.5，15.5)。

（3）EDS 高于 50% 的阈值：(平均行业内部隐含资产相关性，平均行业之

⊖ EDS 是一种信用混合衍生品，更精确地说，它是一种深层次有定期支付的长期“价外”美式数字看跌期权。一个阈值水平比如说 30% 表示相关权益份额损失了 70% 的价值。

间隐含资产相关性)=( 31，22.5 )。

陈述（2）中的相关性以及陈述（3）某种程度的相关性与一般的股票相关性很像。它们与陈述（1）中所观察到的更低的违约水平显著不同。

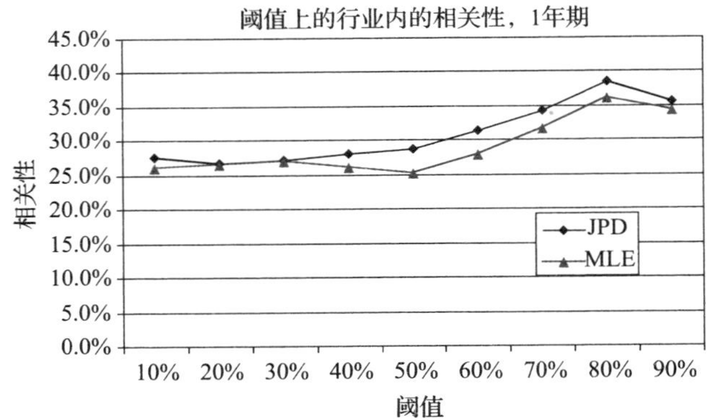


图 4-26 行业内的隐含资产相关性，计算的权益违约互换，从 10% 到 90% 的不同阈值

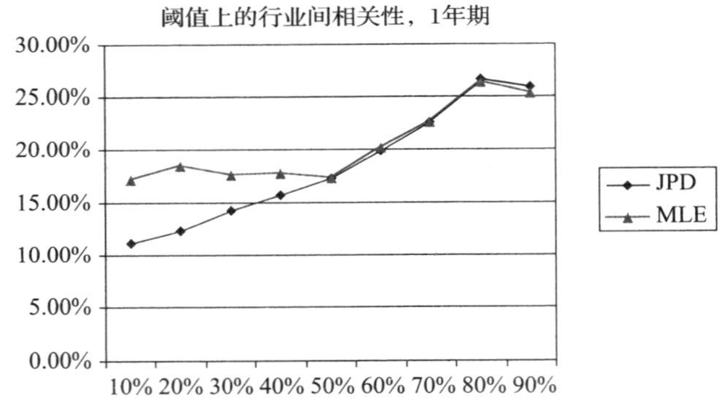


图 4-27 行业间的隐含资产相关性，计算的权益违约互换，从 10% 到 90% 的不同阈值

在接下来，我们考虑不同的信用事件触发，而不是 EDS 阈值。选用了这一方法，我们就能够估计从违约提取的隐含资产相关性是否组成了一个不确定的、值得怀疑的情况，还是一个确定的、靠谱的观测值。

2. 从不同的信用事件中提取隐含资产相关性 de Servigny 等（2005）目前考虑了不同的信用触发事件。[⊖] 他们并没有将违约作为唯一的相关事件，而是从不同的评级下调到预定水平这些事件中来求得隐含资产相关性。他们从识别所有走向违约或者在给定时间（一般为一年）内降级到 CCC 到 BBB 中某个评级的公司开始。

使用 JPD 法，我们从式（4-4）得到共计迁移到等级 $K$ 的联合概率：

⊖ 使用 1990 到 2003 年的 Credit Pro 6.60 数据。

$$p_{i,i}^{K,K} = \sum_{t=1}^{n} W_i^t \frac{(T_{i,K}^t)^2}{(N_i^t)^2} \tag{4-74}$$

式中，$K$ 定义为从 BBB 到 D 的一个信用事件。另外我们引入这样一个状态 $i>K$ 以确定我们仅计算降级情况。[㊀] 于是我们可以很容易地利用式（4-68）和式（4-69）来提取出隐含资产相关性。

使用 MLE 法，我们从调整后的式（4-8）得到条件违约概率：

$$P_c^K(f,f_c) = \Phi\left(\frac{Z_c^K - \sqrt{\rho}f - \sqrt{\rho_c - \rho}f_c}{\sqrt{1-\rho_c}}\right) \tag{4-75}$$

式中，$Z_c^k$ 是与评级 $K$ 有关的信用事件阈值。接下来我们继续使用式（4-73）和式（4-74）。

图 4-28 总结了这些结果。有意思的是，与我们从 EDS 求得实证结果的预期效果不同，这里我们没办法识别一个清晰的倾斜效果。

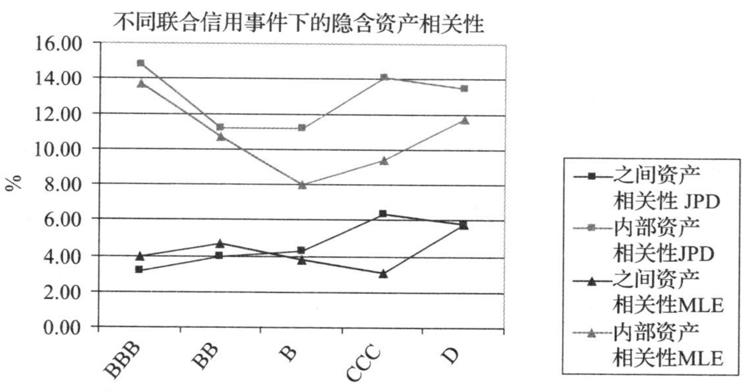


图 4-28　基于不同信用事件来估计隐含资产相关性水平：不仅联合违约还包括联合降级（内部=行业内部，之间=行业之间）

总而言之，虽然从违约事件得到的隐含资产相关性数据看起来明显低于那些从 EDS 事件或股票价格获得的数据，但是在信用事件里表现得并不异常。

在现实中，我们将对于一个给定的债务人的隐含资产相关性的值称作一个潜变量，它并不是唯一的，不管我们用的是不是信用事件、股票还是 EDS 事件。与纯违约 / 迁移环境不同，股票和 EDS 事件在资产的估值中包含了市场因素。这就是在纯信用情况下隐含资产相关性会比较低的原因。

当我们将 CDO 组合相关性与隐含违约资产相关性进行比较的时候，能够得出类似的结论。

㊀ 当既使用降级又使用升级时，我们得到的隐含资产相关性水平低得多。

## 4.3.2 强度框架下的相关性

在本书第 3 章的内容中我们可以看到基于强度的信用风险模型在从业者对可违约债券和信用衍生品进行定价时非常流行。这一类模型中，违约是一个随机过程的第一个跳跃，也可以用来分析违约相关性。

在强度模型中，公司 $i$ 在 $[0, t]$ 上违约的概率为：

$$\mathrm{PD}_i(t) = P_0[\tau_i \leqslant t] = 1 - E_0\left[\exp(-\int_0^t \lambda_s^i \, \mathrm{d}s)\right] \tag{4-76}$$

$\lambda_s^i$ 为违约过程的强度，$\tau_i$ 为公司 $i$ 的违约时间。纯属违约相关性式（4-23）就可以写成：

$$\rho(t) = \frac{E(y_t^1 y_t^2) - E(y_t^1)E(y_t^2)}{\sqrt{E(y_t^1)(1 - E(y_t^1))E(y_t^2)(1 - E(y_t^2))}} \tag{4-77}$$

式中

$$y_t^i = \exp(-\int_0^t \lambda_s^t \, \mathrm{d}s) \qquad 当\ i = 1, 2 \tag{4-78}$$

本节的剩余部分我们来介绍在上一节发现的成果。

### 4.3.2.1 测试条件独立强度模型

Yu（2005）补充了一些包括 Driessen（2002）和 Duffee（1999）那样属于条件独立模型的强度特定化模型，使用的是通过实证得出的参数。

强度是指 $k$ 个状态的变量 $X_t=(X_t^1, \cdots, X_t^K)$ 的集合的一个函数，定义如下。以 $X_t$ 的实现值为条件，违约强度是独立的。相依性因此就来源于所有的强度都是 $X_t$ 的函数这样一个事实。

状态变量常见的选择是利率期限结构因素（具体国债的利率水平，收益率曲线的斜率）、其他宏观经济变量和企业特定因素（杠杆率、账面值对市值比率）等。例如，Duffee（1999）两个状态变量是无风险仿射利率期限结构模型的两个因子（见 Duffie 和 Kan，1996）。Driessen（2002）也包括两个期限结构的因素，还增加了两个一般因素以改善实证拟合。在大多数文献中，包括前面所提到的文献，强度 $\lambda_s^i$ 是在风险中性测度下定义的，因此会根据不同的概率测度而产生不同结果。这些相关性的估计量并不能直接与如表 4-1 至表 4-3 所示的实证违约相关性相比。后者确实是在历史测度下计算的。

Jarrow 等（2001）证明在一个非常大的投资组合中，在风险中性和历史测度下的平均强度会渐近地吻合。Yu（2005）依赖于这一结果，并认为如果 Driessen 和 Duffee 的参数是在一个大而分散样本上计算的，这一渐近结果是有效的。接下来他使用式（4-78）和式（4-79），从 Duffee（1999）和 Driessen（2002）给出的平均强度参数估计量，计算出了违约参数。

这些结果见表 4-4 和表 4-5。Duffee 的模型生成的违约相关性，倾向于比其他模型小。

表 4-4　Duffee（1999）得出的违约相关性（%）

| | 1 年 | | | 2 年 | | | 5 年 | | | 10 年 | | |
|---|---|---|---|---|---|---|---|---|---|---|---|---|
| | Aa | A | Baa | Aa | A | Baa | Aa | A | Baa | Aa | A | Baa |
| Aa | 0.00 | 0.00 | 0.00 | 0.01 | 0.01 | 0.01 | 0.02 | 0.02 | 0.03 | 0.03 | 0.03 | 0.05 |
| A | 0.00 | 0.00 | 0.00 | 0.01 | 0.01 | 0.01 | 0.02 | 0.03 | 0.04 | 0.03 | 0.06 | 0.06 |
| Baa | 0.00 | 0.00 | 0.01 | 0.01 | 0.01 | 0.02 | 0.02 | 0.04 | 0.06 | 0.05 | 0.06 | 0.09 |

资料来源：Yu（2005）.

表 4-5　Driessen（2002）得出的违约相关性（%）

| | 1 年 | | | 2 年 | | | 5 年 | | | 10 年 | | |
|---|---|---|---|---|---|---|---|---|---|---|---|---|
| | Aa | A | Baa | Aa | A | Baa | Aa | A | Baa | Aa | A | Baa |
| Aa | 0.04 | 0.05 | 0.08 | 0.17 | 0.19 | 0.31 | 0.93 | 1.04 | 1.68 | 3.16 | 3.48 | 5.67 |
| A | 0.05 | 0.06 | 0.10 | 0.19 | 0.32 | 0.35 | 1.04 | 1.17 | 1.89 | 3.48 | 3.85 | 6.27 |
| Baa | 0.08 | 0.10 | 0.15 | 0.31 | 0.35 | 0.56 | 1.68 | 1.89 | 3.05 | 5.67 | 6.27 | 10.23 |

资料来源：Yu（2005）.

我们列出表 4-6[ 使用式（4-64）得出的实证违约相关性 ] 和表 4-7（使用 Zhou，2001 的基于股价模型得出的违约相关性）进行比较。Drissen（2002）的收益率结果可以与 Zhou（2001）的结果进行比较。

表 4-6　使用式（4-26）给出的平均经验违约相关性（%）

| | 1 年 | | | 2 年 | | | 5 年 | | | 10 年 | | |
|---|---|---|---|---|---|---|---|---|---|---|---|---|
| | AA | A | BBB | AA | A | BBB | AA | A | BBB | AA | A | BBB |
| AA | 0.16 | 0.02 | −0.03 | 0.16 | −0.03 | −0.07 | 0.48 | 0.12 | 0.09 | 0.79 | 0.54 | 0.60 |
| A | 0.02 | 0.12 | 0.03 | −0.03 | 0.20 | 0.23 | 0.12 | 0.32 | 0.23 | 0.54 | 0.54 | 0.61 |
| BBB | −0.03 | 0.03 | 0.33 | −0.07 | 0.23 | 0.78 | 0.09 | 0.23 | 0.82 | 0.60 | 0.61 | 1.17 |

资料来源：标准普尔的 CreditPro6.20——超过 21 年的数据。

表 4-7　Zhou（2001）给出的违约相关性（%）

| | 1 年 | | | 2 年 | | | 5 年 | | | 10 年 | | |
|---|---|---|---|---|---|---|---|---|---|---|---|---|
| | Aa | A | Baa | Aa | A | Baa | Aa | A | Baa | Aa | A | Baa |
| Aa | 0.00 | 0.00 | 0.00 | 0.00 | 0.00 | 0.01 | 0.59 | 0.92 | 1.24 | 4.66 | 5.84 | 6.76 |
| A | 0.00 | 0.00 | 0.00 | 0.00 | 0.02 | 0.05 | 0.92 | 1.65 | 2.60 | 5.84 | 7.75 | 9.63 |
| Baa | 0.00 | 0.00 | 0.00 | 0.01 | 0.05 | 0.25 | 1.24 | 2.60 | 5.01 | 6.76 | 9.63 | 13.12 |

两种基于强度的模型表明，随着违约概率的上升，时间线越长，违约相关性表现得更高。

Yu（2005）注意到，Jarrow 等（2001）得出的渐近结果对于短期债券并不适用，因为利差反映了税收和流动性的影响。因此他提出了一个临时强度调整：

$$\lambda_t^{\text{adj}} = \lambda_t - \frac{a}{b+t}$$

式中，$t$ 表示时间，$a$ 和 $b$ 是常量，由 Yu（2002）得出。

表 4-8 和表 4-9 给出了流动性调整后的违约相关性。表 4-4 和 4-5 的差异较大。首先，流动性调整模型得出的相关性要高得多。更奇怪的是，违约概率和违约相关性之间的关系是反向的：违约风险越高，相关性越低（见表 4-10）。

表 4-8 流动性调整的违约相关性，来自 Duffee（1999，%）

| | 1 年 | | | 2 年 | | | 5 年 | | | 10 年 | | |
|---|---|---|---|---|---|---|---|---|---|---|---|---|
| | Aa | A | Baa | Aa | A | Baa | Aa | A | Baa | Aa | A | Baa |
| Aa | 0.08 | 0.07 | 0.05 | 0.17 | 0.14 | 0.11 | 0.29 | 0.23 | 0.20 | 0.30 | 0.22 | 0.23 |
| A | 0.07 | 0.08 | 0.05 | 0.14 | 0.15 | 0.10 | 0.23 | 0.24 | 0.17 | 0.22 | 0.30 | 0.18 |
| Baa | 0.05 | 0.05 | 0.03 | 0.10 | 0.11 | 0.07 | 0.20 | 0.17 | 0.14 | 0.23 | 0.18 | 0.17 |

资料来源：Yu（2005）.

表 4-9 流动性调整的违约相关性，来自 Driessen（2002，%）

| | 1 年 | | | 2 年 | | | 5 年 | | | 10 年 | | |
|---|---|---|---|---|---|---|---|---|---|---|---|---|
| | Aa | A | Baa | Aa | A | Baa | Aa | A | Baa | Aa | A | Baa |
| Aa | 1.00 | 1.12 | 0.63 | 3.11 | 2.98 | 1.90 | 11.78 | 9.58 | 7.48 | 28.95 | 21.92 | 20.03 |
| A | 1.12 | 1.29 | 0.72 | 2.98 | 2.90 | 1.84 | 9.58 | 7.87 | 6.12 | 21.92 | 16.68 | 15.22 |
| Baa | 0.63 | 0.72 | 0.40 | 1.90 | 1.84 | 1.17 | 7.48 | 6.12 | 4.77 | 20.03 | 15.22 | 13.91 |

资料来源：Yu（2005）.

表 4-10 违约强度残差之间的平均相关性

| 类别 | 1987/01-1990/06 | | 1990/07-1993/12 | | 1994/01-1997/06 | | 1997/06-2000/12 | |
|---|---|---|---|---|---|---|---|---|
| | 模型 1/ 模型 2 | | 模型 1/ 模型 2 | | 模型 1/ 模型 2 | | 模型 1/ 模型 2 | |
| 纵向栏目 | 0.36 | 0.37 | 0.10 | 0.10 | 0.02 | 0.01 | 0.37 | 0.38 |
| 纵向栏目 | 0.22 | 0.23 | 0.10 | 0.10 | 0.03 | 0.02 | 0.24 | 0.25 |
| 纵向栏目 | 0.16 | 0.16 | 0.06 | 0.07 | 0.02 | 0.02 | 0.17 | 0.17 |

资料来源：Das 等（2006）.

#### 4.3.2.2 在实际测度下对强度进行建模

Yu（2005）所提出的模型法严格地依赖于 Jarrow 等（2001）关于风险中性和仅保持渐近特征的历史强度相等的这样一个结果。如果这个假设有效，则根据市场利差校准的风险中性强度，可以用来计算风险管理目的的违约相关性。

Das 等（2006）考虑了一种不同的方法，它不用直接从市场利差提出信息。他们从穆迪的 RiskCalc ™模型的 1987 ～ 2000 年的公开公司数据收集了一个历史违约概率的大的样本集。Falkenstein（2000）将这一模型描述为，对一个公司的大样本集提供了一年期违约概率。

作者们指出在默顿设定下，两个造成违约率和违约相关性变化的因素是公司的债务比率和股价波动性。另外，他们强调波动性似乎是一个起主导作用的因素，对违约率有着更大的影响。

他们首先将违约概率转换为一年期的平均强度。使用式（4-77）和违约率的估计，他们得到一个违约强度的月度估计数：

$$\lambda_t^i = -\ln(1-\mathrm{PD}_i^t) \tag{4-79}$$

违约强度的时间序列可以要么通过均值（模型 1）要么通过离散 AR（1）过程（模型 2）来过滤掉自相关性。

$$\lambda_t^i = \lambda_{t-1}^i + \varepsilon_t^i = \overline{\lambda}^i + \xi_t^i \tag{4-80}$$

$$\lambda_t^i = \alpha_i + \beta_i \lambda_{t-1}^i, + \tilde{\varepsilon}_t^i \tag{4-81}$$

目标在于研究 $\varepsilon^i_t$ 和 $\varepsilon^j_t$ 之间的相关性，以及两公司 $i$ 和 $j$ 的 $\tilde{\varepsilon}_t^i \sim \tilde{\varepsilon}_t^j$ 之间的相关性。

在 AR(1) 模型的情况下，$\beta_i$ 取值从 0.90 到 0.94。

表 4-11 给出不同时间区间及不同评级类别的违约强度结果。

表 4-11　本表包含了综述的所有协变量。斜体表示已选择的协变量

| | 数据源 | Bangia 等（2002） | Koopman 和 Lucas（2005） | Couderc 和 Renault（2005） | Duffie 等（2005） |
|---|---|---|---|---|---|
| *非公司特定变量* | ***信贷市场*** | | *长期 Baa 债券收益率相对于长期美国政府债券的利差*<br>*美国商业失败率（business failure rate）* | *长期 BBB 债券相对于国库券利差*<br>*长期 BBB 债券相对于 AAA 债券利差*<br>*国库券净发行额* | |
| | ***商业周期*** | *NBER 增长 / 月度分类* | *GDP 指数* | *M2-M1*<br>*真实 GDP 增长率*<br>*衰退*<br>*工业产值增长率*<br>*个人收入增长率*<br>*CPI 增长率* | |
| | ***金融市场*** | | | *标准普尔 500 回报率*<br>*标准普尔 500 回报率的波动性*<br>*10 年期国库券收益率*<br>*利率期限结构的斜率* | *美国三月期国库券年化收益率*<br>*标准普尔 500 回报率* |

（续）

| | 数据源 | Bangia 等（2002） | Koopman 和 Lucas（2005） | Couderc 和 Renault（2005） | Duffie 等（2005） |
|---|---|---|---|---|---|
| | *违约周期滞后效应* | | | *IG 和 NIG 上调级别数，IG 和 NIG 下调级别数*<br>*主要为金融市场序列* | |
| *公司特定变量* | *公司特定* | | | | *距违约 1 年时股票回报率* |

注：LT 为长期；NBER 为国家经济研究局；GDP 为国内生产总值；CPI 为消费者价格平减指数；IG 为投资级；NIG 为非投资级。

从图 4-29 可以看到，违约强度的残差相关性，高违约率似乎比低违约率显得稳定。

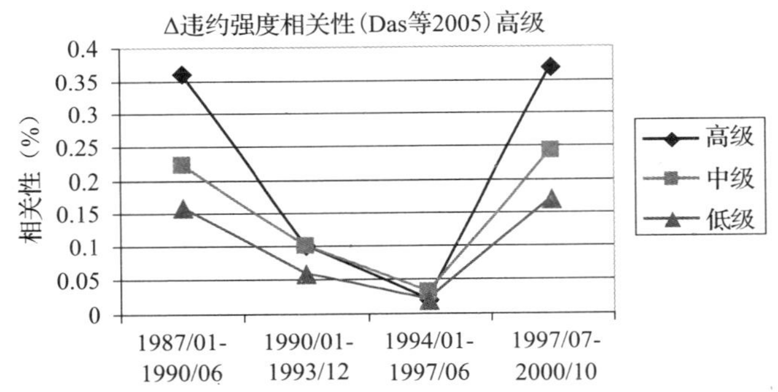


图 4-29 使用模型 1 得出的 Δ 违约强度相关性随着时间的变化

低违约率时，我们可能估计 $\varepsilon_t^i=\lambda_t^i-\lambda_{t-1}^i\approx \mathrm{PD}_i^t-\mathrm{PD}_i^{t-1}$ 这意味着衡量强度变化的相关性接近于测量一年期违约率的相关性。在默顿假设下，违约率变化的核心驱动因素是股票价格。这些结果并不能直接与基于评级的违约相关性的结果相比，因为后者显然是在纯的违约事件相关性之外还包含了市场因素。

### 4.3.2.3 久期模型

关于系统性因素以及公司特定的协变量是不是解释了利差、违约率和评级迁移的讨论，在过去五年有所进展。在 2000 年早期，Collin-Dufresne 等（2001），Elton 等（2001），以及 Huang 和 Huang（2003）说明公司债券的一个小比例的变化也能够从违约信息来解释。[⊖] 基于这些发现，系统性风险因素，比如一般因素、流动性效应和风险规避性，也被认为是造成利差变化的重要因

⊖ Collin-Dufresne 等（2001）and Elton 等（2001），少于 25%。

素。从相反的视角来看，一个合理的问题在于：经验测度下，违约强度有多少是特定于公司的呢？

在学术界，已经采取的方法是从不连续的基于评级的方法转移到一个齐次时间强度的方法上。从 Lando 和 Skodeberg（2002）、Jafry 和 Schuermann（2003）、Jobst 和 Gilkes（2003）开始，一些学者比如 Couderc 和 Renault（2005）或 Duffie 等（2005），提出将违约强度模型作为一个参数化或半参数化因子模型，从 Cox 比例风险方法推导（Cox，1972and1975）[⊖]，如：

$$\lambda^i(t)=\lambda^0(t)\exp(\beta' X^i(t))$$

式中，$X^i(t)$ 表示协变量向量。

在表 4-11 中，我们将已经测试因素在评级类别上进行比较，以便于解释违约强度的变化。有意思的是，在某个评级类别水平上，Couderc 和 Renault（2005）表明同时期的金融市场其效果跟过去的金融、信贷市场、经济周期在提供有用的解释效果上一样好。他们发现，基于主成分分析，前五个上述因素的特征向量可以解释数据中 71% 的方差。图 4-30 非常清楚地描述了宏观经济事件对违约强度的影响。

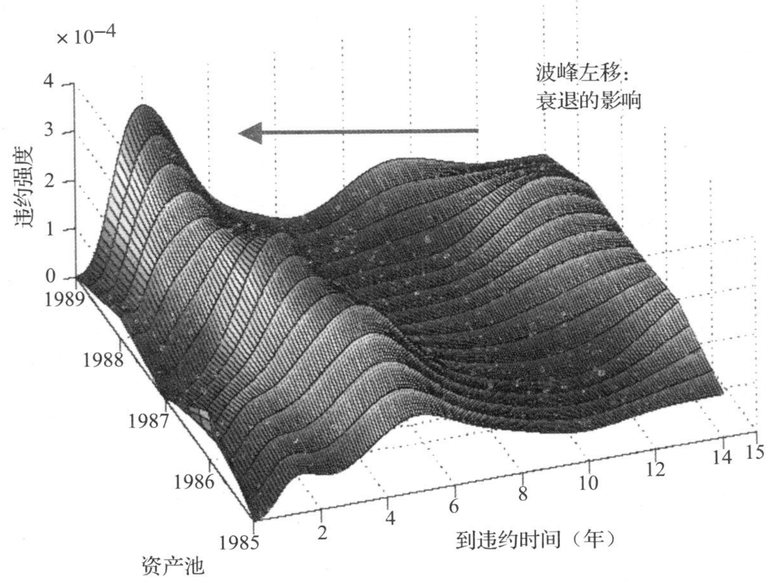


图 4-30　违约概率强度随着时间的变化，基于标准普尔 Credit Pro 6.6 数据库。每季度考虑一个新资产池，对应于每年的跟踪评级（Couderc 和 Renault，2005）

强度模型通常低于因子模型所产生的相关性水平，不仅是根据经验还是根据风险中性测度。Fermanian 和 Sbai（2005）试图调和投资组合损失分布模型

⊖　前者在公司水平上估计违约强度，后者是在评级类别水平上进行估计。

和基于强度的投资组合模型，基于传统因子模型方法。为达到投资组合损失分布的相同水平，他们需要在前面定义的 Cox 模型中增加一个不可观测的随机脆弱项 Z，对所有债务人来说相同。

$$\lambda^i(t)=Z\lambda^0(t)\exp(\beta' X^i(t))$$

这一脆弱项的校准（一般来说是一个伽马分布变量）使得我们得到更多的偏态损失分布，因此能够避免因子模型通常面临的低估问题，因为我们假设一般因素满足的是高斯分布。㊀

Das 等（2006）倾向于对使用脆弱项提供一些理由。他们从不同的角度来看这一问题，并对 2770 家公司的每一家估计了违约强度模型，根据 Duffie 等（2005）详细说明的规范。因为估计的一些协变量对所有债务人来说是一样的，他们最初认为可能可以基于这些因素的实现值的条件投资组合损失分布进行积分。根据他们执行的不同测试，他们发现模型不完全匹配投资组合真实损失分布的尾部。这可能是因为他们的强度模型并没有捕获所有常见的相关宏观因素。他们特别关注一个额外的协变量："工业产值增长率"。也有可能并更重要的是，条件独立性的假设因为危机的传染而并不成立（也就是说，对所有公司来说有一个不可见的共同变量）。正如我们所知，条件独立假设并不能以一种合适的方式来解释危机传染。

## 4.3.3 相关性在 CDO 中的含义

### 4.3.3.1 识别 CDO 层级对经验相关性的敏感性

为了研究 CDO 层级中相关性的影响，我们考虑一个简单的情况，一个充分分散的 100 只 BB（或 BBB）债券的投资组合，名义敞口都是 1 美元。在增长时期我们考虑五年期平均违约率 Q 为 $P_{BB}^{gr}$，在衰退期平均违约率跳升至 $P_{BB}^{re}$。根据相关性，我们设定一个对所有债务人通用的一元模型。基于实证文献，我们考虑投资组合中平均隐含资产相关性 $\rho$ 取值在增长期 $\rho^{gr}$ 上至衰退期的 $\rho^{re}$ 之间。

我们重点来看四种情景：

- 增长情景，违约率和相关性水平分别为 $P_{BB}^{gr}$ 和 $\rho^{gr}$
- 衰退情景，违约率和相关性水平分别为 $P_{BB}^{re}$ 和 $P^{re}$
- 混合情景，违约率等于衰退期 $P_{BB}^{re}$，相关性等于增长期 $\rho^{gr}$
- 平均情景，违约率等于平均期 $P_{BB}^{av}$，相关性等于增长期 $\rho^{av}$

下一步在于定义投资组合在四种不同情况下的损失分布：增长、衰退、混合和平均（即全世界的一个单一的平均状态）。

㊀ 问题在于合理校准弱点项。

在一般因素的实现值 $f$ 的条件下，违约概率可以写成是：

$$P(f)=\Phi\left(\frac{\Phi^{-1}(Q)-\sqrt{\rho}f}{\sqrt{1-\rho}}\right)$$

函数 $\Phi$ 一般为高斯累计分布函数。

投资组合损失分布的计算通过使用 $N$=100 个来自于二项分布的二进制变量（违约或不违约）来获得，基于潜在变量实现值 $f$ 的条件：

$$P(X=D/f)=\text{Bin}_D(f)=\binom{N}{D}P(f)^D(1-P(f))^{N-D}$$

式中，$D$ 表示违约者数量。

为了取得投资组合的无条件损失分布，我们对潜在变量 $f$ 的密度求积分。在这一计算中，我们假设潜在变量的密度法则和违约率是一样的。

$$P[X\leqslant D]=\sum_{d=0}^{D}\int \text{Bin}_d(f)\,\mathrm{d}\phi(f)$$

取决于我们为 $Q$ 和 $\rho$ 输入的值，我们求得前面提到的四个损失分布之一。

从增长情景到混合情景，投资组合损失的增加因此纯粹是由于违约概率的上升。从混合情景再到衰退情景，损失的进一步增加纯粹是由于相关性。

#### 4.3.3.2 识别已评级层级受经济周期的影响

基于之前的文献，我们从 Bangia 等（2002）可以得知，有必要基于一阶马尔可夫转移矩阵来提取累计增长和衰退违约频率（见表 4-12）。

表 4-12 不同经济周期下的违约频率

| 违约频率 | BB | | BBB | |
|---|---|---|---|---|
| | 增长（%） | 衰退（%） | 增长（%） | 衰退（%） |
| 1 年 | 1.026 | 2.35 | 0.289 | 0.44 |
| 2 年 | 2.51 | 5.93 | 0.69 | 1.17 |
| 3 年 | 4.33 | 10.27 | 1.19 | 2.15 |
| 4 年 | 6.37 | 15.01 | 1.78 | 3.79 |
| 5 年 | 8.55 | 19.90 | 2.47 | 4.78 |

基于经验的发现，平均来说，增长时期内基于违约的隐含资产相关性等于 4.15%，而整个时期平均相关性为 7.05%。

基于与资产组合中平均违约率和平均相关性相关的信息，我们可以定义资产池的初始分层。因此我们也能够得到情景损失率（SLR）[㊀]，它基于目标评级，定义了与层级有关的连接点。比如，大家普遍认为，AAA 层级的情景对应

㊀ 参见第 10 章。

DAAA 的违约率，BBB 层级的情景对应 DBBB 的违约率。因此我们考虑经济有三种不同的状态：增长、混合和衰退。我们来看取决于所处状态的资产池的新的损失分布，并且在给定经济状态的情况下，看从最初的 SLR 中能够得到多少违约。

从增长情景到混合情景，投资组合损失的增加因此纯粹是由于违约概率的上升。从混合情景再到衰退情景，损失的进一步增加纯粹是由于相关性。

在第一阶段，我们考虑一个权重相等的 BBB 基础资产池。增长和衰退的情况下，投资组合的损失分布受违约率及相关性变化的影响。根据前面描述的方法，我们可以知道，对于每个已评级层级来说一元（违约率）和多元（相关性）变化的相关影响。在图 4-31 中，我们看到层级的优先性越高，相关性就越重要。

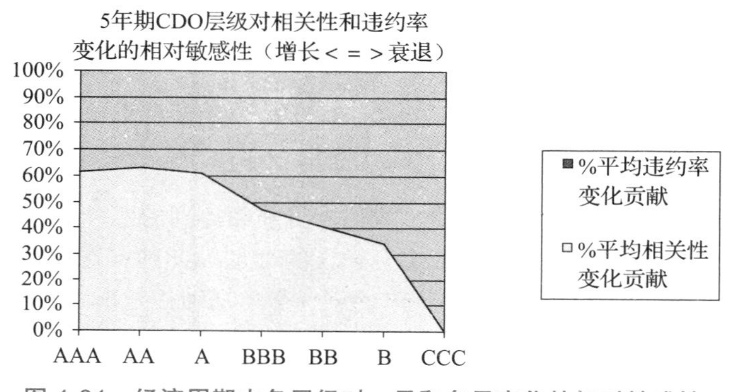


图 4-31 经济周期中各层级对一元和多元变化的相对敏感性

在第二阶段，我们使用前面的方法。实际来看，我们考虑两个基础证券分别为 BB 和 BBB 债券的投资组合。我们分析一下在该评级被评级之后，经历了一年到五年的衰退或增长期后，结构化层级受到的影响。我们可以在图 4-32 观察到，基础池的质量在第一年衰退期的影响出现了显著不同：基础池的质量越低，其对于周期就越敏感。当衰退时期持续一年以上，基础池的质量似乎就显得并不那么重要了。

### 4.3.3.3 识别在评级和价格之间进行 CDO 套利的原因

在本节中，我们在简单设定下探讨在风险中性定价和层级评级之间进行套利的影响。我们考虑一个 5 年期 CDO 中的权重相等的 100 只 BBB 债券的基础资产组合。

从外行人的角度看，市场价格包含了风险回避性和纯利差风险，这两者评级模型并未考虑。结果市场报价通常会比基于纯评级的价格要高。接下来，为了匹配各层级的实证违约率，我们来“设计”一下实证设定中的风险中性因素，并分析测度的变化所带来的层级增信水平变化。接下来我们研究层级增信水平的这一变化是否仅来自于多因素或者单因素的调整。

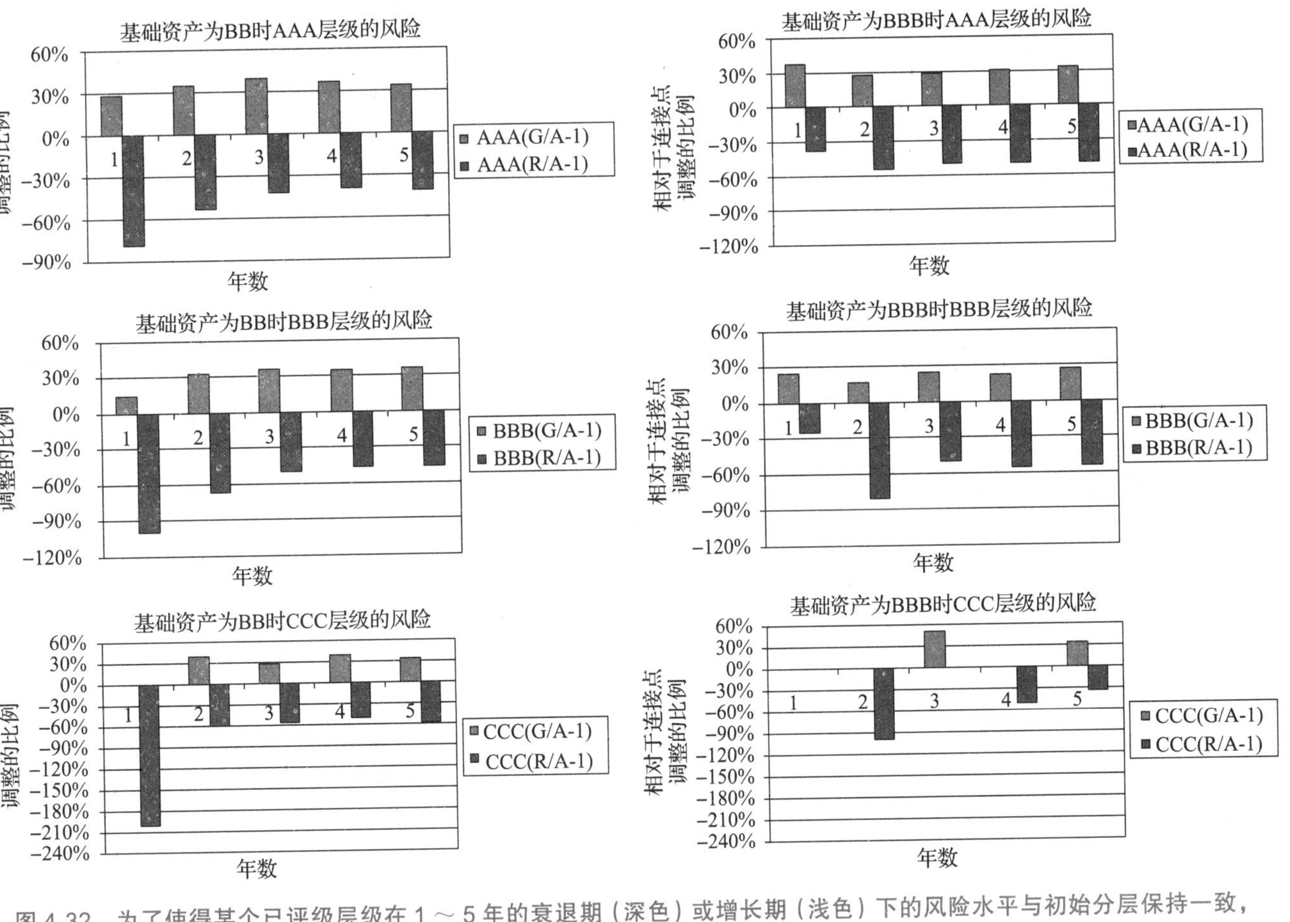


图 4-32 为了使得某个已评级层级在 1 ～ 5 年的衰退期（深色）或增长期（浅色）下的风险水平与初始分层保持一致，相对于情景损失率的初始水平，额外增信水平理论上需要增加或减少的量，各情景的比较

我们使用的模型前面已有所描述。此外，我们考虑一个 14% 的扁平的复合相关性，对应于 2006 年 2 月 28 日 iTraxx 的平均水平。我们假设回收率为 50%，这一天 BBB 债券的平均利差是 67 个基点。

我们考虑三种情景：

- 在实证情景中，违约率和相关性水平是历史数据。
- 在风险中性情景中，违约率和相关性水平是市场数据。
- 在混合情景中，违约率是风险中性的，而相关性是实证性的。

从实证情景到混合情景，投资组合损失的增加单纯地来源于违约概率测度的变化。从混合情景到风险中性情景，损失的进一步增加，只是因为相关性测度的变化。

从图 4-33 中可以看到，对于投资级层级，相关性从平均 7% 变为平均 14% 的水平，解释了大多数套利。相反，在此投资级层级的情况下，在一个名义水平上，从经验测度到风险中性测度，解释了大多数套利。

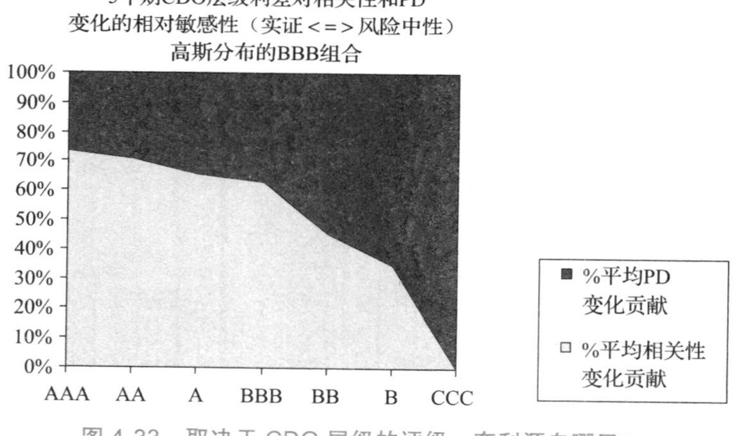


图 4-33 取决于 CDO 层级的评级，套利源自哪里？

当我们对基础资产为次投资级的资产池做一个类似的处理，我们观察到单因素风险的贡献关于相关性的变化在增加（从实证到风险中性测度）。

当然，使用这些结果需要有心理准备，因为它们并没有考虑到从市场观测到的相关性斜线。

## 4.4 结论

相依性是一个庞大而复杂的主题。这一章的页数就反映出已取得的这么多进展，但仍然存在许多问题有待解决。需要研究的一个重要领域无疑在于联动性的动态层面。在这方面连接函数显示出一些局限性。

## 参考文献


Bahar, R., and K. Nagpal (2001), "Measuring default correlation," *Risk*, March, 129–132.

Bangia, A., F. X. Diebold, A. Kronimus, C. Schagen, and T. Schuermann (2002), "Ratings migration and the business cycle, with application to credit portfolio stress testing," *Journal of Banking and Finance*, Elsevier, 26(2–3), 445–474, March.

Bouyé, E., V. Durrelman, A. Nikeghbali, G. Riboulet, and T. Roncalli (2000), "Copulas for finance: A reading guide and some applications," working paper, Credit Lyonnais.

Chen, X., and y. Fan (2006), "A model selection test for bivariate failure-time data," working paper NYU.

Chen, X., Y. Fan, and A. Patton (2004), "Simple tests for models of dependence between multiple financial time series, with applications to U.S. equity returns and exchange rates," working paper, LSE.

Collin-Dufresne, P., R. S. Goldstein, and S. J. Martin (2001), "The Determinants of Credit Spreads," *The Journal of Finance*, LVI (6), December.

Couderc, F., and O. Renault (2005), "Times to default: life cycle, global and industry cycle impacts," working paper, Fame.

Cox, D. R. (1972), "Regression models and life tables (with discussion)," *J. Roy. Statist. Soc B.*, 34, 187–220.

Cox, D. R. (1975), "Partial likelihood." *Biometrika*, 62, 269–276.

Das, S., D. Duffie, N. Kapadia, and L. Saita, (2006), "Common failings: How corporate defaults are correlated," Graduate School of Business, Stanford University, forthcoming in *The Journal of Finance*.

Das, S., L. Freed, G. Geng, and N. Kapadia (2002), "Correlated default risk," working paper, Santa Clara University.

Das, S., and G. Geng (2002), "Measuring the processes of correlated default," working paper, Santa Clara University.

Davis, M., and V. Lo (1999a), "Infectious defaults," working paper, Tokyo-Mitsubishi Bank.

Davis, M., and V. Lo (1999b), "Modelling default correlation in bond portfolios," working paper, Tokyo-Mitsubishi Bank.

Davis, M., and V. Lo (2000), "Infectious default," working paper, Imperial College.

de Servigny, A., R. Garcia-Moral, N. Jobst, and A. Van Lanschoot (2005), *Internal Document*. Standard & Poor's.

de Servigny, A., and N. Jobst (2005), "An empirical analysis of equity default swaps I: univariate insights," *Risk*, December, 84–89.

de Servigny, A., and O. Renault (2002), "Default correlations: empirical evidence," working paper, Standard & Poor's.

Deheuvels, P. (1979), "La fonction de dependance empirique et ses proprietes." *Acad. Roy. Belg., Bull.C1 Sci. 5ieme ser.*, 65, 274–292.

Deheuvels, P. (1981), "A nonparametric test for independence." *Pub. Inst. Stat. Univ. Paris.*, 26 (2), 29–50.

Demey, P., J.-F. Jouanin, and C. Roget (2004), "Maximum likelihood estimate of default correlations." *Risk*, November, 104–108.

Doukhan, P., J-D. Fermanian, and G. Lang (2005), "Copulas of a vector-valued stationary weakly dependent process," *Stat. Inf. Stoc. Pro.*

Driessen, J. (2002), "Is default event risk priced in corporate bonds?" working paper, University of Amsterdam.

Duffee, G. (1999), "Estimating the price of default risk," *Review of Financial Studies*, 12, 197–226.

Duffie, D. (1998), *Defaultable Term Structure Models with Fractional Recovery of Par*, Graduate School of Business, Stanford University,

Duffie, D., A. Berndt, R. Douglas, M. Ferguson, and D, Schranz (2005), "Measuring default-risk premia from default swap rates and EDFs," working paper, Graduate School of Business, Stanford University,

Duffie, D., and R. Kan (1996), "A yield-factor model of interest rates," *Mathematical Finance*, 6, 379–406.

Duffie, D., L. Saita, and K. Wang (2005), "Multi-period corporate default prediction with stochastic covariates" working paper.

Duffie, D., and K. Singleton (1999), "Modeling Term Structures of Defaultable Bonds" (with Ken Singleton), *Review of Financial Studies*, 12, 687–720.

Durrleman, V., A. Nikeghbali, and T. Roncalli (2000), "Which copula is the right one?" working paper, GRO Credit Lyonnais.

Elouerkhaoui, Y. (2003a), "Credit risk: correlation with a difference", working paper, UBS Warburg.

Elouerkhaoui, Y. (2003b), "Credit derivatives: basket asymptotics," working paper, UBS Warburg.

Elton, E., M. Gruber, D. Agrawal, and C. Mann (2001), "Explaining the rate spread on corporate bonds," *Journal of Finance*, 56, 247–277.

Embrecht, P., A. McNeil, and D. Strautmann (1999a), "Correlation and dependency in risk management: Properties and pitfalls," working paper, University of Zurich.

Embrecht, P., A. McNeil, and D. Strautmann (1999b), "Correlations: Pitfalls and alternatives," working paper, ETH Zurich.

Falkenstein, E. (2000), "RiskCalc™ for private companies: Moody's default model," Report, Moody's Investors Service.

Fermanian, J. D. (2005), "Goodness of fit tests for copulas," *Journal of Multivariate Analysis*, 95, 119–152.

Fermanian, J. D., D. Radulovic, and M. Wegkamp (2004), "*Weak convergence of empirical copula processes*," *Bernoulli*, 10(5), 847–860.

Fermanian, J-D., and M. Sbai (2005), "A comparative analysis of dependence levels in intensity-based and Merton-style credit risk models," working paper available on www.defaultrisk.com.

Fermanian, J. D., and O. Scaillet (2004), "Some statistical pitfalls in copula modeling for financial applications," FAME Research Paper Series rp108, International Center for Financial Asset Management and Engineering.

Frey, R., A. J. McNeil, and M. Nyfeler (2001), "Copulas and credit models," *Risk*, 14(10), 111–114.

Genest, C., and L-P. Rivest (1993), "Statistical inference procedures for bivariate Archimedean copulas," *J. Amer. Statist. Assoc.*, 88, 1034–1043.

Giesecke, K. (2003), "A simple exponential model for dependent defaults," *Journal of Fixed Income*, December, 74–83.

Gordy, M., and E. Heitfield (2002), "Estimating default correlations from short panels of credit rating performance data," working paper, Federal Reserve Board.

Harrison (1985), *Brownian Motion and Stochastic Flow Systems*, Wiley, New York.

Huang, J.Z., and M. Huang (2003), "How much of corporate-treasury yield spread is due to credit risk?: A new calibration approach," working paper.

Hull, J., and A. White (2004), "Valuation of a CDO and an nth to default CDS without Monte Carlo simulation," *Journal of Derivatives*, 2, 8–23.

Hull, J., and A. White (2005), "The perfect copula," working paper, J. L. Rotman School of Management, University of Toronto.

Jafry, Y., and T. Schuermann (2003), "Measurement and estimation of credit migration matrices," working paper, Federal Reserve Board of New York.

Jarrow, R., D. Lando and F. Yu (2001), "Default risk and diversification: Theory and applications," working paper, UC Irvine.

Jarrow, R., and F. Yu (2001), "Counterparty risk and the pricing of defaultable securities," *Journal of Finance*, 56, 1765–1800.

Jobst, N., and A. de Servigny (2006), "An empirical analysis of equity default swaps II: multivariate insights," *Risk*, January, 97–103.

Jobst, N., and K. Gilkes (2003), "Investigation transtition matrices: empirical insights and methodologies," working paper, Standard & Poor's, Structured Finance Europe.

Joe, H. and J. J. Xu (1996), "The estimation method of inference functions for margins for multivariate models," working paper, Department of Statistics, University of British Columbia.

Koopman, Siem Jan, and André Lucas (2005), "Business and default cycles for credit risk," *Journal of Applied Econometrics*, 20, 311–323.

Lando, D., and T. Skodeberg (2002), "Analysing rating transitions and rating drift with continuous observations," *Journal of Banking and Finance*, 26, 423–444.

Li, D. (2000), "On default correlation: a copula function approach," *Journal of Fixed Income*, 9, 43–54.

Longin, F., and B. Solnik (2001), Extreme correlation of international equity markets," *Journal of Finance*, 56, 649–676

Lucas, D. (1995), "Default correlation and credit analysis," *Journal of Fixed Income*, March, 76–87.

Mandelbrot, B. (1963), "The variation of certain speculative prices," *Journal of Business*, 36, 394–419.

Marshall, A., and I. Olkin (1988), "Families of multivariate distributions," *Journal of the American Statistical Association*, 83, 834–841.

McNeil, A. J., and Wendin, J. (2005): "Bayesian inference for generalized linear mixed models of portfolio credit risk," *working paper*, ETH.

Nelsen, R. (1999), *An Introduction to Copulas*, Springer-Verlag.

Scaillet, O. (2000), "Nonparametric estimation of copulas for time series," working paper, Departement des Sciences Economiques, Universite Catholique de Louvain, Belgium.

Scaillet, O., and J.D. Fermanian (2003). "Nonparametric estimation of copulas for times series," *Journal of Risk*, 5, 25–54

Schönbucher, P. (2002), "Taken to the limit: Simple and not-so-simple loan loss distributions," working paper, Bonn University.

Schönbucher, P. J. and D. Schubert (2001), "Copula-dependent default risk in intensity models," working paper, Department of Statistics, Bonn University.

Sklar, A. (1959), "Fonctions de répartition à n dimensions et leurs marges," *Publication de l'Institut Statistique Universitaire de Paris*, 8, 229–231.

Wang, S. (2000), "Aggregation of correlated risk portfolios: models and algorithm," working paper, Casualty Actuarial Society.

Yashin, A. I., and I. A. Iachine (1995), "Genetic analysis of durations: Correlated frailty model applied to survival of danish twins," *Genetic Epidemiology*, 12, 529–538.

Yu, F. (2002), "Modeling expected returns on defaultable bonds," *Journal of Fixed Income*, 12, 69–81.

Yu, F. (2005), "Default correlation in reduced-form models," *Journal of Investment Management*, 3(4), 33–42.

Zhou, C. (2001), "An analysis of default correlation and multiple defaults," *Review of Financial Studies*, 14, 555–576.

# 第5章

# 评级迁移和资产相关性：结构化投资组合相比公司债券投资组合

Astrid Van Landschoot 和 Norbert Jobst

## 5.1 前言

本章[㊀] 探讨了结构化金融（SF）层级和公司债评级迁移表现的不同，并分析两者之间的资产相关关系。虽然SF产品如资产支持证券（ABS）、债务担保证券（CDO）、抵押贷款支持证券（RMBS）等的市场规模在过去的十年中有了迅猛的增长，但是相比企业债券，对于SF产品在发生信用评级迁移尤其是违约时的表现，我们却知之甚少。信用风险组合模型通常依赖于对评级迁移与／或违约率和资产之间相关性的估计。[㊁] 后者显著地影响投资组合损失分布，特别是尾分布。因此，对这些参数估计的准确性是至关重要的。

我们使用标准普尔评级迁移数据进行分析。评级迁移矩阵的估计，使用的是对应于行业标准的队列法（cohort method），以及持续时间齐次法（time-homogeneous duration method）。对于SF层级，我们专注于基于评级与／或抵押品类型的投资组合；而对于公司债，我们专注于基于评级与／或行业分类的投资组合。然后，我们使用两种方法来估计投资组合内部以及之间的资产相关性。第一种方法，使用历史迁移数据从联合违约率来推导隐含的资产相关性［见Bahar和Nagpal（2001）和de Servigny和Renault（2002）］。第二种方法使用一个两因素信用风险模型，采用最大似然方法来估计资产相关性，类似于Gordy和Heitfield（2002）和Demey等（2004）。

---

㊀ 我们感谢Arnoud de Servigny、Kai Gilkes和André Lucas，他们的评论和建议很有用。

㊁ 损失分布也需要回收率的信息。然而，回收率信息并非本章重点所在。

## 5.2 数据描述

我们使用 SF 层级和公司债券的标准普尔评级表现数据，使用公司债券的标准普尔 Credit Pro 数据集。数据样本涵盖的时间范围为 1989 年 12 月到 2005 年 12 月。鉴于 SF 市场成熟度比公司债市场小很多，利用这段时间的原因仅仅是数据的可获得性。SF（公司债券）数据集包括了 26 256 个交易（对应 11 436 个发行人）中的 71 646 个层级，这些交易在样本期至少有一个长期标准普尔评级。这两个数据集既包含了美元标价资产，又包含了非美元标价资产，但仅涉及有长期标准普尔评级的资产。对于 SF 层级，同一交易中评级相同的一组债务，我们将其合并为一个层级。[⊖]

如表 5-1A 栏与 B 栏所示，大多数 SF 层级（83%）和企业债（69%）是在北美发行的，特别是在美国。对公司债来说，金融行业的区域分布相比其他行业略有不同。一般来说，33% 的金融公司在欧洲都设有总部，这比全部公司整体平均水平的 14% 高出很多。对于 SF 层级而言，CDO 的区域分布与 CMBS、RMBS 和 ABS 有点不同。CDO 有很大比例（39%）是在欧洲发行的。对不同类型的 CDO 进行区分，即现金流（CF）或合成 CDO，表明了大多数美国 CDO 是现金流 CDO，而大多数的欧洲 CDO 是合成 CDO（见图 5-1b）。图 5-1a 展示了 ABS 的最常见的类型，如汽车贷款或租赁（18%）、信用卡（20%），合成 ABS（15%）、学生贷款（10%）、设备（6%）和预制房屋（MH）（5%）。即使 MH 板块相比其他板块较小，它也能显著地影响我们将讨论的结果。

表 5-1 SF 层级和公司债券的地域分布

| | 合计 | 美国 / 加拿大 (%) | 欧洲 (%) | 亚洲 / 日本 (%) | 澳大利亚 / 新西兰 (%) | 拉丁美洲 / 非洲 (%) |
|---|---|---|---|---|---|---|
| A 栏：SF 层级 | | | | | | |
| ABS | 12 856 | 79 | 12 | 5 | 2 | 2 |
| CDO | 11 134 | 56 | 39 | 3 | 2 | 0 |
| CMBS | 8657 | 84 | 9 | 5 | 2 | 0 |
| RMBS | 38 999 | 92 | 5 | 1 | 2 | 0 |
| 总计 | 71 646 | 83 | 12 | 2 | 2 | 0 |
| B 栏：公司债 | | | | | | |
| 汽车 | 1350 | 71 | 13 | 10 | 2 | 4 |
| 消费 | 1481 | 78 | 9 | 5 | 3 | 5 |
| 能源 | 645 | 77 | 11 | 5 | 2 | 5 |
| 金融 | 2068 | 38 | 33 | 16 | 4 | 10 |
| 住宅 | 465 | 73 | 11 | 5 | 3 | 9 |

⊖ 注意公司债发行人的评级是基于优先级债券评级的。

（续）

| | 合计 | 美国 / 加拿大 (%) | 欧洲 (%) | 亚洲 / 日本 (%) | 澳大利亚 / 新西兰 (%) | 拉丁美洲 / 非洲 (%) |
|---|---|---|---|---|---|---|
| 健康 | 732 | 78 | 13 | 6 | 1 | 3 |
| 高科技 | 462 | 82 | 6 | 10 | 1 | 1 |
| 保险 | 921 | 66 | 17 | 7 | 3 | 6 |
| 娱乐 | 922 | 83 | 9 | 3 | 2 | 3 |
| 地产 | 351 | 70 | 10 | 9 | 8 | 3 |
| 电信 | 553 | 63 | 18 | 7 | 1 | 11 |
| 交通 | 496 | 60 | 17 | 9 | 7 | 7 |
| 公用 | 990 | 62 | 18 | 5 | 6 | 8 |
| 总计 | 11 436 | 69 | 14 | 7 | 3 | 6 |

注：本表给出了 1989 年 12 月到 2005 年 12 月之间至少有一个标准普尔长期评级的 SF 层级和公司债的数量。SF 层级根据担保物类型分类，而公司债根据行业分类。

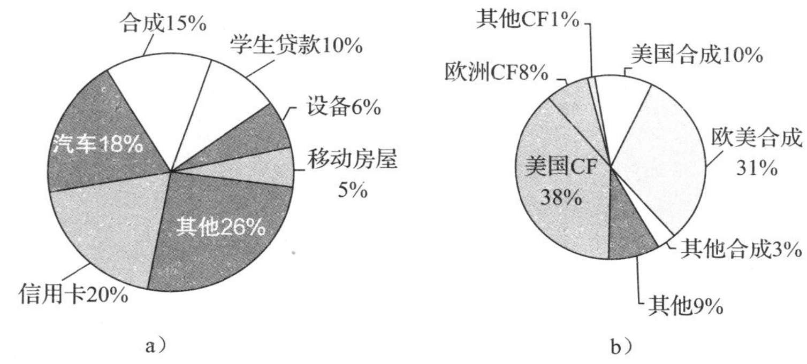


图 5-1　ABS 和 CDO 的不同类型（样本期：1989 年 12 月至 2005 年 12 月）

注：图 a 和图 b 分别给出了不同类型 ABS 和 CDO 的一个综述。百分比分别根据 1998 年 12 月到 2005 年 12 月之间 ABS 和 CDO 的特定二级分类的总观测数量计算出。在图 b 中，CF 代表现金流 CDO，合成代表合成 CDO。

对不同的评级类别做一个区分，我们可以看到，从 1989 年 12 月至 2005 年 12 月，大多数 SF 层级被标准普尔评为高质量，经常是 AAA。在过去的 10 年里，已评级的 SF 层级规模有了快速的增长。为了得到一个增长率指标，我们将样本期分成两个子时期，分别为 1990 ～ 1997 年和 1998 ～ 2005 年（见表 5-2）。从结果可以看出，很明显，1997 年 12 月至 2005 年 12 月之间的观测值数量要显著高于 1989 年 12 月至 1997 年 12 月之间的观测值数量。对公司债来说，从数量上讲，最多的评级类别是 A 和 BBB。同时，从表 5-2 中可以看到，公司债数量的增速相对于 SF 层级小得多。

表 5-2 不同评级 SF 层级和公司债券的平均数量

| | AAA | AA | A | BBB | BB | B | CCC/C |
|---|---|---|---|---|---|---|---|
| SF 层级 | | | | | | | |
| 1990-2005 | 3 241 | 1 509 | 1 283 | 920 | 422 | 300 | 55 |
| 1990-1997 | 1 714 | 984 | 524 | 188 | 76 | 70 | 13 |
| 1998-2005 | 4 986 | 2 109 | 2 151 | 1 756 | 819 | 563 | 102 |
| 公司债券 | | | | | | | |
| 1990-2005 | 156 | 496 | 927 | 808 | 554 | 540 | 70 |
| 1990-1997 | 177 | 476 | 772 | 515 | 351 | 335 | 37 |
| 1998-2005 | 133 | 519 | 1 103 | 1 142 | 786 | 775 | 107 |

注：本表给出了 1989 年 12 月到 2005 年 12 月之间 SF 层级和公司债券不同评级观测数量的平均值。

## 5.3 迁移概率

在这一节，我们集中来看利用队列法和持续时间齐次法来估计迁移概率（更多细节参见本书第 2 章）。使用队列方法，一般一年内评级从 $k$ 迁移到 $l$ 的无条件概率可以用下式表示：

$$\bar{p}_{kl} = \sum_{t=0}^{T-1} w_k(t) \cdot \frac{N_{kl}(t,t+1)}{N_k(t)} \qquad 当\ k,l = 1,\ldots,K$$
$$且\ \sum_{t=0}^{T-1} w_k(t) = 1 \qquad (5\text{-}1)$$

式中，$N_{kl}(t,\ t+1)$ 表示评级从 $t$ 年的 $k$ 级变为 $t+1$ 年的 $l$ 级的数量，$N_k(t)$ 表示 $t$ 年 $k$ 评级的观测数。$T$ 年数的最大值，$w_k(t)$ 代表 $t$ 年 $k$ 评级的权重。对每个评级而言，权重之和为 1。无条件迁移概率$\bar{p}_{kl}$是年度迁移概率的加权平均数，其中权重分别为观测值数量的占比。即

$$w_k(t) = \frac{N_k(t)}{\sum_{t=0}^{T-1} N_k(t)}$$

虽然队列法成为了行业标准，但是它忽略了一些有潜在价值的信息，比如在一年内发生迁移的时间，再比如到当年年底成为给定评级的这一期间内评级发生变化的次数。此外，队列法还受观测时间的影响（参见 Lando 和 Skodeberg（2002），Schuermann 和 Jafry（2003））。将这些问题考虑在内的另一种替代方法，是持续齐次时间法，以下简称为持续法。持续法假设迁移概率遵循一个马尔可夫过程。根据齐次时间假设，迁移概率可以通过连续时间生成元（generator）或者迁移强度矩阵 $\Lambda$ 来描述。

$$\boldsymbol{P}(m) = \exp(\Lambda m) \qquad 且\ m \geqslant 0$$

式中，$\boldsymbol{P}(m)$ 表示概率矩阵，$\Lambda$ 表生成器，$m$ 表示期限（单位年），以及

$$\lambda_{kl} = \frac{N_{kl}(T)}{\int_0^T Y_k(s)ds} \quad 当\ k \neq l$$

式中，$N_{kl}$ 表示在 $[0, T]$ 区间内从评级 $k$ 迁移到评级 $l$ 的数量，$Y_k$ 表示待在评级 $k$ 的“不变年”。$\Lambda$ 被称作一个生成元矩阵，如果对 $k \neq l$ 且 $\lambda_{kk}=-\Sigma_{k\neq l}\lambda_{kl}$ 有 $\lambda_{kl} \geqslant 0$。在齐次马尔可夫链的情况下，假设强度是一个常数。分母为每个层级待在评级 $k$ 的“不变年”数目之和。

表 5-3 给出了所有 SF 层级和公司债的转换矩阵，表 5-4 给出了 ABS、CDO、CMBS 和 RMBS 的转换矩阵[㊀]。迁移概率用队列法来估计，为从 1989 年 12 月到 2005 年 12 月年度概率的加权平均值。CC、C 和 D 的评级都归成 D 级，这样更方便。迁移概率也对迁移至 NR 的情况进行了调整。[㊁]

表 5-3 利用队列法得出的 SF 层级和公司债券的迁移矩阵（已调整 NR）

| | AAA | AA | A | BBB | BB | B | CCC | D |
|---|---|---|---|---|---|---|---|---|
| A 栏：SF 层级 | | | | | | | | |
| AAA | 99.2 | 0.65 | 0.11 | 0.06 | 0.01 | 0.01 | 0.01 | 0.005 |
| AA | 6.84 | 91.0 | 1.62 | 0.34 | 0.10 | 0.07 | 0.02 | 0.003 |
| A | 1.85 | 4.68 | 90.3 | 2.46 | 0.35 | 0.16 | 0.13 | 0.09 |
| BBB | 0.72 | 1.97 | 3.65 | 90.0 | 1.81 | 1.08 | 0.50 | 0.27 |
| BB | 0.17 | 0.27 | 1.73 | 5.13 | 87.4 | 2.56 | 1.67 | 1.09 |
| B | 0.05 | 0.09 | 0.11 | 1.13 | 4.05 | 87.3 | 4.00 | 3.24 |
| CCC | 0 | 0.10 | 0.20 | 0.10 | 0.51 | 2.95 | 64.8 | 31.4 |
| B 栏：公司债券 | | | | | | | | |
| AAA | 92.3 | 7.23 | 0.43 | 0.09 | 0 | 0 | 0 | 0 |
| AA | 0.43 | 90.7 | 8.36 | 0.43 | 0.01 | 0.05 | 0.01 | 0.01 |
| A | 0.04 | 1.68 | 92.2 | 5.65 | 0.27 | 0.07 | 0.01 | 0.08 |
| BBB | 0.01 | 0.14 | 3.50 | 91.2 | 4.09 | 0.60 | 0.14 | 0.35 |
| BB | 0.05 | 0.03 | 0.17 | 5.40 | 84.6 | 7.50 | 0.87 | 1.41 |
| B | 0 | 0.05 | 0.16 | 0.35 | 6.45 | 81.6 | 4.37 | 7.02 |
| CCC | 0 | 0 | 0.11 | 0.33 | 1.32 | 13.8 | 51.2 | 33.1 |

注：迁移概率是 1989 年 12 月到 2005 年 12 月这一时期的加权平均概率。权重为 $t$ 时刻某特定评级类别中的观测值数量除以样本期内该评级类别观测值的总数量。概率以百分比形式表示。评级类别 CC、C 和 D 统一放在一个评级类别 D 中。

---

㊀ ABS、CDO、CMBS 和 RMBS 的转换矩阵与 Erturk 和 Gillis（2006）给出的转换矩阵一致。注意后一转换矩阵有处理 NR 的另一种方法，它可能会导致稍微不同的结果。

㊁ NR 表示未评级。评级概率根据以下情况进行调整：

- 将迁移到 NR 的情况从样本中剔除，除非在它之后是一个（未违约）评级迁移。
  ——如果迁移到 NR 之后，在三个月内迁移到 NR 之前的一个评级，就假设迁移到 NR 是由非信用原因引起的，因此可以忽略。
  ——如果迁移到 NR 之后，在三个月后迁移到一个（未违约）评级，或者在三个月内迁移到与 NR 之前的评级不同的另一个评级，迁移到 NR 就会被剔除。然而，之后的迁移又会被再度考虑。
- 如果迁移到 NR 之后是违约，那么迁移到 NR 和迁移到违约都会从样本中剔除。

通过队列法和持续法（未显示）进行估计，使得我们能得出以下主要结论：首先，就一年内维持相同的概率而言，AAA 级的 SF 层级要远远大于 AAA 级的公司债，二者的值分别为 99% 和 92%。见表 5-4，这适用于所有抵押类型，尤其是 CMBS 和 RMBS。注意，AAA 级的 CDO 与其他抵押类型相比，结果会有所不同。AAA 级的 CDO 评级下调的概率远高于 CMBS、RMBS 甚至 ABS。这可能是由于 CDO 评级历史相对较短，并且在我们样本期的结尾评级下调概率更高。此外，合成 CDO 之间投资组合的高度重叠可能会导致下调概率更大（参见 South，2005）。在低于 AAA 评级的情况下，SF 层级和公司债迁移矩阵的对角线差异不大。类似于 Schuermann 和 Jafry（2003），我们估计一个流动性指数（MI）或度量，即迁移矩阵奇异值的平均值。相比公司债，SF 层级维持 AAA 的概率更高，SF 层级的 MI 更低也反映了这一情况，二者的 MI 值分别为 0.17 和 0.12。

**表 5-4 使用队列法求出的结构化产品迁移矩阵（NR 已调整）**

| | AAA | AA | A | BBB | BB | B | CCC | D |
|---|---|---|---|---|---|---|---|---|
| A 栏：纯 ABS | | | | | | | | |
| AAA | 98.6 | 1.08 | 0.21 | 0.08 | 0.01 | 0.01 | 0.01 | 0.02 |
| AA | 1.94 | 93.29 | 3.18 | 1.00 | 0.38 | 0.19 | 0 | 0.02 |
| A | 1.09 | 1.58 | 91.5 | 4.71 | 0.41 | 0.31 | 0.15 | 0.23 |
| BBB | 1.56 | 0.66 | 1.64 | 88.2 | 3.65 | 2.45 | 1.07 | 0.77 |
| BB | 0.29 | 0.38 | 2.58 | 2.96 | 74.8 | 9.16 | 6.20 | 3.63 |
| B | 0.23 | 0 | 0 | 0.23 | 3.42 | 59.7 | 18.0 | 18.5 |
| CCC | 0 | 0 | 0 | 0 | 0 | 4.41 | 61.0 | 34.6 |
| B 栏：CDO | | | | | | | | |
| AAA | 97.6 | 1.69 | 0.38 | 0.28 | 0.03 | 0.03 | 0.03 | 0 |
| AA | 2.72 | 92.5 | 3.12 | 1.19 | 0.37 | 0.09 | 0.06 | 0 |
| A | 0.56 | 2.92 | 91.2 | 3.28 | 1.29 | 0.43 | 0.27 | 0.07 |
| BBB | 0.27 | 0.43 | 1.93 | 91.6 | 3.19 | 1.36 | 1.16 | 0.07 |
| BB | 0 | 0 | 0.06 | 1.68 | 90.4 | 3.07 | 3.59 | 1.22 |
| B | 0 | 0 | 0 | 1.11 | 2.77 | 79.8 | 10.6 | 5.82 |
| CCC | 0 | 0 | 0.41 | 0 | 0.41 | 2.48 | 73.6 | 23.1 |
| C 栏：CMBS | | | | | | | | |
| AAA | 99.6 | 0.33 | 0.03 | 0 | 0 | 0 | 0 | 0 |
| AA | 11.1 | 87.8 | 0.75 | 0.29 | 0 | 0.07 | 0 | 0 |
| A | 3.07 | 6.52 | 88.0 | 2.13 | 0.19 | 0.04 | 0.04 | 0.02 |
| BBB | 0.86 | 2.65 | 5.40 | 88.3 | 1.99 | 0.58 | 0.08 | 0.16 |
| BB | 0.25 | 0.22 | 0.57 | 4.77 | 90.4 | 2.51 | 0.60 | 0.72 |
| B | 0.04 | 0 | 0.04 | 0.30 | 3.16 | 90.8 | 3.75 | 1.94 |
| CCC | 0 | 0 | 0.40 | 0.40 | 1.61 | 4.42 | 75.9 | 17.3 |
| D 栏：RMBS | | | | | | | | |
| AAA | 99.8 | 0.18 | 0.01 | 0.01 | 0 | 0 | 0 | 0 |
| AA | 7.81 | 90.9 | 1.18 | 0.06 | 0.02 | 0.037 | 0.03 | 0 |
| A | 2.32 | 6.88 | 89.9 | 0.61 | 0.13 | 0.031 | 0.12 | 0.01 |

（续）

| | AAA | AA | A | BBB | BB | B | CCC | D |
|---|---|---|---|---|---|---|---|---|
| BBB | 0.38 | 2.69 | 4.29 | 91.1 | 0.52 | 0.587 | 0.25 | 0.15 |
| BB | 0.15 | 0.38 | 2.94 | 7.10 | 87.1 | 0.95 | 0.69 | 0.71 |
| B | 0.05 | 0.17 | 0.17 | 1.69 | 4.74 | 88.9 | 2.12 | 2.17 |
| CCC | 0 | 0.457 | 0 | 0 | 0 | 0 | 47.0 | 52.5 |

注：迁移概率是 1989 年 12 月到 2005 年 12 月这一时期的加权平均概率。权重为 $t$ 时刻某特定评级类别中的观测值数量除以样本期内该评级类别观测值的总数量。概率以百分比形式表示。评级类别 CC、C 和 D 统一放在一个评级类别 D 中。

其次，就非对角的降级概率而言，公司债也大大高于 SF 层级。这适用于除了 B 和 CCC 之外的所有评级类别。再次，就投资级的升级概率而言，尤其是 AA 和 A，SF 层级要显著高于公司债。见表 5-4，这主要针对的是 CMBS 和 RMBS 的结果。在过去的几年中，MBS 市场可能受益于迅猛发展的的抵押贷款环境，比如行业内广泛的快速提前还款、房价的基本一直上涨和低利率。

最后，使用队列法的结果似乎表明，公司债比 SF 层级的违约率较高。然而，使用持续法，二者的差异不太明显，不能得出明确结论。考虑队列法与持续法的区别，我们发现对于高质量评级（AAA 和 AA）资产而言，使用持续法得出的违约率更高，而对于低于 A 评级的资产而言，使用队列法得出的违约率更高。

在图 5-2 中，我们给出了 SF 层级和公司债的评级迁移级差的分布。对于每个产品而言，我们分析了每年年末的评级，并将它与前一年年末的评级进行比较。最大降级的级差为 −19（从 AAA 降到 D）和最大升级级差是 18（从 CCC− 到 AAA）。分布针对迁移到 NR 的情况进行了调整（见 222 页脚注）。从图 5-2 可以得出以下结论：首先，对 SF 层级来说，评级迁移的次数显然主要是升级（64%），而对公司债来说，主要是降级（63%）。㊀

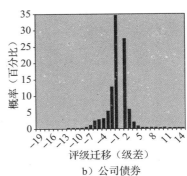

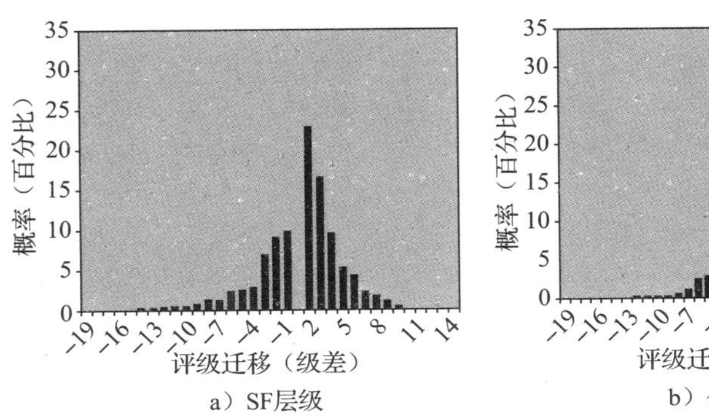


图 5-2　评级迁移的级差

注：本图给出了评级迁移级差的百分比。向下的最大级差是 −19（从 AAA 到 D），最大的向上级差是 18（从 CCC− 到 AAA）。这些分布都根据评级到 NR 进行了调整。

㊀ 当我们集中来看投资级别的评级迁移时（未显示），这一现象甚至更为明显。

鉴于SF的样本显然是由AAA等级构成的，SF层级的升级概率甚至可能是单方面向下的。其次，对公司债来说，一两个级差的评级迁移（上调或下调）占据了所有评级迁移次数的81%。然而对SF层级而言，不超过两个级差的评级迁移次数要低得多，为58%。因此，就评级迁移级差分布而言，公司债集中在中间值附近，而SF层级在中间值分布得更为分散。第三，就最大的等级下调级差而言，SF层级比公司债高，二者的值分别为 −19 和 −16。此外，SF层级超过10级（比如从AAA级降至BB+）的评级迁移概率年平均为1.4%，而公司债为0.6%。

从表5-3和图5-2可以得出一个一般性的结论，即有SF层级的评级迁移次数比公司债少得多，但从迁移的级差上说，SF层级要大得多。

到目前为止，我们主要侧重于11年内的平均概率。下面，我们将简要讨论SF层级和公司债的随时间变化的规律。如图5-3的a和b分图所示，就投资级（IG）和投机级（SG）评级下调的概率而言，SF层级和公司债随时间变化明显。公司债的下调概率在2001年底达到峰值且保持了近一年的较高水平。这个峰值时刻正好是OECD美国领先指标增长率非常低的时刻。对于SF层级而言，达到峰值是在2003年中期，比公司债稍晚。注意，SF层级SG下调的概率在1995年很高。这主要是由于SF层级SG观测值的数量非常小。

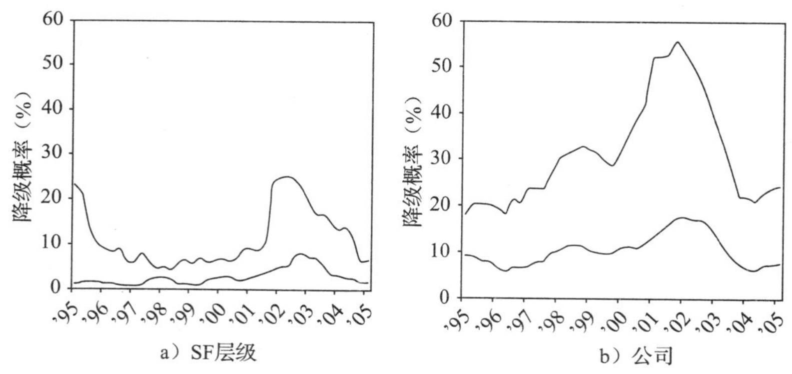


图5-3 投资级和投机级评级的随时间变化降级情况（NR已调整）

注：本图给出了从1995年12月直到2005年12月的投资级和投机级的降级概率（单位为%）。概率是这样计算的，每年年终降级的数量除以前一年年终总观测值数量。概率都根据迁移到NR进行了调整。

## 5.4 资产相关性

信用风险模型的一个重要的输入参数是底层组合中各资产之间的相关性（更多相关细节参见本书第4章）。我们使用非参数和参数的方法，用违约率的时间序列数据，来推导投资组合内部及其之间的（资产）相关性。[㊀] [㊁]非参数方法，之后将被称为联合违约率（JDP）方法，使用历史迁移数据估计 JDP。内部资产相关性通过 JDP 得出（参见，Bahar 和 Nagpal，2001 和 de Servigny 和 Renoult，2002）。参数化方法、资产相关性通过信用风险模型得出。如 Gordy 和 Heitfield（2002）所建议的，类似于 Frey 和 McNeil（2003），Demey 等（2004），（2005），Tasche（2005），Jobst 和 de Servigny（2006）以及其他人，我们使用一个双因素模型。双因素模型假设公司资产价值之间的相关性是由两个系统的风险因素驱动，这两个因素可以是经济因素和行业特别因素。在本章的其余部分，我们将根据行业分类创建资产投资组合，它隐含地假设，行业可以被看成是这样的：如果风险类别的驱动因素类似，则行业的这些风险类别也相同。

## 5.4.1　联合违约率（JDP）方法

基于板块 $i$ 和 $j$ 迁移到违约状态 $D$ 的次数（分别为 $M_D^i$ 和 $M_D^j$）以及板块 $i$ 和 $j$ 内资产的总数（分别为 $N^i$ 和 $N^j$），平均 JDP 可以根据下式来估计：

$$\overline{p}_D^{i,j}=\sum_{t=0}^{T-1} w(t)\left(\frac{M_D^i(t,t+1)\,M_D^j(t,t+1)}{N^i(t)\,N^j(t)}\right) \tag{5-2}$$

式中，$T$ 表示最大年数，$w(t)$ 表示 $t$ 时刻的权重。为分析 SF 市场快速增长的影响，我们估计等权（就是说 $w(t)=1/T$）和规模加权（就是说 $w(t)=\sqrt{N^i(t)N^j(t)}/\sum_{t=0}^{T-1}\sqrt{N^i(t)N^j(t)}$）平均的 JDP。

隐含资产相关性，即典型信用风险模型中需要用来弥补或匹配已观测到的联合违约事件的相关性，根据 JDP 得出。我们从 Merton（1974）提出的结构化信用风险模型开始，假设当公司的资产价值跌到一个门槛 $Z_D$ 以下后发生违约。这一门槛经过校准，以使得违约概率能够对应于观测到的概率

$$p_D^i=\Phi(Z_D^i)$$

式中，$Z_D^i=\Phi^{-1}(p_D^i)$且 $\Phi$ 表示标准高斯累计分布函数（CDF）。

板块 $i$ 和 $j$ 的联合违约概率通过下式给出：

$$\overline{p}_D^{ij}=\Phi_2(Z_D^i,Z_D^j,\rho_{ij}) \tag{5-3}$$

---

㊀ 本章中我们集中来看来源于评级到违约的资产相关性。或者，我们可以使用信用利差数据或者股票数据来取得资产相关性。见 Schönbucher（2003）（297 页）关于三种方法优劣的详细讨论。

㊁ 见 Van Landschoot（2006）关于对来源于评级到违约概率的资产相关性的估计，以及 SF 层级和公司债券评级迁移（含违约）的分析，关于基于模拟分析而对相关性估计置信区间的讨论。

式中，$\Phi^2$ 为二变量高斯累计分布函数 CDF。隐含资产相关性 $\rho_{ij}$ 可以通过对式（5-3）式求解得到。估计 $I$ 板块之间的资产相关性会生成估计量的下列相关性矩阵：

$$\hat{\Sigma}_{\mathrm{JDP}}=\begin{bmatrix}\hat{\rho}_1 & \hat{\rho}_{1,2} & \cdots & \hat{\rho}_{1,I}\\ \hat{\rho}_{2,1} & \hat{\rho}_2 & \cdots & \hat{\rho}_{2,I}\\ \vdots & \vdots & \vdots & \vdots\\ \hat{\rho}_{I,1} & \hat{\rho}_{I,2} & \cdots & \hat{\rho}_I\end{bmatrix} \tag{5-4}$$

其中的元素为内部（板块内）和相互（板块间）资产相关性。接下来，我们仅给出内部资产相关性（对角线）和平均组间资产相关性（非对角线元素平均值）。相关性结构$\hat{\Sigma}_{JDP}$是 $I(I-1)/2$ 对估计量的结果。

## 5.4.2 两因素模型

在两因素模型中，资产价值 $V_i$ 由两个一般的标准正态分布因素 $Y$ 和 $Y_i$，以及一个特殊正态噪声部分 $\varepsilon_n$ 确定

$$V_n^t=\sqrt{\rho}Y+\sqrt{\rho_i-\rho}Y_i+\sqrt{1-\rho_i}\varepsilon_n \qquad \text{当 } n\leqslant N \tag{5-5}$$

$Y$ 可以被看成是一个一般（或总体经济）因素，在同一时间影响所有资产，$Y_i$ 可以被看成是一个板块特有因素。其资产价值具有相关性，相关性系数分别为 $\rho$ 和 $\rho_i$。当资产价值触及门槛时发生违约。这一模型的一个有趣性质在于，多个违约事件在两个一般因素的条件下是独立的。$i$ 板块的条件违约概率可以写成是

$$p_D^i(y,y_i)=\Phi\left(\frac{Z_D^i-\sqrt{\rho}y-\sqrt{\rho_i-\rho}\,y_i}{\sqrt{1-\rho_i}}\right)$$

式中，$Z_D^i=\phi^{-1}(\overline{p}_D^i)$为 $i$ 板块的违约门槛，$\overline{p}_D^i$表示 $i$ 板块平均（无条件）违约概率，$\Phi$ 表示标准高斯 CDF。这一两因素模型隐含了下列相关性结构：

$$\hat{\Sigma}_{\mathrm{MLE}}=\begin{bmatrix}\hat{\rho}_1 & \hat{\rho} & \cdots & \hat{\rho}\\ \hat{\rho} & \hat{\rho}_2 & \cdots & \hat{\rho}\\ \vdots & \vdots & \vdots & \vdots\\ \hat{\rho} & \hat{\rho} & \cdots & \hat{\rho}_I\end{bmatrix}$$

式中，$\hat{\rho}$表示组间资产相关性（或者说 $I$ 板块之间的相关性）且$\hat{\rho}_i$（表示内部资产相关性（或者说第 $i$ 个板块内部的相关性）。这一两因素模型与 JDP 方法有所不同，其相关性结构（$\hat{\Sigma}_{\mathrm{MLE}}$）是一种联合估计的结果。所有板块的违约信息被看成是在同一时间发生的。与 Demey 等（2004）类似，我们应用渐近最大似然估计法估计因子载荷，以及资产相关性。

### 5.4.3 实证结果：SF 层级相比公司债

在本节中，我们根据 SF 的抵押物类型和公司债行业定义了不同的板块，并给出了这些板块的资产相关性估计。我们应用 JDP 和双因素模型方法。对于每个方法，我们都基于权重相等和按规模加权的违约率来估计资产相关性。我们对不同的板块使用从 1994 年 12 月到 2005 年 12 月之间 3 月期违约率的时间序列数据。[㊀] 在本章中，我们不分析国家与 / 或地区差异造成的影响。

在表 5-5 中，我们给出根据历史数据得出的年平均违约率，以及 SF 层级内部以及层级之间资产相关性的估计。如表 5-5 的 A 栏所示，不同抵押类型内部资产相关性估计有很大的不同，从 RMBS 的平均 4% 到 CDO 的平均 17%。为了分析区域差异对估计的影响，我们从样本中剔除了所有非美国的 SF 层级。虽然没有列报，但结果很相似。另外，我们发现 CMBS 和 RMBS 的内部资产相关性估计略低于 ABS，尤其是 CDO。有人认为，内部资产相关性 7% ～ 15% 的平均估计值，相对较低。然而，应该记住 SF 评级历史非常短，仅仅包括一个经济衰退时间。[㊁] 于是，几个（严重）衰退时期对评级迁移和违约行为的影响，从来没有测试过。资产相关性在经济增长时期有可能会有所下降。

表 5-5 SF 层级的资产相关性估计

| | $\overline{P}_k$ | | JDP | | 两因素模型 | |
|---|---|---|---|---|---|---|
| | 规模加权 | 等权 | 规模加权 | 等权 | 规模加权 | 等权 |
| A 栏：SF 层级 | | | | | | |
| 组间相关性（$\rho$） | | | **4.5** | **4.9** | **1.6** | **1.8** |
| 内部相关性（$\rho$i） | | | | | | |
| ABS | 0.74% | 0.57% | 9.1 | 11.6 | 12.4 | 19.7 |
| CDO | 0.19% | 0.19% | 15.0 | 20.2 | 16.9 | 17.6 |
| CMBS | 0.54% | 0.43% | 8.3 | 10.5 | 5.2 | 7.3 |
| RMBS | 0.32% | 0.35% | 5.0 | 5.0 | 3.2 | 3.5 |
| | | | **9.3** | **11.8** | **9.4** | **11.8** |
| B 栏：SF 层级 | | | | | | |
| 组间相关性（$\rho$） | | | **4.7** | **4.7** | **1.5** | **1.7** |
| 内部相关性（$\rho$i） | | | | | | |
| ABS，不含 MH | 0.40% | 0.34% | 10.1 | 12.1 | 12.9 | 13.5 |
| MH | 3.88% | 2.78% | 20.7 | 24.1 | 26.7 | 37.5 |
| CDO | 0.19% | 0.19% | 15.0 | 20.2 | 13.1 | 13.5 |
| CMBS | 0.54% | 0.43% | 8.3 | 10.5 | 6.4 | 6.7 |
| RMBS | 0.32% | 0.35% | 5.0 | 5.0 | 4.4 | 5.2 |
| | | | **7.5** | **9.0** | **12.7** | **15.3** |

注：本表给出了 SF 层级的平均违约概率（$\overline{P}_k$）和资产相关性（$\rho$ 和 $\rho_i$）估计。资产相关性使用两种方法进行估计：①联合违约概率（JDP）方法，以及②两因素模型方法。资产相关性使用渐近最大似然技术（ML）进行估计，"等权"表示权重相等的结果，而"规模加权"表示规模加权的结果，其中在 $t$ 年的权重为 $t$ 年资产的数量除以样本期内资产的总数量（NR 已调整）。

㊀ 资产相关性使用的样本期比迁移矩阵更短的原因在于，在 1994 年 12 月之前缺乏违约观测。

㊁ 根据 NBER 对衰退的定义，我们定义了一个衰退期。

组间资产相关性的估计一直低于5%。然而，使用JDP方法得出的结果明显高于两因素模型。使用JDP方法对组间资产相关性估计进行的一项逐一分析［参见式（5-4）的$\hat{\rho}_{i,i}$］表明，它主要由CDO的组间资产相关性估计驱动。

从样本（未显示）中剔除CDO，会使得平均组间资产相关性估计略低于2%，这一结果与基于双因素模型得到的结果是非常相似的。这表明，ABS、CMBS、RMBS非常不一样，针对某个常见因素变化的反应也很不一样，这一常见因素可以是经济周期。

通过比较等权重和规模加权的结果，ABS和CDO估计最容易受到SF市场快速发展的影响。然而，当我们把ABS板块分成MH和ABS两个单独板块时，如果排除MH，我们发现ABS内部资产相关性的估计，受使用方法的影响将小得多（见表5-5的B栏）。它同时也表明MH板块不同于其他ABS子板块。一般来说，MH板块的行为受具体板块事件影响较大，这将导致内部资产相关性估计值偏高，从这种意义上讲，MH板块的风险似乎更大。MH板块的平均违约率也大大高于其他板块，这主要是由于MH贷款不良率和MH资产池损失水平在过去十年里呈现不断增加的趋势。因此，多数的MH发行人都受到高累计收回率和高损失的影响。

在表5-6中，我们给出了公司债的平均年违约率和资产相关性的估计。与SF层级的结果类似，我们发现不同板块之间其内部资产相关性有着很大的不同。然而，SF层级和公司债平均内部资产相关性的估计在数量级上或多或少相同。这多少有点奇怪，因为两个市场之间有着实质性差异。通过对SF层级和公司债的违约率进行比较我们发现，ABS（不含MH）、CDO、CMBS和RMBS的平均违约率明显低于公司债。

表5-6 公司债的资产相关性估计

| | $\overline{P}_k$ | | JDP | | 两因素模型 | |
|---|---|---|---|---|---|---|
| | 规模加权 | 等权 | 规模加权 | 等权 | 规模加权 | 等权 |
| 内部相关性（$\rho$） | | | **5.9** | **6.3** | **3.2** | **3.2** |
| 组间相关性（$\rho_c$） | | | | | | |
| 汽车 | 3.45% | 3.14% | 9.8 | 10.6 | 8.6 | 8.7 |
| 消费 | 3.35% | 3.34% | 5.1 | 4.9 | 6.7 | 6.8 |
| 能源 | 1.70% | 1.63% | 14.4 | 14.7 | 9.7 | 9.6 |
| 金融 | 0.51% | 0.52% | 18.0 | 17.6 | 10.0 | 9.9 |
| 住宅 | 2.14% | 2.07% | 12.2 | 12.6 | 6.9 | 6.8 |
| 健康 | 2.08% | 2.03% | 9.6 | 9.9 | 7.1 | 7.3 |
| 高科技 | 1.77% | 1.66% | 13.4 | 13.8 | 7.4 | 7.6 |
| 保险 | 0.35% | 0.36% | 14.0 | 14.0 | 10.3 | 9.8 |
| 娱乐 | 3.11% | 2.92% | 9.6 | 10.0 | 9.1 | 8.9 |
| 地产 | 0.14% | 0.13% | 31.0 | 33.0 | 25.9 | 27.7 |

（续）

| | $\overline{P}_k$ | | JDP | | 两因素模型 | |
|---|---|---|---|---|---|---|
| | 规模加权 | 等权 | 规模加权 | 等权 | 规模加权 | 等权 |
| 电信 | 5.87% | 4.79% | 17.0 | 18.7 | 18.4 | 16.7 |
| 交通 | 2.94% | 2.84% | 8.5 | 8.9 | 7.0 | 6.9 |
| 公用 | 0.83% | 0.70% | 21.1 | 22.3 | 10.8 | 10.3 |
| | | | **14.1** | **14.7** | **10.6** | **10.5** |

注：本表给出了公司债券的平均违约概率（$\overline{P}_k$）和资产相关性估计（$\rho$ 和 $\rho_i$）。资产相关性根据两种方法进行估计：①联合违约概率（JDP）方法，以及②两因素模型方法。资产相关性使用渐近最大似然技术（ML）进行估计，“等权”表示权重相等的结果，而“规模加权”表示规模加权的结果，其中在 $t$ 年的权重为 $t$ 年资产的数量除以样本期内资产的总数量（不含 NR）。估计值以百分比形式给出。

然而，要注意这些平均值都基于相同的短时间段（从 1994 年 12 月到 2005 年 12 月）。

公司债券市场比 SF 层级市场成熟得多，使得公司债券规模加权和平均权重估计的结果非常相近。此外，在使用从 1981 年 12 月到 2005 年 12 月的违约率来重新估计公司债的相关性时，我们发现两种方法估计到的平均内部资产相关性均介于 13% ～ 16% 之间。组间资产相关性在 4% 到 6% 之间。这也符合 Jobst 和 de Servigny（2006）的结果。

最后一步，我们将 SF 和公司债的数据合在一起，估计了 13 个不同的公司债行业和 4 个不同的 SF 抵押类型的内部以及组间资产相关性。在使用双因素模型时，我们假设有一个因素确定着 SF 层级和公司债的结果，另一个因素是每个行业 / 抵押类型所特有的。表 5-7 表明，将 SF 数据添加到公司债数据集，会使组间资产相关性降低，而平均内部资产相关性几乎不变。一些变化值得一提。首先，一旦添加了公司债违约信息，ABS 和 RMBS 的内部资产相关性是显著提高。其次，汽车和消费板块的内部资产相关性上升明显，而房地产和电信板块的内部资产相关性下降明显。对于这些差异，一个可能的解释是 SF 层级和公司债是非常不同的，在这种情况下，行业和特定的抵押类型，对公司债板块而言只是部分地体现了公司债的一般风险，对 SF 层级而言也只是部分地体现了 SF 的一般风险。扩展到多因素模型可能是一个解决方案，本章中并未探讨。

表 5-7 SF 资产和公司债券的资产相关性估计

| | $\overline{P}_k$ | | JDP | | 两因素模型 | |
|---|---|---|---|---|---|---|
| | 规模加权 | 等权 | 规模加权 | 等权 | 规模加权 | 等权 |
| 内部相关性（$\rho$） | | | **4.3** | **4.69** | **2.37** | **2.41** |
| 组间相关性（$\rho_c$） | | | | | | |
| 汽车 | 3.45% | 3.14% | 10.8 | 12.1 | 16.6 | 20.0 |
| 消费 | 3.35% | 3.34% | 4.1 | 3.8 | 11.8 | 15.0 |

（续）

| | $\overline{P}_k$ | | JDP | | 两因素模型 | |
|---|---|---|---|---|---|---|
| | 规模加权 | 等权 | 规模加权 | 等权 | 规模加权 | 等权 |
| 能源 | 1.70% | 1.63% | 11.0 | 11.5 | 9.9 | 10.9 |
| 金融 | 0.51% | 0.52% | 9.6 | 9.4 | 5.9 | 7.1 |
| 住宅 | 2.14% | 2.07% | 9.5 | 10.0 | 7.2 | 8.4 |
| 健康 | 2.08% | 2.03% | 8.1 | 8.4 | 7.1 | 6.6 |
| 高科技 | 1.77% | 1.66% | 13.7 | 13.9 | 8.2 | 8.9 |
| 保险 | 0.35% | 0.36% | 10.0 | 9.7 | 8.9 | 9.5 |
| 娱乐 | 3.11% | 2.92% | 8.5 | 8.8 | 6.3 | 6.0 |
| 地产 | 0.14% | 0.13% | 17.8 | 18.6 | 6.0 | 6.8 |
| 电信 | 5.87% | 4.79% | 21.3 | 24.1 | 6.5 | 7.1 |
| 交通 | 2.94% | 2.84% | 6.6 | 7.1 | 9.0 | 9.2 |
| 公用 | 0.83% | 0.70% | 20.4 | 22.1 | 9.8 | 8.6 |
| ABS | 0.74% | 0.57% | 8.5 | 11.5 | 27.1 | 28.7 |
| CDO | 0.19% | 0.19% | 13.4 | 14.8 | 19.2 | 16.1 |
| CMBS | 0.54% | 0.43% | 5.4 | 7.8 | 5.7 | 5.6 |
| RMBS | 0.32% | 0.35% | 1.9 | 1.6 | 8.3 | 9.1 |
| | | | **10.6** | **11.5** | **10.2** | **10.8** |

注：本表给出了 SF 层级和公司债券的平均违约概率（$\overline{P}_k$）和资产相关性估计（$\rho$ 和 $\rho_i$）。资产相关性根据两种方法进行估计：①联合违约概率（JDP）方法，以及②两因素模型方法。资产相关性使用渐近最大似然技术（ML）进行估计，“等权”表示权重相等的结果，而“规模加权”表示规模加权的结果，其中在 $t$ 年的权重为 $t$ 年资产的数量除以样本期内资产的总数量（不含 NR）。估计值以百分比形式给出。

回顾一下不同的公司债券行业类型，见表 5-8。

表 5-8 公司债券的行业简称

| 公司债券行业 | 简称 |
|---|---|
| 航空航天 / 汽车 / 资本货物 / 金属 | 汽车 |
| 消费者 / 服务板块 | 消费 |
| 能源和自然资源 | 能源 |
| 金融机构 | 金融 |
| 森林和建筑产品 / 房屋建筑商 | 住房 |
| 保健 / 化学品 | 健康 |
| 高科技 / 计算机 / 办公设备 | 高科技 |
| 保险 | 保险 |
| 休闲时光 / 传媒 | 娱乐 |
| 房地产 | 地产 |
| 电信业 | 电信 |
| 交通运输业 | 运输 |
| 公用事业 | 公用 |

## 5.5　结论

在这一章，我们研究并比较了 SF 层级和公司债的迁移概率估计及资产相关性估计。我们使用从 1989 年 12 月到 2005 年 12 月的标准普尔评级迁移数据进行分析。评级迁移概率估计使用了行业标准的队列法和持续齐次时间法。SF 层级和公司债务板块内部及相互之间的资产相关性的估计使用了两种方法。第一种方法，即联合违约率的方法，使用历史迁移数据，从联合违约率来推导隐含的资产相关性。第二种方法使用一个双重信用风险模型来估计资产相关性，使用的是渐近式最大似然估计法。通过实证分析可以得出以下主要结论：

- 在过去的十年里，AAA 级的 SF 层级比 AAA 级公司债显示出更高的评级稳定性。
- 对 SF 评级而言，评级迁移次数中，显然主要是升级占大多数（64%），而对公司债来说，降级占大多数（63%）。当我们集中来看投资级评级迁移时，这一现象更加明显。
- 就一两个级差的升降级占总迁移次数的比例而言，公司债（81%）比 SF 层级（58%）高出很多。这意味着评级迁移级差的分布集中在中间值附近，而对于 SF 层级而言，在中间值附近分布得更分散。
- SF 层级相比公司债，评级迁移的级差也更大。SF 层级超过 10 个级别（比如从 AAA 级降至 BB+）的评级迁移年度概率平均为 1.4%，而公司债为 0.6%。
- 即使 SF 和公司债市场差异很大，SF 层级和公司债的组内和组间内部资产相关性的平均值具有可比性。然而单个的内部资产相关性估计的区别却非常大。
- 结果似乎表明，CDO 和预制房屋（MH）投资组合的资产相关性高于其他抵押品类型如 RMBS 和 CMBS。

## 参考文献

Bahar, R., and K. Nagpal (2001), "Measuring default correlation," *Risk*, 14(3), 129–132.

de Servigny, A., and O. Renault (2002), Default correlation: Empirical evidence. Standard & Poor's working paper.

Demey, P., J-F. Jouanin, C. Roget, and T. Roncalli (2004), "Maximum likelihood estimate of default correlations," *Risk*, 104–114.

Erturk, E., and T. G. Gillis (2006), Rating transitions 2005: Global structured securities exhibit solid credit behavior. Standard & Poor's Report.

Frey, R., and A. J. McNeil (2003), "Dependent defaults in models of portfolio credit risk." *Journal of Risk*, 6(1), 59–92.

Gordy, M., and E. Heitfield (2002), Estimating default correlations from short panels of credit rating performance data, Federal Reserve Board of Governers, mimeo.

Jobst, N., and de A. Servigny (2006), "An empirical analysis of equity default swaps: Multivariate insights," *Risk*, 97–103.

Lando, D., and T. M. Skodeberg (2002), "Analyzing rating transitions and rating drift with continuous observations," *Journal of Banking and Finance*, 26, 423–444.

Merton, R. C. (1974), "On the pricing of corporate debt: The risk structure of interest rates," *Journal of Finance*, 29(2), 449–470.

Schönbucher, P. J. (2003), *Credit Derivatives Pricing Models: Models, Pricing and Implementation*. John Wiley & Sons Ltd.

Schuermann, T. and Y. Jafry (2003), Measurement and estimation of credit migration matrices. Wharton Financial Institutions Center.

South, A. (2005), CDO spotlight: Overlap between reference portfolios sets synthetic CDOs apar Standard & Poor's Commentary.

Tasche, D. (2005), "Risk contributions in an asymptotic multi-factor framework," working paper, Deutsche Bundesbank.

Van Landschoot, A. (2006), "Dependent credit migrations: Structured versus corporate portfolios," working paper, Standard & Poor's.

# 第 6 章

# 债务担保证券的定价

Arnaud de Servigny

## 6.1 前言

我们将看到，最近出现了一种非常全面的工具箱，这使我们能够迅速地对标准化的 CDO 层级进行定价。这个市场中的价格，不仅单纯取决于信用和违约风险，也大大地取决于市场风险（利差变化和联动性）。

存在适用于具有流动性的合成 CDO 交易的定价技术工具箱，刚知道的话会多少觉得这件事情具有一定欺骗性。在 2005 年 5 月的危机时期，这些模型并没有成功地提供充分可靠的定价结果，此外相关的对冲策略也没有表现得很强大。我们发现，从连接函数（copula）[⊖] 中提取的相关性理念有一定的局限性，而这些理念通常是这些价格的基础。连接函数主要的挑战，在于构造一个动态的利差联动变化的结构，同时采用一种强大的套期保值策略。

作为一个介绍，上述的混合表述看上去很让人吃惊。在我们看来它只反映了一个事实，那就是逐日结算的结构性信用产品板块只是最近才出现的活动。

到目前为止，已开发的工具都不那么完美，但是它们仍然便利了市场的扩张。在股票和固定收益证券的定价方法中，普遍认为，尽管作为市场标准的 Black 和 Scholes（1973）方法表现相当差，大家仍然使用它作为市场标准。同样，最近我们看到连接函数在快速增长的信用市场中表现得也并不完全准确，但是几乎所有人都为了巩固这一共同语言，而在继续使用这一范式。

---

⊖ 见第 4 章对连接函数的定义。

在这一流动且可交易的市场之外，还同时存在着很重要但流动性较差的定制合成市场。用单层 CDO（STCDO）来描述这些工具比较适当。这一市场的挑战在于对流动性较差的市场采用什么样的定价技术。

接下来，我们首先专注于合成 CDO 市场，而且会特别强调一些与指数相关的“关联性交易”。然后，我们简要讨论一下用于更定制化的合成层级的定价技术。

本章我们将重点关注的第二种工具是现金流 CDO。这一工具不能直接定价，尤其当资产一侧基础资产池中的贷款没有市场价格时。在负债一侧，我们需要意识到现金流的瀑布结构对层级的价值有着一定影响。

## 6.2 CDO 的类型

根据功能进行分类是一种惯例。如果这样的话，通常要把 CDO 分成资产负债表内交易和套利交易两种类型。前一交易类型通常被金融机构用来再平衡其投资组合，而后一交易类型则侧重于证券化池因分散化而产生的超额利差（详见第 10 章）。

在当前分析中，我们侧重于一个不同的角度，即定价技术。因此，我们首要关注的应当是 CDO 工具的构造方式。为了求出 CDO 价格，真正重要的在于担保池的性质及其偿付来源。这里，我们区分一下两个主要类别的 CDO：合成 CDO 和现金流 CDO。

- 合成 CDO：基于信用违约互换（CDS）的投资组合，并成为实际向 SPV 转让资产的一个替代品，见图 6-1。这些结构得益于信用衍生品的进步，并向 SPV 中转移了资产池相关的信用风险，而没有实质地转让资产。[⊖] SPV 通过信用违约互换向银行出售信用保护。

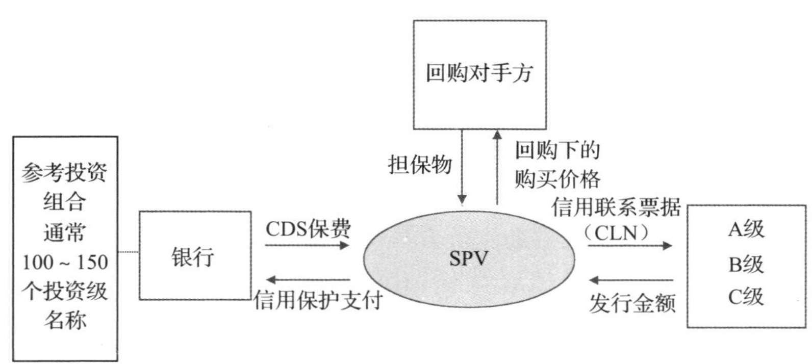


图 6-1　合成 CDO 的结构

⊖ 合成 CDO 通常的期限是 5 年，但是最近也出现期限更长的，比如 7 年和 10 年。

合成的交易可能是全备资（fully funded）的，通过 CLN（credit-linked notes，信用联系票据）的回款；也可能是半备资（partially funded）或未备资（unfunded）的。在部分融资或完全未融资的情况下，交易对手方风险需要进行缓释。

单层 CDO（STCDO）可以单独发行，不需要市场中有完整的 CDO。发行银行然后在账面上以适当形式对这些层级进行对冲。

- 现金流 CDO：一个简单的现金流 CDO 结构如图 6-2 描述。发行人（特殊目的载体）购买一个池子的担保品（债券、贷款等），这个资产池将产生一连串的未来现金流（票息或其他利息支付，以及本金偿付）。现金流 CDO 需要对资产进行实质性转让。[⊖] 这一交易通过发行优先性水平不同的各种票据来获得资金。

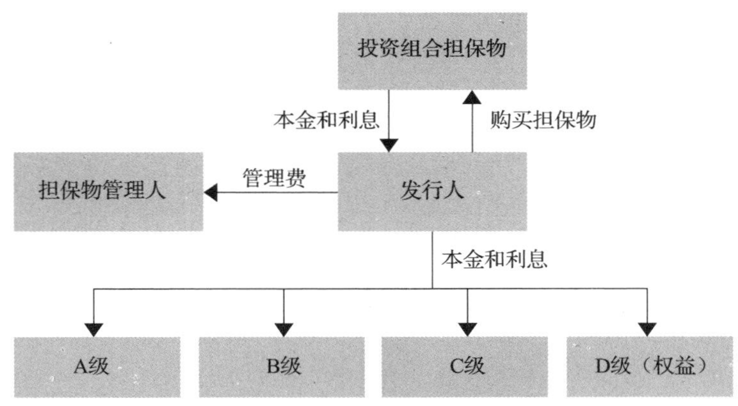


图 6-2　现金流 CDO 的结构

担保物由处理资产池中资产购买和票据赎回的外部方（担保物或资产的管理人）来管理。管理人还负责收集现金流，并把它们通过发行人转移给票据持有者。现金流 CDO 的风险主要来自于资产池的违约数量，债务人违约越多越快，用于支付票据利息和本金的现金流就越少。这些资产所产生的现金流，是按照这样的顺序回报给投资者的，从优先级投资者（A 类）到承担第一损失风险的权益投资者（D 类）。到期证券的票面价值回款被用来偿付 CDO 票据的名义本金。

## 6.3　对合成 CDO 进行定价

在本节中，我们来看未备资 CDO 的交易，并阐明用于这个市场的定价技

⊖ 成立期会相当长，花费很大。另外，贷款条件也多种多样。权利和义务转移的方式缺乏一致性，导致这些交易缺乏标准化的文档。

术。我们不花任何时间来讨论相关的对冲，这一重要主题放在第7章和第8章处理。另外，这个多少不太完整的市场有一个很怪异的地方，那就是某层级的价格，不完全与对冲或复制组合的成本相关。

市场中有很多论文解释了最早建立的定价技术，我们介绍一个很有教学性的 Gibson（2004）论文。

对 CDO 层级定价，意味着能够对保护措施的买家向保护措施的卖家定期付款金额的利差进行确定。对确定某一层级的利差来说，一个中心因子不可或缺，那就是因基础投资组合损失分布而带来的层级预期损失，这在图 6-3 中有所总结。在本节中，我们将按顺序详细描述，为计算一个价格而需要建立的各个构件。

我们来解释怎样求出层级的"预期损失"（expected loss），即不考虑系统性风险的平均损失。有了这一关键输入变量，我们再来看 CDO 层级的适当定价方法。然后，我们更具体地来看基于 CDS 指数层级的可交易市场，也被称为"相关性交易"。最后，我们以一个投资组合损失的更为动态的模型为基础，来看 CDO 层级市场新理论的发展，并介绍这一模型将怎样为 CDO 层级上的高级衍生品铺平道路。

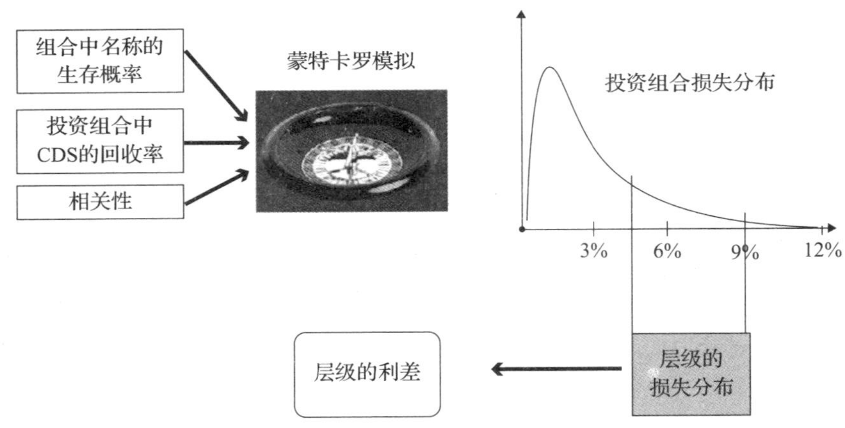


图 6-3 对 CDO 层级定价的主要步骤

### 6.3.1 生成投资组合的损失分布

我们在以前章节已经详细讨论了如何估计一元生存概率（第2章和第3章）、回收率（第3章）和相关性（第4章）。基于这三个成分，我们可以在给定时间线上给出投资组合的损失分布。CDO 组合的损失分布，对于获取层级损失分布以及随后每个层级的预期损失而言，是一个关键的输入变量。

更一般性地，我们想生成的是，在 CDO 到期前任何时间点的投资组合损失分布的连续性。为了达到这一点，Li（2000）和 Gregory 和 Laurent（2003）的成果很有帮助，他们将这一市场方法定位于几个重要理念：违约生存法、联系函数（连接函数）和条件独立性。

基本上，为了从任何时间线上获得投资组合的损失分布，我们需要知道池中每个债务人在相应时间的生存概率（步骤 1），以及这些概率对系统性风险因子的相依性（步骤 2）。在这两个构件的基础上，我们能够识别，投资组合在系统性风险因子条件下的联合生存概率（步骤 3）。结合违约回收情况，并模拟系统性风险因子的行为，我们就能够在不同的层级上提取投资组合损失分布（步骤 4），以及每个层级预期损失的相关期限结构。

步骤 1：我们将 $\tau_1$，…，$\tau_n$ 分别定义为 CDO 投资组合中 $n$ 个债务人的违约时间。

对每个债务人 $i$，定义一个风险中性的生存概率函数 $S(t_i)=Q(\tau_i>t_i)$，从作为信用曲线结果的利差中取得。[㊀] 假设债务人之前没有任何相关性。

步骤 2：不能直接计算出联合概率。我们需要引入一个相依性结构（dependence structure）。这一联合生存概率函数因此能够写成（生存）连接函数的形式

$$S(t_1,...,t_n)=Q(\tau_1>t_1,...,\tau_n>t_n)$$

为避免维度问题，债务人之间的相关性通常通过一个所有债务人共有的潜在因子 $V$ 的向量来刻画。CDO 世界中的通常做法是只考虑一个潜在因子为便于计算，但理论上潜在因子并没有数量限制。

步骤 3：这个步骤包括列出潜在因子条件下的联合生存概率。

我们用下式来表示债务人 $i$ 在 $t$ 时刻 $V$ 因子条件下的生存概率：

$$q_i^V(t)=Q(\tau_i>t\mid V) \tag{6-1}$$

基于条件独立性的性质，我们可以用下式来表示条件联合生存概率：

$$S(t_1,...,t_n\mid V)=\prod_{i=1}^{n}q_i^V(t_i) \tag{6-2}$$

步骤 4：无条件联合生存概率分布就可以通过将条件联合生存概率对一般潜在因子 $V$ 进行积分得到。另外，假设常数的回收率为比如 40%，我们能求出投资组合损失概率。

从这个“单子”中可以很明显地看出，获得投资组合损失分布的关键构件，除了潜在因子 $V$ 的分布之外，还包括每个债务人的条件生存概率（式（6-1））。[㊁]

我们回顾市场中已用到的基于连接函数的不同方法。

㊀ 见第 3 章中不同方法的描述。

㊁ 或者每个债务人的单变量条件风险中性违约概率 $p_i^V(t)=1-q_i^V(t)$。

#### 6.3.1.1 求条件生存概率可以采用的方法

Gregory，Laurent（2003）和 Burtschell 等（2005）给出基于选择不同连接函数计算条件概率的一个可能的方法集。本节中给出的方法，都是基于资产相关性确定这一假设得出的。选择其中任何一种，通常要看它能否很好地通过实证检验。[㊀]

**1. 高斯连接函数** 最初建立的连接函数是单因子高斯连接函数。我们在前面关于相关性的章节中也提到过它。它可以被解释为，$i$ 公司的资产价值是由一个潜在的一般因子和一个独立的特殊因子决定的，两个因子都服从正态分布：

$$A_i = \rho_i V + \sqrt{1-\rho_i^2}\xi_i \tag{6-3}$$

如果我们将累计违约概率定义为$p_i(t)=Q(\tau_i \leqslant t)$，$\rho_i$ 表示对应于资产 $i$ 的因子载荷，$\Phi$ 表示正态累积分布函数（CDF），条件违约概率可以被写成是（Vasicek，1987）：

$$p_i^V(t) = \Phi\left(\frac{\Phi^{-1}(p_i(t)) - \rho_i V}{\sqrt{1-\rho_i^2}}\right) \tag{6-4}$$

**2. 学生 $-t$ 连接函数** 几个学者认为，学生 $-t$ 连接函数是高斯连接函数的一个自然扩展，如 O'Kane，Schloegl（2001）和 Frey，McNeil（2003）。比起高斯连接函数，它对于厚尾特征的效果更好，但它的缺点在于对称性，使得 0 损失的概率太大。

公司 $i$ 的资产价值满足学生 $-t$ 分布，但是是由一个潜在的一般因子和一个独立的特殊因子决定的，两个因子都服从正态分布：

$$A_i = \sqrt{W}(\rho_i V + \sqrt{1-\rho_i^2}\xi_i)$$

式中，$W$ 表示参数为（$\nu/2$）的逆 Gamma 分布，相对于高斯因子独立。

条件违约概率会变为：

$$p_i^{V,W}(t) = \Phi\left(\frac{W^{-1/2}t_\nu^{-1}(p_i(t)) - \rho_i V}{\sqrt{1-\rho_i^2}}\right) \tag{6-5}$$

**3. 双 $t$ 连接函数** Hull 和 White（2004）介绍了这一方法，它被用来部分地弱化损失分布上、下尾的大小和形状。

公司 $i$ 的资产价值并不服从学生 $-t$ 分布，但它是一个潜在的一般因子和一个独立的特别因子的卷积，这两个因子都服从学生 $-t$ 分布，自由度分别为 $v$ 和 $\bar{v}$：

---

㊀ 但是应当注意，我们在前面的关于相关性的章节中已经看到，相关性的一种确定性方法在任何情况下，可能都不会是对现实的一个完全适当的反映。

$$A_i=\left(\frac{\nu-2}{\nu}\right)^{1/2}\rho_i V+\left(\frac{\bar{\nu}-2}{\bar{\nu}}\right)^{1/2}\sqrt{1-\rho_i^2}\xi_i \tag{6-6}$$

在这一情况下，条件违约概率可以表示为：

$$p_i^V(t)=t_{\bar{V}}\left(\sqrt{\frac{\bar{\nu}}{\bar{\nu}-2}}*\frac{H_i^{-1}(p_i(t))-\rho_i\sqrt{\frac{\nu-2}{\nu}}V}{\sqrt{1-\rho_i^2}}\right) \tag{6-7}$$

式中，$H_i(A_i)=p_i(t)$ 对应于 $A_i$ 的分布函数，这一函数应进行数值计算，因为它不是个学生 $-t$ 分布。

**4. 正态逆高斯（NIG）连接函数**　使用 NIG 高斯分布有两个理由：

厚尾：资产回报率实际上存在尾部，比起高斯分布往往表现出更多的不对称性并且厚尾的特征，支持了 NIG 分布的使用。

易处理理由：NIG 分布的卷积也是一个 NIG 分布，这一点便利了层级定价的计算。

在 Kalemanova 等（2005）中，公司 $i$ 的资产价值由一个潜在的一般因子和一个独立的特殊因子确定，二者都服从 NIG 分布：

$$A_i=\rho_i V+\sqrt{1-\rho_i^2}\xi_i$$

若我们将 NIG 的累计分布函数定义为：

$$F_{\mathrm{NIG}(s)}(x)=F_{\mathrm{NIG}}\left(x;s\alpha,s\beta,-s\frac{\alpha\beta}{\sqrt{\alpha^2-\beta^2}},s\alpha\right)$$

式中，$s$，$\alpha$ 和 $\beta$ 为 NIG 的参数。$s$ 与相关性有关，$\alpha$ 和 $\beta$ 与平均数和方差有关。

Kalemanova 等（2005）表示，违约的条件概率可以表示为：

$$p_i^V(t)=F_{\mathrm{NIG}\left(\frac{\sqrt{1-\rho_i^2}}{\rho_i}\right)}\left(\frac{F^{-1}_{\mathrm{NIG}\left(\frac{1}{\rho_i}\right)}(p_i(t))-\rho_i V}{\sqrt{1-\rho_i^2}}\right) \tag{6-8}$$

**5. 阿基米德连接函数**　阿基米德连接函数由 Schönbucher 和 Schubert（2001）在濡染模型（Contagion Model）的背景下特别提出。

在 Clayton 连接函数的情况下，条件违约概率可以表示为：

$$p_i^V(t)=\exp(V(1-p_i(t)^{-\theta})) \tag{6-9}$$

式中，$\theta$ 为连接函数的参数。

**6. Marshall-Olkin 连接函数**　与 Marshall-Olkin 连接函数相关的多元指数利差模型也被称为“泊松冲击”模型。它支持同时违约事件，也支持厚尾特征，因为每个债务人的违约强度被分成一个系统性构件和一个特定化构件。几位学者如 Duffie 和 Singleton（1998），Lindskog 和 McNeil（2003），Elouerkhaoui（2003a，b），以及 Giesecke（2003）建议使用这种方法。实际的校准具有挑战性，因为有许多参数需要校准。图 6-4 显示了这一连接函数建模极大的灵活性。

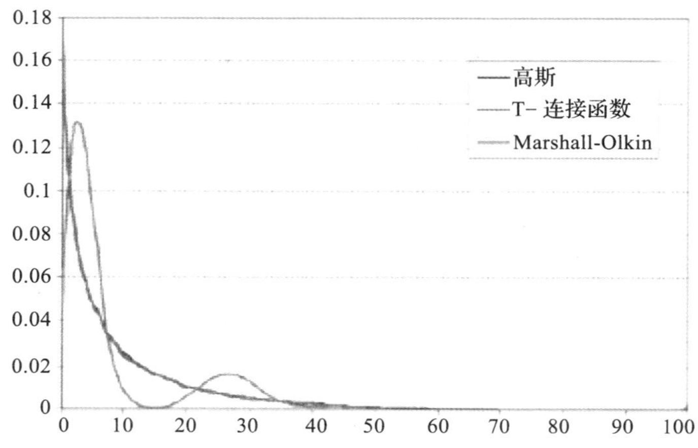


图 6-4 Marshall-Olkin 连接函数的灵活性：一个标准损失分布

资料来源：花旗集团。

为了求得这一方法的因子表达式，我们考虑一个潜在的一般因子 $V$，以及 $n$ 个对应于债务人的随机变量 $\overline{V}_i$，都相互独立且满足指数分布，相关参数为 $\alpha$ 和 $1-\alpha$ 且 $a\in[0, 1]$。[⊖] 对每个债务人 $i$，我们能够定义 $V_i=\min(V, \overline{V}_i)$，以及边际生存函数 $S_i(t)=1-p_i(t)$。

接下来我们能将对应的违约时间表示为：$\tau_i=S_i^{-1}\exp(-V_i)$。

$\tau_i$ 有条件地独立于 $V$，债务人 $i$ 的条件违约概率可以表示为：

$$p_i^V(t)=1-1_{V>-\ln(1-p_i(t))}(1-p_i(t))^{1-\alpha} \tag{6-10}$$

7. 函数性连接函数　函数性连接函数由 Hull 和 White（2005）引入，已经在第 4 章有所描述。

$$p_i^V(t)=-\frac{1}{t}*H_i\left(\frac{\rho_i V-G_i^{-1}(p_i(t))}{\sqrt{1-\rho_i^2}}\right) \tag{6-11}$$

式中，$H_i$ 为特殊因子 $\varepsilon_i$ 的累计概率分布；$G_i$ 为潜在变量 $A_i$ 的累计概率分布。

作者们的想法是想要消除参数解析形式，而从实证 CDO 定价观察值中提取条件风险概率的经验分布。

到目前为止，市场标准仍然是高斯连接函数。然而高斯连接函数的设定在对层级进行定价时，并不被证明是非常有效的。为了说明这个问题，市场参与

⊖ $\alpha$ 应该被看成是描述违约联动性的强度值，$\alpha=1$ 意味着完全同单调性（comonotonicity）。

者指出，实证观测表明市场价格存在很强的相关性。这种强相关性不能以一种简单的方式与高斯连接函数进行匹配。因此，寻找更精确的模型已成为新的前沿。除了前面描述的各种其他连接函数之外，市场从业者也试图找出一些扩展的高斯连接函数，以更好地匹配价格观测值。

#### 6.3.1.2　高斯连接函数的可能扩展：放松固定假设

高斯连接函数在 CDO 市场留下了很深的印迹，因此在对层级进行估值时，最好还保持这个框架。有两个相关的扩展已经被提出。它们包括，对世界中不同国家修改资产价值的相关性结构，[㊀] 以及认为违约损失与一般系统性因子的实现有关。

**1. 随机因子载荷**（random factor loadings）　这个想法在于，它可以将资产价值明显的非高斯行为近似地看成是高斯分布的卷积。

在第 4 章相关性的描述中，我们指出根据实证结果，依赖于经济增长和衰退时期的两状态转移法得到一定证据支持。Anderson 和 Sidenius（2005）用"随机因子载荷"在这个方向做了探讨。在他们最简单的设置中，因子载荷取决于关于障碍的一般因子的实现，这一障碍可以看作是对经济状况的描述。

Burtschell 等（2005）以一种通用方式表述了这一方法，并将其命名为"随机相关"（stochastic correlation）。比如简单的高斯连接函数情况，公司 $i$ 的资产价值仍由一个潜在的一般因子和一个独立的特别因子来决定，两因子都呈正态分布，但也有可能会有两种状态。在这方面看，$B_i$ 是一个满足伯努利分布的权重，其中对应于 $i$ 公司的因子载荷为 $\rho_i$，且权重（$1-B_i$）对应于相关性 $\bar{\rho}_i$。结果，公司的资产价值就可以写成：

$$A_i=(B_i\rho_i+(1-B_i)\bar{\rho}_i)V+\sqrt{1-(B_i\rho_i+(1-B_i)\bar{\rho}_i)^2}\,\xi_i$$

定义概率 $b_i=Q(B_i=1)$，条件违约概率就能够写成：

$$p_i^V(t)=b_i\Phi\left(\frac{\Phi^{-1}(p_i(t))-\rho_iV}{\sqrt{1-\rho_i^2}}\right)+(1-b_i)\,\Phi\left(\frac{\Phi^{-1}(p_i(t)-\bar{\rho}_iV}{\sqrt{1-\bar{\rho}_i^2}}\right)\tag{6-12}$$

**2. 随机回收率**　这里的原则是，不仅要让资产价值依赖于一个一般因子的向量，还要使回收率依赖于相同的因子。

$$R_i=C(\mu_i+b_iV_i+\varepsilon_i)\tag{6-13}$$

式中，$C$ 是一个 [0，1] 上的函数，比如一个 $\beta$ 分布函数。

回收对一般因子的独立性的增加会生成一个厚尾，因此可以在一定程度上解释优先层级的高相关性。然而，Anderson（2005）指出，当实际校准时，回收率的随机性似乎并不足以解释权益层和超优先级的相关性。

---

㊀　当然，有时候也被称作"本地相关性"。

### 6.3.1.3 投资组合同质性假设

在活跃的市场中，交易员需要快速的模型和简单的交流方式。计算和通信的速度往往是以精度为代价的。一个程式化模型会是足够丰富的，并足以对交易进行定价和对冲吗？这个问题是迄今为止行业的一个关键性挑战。

除了单因子连接函数框架的假设之外，我们下面将提到一些其他的简化方法，有时会被市场参与者采用。简化方法可以通过假设 CDO 组合的债务人具有同质性来获得。这引出了两个简化：

- 因子载荷（即一般因子的权重，$\rho_i$）独立于 CDO 组合债务人。这意味着我们能够不考虑依赖于债务人多重因子载荷，只考虑资产池的单因子，$\rho$。
- 债务人可以被认为信用质量和价格很相近的，结果是平均利差或违约概率也应该能够很好地刻画债务人的投资组合。实际上，在之前提到的所有公式中，这种假设意味着 $p_i(t)$ 可以转化为平均 $p(t)$，它独立于任何特定的名称。如图 6-5，在处理流动性指数时，这种信用质量的同质性假设实现起来有一定困难。

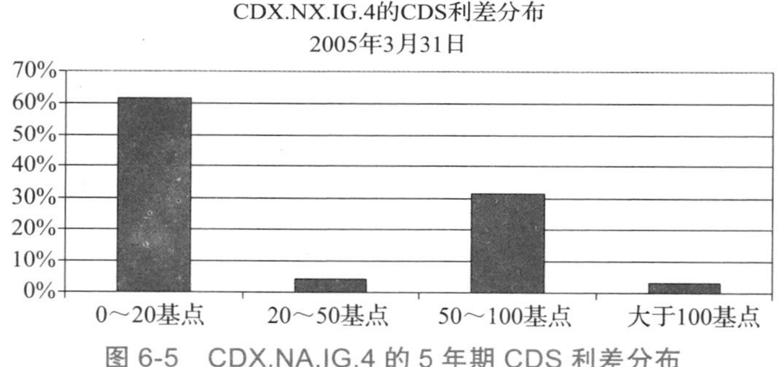


图 6-5 CDX.NA.IG.4 的 5 年期 CDS 利差分布

在这种近似方法下，知道因子载荷（相当于在市场中被定义为隐含相关性的平方根），并且在给定相应平均违约概率时，足以求得资产池的损失分布。

除这些近似方法外，一些银行比如摩根大通已经在某种程度上推进了大资产池近似法，以便于使用 Vasicek（1987，1997）描述的有限封闭式分布。

$$P(L(t)\leqslant \alpha)=\Phi\left(\frac{1}{\rho}(\sqrt{1-\rho^2}\Phi^{-1}(\alpha)-\Phi^{-1}(p(t))\right) \tag{6-14}$$

式中，$\alpha$ 表示给定的损失水平；$L(t)$ 表示无条件投资组合损失；$p(t)$ 表示池中债务人的平均违约概率。

正如摩根大通的 McGinty、Bernstein 等（2004）所提到的：

“我们用来表示层级相关性的这一模型（JPM），被称为同质大资产池高斯连接函数（大池模型，或 HLPGC），这是广泛应用于市场的高斯连接函数的一个简化版本。

"……该模型基于三个主要假设。首先，某个参考实体的违约触发于其资产价值低于某个阈值。其次，投资组合的资产价值由一个一般性的标准正态分布因子 $M$ 来决定，这个 $M$ 通常被称为"市场"，并可以用来表示整个商业周期的状态。最后，投资组合包含相当大数量的标准大小的债权，能够有效地消除单一名称对于层级损失的影响，这也是为什么该投资组合可以被认为是同质的。

"我们认为大池模型最基本的好处在于其透明性和可复制性——我们可以给出该模型的具体实现。该模型也有这样的优势，它几乎不需要其他输入——仅仅需要市场利差的平均水平和平均回收率（我们定义为 40%），而不是投资组合中所有债权的各自利差，这在任何时候对于用户复制都是不大可能的事情。模型当然也有不足，那就是没有正确考虑单一名称的突然性。这体现在两个主要方面：一是该模型不能区分利差扩大到 10 000 个基点的 1 个单一名称，和利差扩大到 100 个基点的 100 个单一名称；二是因违约而造成的信用利差扩大存在不连续性。在这些情况下，该模型不太可能产生与市场观测相一致的价差……"

这样一种近似方法极大地便利了相关性以及最终价格的计算。然而它在应用到一个名称数量少且 / 或信用质量描述不同的投资组合时，也可能非常具有误导性。

这一充分粒状的模型假设特殊风险完全分散，但经验证据表明，信贷资产组合中的完全分散化一般需要最低 400 ～ 500 个债务人。像 CDX、I-Traxx 这样的指数，只包含最多 125 个名称。因此在将大池模型应用于基于指数相关性交易时，风险会相当大。

2005 年 5 月前，Finger（2005）报称摩根大通模型对投资级指数层级的定价有很好的表现。然而，这个模型不再被市场参与者使用，接下来我们将要探讨其他一些节省计算时间的方法。

#### 6.3.1.4　获取投资组合的损失分布：蒙特卡罗和半解析技术

**1. 选项 1：完整的蒙特卡罗算法**[㊀]　蒙特卡罗算法随机生成很多一般系统性因子的实现值，并针对每一个实现值，计算各个损失，将其总和作为投资组合的损失。无条件的投资组合损失，等于一般因子分布上的有条件损失之和。

这种"暴力"方法通常不会被市场参与者采用，因为太耗时间。[㊁] 一些通常基于方差减少的技术，能有助于减少计算时间。

**2. 选项 2：递归法**　Anderson 等（2003）和 Hull、White（2003）几乎同时提出了这一方法。基本原则在于分别对近似的投资组合损失分布求积。

在一个 $j$ 个名称的投资组合中，$t$ 时刻正好观测到一般因子 $V$ 下的 $h$ 个违约（$h \leqslant j$）的概率，可以写成是 $p_i^V(h, t)$。更进一步，$p_{j-1}^V(t)$ 是名称 $j-1$ 的条件违

---

㊀ 见 Rott 和 Fries（2005）关于方差缩减技术的使用。

㊁ 对双重 CDO 来说特别麻烦。

约概率：

$$p_{j+1}^V(h,t)=p_j^V(h,t)(1-p_{j+1}^V(t))+p_j^V(h-1,t)p_{j+1}^V(t)$$

式中，当然

$$p_{j+1}^V(0,t)=p_j^V(0,t)(1-p_{j+1}^V(t))$$

$$p_{j+1}^V(j+1,t)=p_j^V(j,t)\,p_{j+1}^V(t)$$

基于以上递归，我们通过对一般因子的分布函数 $f(V)$ 进行求积分，能够求得在 $t$ 时间，$n$ 名称投资组合中，$h$ 违约的无条件概率。

$$p_n(h,t)=\int_{-\infty}^{\infty}p_n^V(h,t)f(V)\mathrm{d}V \tag{6-15}$$

3. 选项 3：傅里叶变换技术[⊖]

我们考虑引用池在 $t$ 时刻的总累计损失，每个名称违约时的回收率为 $\delta$。债务人 $j$ 的违约时间为 $\tau_j$。一旦定义了每个名称 $j$ 的名义本金 $N_j$，那么我们可以写出在 $t$ 时刻的累计损失，$L(t)=\sum_{j=1}^{n}N_j(1-\delta)X_j$，其中指示函数：$1_{\tau_i\leq t}=X_j$

该累计损失函数的傅里叶变换可以表示为：

$$\varphi_{L(t)}(u)=E[\exp(-iuL(t)]=E[E(\exp(-iuL(t)\mid V)]$$

式中，$V$ 表示一般系统性因子。

接下来我们能够引入损失的傅里叶变换表达式：

$$\begin{aligned}\varphi_{L(t)}(u)&=E[\mathrm{e}^{-iu(N_1(1-\delta)X_1+N_2(1-\delta)X_2+\cdots+N_n(1-\delta)X_n)}]\\&=E\left[\prod_{j=1}^{n}\mathrm{e}^{-iuN_j(1-\delta)X_j}\right]\end{aligned} \tag{6-16}$$

条件损失的傅里叶变换更易处理，因为能够在条件独立性下将期望函数换个位置。基于指示函数 $X_j$ 的伯努力分布，我们可以得到：

$$\begin{aligned}\varphi^V{}_{L(t)}(u)&=E\left[\prod_{j=1}^{n}\mathrm{e}^{-iuN_j(1-\delta)X_j\mid V}\right]=\prod_{j=1}^{n}E[\mathrm{e}^{-iuN_j(1-\delta)X_j\mid V}]\\&=\prod_{j=1}^{n}[q_j^V(t)+p_j^V(t)(e^{-iu(1-\delta)N_j})]\end{aligned}$$

然后，这可以写成：

$$\varphi^V{}_{L(t)}(u)=\prod_{j=1}^{n}[q_j^V(t)+p_j^V(t)\,\varphi_{(1-\delta)N_j}(u)]$$

式中，$\varphi_{(1-\delta)}^V(N_ju)$ 根据资产 $j$ 的违约损失率的傅里叶变换求得。

⊖ 我们通过 Debuysscher 和 Szego（2003）再次向读者介绍傅里叶变换技术。还有其他可能的卷积技术，比如拉普拉斯变换和矩量母函数。

那么，无条件傅里叶变换就可以通过对一般系统性因子分布的积分求得数值：

$$\varphi_{L(t)}(u)=\int_{-\infty}^{\infty}\prod_{j=1}^{n}[q_j^V(t)+p_j^V(t)\,\varphi_{(1-\delta)}(N_j u)]f(V)dV \tag{6-17}$$

在最后一步，一般来说使用标准的快速 Fourier 变换算法，通过 Fourier 逆变换，能够求得无条件损失。

4. 选项 4：代理积分（proxy integration）

代理积分由 Shelton（2004）提出，因其简单性在市场上受到了欢迎。

中心极限定理指出，方差有限的任意概率分布的平均值，随着变量数量的增加，将收敛于一个正态分布。

Shelton 法就是基于这个想法，对于近似计算而言，收敛到正态分布足够快。

在对 CDO 定价时，我们不能认为每个债务人的生存概率变量是相互独立的，因为债务人的损失通常是相关的。我们看到，虽然潜在风险因子向量是有条件的，但是投资组合损失分布可以表示为条件独立随机变量的加权和。

我们再考虑一下在 $t$ 时刻时参考池的总累计损失，$\delta$ 为每个名称的违约回收率。债务人 $j$ 违约时间是 $\tau_j$。一旦定义了每个名称 $j$ 的名义价值 $N_j$，那么我们可以写出在 $t$ 时间线之前的累计损失，$L(t)=\sum_{j=1}^{n}N_j(1-\delta)\,X_j$，其中指示函数：$1_{\tau_j\leqslant t}=X_j$。

然后我们考虑一般潜在系统因子 $V$ 的各种实现值。在条件独立的假设条件下，我们现在可以很容易地基于式（6-2）来计算投资组合的条件损失分布。根据代理积分法，我们假设，在每个 $V$ 的实现值的条件下，组合的联合损失分布收敛于一个正态分布，如图 6-6。对于每个系统因子的实现值，我们可以计算出这一近似正态分布的平均值和方差。

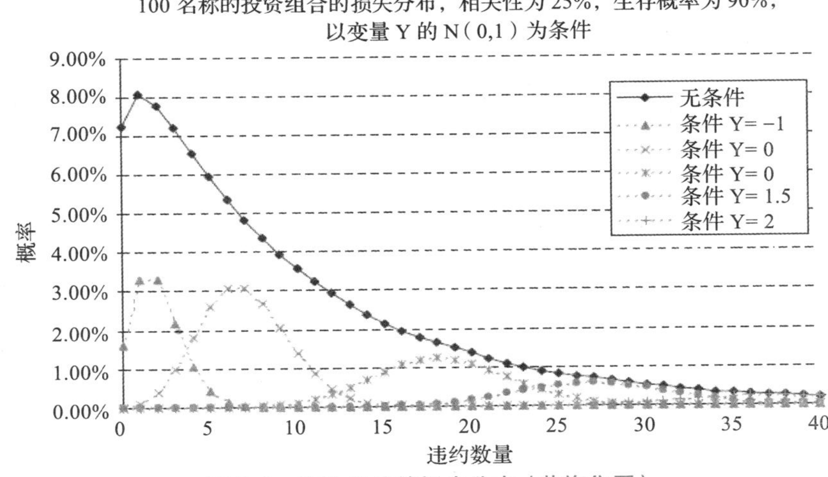


图 6-6　违约相关的损失分布（花旗集团）

其均值为：

$$\mu_V(L(t)) = E[L(t) \mid V] = \sum_{j=1}^{n} N_j(1-\delta)\, p_i^V(t)$$

其方差为：

$$\mathrm{VAR}_V(L(t)) = E[(L(t)-\mu_V(L(t)))^2 \mid V]$$

无条件组合分布可以计算为一个高斯分布的加权组合，在这里权重相当于潜在变量的分布。这个数值积分问题可以通过一个简单的算法如梯形规则来解决。

对指数池之类的资产池来说，收敛度令人满意，这一方法通常能够提供良好的结果。

每个条件损失分布仅由两个参数来近似刻画：均值和方差，从这种意义上讲，这种方法比选项 2（递归法）更简单。

对于 CDO 平方的交易来说，前面提到的代理积分法可以推广至类似的问题，其维度相当于基础池的数量。我们现在应估计一个多元正常积分，而不是计算一个一元正常积分。

## 6.3.2 在求得投资组合的无条件损失分布后，对 CDO 层级进行定价

一种合成 CDO 层级可以像任何其他互换合同一样进行估值。它涉及两个当事人：发行人，通常是保护措施的买方，以及投资者，即保护措施的卖方。投资者定期从发行人收取“费用”或“溢价”。当违约事件影响到层级时，投资者必须支付“或有”金额，这一金额相当于“或有”或“违约”端。对持有层级的投资者来说，需要适当地补偿其潜在损失（预期损失）。优先层次越高，费用越低。

我们引入以下记号：

在 CDO 中我们假定有 $n$ 个不同的名称，分别为 $i=\{1, \cdots, n\}$。与每个名称 $i$ 相关的有一个违约时间 $\tau_t$。

我们现在能够定义 $N(t)=\sum_{i=1}^{n} 1_{\tau_i \leqslant t}$，为 $t$ 时刻违约数量的记数过程，$T$ 为 CDO 的到期时间，$\delta$ 为每个名称违约时的标准回收率。在一般因子的条件下，这些伯努利变量就会相互独立，$t$ 时刻的条件损失分布就能很容易地求得。结果，如果定义了每个名称 $i$ 的名义本金 $N_i$，那么我们可以写出在 $t$ 时刻的累计损失，也叫预期损失，$EL(t)=E\left[\sum_{i=1}^{n} N_i(1-\delta)1_{\tau_i \leqslant t} \mid V\right]$，其中 $V$ 对应于一般系统性因子。实际计算方法在之前已有描述。

### 6.3.2.1 计算“或有端”的价值㊀

我们从有权益层、中间层和优先层三个层级的 CDO 开始分析，但这并不限制我们在本节的剩余部分考虑更多层级。优先性从属规则意味着，损失将被首先分配到权益层，然后到中间层，接下来才到优先层。权益层对应于 $[A_0=0, A_1=A]$，中间层对应于 $[A, A_2=B]$，优先层对应于$\left[B, A_3=\sum_{i=1}^{n} N_i\right]$，其中 $A_j$ 都是上界点。因此累计损失能够被每个层级成功地吸收。

第二步在于明确测出每个层级 $[A_j, A_{j+1}]$ 的无条件平均损失概率。

$$EL_j(t)=E(\max[\min((L(t)-A_j),(A_{j+1}-A_j)),0]) \tag{6-18}$$

在 CDO 的生命期中，与第 $j$ 层潜在损失相对应的折现支出可以写成是：

$$C_j(t=0)=\sum_{k=1}^{K} D(k)[EL_j(k+1)-EL_j(k)] \tag{6-19}$$

式中，$D(k)$ 表示折现因子。这里我们考虑保持支付日期的时间序列 $k=\{1, \cdots, K\}$

更严密的，这一潜在端可以写成一个积分，而且可以分部分求积：

$$\begin{aligned} C_j(0) &= D(T)\,EL_j(T)+\int_0^T EL_j(t)\,\mathrm{d}D(t) \\ &= D(T)\,EL_j(T)+\int_0^T EL_j(t)\,D(t)\,f(t)\,\mathrm{d}t \end{aligned} \tag{6-20}$$

式中，$f(t)=-(1/D(t))(dD(t)/dt)$ 为瞬时远期利率。

### 6.3.2.2 计算“费用端”的价值㊁

每个层级的费用端的预期现值，对应于定期支付的预先确定好的利差 $S_j$，这一利差应用于该层级在保费支付当日的本金敞口。

$$F_j(0)=s_j\sum_{k=1}^{K}[(A_{j+1}-A_j)-EL_j(k)]\,D(k) \tag{6-21}$$

层级初始的逐日结算价值为 $C_j(0)-F_j(0)$。如果 CDO 层级未备资或者是平价的，这一初始的逐日结算价值为 0。

这一利差的价值能够用一种很简单的方式进行折算，如：

$$s_j=\frac{C_j(0)}{\sum_{k=1}^{K}[(A_{j+1}-A_j)-EL_j(k)]D(k)} \tag{6-22}$$

在 CDO 存续期内，费用端和或有端价值之间的差额通常会慢慢消失。某个层级的逐日结算价值，定义为两端价值之差。衡量这一价值的其中一个方法，

㊀ 也称为“保护端”和“损失端”。

㊁ 也称作“保费端”。为表述简便，我们这里假设，层级仅使用利差来定价，而没有预付款。

包括将导致预期损失的因子载荷定义为未知参数。这里的因子载荷相当于某个相关性值的平方根，这个相关性使得费用端变为零，或有端等于相应层级的价格。它通常被称为隐含“复合相关性”。

#### 6.3.2.3 实用例子

我们考虑一个由100个权重相等的名称组成的投资组合基础上的合成CDO（见图6-7）。

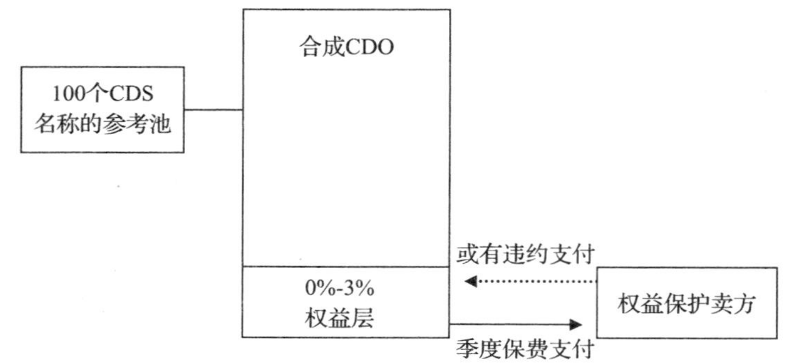


图 6-7 某格式化合成 CDO 结构

我们假设该CDO规模为1亿美元。权益层通常占到其中的0%～3%。此外，假设每个名称的CDS的风险中性违约率都是100个基点，因子载荷 $\rho_i$ 等于根号0.2，标准回收率等于40%。

权益层的保护措施费用为40%的预付费加上500个基点的运行费。

在表6-1[⊖]中，我们首先来看，对于保护措施的卖家而言，权益层损失机制的含义。

接下来，我们来看传统单因子方法。我们可以将资产回报写成是：$A_i = \rho_i V + \sqrt{1-\rho_i^2}\xi_i$。

表 6-1 资产组合池损失的保护措施卖家的含义[⊖]

| 违约名称数量 | 资产池面额（百万美元） | 连接点（百万美元） | 分离点（百万美元） | 保护卖方或有支付 | 保护卖方累计或有支付 | 保护卖方收到保费（一年期，假设没有额外违约和预提费用） |
|---|---|---|---|---|---|---|
| 0 | 100 | 0 | 3 | 0 | 0 | 0.15 |
| 1 | 99 | 0 | 2.4 | 0.6 | 0.6 | 0.12 |

⊖ 违约名称的回收率被分配于最高级的层级持有人，作为早期的回款。

（续）

| 违约名称数量 | 资产池面额（百万美元） | 连接点（百万美元） | 分离点（百万美元） | 保护卖方或有支付 | 保护卖方累计或有支付 | 保护卖方收到保费（一年期，假设没有额外违约和预提费用） |
|---|---|---|---|---|---|---|
| 2 | 98 | 0 | 1.8 | 0.6 | 1.2 | 0.09 |
| 3 | 97 | 0 | 1.2 | 0.6 | 1.8 | 0.06 |
| 4 | 96 | 0 | 0.6 | 0.6 | 2.4 | 0 |
| 5 | 95 | 0 | 0 | 0.6 | 3 | 0 |
| 6 | 94 | 0 | 0 | 0 | 3 | 0 |
| 7 | 93 | 0 | 0 | 0 | 3 | 0 |
| 8 | 92 | 0 | 0 | 0 | 3 | 0 |
| 9 | 91 | 0 | 0 | 0 | 3 | 0 |
| 10 | 90 | 0 | 0 | 0 | 3 | 0 |
| . | . | . | . | . | . | . |
| . | . | . | . | . | . | . |
| . | . | . | . | . | . | . |
| . | . | . | . | . | . | . |
| 100 | 0 | 0 | 0 | 0 | 3 | 0 |

我们用前面给出的递归方法，来确定给定的一般因子分布下，投资组合中违约数量的概率分布，然后计算出无条件的违约分布。结果在表 6-2 列示。

结合 A 列和 B 列，我们求得了在 $K=5$ 年时，权益层的预期损失。

表 6-2　确定投资组合任一时刻的无条件损失分布（在本例中为 5 年）

| 违约名称数（A） | 对因子 $V$ 观测值的条件违约分布 | | | | 5 年时间线无条件违约分布 $p_{100}(h, 5)$（B） |
|---|---|---|---|---|---|
| | $V=\cdots$ $V=-1$ | $V=0$ | $V=1$ | $V=\cdots$ | |
| 0 | $1.85\times10^{-6}$ | 0.007 | 0.210 | | 0.109 |
| 1 | $2.6\times10^{-5}$ | 0.035 | 0.330 | | 0.103 |
| 2 | $1.8\times10^{-4}$ | 0.088 | 0.257 | | 0.093 |
| 3 | $8.4\times10^{-4}$ | 0.147 | 0.132 | | 0.081 |
| 4 | $2.9\times10^{-3}$ | 0.183 | 0.051 | | 0.070 |
| 5 | $7.8\times10^{-3}$ | 0.180 | 0.015 | | 0.061 |
| 6 | 0.017 | 0.146 | 0.004 | | 0.052 |
| 7 | 0.033 | 0.100 | 0.001 | | 0.045 |
| 8 | 0.054 | 0.060 | $1.5\times10^{-4}$ | | 0.039 |
| 9 | 0.078 | 0.031 | $2.4\times10^{-5}$ | | 0.034 |
| 10 | 0.100 | 0.015 | $3.4\times10^{-6}$ | | . |

（续）

| 违约名称数（A） | 对因子 $V$ 观测值的条件违约分布 | | | | 5 年时间线无条件违约分布 $p_{100}(h, 5)$（B） |
|---|---|---|---|---|---|
| | $V=\cdots$ $V=-1$ | $V=0$ | $V=1$ | $V=\cdots$ | |
| · | · | · | · | | · |
| · | · | · | · | | · |
| · | · | · | · | | · |
| · | · | · | · | | · |
| 100 | $1.6\times10^{-91}$ | $6.5\times10^{-123}$ | $1.1\times10^{-181}$ | | $4.83\times10^{-13}$ |
| 一般因子的每个观测值上附着的概率 | **0.24%** | **0.39%** | **0.24%** | | **100%** |

$$EL(5)=\sum_{h=0}^{n}p_{100}(h,5)\max(\min((h*0.4),3),0)$$

为了能够求得权益层价值，最后一步应该计算所有我们感兴趣的时间点上的预期损失。在这一预期损失时间序列的基础上，我们可以推断出或有端和费用端，并很容易地从公式中扣除标准利差。

## 6.3.3 详细描述隐含相关性

### 6.3.3.1 确定指数

基于指数的标准化层级市场在过去几年有了惊人的增长。市场已经受益处于领先地位的美国和欧洲的 CDS 指数在 2004 年的合并。现在指数有美国的 CDX 和欧洲的 iTraxx。最重要的指标是投资级指数，它包括 125CDS 合约，对应于各个区域最具流动性的名称。

CDS.NA.IG[㊀] 的标准化层级为权益层（0～3%）、初级中间层（3%～7%）、中间层（7% ～ 10%）、优先层（10% ～ 15%）和初级超优先层（15% ～ 30%）。欧洲 iTraxx 指数的连接点略有不同，这些层级的连接点分别在 6%、9%、12% 和 22%。

### 6.3.3.2 隐含相关性

“隐含相关性”背后的概念，是基于对布莱克—斯克尔斯期权估值公式的一个类比，在这里把期权价格换成是相应的“隐含波动性”。同样，对于 CDO 层级而言，知道了某个层级的价格，同时知道了基础投资组合中各名称的利差水平，就只剩下了使用高斯连接函数一种方法：因子载荷的值，被称为隐含复合

㊀ CDX.NA.IG 指数指的是道琼斯北美投资级指数。

相关性。沿用我们之前使用的记号，$corr=\rho^2$。

注意，如果模型是正确的，假定不管哪个层级基础池的资产价值都相等，我们应该能观察到所有层级的相关性处于相同的水平。然而，总体而言权益层、更优先层的隐含复合相关性比中间层相对较高（图 6-8）。这一现象被称为“相关性微笑”。一般有两种方式来解释这一微笑：

- 第一种解释在于市场的低效性和分割性。次级层级市场不同于优先层级市场，因为投资者偏好不同，同时也缺乏“交叉层级”套利。
- 第二种解释在于某些模型的不适用性。根据这一观点，通过高斯连接函数并不能稳定地捕获真正的相关性水平，尤其是因为低估了极端损失情景的概率。这个分析解释了为什么替代连接函数或其他的扩展能够捕获随机因子载荷和回收率，已在前面的内容中介绍。

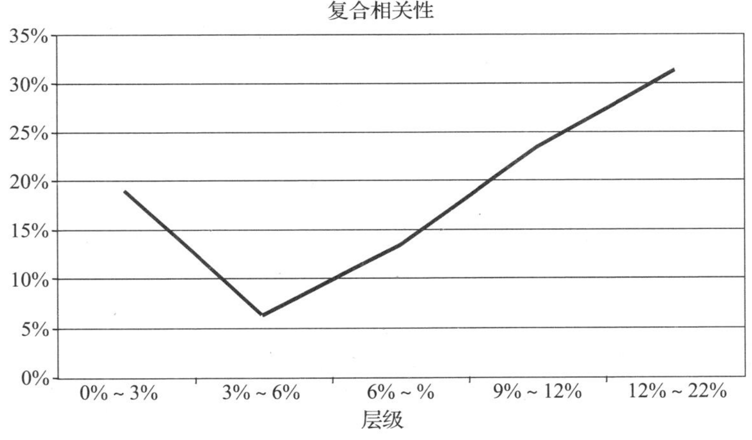


图 6-8 相关性微笑，2004 年 7 月 10 日，5 年期欧洲 iTraxx

用复合相关性来对层级进行报价是 2004 年春季之前的行业标准，这一方法被抛弃的原因有三个。首先，在中间层级中，隐含复合相关性的解法有两种。[㊀] 其次，对于一些利差水平（如中间层很高的利差）而言，使用高斯连接函数求不出任何相关性的解。最后，因为复合相关性的分布呈现“U”形特征，从相关性曲线很难计算出无标准连接点的层级的插值价格。

自 2004 年以来，市场已开始为有着不同分离点的权益层级进行报价（0 ～ 3%、0 ～ 7%、0 ～ 10% 等等）。这相当于对基础资产池累计损失达到给定水平的看涨期权进行定价（图 6-9）。这种权益层的相关性也叫作“基础相关性”。它们通常（但不总是）关于分离点水平单调递增。3% ～ 6% 层级的价格可以通

㊀ 中间层的保费并不在复合相关性上具有单调性。

过了解 0 ～ 3% 层级和 0 ～ 6% 层级的基础相关性，并把它看成是 0 ～ 6% 层级的多头和 0 ～ 3% 层级空头的组合。相比复合相关性，基础相关性具有这样的优势，提出了独一无二的中间层级定价的解决方案。[㊀] 对大多数优先层级的校准来说，一些问题仍然有待解决，如 St-Pierre 等（2004）所说。对定制连接点的层级进行定价相当简单，可能通过基础相关性曲线的插值来实现。[㊁] 表 6-3 提供了一个市场价格的实际例子。

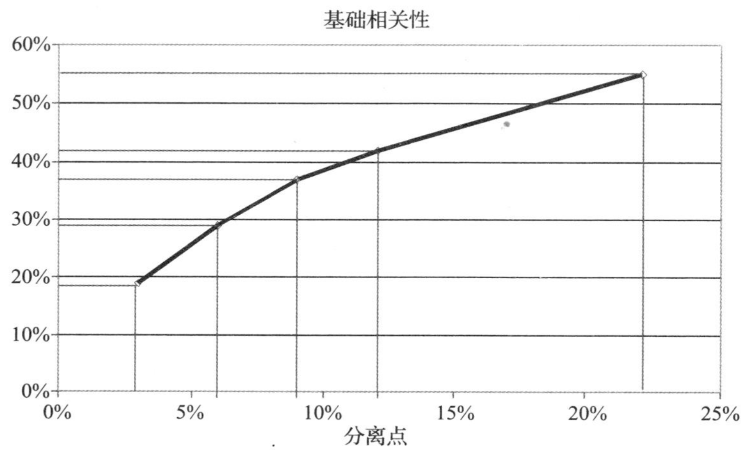


图 6-9 基础相关性，2004 年 7 月 10 日，5 年期欧洲 iTraxx

表 6-3 2006 年 2 月 28 日典型市场报价。利差单位为基点，不包含 0 ～ 3% 的权益层，其被定义为名义利率加 500 基点的百分比

| | 利差 | Delta | 基础相关性 | 隐含相关性 |
|---|---|---|---|---|
| 5 年 iTraxx | (index35Mid) | | | |
| 0-3%* | 25.625/26.2 | 22.5 × | 10.9% | 10.9% |
| 3-6% | 70/72 | 5.5 × | 22.0% | 3.9% |
| 6-9% | 21/23 | 2.0 × | 29.9% | 11.7% |
| 9-12% | 10/13 | 1.0 × | 36.3% | 17.2% |
| 12-22% | 3.875/5.125 | 0.5 × | 53.6% | 23.7% |
| 7 年 iTraxx | (48Mid) | Delta | 基础相关性 | 隐含相关性 |
| 0-3%* | 47.625/48.25 | 14.5 × | 7.2% | 7.2% |
| 3-6% | 198/203 | 8.0 × | 19.9% | 92.5% |
| 6-9% | 46/50 | 2.5 × | 30.3% | 5.0% |
| 9-12% | 27/30 | 1.5 × | 38.2% | 11.9% |
| 12-22% | 10.5/12.5 | 0.7 × | 59.1% | 19.6% |
| 10 年 iTraxx | (60Mid) | Delta | 基础相关性 | 隐含相关性 |

㊀ 上表 7 年期 iTraxx3-6% 的隐含相关性描述了这一问题。

㊁ 要提到一点，低于 3% 分离点水平的权益层进行定价，不适用插值法。

（续）

| | 利差 | Delta | 基础相关性 | 隐含相关性 |
|---|---|---|---|---|
| 0-3% | 58/58.75 | 8.0 × | 7.7% | 7.7% |
| 3-6% | 590/610 | 11.0 × | 12.1% | 19.0% |
| 6-9% | 126/131 | 4.25 × | 22.2% | na |
| 9-12% | 55/59 | 2.0 × | 30.8% | 4.8% |
| 12-22% | 22/26 | 1.0 × | 53.0% | 13.9% |

基础相关性可以被看作是市场对于抵押投资组合潜在风险中性损失分布的看法（图 6-10）。低水平的损失和高水平的损失，在现实中往往比高斯连接函数的预计表现出更高的概率。于是，权益层和优先层损失的概率将高于预期，而中间层将低于预期。这种现象反过来也解释了“相关性斜线”。

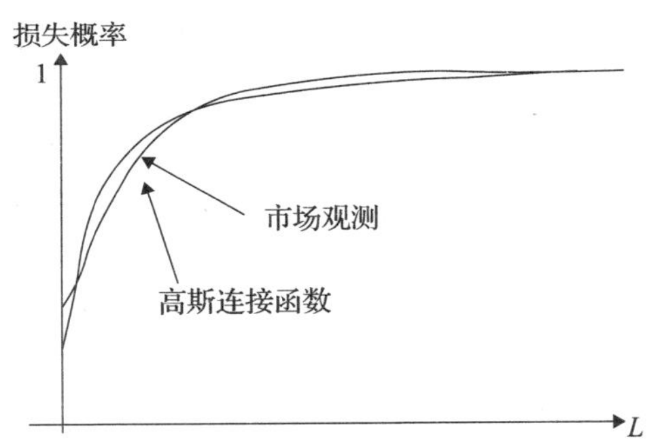


图 6-10　条件组合损失的累积分布函数

从图 6-10 中我们可以清楚看到，高斯连接函数为什么并不完全适合定价，且导致了相关性倾斜。市场参与者试图找出之前介绍的其他任何连接函数是否有更好的效果。我们使用 Burtschell 等（2005）关于复合相关性（图 6-11）和基础相关性（图 6-12）的结果，来进行比较。

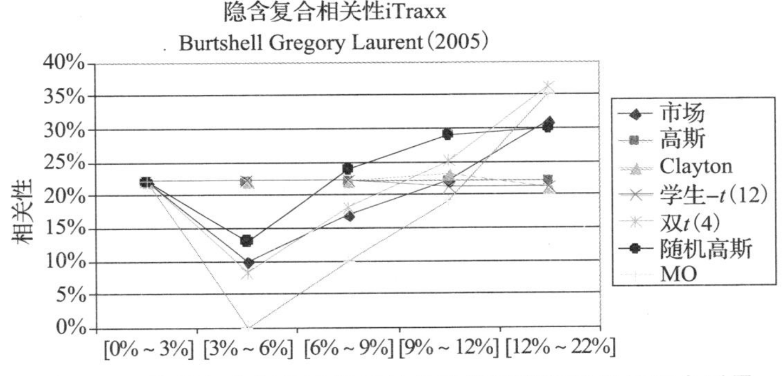


图 6-11　基于复合相关性使用的各种类型连接函数的拟合质量

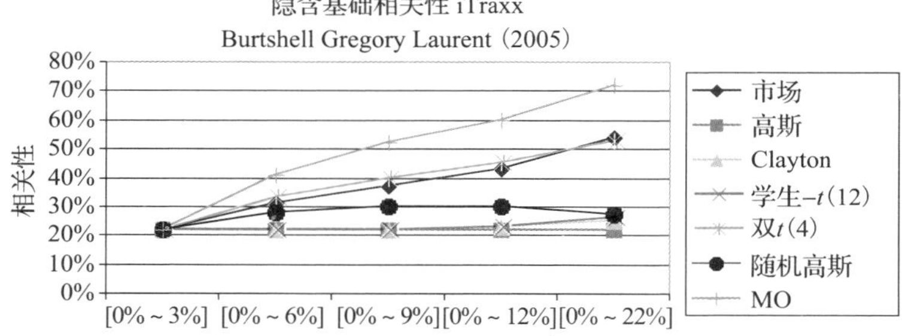


图 6-12 基于基础相关性使用的各种类型连接函数的拟合质量

我们可以看到的是，通过将每个连接函数[㊀]与投资组合条件损失实证结果进行匹配，我们得到了非常不同的结果。特别是，我们从图 6-11 可以观察到，无论哪种方法，是高斯、学生 $-t$ 还是 Clayton 连接函数，都出现了倾斜，只有双 $t$ 和随机高斯连接函数似乎相当接近市场斜率。来看基础相关性时，情况是相似的（图 6-9），双 $t$ 最接近实际情况。总的来说，很明显一些连接函数比其他的表现更好，但是它们中仍然没有一个可以完全匹配市场价格。

### 6.3.3.3 基础相关性的实际校准

从实际角度来看，基础相关性可以通过使用一种标准化的引导技术（bootstrapping），从对标准层级的市场报价中求得。

我们要对一个 0 ～ 7%（$T$）的层级进行定价。这一非标准的权益层可以看成是两个有市场报价的标准层级的组合：0 ～ 3%（$T_1$）和 3% ～ 7%（$T_2$）。

$$C_{0,7}-C_{0,3}=(\bar{F}_{0,7}-\bar{F}_{0,3}) \tag{6-23}$$

式中，保费端构件 $\bar{F}_{0,7}$ 和 $\bar{F}_{0,3}$ 通过与 $T_2$ 层相对应的利差来计算。

我们将这一过程分成三个步骤：

步骤 1：我们使用与 $T_2$ 相对应的保费 / 费用 $s_2$ 来对 $T_1$ 和 $T_2$ 进行定价。我们实际上只需要对 $T_1$ 定价，因为 $T_2$ 的价格在给定 $s_2$ 的情况下为 0。我们计算出的 $T_1$ 价格使用 $s_2$ 作为保费，而没有使用 $T_1$ 基础相关性。在层级的优先性越高、价格越低的事实下，$T_1$ 价格总是为正。我们能够使用 $s_2=s_{3,7}$ 来对 $T_1$ 进行定价。

$$C_{0,3}=\sum_{k=1}^{K}D(k)[EL_{0,3}^{\rho_{0,3}}(k+1)-EL_{0,3}^{\rho_{0,3}}(k)] \tag{6-24}$$

$$\bar{F}_{0,3}=s_{3,7}\sum_{k=1}^{K}[(A_3-A_0)-EL_{0,3}^{\rho_{0,3}}(k)]\,D(k) \tag{6-25}$$

㊀ 对所有层级仅使用一组参数。市场相关性使用高斯连接函数，其参数针对每层进行调整。

$$P_{T_1}=C_{0,3}-\bar{F}_{0,3}$$

步骤 2：在已经知道步骤 1 中计算出的 $T_1$ 的情况下，我们要做的事情就是对 $T$ 定价。一步在给定的两个层级 $T_1$ 和 $T_2$ 分别的票面宽度下，我们要重新做些调整：

$$P_T=P_{T_1}[(A_3-A_0)/(A_7-A_0)] \quad (6\text{-}26)$$

步骤 3：一旦计算出 $T$ 层级的价值，0 ～ 7% 的基础相关性就能够通过使用高斯连接函数方法来得出。

$$\rho_{0,7}=\mathrm{Arg}(P_T=C_{0,7}-\bar{F}_{0,7}) \quad (6\text{-}27)$$

式中

$$C_{0,7}=\sum_{k=1}^{K}D(k)[EL_{0,7}^{\rho_{0,7}}(k+1)-EL_{0,7}^{\rho_{0,7}}(k)]$$

$$\bar{F}_{0,7}=s_{3,7}\sum_{k=1}^{K}[(A_7-A_0)-EL_{0,7}^{\rho_{0,7}}(k)]\,D(k)$$

Pain 等（2005）建议，基础相关性的估计能够进一步精练，通过使用不同时间线的报价，一般为 5、7 和 10 年，即从一个定价期间上的单相关性期限上，转移到相关性期限结构上。

### 6.3.3.4　调整相关性斜线至基础相关性的期限结构

许多人指出，高斯连接函数模型中利差和相关性水平不随着时间变化而变化，从这个意义上讲，它不是一个动态模型。此外，从市场中可以看到相关性与到期日有关。这样就需要建立一个更依赖于时间的相关性的期限结构。这样一个更为精确的校准的原则在于，在不同层面对 CDO 层级进行定价，能够让我们了解一些关于预期损失随时间推移如何变化的信息，即关于违约时机的信息。

到目前为止，我们已经考虑了一个独特的支付溢价日期 $K$，通常基于 5、7 或 10 年季度分期，我们还得出了该工具在整个生命周期内的一个独特的基本相关性。我们能做的是通过三个步骤来计算 10 年期基础相关性的期限结构。我们认为，对于 0 至 5 年我们可以用 5 年期层级的价格，对于 5 至 7 年我们可以用 0 至 5 年的基础相关性和 7 年期层级价格，对于 7 至 10 年我们可以用 0 至 5 年基础相关性、5 至 7 年的经调整基础相关性以及 10 年期层级的价格。

步骤 1：计算 5 年期的基础相关性

我们可以重写一个 5 年期层级的基础相关性：

$$\rho_{0,7}^{5}=\mathrm{Arg}(P_T=C_{0,7}^{5}-\bar{F}_{0,7}^{5}) \quad (6\text{-}28)$$

式中

$$C_{0,7}^{5}=\sum_{k=1}^{K_5}D(k)[EL_{0,7}^{\rho^{5}0,7}(k+1)-EL_{0,7}^{\rho^{5}0,7}(k)]$$

$$\overline{F}_{0,7}^{5}=s_{3,7}^{5}\sum_{k=1}^{K_5}[(A_7-A_0)-EL_{0,7}^{\rho^{5}0,7}(k)]\,D(k)$$

步骤 2：计算 5 年期和 7 年期之间的基础相关性：

$$\rho_{0,7}^{5/7}=\text{Arg}(P_T=C_{0,7}^{7}-\overline{F}_{0,7}^{7}) \tag{6-29}$$

式中

$$C_{0,7}^{7}=\sum_{k=1}^{K_5}D(k)[EL_{0,7}^{\rho_{0,7}^{5}}(k+1)-[EL_{0,7}^{\rho_{0,7}^{5}}(k)]$$
$$+\sum_{k=K_5+1}^{K_7}D(k)[EL_{0,7}^{\rho_{0,7}^{5/7}}(k+1)-EL_{0,7}^{\rho_{0,7}^{5/7}}(k)]$$

$$\overline{F}_{0,7}^{7}=s_{3,7}^{7}\left\{\sum_{k=1}^{K_5}[(A_7-A_0)-EL_{0,7}^{\rho_{0,7}^{5}}(k)]\,D(k)\right.$$
$$\left.+\sum_{k=K_5+1}^{K_7}[(A_7-A_0)-EL_{0,7}^{\rho_{0,7}^{5/7}}(k)]\,D(k)\right\}$$

Pain 等（2005）提出了一个更为精练的计算第 5 年和第 7 年之间的基础相关性的方法，是考虑比如一个对所有时间步骤的线性插值。

这一过程在第 2 步概述的方法后面。

#### 6.3.3.5 对隐含相关性的讨论

CDO 业务最初是没有流动性的，它特别帮助金融机构从信用和违约风险角度来对冲投资组合的风险。

那时很少有人注意到 CDO 层级价格随着基础资产池中信用利差变化的变化。因子模型，不管它是高斯连接函数还是其他任何更精细的方法，提供的相关性和价格结果，都没有真正考虑利差变化的动态性。对大型组合进行估计的高斯连接函数模型，应当是没有考虑过利差动态变化敏感性的最极端情况。

随着二级市场交易的活跃，关注的焦点已经发生了巨大的变化，变成了一个集成的市场风险。银行和投资者正越来越多地暴露于很难对冲的市场风险。他们只剩下基于通常被称为“希腊字母”[⊖] 的传统套期保值技术，也只能面对当市场冲击飙升（见第 8 章）并转化成为损益表的破坏性利差扩大并蔓延时，这一技术可能导致的损失。由于这个问题，隐含相关性，不像隐含权益波动性，看

⊖ 通常被称作“德尔塔对冲”，更详细的介绍见第 7 章。

上去像是个不能用的工具。它对现有工具提供的安全性有限，对更复杂的工具定价时也是个不相关的参数，这些复杂工具比如层级期权、远期开始期权等，这些都依赖于 CDO 池损失分布的动态变化。

目前，我们观察到市场的转变，银行将相关性主要作为现货交易的定价工具，并且相关性可能对于对冲和新的 CDO 相关工具而言，逐渐成为一个更加强大的理论框架。在这方面，2005 年的下半年出现了两篇有意思的论文：Sidenius 等（2005）和 Schönbucher（2005），他们建议采用 CDO 组合的整体损失分布及其变化，作为基于 CDO 工具定价的基础过程。在下文中，我们将描述一些关于这种范式变化的方法，并讨论其相关影响。

## 6.3.4 对动态投资组合损失进行建模

这种方法背后的理念在于直接对投资组合损失的动态变化进行建模，并确保对不同优先次序和到期日的各层级价格进行初始校准（即校准层级利差曲线）。这与高斯连接函数不同，后者关注的是对每个名称逐个确定其相关违约时间，而且无法在变化的市场条件下，将单变量和多变量参数的变化整合到未来的时间里。从本质上讲，其原因在于它通常假设信用利差曲线是静态的，而相关性是一个常数。这里，我们注重于一种更为宏观的方法，通过直接指定投资组合损失的动态变化，这受到了对基于 CDO 层级的高级（混合）衍生品（如层级期权）进行定价的启发。

### 6.3.4.1 SPA（Sidenius，Piterbarg 和 Anderson）模型

Sidenius 等（2005）的这个想法，是将基础资产池投资组合的损失分布看成是相关变量。这一变量要以动态的方式来看。他们用一个经典的建模技术，将建模工作分为两个步骤：第一步对应于对“光滑”的投资组合损失概率（或远期利率）的扩散过程进行建模；第二步关注的是符合损失概率或未来（forward）过程，或以之为条件的实际损失过程。

在第一步中，Sidenius 等把想建模的变量定义为一种扩散（diffusion）。对于初始组合中任何给定的损失水平，他们考虑的是未来组合损失的期限结构，与 Heath、Jarrow 和 Morton（HJM）对利率使用的方法类似。初始组合损失分布的动态变化，可以通过对投资损失水平的任一初始值下投资组合损失[㊀] 概率的变化进行聚合来推断。在每一个未来过程内，损失水平都被认为随着时间保持稳定的。从技术角度来看，这第一层的建模不包括任何关于投资组合损失动态变化的信息，他们说这是因为要“背景过滤”。

㊀ 或者从远期损失率来推断，该损失率由投资组合的概率确定。

在第二步中，他们更精确地注重于池中违约事件的动态变化，由于第二层建模基于适当的违约信息（即损失过滤下）。考虑的典型模型是一个单步 Markov 链。转移概率是在当时的后台未来损失率之外单独定义的。未来损失率实际上可以看成是一种描述市场状态的方式。换句话说，在任一时刻 $t$ 投资组合损失的动态变化只会取决于当时的市场情况，因此我们现在评估 CDO 价格就有一个更动态的方式。

**1. 投资组合损失概率和未来动态变化** 在步骤 1，我们定义第一个损失概率

$$p_x(t,T)=P(\tau_x>T\mid M_t)=P[l(T)\leqslant x\mid M_t]$$

式中 $l(t)$ 表示 $t$ 时刻的（非减的）损失率；$P$ 是一个鞅，对应于与背景过滤 $\{M_t\}$ 的风险中性测度；$x\in[0，1]$ 是该投资组合的可能损失水平；$\tau_x$ 为对应的停止时间；$T$ 对应于到期日。

我们可以将这一停止时间看成是 Cox 过程的第一个跳跃，其强度为 $\lambda_x(t)$，并可以将违约概率写成：

$$p_x(t,T)=E\left(\exp\left(-\int_0^T\lambda_x(s)\,\mathrm{d}s\right)\mid M_t\right)=\exp\left(-\int_0^t\lambda_x(s)\,\mathrm{d}s\right)$$
$$\times E\left(\exp\left(-\int_t^T\lambda_x(s)\,\mathrm{d}s\right)\mid M_t\right)$$

通过定义复合远期利率为：

$$f_x(t,T)=-\frac{(\partial/\partial T)p_x(t,T)}{p_x(t,T)} \tag{6-30}$$

我们可以将损失概率表示为：

$$p_x(t,T)=\exp\left(-\int_0^t f_x(u,u)\,\mathrm{d}u\right)\exp\left(-\int_t^T f_x(t,u)\,\mathrm{d}u\right) \tag{6-31}$$

式中，$f_x(t，t)=\lambda_x(t)$

在给定的事实 $p_x(.,T)$ 是一个鞅的情况下，我们考虑一个扩散过程，可以将投资组合损失过程表示为：

$$\mathrm{d}p_x(t,T)/p_x(t,T)=\Sigma_x(t,T)\,\mathrm{d}W_x(t) \tag{6-32}$$

式中，$\Sigma_x(t，T)$ 表示一般随机过程（对 $t$），参数为 $x$ 和 $T$，$W_x(t)$ 为每个 $x$ 的损失水平下的布朗运动。

SPA 强调了一般损失过程必须满足的一些条件。例如，损失的概率应随到期日的临近和损失概率的增加而逐渐减少，即对于所有 $x\leqslant y$，应当有 $P[l(T)\leqslant x]\leqslant P[l(T)\leqslant y]$。从本质上讲，这意味着低于 $x$ 的投资组合损失，其概率必定低于 $y$ 的投资组合损失，并且被表示为“空间顺序保留”（spatial order preservation）条件。不是使用投资组合损失概率，第一个条件可以很容易地通道远期损失率来满足，即 $f_x(t，T)\geqslant 0$。这些远期损失率 $f_x(t，T)$ 很自然地能使用伊藤引理从式

（6-32）推导。

这一框架下，SPA 为过程的变化衍生出条件，以满足这些模型的必要条件（比如，空间排序）：动态损失概率、动态瞬时远期利率（HJM），或动态远期 Libor（BGM）模型框架下。对每个损失水平（如 HJM 或 BGM 设计）的远期曲线进行完全建模的优势在于，它非常灵活，能够捕获完整的损失曲线变化，而"短利率"损失概率模型的灵活性较小，但只需要传导更少的变量。

实际上这还意味着，在一个 125 名称的投资组合比如一个指数中，假设所有名称回收率相同，我们需要为损失概率调整 125 个这样的扩散过程，来刻画所有的 $x$ 实现值，并能够获得整个损失分布的变化。如果假定回收率是不同的，需要考虑 $x$ 的状态空间将进一步扩大，进而增加过程（及其交互）的数量。唯一的办法是将波动过程 $\Sigma_x(t,T)$ 限定为一个确定的对时间 $t$ 和损失概率 $\{p_x(t,s), s\geqslant t\}$ 的函数。SPA 提供几个此类功能的示例，其中的一些很难计算，而更容易处理的可能会违反先前讨论的一些条件。

**2. 投资组合损失过程**　假设损失概率的变化已在背景滤除 $\{M_t\}$ 下得到指定，我们接下来进入第二步，即更大范围滤除 $\{L_t\}$ 下的损失过程，称作损失滤除。

我们现在可以将背景滤除 $\{M_t\}$ 下的从损失水平 $x_i$ 到损失水平 $x_{i+1}$ 的跳跃强度看作：

$$K_{x_i}(t,T)\,\mathrm{d}T=P[l(T+\mathrm{d}T)=x_{i+1}\mid l(T)=x_i,M_t]$$

或者

$$K_{x_i}(t,T)=\frac{(-\partial/\partial T)p_{x_i}(t,T)}{p_{x_{i+1}}(t,T)-p_{x_i}(t,T)} \tag{6-33}$$

它的主要用处在于，SPA 构造了一个单步马尔可夫链（"单步"就是假设损失可以在一个有穷区间（$0=x_0<x_1<\cdots<x_N$）内取值，而且损失实际上仅通过一步就能转换），即一个审慎的单步损失过程 $\{x_i\}_{i=0}^{N}$，其与损失概率过程式（6-32）相一致。

在一个同质组合（即回收率相同），上述推导会有用，对于特定化而随机的回收率，状态空间需要分别扩展到更平的离散空间中，或者扩展到一个连续的 $x\in[0,1]$ 集中。

在使用 Markov 过程的一个更一般的设定下，我们可以定义一个跳跃生存函数 $m_{z,x}(t,T)$：

$$m_{z,x}(t,T)\mathrm{d}T=P[l(T+\mathrm{d}T)>x\mid l(T)=z,M_t]$$

假设 $l(t)$ 是一个非递减的、纯跳跃的 $[0,1]$ 上的条件马尔可夫过程，有

$$\frac{\partial}{\partial T}p_x(t,T)=-\int_0^x\left(m_{z,x}(t,T)\frac{\partial}{\partial z}p_z(t,T)\right)\mathrm{d}z \tag{6-34}$$

仍然要定义给定 $p_x(t, T)$ 下损失过程的实际变化。这对应于估计的跳跃生存过程 $m_{z, x}(t, T)$ 本身。

为了能够通过较少的数据来估计后一过程，唯一的方法是更精确地指定一个相对应的参数化函数，以及 $m_{z, x}(t, T)=\theta(T, x-z)\cdot v_x(t, T)$ 形式的 SPA 激励函数。注意，若 $\theta(T, y)=1_{\{y\in[0, 1/N]\}}$，一个单步马尔可夫链就能使用。然后，通过式（6-32）可以在一个更一般的设定下估计出 $v_x(t, T)$，该设定中 $\theta(\cdot)$ 是外部给定的。

**3. 层级估值** 假设损失过程已经适当地校准，我们可以重新来看确定任一层级 $j$ 价格的式（6-19）和式（6-21），在任何第一次付息日之前的起始时间，可以将其写为：

$$C_j(t)=\sum_{k=1}^{K}D(t,k)[EL_j((k+1)|L_t)-EL_j((k)|L_t)]$$

$$F_j(t)=s_j\sum_{k=1}^{K}[(A_{j+1}-A_j)-EL_j((k)|L_t)]\,D(t,k)$$

注意 $EL(k|L_t)$ 满足这一形式 $EL(k|L_t)=E[f(l(k))|M_t, l(t)]$，且能够被看成是，这一期望值可被分解成是条件损失概率的线性组合：

$$p_{y, x}(t, k)=P[l(k)\leqslant x|M_t, l(t)=y] \qquad (6\text{-}35)$$

换句话说，$p_x(t, T)$ 得出了平均违约损失概率，且 $p_{y, x}(t, T)$ 是一个特定损失水平 $y$ 在 $t$ 时刻条件下的损失概率。[⊖] 在适当的初始条件下，它能够通过解以下的对 $T$ 和 $x$ 的远期 Kolmogoro 方程而求出（见 SPA）。

$$\frac{\partial}{\partial T}p_{x,y}(t,T)=-\int_0^x(m_{z,x}(t,T)\frac{\partial}{\partial z}p_{z,y}(t,T))\,\mathrm{d}z \qquad (6\text{-}36)$$

这一模型无疑在概念上是很有吸引力的。在易处理性以及实际实现方面，它需要简化与损失概率过程的波动性有关的假设。它还需要假设，损失过程满足紧表征的（tight characterization）马尔可夫链（或马尔可夫过程）。为了能够将其应用于实际定价目的，需要进行三到四个没有数据的校准：

（1）校准损失概率过程；

（2）校准复合远期利率；

（3）校准跳跃生存函数；以及

（4）校准条件损失概率过程。

校准步骤的数量需要很好地理解模型行为、参数化和估计的稳定性，以及对冲策略的发展，以便于消除可能的模型风险和拟合过度。如果这些问题能得到成功解决，并且更多的市场数据变得可用，那么该模型就能够持续地对层级期权、远期开始层级、动态（依赖于损失）连接点的层级进行定价选择。

---

⊖ 注意 $p_{y, x}(t, T)$ 在背景滤除后并不能观测到。

#### 6.3.4.2　Schönbucher 模型

Schönbucher 模型与 SPA 模型差别不是特别大。它不是经过两步模型，而是通过时间非齐次马尔可夫链来模拟损失分布。

Schönbucher 模型将 $P(t, T)$ 称作转移概率矩阵，其维度对应于资产池中债务人的数量 $N$。$P(t, T)$ 可以从有合适初始条件的 Kolmogorov 方程中求得：

$$\frac{\mathrm{d}}{\mathrm{d}t}P(t,T)=P(t,T)\cdot A(T)$$

式中，$A(T)$ 表示生成函数，由 $N\cdot(N+1)/2$ 个元素 $a_{nm}(T)$ 构成。

像之前的模型，生成函数的动态校准是关键挑战。为了能够有一些易处理的结果，必须施加一些限制。在我们看来，SPA 模型可能会给出更准确的结果，因为它对于基础过程有更好的理解，也就或许更为现实。考虑到为了能够校准该模型，需要一些简化的假设。

### 6.3.5　基于基础资产债务人的动态模型来定价

因为我们想的动态损失分布建模方法可能会遇到一些不易处理的问题，我们觉得最好要提几个替代的动态设定。

最明显的替代方法是直接模拟 CDO 池中每个敞口的变化。Duffie 和 Garleanu（2001）建议在强度模型中分析 CDO 的风险和估值，在该模型中对发行者的违约率假定遵循相关的跳跃扩散过程。

最近更多的方法关注不那么难处理的解法。

di Graziano 和 Rogers（2005）[⊖] 或 Joshi 和 Stacey（2005）并没有将 $[0,t]$ 内债务人 $i$ 的生存概率描述为$S_i(t)=\exp(-\int_0^t\lambda_i(u)\mathrm{d}u)$，而且单独考虑相关性，他们建议将生存概率描述为$S_i(t)=\exp(-\int_0^t\lambda_i(f(u))\mathrm{d}u)$。对于前两位作者而言，强度是一个对所有债务人的时间齐次市场链的确定性函数；对于后两位作者而言，$f(u)$ 是一个所有债务人都服从的相同伽马过程。这两个例子的想法在于将动态的时间看成是随机变量，它取决于市场情况，比如经济的状况。有了这些特例，池中债务人的生存时间之间的相关性就能很自然地得出，从链的状态，或者从校准的伽马过程中求得，而不是根据校准的方差—协方差矩阵“强制”求得，这得归功于连接函数的使用。

原则上，这些过程的校准，由于有条件独立假设，所以看起来相当易处理。数值计算的速度最有可能是一个问题，相关论文中已有所提示。

---

⊖　这些作者同时也建议加一些跃迁项。

### 6.3.6 对定制 CDO 层级进行定价

在本节中，我们考虑两种不同类型的“定制”层级：一是交易指数的定制层级，二是基于定制池的定制层级。

在第一种情况下，我们通常会说，比如一个投资者正在考虑 5% ~ 8% 的五年期的 iTraxx 层级，而这一层级没有市场价格。市场实践是，找到经过内部插值的基础相关性曲线，用曲线上定制连接点的相关性水平，来推导层级的价格。最近实践是计算“厘层级”（1% 的层级）将其作为对定制层级进行定价的构件。

在第二种情况下，给定相关指数市场的相关性趋势的情况下，怎样的“市场相关性”水平对于该定制化交易是合适的，银行倾向于使用内部评级谱系来获得对这一结果的认识，从这个意义上讲，该一方法是很粗糙的。

Prince（2006）提供了三个不同的业内估值方法的综述，并建议使用三者的综合：

- 净资产价值：第一种是清算价值（NAV）。在这种方法中，第一步要计算 CDO 的净市场价值，它是资产池的市场价值加上对冲价值再减去所有负债。用净市场价值除以权益的名义数量，我们求出了权益的清算价值。
- 现金流分析：这种方法更具前瞻性，因为它基于 CDO 担保物随着时间的动态变化。它实际上在处理现金 CDO 时，非常接近于本章接下来的部分。
- 可比分析：这个方法通常要从指数的流动性层级来求得价格。

## 6.4 对现金 CDO 定价

在现金 CDO 中，资产池贷款和债券的交易通常并不活跃。因此价格指数主要与评级或违约概率有关，违约率可以从例如 Merton 式的模型中提出。作者把违约风险、迁移风险和一个与每个评级类别的某个平均风险溢价相关的构件结合起来。然而，这些公允价值的价格并不能整合特殊的利差变化，因为没有可依赖的市场参考。

对现金 CDO 进行定价，需要三个构件：一个风险中性的转移矩阵，一个风险中性的资产相关性结构和对瀑布结构的认识。这三个构件，有助于建立一个多阶段基于评级的投资组合模型，以能够捕捉瀑布结构的动态特征，这一瀑布结构受制于负债一侧资产池的表现。

一旦定义了这些元素，我们详细描述获取 CDO 层级公允价值价格的各种方法。

接下来给出的数值方法，由两部分组成：担保物池价值的模拟结果，以及根据类似于由 Longstaff 和 Schwartz 提出（2001）的最小二乘蒙特卡罗方法的技术计算出 CDO 层级价格。该算法首先计算 CDO 到期时每个层级的结算额，并通过估计以每个时间点资产池的表现为条件的每个层级的结算额，来一直向后滚动到票据发行时。

## 6.4.1 资产一侧

### 6.4.1.1 从历史转移矩阵到风险中性转移矩阵[⊖]

为了定价，需要“风险中性”概率，风险中性转移矩阵能够通过历史矩阵和一个企业债券价格集合中求得。

$$\mathbf{Q}(h)=\begin{pmatrix} q_h^{1,1} & q_h^{1,2} & \cdots & q_h^{1,K+1} \\ \vdots & \vdots & & \vdots \\ q_h^{K,1} & q_h^{K,2} & \cdots & q_h^{K,K+1} \\ 0 & 0 & \cdots & 1 \end{pmatrix}$$

所有的 $q$ 概率采用的解释与下列经验转移矩阵相同，不过是在风险中性的度量下。

$$\boldsymbol{P}(h)=\begin{pmatrix} p_h^{1,1} & p_h^{1,2} & \cdots & p_h^{1,K+1} \\ \vdots & \vdots & & \vdots \\ p_h^{K,1} & p_h^{K,2} & \cdots & p_h^{K,K+1} \\ 0 & 0 & \cdots & 1 \end{pmatrix}$$

**1. 非齐次时间的马尔可夫链** 在最初的 Jarrow-Lando-Turnbull（1997）(JLT) 论文中，作者们对风险溢价调整做了以下特定化，能够通过历史数据来计算风险中性概率：

$$q^{i,j}(t,t+1)=\begin{cases}\pi_i(t)\,p^{i,j} & \text{当 } i\neq j \\ 1-\pi_i(t)(1-p^{i,i}) & \text{当 } i=j\end{cases} \tag{6-37}$$

注意风险溢价调整 $\pi_i(t)$ 是确定的，并不依赖于最终评级而只依赖于初始评级。这一假设使得 JLT 能够对于风险中性测度下的转换过程采用一个非齐次时间的马尔可夫链。

风险中性矩阵在真实数据上的计算，可以用下述方式表述。假设违约回收率为相同期限国库库的 $\delta$ 比例，则在 $t$ 时刻期限为 $T$ 的风险零息票债券的价格为

$$P^i(t,T)=B(t,T)\times(1-q^{i,K+1}(1-\delta))$$

因此，我们有

$$q^{i,K+1}=\frac{B(t,T)-P^i(t,T)}{B(t,T)(1-\delta)}$$

---

⊖ 本节的一些内容来自 de Servigny 和 Renault（2004）。

并且因此一年期风险溢价为

$$\pi_i(t)=\frac{B(t,t+1)-P^i(t,t+1)}{B(t,t+1)(1-\delta)q^{i,K+1}} \tag{6-38}$$

JLT 特定化是很容易实施的，但经常造成数值问题，因为在短期内投资级债券的损失概率很低。为避免套利情况存在，风险中性概率必须不能为负。这限制了风险溢价调整应当在这一区间内：

$$0<\pi_i(t)\leqslant\frac{1}{1-p^{i,i}},\quad \text{对所有 } i$$

上面提到，在超过一年的时期内 AAA 级债券违约的历史概率为零。因此，相同事件的风险中性概率也应是零。㊀ 不过，这将意味着短期 AAA 债券利差应该为零。（为什么无违约风险的债券会有利差？）为解决这一数值问题，JLT 假设 AAA 级债券的历史一年期违约概率实际上是 1 个基点。对 AAA 级债券风险溢价的调整因此有了上界。这一上界会经常性地与实际数据不一致，我们之后会看到。

Kijima 和 Komoribayashi（1998）提出了另外一个风险溢价调整的方法，在实际操作中能够保证风险中性概率为正。

$$\pi_{ij}(t)=l_i(t) \qquad \text{当 } j\neq K+1$$

$$q^{i,j}(t,t+1)=\begin{cases} l_i(t)p^{i,j} & \text{当 } i\neq K+1 \\ 1-l_i(t)(1-p^{i,i}) & \text{当 } i=K+1 \end{cases} \tag{6-39}$$

式中，$l_i(t)$ 表示时间的确定性函数，有了这一调整，“负价格”就得到了避免。

**2. 齐次时间的马尔可夫链** 不像之前的学者，Lamb 等（2005）建议计算出一个齐次时间的马尔可夫风险调整后的转移矩阵。这一矩阵依赖于债券的利差，而每个评级类别利差有一个期限结构。

$$\exp(-S_i(t))=(\delta\cdot q_i^{K+1}(t))+(1-q_i^{K+1}(t)) \tag{6-40}$$

式中，$t$ 对应于整数年的到期期限。

为了取得这一矩阵，取最小值㊁

$$\underset{q_i^j(t)}{\mathrm{Min}}\sum_{t=1}^{n}\sum_{i=1}^{K}[S_i(t)-(\delta\cdot q_i^{K+1}(t))+(1-q_i^{K+1}(t))]^2 \tag{6-41}$$

式中，$q_i^{K+1}(t)$ 是 $q_i^j(\cdot)$ 的一个函数。

这一方法的一个小缺陷在于它并不能保证利差与所有期限的市场价格相匹配。

### 6.4.1.2 相关性

在上一章我们已经讨论了相关性。这里要回答一个重要的问题，要使用哪种相关性对现金 CDO 进行定价。

---

㊀ 回想一下，两个等价的概率测度都是空集。

㊁ 如果在最小化过程中，转移矩阵的输入值为负，会出现错误。

一般来说有三种不同的选择：

（1）使用隐含违约资产的相关性。

（2）使用权益相关性。

（3）使用从指数层级的复合相关性平均值得出的相关性水平。

选项（1）中我们所指的相关性，仅涉及现实世界的信用事件（评级下调和违约）。选项（2）中，我们通过权益价格的联动性，捕捉到一些市场联动性。然而，从图 6-13 中我们可以看到，权益相关性低于合成 CDO 指数的平均复合隐含相关性。应用权益相关性，通常用的是与信用计量投资组合池具有可比性的软件产品。这意味着，当使用权益相关性时，在现金 CDO 和合成 CDO 定价之间，可能会有一些价格不匹配。

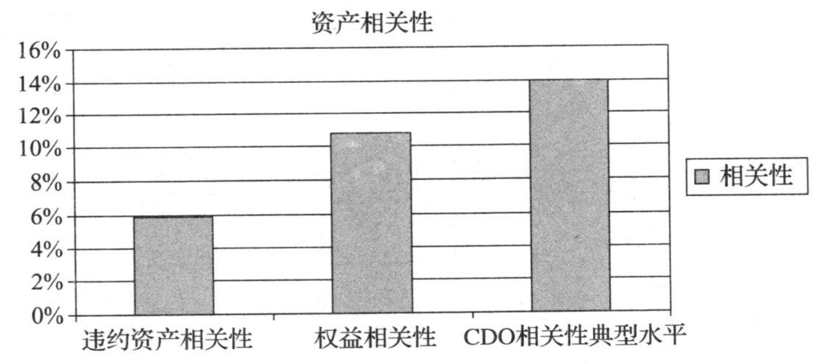


图 6-13　三种资产相关性的比较

注：不同的资产相关性测度比较：违约资产相关性基于 1981 ～ 2005 年数据，权益相关性基于 1998 ～ 2005 年数据，复合相关性水平基于最近时间的典型数据（iTraxx 28/02/06）。

要提到的一个相关问题是，商业银行的 CPM㊀ 团队往往依赖于基于股票相关性的模型，CDO 市场㊁ 的参考品种可能更接近于复合相关性水平。因此，如果银行从分散化中获得的利益并没有想的那么大时，从银行资产负债表上移出敞口会非常昂贵。从银行的角度来看，需要一个评级的想法是为了投资者错配。评级机构通过使用基于违约资产相关性的模型，一般会认为，出表的层级比起还待在银行投资组合中的基础资产，其分散化的好处更大。这一情况，不仅给了投资者关于他们结构化投资风险 / 回报的信心，也在进行脱媒化的过程中创造了足够的超额利差。

接下来，我们将给出，一个投资组合模型中相关性是如何影响迁移过程的。我们考虑一个基于评级的模型，模拟引擎最主要的目的在于，用适当的相关性结构来精确地生成迁移事件。

图 6-14 描述了资产相关性对债务人联合迁移的影响，假设有两个非违约状

㊀ 信用投资组合管理。

㊁ 例如，当投资者试图利用基于相关性交易的价格来估计他们投资的公允价值时。

态（投资级 IG 和非投资级 NIG），以及一个兜底的违约状态 D。

$\rho = 0$

| | IG / IG | IG / NIG | IG / D | NIG / NIG | NIG / D | D / D |
|---|---|---|---|---|---|---|
| IG / IG | 95.9% | 3.9% | 0.2% | 0.0% | 0.0% | 0.0% |
| IG / NIG | 3.6% | 89.2% | 5.2% | 1.8% | 0.2% | 0.0% |
| IG / D | 0.0% | 0.0% | 97.9% | 0.0% | 2.0% | 0.1% |
| NIG / NIG | 0.1% | 6.7% | 0.4% | 82.8% | 9.7% | 0.3% |
| NIG / D | 0.0% | 0.0% | 3.7% | 0.0% | 91.0% | 5.3% |
| D / D | 0.0% | 0.0% | 0.0% | 0.0% | 0.0% | 100.0% |

$\rho = 20\%$

| | IG / IG | IG / NIG | IG / D | NIG / NIG | NIG / D | D / D |
|---|---|---|---|---|---|---|
| IG / IG | 96.0% | 3.7% | 0.2% | 0.1% | 0.0% | 0.0% |
| IG / NIG | 3.7% | 89.2% | 5.1% | 1.7% | 0.3% | 0.0% |
| IG / D | 0.0% | 0.0% | 97.9% | 0.0% | 2.0% | 0.1% |
| NIG / NIG | 0.3% | 6.7% | 0.1% | 83.0% | 9.3% | 0.6% |
| NIG / D | 0.0% | 0.0% | 3.7% | 0.0% | 91.0% | 5.3% |
| D / D | 0.0% | 0.0% | 0.0% | 0.0% | 0.0% | 100.0% |

$\rho = 50\%$

| | IG / IG | IG / NIG | IG / D | NIG / NIG | NIG / D | D / D |
|---|---|---|---|---|---|---|
| IG / IG | 96.2% | 3.3% | 0.1% | 0.3% | 0.1% | 0.0% |
| IG / NIG | 3.7% | 89.6% | 4.7% | 1.4% | 0.7% | 0.1% |
| IG / D | 0.0% | 0.0% | 97.9% | 0.0% | 2.0% | 0.1% |
| NIG / NIG | 0.8% | 5.8% | 0.0% | 84.1% | 8.0% | 1.3% |
| NIG / D | 0.0% | 0.0% | 3.7% | 0.0% | 91.0% | 5.3% |
| D / D | 0.0% | 0.0% | 0.0% | 0.0% | 0.0% | 100.0% |

图 6-14　资产相关性 $\rho$ 不同水平的联合迁移概率比较

该实验用了一个一元模型。多元模型也会给出相似的结果。假设回报率满足联合正态分布，使用的是 Credit Pro® 的联合迁移概率，这些表格为不同资产相关性水平下的二元迁移矩阵。⊖ 为了减少表格的大小，我们假设从投资组合的角度来看 IG/NIG 对和 NIG/IG 对是一样的。因此，二元矩阵都是 $6 \times 6$ 的而不是 $9 \times 9$ 的。

举一个两个非投资级债务人（NIG/NIG 行）的例子，我们可以观察到，随着相关性增加，联合违约概率（和联合升级概率一样）显著增加。

投资组合的多元迁移概率在行数合理的情况下也能计算。在一个 8 分类的标准评级系统中，$N$ 个对手方的投资组合，意味着一个能够迅速处理的 $8^N \times 8^N$ 的迁移矩阵。

在一个信用度量类型的模型中，该过程包含系统因子模拟实现值和特定构件。因此，假设公司都依赖同样的因子，它们的资产回报率是相关的，它们的迁移事件也显示出联动性。当对两个资产回报 $A_1$ 和 $A_2$ 的模拟返回了一个低实现值时，会发生两个债务人 1 和 2 评级的联合下调。资产回报率高度相关，比相互独立更容易发生这一情况。

与高斯连接函数模型不同，基于生存概率的一个信用度量模型需要指定目标时间线。在风险管理中，标准通常是一年时间线。然而，在分析五年期 CDO

⊖ 来自标准普尔的风险解决方案的一个数据库。

层级时，这一期间并不够。有两种可能的解决办法。第一种是考虑一个覆盖五年的单期间模型。这种设定的问题在于，它并不能让我们完整地看到负债一侧的现金流分配情况（例如，在交易的生命期内不能进行担保测试）。第二种是依赖于一个多级动态模型。后一种类型的模型显然更适合现金 CDO 定价。

然而，需要强调一个关于多时间阶段模型的观点。各期间相互独立、每个期间的相关性水平为 $\rho$ 的多期间模型，其效果将低于相应的有相同相关性水平 $\rho$ 的单期间模型。可以直接来解释二者的差异，单期间模型会充满某种自相关性，而在多期间模型中，假设各期间相互独立，基本上相当于没有自相关性。

#### 6.4.1.3　根据投资组合中每条线的评级来计算其价格

在前面的段落中，我们直观地描述了一个信用计量类的模型，对投资组合中任一债务人，怎样模拟在想要的 $t$ 时刻之前的所有评级。[⊖] 接下来要计算出现包括违约的风险中性迁移时产生的利润或亏损。

对“生存的”债务人来说，在 $t$ 时刻资产的价值通过使用在计算时观测到的无风险利率来计算。

我们来考虑一个可违约的固定利率债券 $j\in\{1, \cdots, N\}$，票息为 $c$，期限长于 $t$ 且本金为 $P$。在模拟时间线上其评级为 $i$，其价格为 $V_i(t)$，利差水平在式（6-40）中确定，风险中性的转移矩阵为 $S_i(j)$，对应于期间 $[t; t+j]$ 的远期无风险利率为 $r_{t,\ t+j}$，则有

$$V_i(t) = \sum_{j=1}^{N} \exp[-(r_{t,t+j}j + S_i(j))] + P \cdot \exp[-(r_{t,t+N}N + S_i(N))] \qquad (6\text{-}42)$$

通过对与组合中每个敞口的潜在变量（资产价值）挂钩的一般和特殊因子进行蒙特卡罗模拟，我们能够了解每个债务人在未来某个时刻前的每个子时期内可能实现的评级路径。我们最终能够基于式（6-42）对每个敞口进行定价。

### 6.4.2　负债一侧

#### 6.4.2.1　瀑布结构简要描述

在本节中，我们简单描述资产侧生成的现金流在负债侧的分布情况，这一情况也影响到每个层级的定价。图 6-15 提供了一个层级操作可能情况的示例。

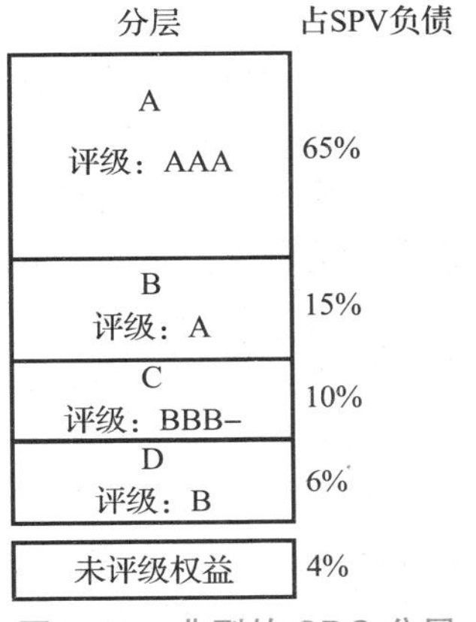

图 6-15　典型的 CDO 分层

资产侧收益的分配通常需要一个相对复杂的定制现金流模型。这一类模型旨在准确反映：

⊖ 更详细的描述见第 4 章。

- 交易资本结构
- 支付优先级
- 对冲
- 费用结构
- 覆盖率测试
- 担保物票息利差
- 本金支付时间表

支付的瀑布或优先级，描述了通过从特殊目的载体到票据持有人、对冲交易对手和其他 CDO 参与机构的收益流。

- 随着资产利息分配、本金摊还和对冲收入而流入 CDO 的现金流。
- 随着手续费、费用、对冲支出、相关票据和优先股利息和本金的支付而流出 CDO 的现金流。

覆盖率测试是在打破某个必要的比率水平时计算在 CDO 结构中的一些比率，这些结构通过对票据进行去杠杆化，改变了担保物收益的分配优先顺序。主要有两种测试：

- 超额担保（OC）测试。这个比率测试的是担保物余额（扣除违约和回收）支持当前负债余额（票据包括递延利息）的能力。
- 利息覆盖率（IC）测试。这个比率测试的是担保物利息收益支持当前负债利息支出的能力（即测试超额利差）。

图 6-16 以通用的方式描述了瀑布式结构的变化。

### 6.4.2.2 对 CDO 层级定价的影响

在给定的瀑布交易结构下，一个结构化敞口的回报，取决于这些敞口资产端所产生的现金流，以及负债端这些现金流如何分配给各个层级，方式很复杂。

在实践中，因为有不同的结构，也有很多定价模型。由于蒙特卡罗方法的计算量通常非常大，Lamb 等（2005）提出一个有趣的快捷方法，它由一个应用了打分技术的定价模型组成。更准确地说，他们的研究表明，有可能可以对每个层级匹配一个回归类型的函数，给出 CDO 在到期时的价格，这个价格是一个函数，其自变量是 CDO 池中债务人的潜在变量的一个向量。进而，资产池到期之前，任何一个层级的价格都可以很容易地通过适当的折现求得。在计算速度上，每笔交易的定价函数提供准确的结果，通常需要不到 10 000 次蒙特卡罗模拟。Lamb 等（2005）执行的测试表明，这类模型对一阶矩、在险价值和预期缺口的计算具有良好的表现。这个模型对套期保值也提供了有趣的和准确的策略。

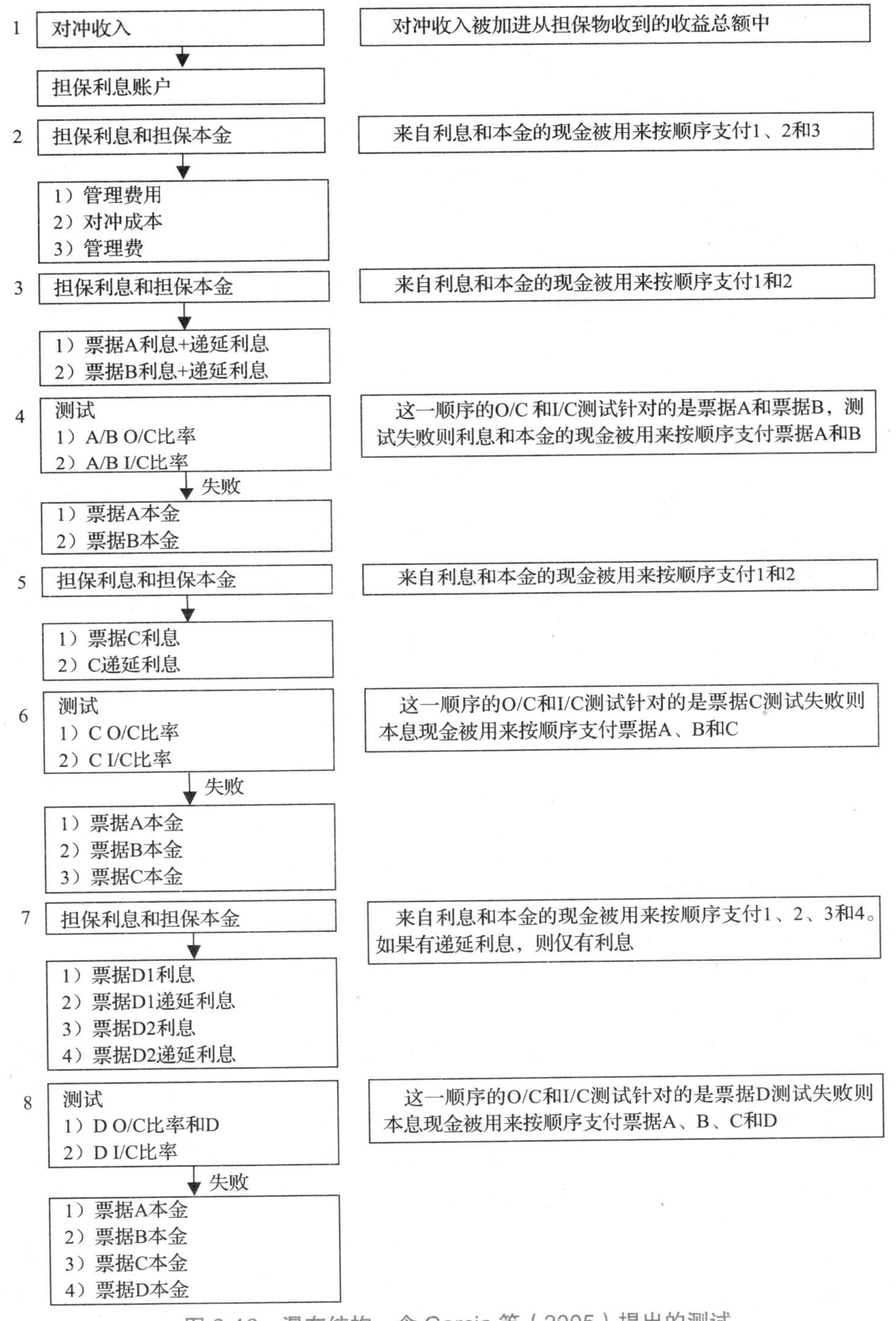


图 6-16　瀑布结构，含 Garcia 等（2005）提出的测试

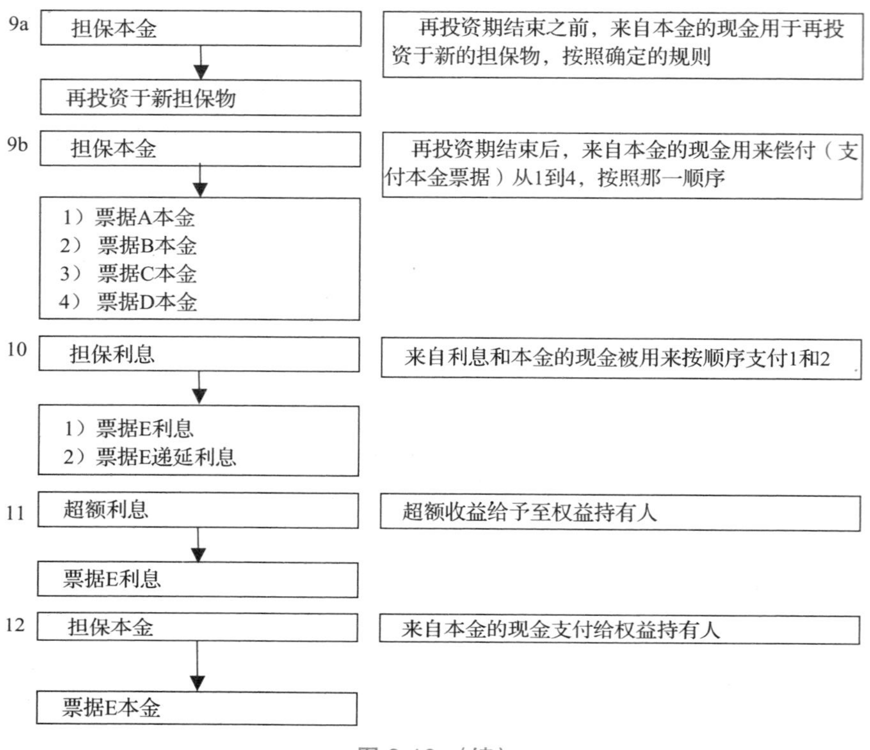


图 6-16 （续）

## 6.5 结论

在这一章，我们给出了一些关于合成 CDO 和现金 CDO 市场中最有名的定价技术的看法。我们很难完全覆盖方方面面，因为这一领域中学术以及应用研究成果太多，也在不断地产生。

我们已列出的这些方法的主要意图，重点在于用一种简洁的方法使用数据，从而生成准确的结果。但我们可以看到，最近的技术往往并不那么简洁明了。我们可以问自己一个问题：为了匹配市场价格，最少需要多大量的适当信息（因子和参数）？在这方面，Longstaff 和 Rajan（2006）建议，一元模型对于 CDO 层级的准确定价而言过于简单。他们主张一般因子的理想数量应该为 2，以保证能够解释特定企业、产业和整个经济的事件。在这一设定的基础上，这些模型就能够识别 CDX 指数的三个损失态势（loss regime）。这些态势对应于 0.4%、6% 和 35% 的损失水平，并且会分别平均每 1.2、41.5 和 763 年发生。第一种公司特定的态势通常占据了 65% 的时间，第二个行业特定的态势占据了 27% 的时间，第三个灾难性风险的态势占据了剩下的 8%。作者们可能并没有一个足够大的数据样本来断言这些结果，他们只有两年的 CDX 指数日度观测数据。然而，这些一手的统计结果也是一个很有趣的视角。

## 参考文献


Andersen, L. (2005), "Base correlation, Models and Musings," in PPT presentation ICBI Credit Derivative Conference, Paris.

Andersen, L., and J. Sidenius (2005), "Extensions to the Gaussian copula: Random recovery and random factor loadings," *Journal of Credit Risk*, 1(1).

Andersen, L., J. Sidenius, and S. Basu (2003), "All your Hedges in One Basket," *Risk*, November, 67–72.

Black, F., and M. Scholes (1973), "The pricing of options and corporate liabilities," *Journal of Political Economy*, 81, 637–654.

Burtschell, X., J. Gregory, and J. P. Laurent (2005), "A comparative analysis of CDO pricing models," working paper.

Debuysscher, A., and M. Szego (2005), "Fourier Transform Techniques applied to Structured Finance," PPT presentation Moody's.

de Servigny, A., and O. Renault (2004) "Measuring and Managing Credit Risk," McGraw Hill book.

di Graziano, G., and L. C. G. Rogers (2005), "A new approach to the modelling and pricing of correlation credit derivatives," working paper Statistical Laboratory, University of Cambridge.

Duffie, D., and K. J. Singleton (1998), "Modeling the term structures of defaultable bonds," *Review of Financial Studies*, 12, 687–720.

Duffie, D., and N. Gârleanu (2001), "Risk and the valuation of collateralized debt Obligations," *Financial Analysts Journal*, 57, 41–59.

Elouerkhaoui, Y. (2003a), "Credit risk: Correlation with a difference," working paper, UBS Warburg.

Elouerkhaoui, Y. (2003b), "Credit Derivatives: Basket asymptotics," working paper, UBS Warburg.

Finger, C. C. (2005), "Issues in the pricing of synthetic CDOs," *Journal of Credit Risk*, 1(1).

Frey, R., and A. McNeil (2003). "Dependent defaults in models of portfolio credit risk," *Journal of Risk*, 6(1), 59–92.

Garcia, J., T. Dewyspelaere, R. Langendries, L. Leonard, and T. Van Gestel (2005), "On rating cash flow CDO's using BET technique," Dexia working paper.

Gibson, M. (2004), "Understanding the risk of synthetic CDOs," working paper FED.

Giesecke, K. (2003), "A simple exponential model for dependent defaults," *Journal of Fixed Income*, December, 74–83.

Gregory, J., and J.-P. Laurent (2003), "I Will Survive," *Risk*, June, 103–107.

Hull, J., and A. White (2003), "Valuation of a CDO and an nth to default CDS without Monte Carlo simulation," working paper J. L. Rotman School of Management, University of Toronto.

Hull, J., and A. White (2004), "Valuation of a CDO and an nth to default CDS without Monte Carlo simulation," *Journal of Derivatives*, 2, 8–23.

Hull, J., and A. White (2005), "The perfect copula," working paper J. L. Rotman School of Management, University of Toronto.

Jarrow, R. A., D. Lando, and S. M. Turnbull (1997), "A Markov model for the term structure of credit risk spreads," *The Review of Financial Studies*, 10, n. 2, 481–523.

Joshi, M., and A. Stacey (2005), "Intensity gamma: a new approach to pricing. portfolio credit derivatives," working paper.

Kalemanova, A., B. Schmid, and R. Werner (2005), "The normal inverse Gaussian distribution for synthetic CDO," working paper.

Kijima, M., and K. Komoribayashi (1998), "A Markov Chain Model for Valuing Credit Risk Derivatives," *Journal of Derivatives*, Fall, 97–108.

Lamb, R., V. Peretyatkin, and W. Perraudin (2005), "Hedging and asset allocation for structured products," working paper Imperial College.

Li, D. (2000), "On default correlation: a Copula approach," *Journal of Fixed Income*, 9, 43–54.

Lindskog, F., and A. McNeil (2003), "Common poisson shock models: Applications to insurance and credit risk modelling," *ASTIN Bulletin*, 33(2), 209–238.

Longstaff, F., and A. Rajan (2006), "An empirical analysis of the pricing of collateralized debt obligations," working paper.

Longstaff, F., and E. Schwartz (2001), "Valuing American options by simulation: a simple least-squares approach," *Review of Financial Studies*, 14(1), 113–147.

McGinty, L., E. Bernstein, R. Ahluwalia, and M. Watts (2004), "Introducing Base Correlations," JP Morgan.

O'Kane, D., and L. Schloegl (2001), "Modeling Credit: Theory and Practice," Lehman Brothers International.

Pain, A., O. Renault, and D. Shelton (2005), "Base correlation, The term structure dimension," Fixed Income Strategy and Analysis paper Citigroup, 09-12-05.

Prince, J. (2006), "A general review of CDO valuation methods," Global Structured Credit Strayegy paper Citigroup, 15-02-06.

Rott, M. G., and C. P. Fries (2005), "Fast and robust Monte Carlo CDO sensitivities," working paper.

Schönbucher, P., and D. Schubert (2001), "Copula dependent default risk in intensity models," working paper, Bonn University.

Schönbucher, P. J. (2005), "Portfolio losses and the term structure od loss transition rates: a new methodology for the pricing of portfolio credit derivatives," Working Paper.

Shelton, D. (2004), "Back to Normal," Global Structured Credit Research, 20-08-04.

Sidenius, J., V. Piterbarg, and L. Andersen (2005), "A new framework for dynamic portfolio loss modelling," Working Paper.

St Pierre, M., E. Rousseau, J. Zavattero, and O. van Eyseren (2004), "Valuing and hedging synthetic CDO tranches using base correlations"—Bear Stearns Credit Derivatives.

Vasicek (1987), "Probability of loss on loan portfolio," working paper, KMV Corporation.

Vasicek, O.A. (1997), *"An equilibrium characterization of the term structure," Journal of Financial Economics*, 5, 1997–288.

第 7 章

# CDO 的风险管理简介

Norbert Jobst

## 7.1 导论

近些年来，由于 CDO 市场的发展，尤其是合成 CDO 市场和相关交易的迅猛发展，引起了对于上述产品的定价和风险管理需求不断加大。目前，该市场的主要研究方法是基于静态高斯连接模型，通过引入一种基本相关性（base correlation）取代原本的复相关性（compound correlation），进一步解释现实当中所出现的相关性“微笑”（偏度）。而最近越来越多的动态模型也被许多从业人员和学者所关注，例如在模型中考虑加入信贷利差或者其他模型参数，等等。目前，所有的定价方法都是基于风险中性定价原则，对基于复制的观点很少有人提及，而这个观点同样可以为实际中的对冲和风险管理带来发展。目前风险管理一般强调静态的风险度量，如一个 CDO 投资者及时（评级角度）收到全部本金和利息的可能性，或者和市值有关的敏感度，还有经常被相关投资者和交易员所运用的“指标”（the greeks）。

这章主要关注基于市值风险评估，而在下一章节则涉及被评级机构或“买入并持有”投资者所运用的静态风险度量的简要概述。本章作为第 8 章的补充，之前许多理论上的概念将在这里和实际相结合。因此，本章重点是要概括性地介绍这些“指标”，并且对它们在实践中的运用提出指导意见，而下一章节则会着重探讨一些很著名的合成 CDO 交易策略。对于涉及定价的章节，许多推论都是由高斯连接模型推导而得，除此之外我们还将提供运用基于模拟方法以及半解析方法的具体细节。

## 7.2 风险度量 1：信用风险和评级机构角度

评级机构如标准普尔、穆迪、惠誉或者 DRBS，一直关注 CDO 投资者所面对的风险。这些机构的部分观点是基于统计模型而得。例如，穆迪的评级是一种被称作"预期损失"的评估，一个 CDO 分支的预期损失被评估出来之后，还要和各种各样的特定评级目标相比较。另一方面，标准普尔则是运用"违约概率"或者"损失 1 美元"的概念，估计一个投资者遭受任何损失的可能性。

所有这些方法都是以某种方式估计 CDO 分支投资者在整个交易过程中可能面临损失的概率。传统上来说，损失的定义局限于从买入并持有的投资者的角度来看，因此损失仅仅是由于违约引起的，但是最近评级机构开始关注评估按市值调整的价格风险。所以，我们将重点关注一笔交易直到到期日由于违约所带来的潜在损失。

更进一步说，我们考虑一个组合，它是一份包含有 $N$ 个不同债务人合约的 CDO，设第 $i$ 个债务人合约的违约时间为 $\tau_i$。如果 $\tau_i$ 小于该份 CDO 的到期 $T$，那么该份债务人合约的损失 $L_i=N_i\times(1-\delta_i)$，其中 $N_i$ 为第 $i$ 份合约的违约风险暴露，[㊀] $\delta_i$ 为该份合约的回收率。这样我们就可以得出该组合到到期日 $T$ 时的损失

$$L(T)=\sum_i N_i\times(1-\delta_i)\times 1_{\{\tau_i\leqslant T\}} \tag{7-1}$$

式中，$1_{\{\tau_i\leqslant T\}}$ 为第 $i$ 份合约违约的示性函数。[㊁]

在实际运用当中，组合损失的分布可以被不同的方法有效地确定，有的方法精确度还会很高，而对于这些不同方法所产生的差别已经在第 4 章和第 6 章讨论过了。

绝大多数的评级机构运用的是基于模拟的方法，该方法是要先生成相关联的违约时间 $\tau_i$，在这种情况下，组合损失的分布就可以轻松确定。本书也将在第 10 章更加深入地讨论标准普尔的模拟模型和 CDO 评估程序的细节。

### 7.2.1 CDO 风险度量和评级结果

从现在开始，我们假设模型计算出组合的损失分布，$F_{L(T)}=P(L(T)\leqslant l)$，并且每份合约的违约时间 $\tau_i$ 是可得的，下面我们将介绍一些经常被"买入并持有"的投资者或者评级机构所运用的风险度量参数。

#### 7.2.1.1 分支违约概率

给定一份 CDO 分支 $T_j$，其中该分支承担损失的起始点为 $A_j$，承担损失的脱离点为 $D_j$（那么该分支的厚度为 $D_j-A_j$），那么该分支的违约概率也就是组合

㊀ 回收率可以是一个常数，也可以来自于某一分布。

㊁ 括号内表达式为真时，违约指数为 1，否则为 0。

在到期日 $T$ 损失超过 $A_j$ 的概率，即

$$PD^{T_j}=1-F_{L(T)}(A_j)=P(L(T)>A_j)=E[1_{\{L(T)>A_j\}}] \tag{7-2}$$

式中，$E[]$ 表示的是期望。这种方法主要是以违约概率为基础对合成 CDO 分支进行评级，前面所说的标准普尔正是运用此种方法。

### 7.2.1.2 预期分支损失

相对于仅仅关注一个 CDO 分支投资者是否受到损失，我们更应该关注这些损失到底有多大。设分支 $T_j$ 在到期日 $T$ 的累积损失为 $L^{T_i}(T)$，那么可得

$$L^{T_i}(T)=(L(T)-A_j)1_{\{A_j\leqslant L(T)\leqslant D_j\}}+(D_j-A_j)1_{\{L(T)\geqslant D_j\}}$$

那么预期分支损失为

$$\begin{aligned}EL^{T_j}&=E\left\lfloor L^{T_j}(T)\right\rfloor=E\left\lfloor (L(T)-A_j)1_{\{A_j\leqslant L(T)\leqslant D_j\}}+(D_j-A_j)1_{\{L(T)\geqslant D_j\}}\right\rfloor\\&=(D_j-A_j)Q_{L(T)}(D_j)+\int_{A_j}^{D_j}(l-A_j)\,\mathrm{d}F_{L(T)}(l)\end{aligned} \tag{7-3}$$

该模型可以通过蒙特卡罗模拟实现。如果连结概率 $Q_{L(T)}(l)=1-F_{L(T)}(l)$ 可以通过（半）解析方法求得，那么我们可以把两个部分联合起来，并且通过 $-Q_{L(T)}(l)/\mathrm{d}l=F_{L(T)}(l)/\mathrm{d}l$，将上述公式通过连结概率重写为

$$EL^{T_j}=\int_{A_j}^{D_j}Q_{L(T)}(l)\,\mathrm{d}l \tag{7-4}$$

穆迪公司度量分支风险的部分内容就是运用上述预期损失模型。

### 7.2.1.3 分支损失率

在分支损失率和分支违约概率不相关的假设下，通过预期分支损失和分支违约概率，可以简单求出分支损失率 $\mathrm{LGD}^{T_j}=E(L^{T_j}(t))/\mathrm{PD}^{T_j}$。

正如前面讨论的那样，一个典型的评级机构评价主要是基于分支损失的概率，就其本身而言，对信用组合模型的前提假设（例如高斯连接模型）比较敏感。这些假设条件主要是来源于历史评级、违约数据、违约概率还有期望，而这些数据都是经过“真实世界”或者“历史”考量，所以下面的假设经常被标注为“市场推导”或者“风险中性”。对于公司信用，例如风险中性违约概率平均下来是根据平时观察所得概率的 2 ～ 5 倍，因此投资者间接地承受了一定的风险溢价。更好的关于 CDO 风险管理的介绍可见 Gibson（2004）。

## 7.3 风险度量 2：市场风险、敏感性度量和对冲

相关投资者和交易员不仅仅关注相关产品的信用违约风险，同样也关心

其市值风险，例如利差、凸性、相关敏感性还有波动率和相对价值（风险 / 回报）。除此之外，买入并持有的投资者则主要关注期限内的风险以及关于市值风险暴露的内部评估报告。另一方面，相关交易员设计一定的结构用来充分满足对冲策略的需要，并且从相对价值的角度寻找比较低的凸性、波动率和相关性。敏感性度量则是着重观察当市场行情和定价参数发生变化时一个 CDO 分支的价格变化情况。这对于 CDO 分支尤其重要，特别是当上述变化对优先级和厚度不同的分支产生巨大影响的时候。表 7-1 给出了在接下来的章节中重点讨论的各种敏感性度量指标。

表 7-1　市值的敏感性度量（“希腊字母”）

| 敏感性 | 解　释 |
| --- | --- |
| 利差敏感性：Delta | 层级价格相对于信用利差发生微小变动的敏感性。通常，该敏感性会涉及到单一标的的信用利差变动，也会涉及到整个市场的变动 |
| 层级杠杆：Lambda | 在给定层级的名义规模下，杠杆通常会成倍放大该层级的 Delta 值，并且指明利差风险是如何在不同层级之间传递的 |
| 利差凸性：Gamma | 层级价格相对于信用利差发生较大变化的敏感性。当组合头寸维持 Delta 中性时 Gamma 就显得十分重要，因为它能让大家在单个标的利差或整个市场利差发生较大变动时了解层级市值的变动 |
| 时间衰减：Theta | 层级价值随着时间流逝的变动。当组合头寸 Delta 中性时，维持其他参数不动，随着时间的流逝，投资组合可能不会对利差维持中性，此时 Theta 显得十分重要 |
| 相关性敏感性：Rho | 当“隐含”符合或者基本相关性发生变化时层级价格的变化 |
| 违约敏感性：Omega | 当资产组合中一个或多个标的发生违约时层级价值发生的变化。Omega 也被定义为违约时价值（VoD）或者跃迁至违约（JTD），特别对于 Delta 对冲的头寸有着十分重要的作用 |

在剩下来的内容当中，我们将从介绍这些敏感性指标的定义到讨论如何在实际中计算并且运用这些指标。为了构建这些敏感性指标，在第 6 章中有关定价所提出的一致性估值框架，将在本章有所介绍。

### 7.3.1　一阶利差敏感性：Delta

在实践中，对于一个 CDO 分支的利差风险，往往采用买一个并且卖一个 CDS 对其进行对冲保护。当然这并不能针对所有 ST CDO 中的风险，但和进入市场后用完全相同的交易进行平仓相对比，上述的方法仅仅只能对冲部分风险。但是由于 ST CDO 的特殊性，这样的平仓交易很少出现。随着近期标准化的指数分值不断增长，目前以美国 CDX 指数为标的的 ST CDO 和以欧洲 ITraxx 指数为标的的 ST CDO 已可以实现上述的平仓交易。根据合成分支组合与 CDS 指数中的成分相似程度，该指数的流动分支可以提供一个很好的对冲。在实践当中，相对于单一标的 CDS，流动指数可以被直接用于控制利差敏感性。我们这里用单一或者微观利差敏感性来表示单一利差敏感性，对于整个组合的利差敏感性则用市场或者宏观息差敏感性（Credit01[⊖]）来表示。

#### 7.3.1.1　定义单一标的 Delta

信用利差不断增大（在其他条件保持不变的情况下）会导致预期组合的损失也不断增大，相应地，所有分支的预期损失也在加大。因此当标的组合的信用利差发生变化时，ST 头寸主要取决于整个组合的市值变动。为了对冲一个分支的买方（卖方）头寸，需要根据 delta 买入（卖出）相应的保护措施。这里我们定义在标的组合中第 $j$ 个债务信用的 delta 为 $\Delta_i^{T_j}$，表示经销商为了对冲 $T_j$ 分支关于第 $i$ 个债务人信用利差发生变化导致的市值风险，需要买入或者卖出的保护合约数量。

在实际当中，利差的变化会影响分支市值的损失，同样也会导致单一标的的 CDS 或者对冲组合的损益（$\Delta \mathrm{MtM}_i^{T_j}$）。因此，当第 $i$ 个债务人的信用利差发生微小变化时，持有 $\Delta_i^{T_j}$ 个关于第 $i$ 个债券（第 $i$ 项债务）的 CDS 所产生的损益和持有一份该 CDO 分支相同，即

$$\Delta_i^{T_j} \cdot \Delta \mathrm{MtM}_i(\vec{x}) = \Delta \mathrm{MtM}_i^{T_j}(\vec{x})$$

这样我们就可以得到

$$\Delta_i^{T_j} = \frac{\Delta \mathrm{MtM}_i^{T_j}(\vec{x})}{\Delta \mathrm{MtM}_i(\vec{x})} \tag{7-5}$$

式中，$\vec{x}$表示为计算市值所需要的参数。在高斯连接框架下，结合复相关性内容，$\vec{x}$要包含时间 $t$ 和到期日 $T$，信用利差向量$\vec{\mathrm{S}}(t) := \vec{S}(t) := (S_1(t), \ldots, S_N(t))$，式中 $S_i(t)$ 表示第 $i$ 个债务人在 $t$ 时刻的信用利差回收率向量 $\vec{\delta} := (\delta_1(t), \ldots, \delta_N(t))$，以及复相关系数（矩阵）$\rho$。

在下面的例子中，被用来对冲一个 CDO 分支利差敏感性的 CDS 期限和该 CDO 分支相同。我们在后续章节中将会解释有关及时利率的参数，并且除非有特殊说明，均假设其他参数保持不变。为了计算 delta，需要在以后引入单一标的 CDS（single name CDS）和 CDO 分支的市值。

#### 7.3.1.2　单一标的（债券）CDS 的市值

我们定义$Q(t, T, S_i(t)) = \exp\left(-\int_t^T \lambda_s(S_i(t))\,\mathrm{d}s\right)$，其中 $\lambda_s(S_i(t))$ 表示在 $s$ 时刻的风险率，该风险率可以通过对在 $t$ 时刻信用利差曲线 $S_i(t)$ 运用 bootstrapped 方法得到。（详见第 3 章和本章附录 7A 对信用利差数据运用拔靴法计算风险率的内容）。

---

⊖　CS01 和 Credit01 中的“01”表示信用利差的一个小的、1 个基点的平移。

当一个定价日期为保费支付日期时（这里为了简化符号，将累积盈利和累积保费支付忽略掉），一个违约互换的市值可以用买入的保护措施头寸来表示。

$$\mathrm{MtM}_i(t_v, T, S_i(t_v)) = (S_i(t_v) - S_i(t_0))\mathrm{RiskyPV01}(t_v, T, S_i, (t_v))$$

式中，$t_v$ 表示定价日期和支付保费日期，并且

$$\begin{aligned}&\mathrm{RiskyPV01}(t_v, T, S_i(t_v))\\&= \sum_{n=1}^{N} D(t_{n-1}, t_n)B(t_v, t_n)\Big[Q(t_v, t_n, S_i(t_v)) + \frac{1_{\{PA\}}}{2}\Big(Q(t_v, t_{n-1}, S_i(t_v))\\&\qquad - Q(t_v, t_n, S_i(t_v))\Big)\Big]\end{aligned} \tag{7-6}$$

式（7-6）表示用来投资有关第 $i$ 个债券（第 $i$ 项债务）CDS 一个单位所产生的现值。这里 $1_{\{PA\}}=1$ 当且仅当把累积保费考虑进去。$B(t, T)$ 表示以 Libor 折现因子，$D(t_{n-1}, t_n)$ 表示以两个支付保费日期间的天数（以日为计数单位），$t_N = T$ 为交易截止日期。

O'Kane 和 Turnbull（2003）表明式（7-6）是一个很好的近似

$$\mathrm{RiskyPV01}(t_v, T, S_i(t_v)) = \sum_{n=1}^{N} \int_{t_{n-1}}^{t_n} \mathrm{D}(t_{n-1}, s)B(t_v, s)Q(t_v, s, S_i(t_v))\lambda_s(S_i)\,\mathrm{d}s$$

式中，有关累积保费的计算可以通过模型更加精确地得到。

为了确定 $\Delta_i^{T_j}$，设第 $i$ 张债券（第 $i$ 项债务）在初始时刻 $t=t_0$ 的信用利差有 1bp 的平移，那么 MtM 的变化，即 $\Delta\mathrm{MtM}_i$ 为

$$\begin{aligned}\Delta\mathrm{MTM}_i &:= \Delta\mathrm{MTM}_i(t_0, T, S_i(t_0), S_i(t_0)+1\,\mathrm{bp})\\&= \mathrm{MTM}_i(t_0, T, S_i(t_0)+1\,\mathrm{bp}) - \mathrm{MTM}_i(t_0, T, S_i(t_0))\\&= \mathrm{MTM}_i(t_0, T, S_i(t_0)+1\,\mathrm{bp})\\&= (S_i(t_0)+1\,\mathrm{bp} - S_i(t_0))\,\mathrm{RiskyPV01}(t_0, T, S_i(t_0)+1\,\mathrm{bp})\\&= (1\,\mathrm{bp})\,\mathrm{RiskyPV01}(t_0, T, S_i(t_0)+1\,\mathrm{bp})\end{aligned}$$

注意，第三个等式是由于在 $t=0$ 时刻，如果该 CDO 的定价合理，那么保护性支柱和溢价支柱（保费支柱）（protection leg and premium leg）的现值相等。所以，MtM 在 $t=0$ 时刻等于 0。

### 7.3.1.3 ST CDO 的市值（盯市）

为了计算分支的 delta，我们也需要求出由于信用利差平移 1bp 而导致合成 CDO 中某一特定分支的 MtM（市值）变化。在 $t_0=0$ 时，一个合成 CDO 分支 $T_j$ 的保护支柱现值为：

$$\mathrm{PPV}^{T_j}(t_0, T, S(t_0)) = \sum_{k=1}^{K} B(0, t_k)\Big(EL^{T_j}(t_k) - EL^{T_j}(t_{k-1})\Big) \tag{7-7}$$

式中，$EL^{T_j}(t_k) = EL^{T_j}(t_0, t_k, S(t_0)) = E\{\max[\min(L(t_k) - A_j, D_j - A_j), 0]\}$，表示分支

从 $t_0$ 时刻开始到 $t_k$ 时刻运用利差信息（曲线）计算得到的累积预期损失。$S(t_0)$ 表示标的组合中所有单个标的（债券）的信用利差向量。正如之前所说的，分支的预期损失可以通过一个完备的模型计算出来，例如运用高斯连接，并且通过各种各样的数值计算技术例如蒙特卡罗模拟、快速傅里叶变换技术、递归程序模型或者代理集成方法。我们已在第 6 章介绍了这些方法。

在给定（过去）分支预期损失估计的情况下，我们同样可以计算出费用支柱或者溢价支柱（保费支柱）的现值，

$$FPV^{T_j}(t_0,T,S(t_0)) = S^{T_j}(t_0,T,S(t_0))\sum_{k=1}^{K}\Big[B(0,t_k)D(t_{k-1},t_k) \times\Big(D_j - A_j - EL^{T_j}(t_k)\Big)\Big] \tag{7-8}$$

定义分支 PV01 为投资 1bp 到分支 $j$ 的现值

$$\mathrm{TrPV\,01}^{T_j}(t_0,T,S(t_0)) := \mathrm{CS\,01}(t_0,T,S(t_0)): = \sum_{k=1}^{K}B(0,t_k)D(t_{k-1},t_k)\times\Big(D_j - A_j - EL^{T_j}(t_0,T,S(t_0))\Big)$$

在 $t=0$ 时刻，分支 $j$ 的市值（MtM）定义为费用和保护支柱现值的差值。在公平定价的假设下，分支 $j$ 的市值（MtM）在交易开始阶段为 0

$$(\mathrm{MtM}^{T_j}(t_0,\ T,\ S(t_0)) = \mathrm{FPV}^{T_j}(t_0,\ T,\ S(t_0)) - \mathrm{PPV}^{T_j}(t_0,\ T,\ S(t_0)) = 0$$

则合理的分支利差，$S^{T_j}(t_0,\ T,\ S(t_0))$ 在以后保费（溢价）支付日 $t_v$（为了保持符号简单），则 MtM 表示为

$$\mathrm{MtM}^{T_j}(t_v,T,S(t_v)) = S^{T_j}(t_0,T,S(t_0))\,\mathrm{TrPV\,01}(t_v,T,S(t_v)) - \mathrm{PPV}^{T_j}(t_v,T,S(t_v))$$

随着时间的变化上式不等于 0，并且利差和其他定价参数都发生改变，因此

$$S^{T_j}(t_v,T,S(t_v)) = \frac{\mathrm{PPV}^{T_j}(t_v,T,S(t_v))}{\mathrm{TrPV\,01}^{T_j}(t_v,T,S(t_v))}$$

我们得到

$$\mathrm{MtM}^{T_j}(t_v,T,S(t_v)) = \Big(S^{T_j}(t_0,T,S(t_0)) - S^{T_j}(t_v,T,S(t_v))\Big)\mathrm{TrPV\,01}(t_v,T,S(t_v))$$

为了计算 $\Delta_i^{T_j}$，需先计算第 $i$ 张债券（第 $i$ 项债务）信用利差发生 1bp 平移导致的分支市值的变化。

$$\begin{aligned}\Delta\,\mathrm{MtM}_i^{T_j} &:= \Delta\,\mathrm{MtM}_i^{T_j}(t_0,T,S(t_0),S^{i01}(t_0)) \\ &= \mathrm{MtM}^{T_j}(t_0,T,S^{i01}(t_0)) - \mathrm{MtM}^{T_j}(t_0,T,S(t_0)) \\ &= \mathrm{MtM}^{T_j}(t_0,T,S^{i01}(t_0)) \\ &= (S^{T_j}(t_0,T,S(t_0)) - S^{T_j}(t_0,T,S^{i01}(t_0)))\,\mathrm{TrPV\,01}(t_0,T,S^{i01}(t_0))\end{aligned}$$

式中 $S^{i01}(t):=(S_1(t), \cdots, S_{i-1}(t), S_1(t)+1bp, S_{i+1}(t), \cdots, S_N(t))$ 表示信用利差向量，只有第 $i$ 张债券（第 $i$ 项债务）的信用利差有 1bp 的平移而其他债券的利差保持不变。

之前的讨论只是简单描述上述方法，这个方法通常被称为简单匹配算法或者“调试”（bumping）方法，具有比较强的灵活性并且独立于实际运用的估值模型。为了计算市值的变化，预期分支损失需要在不同时间节点上及时有效地估计出来。与此同时，模拟是总体上可行的，并且越有效的估计方法越好，尤其在需要重复计算每一个标的（债券）的时候。尽管对于分支 delta 没有统一的明确的分析表达式，但是从业人员和学者已经开发出各种各样可以有效并且精确计量分支敏感度的方法。这些方法主要是为了发展成为特定的定价模型，或者对这些模型进行数值实现，这里对 $\partial \mathrm{MtM}^{T_j}(t_0, T, S(t_0))/\partial S_i(t_0)$ 是运用准确的定义而不是近似的估计。

$$\frac{\partial \mathrm{MtM}^{T_j}(t_0,T,S(t_0))}{\partial S_i(t_0)}(1\ \mathrm{bp}) \approx \Delta \mathrm{MtM}_i^{T_j}$$
$$= \mathrm{MtM}^{T_j}(t_0,T,S^{i01}(t_0)) - \mathrm{MtM}^{T_j}(t_0,T,S(t_0))$$

比较常用的是运用封闭解（解析解）或者半封闭解（半解析解）来解决上述分部积分问题。

附录 7B 介绍了一种运用半分析（解析）方法计算分支价格关于利差发生微小变动的敏感性，该方法主要是运用 Andersen 等（2003）在第 6 章中提及的递归方法。

附录 7C 介绍了关于 Greenberg 等（2004）的 LH+ 模型，该模型是用封闭解来计算利差对冲。该模型是基于大量同质组合近似加上一个额外的资产，来计算出敏感度。Joshi 和 Kainth（2003），Rott 和 Fries（2005），以及 Glasserman 和 Li（2003）相关文献，主要是运用模拟的方法，从不同角度出发，精确计算 CDO 和组合敏感度。在附录 7D 中介绍 MC deltas，还有提及 Brash（2004）再次运用分析和半分析方法解决 CDO 和 CDO 平方结构的敏感性。

### 7.3.1.4 对冲和 delta 敏感度

根据定义，分支主要是用 delta 对冲来免疫利差的变化。对于较大的利差变化，巨大的利差风险（即利差凸性，spread convexity）会需要在交易过程中进行动态平衡对冲。在这样的交易过程中，由于平衡对冲的频率较大加上买卖价差的存在，会产生巨大的交易费用。更进一步地说，由于合成 ST CDO 的定制特性，使得一些标的流动性比较差。虽然如此，分支 delta 依然是能够衡量 CDO 表现的指标，并且是主要的风险管理工具。如果人们对 delta 有着充分的理解，那么就可以运用利差敏感度设计出相应的交易策略。同样地，也可以设计出这样的一个交易策略，使得当利差的变动符合一定预期时，一开始的 delta 错配就会逐渐变为 delta 中性。所以我们将要回顾分支 delta 对许多影响 CDO 变化参数的敏感性。

1. Delta 和资本结构

总的来说，单名债券（single name）的 delta 会随着资本结构的降低而变大，换句话说，低等级的次级债务则会带来高 delta。

2. Delta 和信用利差水平

在风险中性的世界中，高等级的信用利差往往要比低等级的信用利差更早地发生违约。违约发生得越早，对于权益分支产生的影响越大，使得更广交易债券（wider trading names）的权益分支产生更高的 delta。同样地，低等级的信用利差则表明预期违约发生时间将会比组合中平均违约时间更晚，这些债券将更可能影响到主要分支。因此，利差较小的债券 delta 往往要比利差较大的主要分支 delta 更大，对于低级别的分支（例如权益分支）情况恰好相反。图 7-1 展示了信用利差 delta 占名义本金的百分比。㊀

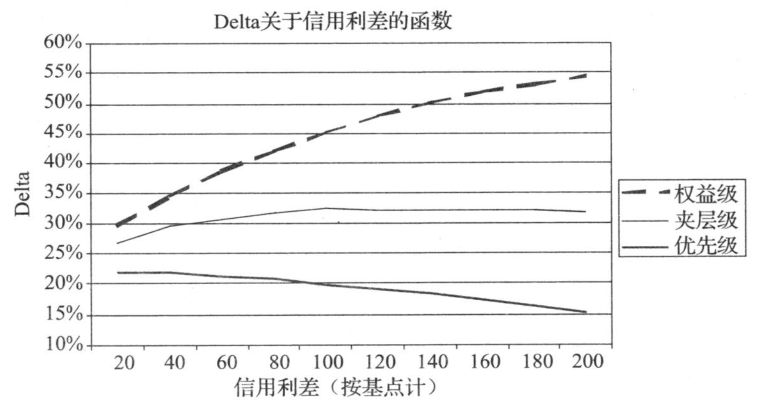


图 7-1 Delta（以名义金额的百分比计量）：关于信用利差的函数

我们可以考虑这样一个同质的资产池（同样的利差、追偿条款以及相关性），对于每一级债券来说 delta 都相等。图 7-1 展示了夹层分支关于信用利差水平的变化方向具有不确定性。

对于权益分支来说，如果由于预期违约时间提前到来，那么会导致相应标的的信用利差加大（假设组合利差只有很微小的变化），单一标的（债券）的 delta 会及时上升。对于主要分支，虽然 delta 会随着单个信用利差变大而降

㊀ 表现利差敏感性的实际例子基于这样一个组合：50 个同质的信用资产，面值均为 1 千万美元，以 100 基点利差交易，回收率假设为 38%。此外，复合相关性假设是水平的，值为 25%。权益级、夹层级和优先级分别为 0 ~ 4%、4 ~ 8% 和 8 ~ 12%。

低，但是由于估计预期违约会提前发生，所以对于权益分支的影响要比主要分支大。

当然，在实践当中，对于多种标的信用利差可能会同时扩大，那么大家就会开始考虑，如果所有信用组合的利差同时变宽，那么单个标的的 delta 将如何变化。组合中所有标的信用利差不断累积变大从而增加许多债券同时发生违约的概率，但是降低了一小部分债券发生违约的概率。因此，由于主要分支的利差敏感度上升，导致了每一个单独主要分支的 delta 变大，而每一个单独权益分支的 delta 变大，则导致权益部分的利差敏感度降低。当所有的利差变窄的时候，结论恰好相反。累积利差变动同样强调了 Credit01 的定义，并且当用 CDS 指数（指标）对冲流动分支时，经常被用来估计对冲比例，这部分内容将会在“CDS 指数（指标）的 delta 对冲：Credit01 敏感度”章节中提及。

3. Delta 作为一个时间的函数

假设标的组合资产目前没有遭受损失，那么 delta 也会随着时间的流逝而变化。当接近到期日的时候，权益分支的 delta 要上升到 100%。同一时间，夹层和主要分支相比于权益分支的风险要小很多，当接近到期日时，它们的 delta 则是趋于 0（见图 7-2）。

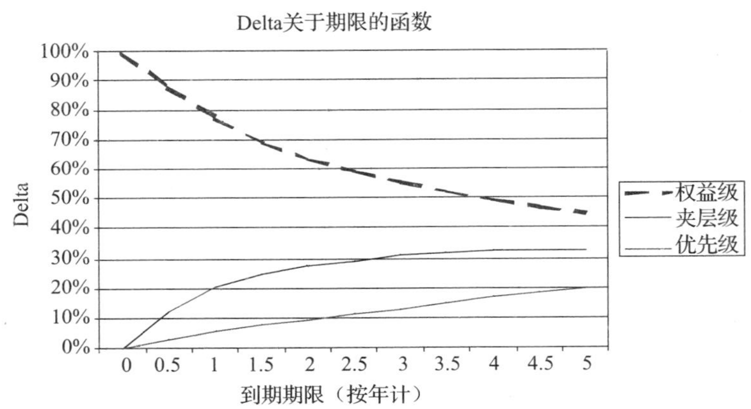


图 7-2 Delta（以名义金额的百分比计量）：关于期限的函数

4. Delta 和相关性

运用一般高斯连接估值模型估计一个 CDO 分支的市值或者息差，首先需要考量每一个标的的现有利差期限结构、交易到期日、偿付条款和相关性假设（见附录 7B、7C 和 7D 中不同的数值实现技术和第 6 章的定价内容）。假设前两个部分的参数可以被观察得到（或者至少可以从单个标的的 CDS 市场信息中得到），到期日固定，在定价模型中唯一不可观察到的参数只有相关系数。在给定了特定分支的价格的情况下，那么可以计算出相应的“内含”或者“复合”相关系数，该相关系数是通过使模型定价和市场价格相等，通过反解得出来的。

如果一个估值模型可以很好地囊括动态替代效应，那么我们可以推断在同一个资产组合中不同分支的内涵相关系数均相等。在实践当中，尽管相关性偏斜（微笑，correlation skew/smile）可以被观察得到，但是权益分支和主要分支的内涵相关系数要大于夹层分支。图 7-3 显示了关于 ITraxx 指数标准化分支在 2004 年 10 月 4 日的相关性偏斜。

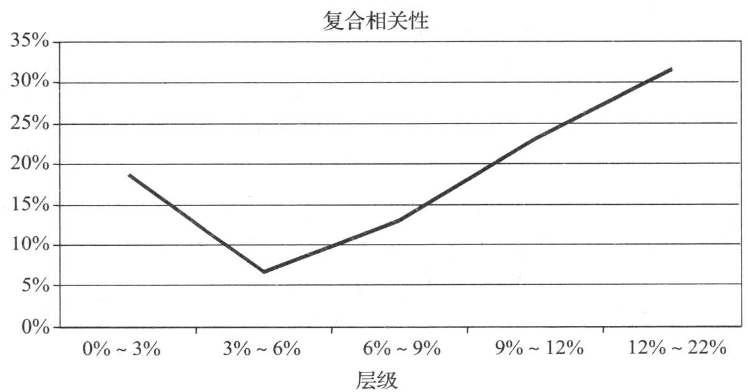


图 7-3　5 年期 1Traxx 层级的相关性微笑，2004 年 10 月 7 日

标的物的隐含（复合）相关系数变化同样会影响分支 delta。一般来说，比较高的相关性会导致主要分支有相对较高的风险，权益分支有相对较低的风险，因为信用债权之间的高相关性暗示许多债权同时发生违约的可能性较大。因此，当内含相关系数变大时，权益分支的 delta 减小而主要分支的 delta 则会变大。即使不考虑实际的相关性水平，权益分支的 delta 依然要大于主要分支的 delta。

5. Delta 和提前支付

最近，对于 DJ CDX 指数的投资级别的权益分支以及前两级高收益分支均具有提前付款的特征。相比于其他同样的分支但不能够提前付款，一个分支的提前付款特性确实能够降低它的 delta。这主要是因为如果有大量的分支面临提前付款，那么任何一点的利差变化仅仅只能影响很少一部分被收集来的保费（溢价，premium）。然而相反的是，提前付款不能影响 CDO 分支的保护性支柱，因为较高的信用利差暗示了较高的预期违约。一个分支如果仅仅只有在付保费（溢价）并且没有提前偿付，则会更容易受到利差变大的影响。而且除了预期损失意外，预期保费支付也会同样降低（因为本金减少），从而使得该分支对于利差的变化更加敏感。

#### 7.3.1.5　运用 CDS 指数的 delta 的对冲：Credit01 的敏感性

在实践当中，通过 delta 数量的单名债券 CDS 对冲私人债券（individual

name）的替代方案是持有一个流动性指数（例如 CDX 或者 ITraxx 指数）。用指数对冲的优势在于其流动性很高，买卖价差（交易费用）较小。然而，对冲的质量取决于构建 CDO 分支的组合和用来计算指数的组合相似程度。从形式上看，我们定义 Credit01 为组合中所有标的同时发生 1bp 的信用利差平移从而导致 CDO 价值变化。因此它可以看作是一个累积或者合计的利差敏感度量：

$$\begin{aligned}\text{Credit}\,01^{T_j} &:= \Delta\,\text{MtM}^{T_j}(t_0, T, S(t_0), S^{01}(t_0)) \\ &= \left(S^{T_j}(t_0, T, S(t_0)) - S^{T_j}(t_0, T, S^{01}(t_0))\right)\text{TrPV}\,01^{T_j}(t_0, T, S^{01}(t_0))\end{aligned}$$

式中

$S^{01}(t_0) := (S_1(t) + 1\text{bp}，\cdots，S_{i-1}(t) + 1\text{bp}，S_i(t) + 1\text{bp}，S_{i+1}(t) + 1\text{bp}，\cdots，S_N(t) + 1\text{bp})$

因此当一个标准 CDO 分值（例如 ITraxx 分支）用标的 CDS 指数（例如 ITraxx）对冲的时候，Credit $01^{T_j}$ 可以被用来估计对冲比例，

$$\Delta^{T_j} = \frac{\text{Credit}\,01^{T_j}(\vec{\mathbf{x}})}{\cdot\Delta\,\text{MtM}_I(\vec{\mathbf{x}})}$$

式中，$\cdot\,\Delta\text{MtM}_I\,\vec{x}$表示当每一个标的发生 1bp 信用利差变化时 CDS 指数的市值变化，因此是关于全面指数的。[⊖]

不像单独的利差敏感度 CS01，对于主要分支来说，Credit01 变大是因为所有利差都同时变大（变宽），如果所有利差都朝着同一个方向平移变化，那么关于权益分支的 Credit01 则会变小。这是因为所有利差变大（变宽）导致了大规模的违约风险由权益分支转移到了主要分支。

然而，注意到在实践中，当资产组合中的标的债券非常分散的时候，指数对冲仅仅起到一个近似的 delta 对冲效果，如果所有标的都在同一个利差下进行交易，指数对冲才会提供一个很好的利差对冲。所以，对于指数中的权益分支，利差较小（较窄）的标的则可能会超额对冲，因为权益分支的低（窄）利差债券相对风险要低于平均利差债券。同样地，高（宽）利差标的则是避险不足，因为如果信用债券在较低（平均）利率水平上交易，那么权益分支的 delta 会下降。对于主要分支上述表现则恰恰相反。

### 7.3.2 分支杠杆：Lambda

一个分支杠杆或者说 lambda 与分支 delta 的联系非常紧密，并且能够提供

⊖ 实践中，另一种方法是将所有单名 delta 加总，根据结果的值再考虑 CDS 指数的市值。同时将所有利差放在一起来计算变化或者计算一个利差下的变化并加总，这两种算法结果几乎没有差别，是因为对于一个很小的利差变化（一般 1 基点）来说，凸度微不足道。

很多有用的信用，因为它可以根据分支票面本金有效地衡量 delta。形式上，我们定义杠杆或者说 lambda 为

$$\text{Lambda}^{T_j}=\frac{N(\text{delta}-\text{对冲投资组合})}{N^{T_j}}=\frac{\sum_{n=1}^{N}\Delta_i^{T_j}N_i}{N^{T_j}}\approx\frac{\Delta^{T_j}\sum_{n=1}^{N}N_i}{N^{T_j}}$$

式中，$N^{T_j}=D_j-A_i$ 定义为分支票面本金，而 $N_i$ 则表示标的组合中第 $i$ 个债券的票面本金。

事实上，杠杆暗示了总体风险在不同分支中的分布情况。因此，杠杆越高，与分支票面本金相对应的利差风险就越大。比如说，考虑一个价值 10 亿美元的标的组合分支，其票面本金为 3000 万，利率范围为 7% ～ 10%。假设主要分支的平均对冲比例为 $\Delta^{T_j}=15\%$，那么对冲组合的总票面本金为 1.5 亿美元。所以该分支的 Lambda 或者说杠杆比例为 5。

一个超优先级头寸（例如，主要分支比例为 10% ～ 100% 之间）往往有着比较高的 delta 组合，以及较低的杠杆（leverage）。在给定杠杆比例或者 lambda 的情况下，我们可以计算出一个指数分值的平均 delta（正如前面所讨论的那样）。在给定杠杆比例和分支规模的情况下，同样可以计算出标的对冲组合的规模以及依此所需购买的指数。

## 7.3.3 信用利差凸性：Gamma

一阶利差敏感系数是一个很重要的风险指标，但信用产品利差的敏感系数变换超过 1bp 同样需要考虑，尤其是当对冲工具有不同杠杆比例时（特别是：运用指数对冲分支，或者运用夹层与主要分支对冲权益分支）。信用产品的利差凸性作为标的信用利差水平的函数往往和市值表现相关。不同分支的利差凸性或者说 gamma 差别可能很大，尤其是与单一（债券）标的 CDS 或 CDS 指数相比时差距更加明显。因此更加细致的分析尤为重要，特别是当我们想要推广运用不同相关价值或信用策略的时候。

和一阶敏感系数一样，我们可以区分宏观利差凸性和微观利差凸性，尤其是当单个（私人）利差变动（微观凸性），或者当整个市场 / 组合利差变动（宏观凸性）时，这对于我们了解分支产品（或者 delta 对冲）的表现有着十分重要的作用。

### 7.3.3.1 宏观凸性：Gamma

更加正式地，我们定义宏观利差凸性 Gamma 为：当市场上所有单一标的的 CDS 发生利差平移时，一个分支市值的变化减去只发生 1bp 利差变化时市值变化的相应倍数。换句话说，就是市值变化的线性近似值和实际值的差值。举例来说，假如利差变大 100bp，那么 Gamma 则表示为

$$\begin{aligned}\text{Gamma}_{100}^{T_j} := & \Delta\,\text{MtM}^{T_j}(t_0, T, S(t_0), S^{100}(t_0)) \\ & -100\,\text{Credit}\,01^{T_j}(t_0, T, S(t_0), S^{01}(t_0))\end{aligned} \tag{7-9}$$

式中，$S^{100}(t) := (S_1(t) + 100\text{ bp}, \ldots, S_N(t) + 100\text{ bp})$

在实践当中，人们会经常引入一个相关利差平移因子，并且 gamma 往往通过统一提升或者下降不同的标的利差来计算（举例来说，根据实际的利差水平调节范围设在 50% ～ 150% 之间）。我们因此再次需要高效的算法，因为上述方法需要运用穷举法在不同的利差水平下重复计算。㊀

#### 7.3.3.2 微观凸性：iGamma

单一标的，或者特质的凸性，iGamma 定义为由于一个单个 CDS 利差变化而引起的凸度，该单个 CDS 和其他相互独立，也就是说只有一个利差变化而其他标的（债券）保持不变：

$$\begin{aligned}\text{iGamma}_{100}^{T_j} := & \Delta\,\text{MtM}_i^{T_j}(t_0, T, S(t_0), S^{i100}(t_0)) - 100\Delta\,\text{MtM}_i^{T_j}(t_0, T, S(t_0), S^{i01}(t_0)) \\ = & \Delta\,\text{MtM}_i^{T_j}(t_0, T, S(t_0), S^{i100}(t_0)) - 100\Delta_i^{T_j}\,\text{RiskyPV}\,01(t_0, T, S^{i01}(t_0))\end{aligned} \tag{7-10}$$

式中，$S^{i100}(t) := (S_1(t), \ldots, S_{1i-1}(t), S_i(t) + 100\,\text{bp}, S_{i+1}(t), \ldots, S_N(t))$

#### 7.3.3.3 Delta- 对冲分支的凸性

在实践当中，当开发出特定（精确）的交易策略的时候，人们往往最为关注的是 delta- 中性分支的凸性，或者分支指数的组合，还有单一标的的程度（状态，position）。更详尽的关于具体交易策略的讨论将在下一个章节展开，同时我们也将探讨有关凸性的重要问题，例如简单的 delta- 对冲权益和主要分支。

与式（7-9）和式（7-10）具有相似的定义，单一标的 CDS 的凸性可以被定义为 RiskyPV100 和 100 倍的 RiskyPV01 的差值。对于相关的简单信用暴露，用 RiskyPV01 乘以相应的利差倍数可以为真实的市值影响提供一个很好的近似，然而当凸性都是以某一特定水平体现出来时，不同程度的利差变大对于市值影响的程度（迹象，sign）是相同的。我们后面将要说明，对于 CDO 分支这样的一致性并不能被保证，并且会强调计算这样的高阶利差敏感性的必要性。然后我们将要阐述分支的凸性和单一标的 CDS 的凸性可能存在很大的区别，因此这样就可能使得 delta 对冲或者中性组合由于利差凸性的不匹配暴露在特定的风险之中。这个并不奇怪，因为 delta 本身作为一个利差函数，随着利差的变动而变动。再者，在实践当中，观察凸性的最简单方式就是画 delta- 对冲交易的损益图。特别地，利用分支市值的变化，对冲组合的市值变化以及所有（债券）信用利差同时发生一个单位平移的净损益图可以对 delta- 中性策略的市值表现

㊀ 尽管附录中概述的一些利差敏感性的有效计算可以扩展到更高阶，我们这里接下来只关注通过“蛮力”或“碰撞”的通用实现。

提供某种有价值的观察与参考。

### 1. 宏凸度

为了理解利差凸性和 delta- 对冲头寸的市值，当所有（债券）利差同时变化时，我们考虑一个 delta- 对冲权益分支（长相依性）和一个 delta- 对冲主要分支（短相依性）。[⊖]

（1）Delta- 中性长期权益分支

卖出一个关于权益分支的保护措施同时买入 delta 数量的单一标的 CDS，这样会导致分支的预期损失增加，但当所有的信用利差变大时，该策略则将权益分支的风险转移给夹层分支和主要分支。从本质来上说，这就意味着我们过度对冲了，正如我们前面部分讨论一阶敏感性那样。也就是说，delta 组合的市值变化超过了权益分支的市值变化。因为对冲组合市值，净市值或者损益图都是正的。表 7-2 总结了利差变大和变小的情形，图 7-4 则展示了这样长期相关交易的损益图。

表 7-2　当所有标的利差均发生变动时 Delta 中性组合的市值（买入权益级）

| | 所有利差变大 | 所有利差变小 |
|---|---|---|
| 权益级（卖出保护） | − 市值 | + 市值 |
| CDS 的 Delta 金额（买入保护） | + 市值 | − 市值 |
| 对冲有效性 | 过度对冲 | 对冲不足 |
| 净市值（净收益） | + 市值 | + 市值 |

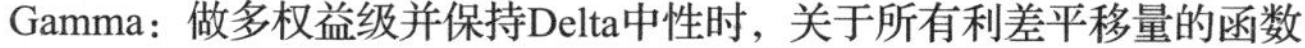


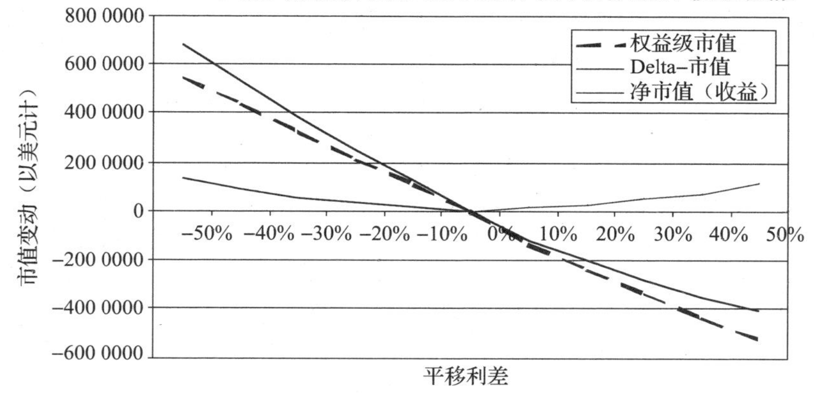


图 7-4　买入相关性权益级

从投资者的角度来说，为了保持一个 delta- 中性状态，单一标的 CDS 合约需要在较高的利差出现时被卖出，以此来锁定利润。然而，如果利差明显收

⊖ 一个（delta 中性的）权益级通常表示为一个相关性头寸多头，因为隐含相关性上升会导致层级价值下降。与之相似，一个（delta 中性的）优先级是一个相关性空头，因为复合相关性上升意味着层级价值上升。

紧（变小），权益分支将会变得更加危险，意味着较高的 delta，组合明显对冲不足。换句话说，权益分支的市值变化将会超过现有对冲组合的市值变化，也就意味着出现正的净头寸。

（2）Delta- 中性长期主要分支

对于投资者通过卖出一个主要分支的保护措施来做空相关性（short correlation）并且买入相关标的的 CDS，净市值的表现和前面所说的恰恰相反。如果所有组合利差变大，风险转移到主要分支，则意味着主要分支 delta 增加，分支明显对冲不足。而随着分支市值的降低（分支更值钱了，但是我们卖出的是保护）和 delta 市值的增加，需要在较高利差出现时买入更多的 CDS 合约。这就意味着组合出现了净损失。当利差收紧时情况完全相反，具体可见表 7-3 和图 7-5。

表 7-3 当所有标的利差均发生变动时 Delta 中性组合的市值（买入权益级）

| | 所有利差变大 | 所有利差变小 |
|---|---|---|
| 权益级（卖出保护） | – 市值 | + 市值 |
| CDS 的 Delta 金额（买入保护） | + 市值 | – 市值 |
| 对冲有效性 | 对冲不足 | 过度对冲 |
| 净市值（净收益） | – 市值 | – 市值 |

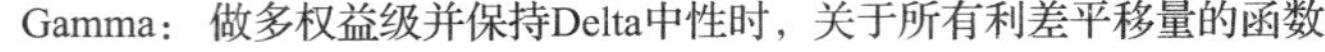


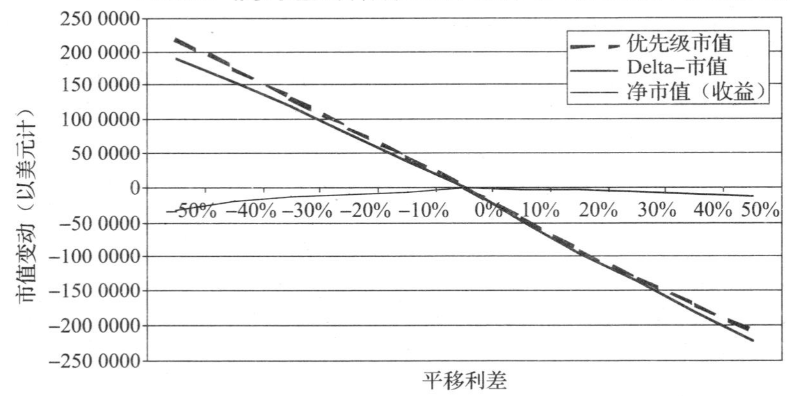


图 7-5 买入优先级的 Gamma

2. 微凸度

一个层级的微凸度或者说 iGamma 通常是其宏凸度的相反数，听起来似乎有些奇怪。比如说，一个单名 CDS 利差的扩大意味着，对于权益层多头而言，其对冲组合的市值在上升，而权益层市值在下降。这一单名 CDS 的权益层 delta 相对于其他名称也在上升，其风险也变得更高。因此，当所有其他利差不变时，对冲组合的市值将上升，并因为某一名称 $i$ 的利差变化（不管其他 delta 是否变化）导致对冲组合的市值变化。在这种情况下，我们需要以更高的利差购买更多

的基于名称 $i$ 的 CDS（因为我们未足额对冲），这意味着组合市值将下降或者亏损。

而对于一个 delta 中性的优先层来说，某单名 CDS 的利差扩大意味着组合实际上未足额对冲，因为这一名称对于权益层而言变得相对更危险，而对于优先层而言则相对更安全。于是，我们需要以更高的利差出售这一 CDS，意味着市值增加。表 7-4 说明了对冲相关性后的权益层多头和优先层空头的损益影响。

图 7-6 直观地说明了两个虚拟交易的 iGamma，也突出了不同 delta 中性的 CDO 层级绝对市值之差的显著不对称性。不同层级的市值变化差异也让我们可以通过做空部分层级来套利。为了做到这一点，我们当然需要充分理解层级利差、相关性和违约敏感性。

表 7-4　当一个标的利差发生变动时 Delta 中性组合的市值

| | 一个标的利差变大 | 一个标的利差变小 |
|---|---|---|
| 权益级（卖出保护） | – 市值 | + 市值 |
| CDS 的 Delta 金额（买入保护） | + 市值 | – 市值 |
| 对冲有效性 | 对冲不足 | 过度对冲 |
| 净市值（净收益） | – 市值 | – 市值 |
| 优先级（卖出保护） | – 市值 | + 市值 |
| CDS 的 Delta 金额（买入保护） | + 市值 | – 市值 |
| 对冲有效性 | 过度对冲 | 对冲不足 |
| 净市值（净收益） | + 市值 | + 市值 |

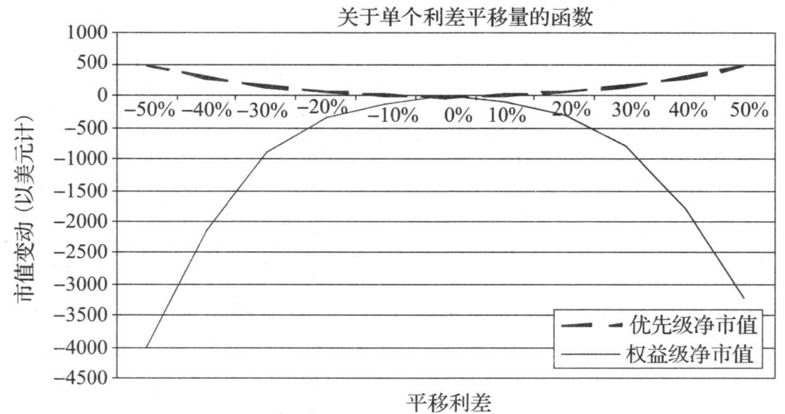


图 7-6　买入权益级或者优先级并保持 Delta 中性

### 7.3.3.4　实现的相关性

之前关于宏观和微观凸性的例子和定义并不是相互独立的。可以考虑如下情形，整个组合的一部分（债券）利差发生变化，组合剩余部分（债券）的利差保持不变。对于这种利差变动的另一种描述就要涉及相关性。显然，当一种

（债券）利差“爆棚”而其余均保持不变的情况可以视作为一种相关程度较低的情形，但如果其余（债券）利差同时变大则属于相关性较高的情形。经常性地，实现的相关性被定义为组合之间已经被观察到的相关性而不是推导出的相关性。实现的相关性可以是正的，也可以是负的，正的情形出现当且仅当被观察到的相关性高于隐含（复）相关性，负的则是小于。

总的来说，对于 delta– 对冲分支，如果实现的相关性是正的，则长相依性会带来收益，但如果实现的相关性是负的，那么长相依性将带来损失（见 Kakodkar 等 2003）。举例来说，投资者持有一份 delta– 对冲权益分支（是具有长相依性的），该合约具有比较长的 Gamma（正的市值和正的实现的相依性）和短的 iGamma 头寸（负的市值和负的实现的相关性）。相似地，一个 delta 中性分支具有短相依性，则会由于正的实现的相关性而带来损失，负的实现的相关性带来收益。举例来说，一份 delta– 对冲主要分支投资者（看空相关性）持有较短的 Gamma（负的市值和正的实现的相关性）和较长的 iGamma 头寸（正的市值和负的实现的相关性）。

### 7.3.4 时间衰减：Theta

CDS 的价值和利差随着到期日的临近而逐渐趋于零，但是衰减的速度会和信用利差曲线的斜率或者利差期限结构有关。比如说，考虑一个向上倾斜的（指数）信用利差曲线，此时预期要出现多笔违约情况，也就是说在交易的最后一年。如果在交易的第一年没有发生违约，那么保护性措施的购买者则会由于损失的“消失”而面临大量的市值亏损，导致严重下调下一年的估值。由于次级分支在违约方面进行杠杆化投资，随着时间的推移它们的价值（对于保护性措施的购买者来说）下降速度要远远超过指数价值的下降速度。对于一个分支的绝对价值，如果它的主要分支 delta 值小于 1，那么其价格的下跌速度则会小于指数或者整个组合。

时间衰减经常被定义为：在其他条件不变的情况下（例如信用利差的期限结构，复相关性或者基本相关性，没有违约等等），随着时间的推移，一个分支的整体市值变化或者其产生的收益变化。Theta 的计算，首先是通过运用不同的时间期限来估计一个分支价格然后比较各个不同期限之间价格的差别。举例来说，从一个保护性措施的卖方角度来说，

$$\begin{aligned}\text{Theta}^{T_j}(v) = {} & S^{T_j}(t_0,T,S(t_0))\,\text{TrPV}\,01^{T_j}(t_0,T,S(t_0)) \\ & - S^{T_j}(t_0,T-v,S(t_0))\,\text{TrPV}\,01^{T_j}(t_0,T-v,S(t_0))\end{aligned}$$

式中，$v$ 定义为从交易开始计算，已经过去的时间。[㊀]

㊀ 时间衰减也可以通过沿利率和信用利差远期曲线滚动交易来获得。

对于具有投资级别的组合或者指数构建成的权益、夹层和主要分支，图 7-7 从保护性措施卖方的角度展示了各个不同分支的整体收益情况。因此 Theta 就是曲线上两个不同时间节点间收益的差值。

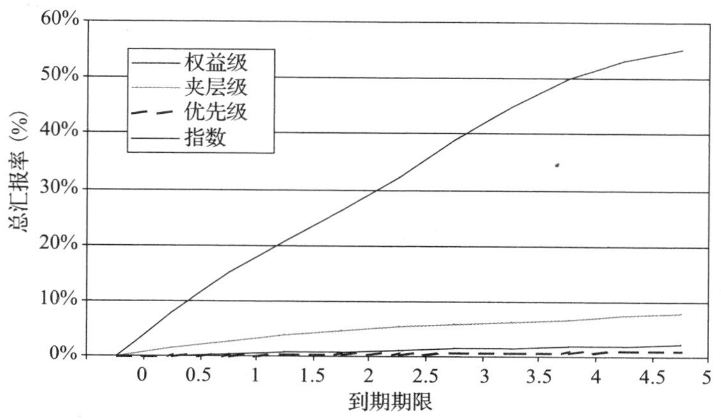


图 7-7 在不同时间区间内 CDO 各个层级的总回报率

现实当中人们往往也会考虑有关时间衰减的速度问题，比如说，每一年有多少总价值得以实现。对于 IG 分支，经常可以观察到只有权益分支的价值衰减要慢于指数，而其他分支的衰减速度则是要快一点。通过观察已收到的预期保费（溢价）和整个交易周期的预期分支损失可以更好地研究不同分支的 theta。在交易初期，预期保费（溢价）现值和预期损失现值是相等的，随着时间的推进，在各个时间段已收保费（溢价）则不一定能抵消分支损失。

图 7-8 列出来典型的 IG 夹层分支的预期损失和预期保费（溢价）。

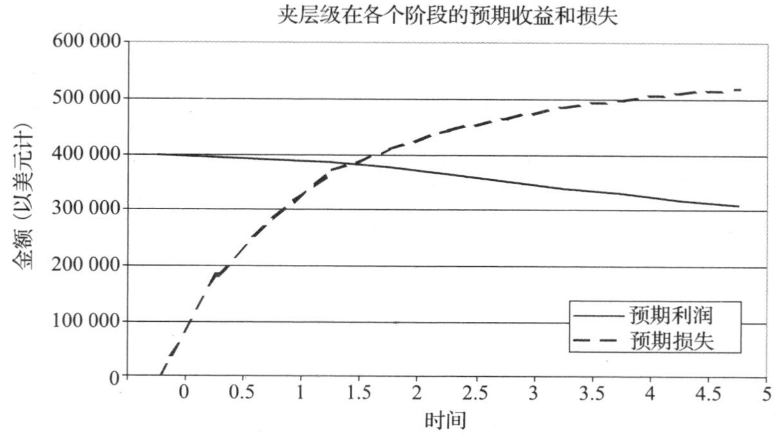


图 7-8 夹层级的预期收益和损失

在平时交易中，我们可以看到许多保护性措施购买者在交易最初的几个月时间里会交付更多的钱，但在随后的交易中情况则会反过来。从一个保护性措施的卖方角度来说，这就意味着出现了负的 theta（负市值）。

对于一个主要分支，预期保费（溢价）在每一个阶段都是比较平稳的，这就反映了在各个阶段的损失有少量的增加。和夹层分支相似，在初始阶段的损失会显著低于阶段性的利差或保费（溢价）预期。

在交易的初始阶段，仅仅只有权益分支可能出现阶段性损失超过预期保费（溢价）。

对于典型的分支在所有保费（溢价）支付阶段性支付并且没有提前支付的情况下，我们可以用图 7-9 展示之前所说的情形。从图中明显可以看出，从一个保护性措施的卖方来说，theta 在一开始的时候是正的，而后逐渐变为负的。

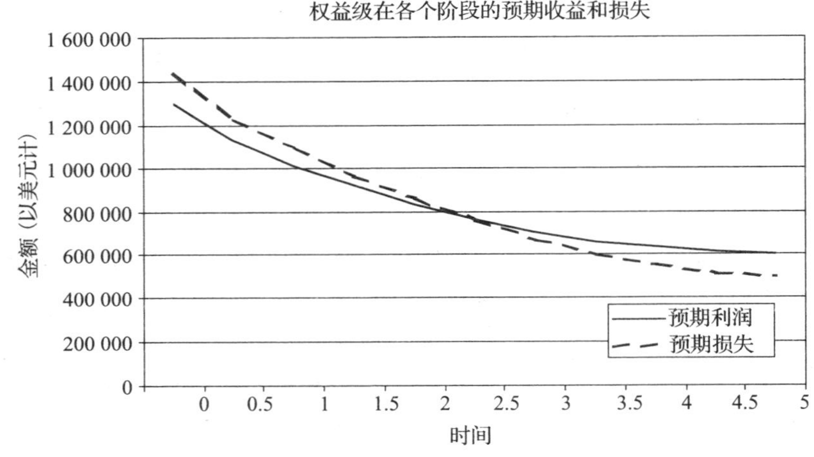


图 7-9 权益级的预期收益和损失

## 7.3.5 相关性敏感度：Rho

正如前面章节讨论的结果，不同 CDO 分支对于相关性的改变具有不同的敏感性。次级分支具有典型的做多相关性，因为当相关性增加时，保护措施的价值（从保护措施的购买者角度来看）则会下降，导致分支价值也相应地降低。相反地，主要分支对于买入保护措施的投资者来说是做空相关性（价值随着相关性提升而提高）。夹层分支则对相关性的变化并不敏感。在当今的信用产品市场，有关流动指数分值的复相关性或基本相关性以及它们之前发生过的重大变化几乎每天都要被投资者引用。在给定分支对于隐含相关性变化的敏感性条件下，相关性敏感度的了解对于管理 ST CDO 非常重要。然而随着时间的推移，不同分支之间的敏感性也可能发生变化，特别地，如果出现对于标的 CDO 的信用利差变化显著或者损失发生并且次级保护债券消耗殆尽的情况时，敏感性的变化可能更加显著。

根据实际情况，我们将 Rho 定义为：用于分支定价的复相关性发生微小变化时（经常为 1%）从而引发一个分支市值的变化量，可以表示为

$$\begin{aligned}\text{Rho}^{T_j} &= \text{MtM}^{T_j}(t_0, T, S(t_0), \rho) - \text{MtM}^{T_j}(t_0, T, S(t_0), \rho + 1\%) \\ &= \left(S^{T_j}(t_0, T, S(t_0), \rho) - S^{T_j}(t_0, T, S(t_0), \rho + 1\%)\right) \\ &\quad \times \text{TrPV01}^{T_j}(t_0, T, S(t_0), \rho + 1\%)\end{aligned}$$

在实际操作中，Rho 也曾经运用调整（bumping）相关性参数和分支重新估值的方法计算。

总的来说，买入权益分支或者卖空主要分支会产生正的 Rho（做多相关性），买入主要分支或者卖空权益分支（做空相关性）则相反。图 7-10 给出了关于不同 CDO 结构下的 Rho，其中纵坐标表示的是 Rho，用占 CDO 组合中分支规模的百分比来表示，横线表示不同次级分支的占比，其中固定分支（fixed tranche）规模为 1% 不变。

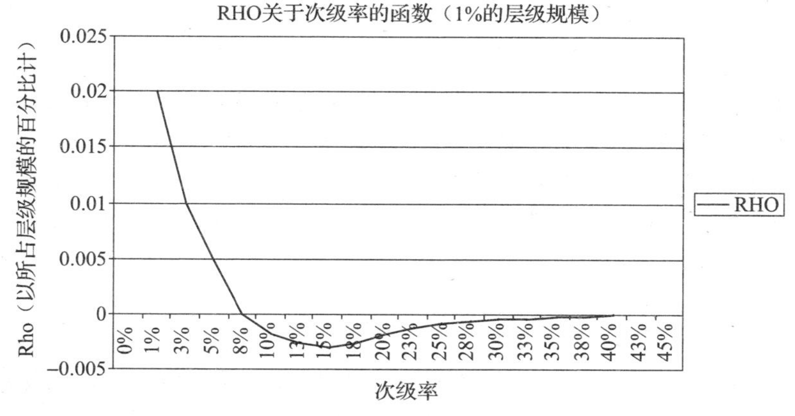


图 7-10　相关性敏感度关于次级率的函数

由图中可以看出，当次级化程度越高（主要分支占比越高）时 Rho 趋于零，但是无论怎样，在主要分支和权益分支之间的相关性中性（correlation neutral）平衡点依然存在。因此，围绕这个平衡点，可以构建一个相关性中性的夹层分支。比如说，在一个利差相对较小（狭窄）的环境中，次级夹层分支就倾向于相关性中性的状态。现在，我们可以尝试构建一个分支（举例来说，两个夹层分支，每一个都是对靠近该分支的部分具有相关性免疫），使得该分支在整个分支组合中具有相关性免疫性，特别地，由于相关性从 $\rho$ 变到 $\bar{\rho}$，分支的预期损失

将要发生变化，该变化可以用连结概率的积分来计算：

$$\Delta EL^{T_j}(T)=\int_{A_j}^{D_j}Q_{L(T),\rho}(l)\,\mathrm{d}l-\int_{A_j}^{D_j}Q_{L(T),\bar{\rho}}(l)\,\mathrm{d}l=\int_{A_j}^{D_j}\Delta Q_{L(T),\rho,\bar{\rho}}(l)\,\mathrm{d}l$$

当然在实际操作中，相关性的变化可能会超过1%，也就是说一个“相关性对冲”分支仍然由于相关性发生重大变化而遭受重大损失。更进一步来说，相关性可能和利差有关，这也暗示了不可能存在完美的相关性对冲策略。

#### 7.3.5.1 基本相关性

到目前为止的讨论，我们只是讨论了复相关性的计算，当我们想要用基本相关性去替代复相关性时，仍然运用相似的步骤来计算（在 CDO 定价的章节将会有更细致的讨论）。这里经常有一个假设，基本相关性的偏度是平行变化的，比如说，对于所有分支，连接点和分离点的相关性会变化同样的幅度。当然在实践当中，基本相关性的偏度可能会发生改变。举例来说，当利差下降到很低的程度时，相关性偏度则会上升；当利差变大时，相关性则会变得更加平稳（偏度更接近零）。同样地，当相关性增加时偏度则会变得更加陡峭（偏度更远离零），当相关性减小时偏度则会更加平稳（偏度更接近零）。

#### 7.3.5.2 Delta- 对冲和 Rho

这里有必要说明一下，单一标的的 CDS 或者 CDS 组合（一份 CDS 指数）对于相关性的敏感程度不高。因此，一个 delta- 中性分支具有和该分支一样的相关性敏感程度。这就让我们可以将具有 CDS 的分支和指数头寸结合起来，而并不需要考虑该策略的相关性问题。

### 7.3.6 违约敏感性：Omega

对于（相关性）产品，还有一个非常重要的风险因素是违约敏感度 Omega，其定义为：在其他条件固定不变的情况下，当其中一个标的（债券）突然发生违约时分支市值的变化。尽管违约时间很少发生，但是这种“非预期”的影响还是值得讨论。更进一步，违约发生可以看成是当利差无限变大时的（出现最坏情况时的）iGamma。将 iOmega 用公式表示为

$$\text{iOmega}^{T_j}:=\Delta\,\text{MtM}^{T_j}(t_0,T,S(t_0),S^{i\infty}(t_0))$$

Omega 也经常记成 VOD（value on default）或者 JTD（jump to default），以后我们也会将这些术语穿插起来运用。这种突然出现的违约对于没有进行对冲的分支所带来的影响是巨大的，而对于一般的对冲策略，Omega 对于该策略的风险影响程度主要是取决于该分支的次级化程度（主要分支的占比）以及它们

的“厚度”。特别是将在开始阶段估计的预期收益相似的不同策略进行比较的时候，突然出现的违约对于信用策略的影响同样巨大。本节只是提供一些概念性的讨论，而与之相关的交易策略，将在第 8 章进行更为细致的讨论。

#### 7.3.6.1　多个违约（Omega）

在实践当中，我们不仅对于一个违约的发生导致的市值变化比较关心，同样也关注多笔违约同时发生的情形。当 $n$ 个利差最大的交易标的（债券）同时发生违约时，我们将此时的违约敏感度记为 $\text{Omega}_n^{T_j}$。㊀ 虽然利差最大的前 $n$ 个标的（债券）是最有可能发生违约的，但也有可能是其他 $n$ 个不同标的（债券）联结在一起时同时发生违约（概率更大）。当然，在实际当中，可以从概率的角度看待上述问题，并且由不同的交易策略可以推导出 Omega 的分布以及大体上的分支损益（见第 8 章）。

#### 7.3.6.2　对冲过的和没有对冲过的分支 IOmega 和 Omega

图 7-11 和图 7-12 分别展示了 delta 对冲过的权益分支和主要分支所对应的 iOmega（VOD）和 Omega（RVOD）。由图中可以很明显地看出，delta- 中性策略可以很好地降低分支的违约敏感度，但是到一定的程度，这种改变则会出现反向的变化。

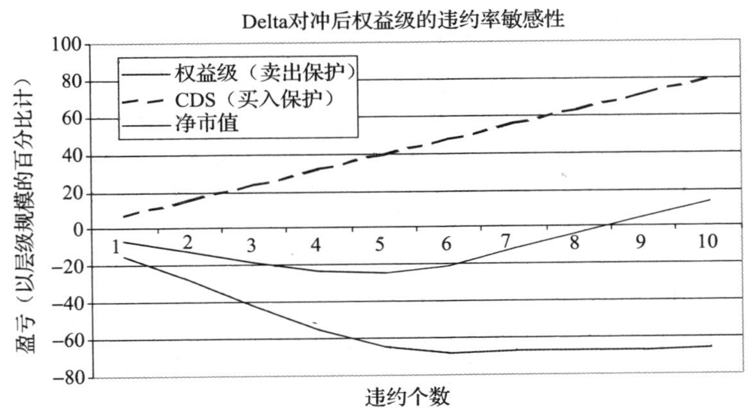


图 7-11　Delta 对冲后权益级的违约率敏感性

由图中我们也可以观察到，权益分支面临 6 只标的（债券）同时出现违约时的最大损失，以及 5 只标的（债券）同时出现违约时 delta- 中性权益策略所要面临的损失。更近一步，当同时出现 5 个及 5 个以上违约情况时 Omega 开始降低；当同时出现 8 个违约情况时，整个策略则呈现出一种盈亏平衡的情

㊀ 第 8 章，这一方法被表示为在付 VOD (RVOD)。

况。除此以外，Omega 均是正值。这里同样需要指出的是，由于提前支付的存在（尤其是对于权益分支），整体损失不可能高于所有分支的票面金额（损失率 <100%）。

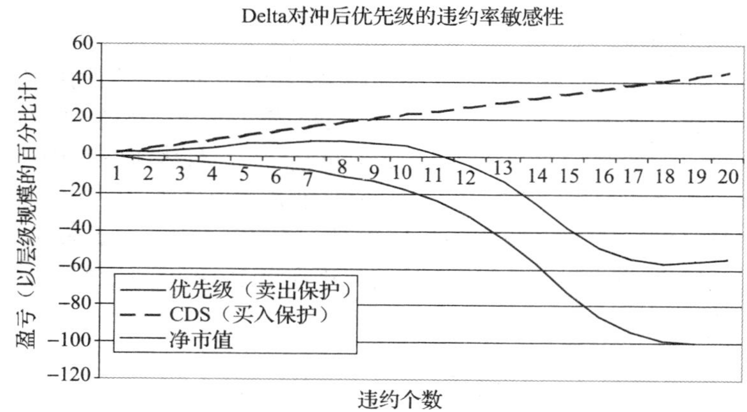

图 7-12 Delta 对冲后优先级的违约率敏感性

而对于主要分支的 delta 对冲策略，则呈现出不同的表现。当同时出现少数几笔违约情况时，该 delta- 对冲策略中对冲部分的 Omega 要比主要分支的大很多。该策略在少于 11 笔违约同时发生时可以产生正的收益，但是当违约事件数多于 12 时，该策略则会出现亏损。

假如仅仅考虑只出现一笔违约事件，对于 iOmega，我们可以说，当违约出现时，做多相关性的 delta 对冲分支市值为负，因此可以把该分支看成是做空 iGamma，或者是做空 iOmega。但是对于一份做空相关性的 delta 对冲分支来说，当违约出现时，它的市值为正，那么此时它可以看成是做多 iGamma 和做多 iOmega。

### 7.3.6.3 iOmega 和利差

在实践当中，人们同样会关注当一个或者更多的违约事件发生后剩余标的（债券）的利差变化情况。对于一个 delta- 对冲后的权益分支来说，它相当于做多相关性，剩余标的（债券）利差的变大就意味着实现的相关性增加。那么这会对该分支市值产生正的影响，从而降低该分支的违约敏感度（iOmega）。同样地，对于做空相关性的（策略）分支，如果利差变大，那么该分支市值要面临损失，原本为正的 iOmega 将会减小。

如果组合中剩余标的（债券）利差同时变大，那么一个 delta- 对冲的权益分支违约敏感度也会降低。

当然，这最后的例子只是想通过说明一下不同定价变量或者说风险因子之间的相互作用，来强调对于敏感性需要更加深入的研究。举例来说，在“时间衰减 –Theta”那一节中，我们只是保持其余变量不变的情况下，通过缩短期限的方法，来计算分支市值的差值，从而得出时间衰减指标。但是这样做我们就忽略了缩短期限对于其他变量的影响，尤其是对于相关性的影响很大。如果对于不同期限相关性的偏度不同，那么对于计算一个期限为 5 年的分支缩减 1 年的市值，将要运用 4 年分支的基本相关性。同样地，如果我们要计算利差敏感度（凸性）并对利差进行大范围调节时，我们应该需要对次级分支运用一定的相关性假设。基本上来说，高阶敏感度对于市值的影响将会非常重要，对于更加先进或者精确的敏感度计算方法的需求将会更多。我们将在第 8 章通过运用更加灵活的 MC 框架来对 CDO 进行风险管理。

## 7.4　总结和结论

本章是我们讨论 CDO 风险管理的初始章节。在简单地介绍对于投资者以及评级机构非常重要的风险度量之后，我们重点关注了一些有关敏感度的变量。我们以介绍有关利差的一阶敏感度和 delta 对冲为开端，通过概念性的范例以及相关的实际案例更加深入地了解 delta。在信用产品市场中，delta 对冲策略获得了广泛的认可，部分是因为许多（固定收益产品）的风险管理系统最初的设计是为了针对单一标的的风险暴露，例如公司债券或者单一标的的 CDSs。对于这些产品，delta 对冲被证实能够起到很好的作用，乍一看貌似可以将合成 CDO 通过它们的 delta– 暴露引入到风险管理框架当中。然而，由于分支产品的非线性本质，对产品市值关于其他风险因素的敏感度必须进行更加深入的研究。我们介绍了微观和宏观利差凸性，以及当整体市场利率发生变化时（而不仅仅是单个标的（债券）利率发生变化）产品市值的变化。同样地，当介绍相关性敏感度和突然违约敏感度的概念时，我们主要是想再次强调当 delta 对冲后，合成分支依然会面临很大的市值风险。

对于相同组合中不同分支之间的利差，相关性和违约风险可能天差地别，那么这也给设计对冲策略使其对上述风险免疫提供了机会。举例来说，权益分支具有很高的违约风险和利差风险，但对于主要分支来说，违约风险要小很多，利差风险仍然是其主要风险。将权益分支和主要分支联结起来使之变成 delta– 中性，这使得投资者只会面临违约风险而没有利差风险（至少对于一阶的情况如此）。这种对冲策略的成本要比买入关于所有单个标的（债券）的保护措施便宜很多，然而，剩下更高阶的利差和相关性风险仍然存在（还有违约风险）。举例来说，之前所说的跨式组合策略（straddle outlined above）会面临很大的相关性风险，因为相关性的变化对于买入权益分支头寸和卖出主要分支头寸的影响巨大。

在下一章，通过分支几个著名的 CDO 策略，我们将这些概念引入到实践当中。观察具体交易的表现，我们想要进一步说明对于合成分支产品单纯的 delta- 对冲策略是不足够的。除此以外，我们将会对这些交易的风险和收益进行更加深入的讨论。

## 附录 7A 构建风险率的期限结构

在信用资本市场中的一条标准假设就是风险率是关于期限的分段函数，在给定利率期限结构上的有限点时，风险率将会变得非常直观。

给定 1 年期、3 年期、5 年期、7 年期和 10 年期违约互换利差价值，我们可以用 $\lambda_{01}$，$\lambda_{13}$，$\lambda_{35}$，$\lambda_{57}$ 和 $\lambda_{710}$ 来构建一个风险率的期限结构，其中 $\lambda_{kl}$ 是 $\lambda_{kl}(s(t))$ 的缩写，$t$ 表示时间。运用 bootstrapping 方法反复操作，构建上述风险率的期限结构。其中我们首先需要考虑一个最短的期限合约，计算出最早的生存（幸存）概率。在这种情况下，1 年期的违约互换就得用来计算 $\lambda_{01}$ 的值。假设保费是按季度支付，结合 $M=12$（以月度为计量单位）的价值，假设累积保费没有支付，那么 $\lambda_{01}$ 可以通过反解如下方程得到：

$$\begin{aligned}\frac{S(t_v,t_v+1y)}{(1-R)}&\sum_{m=3,6,9,12}D(t_{m-3},t_m)B(t_v,t_m)\mathrm{e}^{-\lambda_{01}\tau_m}\\&=\sum_{m=1}^{12}B(t_v,t_m)(\mathrm{e}^{-\lambda_{01}\tau_{m-1}}-e^{-\lambda_{01}\tau_m})\end{aligned}$$

式中，$\tau$ 按月度来划分 $\tau_0=0$，$\tau_1=0.0833$，…，$\tau_{12}=1$，$R$ 表示年化回收率。

对于 $\lambda_{13}$ 以及风险曲线上的其他部分可以通过重复上述步骤进行计算。在这之外，我们经常需要假设风险率在一段时间内是平稳的。定义 $\tau=T-t_v$，从利率的期限结构中我们可以推导出风险中性的幸存概率：

$$Q(t_v,T)=\begin{cases}\exp(-\lambda_{01}\tau) & 0<\tau\leqslant 1\\ \exp(-\lambda_{01}-\lambda_{13}(\tau-1)) & 1<\tau\leqslant 3\\ \exp(-\lambda_{01}-2\lambda_{13}-\lambda_{35}(\tau-3)) & 3<\tau\leqslant 5\\ \exp(-\lambda_{01}-2\lambda_{13}-2\lambda_{35}-\lambda_{57}(\tau-5)) & 5<\tau\leqslant 7\\ \exp(-\lambda_{01}-2\lambda_{13}-2\lambda_{35}-2\lambda_{57}-\lambda_{710}(\tau-7)) & \tau>7\end{cases}$$

## 附录 7B 运用高斯连接递归方法计算分支敏感性

在介绍本章关于相关性和定价的知识时，我们提到了高斯连接模型，该模型经常通过一元模型进行应用。构建如下模型，设公司 $i$ 的资产价值为 $A_i$，可以通过一个隐藏的公共变量 $V$ 推导而得，其中 $V$ 满足正态分布，引入另一个特

殊的正态分布变量 $\varepsilon_i$，并且 $\varepsilon_i$ 与 $V$ 相互独立，令$\varepsilon_i$:$A_i=\rho_i V+\sqrt{1-\rho_i^2}\varepsilon_i$。

在 Andersen 等（2003）文献中，运用准解析方法递归计算从出现违约情况时开始，时间间隔为 [0，$t$] 的区间内的条件损失分布，其中假设一些输出变量相互独立。因此，我们需要引入一个任意损失单位 $u$，那么损失额 $l_i$ 可以通过用 $u$ 线性近似表示，即 $l_i=k_i u$。现在令 $L_n, 1\leqslant n<N$，为前 $n$ 个债券（顺序任意）组合的损失（用损失单边表示）。那么我们就可以得出关于 $L_n$ 和 $L_{n+1}$ 的递推关系，如下

$$p_{n+1}^V(L_{n+1}=K,t)=p_{n+1}^V(t)p_n^V(L_n=K-k_{n+1},t)+(1-p_{n+1}^V(t))p_n^V(L_n=K,t) \quad (7\text{-}11)$$

式中，$p_n^V(L_n=K,\ t)=\mathrm{Prob}(L_n(t)=K\,|\,V)$ 表示 $t$ 时刻，在变量为 $V$ 的条件下，损失为 $K$ 的条件概率；$p_n^V(t)$；则表示 $t$ 时刻组合第 $n$ 张债券是否发生违约的概率。通过上面的递推关系，我们可以计算出任意数量组合的损失分布。

Andersen 等（2003）运用递推关系式计算出损失分布的期望值。令 $F(L(t))$ 表示组合损失的函数，如果我们考虑它的期望值关于违约 PD（概率）$p_i$ 的敏感度，即 $\partial E(F(L))/\partial P_i(t)$，那么我们可以得

$$\begin{aligned}\frac{\partial E(F(L))}{\partial p_i(t)}&=\int\frac{\partial E(F(L)\,|\,V)}{\partial p_i(t)}\mathrm{d}\Phi(V)\\&=\int\frac{\mathrm{d}p_i^V(t)}{\mathrm{d}p_i(t)}\frac{\partial E(F(L)\,|\,V)}{\partial p_i^V(t)}\mathrm{d}\Phi(V)\\&=\int\frac{\mathrm{d}p_i^V(t)}{\mathrm{d}c_i(t)}\left(\frac{\mathrm{d}p_i(t)}{\mathrm{d}c_i(t)}\right)^{-1}\frac{\partial E(F(L)\,|\,V)}{\partial p_i^V(t)}\mathrm{d}\Phi(V)\end{aligned} \quad (7\text{-}12)$$

式中，$\Phi$ 表示正态分布的累积分布函数，$C_i(t):=\Phi^{-1}(p_i)$ 表示资产 $i$ 的违约阀值。

积分里面的后面两个式子可以运用解析的方法求解，但第一个式子则需用运用递推的关系求解：

$$\begin{aligned}\frac{\partial E(F(L)\,|\,V)}{\partial p_i^V(t)}&=\sum_K F(K)\frac{\partial p_N^V(L_N=K,t)}{\partial p_i^V(t)}\\&=\sum_K F(K)\left[p_{N-1}^V(L_{N-1}^i=K-k_i,t)-p_{N-1}^V(L_{N-1}^i=K_i,t)\right]\end{aligned}$$

式中，$L_{N-1}^i$ 表示将第 $i$ 张债券移除之后组合的损失，可以通过递推关系求出。

对于计算 CDO 分支的利差敏感度，我们希望求出 $\partial\mathrm{MtM}^{T_j}(t_0,\ T,\ S(t_0))/\partial S_i(t_0))(1\ \mathrm{bp})$。通过前面的说明，我们有

$$E(F(L(t)))=\mathrm{MtM}^{T_j}(t_0,t,S(t_0))=FPV^{T_j}(t_0,t,S(t_0))-\mathrm{PPV}^{T_j}(t_0,t,S(t_0)$$

式中，费用 PV 和保护费用 PV 可以看成是关于预期分支损失

$$EL^{T_j}(t)=E(\max[\min(L(t)-A_j,D_j-A_j),0])$$

的函数，并且可以通过式（7-7）和（7-8）求出。因此，MtM 关于标的（债券）

违约概率的敏感度 $(\partial \mathrm{MtM}^{T_j}(t_0,\ T,\ S(t_0))/\partial p_i(T))(1\ \mathrm{bp})$ 可以通过下式求得

$$\frac{\partial \mathrm{MtM}^{T_j}(t_0,T,S(t_0))}{\partial p_i(T)}=\frac{\partial \mathrm{FPV}^{T_j}(t_0,T,S(t_0))}{\partial p_i(T)}-\frac{\partial \mathrm{PPV}^{T_j}(t_0,T,S(t_0))}{\partial p_i(T)}$$

以及

$$\frac{\partial \mathrm{FPV}^{T_j}(t_0,T,S(t_0))}{\partial p_i(T)}=S^{T_j}(t_0,T,S(t_0))\sum_{k=1}^{K}B(0,t_k)D(t_{k-1},t_k)\times\left(D_j-A_j-\frac{\partial \mathrm{EL}^{T_j}(t_k)}{\partial p_i(T)}\right)$$

$$\frac{\partial \mathrm{PPV}^{T_j}(t_0,T,S(t_0))}{\partial p_i(T)}=\sum_{k=1}^{K}B(0,t_k)\left(\frac{\partial \mathrm{EL}^{T_j}(t_k)}{\partial p_i(T)}-\frac{\partial \mathrm{EL}^{T_j}(t_{k-1})}{\partial p_i(T)}\right)$$

那么我们可以运用上述公式以及式（7-12），求出敏感度。

风险率，或者信用利差敏感度都会和违约概率有所联系，我们可以用 Jacobian 因子来简单观察一下这些联系。举例来说，假设风险率为 $\lambda_i$ 保持不变，$\lambda_i$，$p_i=g(\lambda_i)=1-\exp\{\lambda_i t\}$，因此

$$\frac{\partial \mathrm{MtM}^{T_j}(t_0,T,S(t_0))}{\partial \lambda_i}(1\ \mathrm{bp})=\frac{\partial \mathrm{MtM}^{T_j}(t_0,T,S(t_0))}{\partial p_i(T)}\cdot\frac{\mathrm{d}p_i(T)}{\mathrm{d}\lambda_i}=\frac{\partial \mathrm{MtM}^{T_j}(t_0,T,S(t_0))}{\partial p_i(T)}T\cdot\exp\{\lambda_i T\}$$

信用利差敏感度也可以通过相似的方法求解。假设 $p_i\approx 1-\exp\left\{-\frac{S_i(t_0)t}{1-R_i}\right\}$，我们可得

$$\frac{\partial \mathrm{MtM}^{T_j}(t_0,T,S(t_0))}{\partial S_i(t_0)}(1\ \mathrm{bp})=\frac{\partial \mathrm{MtM}^{T_j}(t_0,T,S(t_0))}{\partial p_i(T)}\cdot\frac{\mathrm{d}p_i(T)}{\mathrm{d}S_i}=\frac{\partial \mathrm{MtM}^{T_j}(t_0,T,S(t_0))}{\partial p_i(T)}\frac{T}{1-R_i}\cdot\exp\left\{-\frac{S_i(t_0)T}{1-R_i}\right\}$$

## 附录 7C　关于 CDO 敏感度的快速解析模型（LH+）

尽管附录 7B 中给出了准确而又有效的方法去计算利差敏感度，本节内容则是提供另外一种方法。本节所提及的方法主要是渐近 LHP 方法（Vasicek（1987））的扩展。该方法的优势（由 Greenberg 等（2004）进一步发展）在于比较易于实现，并且由于该方法关系到利差对冲，所以计算速度是一个封闭解，可以被推导出来；但是，它仅仅只能给出一个近似解。作者认为对于计算现实

中的组合，该方法的误差还是比较小的，并且对那些希望在保证一定精确度下，寻求快速简单实用方法的人来说，作者十分推荐这种方法。

该方法的核心思想是指明我们到底想要计算哪一个信用敏感度，并且针对其余标的（债券）的方法则是渐近处理，例如，我们考虑一个 LHP 增加一份资产，那么这就可以让我们用一种易于处理的方法解决异质风险和宏观市场风险。

## 模型步骤

资产价格或者组合中同质的潜在变量满足假设$A_i=\rho V+\sqrt{1-\rho^2}\varepsilon_i$，其中公共因子和特殊因子如前面的定义。因为所有公共因子的载荷都完全一样，那么我们可以将在同一组合中的资产条件违约概率记为：

$p^V(t)=\Phi((C-\rho V)/\sqrt{1-\rho^2})$，其中 $C:=\Phi^{-1}(p(t))$，$p(t)$ 则表示同质资产池中债务人违约的平均概率。假设总的金额为 $N$，平均回收率为 $R$，那么我们将组合中同质（债券）部分的期望条件损失记为$EL^{V,\text{LHP}}(t)=(1-R)Np^V(t)$。

此外我们还假设有一个资产（金额为 $N_0$，其中$A_0=\rho_0 V+\sqrt{1-\rho_0^2}\varepsilon_0$，当隐含变量小于 $C:=\Phi^{-1}(p_0(t))$。那么在给定市场因子 $V$ 的条件下，该份资产违约概率为：$p_0^V(t)=\Phi\left(\dfrac{C_0-\rho_0 V}{1-\rho_0^2}\right)$。

组合的整体损失为

$$EL=\begin{cases}(1-R_0)N_0+EL^{V\cdot\text{LHP}} & \text{概率为}\quad p_0^V(t)\\ EL^{V\cdot\text{LHP}} & \text{概率为}\quad 1-p_0^V(t)\end{cases}$$

## 组合损失分布

Greenberg 等（2004）给出了条件损失概率 $p^V(L(t))\geqslant K=\text{Prob}(L(t)\geqslant K\mid V)$ 的表达式，即 $p^V(L(t)\geqslant K)=1_{\{V\leqslant X\}}+p_0^V(t)=1_{\{X<V\leqslant Y\}}$，其中

$$X(K)=\frac{1}{\rho}\left[C-\quad 1-\rho^2\Phi^{-1}\left(\frac{K}{(1-R)N}\right)\right]$$

以及

$$Y(K)=\frac{1}{\rho}\left[C-\quad 1-\rho^2\Phi^{-1}\left(\frac{K-(1-R_0)N_0}{(1-R)N}\right)\right]$$

通过对公共变量 $V$ 进行积分，我们可以运用二元正态分布得出非条件损失分布，$p(L(t)\geqslant K)=\Phi(X)+\Phi_2(C_0,Y;\rho_0)-\Phi_2(C_0,X;\rho_0)$，而这些都可以很简单的准确估计出来，并且这种方法本质上是一种解析方法，所以可以得出解析解。

## 分支损失

将分支损失重新改写为

$$L^{T_j}(t)=\max[\min(L(t)=A_j,\ D_j-A_j),\ 0]=[L(t)-A]^+-[L(t)-D]^+$$

这样做我们可以运用现有模型来计算期望值 $E[L(t)-K]^+$，

$$\begin{aligned}E([L(t)-K]^+) &= K\big(\Phi_2(C_0,X;\rho_0)-\Phi(X)\big)+\big((1-R_0)N_0-K\big)\Phi_2(C_0,Y;\rho_0)\\&\quad+\big((1-R)N\big)\big[\Phi_2(C,X;\rho)+\Phi_3(C_0,C,Y;\mathbf{\Sigma})-\Phi_3(C_0,C,X;\mathbf{\Sigma})\big]\end{aligned}$$

式中，$\mathbf{\Sigma}=\begin{pmatrix}1 & \rho\rho_0 & \rho_0\\ \rho\rho_0 & 1 & \rho\\ \rho_0 & \rho & 1\end{pmatrix}$表示协方差矩阵，用来计算三维正态分布，参见 Genz（2002）。

## 信用利差敏感度

计算信用利差敏感度

根据公式$\dfrac{\partial\,\mathrm{MtM}^{T_j}(t_0,T,S(t_0))}{\partial S_i(t_0)}=\dfrac{\partial\,\mathrm{FPV}^{T_j}(t_0,T,S(t_0))}{\partial S_i(t_0)}-\dfrac{\partial\,\mathrm{PPV}^{T_j}(t_0,T,S(t_0))}{\partial S_i(t_0)}$，我们需要计算出 $\dfrac{\partial EL^{T_j}(t_k)}{\partial S_i(t_0)}$，

因为

$$\begin{aligned}\frac{\partial\,\mathrm{FPV}^{T_j}(t_0,T,S(t_0))}{\partial S_i(t_0)} &= S^{T_j}(t_0,T,S(t_0))\sum_{k=1}^{K}B(0,t_k)D(t_{k-1},t_k)\\&\quad\times\left(D_j-A_j-\frac{\partial EL^{T_j}(t_k)}{\partial S_i(t_0)}\right)\end{aligned}$$ 以及

$$\frac{\partial\,\mathrm{PPV}^{T_j}(t_0,T,S(t_0))}{\partial S_i(t_0)}=\sum_{k=1}^{K}B(0,t_k)\left(\frac{\partial EL^{T_j}(t_k)}{\partial S_i(t_0)}-\frac{\partial EL^{T_j}(t_{k-1})}{\partial S_i(t_0)}\right)$$

Greenberg 等（2004）说明$\dfrac{\partial EL^{T_j}(t)}{\partial S_i(t_0)}$可以根据如下公式计算：

$$\begin{aligned}\frac{\partial EL^{T_j}(t)}{\partial S_i(t_0)} &= T\,\frac{1-p_0}{1-R_0}\left\{A_j\Phi\left(\frac{X(A_j)-\rho_0C_0}{1-\rho_0^2}\right)\right.\\&\quad+[(1-R_0)N_0-A_j]\Phi\left(\frac{Y(A_j)-\rho_0C_0}{1-\rho_0^2}\right)\end{aligned}$$

$$+(1-R)N\left[\Phi_2\left(\frac{C-\rho\rho_0 C_0}{1-(\rho\rho_0)^2},\frac{Y(A_j)-\rho_0 C_0}{1-\rho_0^2};\rho\right)\right.$$

$$-\Phi_2\left(\frac{C-\rho\rho_0 C_0}{1-(\rho\rho_0)^2},\frac{X(A_j)-\rho_0 C_0}{1-\rho_0^2};\rho\right)$$

$$-D_j\Phi\left(\frac{X(D_j)-\rho_0 C_0}{1-\rho_0^2}\right)-\left[(1-R_0)N_0-D_j\right]\Phi\left(\frac{Y(D_j)-\rho_0 C_0}{1-\rho_0^2}\right)$$

$$-(1-R)N\left[\Phi_2\left(\frac{C-\rho\rho_0 C_0}{1-(\rho\rho_0)^2},\frac{Y(D_j)-\rho_0 C_0}{1-\rho_0^2};\rho\right)\right.$$

$$\left.\left.\left.-\Phi_2\left(\frac{C-\rho\rho_0 C_0}{1-(\rho\rho_0)^2},\frac{X(D_j)-\rho_0 C_0}{1-\rho_0^2};\rho\right)\right]\right]\right\}$$

尽管上述表达式看起来十分复杂，但是对于不同估值日期，该计算方法直接明了，因为仅有的计算重点就是估计二元正态分布函数。因此我们就得出一个算法，分支 delta 可以运用解析解求出，该算法和简单匹配算法或者冲击方法相比，在计算时间和效率上具有明显优势，并且该方法比递归推算更容易推导。但是这些都是以精确度为代价的，Greenberg 等（2004）指出该方法的相对误差小于 5%。

## 附录 7D　运用 MC 模拟进行 CDO 估值和敏感度估计

MC 模拟在产品定价和风险管理中依然是一个比较灵活的平台。虽然 MC 拥有灵活性和易操作的优点，但是本身的计算效率和精确度却是一大问题，特别当计算敏感度的时候。目前方差缩减技术如重要性抽样法、控制变量法或者分层抽样法（见 Glasserman（2003）和 Jaeckel（2002），可以作为上述方法的一个概览）具有一定的优点，但是对于敏感度估计的问题，现在有一些更加直接的方法，这些方法更有发展潜力，并且能在许多场合与方差缩减技术结合起来运用。

### MC 估值：简单匹配算法

在接下来的内容中，我们将运用标准高斯连接模型，其中隐含变量为$A_i=\rho V+\sqrt{1-\rho^2}\varepsilon_i$，和前面的假设相同。运用标准方法，通过生成一对独立标准正态随机变量作为公共因子和异质因子，模拟组合损失，并且提取违约时间（正如在相关性和定价章节中给出的结论）。

对于一个标准的ST CDO，在$t$时刻，每一个模拟路径$\omega$上（其中$\omega=1,\cdots,W$）的组合损失为

$$L(t,\omega):=L(t_{0,}t,\lambda(S(t_0)),\omega)=\sum_{i=1}^{N}(1-R_i)N_i 1_{\{\tau_i\leqslant t\}}$$

$$=\sum_{i=1}^{N}(1-R_i)N_i 1_{\left\{\varepsilon_i\leqslant\frac{\Phi^{-1}(p_i(t))-\rho V}{1-\rho^2}\right\}}$$

式中，$p_i(t)=1-\exp\left[\int_0^t\lambda_i(s)\mathrm{d}s\right]$表示第$i$张债券的违约概率。

对于每一条模拟路径$\omega$，分支损失可以表示为

$$L^{T_j}(t,\omega)=\max\left[\min\left(L(t,\omega)-A_j,D_j-A_j\right),0\right]$$

保护支柱和保费支柱的现值为$\mathrm{PPV}^{T_j}(t,\omega)=\mathrm{PPV}^{T_j}(t_0,t,\lambda(S(t_0)),\omega)$，$\mathrm{FPV}^{T_j}(t,\omega)=\mathrm{FPV}^{T_j}(t_0,t,\lambda(S(t_0)),\omega)$运用式（7-7）和式（7-8）可以计算得出。

重复模拟$W$次，估计出保护支柱和保费支柱的期望价值为

$$\mathrm{PPV}^{T_j}(t_0,t,\lambda(S(t_0)))=\sum_{\omega=1}^{W}\mathrm{PPV}^{T_j}(t,\omega)\text{ 以及}$$

$$\mathrm{FPV}^{T_j}(t_0,t,\lambda(S(t_0)))=\sum_{\omega=1}^{W}\mathrm{FPV}^{T_j}(t,\omega)$$

那么分支利差就可以被计算得出，或者说分支市值可以表示为：

$$\mathrm{MtM}^{T_j}(t_0,t,\lambda(S(t_0)))=\sum_{\omega=1}^{W}\mathrm{MtM}^{T_j}(t,\omega)=\sum_{\omega=1}^{W}\mathrm{FPV}^{T_j}(t,\omega)-\mathrm{PPV}^{T_j}(t,\omega)$$

## MC 敏感度：简单匹配算法

运用MC方法计算利差额风险敏感度需要涉及有限差分近似，

$$\Delta\mathrm{MtM}_i^{T_j}=\mathrm{MtM}^{T_j}(t_0,T,S^{i01}(t_0))-\mathrm{MtM}^{T_j}(t_0,T,S(t_0))$$

$$\approx\frac{\partial\,\mathrm{MtM}^{T_j}(t_0,T,S(t_0))}{\partial S_i(t_0)}(1bp)$$

运用简单匹配算法计算敏感度过程需要不断调节利差曲线并且重复估计。例如：

$$\Delta\mathrm{MtM}_i^{T_j}=\frac{1}{W}\sum_{\omega=1}^{W}\left[\mathrm{MtM}^{T_j}(t_0,T,\lambda(S^{i01}(t_0)),\omega)-\mathrm{MtM}^{T_j}(t_0,T,\lambda(S(t_0)),\omega)\right]$$

运用MC模拟方法依然存在某些问题，例如敏感度仅仅主要由一些MC路

径所决定。对于第 $i$ 张债券，利差上移 1bp，该债券的违约概率则会相应变大，因此违约时间可能有所提前。所以敏感度主要由一些出现违约的路径所决定，特别是当由于这些违约情况出现时，CDO 违约支撑需要额外支出。总体来说，这种解决方案具有很高的不确定性，所以涉及 MC 敏感度直接计算的方法越来越受到关注。

### MC 敏感度：似然比方法

在 MC 方法中，似然比算法能够有效提神计算的效率和准确性。Rott 和 Fries（2005）推导出了一个近似估计

$$\frac{\partial \mathrm{MtM}^{T_j}(t_0,T,S(t_0))}{\partial \lambda_i(t_0)}(1\,bp) \approx \frac{1}{W}\sum_{\omega=1}^{W}\left[\mathrm{MtM}^{T_j}(t_0,T,\lambda(S(t_0)),\omega)(\mathrm{LR}_i(\omega)-1)\right]$$

式中，$\mathrm{LR}_i$ 表示对于标的债务 $i$（第 $i$ 张债券）由初值变到平移后的违约强度时的似然比。如果我们定义 $\tau_i$ 和 $\bar{\tau}_i$ 分别为强度是 $\lambda_i(S_i)$ 和 $\lambda_i(S_i+1\mathrm{bp})$ 的违约时间，相应地定义 $d_i(t)=\lambda_{it}(S_i+1\mathrm{bp})-\lambda_{it}(S_i)$ 为 $t$ 时刻的违约强度差值，这些都可以由 MC 模拟估计出来，似然比则如下表示

$$\mathrm{LR}_i(\omega)=\frac{\phi\left([\Phi^{-1}(P(\bar{\tau}_i\leqslant\tau_i(\omega))-\rho V]/\left(\ \ 1-\rho^2\right)\right)}{\phi\left([\Phi^{-1}(P(\tau_i\leqslant\tau_i(\omega))-\rho V]/\left(\ \ 1-\rho^2\right)\right)}\frac{\phi\left(\Phi^{-1}(P(\tau_i\leqslant\tau_i(\omega))\right)}{\phi\left(\Phi^{-1}(P(\bar{\tau}_i\leqslant\tau_i(\omega))\right)}$$

$$\times\left(1+\frac{e(\tau_i(w))}{\lambda_i(\tau_i(w))}\right)\exp\left(-\int_0^{\tau_i(w)}d_i(s)\,\mathrm{d}s\right)$$

式中，$\tau_i(\omega)$ 表示在迭代路径 $\omega$ 上的模拟违约时间，$\phi$ 表示标准正态分布的密度函数，$\Phi$ 表示标准正态分布累积分布函数。

对于上述表达式，我们可以看出只有违约时间 $\tau_i(\omega)$ 需要通过最初的利差或者风险曲线模拟得出，并且每一条模拟路径都有助于计算风险敏感度。该方法仅仅只依赖于违约时间分布的密度而不是这种支付。因此一旦将上述方法运用于 ST CDO，它可以有效地计算其他信用产品。有关运用高斯连接似然比方法的更多更详尽的内容见 Rott 和 Fries（2005）以及 Joshi 和 Kainth（2003）。

上述方法的另一种衍生是顺向计算方法，该方法最大的优点是效率高，但是每一种产品必须单独分析，这也使得该方法很难应用推广。想要了解更详细的信息，这里我们推荐阅读 Joshi 和 Kainth（2003）和 Glasserman（2003）的文献。

## 参考文献

Andersen, L., J. Sidenius, and S. Basu (2003), "All your Hedges in One Basket,"

*Risk*, November, 67–72.

Berndt, A., R. Douglas, D. Duffie, M. Ferguson, and D. Schranz (2005), "Measuring Default Risk Premia from Default Swap Rates and EDFs," working paper, Tepper School of Business, Carnegie Mellon University.

Brasch, H-J. (2004), "A note on efficient pricing and risk calculation of credit basket products," working paper.

Genz. (2002), "Numerical Computation of Rectangular Bivariate and Trivariate Normal and t Probabilities," Department of Mathematics, Washington State University.

Gibson, M. (2004), "Understanding the risk of synthetic CDOs," working paper.

Glasserman, P. (2003), *Monte Carlo Methods in Financial Engineering*, Springer.

Glasserman, P., and J. Li (2003), "Importance sampling for portfolio credit risk," working paper.

Greenberg, A., D. O'Kane, and L. Schloegl (2004), "LH+: A fast analytical model for CDO hedging and risk management," *Quantitative Credit Research Quarterly*, Lehman Brothers, Q2.

Jaeckel, P. (2002), *Monte Carlo Methods in Finance*, Wiley Interscience.

Joshi, M., and D. Kainth (2003), "Rapid and accurate development of prices and greeks for nth to default credit swaps in the Li model," working paper.

Kakodkar, A., B. Martin, and S. Galiani (2003), "Correlation trading," *Fixed-Income Stategy*, Merrill Lynch.

O'Kane, D., and S. Turnbull (2003), "Valuation of Credit Default Swaps," *Quantitative Credit Research Quarterly*, Lehman Brothers, Q1/Q2.

Rott, M. G., and C. P. Fries (2005), "Fast and Robust Monte Carlo CDO sensitivities," working paper.

Vasicek, O. (1987), "Probability of loss on loan portfolio," working paper, Moody's KMV.

# 第 8 章

# 有关 CDO 交易的风险管理的具体实践

Andrea Petrelli, Jun Zhang, Norbert Jobst, and Vivek Kapoor

## 8.1 简单介绍和动机

现代 CDO 模型框架大都基于静态利差期限结构，运用 copula 函数（具体细节见第 4 章和第 6 章）的同时也将合成 CDO 交易的损益考虑进去。这也激发人们设计出有关 CDO 分支的信用指数来对产品定价提供校准目标（如 CDX.NA.IG，CDX.NA.HY，ITRAXX Eur，等等）。目前根据资本结构调节价格的方法有很多，并且其中存在很多争论（如“复相关性”和“基本相关性”）。人们不太了解的是对冲策略以及有关的成本和有效性，有关 CDO 交易策略的基本风险—回报和相关联的银行资本需求。对于写作本章内容，作者主要考虑如下两个主要原因：

（1）目前关于 CDO 分支定价比较实用的方法和技巧，并没有说明替代和对冲误差（考虑到利差扩散、利差跳跃和利差直接跳跃至违约情况且无固定回收率），因此有关对冲和风险管理的范例并不完善。

（2）仅仅基于边际和线性利差敏感度考虑的风险聚集制度会存在许多无效性甚至是错误，这主要是由于分支本身具有非线性特征（如根据资产表的回报情况具有非线性特征）。然而这些在风险管理中根深蒂固的线性风险聚集制度没法与结构化信用产品的“革命”性创新相适应。

关于评估风险和提升对冲策略，目前比较实用的方法都主要涉及对有关变量的概率描述（这些变量主要是一般定价模型所要涉及的）以及有关交易策略损益情况的概率描述。第 7 章主要是涉及有关知识的概念性框架以及风险度量的计算，本章则主要关注对相关的信用风险和损益情况的评价。因此，本章可以看成是我们所讨论的 CDO 风险管理的第二部分。

我们在第 7 章讨论了关于违约、利差和相关性等静态指标，本章将进一步介绍动态对冲和风险管理的内容。特别地，我们将探索权益交易（卖一份权益保护，买一份指数保护），讨论如何引出交易损益以及影响损益的不同市场变量。因此，本章我们将超过前面所说的静态度量，进行更深层次的讨论。

## 8.2 一些交易策略的总览

在本章中，我们将具体讨论一些比较受欢迎的 CDO 交易策略，这些策略都是运用第 7 章所介绍的工具创造出来的，与此同时我们也会给出概率上的损益。下面具体介绍下这些交易策略：

### 8.2.1 要素组合

卖出一份关于 CDS 指数的保护措施便是一个信用要素组合的例子。举例来说，信用指数，CDX.NA.IG 包含了北美 125 种信用产品，将会被用来提供样本计算。CDO 分支的风险状况（风险预测）将会和简单卖出指数保护（措施）的风险相比较。

### 8.2.2 CDO 组合

关于 CDO 分支相关的信用指数的报价和市场参与者的相关 deltas 估计（CS01 或者 Credit01 对冲）[⊖] 每天都可以获得。这些交易有时是基于 delta- 交换设计出来的，虽然这种交易从表面上看起来是用 CS01 "对冲" CDO 分支，但是在特定的策略中，它可能是长期信用风险的驱动者。我们重点看如下三个基于指数产品的 CDO 分支：

#### 8.2.2.1 正向持有权益分级交易

卖出一份以利率为 0 到 3%、涉及 CDX.NA.IG 指数的分支为标的的保护，通过买入一个关于该分支的保护来对冲 CS01 的风险暴露。

---

⊖ 在第 7 章我们介绍了术语 CS01 和 Credit01，分别表示单名和全市场敏感性。本章中我们主要使用 CS01 来表达单名和市场两种敏感性，除非有额外说明，我们主要关注使用了信用指数的对冲策略。

#### 8.2.2.2　正向持有跨式交易

卖出一份关于利率为 0 到 3% 的 CDX.NA.IG 指数的保护，通过买入一份关于利率为 7% 到 10% 的分支保护来对冲 CS01 的风险暴露。

#### 8.2.2.3　正向持有主要或者夹层分支交易

买入一份以利率为 7% 到 10%、涉及 CDX.NA.IG 指数的分支为标的的保护，通过卖出该份指数的保护来对冲 CS01 的风险暴露。

执行这些 CDO 策略的时候，希望卖出一份信用保护的保费收入超过买入用来对冲利差变动风险的保护的保费支出（其中提前支付在整个交易过程中摊销掉，加入在付的保费用来对净持有量提供一个估计）。这些交易的持有量主要是通过将现行的票面利率加入到当日盯市交易的时间衰减当中。在交易开始阶段，持有量趋近于一个无违约的现金流，在计算该现金流时只需简单将提前付款摊销到整个交易过程中。表 8-1 将这三种交易策略在交易初期的持有量进行了比较。根据该表，跨式交易（Ⅱ）的持有量最大，接着是 delta- 中性权益分支（Ⅰ），最后是 delta- 对冲主要（夹层）分支（Ⅲ）。

表 8-1　2005 年 3 月 31 日开盘，CDX.NA.IG.4 的报价和参数比较。所构建的 CDO 策略头寸以层级的名义金额为基准，对于跨式策略（涉及到两个层级）是以权益级名义金额为基准

| CDX.NA.IG.4 | 6/20/2010 | 49bps | |
|---|---|---|---|
| 层级 | 价格 | 相关性 | Delta |
| 0 ～ 3% | 500bps + 33.5% | 19% | 17 × |
| 3% ～ 7% | 199bps | 5% | 7 × |
| 7% ～ 10% | 64bps | 16% | 2.8 × |
| 10% ～ 15% | 25bps | 21% | 1.1 × |
| 15% ～ 30% | 10bps | 32% | 0.3 × |

| 策略 | 具体内容 | 头寸 |
|---|---|---|
| 线性 | 买入 CDS 指数 | 49bp/pa |
| CDO-I | 买入权益级并 Delta 对冲 | 457bp/pa |
| CDO-II | 买入跨式策略 | 1149bp/pa |
| CDO-III | 买入优先夹层级并 Delta 对冲 | 116bp/pa |

## 8.3　实用的风险管理 I：仅仅控制信用 delta 的缺陷

上述介绍的交易策略特别关注传统的风险管理系统。这种系统并不能说明结构化的信用资本结构以及随后的非线性特征。这些风险系统之前是用来聚集普通信用产品的风险，例如公司债务或者单一标的的 CDS，现在主要是进行

有关 delta 风险暴露的管理。“债券等价的市场价值（bond equivalent market values)作为“大债券商场”的习惯用语，或者是相应的 delta- 概念。这些风险管理系统管控 CS01：例如，市值由于债券利差变大 1bp 后的变化。甚至是对于一份单一标的 CDS，这只不过是一种简化，因为保费预期支付的期限的计算是基于风险中性的违约概率，还有债券利差具有非线性特征。所以当利差变化幅度超过 1bp 时，产品的损益情况不单单是由 CS01 和利差变动就可以解释清楚的。如果作为已经卖出违约保护的发行方突然将要违约（信用利差无限放大），那么损失的最大限度就是本金数量（减去回收额）。这种非线性特征是信用工具本身所具有的，这也导致了基于风险管理系统的敏感度分析只是真实风险的一种近似。然而对于普通的信用产品，这种近似不会造成太大的“危害”。如果是在基于 CS01 的风险系统下，当出现利差缩紧情况时，CDS 保护的净购买者将会遭受损失；当利差稍微扩大时，CDS 的净卖出则会遭受损失。在任何一种情况下，由于利差极端变大或缩紧所产生的市值变化现象都可以用普通信用产品中的 CS01 观点来解释。

针对这样的风险管理制度，被选定的 CDO 策略就可能变得特别受欢迎，因为它们可以提供正的现金流（持有量）并且没有 delta 风险暴露（更广泛地管理和控制风险）。除此以外，对于风险资本的需求如果很明显是由于或者部分是由于 delta 风险暴露所致（正如传统情况那样），交易员可能必须登记正 – 持有量，但不需要拨出预期的风险资本。

除非风险管理系统和风险资本模型能够涉及信用利差 – 违约凸性（单一标的以及整个市场）以及相关性风险度量，否则这里介绍的 CDO 交易策略的风险 – 回报特征与基于相等的“ delta- 组合”的风险管理差异很大。在本章中，我们将会说明“ delta- 组合”在 CDO 交易中如何遗漏风险和错失机会。在下一节，我们重点关注关于之前三种 CDO 交易策略的敏感度（在第 7 章介绍的），之后给出有关损益（后验测试）情况的案例分析。

### 8.3.1 信用利差敏感度

正如前文讨论的，基于 CS01 的风险管理框架可以为普通信用产品提供一个很好的近似，尽管分支的非线性特征会导致当利差变化时将出现非单调的市值裱花（例如，市场利差变动与单一标的（债券）利差变动，特质的变动）。这里我们将第 7 章介绍的工具引入到实际运用中，并且检验模型化的 CDO 交易。在一开始，几乎没有“ CS01 风险”，即使任意一张债券（发行）的利差暴涨，交易也只是遭受市值损失。图 8-1 到图 8-3 说明了当多张标的（债券）利差同时变大或缩紧时之前三种交易策略的相应市值变化。每一张图的最后一部分都是让利差变化从 –20bps 到 40bps。

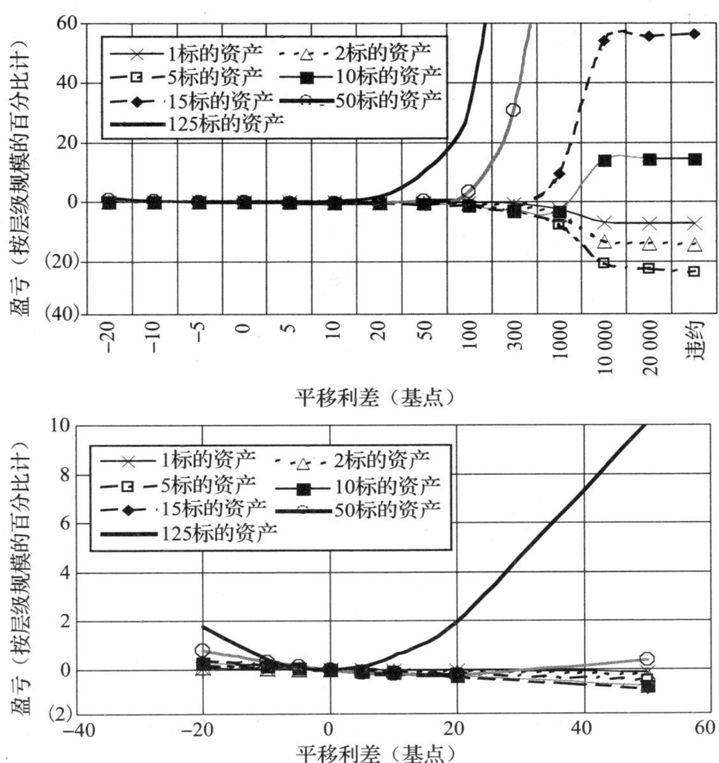


图 8-1　Delta 对冲后权益级的利差敏感性（0% ～ 3%）。以利差递减的顺序，最前面的 1，2，…，*N* 个标的资产同时进行利差平移（幅度在横轴上表示）（CDX.NA.IG.4，2005 年 3 月 31 日）

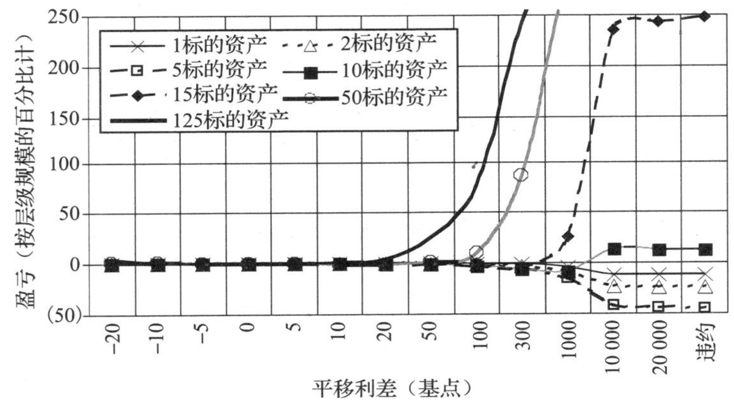


图 8-2　Delta 对冲后跨式策略的利差敏感性（0% ～ 3% 和 7% ～ 10%）。以利差递减的顺序，最前面的 1，2，…，*N* 个标的资产同时进行利差平移（幅度在横轴上表示）（CDX.NA.IG.4，2005 年 3 月 31 日）

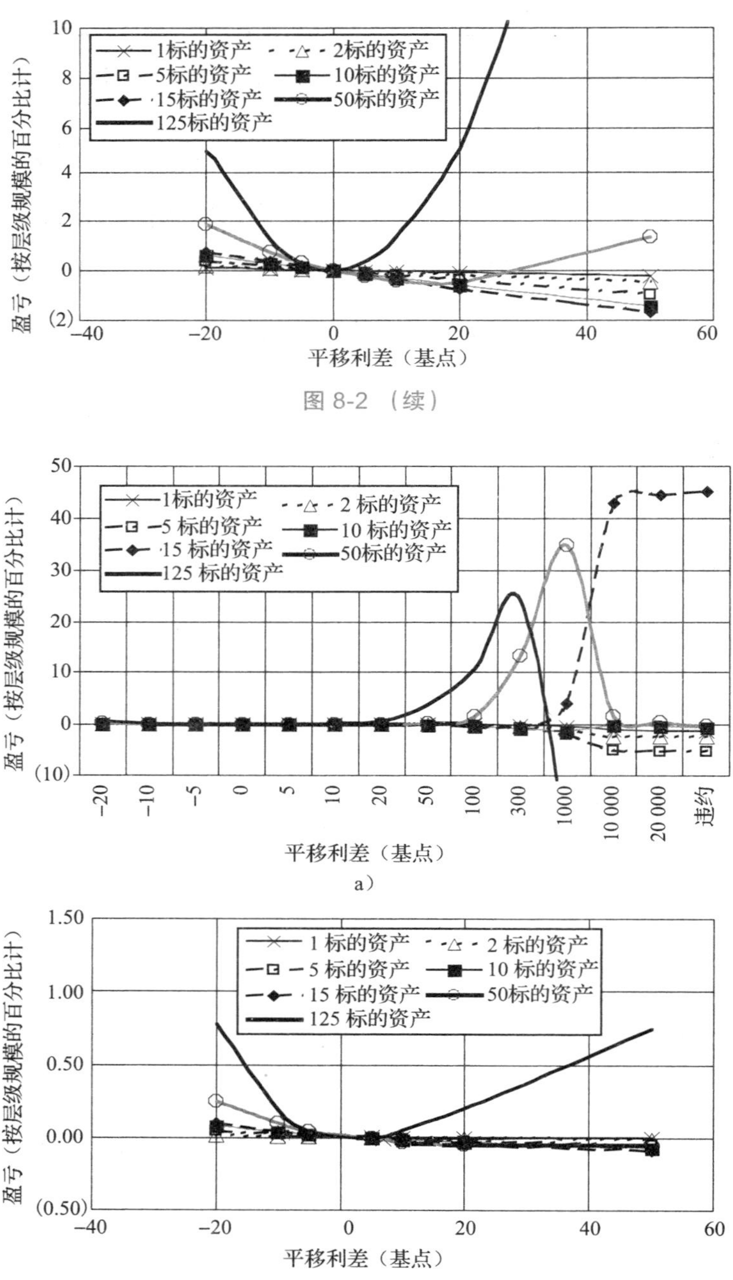


图 8-3 Delta 对冲后优先夹层级的利差敏感性（7% ～ 10%）。以利差递减的顺序，最前面的 1，2，…，$N$ 个标的资产同时进行利差平移（幅度在横轴上表示）（CDX.NA.IG.4，2005 年 3 月 31 日）

我们可以清楚地发现当利差变大时，多张标的（债券）的市值变动并不是每一张标的（债券）市值变化的简单加总，特别是当利差出现很大变化的时候，这种差距会被更加放大。实际上，这种多张标的（债券）利差同时变大的情况出现可能会导致上述三种交易策略实现盈利。这被称为拥有“正的指数 gamma”。这种正的指数 gamma 可能是出于本身的一种特性（例如，如果所有标的（债券）利差变大 100bps，对于市值的影响却是正向的），如果出现所有标的（债券）利差无限制变大的情况，对于 delta- 中性主要夹层分支策略，同样可以当作市值损失情况，见图 8-3。这里我们也要指出，当 5 到 10 张标的（债券）利差同时剧烈变大时，所有交易策略市值都变大（获得盈利）。然而，当更多标的（债券）利差进一步扩大时，前两种策略的市值也越来越大，图 8-3 说明了当利差出现巨大“爆发”时，第三种策略的市值可能变小，尤其是当更多张标的（债券）利差同时“爆棚”时，第三种策略很可能会遭受损失。

然而有一些利差突变情况很不一样，这里我们将指出当考虑更多的现实中的市值变化时（例如，许多资产变化量比较中等，或者一些标的（债券）的利差变化幅度不大，如图 8-1 到 8-3 的第二部分所示），这些 CDO 交易策略的市值敏感度就是关于初始交易持有量的增函数（如表 8-1 所示）。考虑利差变化幅度从 −20bps 到 50bps 之间，跨式交易策略拥有最大的持有量，那么它的利差敏感度是最大的；同理，主要夹层分支交易策略的持有量最小，那么它的利差敏感度也就是最小的。对于跨式交易策略，这主要是因为该策略具有更高的凸性（万一许多标的（债券）利差同时变大），从而导致交易两边的损失更大（例如，买入权益分支，卖出主要分支）。

因此，持有量可以被当作相应交易策略的异质性和系统性利差风险的补偿。这些例子都强调了基于 CS01 的风险管理并不能有效地控制之前所提及的 CDO 交易策略的风险。利差敏感度的计算说明了这些受欢迎的 CDO 交易策略对于异质性的利差变化风险比较敏感，通过评级或者分类来“封装”利差走势，同时潜在地扰乱许多债券走势对于评估 CDO 交易的“市场风险”并不是一件好事。这些 CDO 交易策略的市场风险可以通过各只标的（债券）的利差不同时的变化来控制，因此，基于粗略的一致性变化的评级或分类是错误的。

在实践当中，当人们关注合成 CDO 交易的 VaR（Value at Risk）时，基于 CS01 的 VaR 或者市场变化的 VaR 都会有很多问题。然而一份基于 CS01 的“VaR”对于合成 CDO 不能提供任何信息，基于市场指数的“VaR”则更是错误百出，因为当利差反转时正向持有策略会遭受损失，并不必须在一致平移变化出现时，而这恰恰是传统“市场 – 风险”分析框架下的内容。

结果，虽然指数因素或者分类因素对于利差变化具有一定的影响，但是对于一个标的（债券）的特定利差时间序列（模型化或者运用历史数据模拟）是清楚地说明对冲交易策略以及评价合成 CDO 交易 VaR 的先决条件。因此，良好的风险管理需要合理（概率性）的对于未来可能出现情况的描述，包括“真实世界”中关于信用利差环境的描述。

当然，在实际的对冲当中，需要引入流动性指标，因为考虑到执行的简易性和效率。阶段性单一标的（债券）的对冲要覆盖指数对冲的最高层，如果投资者希望覆盖掉每一张标的（债券）的很小的 CS01 风险暴露。因为指数成分的权重都是相等的，并且每一份标的（债券）的对冲比例并不相同（通过每一时刻调节单一标的（债券）利差一次所得），运用指数作为 CS01 对冲会导致轻微的残值为负，并对单一标的具有正的 CS01 风险暴露。[⊖]

### 8.3.2 相关性敏感度

之前有关于敏感度的介绍都不涉及对于隐含分支敏感度变化的内容。分支的隐含相关性反映了市场观点和模型假设之间的联系，其中包含了①静态的利差期限结构；②正态 copula ；③固定回收率；④确定性的资产—相关性结构。当然，我们没有办法将上述所有假设都分离开来，因为它们已经成为隐含相关性的“现实”。相关性不仅仅指信用产品组合中用于定价的不确定变量。回收率的不确定性和回收率—违约的相关性有着十分重要的作用，但是即使在单一标的的 CDS 定价中，至今为止人们很难找到系统性的解决方法。

在现实当中，人们往往把用于在不同的资本结构中对各个分支进行估价的隐含相关性计算需求称作相关性偏斜。相关性偏斜至少可以运用少量的现实要素，从定性的角度去解释。

在运用静态利差的标准定价模型中，资产相关性变量控制了不同债券（发行）之间的违约时间。买一份关于分支的保护价值是关于该相关性的非线性函数，具体见图 8-4。因此，如果假设相关性是非确定变量并且在不确定的相关性条件下去估计分支的期望价值，那么在该假设下所计算出的分支价格与简单运用平均相关性（Jensen 不等式）所得价格可能出现比较大的差异。因为不同分支的违约保护价值对于相关性参数的敏感程度不同，但隐含相关性所得价格相同，这是因为之前就假设相关性是不确定变量，是依赖分支价格计算出来。这些基本的相关性—凸性争论足够从定性的角度去解释相关性偏斜。当然，资产价值和违约相关性并不是确定已知的参数。在有着比较明显的相关性凸性条件下，运用同一个隐含相关性去计算同一结构下的不同分支价格是不太准确的。

---

⊖ 注意，不管是同时调节所有名称 1 个基点得到指数整体对冲率（面额形式），还是调节单个名称估计单个对冲率并使用指数来对冲，指数面额等于单名称对冲面额之和，会得到相同的结果（因为凸度在 1 个基点表现不明显）。

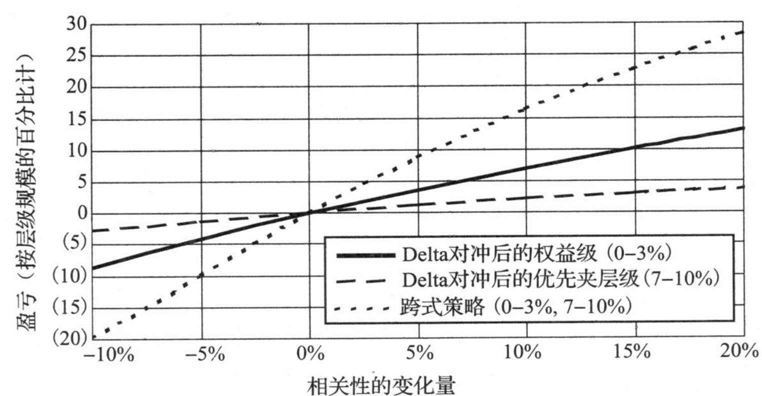


图 8-4 相关性的敏感性。对于跨式策略，其盈亏按照权益级规模的百分比画出（CDX.NA.IG.4，2005 年 3 月 31 日）

因为相关性是一个定价变量，CDO 交易当然也就暴露由于定价参数发生变化而导致的市场风险之下。有趣的是，与从很小利差到中等利差变化相关的利差凸性很像，相关性敏感度同样也是关于初始交易持有量的增函数（见图 8-4 关于三种交易策略的分析）。跨式交易拥有最高的持有量，那么它的相关性敏感度也就是最高的（使权益分支策略相关性和主要与夹层分支相关性朝着同一方向同时变化，这在现实当中不是一直发生的）。权益分支策略有第二高的持有量，它的相关性敏感度也就是第二高的。而主要夹层分支策略的持有量最低，它的相关性敏感度也就最低。对于跨式交易（Ⅱ）的相关性敏感度较高的原因，其中一种解释是，权益分支和主要分支的隐含相关性增加（减小）导致了权益分支的市值降低（上升），而主要分支的市值却上升（降低）。因此，买入权益分支同时卖出主要分支的头寸会遭受市值变化的双重影响，然而另外两种交易策略的对冲组合却对相关性变化并不敏感。这里，我们可以再次发现，持有量可以被看作是 CDO 内含相关性风险的补偿。仅仅通过重视 delta- 相等组合进行风险管理将要遗漏这些风险，因为 delta- 组合是相关性中性。稍后当我们关注交易损益的演变时，我们将说明利差风险和隐含相关性风险之间的联系。

## 8.3.3 违约敏感度

### 8.3.3.1 违约的边际价值（iOmega）

与几乎所有的信用风险工具相同，CDO 分支组合中的一张或者几张标的（债券）违约可能会对模型交易产生较大影响。正如第 7 章所介绍的，由于发行方（债券）利差无限变大导致的市值变化（被称作 VOD 或者 iOmega）能够帮助人们很好地了解 CDO 分支的内涵风险。图 8-5 展示了当组合中一张标的（债券）将要发生违约时，普通信用产品的市值变化，以及之前三种 CDO 交易策略的市值变化。因此图 8-5 中的每一点都说明了对于某一特定信用产品发生违约时的市值损失。

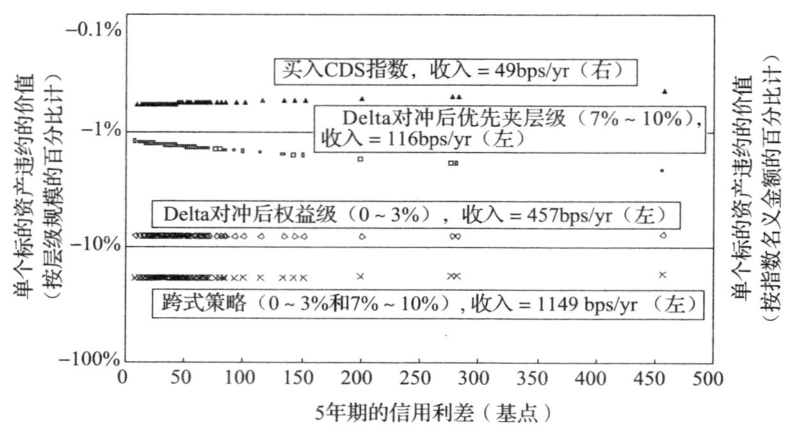


图 8-5 三种策略以及买入信用指数交易的违约边际价值敏感性。信用指数包含了 125 个发行人，用来进行 CDO 分析。横轴表示这些发行人的信用利差水平，纵轴表示这些发行人由于违约造成的边际盈亏（CDX.NA.IG.4，2005 年 3 月 31 日）

对于购买信用产品指数的多头，VOD 是一个负值，关于指数的利差就是承担相应违约风险的价值。“违约 – 对冲” CDO 交易对于资产池中的每一个相关成分同样具有负的边际 VOD。对于每一个正向持有 CDX.NA.IG.4 的 CDO 交易策略，边际 VOD（iOmega）本身在大量评级为 BBB 的债券资产池中并不会发生很大的变化。对于不同的交易策略，iOmega 会根据交易持有量（在初始阶段计算出来的）来进行排序，例如，持有量越高，其对应的边际 VOD 更小（为负数）。再一次强调，“delta– 对冲” CDO 交易策略的持有量可以当作是对可能发生的信用事件风险的补偿。持有量所提供的交易账本是否超出对于承担该信用风险的合理利差是一个值得思考的问题，而这也可以通过比较违约风险和这些交易策略的持有量来说明。

#### 8.3.3.2 违约风险的在付价值（Omega）

当多张标的（债券）同时出现违约时，交易的在付 VOD 可以被计算出来。因为有许多可能的 2 组、3 组，例如，除非我们处理的是一个同质的资产组合，否则我们就得考虑单独的在付 VOD。这里所说的在付 VOD 是根据第 7 章中所提及的排序后的标的（债券）计算出来的，这些标的的排序则主要根据最有可能同时发生违约的 $n$ 个债券所进行。图 8-6 到 8-8 展示了三种 CDO 交易策略的在付 VOD。关于在付 VOD，所有策略都体现出了“正的指数 Gamma”，例如，由于一些违约造成的损失要比相应的边际 VOD 要小。实际上，当违约数量超过一定界限的时候，所有的策略都实现了盈利。

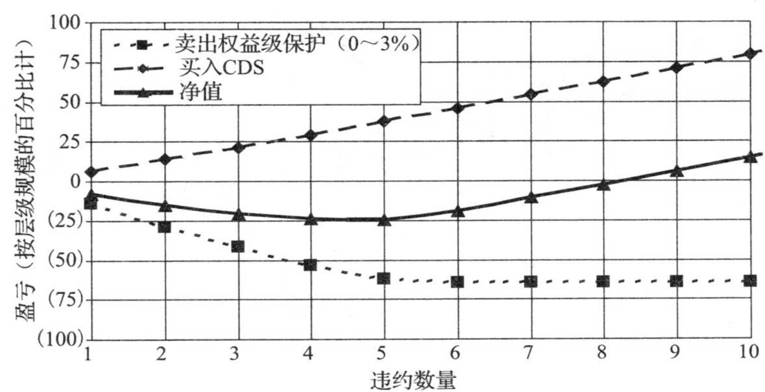


图 8-6　Delta 对冲后权益级的违约敏感性（0 ～ 3%）

注：违约对权益级市值造成的影响体现在上图中。按照发行证券的五年信用利差进行排序，并且把最前面的 1，2，…，$N$ 设为违约。市值的变化可以归咎于 CDO 层级的市值变化以及单个标的 CDS 的市值变化。由于卖出权益级保护所预先收到的权利金支付，所以该层级所受的损失要小于整个层级的名义金额。所购买的 CDS 市值则会随着违约数量的上升而增长。违约对于盈亏的影响不是单调的，当违约数量达到 5 时（大约是整个权益级名义金额的 24%），出现最大损失，而盈亏平衡点在违约数量为 8 时（CDX.NA.IG.4，2015 年 3 月 31 日）。

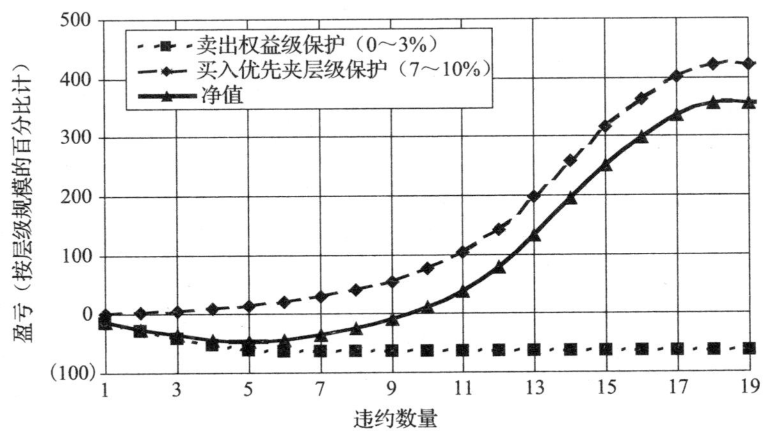


图 8-7　跨式策略的违约敏感性（0 ～ 3% 和 7% ～ 10%）

注：违约对跨式策略市值造成的影响体现在上图中。违约对于盈亏的影响不是单调的，最大损失出现在当违约数量达到 5 时（大约是整个权益级名义金额的 24%），而盈亏平衡点在违约数量为 10 时（CDX.NA.IG.4，2015 年 3 月 31 日）。

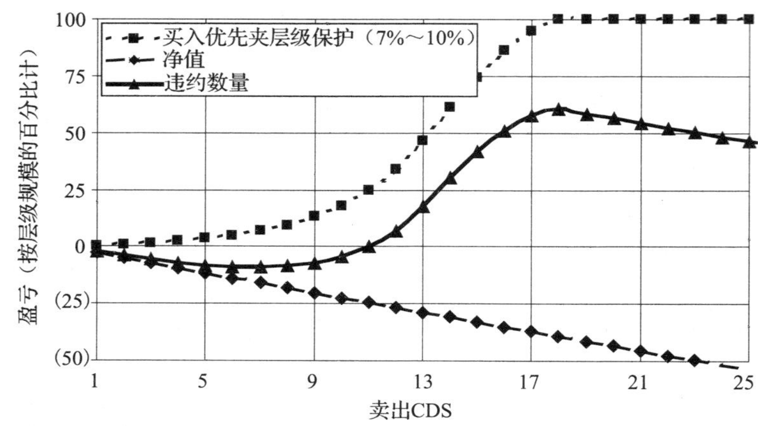


图 8-8 Delta 对冲后优先夹层级的违约敏感性（7% ～ 10%）

注：违约对优先夹层级策略市值造成的影响体现在上图中。违约对于盈亏的影响不是单调的，最大损失出现在当违约数量达到 9 时（大约是整个权益级名义金额的 9%），而盈亏平衡点在违约数量为 11 时（CDX.NA.IG.4，2015 年 3 月 31 日）。

对于正向持有权益分支交易策略或者跨式交易策略，最大损失的概念非常有用，因为对于这两种策略有明确的对任意按顺序排列的最大损失定义（图 8-6 和图 8-7）。对于正向持有主要夹层分支策略最大损失的概念则不那么明确（图 8-8）。在出现一定数量的违约之后，随着违约数目的增加，主要夹层分支策略反而出现了损益上的反转，出现正的盈利情况。这种情况的出现主要是因为当 CDO 分支由于违约的出现被“消耗殆尽”，所以就没有短期风险暴露。

总体来说，CDO 交易组合的最大损失，这个概念并不总是一个可行的风险管理目标，因为最大损失方案可能非常不切实际（例如，资产池中的所有标的（债券）均发生违约）。同样地，如果我们不需要关注比出现最大损失方案还要多的违约情况，持有量相对于最大损失可以给 CDO 定价提供重要的界限，这种定价方法主要是由于当持有量与最大损失的比值与其他信用产品不一致的时候（例如，一种交易的持有量与最大损失的比值可以为 CDO 分支定价提供一个“最优—交易界限”），“套利者”（更确切地说是“相对价值交易者”）开始进场“恢复”其“真实”价值。

### 8.3.3.3 每一份持有量的 VOD 风险

关于 Omega 的计算实际上就是运用 MC（蒙特卡罗）方法模拟标的（债券，发行方）的违约情况，这也可能导致出现许多在付的 VOD 情况，以及相应的市值影响。因此我们将重点关注由于进行违约模拟而观察到的市值变化分布情况。特别地，当 VOD 损失和被当做交易持有量的乘数（对于正向持有交易策略的人来说），则可能出现令人关注的见解和相对价值的比较。

接下来我们将关注如下 VOD/ 持有量分布，其中“真实计量”的违约事件是通过运用正态 copula 函数模拟出来，资产相关性为 25%，结合标准普尔 2004 年公司违约情况表。[⊖] 通过对方案中的资产组合进行重新定价，来确定在小于一年的时间内出现违约状况对发行方（债券）损益的影响。这需要重复 50 000 次计算出违约敏感度的一年期限的分布情况（用持有量的乘数来表示（与交易相关的年化现金流））。图 8-9a 支出通过这种方法得出的持有量—违约在不同的置信水平下的结果，当将不同交易放到一起比较时，这些结果非常有参考价值。

图 8-9a 展示了该 CDO 策略的正的指数 Gamma 特性，例如，由于出现许多违约情况而对该 CDO 交易策略造成的损失与指数本身相比要小很多。因此，对于该买卖策略的分布与在初始时刻持有量相同的指数相比呈现出明显的轻尾现象。这种观点与单纯只看绝对持有量的情况差别很大。举例来说，不同的交易策略中的持有量—违约可能表现得很相似（这里在确定的到期日下讨论），然而绝对持有量则会相差很大。因此，基于违约的合理风险资本计算会导致对于所有交易策略的每一个风险资本持有量很相近。换句话说，在 99% 的置信水平下，CDO 交易策略的持有量相对于持有一份长期信用指数（时间是 2005 年 3 月 31 日）对于投资者并不具有特别的吸引力，在更高的置信水平下，CDO 的交易策略相对于持有长期信用指数策略，其单位持有量的违约风险更小。

图 8-9a 与市场数据紧密相连（发行方（债券）利差，分支定价），图 8-9b 指出了当越来越多的市场参与者重视他们的风险—回报情况以及信用—周期的存在导致了市场利差和定价相关性的变化，而这些变化又导致了图形的变化。

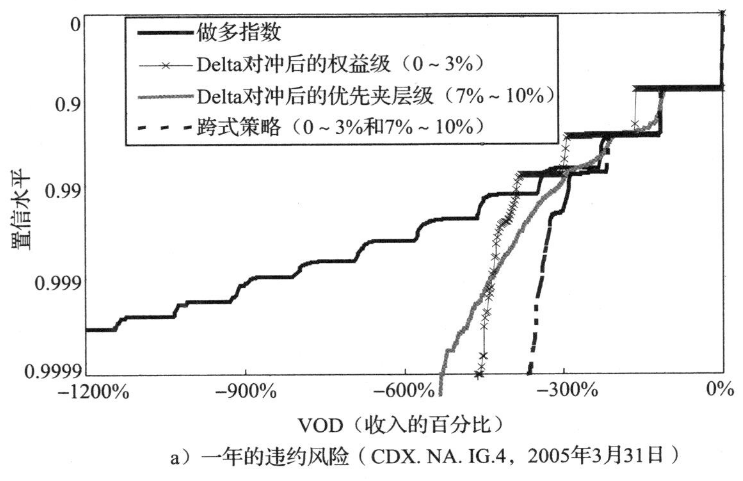


a）一年的违约风险（CDX. NA. IG.4，2005年3月31日）

图　8-9

⊖ 当然，也可以使用穆迪的 MKMV 期望违约频率、镰仓违约率，或者根据发行人资产负债表和违约率给一个特定观点。

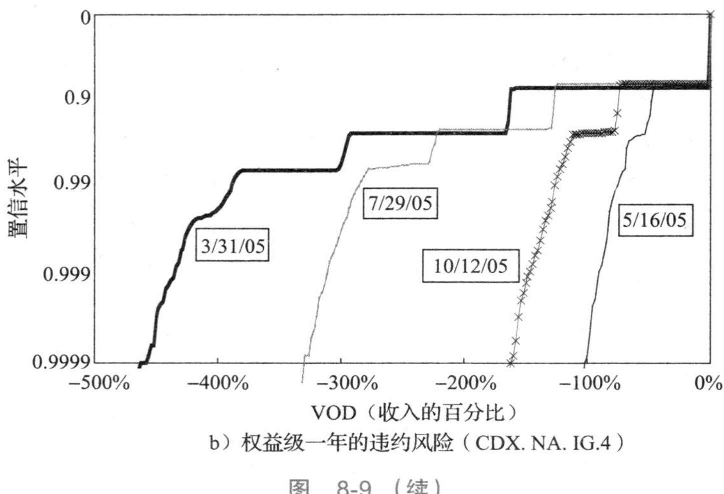


b）权益级一年的违约风险（CDX. NA. IG.4）

图 8-9（续）

残余 VOD 风险（用交易持有量的乘数来表示）可以通过多种不同的对冲（而不单单只对冲指数 –CS01）来变动，在一些情况下，对于权益分支交易策略，购买越多的指数保护可以减少每一单位持有量的 VOD 风险（这暗示一份便宜的指数保护和对于承担权益分支风险的丰厚补偿），而在其他情况下有可能出现购买越少的保护会减少每一单位持有量的 VOD 风险（这暗示一份昂贵的指数保护和对于承担权益分支风险的少量补偿），这些都在图 8-10 中展示出来。

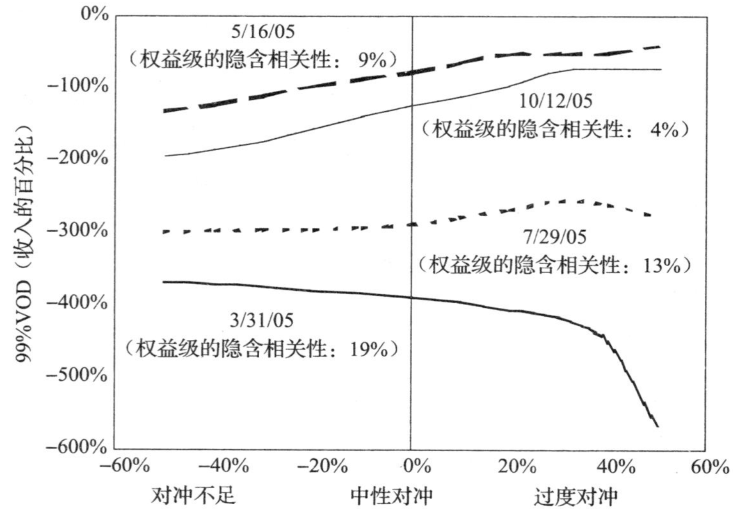


图 8-10　一年违约风险 VS 权益级的对冲比例（CDX.NA.IG.4）

这点大家或许不必惊讶，因为通过增加或者减少利差 1bp 来计算 delta 并不能将对冲误差最小化或者说是消除掉（实际上标准 CDO 模型同样没有考虑利差的离散程度），因此，残余 VOD 风险（在理论上都不一定是零）可能会由于对冲策略的替换而变化。当然，这种对冲策略的替换会消除产生信用 –delta 的风险暴露，这在传统的风险管理体系中经常出现。

通过本节的介绍，我们说明了仅仅基于 CS01 的风险管理系统并不完善，因为正向持有对冲交易策略具有潜在风险，一方面是源于存在少量的 CS01，而另一方面则是源于显著的负的 VOD 敏感度。对于 CDO 和 CDS 交易的多头方和空头方（例如，之前的三种交易策略）可能会卖出相应 CDO 资产池标的（债券）（发行方）的违约保护（例如，对于相应标的（债券）呈现出负的 VOD），虽然对于那些标的（债券）（发行方）并没有体现出负的 CS01，特别地，由于每一个标的（债券）（发行方）利差增大，标的（债券）（发行方）遭受巨大损失。如果当前的风险管理都只关注信用 delta 或者 CS01（或者相等的债券市场价值风险暴露），那么 CDO 交易就仅仅只是没有限制的卖出违约保护的借口，或者机遇与风险的简单认识。

## 8.4　风险管理的实践 II：交易损益案例研究

### 8.4.1　交易：卖出关于 CDX.NA.IG.4 的权益分支保护头寸

虽然之前的讨论都分析了有关 CS01 或者 delta– 对冲交易的残余风险，并且展示了交易的风险—回报情况（持有量 vs.VOD，利差和隐含相关性敏感度），但是我们没有说明当多个市场变量同时发生变化时（例如标的（债券）（发行方）的利差与隐含相关性），交易策略的不同部分的损益会怎样变化。为了更深入地检验多个市场变量变化如何影响合成 CDO 交易的风险—回报，我们将检验有关交易损益的内容：①现金部分；②市值部分。交易账户的变化可以用上述两个部分的之和来表示：$\Delta W(t)=C(t)+\text{mtm}(t)$。在现金流以短期无风险利率计算的假设下，我们可得

$$C(t)=\sum_{i;t_i\leq t} c_i \exp\left[\int_{t_i}^{t} r(\tau)d\tau\right]$$

在时刻 $t_i$ 的累积现金流可以用 $c_i$ 来表示，$r(\tau)$ 是短期无风险利率。市值部分则与相对应的利差、定价模型相关性和违约性有关，正如第 7 章时讨论的。

关于 CDX.NA.IG.4 资产池的权益分支交易开始于 2005 年 3 月 22 日。运用关于 CDX.NA.IG.4 的指数利差，单一标的利差的历史时间序列，我们展示不同类型交易（未对冲的和 delta– 对冲的）的损益情况以及调整损益波动性后的影响。为了获得这些结果，我们不仅要检验权益分支的隐含相关性时间序列，还要检验信用利差（见附录 8A）的不同统计量。

## 8.4.2 时间－衰减——执行的持有量观点

如果没有市场的运动，随着时间的推移，交易逐渐到期，在不同时间点上投资者手头上的财富到底有多少？交易者财富中的现金部分是由初始卖出保护措施和以后的保费偿付所构成。如果出现一个对冲交易，那么这就会为该对冲交易有所付出。假设 CDO 分支出现提前还款以及已收在付保费（减去买入该对冲的保费支出）以短期无风险利率增长。由于提前还款的存在，CDO 分支的初始市值为负，但随着时间一点一点地临近到期日，由于偶然发生的支付减少，其市值也在不断减小。图 8-11a 描述关于卖出权益分支保护头寸损益的时间－衰减情况。

图 8-11b 描述了关于买入 CDS 指数保护的损益的时间－衰减情况，例如，CDS 指数头寸需要通过在初始时刻卖出相应的 delta 数量保护头寸来对冲权益分支，正如图 8-11a 所描述。CDS 指数对冲的市值部分在初始阶段和到期日为 0（假设合约定价是合理的且没有提前支付）。但是 CDS 指数对冲在交易期间可能不为零，这主要取决于信用利差期限结构和时间－衰减的估计方式。我们将 CDO 交易与 CDS 指数对冲头寸相结合，图 8-11c 这种组合的损益情况。这些损益的时间－衰减结论都是通过缩短交易到期日的方法得出（初始时刻设为 5 年）。还有另外一种关于时间－衰减的观点，则是通过让相应利差在利率和信用利差远期曲线上变化。

在市场缺乏变化的情况下，对未对冲的卖出权益保护交易（图 8-11a）和 CS01－对冲交易（图 8-11c）进行正向持有，卖出保护措施的投资者财富会随着时间流逝而增加。而未对冲的卖出权益保护交易和 CS01－对冲交易则会具有负的边际 VOD 敏感度（如图 8-5），相比于 CS01－对冲交易，未对冲交易具有更多的持有量以及更小的 VOD 敏感度。因此未对冲的出售权益分支保护交易和 CS01－对冲交易都具有了长期信用情况。

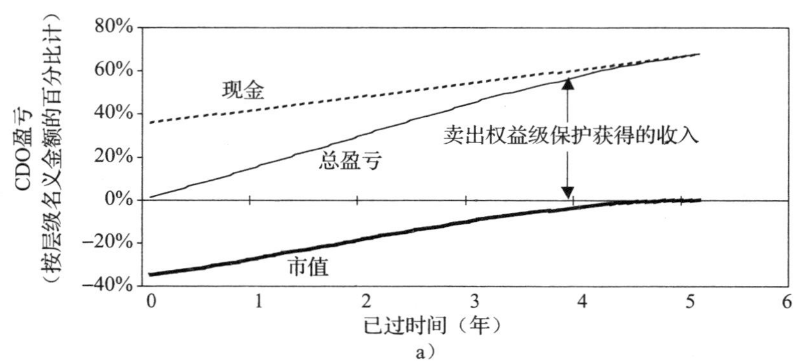


图 8-11 卖出权益级保护的时间价值损失（根据交易日，CDX.NA.IG.4，2005 年 3 月 31 日）

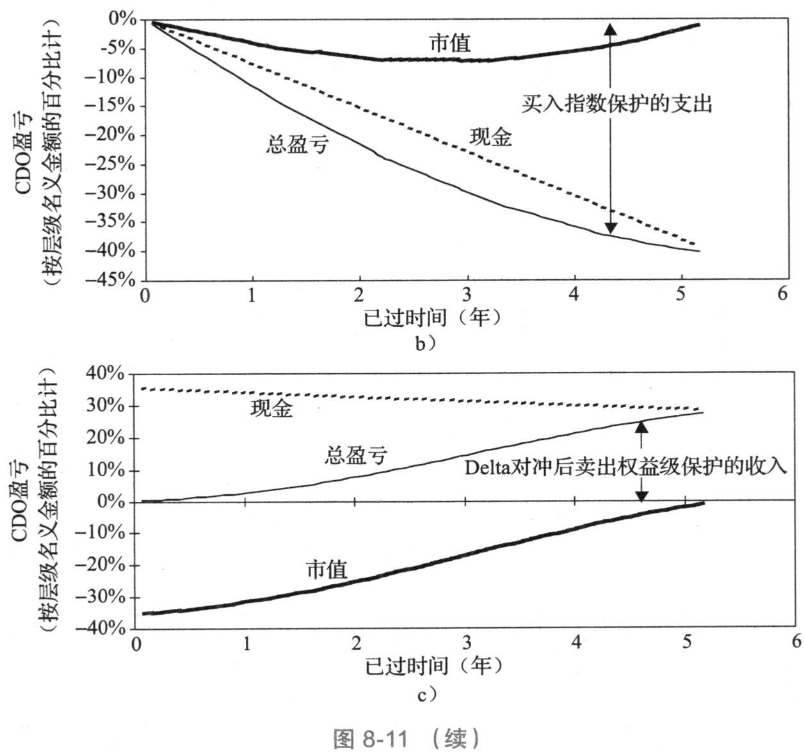


图 8-11 （续）

## 8.4.3 市场变化引起的损益变动情况：基于回测分析

当考虑市场在 2005 年 3 月到 12 月的表现，我们将着重关注这段时期交易策略的损益情况。我们再次仔细剖析交易的现金部分和市值部分。对于单一买入交易（long-only trade）（卖出权益分支保护）或者统计意义上的 delta- 对冲交易，现金部分则不会由于信用利差的变化而受影响（图 8-12a）。卖出一份权益分支保护可能会面临提前付款以及在付的连续累积保费支付。如果提前付款处于高峰期，权益分支的 delta- 对冲交易则会导致净保费为负（例如，现金流为负，现金流流出）。对于静态对冲，保费支付同样对于在初始交易后的利差变化并不敏感，然而重新调节的时候则具有某种程度上的利差敏感性。

交易市值会受到信用利差与隐含相关性变动所带来的影响，尤其是在时间—衰减的高峰期（图 8-12b）。未对冲的卖出权益分支保护是完全暴露在长期信用 -delta 的风险之下，并且做多相关性，因此当利差变大并且权益分支隐含相关性降低时，该交易策略的表现要比其他的差很多。而对于信用对冲的空头头寸，则是要抑制市值的波动（同时减少损益中的现金部分）。图 8-12c 则展示了总的损益情况（现金部分减去市值部分）。

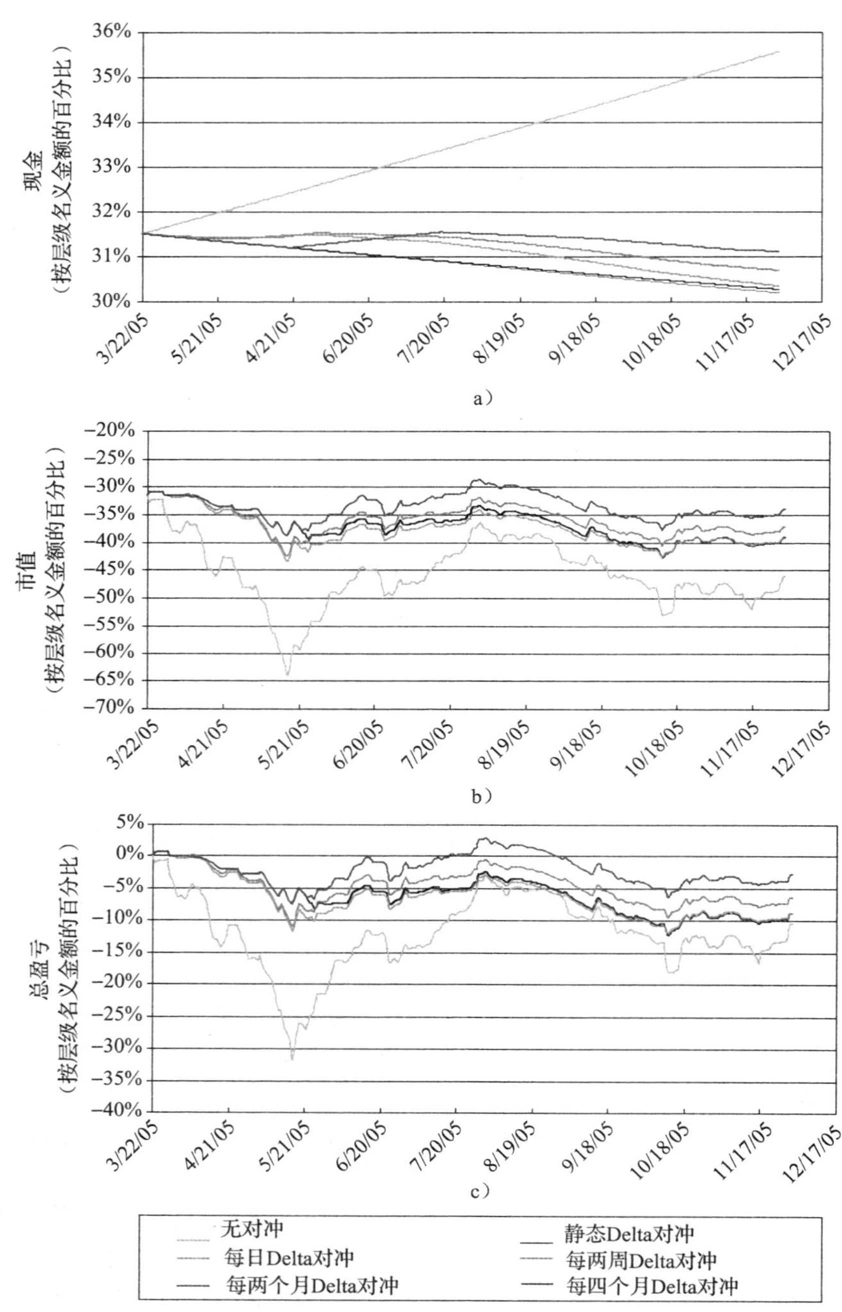


图 8-12 卖出 CDX.NA.IG.4 权益级保护的盈亏

当然，因为 delta 也会随着市场变量的变化而变化，不同对冲频率将会对损益产生不同的影响。结果是静态对冲（例如，在交易开始阶段运用指数进行 CS01 对冲）和每日调节指数部分用来进行 CS01- 对冲没有太大区别。那些对调节冲频率很低的交易，如每两周调节一次和每两个月调节一次，其表现反而要比那些静态对冲和每日调节对冲比例的策略好很多（图 8-12c）。在接下来的内容中，我们将讨论随着市场变量变化，交易的损益将会出现什么样的改变，这主要是为了更深入地探究影响交易损益表现的驱动力。

## 8.4.4　指数利差、利差离散度和隐含相关性的作用

图 8-12 中描述在 2005 年 5 月对于权益分支的卖出方（关于 CDX.NA.IG.4，开始时间为 2005 年 3 月），其损益出现了巨大的下滑。图 8-13 说明了上述现象的发生主要是因为指数平均利差变大（图 a），指数中跨板块的利差离散程度变大（图 b），权益分支的银行相关性突然下降（图 c）。指数利差变大以及利差离散程度增加出现在 4 月，而隐含相关性的突然降低则出现在 5 月。

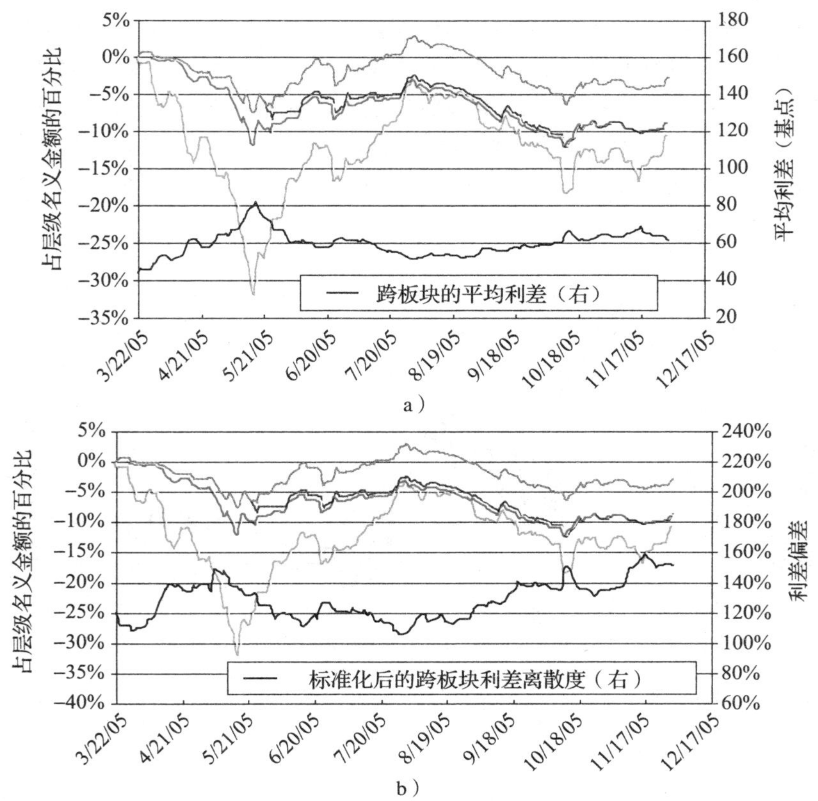


图 8-13　卖出 CDX.NA.IG.4 权益级保护的盈亏和风险因子

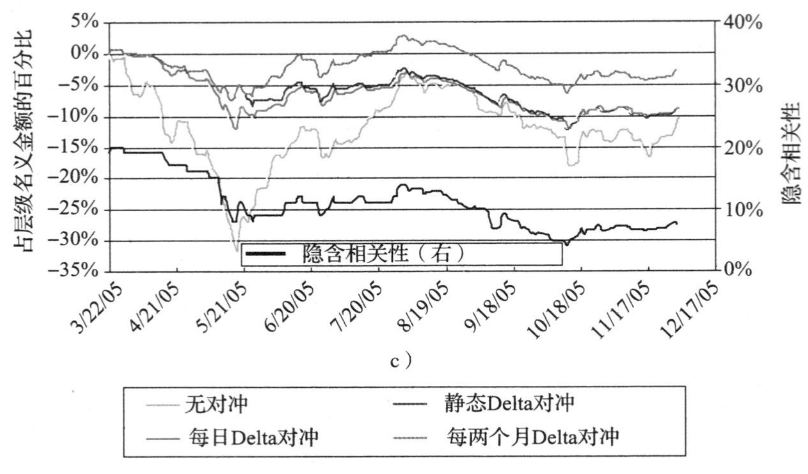


图 8-13 （续）

即使是对于权益分支的 delta- 对冲交易，虽然通过指数来进行 CS01 对冲，同样也有过市值狂跌的时候（跌幅达到权益分支票面金额的 10% ～ 15%），不过这相对于没有任何对冲措施买入权益分支（跌幅达到 35% ～ 39%）确实要好那么一些。这主要是因为指数中的不同板块之间的利差离散程度增加，以及随之而来的权益分支中标的（债券）隐含相关性的降低。指数平均利差的增加、跨板块之间的离散程度的增加以及隐含相关性的降低经常同时发生（图 8-14 和图 8-15）。

图 8-14 跨板块的平均利差、指数利差、跨板块的利差离散度（用平均利差进行标准化处理）以及权益级隐含相关性的时间序列（CDX.NA.IG.4）

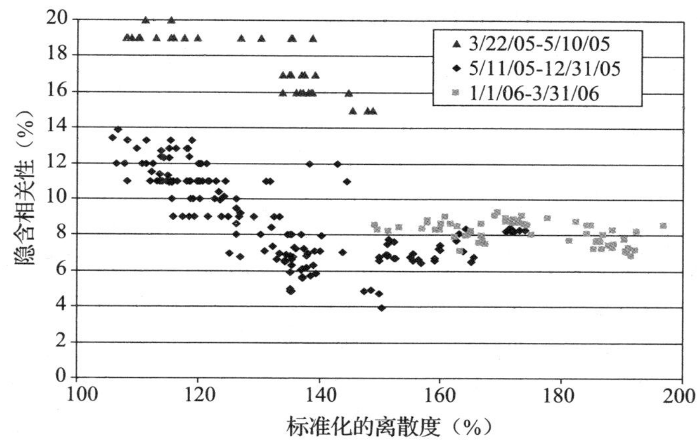


图 8-15 权益级的隐含相关性 VS 标准化后的利差离散度散点图（CDX.NA.IG.4）

图 8-15 中权益分支中隐含相关性与利差离散度的散点图暗示市场对于由于2005 年 5 月资产池的异质性导致卖出权益分支保护交易的脆弱形成了新的认识。

隐含相关性定价参数对于市场利差的反应也在不断变化。当指数利差变大时，这些交易员有的通过卖出未对冲的权益分支使其具有带杠杆的暴露在做多指数的风险当中，有的通过卖出 CS01 对冲权益分支的保护，使其对于异质（单一）利差变动具有很高的敏感度（暴露），他们都会遭受损失。应对这些损失，除了通过买入相反头寸来平仓之外，还可以要求因为承担风险而获得更多的补偿。对于买入权益分支保护的增长需求，以及对于卖出权益分支保护的更高报价，都表现为权益分支的隐含相关性参数不断变小。

利差离散度与指数利差变大以及权益分支隐含相关性降低三者相联系的经验特征，强调了单单引入 CS01 作为合成 CDO 交易分主要风险管理工具是不够的。一个 delta- 对冲交易不会面临任何有关 CS01 的风险，并且不会让任何一个人为将来由于利差变大带来的损失做充足的准备。这些损失都是由于异质（单一）的利差变动以及相应的权益分支隐含相关性降低所致，其中权益分支隐含相关性降低可以归咎于不断增长的对于异质（单一）信用损害的风险厌恶。如果一份 CDO 分支被简化成一个单一信用标的（债券）工具的集合（虽然对于每一张标的都能够知道其准确的 CS01），但是人们还是没法完全预防由于异质（单一）利差以及隐含相关性变动所带来的市值下行风险。

信用 -delta 风险因子、突变情况的发生、市场对于损益表现的恐慌、做市商之间的风险评估以及对冲基金之间关于合成 CDO 的交易都会影响这资产池中的损益。2005 年的教训告诉人们，主要通过单一标的工具评估合成 CDO 风险的系统是荒谬的，同时也强调在合理的利差变动范围内，结合单一标的（债券）的离散程度，相关性的变化以及之前提及的运用 MC 方法评估的违约风险来共同评估交易方案损益风险的重要性。

### 8.4.5 利差变动以及对冲频率的实现相关性

对于多个（单一标的（债券））的利差一同变动的一种度量可以用“实现相关性”来表示，对于一对标的（债券），它就是该对标的（债券）利差变化的相关性。这种度量在附录 8A 中被定义出来。为了计算一对债务人（债券）之间利差变化的相关性，我们需要关于利差的时间序列，而时间窗口我们选定为 CDX.NA.IG.4 的期限（从 3 月 22 日开始）。这就构造了一对在不同时间区间上利差变化的实现相关性矩阵，图 8-16 展示了这些相关性的平均值（非对角线元素）。

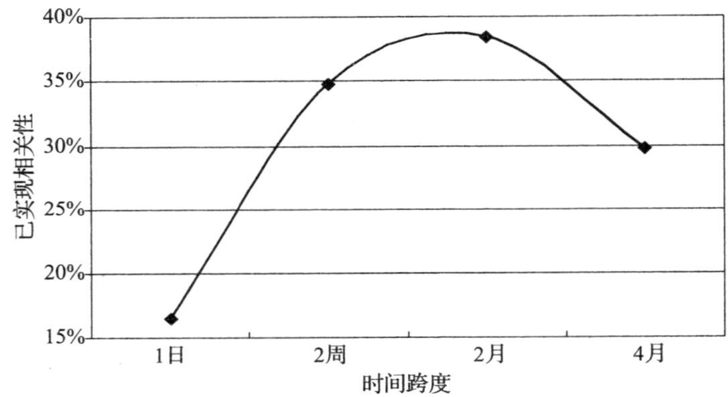


图 8-16 在不同时间跨度下利差的已实现相关性 CDX.NA.IG.4（2005 年 3 月 22 日到 2005 年 11 月 15 日）

利差呈现出一种趋势，相比于较短的时间间隔（例如一天），在比较长的时间间隔中（例如两个月）利差变化具有内在的一致性。举例来说，对于每天的利差变化其平均相关系数只有 16%，以两周为时间间隔的平均相关系数则上升至 35%，对于以两个月为时间间隔的平均相关系数则达到 40%。但是当时间间隔超过两个月时，其实现相关系数则开始下降（考虑以大概九个月的平均时间窗口去推导相关性相对而言不太可靠）。

将实现相关性与时间间隔联系起来有助于我们去研究对冲策略的表现，其中每两周调节一次对冲相对于每天调节一次会有更加不错的损益表现，而每两个月调节一次的效果会更好（如图 8-17）。这也说明了，对于 delta- 对冲权益分支，当它的利差在对冲时间间隔内发生变化时，指数利差 gamma 则为正的货币化表现。在极端情况下，利差呈现出完美的一致性变化（例如，所有利差发生同质变化），隐含相关性为一个常数，保持不变，那么仅仅依赖于 delta 对冲就可以产生永久的收益（图 8-17）。

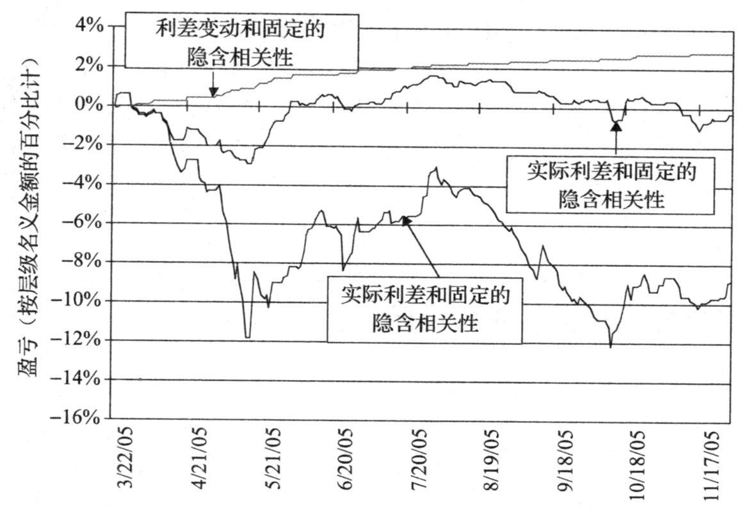


图 8-17　利差离散度和隐含相关性的波动对卖出权益级保护及每日 Delta 对冲策略的盈亏影响 CDX.NA.IG.4（2005 年 3 月 22 日到 2005 年 11 月 15 日）

考虑更加现实的情形，尽管 CS01- 对冲的频率更加频繁，但由于异质的利差变化，以及相应的隐含相关性的变动与内涵利差变化的相互竞争，都使得该对冲策略本身没法保证损益的波动率降至最低，当然就没法保证最好的收益表现。当然这里分析的时间窗口是优先的，而且需要更加深入的分析，如果通过将市场变化以及违约事件有效地联系起来，从而更好地说明一个确定的对冲策略。

## 8.5　总结和结论

通过本章的介绍，我们深入研究了三种 CDO 交易策略的损益敏感度。特别地，利差、相关性和违约敏感度强调了分支产品的非线性特征以及仅仅只引入信用 -delta 作为评估 CDO 交易风险的主要指标的谬误性。更进一步地说，我们在介绍了一些比较受欢迎的 CDO 交易策略的时候，也说明了某一策略具有更高的持有量时，那么它对于这些风险因子也就更加敏感。

### 8.5.1　系统性风险 vs. 异质性风险

之前我们介绍了合成 CDO 的回报主要依赖于在整个交易期间的利差变化以及对冲和利差实现相关性的相互作用。单一标的（债券）的利差凸性，虽然能为发行方（债券）风险提供一个重要指标，但它并不能充分地解释 CDO 交易的风险—回报特征，因为市场利差变化的市值敏感度可能对应的“异质的利差凸性”有着不同的反应。如果市场上所有产品利差同时增加超过 1bp，那么当单一利差变动（或单一标的（债券）出现违约）导致损失时，未来的盈利将不可避免。进一步地说，对于权益分支的定价似乎更直接依赖于利差离散程度，这也使得当利差离散化程度更加深入时，交易所面临的损失就会更加恶化，正如 2005 年所经历的那样。

### 8.5.2 分支定价中的相关性风险

正向持有 CDO 交易，总的来说就是做多定价参数中的相关性，该相关性可能会由于其他的因素，例如部门或者行业的信用质量变化（如 2005 年 5 月的汽车行业）或者特定的交易（如带杠杆的主要分支交易，见第 11 章，2005 年 9 月），会发生突然的转变。这些关于隐含相关性的波动性反映了市场努力克服在买卖交易组合中的分支信用风险，同时以市场或多或少地开始产生风险厌恶，这主要是根据利差如何一致性地变化，还有权益分支定价 / 相关性和板块（行业）之间利差离散程度的紧密联系。

### 8.5.3 信用事件风险 vs. 信用“delta”风险

本章我们介绍了正向持有合成 CDO 交易，如果市场没有发生任何变化时，交易员的财富就会随着时间的流逝而增加，这些被设计出来的交易具有很少的 CS01 风险，但是当这些交易的边际违约敏感度（VOD）为负时（例如，对于 CDO 资产池中的所有标的（债券），如果出现违约时交易将会面临损失），它们会面临长期信用风险。除此以外，对于这些正向持有的 CS01- 中性交易，由于违约敏感度（VOD）带来的损失可以被看作是关于交易初始持有量的增函数。这与传统的投资组合信用风险不同，对于后者，其信用 -delta 风险暴露（CS01）与违约风险暴露（VOD）的表现相同。相似的是，多重违约的影响不同于单一标的（债券）违约影响的累加。对于 delta 对冲 CDO 交易，尽管对于每一份单一标的（债券）会由于违约而造成损失，但该交易策略可能会因为多重违约的出现而实现盈利。

### 8.5.4 风险聚集和报告框架

如果每一条业务线对于市场整体风险以及风险资本的边际贡献“可以被”估计出来，那么基于风险聚集原理的边际和线性敏感度将使得风险管理看起来十分复杂。虽然这种风险管理框架相对于线性信用工具如债券、CDS、CDS 与债券的组合要更加完善，但这种风险管理方法要大量涉及处理与合成 CDO 相关的信用—类别风险。许多合成 CDO 交易甚至都没有出现在那些传统风险管理体制的范围里，这些传统的风险管理大都是基于信用 –delta 风险暴露，所以它们相比于“可以被聚集”展示了最不常见的风险暴露。风险评估报告不得不首先停止将信用 –delta 风险暴露和信用事件风险暴露等同起来考虑，这是因为在交易初始阶段，CDO 交易并不会暴露在信用 –delta 风险之下（基于 1bps 的利差变动）；并且从信用事件的角度来看，CDO 交易则是做多所有 CDO 资产池中的信用产品（例如，负的 VOD）。新的风险—系统将要挑战并且取代比较方便的基于边际和线性敏感度分析的风险管理方法，这些传统方法都具有为人们所熟悉的特点：①在没有任何资金买空卖空的条件下要求重复描述解单一标的（债券）（或者人为地区分开“指数风险”和“特定风险”；②运用历史数据或者模拟数据（包括利差跳跃和违约情况）重复估计 CDO 头寸，在一定程度水平上详尽地描述相应的 CDO 资产池，并且要囊括现实中的利差分散度、利差跳跃、违约情况、回收率以及相关性变化。然后，构造出相应的对冲策略，该策略涉及几乎所有的普通风险，通过使其损益对冲—误差最小化来达到对冲的目的，而不是仅仅只考虑信用利差 delta 的敏感度。

目前，有些模型详尽地考虑了联结信用利差、动态违约情况以及对冲成本。在研究合成 CDO 损益的时候，这些模型相比于通过对观察到的价格调节静态信用利差的 copula 模型更加贴近于现实。因为市场中对冲策略和风险管理策略的存在，相关性市场“学会”与波动性市场共同“生存”（例如，单一标的和指数 CDS 互换），指数与单一标的（债券）的隐含波动率的差别为隐含相关性市场增加了某些限制。当这两种市场开始互相作用时，信用模型的范例将会直接瞄准对对冲成本和对冲误差的描述，这些模型范例还要考虑如一致性的利差变化，异质性的利差变化以及信用事件，因为这些模型本身要作为必需的先导去先验估计产品的公允价值而不是进行后验说明。

## 附录 8A 利差有关的统计量

具有 $N_n$ 张标的（债券），期限为 $T$ 的 CDO 资产池，其跨板块（行业）的平均利差为：

$$\tilde{s}(t_k,T) \equiv \frac{1}{N_n}\sum_{i=1}^{N_n} s_i(t_k,T)$$

跨板块（行业）利差分散度为：

$$\tilde{\sigma}_s(t_k,T) \equiv \frac{1}{N_n}\sum_{i=1}^{N_n}(s_i(t_k,T)-\tilde{s}(t_k,T))^2$$

标准化的跨板块（行业）利差分散度为：

$$\tilde{\sigma}_s(t_k,T)/\tilde{s}(t_k,T)$$

$n$ 天的利差变化为：

$$\Delta s_i(t_k,T;n)\equiv s_i(t_{k+n},T)-s_i(t_k,T)$$

具有 $N_d$ 天数据集的 $n$ 天利差变化平均值为：

$$\overline{\Delta s_i}(T;n)=\frac{1}{(N_d-n)}\sum_{j=1}^{N_d-n}\Delta s_i(t_j\ T,n)$$

具有 $N_d$ 天数据集的 $n$ 天利差变化的标准差为：

$$\sigma_{\Delta s_i}(T;n)=\sqrt{\frac{1}{(N_d-n)}\sum_{j=1}^{N_d-n}\left(\Delta s_i(t_j,T,n)-\overline{\Delta s_i}(T;n)\right)^2}$$

$n$ 天利差变化的配对实现相关性为：

$$\rho_d(T;n)\equiv\frac{\sum_{m=1}^{N_d-n}\left(\Delta s_t(t_m,T;n)-\overline{\Delta s_i}(T;n)\right)\left(\Delta s_j(t_m,T;n)-\overline{\Delta s_j}(T;n)\right)}{\sigma_{\Delta s_i}\sigma_{\Delta s_j}\times(N_d-n)}$$

$n$ 天利差变化的跨板块平均实现相关性为：

$$\tilde{\rho}(T;n)=\frac{2}{N_n(N_n-1)}\sum_{i=2}^{N_n}\sum_{i=1}^{i-1}\rho_{ij}(T,n)$$

# 第 9 章

# 现金与合成 CDO：设计动机和投资策略

Olivier Renault

在本章，我们将要讨论目前最受欢迎的结构化信用金融产品（CDO）的投资动机。对于处理这些问题的方法，我们主要将其拆分成两个主要的结构化信用产品市场：现金 CDO 和合成 CDO。尽管这两个市场可以被广义地统一定义为 CDO，但是在结构化设计、标的资产选择以及投资者所关注的方面有着很大不同。根据目前所了解的情况，我们对这两个市场产品创造的动机研究是分开处理的。首先，我们将要讨论现金 CDO，将其视为把 ABS 技术更加中性地推广到更多资产聚集的技术。然后，我们将阐述合成 CDO 如何将信用衍生技术引入到资产组合当中。两个市场产品也有一些共同的发行动机，这些我们将会在下一节进行讨论。

## 9.1 CDO 产品的发行动机

发行 CDO 产品的两个最重要的动机就是释放资本或者说实现资本的最优回报，另一个则是评级套利。例如，基金资产相比于存在于资产负债表中，将其证券化可能会更加便宜。

### 9.1.1 优化资产负债结构

优化监管资本以及经济资本的回报率是银行管理者重要的考虑目标。减少现有财产的资金储备有助于调动资金到利润率更高的业务中，收缩资产负债结构，或者说增加回报。

一个减少持有资本的方法就是卖出一定的资本密集资产。但是这些资产往往都会产生较高的收益率，卖出这些资产可能会影响银行资产的回报率。CDO技术可以让银行在最大限度地保持现有回报率的同时显著地降低监管资本。这个思想就是将资产卖给一个分离的破产风险隔离的特殊目的主体（special purpose entity），然后将这些资产从资产负债表里面移除，接着买入这种CDO产品的权益分级，这种分级经过杠杆化处理后，要最先面临原始资产的损失风险，但是其收益率相对而言也比较高。

图 9-1 给出了优化监管资本回报率的一个案例。许多监管部门对于银行持有 CDO 权益分级，要求其 1:1 地计提风险资本；但是对于持有普通债务，银行则只需计提债务总量 8% 的风险资本。这就意味着，银行选择持有 2% 的权益分级，30% 的 CDO 的第二损失（债务），那么它就可以最少持有相当于债务总量的 2%+30%×8%=4.4% 的风险资本。在现实当中，银行往往并不会保有任何的债务，而是选择持有权益分级。因此，在我们这个例子中，银行只会计提那 2% 的风险资本。这就与资产负债表中持有贷款需要计提 8% 的风险资本形成鲜明的对比。因此，即使是 1:1 地持有"第一损失"分级的风险资本，这种策略仍然可以显著地提高资本回报率。在这个例子中，银行需要计提的资本下降将近 4 倍，而其回报率仅仅只降低 1.5 倍。更进一步，该操作可以显著地降低资产负债表中的资产，使得银行可以扩展新的贷款。管理资产负债结构可以说是设计现金 CDO 产品最为原始的动机，但是这种资产负债结构的 CDO 已经逐渐退出历史的舞台。它们仅仅在 2005 年的时候出现了大的"返潮"。

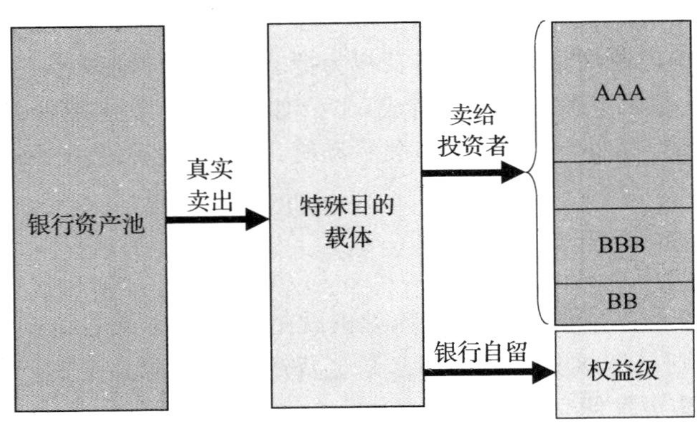


图 9-1 银行利用现金型 CDO 增强资本收益的例子（花旗集团）

在 2001 年之前，随着信用衍生产品市场的发展，银行都是通过运用信用违约互换（CDS）来对冲信用风险，然后，运用 CDS 的资产组合。这种合成化的证券化产品具有许多优点，例如原始资产依然掌握在银行手里，因为对冲掉一些信用风险的同时，也减少了一定的风险资本。

上述交易与现金 CDO 的交易原理一致，但是前者并不包含真正出售资产。银行购买关于贷款的第二损失部分的保护，保有第一损失部分。因为当资产仍然保留在资产负债表中时，完全想要降低风险资本的计提是不可能的，但是对冲头寸由于风险资本降低 8% 到 1.6% 而受益匪浅。相比于真实出售部分资产从而降低风险资本，这种合成式的降低风险方法显得更加成本低廉。这种合成的（资产负债表）CDO 另一个优点是，它可以在不让原始贷款人知道银行已经开始对冲信用风险的情况下将风险转移掉。这就可以让银行在保持或者甚至是增进与客户关系的同时，把银行对私人贷款的风险暴露有效地控制起来（如图 9-2）。

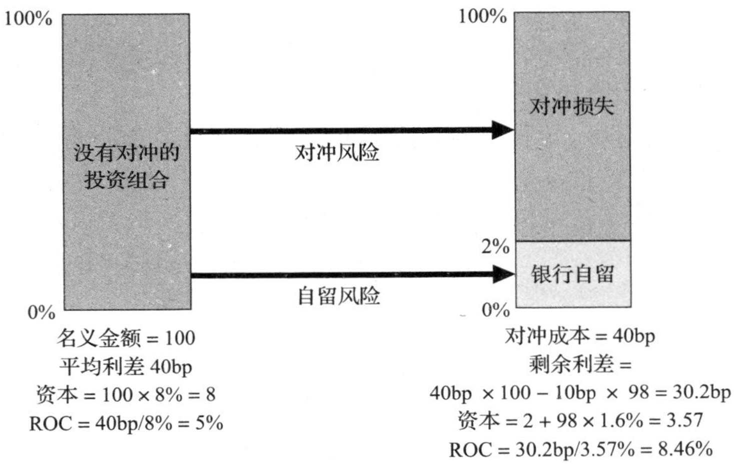


图 9-2　利用合成型 CDO 增强资本收益的例子（花旗集团）

### 9.1.2　利差 / 评级套利

对于 CDO 的套利，无论是现金 CDO 或者合成 CDO，主要是基于资产回报（关于贷款或者 CDS 的利差）和负债成本（关于 CDO 票据的利差）之间的不匹配。因为基于两边的利差分别决定于评级情况，现实当中经常可能出现一份资产组合，其关于评级债务的加权平均利差显著小于其资产所产生的利差。这使得权益分级的持有者（往往就是这种交易的设计者）可以获得超额利差。资产负债 CDO 和套利 CDO 的主要区别在于套利交易的资产是要在交易中被明确购买的，而不只是仅仅保留在设计者的账本中。

一位经理人经常受雇管理旗下贷款的抵押物去满足评级机构的要求并且规避违约风险。经理人受交易期间其所赚费用的激励，而以套利为目的购买 CDO 的债权分级的投资者则是基于不同类型的“套利”，相比于评级相近的现金资产（如债券和贷款），他们经常对所买 CDO 的债权分级提供更高的收益率（利率）。下面我们将要更加详细地介绍有关投资者动机的内容。

## 9.2 一个 CDO 投资者的投资动机

### 9.2.1 在一定评级限制下提高回报率

许多固定收益产品的投资者对于投资产品有着严格的评级限制，并且对于回报率也有所要求。正如前几年的利差缩紧使得这些投资者要想在保证一定的投资组合风险的前提下，很难完成相应投资回报目标。为了完成目标，许多人开始转向投资 CDO 产品，因为这些产品相比于那些现金资产具有更高的回报率。举例来说，在 2005 年 12 月，一个 AAA 级公司债券的利息是 Libor 外加 5bps，但一个到期日相近的 CDO 产品有将近 25bps 的利差（AAA 级的 CLO——抵押贷款义务）到 50bps 的利差（AAA 级的合成投资级别 CDO）。

对于评级套利有如下几点原因：

第一，CDO 分级的二级市场流动性要低于公司债券。因此需要更高的利差来补充流动性的缺乏。

第二，与前一个观点相关，由于内部规定限制或者投资者以及监管部门的要求，一些投资经理人对于投资结构化信用产品有一定限制。这就造成了市场的分割，以及相比于现金资产，对于 CDO 的隐性需求更低。

第三，CDO 产品属于杠杆化投资，相比于公司债券具有更高的市值波动性（或者说 beta），尤其是对于合成 CDO。对于那些买入并持有的投资者，经常令他们的投资组合更加盯紧市场价格，需要通过更高的利差来补偿额外波动性。

第四，现金资产和 CDO 具有不同的回收情况。一份公司债券，如果发生违约，基本上有一定的回收率。一般都假设具有投资级别的信用产品，其回收率为 40%。然而对于一个分级，当标的资产池中出现大量违约时，其很可能全部亏损，一分钱都收不回来。

第五，在投资者的心目中可能认为尽管评级相同，但投资 CDO 要比现金资产风险更高。这很难用历史数据去判定，因为 CDO 评级历史相对而言比较短，但是所涉及的产品出现时间却比较长。在 20 世纪 90 年代后期发行的高收益 CBO（抵押债券义务），由于其糟糕的表现也造成了一定的负面影响，但是 CBO 现在基本上已经在新的发行市场中销声匿迹。

### 9.2.2 对于不同资产类别的分散化风险暴露

CDO 产品能够获得成功的另一个重要原因是，该产品可以让投资者接触到比较大的标的资产池（如图 9-3）。这就直接带来了分散化的好处，并且让投资者可以投资那些他们不怎么投资的资产品种。

对于现今 CDO，最受欢迎的资产类别是贷款（对于 CLO）以及 ABS 中的夹层分级或者主要分级（ABS 的 CDO）。通过购买现今 CDO，一个公司债投资者可以在实现一定收益率的同时（正如前面所讨论的）仅仅使自己投资组合中的相关性增加有限，因为贷款和 ABS 与投资级别的公司债券相关度并不是很高。

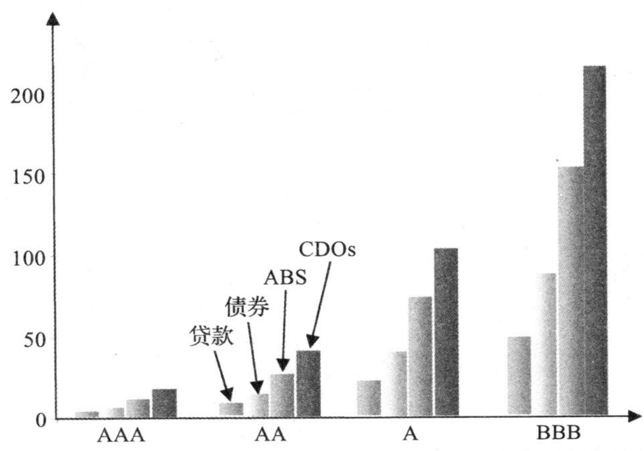


图 9-3　各个评级下不同资产类型的平均利差（花旗集团）

CDO 投资者同样也会因为抵押经理的专业性而获得利益，这些经理经常有管理贷款或者 ABS 资产的追踪记录。更进一步地说，这些经理通过自己的能力去寻找合适的资产来源，这在近几年要求十分高的阶段是非常困难的。

### 9.2.3　调整后的风险与回报

CDO 经常被说成具有调整后的风险与回报。这种“调整”可以通过至少四种方式完成：标的资产的选择，杠杆的选择，评级的选择以及期限的选择。

CDO 产品一个主要的优点就是它们可以让投资者将投资资产类型与风险选择分隔开来。在传统的债券组合中，投资者被限制于仅仅只能持有投资级别的债券，只好被迫投资评级较好的债券，即使他们相信那些非投资级别的票据十分具有价值。对于 CDO，同样的投资者则可以在接触非投资级别的抵押品的同时，其投资评级依然可以获得较高的等级。

相反地，投资者如果要寻求高收益，但仍然想要 AAA 级的 ABS 用于分散化投资，这可以通过购买 ABS 的一份 CDO 权益分级来实现。

## 9.3　合成 CDO

合成 CDO 是结构化信用产品中很重要的一种。合成 CDO 可以看成是将 CDS 组合进行分级处理，然后根据投资者的风险 / 回报的偏好再卖给投资者。图 9-4 给出了制作一份标准合成 CDO 的基本步骤，损失是如何在一定的资本结构中累积变化的，首先从权益分级开始提取损失，然后逐渐地影响夹层分级和主要分级。

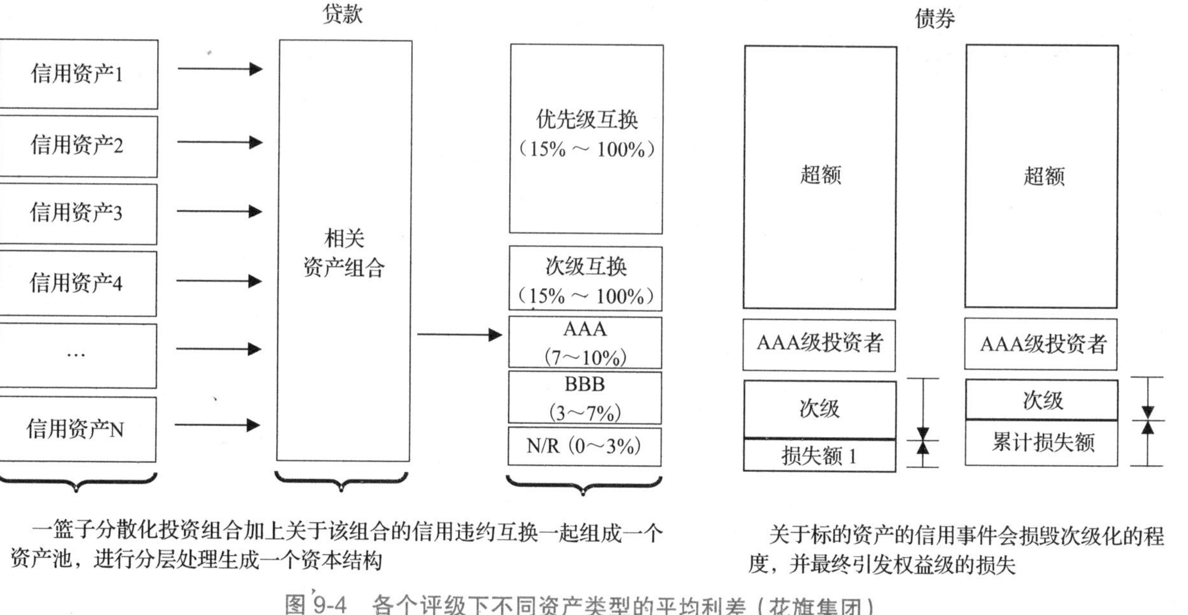


图9-4　各个评级下不同资产类型的平均利差（花旗集团）

在过去的几年中合成 CDO 已经经历了不同阶段的发展，从全部资本结构交易到单一分级交易。现在合成 CDO 的体系已经被建立起来作为信用产品的投资品种以及对冲风险工具。在接下来的章节中，我们将要讨论隐藏在合成 CDO 之后的设计动机以及它们与现金产品之间的区别。我们也将介绍哪些人参与到这个市场中，对冲基金和"真金白银"投资者在合成 CDO 市场中的主要投资策略。

## 9.4　与现金 CDO 的比较

合成 CDO 与现金 CDO 具有很多的相似处，因为对于一篮子分散化的信用产品，它们都提供了杠杆化的风险暴露。合成 CDO 主要涉及的 CDS 是标准化的双边合约，而现金 CDO 更类似于微型银行，为真实资产供给资金，分配现金流。下面列出上述两种产品的一些主要区别：

- 将信用风险与其他类型的风险分隔开来。合成结构化产品不受利率、提前支付以及其他在现金 CDO 中常见的风险影响。特别地，它们允许投资者将其对于利率久期的选择与信用久期（credit duration）的选择分割开来。
- 抵押来源：资产多样性和过渡速度。运用合成信用风险转移技术，原始资产持有人无须受限于本身获得抵押资产的能力。合成 CDO 可以被构建得非常迅速，因为它们并不需要任何的过渡时期。在另一方面，交易员对冲单一分级风险的需求限制了更多更广的标的被纳入合成交易中。这些都是平时在单一标的 CDS 市场中交易的信用产品。
- 单一分级 vs. 整个资产结构（full-capital structure）交易。不像现金 CDO 需要将整个资产结构打包出售，合成 CDO 经常被结构化设计成单一分级交易，其中只有整个资产结构中的一部分风险会被卖给投资者。交易员持有剩下的风险（例如利差、违约、相关性等等），将这些风险在他们的"相关性产品簿"中聚集起来，并且进行对冲。整个资产结构的合成 CDO 非常罕见，但这对于交易员来说却十分诱人，因为他们可以通过这种产品防止其"相关性产品簿"出现不平衡的情况。
- 简化 CDO 结构。标准化的合成 CDO 相比于现金 CDO 要更加简化，因为它们仅仅涉及违约损失分布。现金 CDO 则需要依赖于比较复杂的现金流以及各种各样的技术指标，例如利息偿付率、超额抵押率测试以及提前偿付率等等。合成 CDO 的这种简化优势使得结构化设计者和投资者可以运用简单的模型，仅仅包含很少的参数（CDS 利差、相关性和分级细节）来进行定价和风险管理。适用于现金 CDO 的模型则需要很细致的关于标的资产池以及现金流的分布的信息。

- 量身定做和易操作性。合成 CDO 的简化可以让它们就每个单独分级的规模和联结点进行量身定做，专门设计。投资者可以选择它们的相应组合，挑选最适合其投资策略的信用风险产品。
- 静态结构 vs. 管理结构。与指数联结的分级在本质上属于静态的，但是特殊定做的分级则是可以管理的。在单独交易中，如果产品的结构包含信贷替代权利，以及在市场上进行合成交易时经常需要一个外部经理，那么投资者可以扮演管理者的角色。
- 关于标准化指数联结分级的交易市场流动性与透明度。指数联结分级在信用产品领域适用于那些流动性最强的产品。随着涉及新资产种类的 CDS 指数的发展以及非固定期限产品的增加，我们更加期待指数联结分级市场继续发展。涉及指数联结分级的衍生品也会在以后被设计出来。但是对于现金 CDO 却没有相应的基准。
- 运用杠杆来做空信用风险。不同于现金 CDO（主要是那些买入并持有的投资者），在合成 CDO 交易中投资者可以做多或者做空。合成 CDO 市场提供了不同的交易方向以及多种对冲投资机会。“短板”（short buckets）技术同样可以用在特别定做合成 CDO 交易中，用来缓和信用市场大量卖空的影响。

## 9.5 隐藏在合成 CDO 投资者后的动机

合成 CDO 通过其多种多样相比于现金 CDO 或者其他相关信用产品的优点，正获得越来越多的投资者的青睐。这些区别我们将在下面进行更加细致的讨论，但是合成产品最主要的优点就在于它们易于结构化设计，可以将资金（利率部分）和风险转移（信用风险部分）分隔开来，还有它们可以给投资者在市场上表达自己观点的机会。

### 9.5.1 指数分级的流动性和特殊定做 CDO 的灵活性

对于使用合成结构化产品的一个很重要的动机就是其灵活性以及可以特殊定制，这些优点主要通过单一分级技术来体现。与结构化设计一个全部资产结构的 CDO 不同的是，合成 CDO 仅仅以某一个分级进行交易，其中每一笔交易就是买卖双方针对资本结构的特殊部分进行信用风险转移（例如，图 9-4 从 3% 到 7% 的部分）。所以，投资者可以专注于自己的特定的风险 / 回报偏好去选择产品，而原始设计者将在众多投资组合中，管理并组合出更多优秀的投资产品（相关性产品簿）。

合成 CDO 市场可以分成现金流分级产品，例如指数联结分级（主要用于作为相对价值参考以及对冲工具），特殊定制分级（可以非公开或者公开交易，该合成 CDO 通过自身的特殊结构来满足投资者特定的需要）。CDX/iTraxx 指数联结分级的流动性以及透明度通过各种各样的方式形成了相关性市场。信用产品投资者可以带杠杆地做多或者做空交易，寻找相对价值交易，或者指定交易方向的策略性投资。在另一方面，交易员可以利用指数联结分级来对冲他们在特殊定制产品中的头寸。在最近几年，整个市场就指数联结分级的流动性在期限结构方面取得了显著的提高。

### 9.5.2　将来更大的发展

在公司债务领域以外，合成指数的发展，特别是在 ABS 中，将来会有一个“爆发”。特殊定制分级市场同样以一个较快的速度在发展。对于买入并持有的投资者，他们专注于特殊定制的主要分级，利用这些并不只是进行一个杠杆化的投资，还要分散化自己的投资组合。希望进行带杠杆交易的投资者可以发现特殊定制的组合中次级以及权益分级具有非常吸引人的投资机会，因为在将特殊定制 CDO 的主要部分卖给传统投资者后，市场给交易员留下的仅仅只有特殊定制的权益部分。在过去，信用产品的对冲基金是剩下的权益分级的“忠实”购买者。当指数联结分级交易其流动性与透明度越来越高，特殊定制的产品最核心的优势就是可以“量身定做”：投资者可以选择标的资产池中的信用产品，以及指定的规模和各个分级间的联结点。

### 9.5.3　一些缺陷

相对于现金产品，合成 CDO 同样具有一些缺陷。关于衍生品账户的会计处理以及它们的市值波动性都成为一些特定类型投资者的主要障碍。因为合成分级是进行盯市交易，并且被大量的带杠杆的资金账户所持有，分级市场可能会经历较大的技术革新，从而导致市场对定价方法（模型）有了新的认识，正如 2005 年 5 月所经历的那样。相对“老练”的现金 CDO 市场，年轻的合成 CDO 市场同样会成为一些投资者的顾虑。特别地，他们可能会质疑单一分级产品能够抵挡信用市场大幅下滑、违约率骤然陡升的能力。CDS 是一份双边合约，并不是一份“真实的资产”，而且当在合成 CDO 资产池中出现违约情况时，这种交易还会涉及一些法律上的风险。

## 9.6　合成 CDO：哪些人买了什么东西，为什么要买

正如前面所提及的，CDO（现金的或者合成的）的一个主要优势就是它们

能将实际投资（分级）中信用风险的选择从标的资产中剥离出来。举例来说，一个投资者想要买入一份 AAA 级的产品，但是该产品只有 BB 级的抵押品。从风险厌恶的养老保险基金到追求高收益的对冲基金，CDO 的这种特点使得自身成为众多不同类型投资者的投资选择（见图 9-5）。

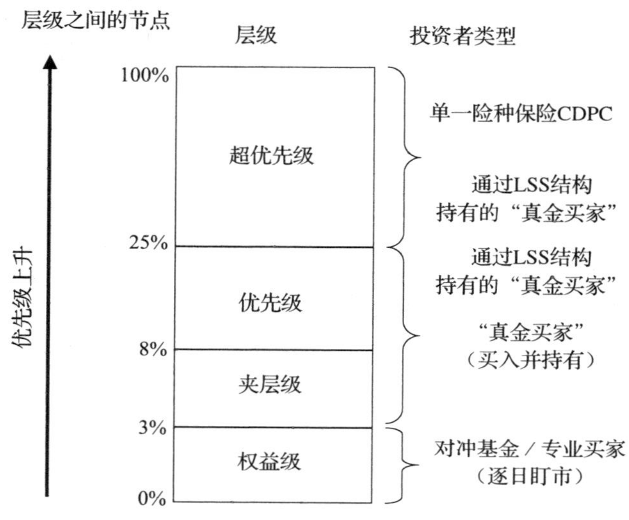


图 9-5　合成式 CDO 投资者分布概要

## 9.6.1　对冲基金和自营交易部门

资本结构的底部（投资权益分级以及那些次级夹层分级）投资者主要是那些对冲基金以及投行的自营部门。投资者愿意承担最先的损失风险，而获得高额的收益率（年化收益率通常超过 10%）。这些投资者在市场中开始自己的交易，然后对冲自己的交易头寸，无论是通过购买单一标的保护，或者做空相应指数，或者卖出一份夹层分级。

## 9.6.2　真实货币投资者

“真实货币”投资者（资产管理经理，银行，保险公司，养老保险基金等等）主要关注夹层分级以及主要分级的投资（相比于权益分级安全度更高，但回报率较低）。他们主要的投资策略是买入并持有，那些对于评级比较敏感的投资者经常会被合成 CDO 相对于同等评级的现金产品具有更高的利差所吸引。

### 9.6.3　交易商和其他市场参与者

现金与合成 CDO 的主要不同点在于合成 CDO 一般不会进行整个资产结构交易，而是就某一个单独分级进行交易。这就意味着结构化设计者并不会卖出标的 CDS 组合的所有风险，而仅仅是其中的一部分，例如，3% 到 9% 的分级。“真实货币”投资者对于加成分级的强烈需求很可能导致交易商要持有产品的很大一部分。图 9-6 很形象地指出了在两种极端的情况下，交易商卖出一份夹层分级给投资者后的剩余头寸。在第一种情况下，交易商将夹层分级卖给了投资者，但是自己并不对剩下的头寸进行对冲，相当于自己有一份夹层分级的净做空头寸。在第二种情况下，利用 CDS 组合对夹层分级进行全面的对冲，交易商相当于在做多权益分级和主要分级。这些（做多权益分级，做多主要分级，做空夹层分级）都是典型的交易商头寸。

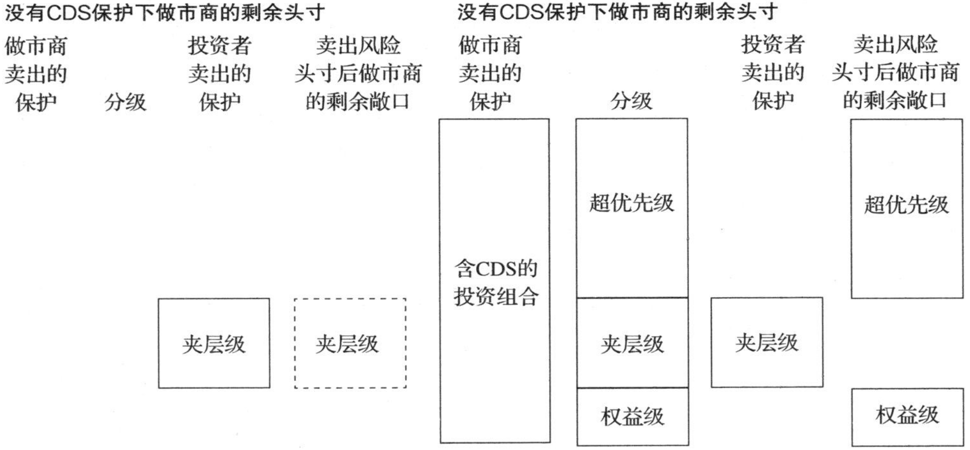


图 9-6　在转嫁夹层级风险后做市商的剩余头寸（花旗集团）

因此交易商在“相关性产品簿”（交易中）具有重要的作用，并不仅仅是交易的撮合者（在现金 CDO 中，交易商往往只是撮合交易）。权益分级风险不是被交易商所持有就是转移给了对冲基金。而主要分级则被银行所持有，或者（包装起来）卖给保险公司，或者卖给信用衍生产品公司（CDPC）。这些分级的风险同样可以利用杠杆化主要分级结构（LSS）来转移给“真实货币”投资者。LSS 包含对于和主要分级相对应的杠杆化票据的追索权，通过杠杆化的处理，将回报率提高了许多倍。LSS 的追索概率很低（因为评级比较高，一般为 AAA 级），但是杠杆化的特点使得该产品对于市值的波动极其敏感，因为 LSS 更适合于那些买入并持有的投资者。我们将在以后的章节中再次介绍 LSS，重点关注它的双重杠杆特性。

## 9.7 合成 CDO 交易策略

关于合成 CDO 的交易策略多种多样。总的来说，我们可以将这些策略分成杠杆化交易、相对价值交易以及定向交易。分级同样可以用来进行对冲交易。

### 9.7.1 杠杆化交易

CDS 组合的分级化设计将风险分散到不同的分级，并且引入杠杆化的设计。如前所述，分级的 delta 是指该分级利差对于标的组合发生 1bp 变化的敏感度。通过定义，整个组合的 delta（可以看作是 0 到 100% 的分级）等于 1。次级分级的 delta 大于 1，而主要分级的 delta 却小于 1。所以前者是一种杠杆化的表现，而后者则是去杠杆化的表现。分级化的设计将大部分利差风险和违约风险集中在权益分级和次级夹层分级中，相对于处于这种资本结构的底部，这两种风险的来源要更高一些，这种将违约风险与利差风险的分离与主要分级存在很大不同。由于这种设计的高度次级化，主要分级承担了很少的违约风险，但仍要面对一些利差风险。按比例来说，权益分级所具有的违约风险要大于利差风险，而主要分级的情况却恰恰相反。在这个阶段，将异质性（单一标的）利差风险与市场利差风险区别开来是十分有用的。我们所谈论的利差风险，无论是明确提到的或者是其他的情况，都是在增加整个市场或者整个投资组合的利差，而不仅仅是指某一个或某一群信用产品。权益分级对于那些高利差标的（债券）非常敏感，而主要分级却对低利差标的（债券）的表现比较敏感。它们具有不同的单一标的（债券）delta。

图 9-7b 说明了一个分级的设计，主要是由于这些违约风险和利差风险的不同。假设权益分级的 delta 20 倍于主要分级，那么就可以通过买入 1 个单位的权益分级同时卖出 20 个单位的主要分级来建立一个 delta- 中性的投资组合。这种投资组合（头寸）对于违约风险具有极大的补偿，但是并不会受到利差风险暴露的影响（忽略凸性）。这种“牛 – 熊”交易（买入违约风险，但对利差进行对冲）很受对冲基金的欢迎，但这种策略对于相关性变化比较敏感。特别地，相关性的降低会让该交易受到极大的损失，无论是做多部分还是做空部分。

总的来说，分级化的设计是要将利差风险与违约风险在各个分级中不等同地分布。投资者可以选择自己想要承担何种风险，通过买入或多或少的主要分级来决定自身所要面对的风险暴露的程度。各个分级的利差是对买入该分级所具有的风险的补偿。通过分级的复合，风险可以被分割成利差部分和违约部分。投资者们需要考虑 delta- 中性策略是否可以免疫所有的利差风险。Delta- 对冲策略可以在组合的平均利差发生很小波动时起到很好的保护作用，但是对于比较大的波动这种策略的效果就不太理想。分级的凸性（利差敏感度的二阶导数）

具有十分重要的作用。Delta- 对冲策略同样要依赖于所有标的（债券）利差发生等量的变化。正如之前我们所提及的，分级具有不同的微观 -delta。如果各个标的（债券）利差发生不同的变化（一些标的利差要比另一些标的利差变化大），传统的 delta- 对冲策略并不能起到很好的对冲效果。

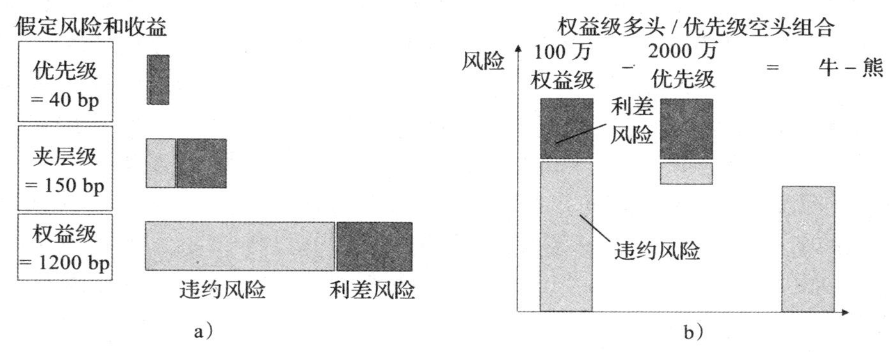


图 9-7　各个层级以及牛 - 熊组合的潜在风险和收益

## 9.7.2　相对价值交易

我们可以说“真实货币”投资者投资 CDO 分级的主要动机是他们希望寻求相对价值。在合成 CDO 中分级价值会以两种层次呈现。首先，对于市场分割，特殊定制的合成分级相比于现金 CDO（固定投资工具）具有较低的流动性以及较高的市值敏感度，这使得即使两种产品具有相同的信用评级，前者的价格往往更低（具有更大的利差）。那些对于评级比较敏感的投资者（他们都是准备持有到期并且能够经受住市值的波动），基于风险 / 回报的观点，他们会发现这些合成 CDO 具有很强的吸引力。其次，正如前面所提到的，分级使得投资者可以瞄准自己的投资目标，选择自己认为可以提供很好相对价值的标的资产，并且无视评级。因此，他们可以将这些标的资产的价值通过杠杆化的方式提取出来，利用合成结构化的手段获得许多额外收益。

## 9.7.3　指向型与“非指向型”交易

对于杠杆化投资以及相对价值投资，均可以在现金 CDO 和合成 CDO 中实现。而合成 CDO 的一个特性就是它们可以使得自己选择做多或者做空的风险，也可以称为指向性交易。我们之前已经讨论过了做多的投资策略，包括所有分级全部买入策略或者 delta- 对冲交易。投资者如果预期利差会增大，那么他们可以做空夹层分级或者主要分级。这种交易策略可以从“利差大跳水”中获得不菲的利润，相对于那些非分级化的组合，持有量 -delta 的比值对分级非常具有吸引力。对于那些认为将要出现违约的投资者可以考虑买入权益分级保护，尽管这种对冲的成本有可能会非常高。

在给定不同利差以及违约敏感度的标的资产的情况下，人们可以合成出成千上万种分级组合。这些产品可以让投资者去表达自己关于利差变化方向、违约风险以及投资方向的看法（例如，看涨违约风险并且看跌利差）。但是现金产品（债券、现金 CDO 或者 CDS）却不具备上述特点，甚至可以说那些投资者要不承担违约与利差风险，要不做空这些风险的产品，都不具备合成 CDO 的这些特点。其他交易有的并不是表现整个市场的观点，而仅仅是市场的某一个子类的表现（某个行业，某个信用领域）。举例来说，一个分散化的交易包含了买入一份主要分级，利用卖出更多的相同资产组合的次级分级来进行头寸对冲。如果利差都发生等量的细小变化，这份交易将不会受到利差变化的影响（但是对于利差巨大的变动，会由于凸性的存在而受到影响），但如果仅仅是市场上的某一个子类发生了巨大利差变化（变大），但是市场的整体表现并没有受到影响，这份交易则会获益很多。这是因为次级分级对于异质性（单一标的的利差）风险具有更高的敏感性。

### 9.7.4 双重杠杆

CDO 属于杠杆化产品，因为整个资产组合的风险在不同分级之间进行分配，而这些分级规模却要比整个资产组合要小。然后，结构化设计创造了新一代信用产品，可以对 CDO 产品进行更进一步的杠杆化处理。这些主要是关于 CDO 平方和 LSS，其中投资者面对标的分级下的杠杆化产品风险。

CDO 平方杠杆化夹层分级（如图 9-8）。夹层分级的资产组合被聚集起来并再次进行分级化设计，产生出新的权益分级、夹层分级和主要分级。这可以通过现金形式或者合成形式完成，并且往往要遵循一个评级套利的原则：与一个正常的 CDO 产品相比，即使评级相同时，CDO 平方产品的利差往往更高，产品价格更便宜。这和关于 ABS 的 CDO 与相对应的标的具有相同的逻辑关系。

LSS 则是对一份 CDO 的主要分级（这些分级往往是非常“厚”的）进行杠杆化处理，但是对于现金 CDO 也可以进行某些 LSS 处理。和 CDO 平方相反的是，LSS 技术并不依赖于更进一步的分级化处理，而是关于杠杆化追索权的本金。例如，一个投资者可以通过 5000 万英镑[⊖] 的支票买到一份 5 亿英镑的 CDO 主要分级（可以说，10% 到 70% 的分级）。那么该杠杆比例为 10（500/50），并且关于 LSS 的利差是没有对主要分级进行对冲的 10 倍。然而，这份合约的设计方式有着特殊的地方，如果在资产组合中出现违约情况，或者利差持续变大，保护措施的购买者可以询问保护措施的卖出者要不取消此笔交易，要不在原有的 5000 万英镑基础上追加抵押。

---

⊖ 1 英镑 =8.8247 人民币元（2017 年 7 月）。

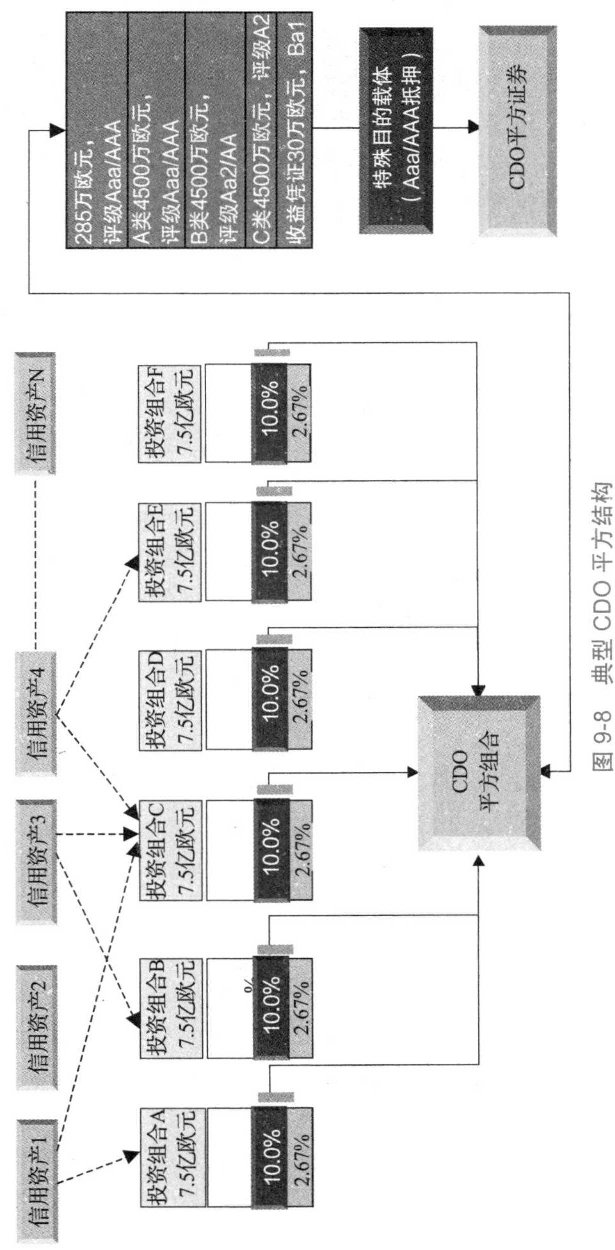


图 9-8　典型 CDO 平方结构

### 9.7.5 作为对冲工具的分级

尽管绝大部分单一分级 CDO 被设计出来满足顾客对于风险以及收益的需求，但它们也可以被一些投资者用来作为对冲工具。回到图 9-7a，利用主要分级以及夹层分级对冲投资组合的优势变得更加明显。如果投资者对于自己投资组合的违约风险比较满意，他们可以通过买入关于合成 CDO（具有相同的或者相似的资产标的）的夹层分级或者主要分级的保护来对冲其利差风险。这种对冲方式对违约风险保护很少，但是相对于单一标的的 CDS 以及指数保护要便宜许多。因此保护购买者只需支付他们想要对冲的风险（在这个例子中只是利差风险）。CDO 分级的杠杆化设计经常需要对冲者买入一定量的保护，而该保护相对于分级金额的占比要小于整体 CDO 的情况，除非他们利用的是主要分级（其 delta 要小于 1）。

正如本章一开始时讨论的那样，银行贷款经理和保险公司也可以通过运用 CDO 分级进行对冲，在监管资本的要求下达到最优化其回报率的目的。在目前的银行业监管体制下（这里主要是想说明该监管体系并不涉及基于风险暴露的风险监管资本。例如，所有的公司贷款和债券需要根据期限和违约概率计提 8% 的风险资本），使得银行具有动机去买入关于低风险和低收益的风险保护。这些交易成本都比较低廉，并且当面对更多风险暴露的时候，上述交易可以提供同样的资本释放。然而，新的资本管理框架（Basel Ⅱ）将要改变这种现象（见本章的最后一节）。

## 9.8 2005 年 5 月：合成 CDO 市场的转折点

### 9.8.1 5 月事件

在 2005 年 5 月，合成 CDO 市场经历了自身第一次危机，许多分级重新定价后，变化幅度超过 20%，绝大多数 CDO 分级市场的活跃投资者蒙受了巨大的损失（见图 9-9）。到底发生了什么？这场危机的发生可以从当时交易商以及对冲基金的交易头寸中看出一些端倪。如前面所介绍的，交易商为了保持其中性头寸，并且由于对夹层分级（A 级到 AAA 级）相比于其他分级具有强烈的需求，所以交易商往往卖出夹层分级，买入权益分级和主要分级。而对冲基金恰恰相反，只是涉及很少量的主要分级买卖，但是买入大量的权益分级，卖出大量的夹层分级。因此绝大部分夹层分级的头寸掌握在那些买入并持有的投资者手里，例如养老保险基金或者保险公司。

2005 年 5 月 5 日，标准普尔下调了通用汽车（GM）和福特（F）评级至非投资级别，加速了违约的担忧。尽管此次评级下调在绝大多数投资者的预期之中，但是这次下调比预期要来得更早，从而导致了上述两家公司的利差大幅上扬。GM 和 F 在合成 CDO 市场中最普遍的两个标的（债券），它们的销售惨淡意味着权益分级市值表现惨淡。这场危机冲击了一些对冲基金的风险底限（风险管控下的价值），这些对冲基金试图关闭对其头寸进行平仓。然而不幸的是，因为交易商同样买入了权益分级，也面临着损失，所以他们对于买入对冲基金的权益分级头寸毫不感兴趣。权益分级的价格开始大幅下跌，这也导致了相关产品的暴跌（5y 的 iTraxx 权益指数下跌 10%）。由于权益分级的损失致使投资者转向安全度更高的夹层分级，夹层分级的市值表现十分优异，此后由于权益分级 / 夹层分级的交易调整，夹层分级的市值表现继续着良好的势头。

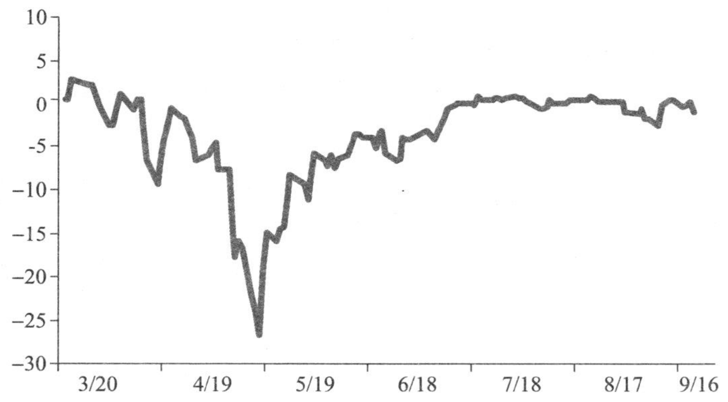


图 9-9 买入 5 年期 iTraxx 权益级盈亏（按百分比计，从 2005 年 3 月 20 日滚动到 2005 年 9 月 20 日）（花旗集团）

那些卖空夹层分级的交易商积极地想要将卖出的夹层分级买回来，但是夹层分级被那些准备长期持有的投资者所持有，他们并不打算提早将夹层分级出售。由于这些证券的缺失导致了夹层分级的利差大幅下降，iTraxx 下降了 3% 到 6%，相比于用 delta 计算的下跌幅度至少多了将近 120bps（见图 9-10）。

并不仅仅只有夹层分级和权益分级受到这次评级调整的影响。夹层的收紧导致了预期损失可能不会被权益分级完全吸收（因为权益分级充满了风险）。有些风险甚至溢出到主要分级（见图 9-11），这些风险在当时没有办法通过交易转移出去，同样没有办法进行管理。主要分级的利差在随后几天放大两倍，这直接导致了投资者的利益大幅下挫，LSS 出现了大幅增长。

## 9.8.2 结论

市场参与者通过调节自身的交易以及对冲头寸来应对上述危机事件的发生，由于这场混乱给这个市场带来了一些新的趋势：

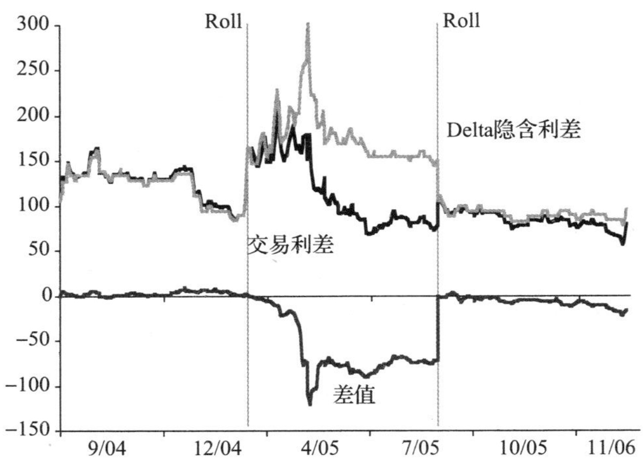


图 9-10 5 年期 iTraxx3%～6% 层级利差：交易利差、隐含利差及两者之差（基点）（花旗集团）

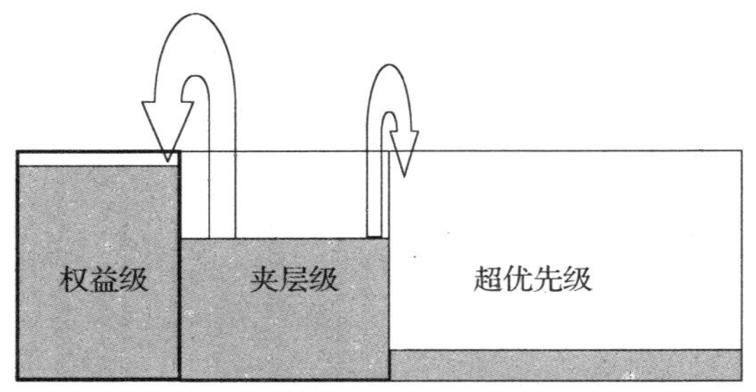


图 9-11 层级之间预期损失的再分配，2005 年 5 月（花旗集团）

- 对冲基金对于自身的权益分级投资开始谨慎起来。其中一些对冲基金开始意识到部分损失是由于权益分级对市值波动的超高敏感性所致，还有就是一收到消息，对冲基金的投资者就开始大量撤离自己的资金。为了解决上述问题，对冲基金试图长时间锁定资金或者想办法获得永久资金。
- 交易商开始对发行大量单一夹层分级的交易变得更加谨慎。现在他们开始逐渐加大全部资本结构的 CDO 发行。如果他们没法这么做，交易商们开始尝试通过买入关于流动性分级（iTraxx 或 CDX）的保护来对资本结构进行“填充”。
- 自从 5 月调整评级事件以来，由于市场对于夹层分级具有较高需求，交易商面对的主要困难就是如何将权益分级的头寸换成其他分级，因为如果换成主要分级将会直接与 LSS 相联系。卖出权益分级变得更加困难，因为其“忠实”持有者（对冲基金和交易商）都开始在大量抛售权益分级。结构化设计者开始开发新的与权益分级相关的产品，来扩大投资者对于权益分级的需求。买入并持有的投资者变得特别受欢迎，因为他们可以稳定市场，对于市值的波动并不会有过激的反应。评级后的权益以及本金—保护结构，例如简单组合证券、面值逐步减少债券属于 CPPI（固定比例投资组合保险）所涉及的权益分级，现在都成为市场主流。

- 然而“5 月事件”也给金融市场带来了革新，例如前面所说的 LSS 和与权益分级相关的结构化产品，它们都通导致了 CDO 平方开始逐渐消失，该产品在 2004 年甚至是 2005 年年初的时候很受市场的青睐。夹层分级的收紧让以评级套利为目的的 CDO 平方吸引力大大降低，交易商开始对那些结构化产品中内在的相关性风险更加谨慎。
- 最后，由于夹层分级的收紧，买入并持有的投资者将他们比较热衷的 5 年期限延长为 7 年。7 年现在是绝大多数合成 CDO 产品的期限。

## 9.9 巴塞尔协议Ⅱ改变了 CDO 发行和投资准则

在本章中，我们说明了银行在 CDO 市场中的重要地位，无论从发行的角度（资产负债结构 CDO，合成对冲）还是投资的角度。到目前为止，全世界还没有专门针对银行投资 CDO 和其相关产品的监管条例。目前的国际监管条例巴塞尔协议Ⅰ（Basel Ⅰ）并没有涉及 CDO，每一个成员国家都是通过当地法律来约束结构化产品的投资。

然后随着 2007 年 1 月巴塞尔协议Ⅱ的推出，这些都将发生翻天覆地的变化。㊀

第一次，尽管当地监管部门仍然对是否引入巴塞尔协议Ⅱ中最严厉的要求留有余地，但最低核心资本要求开始在全球同步。巴塞尔协议Ⅱ的主要思想就是面对投资的风险如何更好地分配资金。对于证券化的分级，其风险评估主要由评级机构来完成，那么也就是说，同一个 CDO 下的 BB 级别的分级所需资本要高于 AAA 级别的分级。图 9-12 展示了如何运用巴塞尔协议Ⅱ中标准化的 IRB 方法计算 CDO 的资本要求。我们可以清楚地发现，巴塞尔协议Ⅱ使得银行具有强烈的动机去购买评级较高的分级，并且避免买入那些非投资级别的 CDO。资本需求的巨大增长（从 6%（75% × 8%）到 34%（425% × 8%））将会减少如果产品评级被下调至投资级别以下时银行被迫大量卖空的情况。这就使得投机级别分级的利差具有变大的压力。

巴塞尔协议Ⅱ同样也对运用 CDO 对冲风险设置了一些规定，例如，对于部分银行贷款买入保护。由于 CDO 分级可以更好地提供“风险转移”作用，新推出的银行监管条例确实是要将分级作为一种对冲工具。

---

㊀ 巴塞尔协议Ⅱ标准法的银行将在 2007 年 1 月后适用新的规定。采用内部评级法的银行可以等到 2008 年 1 月再适用。

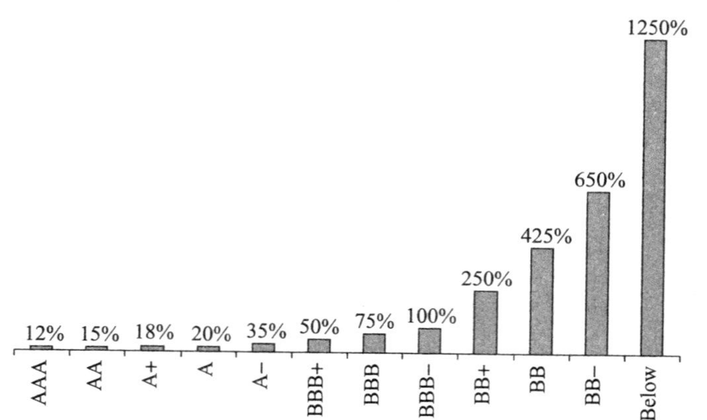


图 9-12 巴塞尔协议 Ⅱ 下证券化产品的风险权重（国际清算银行，花旗集团）

当银行买入一份关于分级的保护，那么银行可以将自己资产组合中对冲后的那一部分的风险权重用对冲对手的风险权重来代替（另一个银行或者保险公司），正如本章开始时所介绍的那样。我们期望会有更多更频繁的交易发生在CDO资本结构中的次级夹层部分，因为就提高资本回报率来说，该部分是最有效的。

# 第10章

# 标准普尔的CDO研究方法

本章由两部分组成。第一部分描述标准普尔公司的CDO评估系统所针对的资产的信用表现的建模。第二部分描述对负债的建模（例如，对现金型CDO的现金流的建模）。两部分内容的检索都来自从标准普尔的评估标准。

## 第一部分　标准普尔投资组合模型：针对合成证券化的CDO评估系统版本3[⊖]

标准普尔评级公司的CDO评估系统是一个用于CDO交易分析的投资组合信用风险分析模型。这一文档描述CDO评估系统版本3在模拟投资组合亏损分配过程中所依据的理论、假设和计算方法。这一模拟过程使我们在为CDO进行评级的过程中得以找出各种各样的投资组合风险的测度。我们同时也将讨论CDO评估系统在不同种类的CDO交易上的应用。

## 10.1　前言

### 10.1.1　CDO市场的发展

债务担保证券CDO）是将特定的投资组合内的资产的风险转移至一个及

⊖ 来源于标准普尔标准出版物《CDO计算器V3.0：技术文档》作者Kai Gilkes，Norbert Jobst和Bob Watson，2005年12月19日。

以上投资者身上的金融工具。最早的CDO以债券和贷款所组成的投资组合作为抵押品，通过SPE（special purpose entity，特殊目的实体）以融资（现金）投资的方式发行。在过去的十年中，尤其在欧洲，非融资（unfunded，即合成型）CDO市场得到迅猛发展。与购买某个信用主体的债务证券不同的是，合成CDO的SPE会以该信用主体作为标的，与交易对手订立一个信用违约互换（credit default swap，CDS）合约。这一对信用衍生品科技的运用极大地简化了CDO交易的执行，并导致了市场被所谓的“单一资本段”（single-trance）CDO所主导。这类CDO是对一个组合内的信用主体的违约风险提供保险的卖家与买家之间的双边契约。它们能以由一系列CDS所组合而成的投资组合的形式存在，或以信用风险联结票据（credit-linked notes，CLN）的形式存在。

尽管合成CDO的崛起让该类债券的发行变得更加简单，它们所参考的标的投资组合的资产构成却变得更加复杂。除了企业债券和贷款外，现在CDO投资组合通常包含了主权债券、中小企业贷款（SME）、资产支持证券（asset-backed securities，ABS），以及其他CDO。最近，股权违约互换（equity default swap，EDS）和大宗商品期权也同样被包含在内。CDO的风险转移机制也同时变得更为复杂。除了参考单个投资组合以外，一些CDO交易还能参考数个定制式CDO资本段，而这其中每个资本段则参考另一个独立的投资组合。这一杠杆操作所创造的结构对标的投资组合内小范围的信用事件较不敏感，但当其信用保护被侵蚀的时候却可能遭受大幅亏损。这种所谓的“二次CDO”（CDO平方交易在2004年和2005年初主导了合成CDO市场，部分原因是CDS利差的收窄。[⊖]

近年来，合成CDO市场涌现了许多创新型的结构，其中包含了CDS空头头寸CDO、远期启动CDO（forward starting CDO）、分段篮子资本段（nth-to-default baskets）、杠杆超优先结构（leveraged super senior structures）以及恒比投资组合保险（constant proportion portfolio insurance，CPPI）结构。这些创新结构因市场中各种参与者的投资动机而出现：从希望在利差收窄的市场环境中寻求高收益的投资需求到分散投资的需求，再到通过结构间的套利来表达对信用周期或单一信用风险（Idiosyncratic credit risk）的市场观点。

### 10.1.2 投资组合信用风险模型

CDO风险分析所用到的模型通常基于对评级调整概率或违约概率和坏账回

⊖ 这些交易通常在特别CDO之外包含了相当比例的ABS，因此也被称作是“ABS的CDO”交易。

收（debt recovery）的估算，以及将这些要素联系起来的关联模型——此类关联模型具体地将评级调整和违约行为联合起来分析。这一风险分析方法能使模拟一个投资组合到期时的全额损失分配变成可能。其中所模拟出的损失分配能被用于找出数个衡量投资组合风险的指标。

许多投资组合信用风险模型可被归类为“结构性”模型。这些模型假设一个公司的违约行为能从了解该公司的资产和负债中加以确定。它们的理论大多以 Merton（1974）所提出的模型为基础。这一原始模型假设一个公司的资产（以其资产波动性为特征）符合几何布朗运动。当一个公司的资产价值下降至某个临界值以下，违约便会发生。㊀ 在这一框架之下，一对公司之间的违约相关性取决于它们各自资产之间的相关性以及各自违约临界值之间的相关性。对结构性模型的综述可参看 Servigny and Renault（2004）。

与其他许多结构性模型一样，CDO 评估系统假设一个投资组合内所有资产的评级调整概率、违约概率、债权保全以及资产价值相关性均为外生变量。这些变量受单个企业影响所驱动，或受系统性影响所驱动。㊁ 然而，我们使用的是历史数据，而非市场数据，来估计这些变量。

举例来说，针对有评级的公司而言，我们使用的是我们的全球性 CreditPro® 数据库㊂ 内的自 1981 年到 2003 年的评级调整和违约数据。这一方法假设一家公司的评级能被有效地用于预计这家公司在特定时间内的违约可能性——前提是这家公司属于某个投资组合内。㊃

### 10.1.3 技术资料概述

以下的五个小节是本章第一部分的最后内容。在“CDO 评估系统”小节中概述了 CDO 评估系统版本 3.0 以及计算投资组合亏损分布时使用的模型所需要做的假设。在“评级调整与违约概率”“债务回收”以及“相关性”等小节中，概述了估算这些假设所使用的数据和模型——这些假设是 CDO 评估系统所需要输入的主要参数。在“CDO 风险分析”小节中描述了 CDO 评估系统所测算出来的不同的 CDO 风险测量值，并描述了 CDO 评估系统在对市面上各种各样的 CDO 交易进行风险评估时的应用。在 CDO 评估系统内的许多具体假设可在本章附录中找到。

---

㊀ 默顿框架下，这一临界值为公司的负债价值，因此假定资产波动率不变，高杠杆公司违约率越大。

㊁ 其他模型关注瞬时违约率（即所谓“风险率”或“违约强度”），它本身就是个随机过程。

㊂ 详情请访问 www.standardandpoors.com，搜索“CreditPro”，滚动至“产品和服务”。

㊃ 这一方法适用于组合而不是公司，这点很重要，假设评级是信用质量的序数测度，单一评级无法与违约率一一对应。

值得注意的是，虽然本章已在技术层面全部提及关于 CDO 评估系统所使用到的模型和假设，但是，因为本章的主要目的是为了向范围广泛的市场参与者提供一个关于 CDO 评估系统的全面的视角，对某些细节的简化将是不可避免的。如果读者希望在技术和理论层面更深入地钻研的话，可查阅本章内所引用过的资料。

## 10.2 CDO 评估模型

CDO 评估模型的主要目的是计算一个包含 $N$ 个资产的投资组合内的亏损分布。要实现这一点，需首先模拟出每一个单独的资产的违约时间。如果违约发生在该 CDO 交易到期前，针对该资产的债务回收也会被计算出来。同时，如果在违约发生的同时，每一个资产的敞口是可知的，那么整个投资组合亏损的分布也可被计算出来。

除了对投资组合内单个资产的违约和债务回收进行建模外，也必须模拟不同资产之间的违约的相依性（dependency）。由 Li（2000）所提出的高斯相关函数（Gaussian copula mode）l 是市场上所使用的标准关联模型。在这一方法中，我们假设第 $i$ 个资产有一个以 $S^i(t)$ 为值的残存概率（survival probabilities）期限结构（term structure）。这些残存概率可以在每个资产的累积违约概率上取得，我们也称这些累积违约概率为信用曲线（credit curves）。接着，我们用高斯相关函数 $C(u_1, \cdots, u_N)=\Phi_\Sigma(y_1, \cdots, y_N)$ 来引入相依性：其中 $\Sigma$ 代表相关性矩阵，$\Phi$ 代表单变量标准正态分布函数，$\Phi_\Sigma$ 则代表包含相关性矩阵 $\Sigma$ 的多变量标准正态分布函数。因此，高斯相关函数能将标准正态变量 $y_1$ 联结起来并创造出一个均匀随机变量 $u_1$ 的多变量分布。这一标准正态变量 $y_i$ 也常常被称作潜在变量（latent variables），这与在默顿模型里的资产价值类似。

因此，相关违约时间能以如下顺序进行模拟：

- 为每个单一资产模拟出一个包含 $N$ 个标准正态随机变量 $y_i$ 的矢量；㊀
- 在上述的矢量上加上一个特定的相关性矩阵 $\Sigma$。㊁
- 计算 $u_i=\Phi(y_i)$。
- 为每个资产计算出违约时间 $\tau_i=S^{-1}(u_i)$。可参看图 10-1 以 BBB 评级的资产作为例子的计算。㊂

---

㊀ 标准正态分布随机数通过著名的 Mersenne Twister 算法获得。详见 Matsumoto 和 Nishimura（1998）。

㊁ 通过 *Cholesky factorisation* 分解获得，见 Glasserman（2004），72–73 页。

㊂ $S^{-1}$ 用来表示生存函数的拟逆函数。

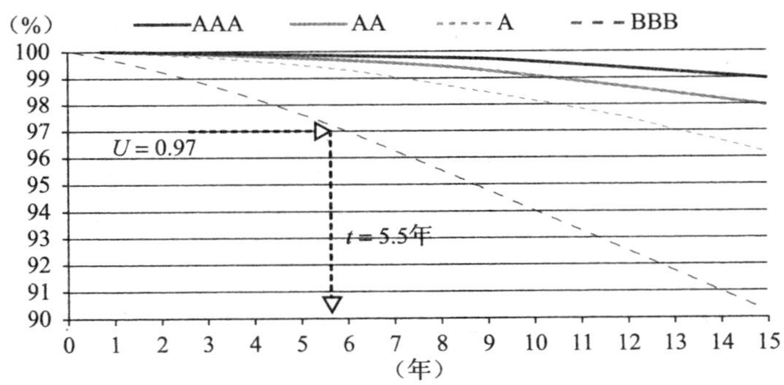


图 10-1　例子：根据标普的信用曲线利用 [0，1] 之间的均匀分布来确定违约事件

如果 $\tau_i$ 小于该 CDO 交易的期满时间 $T$，其第 $i$ 个资产的亏损 $L_i$ 将由 $L_i = E_i \times (1-\partial_i)$ 所决定：其中 $E_i$ 和 $\partial_i$ 分别是违约敞口和债务回收率。[㊀] 因此，我们可以将整个投资组合在直到时间 $t$ 为止的损失 $L(t)$ 写作：

$$L(t) = \sum_i E_i \times (1-\delta_i) \times 1_{\{\tau_i \leqslant t\}}'$$

式中的 $1_{\{\tau_i \leqslant t\}}$，为第 $i$ 个资产的默认标识（default indicator）。[㊁]

## 模拟程序

为了更清楚地了解不同评级、到期日和相关性对投资组合损失分布的影响，模拟程序有两个方面值得详细讨论。

## 单个资产违约

当资产不相关时，只需将一般变量 $u_i$ 与每个资产 $i$ 的信用曲线相比较，即可获得该资产的违约时间，如图 10-1 所示，用于 BBB 级资产。如果违约时间发生在资产到期前，则视为违约。例如，如果图 10-1 中的 BBB 级资产期限为 7 年，在第 5 年年中发生违约。很明显，对于相同的评级，$u_i$ 值越高则违约时间越短，越低则违约时间越长。同样很明显，对于相同的 $u_i$ 值，评级越高则违约时间越长。

## 关联违约

当资产相关时，如上所述，首先这些资产的一般随机变量会在某一水平上相关。对于任何一对相关资产，这将导致 $u_i$ 的值相近，即“聚集”在高或低值周围。因此，这两种资产的违约时间也会一同变化，从而导致这些资产在到期前同时生存或违约的情况出现机会更大。

㊀ 回收率可假定为常数，或来源于某个分布。

㊁ 括号内表达式值为 1 时违约指示函数等于 1，否则为 0。

通过上述的蒙特卡罗模拟过程所生成的足够数量的违约时间即可达到符合要求的收敛（convergence），从而可以高精度地判定投资组合亏损的分布。符合要求的收敛则取决于信用曲线的形状和资产相关性的程度。例如，高评级的资产很少会生成较低的违约时间，若需要在模拟过程中的资产到期时间内生成足够多的违约事件，则需要进行大量的模拟试验。对大部分投资组合而言，50万次的模拟试验通常便足够获取符合要求的收敛。

对一个只与单个投资组合内的资产相挂钩的 CDO 而言，投资组合亏损分布包含了所有判断该 CDO 每一个资本段的表现所需要的信息。而当研究对象为某个以数个合成 CDO 为参照物的合成 CDO 时，该模型则使用“向下挖掘”（drill-down）的方法对每个 CDO 的标的资产违约时间进行模拟。对向下挖掘法的概述可在“二次合成 CDO 交易”一节中找到。㊀

## 10.3 评级调整与违约概率

### 10.3.1 已评级公司

在处理评级公司时，我们使用了我们的环球 CreditPro® 数据库内自 1981 年至 2003 年间的评级交易和违约记录。该段数据记录了自 1981 年 1 月 1 日至 2003 年 12 月 31 日共 9740 家公司的评级历史，以及 1386 次违约事件。标准普尔在评估信用曲线所使用的方法中包含了两个阶段。第一阶段是对评级调整概率的估算，即评级调整矩阵（transition matrix）。第二阶段则是对该矩阵的重复应用，以判定信用曲线㊁。在这两个阶段中都假定了评级调整遵循着马尔可夫过程。也就是说，评级调整概率被假定为恒定的，且不受该公司在调整前的评级的影响。例如，不管该公司近期被降级或升级过，也不会影响其评级被再次调整的概率。㊂

从历史数据中估算一个离散评级调整矩阵的直接方法是观察一系列同等评级的公司的评级调整。事实上，我们的年度评级调整研究㊃ 正基于这一同等评级系列分析方法。我们把在时间 $t$ 的分类为 $k$ 的全部公司的数量定义为 $n_k(t)$，然后把自时间 $t$ 到时间 $T$，从 $k$ 类评级调整到 $l$ 类评级的公司数量定义为 $n_{kl}(t, T)$。

㊀ 另见 *Drill-Down Approach for Synthetic CDO Squared Transactions*，标准普尔特别报告，2003 年 12 月 10 日，我们网络信用分析系统 RatingsDirect 的订阅者可用，分析系统网址 www.ratingsdirect.com，这一标准也可以在我们网站 www.standardandpoors.com 上找到。

㊁ 若只需要违约率，那么很容易从数据中直接估计累积违约概率。然而，由于缺乏历史违约数据，特别是对于高评级公司和 / 或较长时间跨度的违约数据，这种方法的结果并不可靠。

㊂ 虽然实证数据表明这些假设并不总是成立，但是对估计来说，它们仍然是很有用的起点。

㊃ 参见《年度全球企业违约的研究：2005 年企业违约将上升》(*Annual Global Corporate Default Study: Corporate Defaults Poised to Rise in 2005*)，标准普尔，2005 年 1 月 31 日。

假设评级调整遵循着马尔可夫过程，其相关的评级调整概率的最大拟然估计值，$\hat{q}_{kl}(t, T)$，即为$\hat{q}_{kl}(t,T)=(n_{kl}(t,T)/n_k(t))$，已有 $k \neq 1$。若把平均年度评级调整矩阵定义为 $\overline{Q}$，则在使用马尔可夫假设 $\overline{Q}(T)=\overline{Q}^{T}$ 的情况下可得出 $T$ 时间段的矩阵设 $\overline{Q}(T)$。最后，信用曲线可以直接从这一矩阵中提取。

除了同等评级系列分析法之外，还有一种通过比较某一段时间内起始时点的评级与结束时点的评级的久期（duration）分析法。久期分析法使用的是评级发生调整的精确时点上的瞬时评级调整概率，亦即评级调整强度（transition intensity）。我们可以通过（时齐的）马尔可夫链的生成矩阵$\hat{\Lambda}$直接估算评级调整强度。非对角线评级调整强度$\hat{\lambda}_{kl}$可由以下公式得出，已有 $k \neq l$：

$$\hat{\lambda}_{kl}(t,T)=\frac{m_{kl}(t,T)}{\int_0^T n_k(s)ds}, \qquad \text{当} k \neq l \text{时}$$

式中，$m_{kl}(t, T)$ 为时间段 $[t, T]$ 中所有从 $k$ 类评级调整至 $l$ 类评级（$k \neq l$）的评级调整数量。分母为所有公司在整个采样周期内停留在 $k$ 类评级的时间的和。一个 $T$ 年的评级调整矩阵即可通过求 $\overline{Q}(T)=\exp\{T\cdot\tilde{\Lambda}\}$ 从生成矩阵（已有对角元素$\lambda_{ll}=-\Sigma_{k\neq l}\lambda_{kl}$）中计算出来。[㊀]

通过比较由以上两种方法得出的结果并执行一些质性调整（qualitative adjustments），[㊁] 我们得出了我们认为最符合已评级公司平均长期历史违约行为的单个一年期评级调整矩阵。完整的矩阵可在附录 10A 中找到。然后，该一年期评级调整矩阵即可用于判定每个评级分类的长期信用曲线。[㊂] 主要的评级分类的信用曲线已于图 10-2 中标出，完整的信用曲线表亦可在附录 10A 中找出。

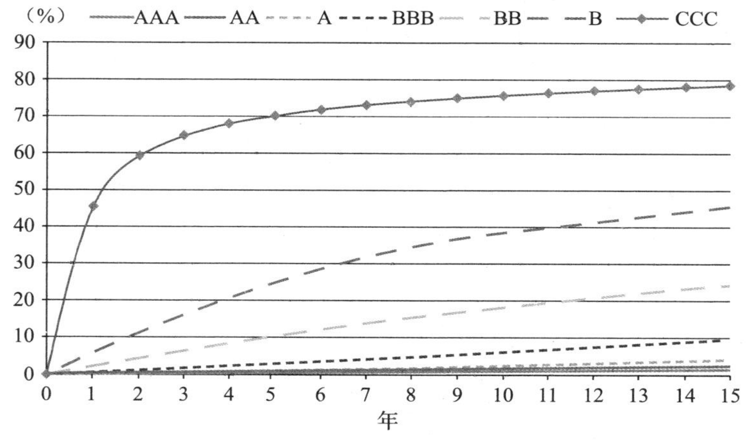


图 10-2　被评级的公司——信用曲线

㊀ 详见 Jobst 和 Gilkes (2003)。

㊁ 例如，我们对文献中报道的某些“评级动量”效应进行了调整。详见 Fledelius 等 (2004)。

㊂ 这是通过提高矩阵的幂次，并且剥离每个 $N$ 年 ($N$=1 ~ 30) 矩阵的“违约”列来实现的。

### 10.3.2 资产支持证券

由于结构化金融证券本身也常被包含于CDO投资组合内的标的资产，因此，它们的评级调整和违约行为也需要估算。平均来讲，在过去的20年中，这些证券表现出了相当的评级稳定性，因此只发生了很少的违约。[⊖] 因为违约数据的相对缺乏，在这些证券的估算评级调整和违约行为的时候我们采用了较为保守的方法：将企业违约率作为评估这些证券的长期违约行为的参考。

在CDO评估系统3.0中，ABS违约率的判定是通过将平均历史ABS评级调整矩阵作为基础而得出的评级调整矩阵并进行一定的质性调整而实现的。这些质性调整后所得出的长期ABS违约率分别约等于其所对应的投资级与非投资级已评级公司违约率的55%和75%（期限为5～7年）。ABS信用曲线可在附录10A中找到。值得注意的是，为了建模的需要，ABS期限被限制在了7年以内。这是因为我们认为发行时间已超过7年而无违约记录的ABS资产的违约概率几乎可以忽略不计。

### 10.3.3 主权证券

因为相对于已评级公司来说，主权债务证券的评级调整和违约数据相对稀少，我们将已评级公司的信用曲线作为对主权证券违约行为的保守的参考。

### 10.3.4 中小企业

我们使用从标准普尔风险解决方案集团所获取的大量中小企业财务信息，创造出了进阶的“信用评分”（credit scoring）模型用于预测中小企业违约。例如，在欧洲，信用风险跟踪器（credit risk checker，CRT）产品可用于获取横跨法国、德国、意大利、西班牙及英国的超过100万家中小企业的一年违约概率预测。这些模型也可用于分析违约概率的历史波动性，继而可以建立出将一年违约概率与年化违约波动性结合起来的“评级预估”(rating estimates)。[⊜] 通过分析不同评级分类的评级调整行为，我们建立起了一个一年期中小企业评级调整矩阵并用其勾勒中小企业的信用曲线。这些信用曲线可在附录10A中找到。需要注意的是，虽然这些信用曲线所使用的评级标识与传统的标准普尔评级在写法上是一样的，然而这些标识并非通过我们的分析师所常用的评级分析而获

---

⊖ 参见《全球结构化证券评级表现：1978-2004》(*Global Structured Securities Rating Performance: 1978-2004*)，标准普尔，2005年3月24日。

⊜ 例如，对于两个一年期违约率低但波动率非常不同的中小企业，波动性较低者可能会被分配一个更高的等级。

得。因此，不应该将这些中小企业信用曲线与其他已评级主体的评级进行直接对比。

### 10.3.5 股票违约互换

股票违约互换（equity default swap，EDS）与 CDS 类似，即风险保护卖家同意在合约条件被触发的时候向风险保护买家支付一定金额。然而，与 CDS 中的信用事件作为触发条件不同，EDS 的触发条件则是其所参考的标的主体的股票价格下滑程度。当标的主体股票价格由合约原始定价下跌超过一定程度时——通常是 30%，风险保护就会被触发。在对我们的 Compustat® 数据库中的自 1962 年到 2003 年间约 12 000 家在美国及加拿大交易的公司历史股票价格进行广泛深入的分析后，我们开发出了针对如何估算一个 EDS 合约在某个时段内被触发的概率的一系列新标准。通过使用与之前章节所述的类似计分方法，我们鉴别出了以下五个富含信息量的变量：

- 信用评级；
- 历史股价波动性；
- 股票市值；
- 历史股票回报率；
- 由标准普尔 500 指数现值所测量出的股票市场现状与过去十年中最高值的对比。

由以上变量所构成的 EDS 评分模型可为每个 EDS 测算出其对应的介乎于 1 分至 5 分的风险分数。然后，这些风险分数即可勾画出一条 EDS 违约曲线（亦即该 EDS 合约的标的股票击穿其合约价格下限的累积概率）。更多的技术细节可在 de Servigny and Jobst（2005）中找到。关于我们所使用的针对内含 EDS 的 CDO 的标准的概述可在即将出版的关于该类标准的文章中找到，附录 10A 则包含了关于 EDS 违约曲线的更多细节。

## 10.4 坏账回收

一般而言，违约发生后所能实现的坏账回收程度是不确定的，或随机的。对诸如债券或贷款之类的债务工具而言，坏账回收取决于几个因素：例如，该债务工具的优劣级以及违约发生时的经济环境。然而，在合成 CDO 的语境中，债务回收可由其他方式决定，包括规定一个不依赖于上述因素的固定的回收水平。

为了正确地对不同的 CDO 回收机制进行建模，CDO 评估系统将债务回收分为两类：定额的和可变的。本节描述了这两种不同的方法，包括使用各个方法背后的基本原理，以及在各个情形下估算坏账回收时所使用的基础数据。

### 10.4.1 定额的债务回收率

虽然债务回收通常是不确定的，然而却有两个主要的原因促使对定额债务回收假设的使用。第一，在一些交易中，回收率可被设定为风险总额的一个固定的比例（例如 50%）。㊀ 第二，历史数据并不总是足够支撑对回收率的可变性程度的精确测定。因此，包含一定程度的保守性的定额回收率便是唯一最好的折中。同时，因为这种方法显然需要一定程度的定性判断（qualitative judgment)，该类定额回收率的假设通常需要经由委员会的方式来加以认定。

### 10.4.2 可变的债务回收率

在一些情形中，会有充分的历史数据可用于为债务回收率的变动程度进行明确的建模。例如，我们的 LossStats® 数据库㊁ 包含了自 1988 年以来曾经发生过违约的超过 500 家美国的上市或非上市的非金融机构的债务回收信息。它同时包含了超过 2000 个已违约的银行贷款、高收益债券以及其他债务工具的信息。这些大量的数据使我们可以为某些资产分类构建出债务回收的分布（根据 beta 分布——一个著名的二项式分布)。对 Beta 分布中的均值和标准差的具体认定足以让 CDO 评估系统版本 3 对各资产分类的全范围潜在回收率进行模拟。这些假设可在附录 10B 中找到。

## 10.5 相关性

在具体指定投资组合中每个资产的单一违约概率及坏账回收率假设之外，资产之间的相关性也需要被具体指定。如前述“CDO 评估系统模型”中提到，这一相关性将被假设为每对资产内资产价值之间的相关性，而这是在市场上不能直接检测到的。在原则上，有几种方法可测量资产价值相关性：

- 在一个因子模型内对股票回报率的回归分析；
- 使用股票回报率相关性作为资产价值相关性的参考；
- 使用信用利差相关性作为资产价值相关性的参考；
- 从信用评级转换中推导资产价值相关性；
- 通过实证式违约观察估计资产价值相关性。

---

㊀ 通常用于股票违约互换的回收率水平。

㊁ 详情请访问 www.standardandpoors.com，搜索“LossStats”，滚动到“产品和服务”。

我们选择了通过实证式违约观察对 CDO 评估系统内的相关性假设进行估算，因为这一估算方法倾向于更少地受到股票回报率数据所带来的“杂音”，以及信用利差数据观察时间段较短的影响。此外，不像通过信用评级转换来推导相关性，我们所选择的方法可被始终如一地应用于范围广泛的已评级或未评级资产，例如企业债券、ABS、中小企业以及 EDS 等。为了估算已评级公司和 EDS 的相关性假设，我们对历史数据进行了深入的分析，其中所使用的即是前面提到的 CreditPro® 和 Compustat® 数据库。在分析中小企业时，我们使用的是前述的 CRT 数据库。

我们考虑了使用数个可确保高稳定程度的统计方法，例如最大似然法、因子模型以及基于历史联合违约时间的简单模型。以上统计方法在用于企业违约和 EDS 上的具体综述可在 Jobst and de Servigny（2006）找到。同时，因为对相关性的估算在 CDO 风险分析中所占的重要作用，接下来我们将重点描述联合违约概率（joint default probability，JDP）方法。

联合违约概率法包含了两个步骤。第一步是估算在相同或不同行业内一对公司之间的联合违约概率。如果各对公司均从数据库中提取（可置换），那么在一个行业内的联合违约概率估值即为：

$$P_{ij}^{c}(t)=\frac{(D_t^c)^2}{(N_t^c)^{2'}}$$

以及在行业之间的估值为：

$$P_{ij}^{cd}(t)=\frac{D_t^c D_t^d}{N_t^c N_t^d}$$

在以上的公式中，$D_t^c$、$D_t^d$ 和 $N_t^c$、$N_t^d$ 分别是在观察期 $t$ 内，行业 $c$ 和 $d$ 各自的违约公司的数量以及该行业内公司的总数量。实证的违约相关性可从标准的相关性公式中轻易算出：

$$\rho^{cd}=\frac{\overline{P}^{cd}-\overline{P}^{c}\,\overline{P}^{d}}{\sqrt{\overline{P}^{c}(1-\overline{P}^{c})}\sqrt{\overline{P}^{d}(1-\overline{P}^{d})}}$$

在此公式中，$\overline{P}^k$ 表示的是行业 $k$ 内的公司的平均违约概率。

联合违约概率法的第二步是计算各联合违约概率内的隐含资产相关性（implied asset correlation）。这一步将通过在之前“CDO 评估模型”一节内所提到的高斯模型计算出实证地观察到的联合违约概率所要求的资产相关性。对两个公司来说，联合违约概率由模型内的公式 $p_{ij}=\Phi(Z_i, Z_j, \rho_{ij})$ 计算出，其中 $Z_i=\Phi^{-1}(p_i)$ 和 $Z_j=\Phi^{-1}(p_j)$ 为表示每个公司违约临界值的 $z$ 分数。这意味着，隐含违约概率可以通过解出方程而得出[㊀]。在所有情况下，相关性都会在某个行业内或行业之间估算出来。然后，被计算出来的在整个数据集中的平均行业内及行业间相

㊀ 详见 Jobst 和 de Servigny (2006)。

关性即可被用于创建 CDO 评估模型所使用的假设。这些假设可在附录 10C 中找到。

## 10.6 CDO 风险分析

在这一节，我们将描述为了对每个 CDO 资本段所面对的风险敞口进行分析，CDO 评估系统应如何被应用于不同的 CDO 交易中。首先，我们会讨论那些可被计算出来的每个 CDO 交易的不同风险测度，然后展示在对不同的 CDO 交易进行风险分析和评级的时候所选的模型是如何被应用的。在此，我们的重点是合成 CDO 的交易，因为合成 CDO 可以通过 CDO 评估系统进行完整的分析。而对现金型 CDO 的分析则需要额外的步骤，例如需要对每个 CDO 资本段所付利息的利率及汇率风险进行建模。

### 10.6.1 情景亏损率

在我们的 CDO 交易分析中最主要的风险测度是情景亏损率（scenario loss rate，SLR)，它代表的是和某个评级及期限相对应的投资组合亏损分布内的分位数（quantile）。[⊖] 例如，如果一个对应某个评级和期限的资本段的亏损分布分位数为 0.5%，则其在其接受亏损分布前，前面的 99.5% 的亏损必须已经被分配至评级较低的资本段。值得注意的是，这些分位数所对应的评级是为了针对 CDO 资本段而特别设计的，因此这些评级与实际企业信用曲线并不相同——而在较早版本的 CDO 评估系统中，它们是被设定为相同的。这其中的主要原因是在较早版本 CDO 评估系统的建设时缺乏足够的历史数据，导致实际企业信用曲线和 CDO 亏损分布分位数的评级都被过于“理想化”了。如前文前述，企业信用曲线的建立现在更加依靠于对历史信用评级调整及违约数据的深入分析，因此已经不再与 CDO 亏损分布百分比的评级挂钩。

相较于其标的公司，CDO 本身的历史业绩数据要少得多。因此 CDO 亏损分布分位数评级并非全由历史数据来决定。在这样的情况下，我们使用了数个定量和定性考量。CDO 分位数评级可在附录 10A 中找到。

对一个合成 CDO 而言，情景亏损率等于对应其相对的评级和期限的资本段所要求的连接点（或信用增级）。对现金型 CDO 而言，信用增级由现金流建模而确定，该模型通过将资产组合的违约时间与利率和汇率（如需要）结合起来而判定出每个 CDO 资本段的整体信用表现。

---

⊖ 损失分布的均值和标准差也通过 CDO 计算器计算。

## 10.6.2　已评级的超额抵押

当一个 CDO 被构建完成后，其中可使用的信用增级所超过其必要信用等级的程度即可被计算出来。该方法可被同时用于现金型和合成 CDO。对合成 CDO 而言，合成型已评级超额抵押率（synthetic rated overcollateralization，SROC）的公式为：

$$\text{SROC} = \frac{\text{组合面值}-\text{SLR}}{\text{组合面值}-\text{信用增级}}$$

对现金型 CDO 而言，通过信用增级所带来的利差也需要被考虑进去，而这则需要对该交易的现金流进行额外的建模。

## 10.6.3　合成 CDO 资本段的风险度量

情景亏损率是对资产组合风险的度量。事实上也存在一些有用的针对 CDO 资本段的风险度量，例如资本段违约概率、预期损失（expected loss）以及违约损失率（loss-given-default）等。[⊖] 对合成 CDO 资本段而言，如图 10-3 所示，这些度量全部都可以通过将该资本段“重叠”于整个投资组合亏损分布上而计算出来。在此图中，该资本段的连接点（attachment point）等于整个投资组合名义金额的 4%，其厚度为 4%。也就是说，当投资组合亏损超过 8% 时，这一资本段将完全亏损完毕而不再承担额外的亏损。因此，这一阀值也被称作该资本段的分离点（detachment point）。

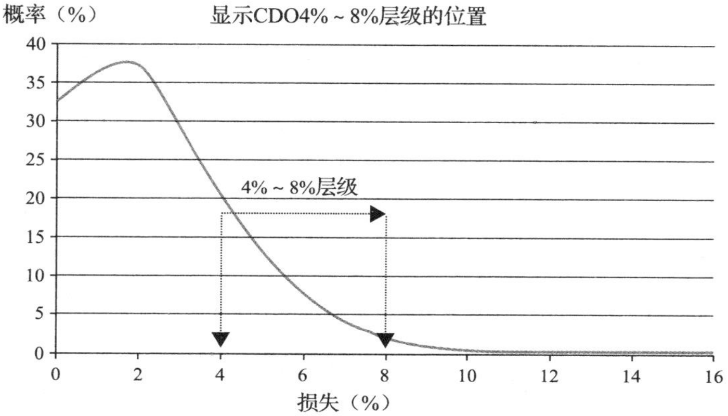


图 10-3　CDO 投资组合的损失分布

⊖ 这些方法也适用于现金 CDO 层级。然后，现金 CDO 还需要额外的步骤来模拟依赖于时间的现金流。

#### 10.6.3.1 资本段违约概率

给定一个连接点 $A$ 和分离点 $D$（即厚度为 $D-A$ 的资本段），资本段违约概率即为在到期日 $T$ 时，资产组合亏损超过 $A$ 的概率。公式表达为$PD^{\text{Tranche}}=P(L(T)\geqslant \mathrm{A})=E[1_{\{L(t)\geqslant \mathrm{A}\}}]$其中 $L(t)$ 为截止至时间 $t$ 资产组合的亏损（可查看“CDO 评估模型”部分）$1_{\{\}}$，为指示函数，[㊀] $E[]$ 则表示期待值。这一公式构成了赋予一个合成 CDO 资本段评级的基础。

在上述资本段违约概率公式中，我们假设连接点 $A$ 是恒定的。这一处理手法可以扩大至囊括以时间 $t$ 作为函数的连接点，因此上述公式可变为$PD^{\text{Tranche}}=P(L(t)\geqslant \mathrm{A}(t))=E[1_{\{L(t)\geqslant \mathrm{A}(t)\}}]$。在这样的情况下，我们需要评估出所有连接点发生改变的时间点上的亏损分布。举例来说，假设一个七年期的合成 CDO 交易，如果初始设定的连接点为投资组合名义金额的 3%，然后在第三年的时候提升至 5% 并维持着该水平直到到期的话，我们需要分别评估第三年和第七年的亏损分布。因此，该资本段的累计违约概率（在第三年亏损不超过 3% 的前提下）即为在第三年亏损超过 3% 的概率和在第七年亏损超过 5% 的概率之和。

最后，连接点对时间的相依性可被设定为以资产组合内的损失超过某个水平为前提。例如，根据投资组合在某个预设日期为止累计的亏损，交易建模可以“重新设定”连接点。这一动态行为可通过记录在模拟分析时资产组合的亏损路径而轻松实现。

#### 10.6.3.2 预期资本段损失

在时间 $t$，资本段的累计亏损 $M(t)$ 由式$M(t)=(L(t)-A)1_{\{A\leqslant L(t)\leqslant D\}}+(D-A)1_{\{L(t)\geqslant \mathrm{D}\}}$给出。因此预期资本段损失为：

$$E[M(t)]=E\left\lfloor (L(t)-A)1_{\{A\leqslant L(t)\leqslant \mathrm{D}\}}+(D-A)1_{\{L(t)\geqslant \mathrm{D}\}}\right\rfloor$$

#### 10.6.3.3 资本段违约损失率

资本段违约损失率（loss-given-default）的公式为：

$$\mathrm{LGD}^{\text{Tranche}}=\frac{E(M(t))}{PD^{\text{Tranche}}}$$

#### 10.6.3.4 其他资本段风险度量

资本段杠杆$\left(\text{Leverage}^{\text{Tranche}}=\dfrac{E(M(t))}{E(L(t))}\right)$以及对冲比率（leverage ratio）$\left(\mathrm{HR}^{\text{Tranche}}=\dfrac{\text{Leverage}^{\text{Tranche}}}{\text{TrancheNotional}}\right)$也是两个有用的用于量化隐含资本段表现的工具。

㊀ 括号内表达式值为真时等于 1，否则为 0。

### 10.6.4 合成二次 CDO 交易

合成二次 CDO 交易现在已经成为全球 CDO 市场中的主要特征。与以二级市场 CDO 资本段作为参考标的不同，这些交易通常使用多个资产组合 CDS 来创建所谓的“定制式”CDO 资本段，每个资本段对应地参考一个标的企业组合。这样，在每一个定制式 CDO 原有的杠杆基础上更进一步地加大了杠杆，令该类结构的产品比同等评级的其他合成 CDO 获得更高的收益。

虽然一些二次 CDO 交易仅仅以 CDO 作为参考标的，然而最近发行的二次 CDO 交易中有的是以由 CDO 和 ABS 资本段拼凑而成的资产组合作为参考标的。该类资产组合参考标的中的 ABS 份额通常占到整个参考标的名义金额的 70% ～ 90%。其中的 ABS 部分通常由二级市场上有现金流的 ABS 资本段组成，而 CDO 资本段则通常是为该二次 CDO 投资人而特别定制的。一个二次 CDO 通常会参考 5 ～ 15 个不同的定制型 CDO，而其中每个定制型 CDO 则会参考 100 ～ 200 个企业债券。第一眼看起来，整个参考标的组合可能包括多至 3000 家企业的债券。然而，事实并非如此，因为实际上 CDS 市场中具有流动性的 CDS 所参照的企业仅有 400 ～ 600 家。因此，不同的定制型 CDO 所参考的标的资产组合会有明显的重叠，在大多数情况下重叠数量为 20% ～ 30%。图 10-4 描绘了一个典型二次 CDO 交易的交易结构。

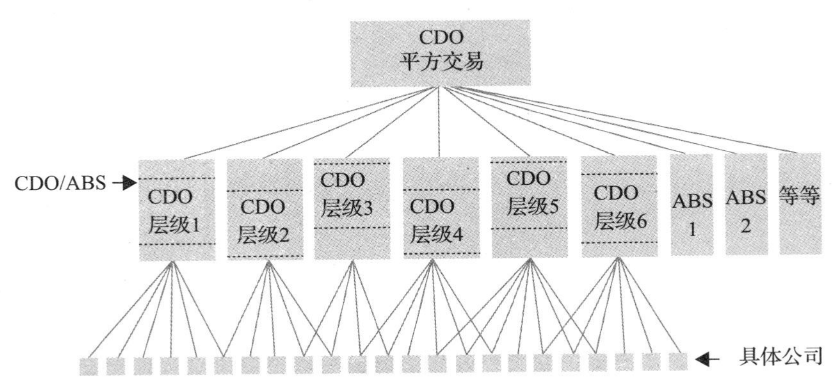


图 10-4 典型的 CDO 平方交易结构

当一个企业债券发生信用事件时，一个投标程序将会被启动以回收坏账，其中所涉及的亏损将被分配至每个参考了该企业的定制型 CDO 上。因此，该信用事件对整个二次 CDO 的总体影响明显地取决于标的 CDO 资本段之间的重叠程度。当分配到一个定制型 CDO 上的亏损超过了该 CDO 资本段的连接点时，亏损便开始转移到二次 CDO 上。因此，在标的企业资产和二次 CDO 之间，相关的定制型 CDO 担当起了类似“亏损过滤器”的角色。这与 ABS 资本段十分不同：当信用事件引发投标程序后，该 ABS 资本段将会从二次 CDO 的参考标的资产组合中被移除，其中导致的亏损将直接分配至二次 CDO 上。

每个定制型 CDO 资本段都可以用前述的方法加以分析，而对二次 CDO 交易的分析则需要额外的建模。例如，模型需要有“穿透”至每个二次 CDO 组合内所包含的 CDO 资本段的参考标的企业的能力。通过这样的方法，亏损以“自下而上”的方式进行分配：首先分配至每个相关的定制型 CDO 后才分配至二次 CDO 资本段。因此，在对单个 CDO 资本段的违约概率和违约损失率进行建模之外，该方法还能明确地对两个定制型 CDO 之间的重叠进行建模。㊀

### 10.6.5 交叉劣后

二次 CDO 市场中的一个创新是引入了所谓“交叉劣后”（cross-subordination）的概念。这一机制允许不同的定制型 CDO 共享所有定制型 CDO 所提供的劣后安全垫。举例来说，8 个带有连接点和资本段厚度为 1000 万欧元的 CDO 可以创造出共 8000 万欧元的交叉劣后。在该交易的存续期里，如果任一个 CDO 的亏损超过了 1000 万欧元，这些亏损在总体合计亏损没有超过 8000 万欧元之前将不会被分配到合成 CDO 上。这样，二次 CDO 的投资者在少量 CDO 发生亏损的风险面前受到了保护，而却要接受大量 CDO 面临亏损时的风险。㊁

交叉劣后可在 CDO 评估系统中轻易地建模：只要在模拟运算的过程中跟踪记录好每一个定制型 CDO 所承受的亏损，然后仅仅当总体损失超过全部可用的劣后安全垫时，才将总体损失分配至二次 CDO 上。这一操作也可扩展至只有部分的劣后垫可被用于交叉劣后的情况（例如，该二次 CDO 的亏损隔绝金额只能是各合成型 CDO 的总体劣后安全垫的 75%，当超过该数值时即需要承受亏损）。

假设一个带有如下特性的二次 CDO：

- 该二次 CDO 的参考标的资产组合包含了 8 个定制型 CDO 资本段和 50 个“AAA”评级 ABS 资本段，平均资产相关性为 10%。
- 每一个定制型 CDO 资本段参考的标的资产组合包含了约 100 个“A”评级企业债券，平均资产相关性为 5%，名义金额各为 1000 万欧元，以及假设违约回收率为 35%。
- 每个定制型 CDO 资本段的连接点为 4000 万欧元（这与“A”评级档的 CDO 评级一致），分离点为 5000 万欧元（亦即，该资本段厚度为 1000 万欧元）。

㊀ 参见《合成 CDO 交易的下钻方法》（*Drill-Down Approach for Synthetic CDO Squared Transactions*），标准普尔特别报告，2003 年 12 月 10 日。

㊁ 换句话说，交叉劣后降低了具体到每个 CDO 的非系统性风险，但增加了全部 CDO 都具有的系统性风险。

- 每对定制型 CDO 资本段之间的平均重叠率为 33%。
- 每个 ABS 资本段的参考名义金额为 1000 万欧元，以及假设违约回收率为 90%。
- 该二次 CDO 的期限为 5 年。

根据以上特性，该二次 CDO 资产组合的总体参考名义金额为 5.8 亿欧元。其中 ABS 部分占总额的 86%，定制型 CDO 资本段部分占总额的 14%。

图 10-5 说明了该二次 CDO 资产组合的亏损分布。在一种情况下，资产组合中所包含的 CDO 的亏损被假设为直接分配至二次 CDO 上而没有交叉劣后。在另外一种情况下，全部 8 个定制型 CDO 被假设为带有交叉劣后。在上述两个情况中，零亏损或极少亏损的概率都非常高，而高亏损的概率则较低。然而，在带有交叉劣后的情况下，零亏损或极少亏损的概率显著地增高了，同时相对应的高亏损的概率也有所下降。这说明了一个带有较高连接点的优先级二次 CDO 资本段在带有交叉劣后的情况下，违约概率会更低。如图 10-5 所示，在带有交叉劣后的情况下，6% 以上亏损的面积更低。然而，这一资本段也可能带来更大的违约损失额。

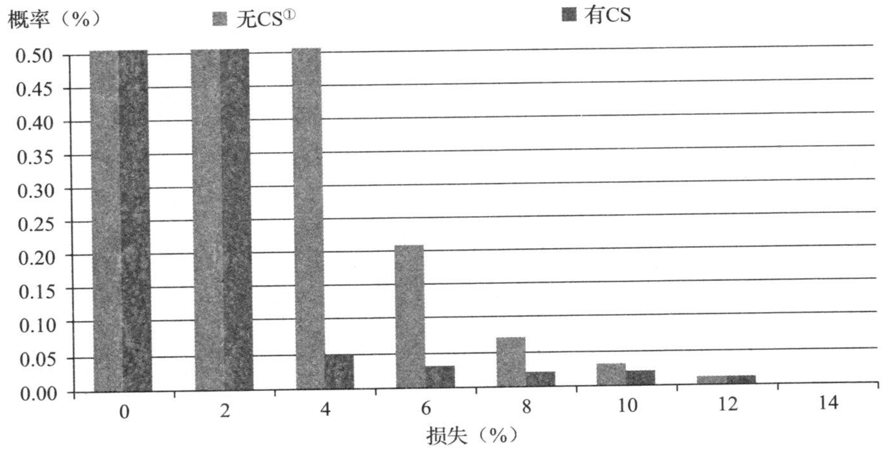


图 10-5 两个假设的 CDO 平方交易的损失分布

① CS——交叉次级化。

注：那些没有涉及到交叉次级化的交易出现损失为 0 的概率为 86%，而涉及到的概率为 88.9%。没有涉及到交叉次级化出现损失为 2% 的概率为 13%，涉及到的则是 10.9%。没有涉及到交叉次级化出现损失为 4% 的概率为 0.89%，涉及到的则是 0.05%。

## 10.6.6 做多、做空 CDS

CDS 实际上表现得就像是一份双边的保险合约。在双方认定的参考标的企业对其债务发生违约时，一方（保险销售者）同意向另一方（保险购买者）支付参考名义面额减去可回收债务数额之间的差额。可回收债务数额一般通过对契约义务进行实物交割或通过现金结算来实现，在此不作详述。

作为对这一或有性支付的对价，保险购买者需要向保险销售者支付保费。因此，一个 CDS 有两个现金流：保费和或有性支付。CDS 的“公允价值”即是让两个现金流的净现值相等的价值，如图 10-6。

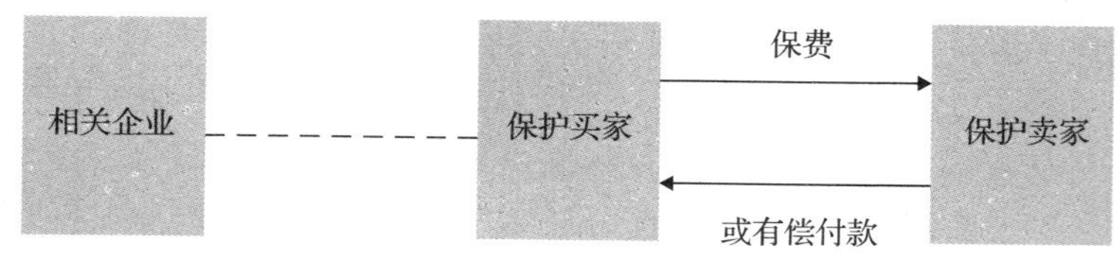


图 10-6 CDS 支付机制

当一方以 CDS 的形式出售保险时，他被称为“多方”，因为他接受了类似持有一个债券一样的经济利益或经济损失。相反地，当一方购买保险时，他被称为“空方”。在参考企业发生违约时，在保险出售者可履行支付义务的前提下，CDO 评估系统将在多头的损失数额的符号反转（即将其变成获利），所得的数额即为 CDS 空头的收益。这是 CDO 评估系统在处理交易对手风险时所采用的手段，因此当资产组合中包含 CDS 空头头寸时，评估系统会需要获取其交易对手的额外信息。

## 10.6.7 做多、做空 CDO 资本段

当使用 CDS 技术时，皆可对一个二次 CDO 交易内的 CDO 资本段建立空头头寸。在这种情况下，该二次 CDO 将为其包含的一个 CDO 资本段购买保险，当损失超过该资本段的连接点时，二次 CDO 将收到相等于资产组合亏损与其该资本段的连接点之间的差额的补偿，直至这一差额补偿超过该资本段的最大值为止。

## 10.6.8 第 $n$ 次违约篮子

这些交易在机制上和 CDS 很像（图 10-6），只是参考实体变成了一篮子证券，保护的卖方在篮子发生第 $n$ 次违约时将面临风险。一个“第 $n$ 次违约”篮子可以被当成是一种合成 CDO 的特殊形式，这种 CDO 包含了少量（一般 3 ~ 5 个）等权重资产。如前文所述，层级的违约率是指 $T$ 时刻到期时资产组合的损失超过了连接点 $A$ 的概率。对于一个回收率固定为 $\delta$ 的“第 $n$ 次违约”篮子而言，很明显连接点等于 $(n-1)\delta$。

# 附录 10A CDO 资产评估的信用转移矩阵和信用曲线

表 10A-1 评级——一年的信用转移矩阵

| (%) | AAA | AA+ | AA | AA− | A+ | A | A− | BBB+ | BBB | BBB− | BB+ | BB | BB− | B+ | B | B− | CCC+ | CCC | CCC− | D |
|---|---|---|---|---|---|---|---|---|---|---|---|---|---|---|---|---|---|---|---|---|
| AAA | 83.32 | 8.92 | 5.20 | 1.01 | 0.53 | 0.25 | 0.38 | 0.09 | 0.17 | 0.02 | 0.05 | 0.05 | 0.00 | 0.00 | 0.00 | 0.00 | 0.00 | 0.00 | 0.00 | 0.00 |
| AA+ | 1.06 | 78.41 | 13.10 | 4.72 | 1.06 | 0.84 | 0.25 | 0.14 | 0.20 | 0.10 | 0.09 | 0.01 | 0.01 | 0.00 | 0.00 | 0.00 | 0.00 | 0.00 | 0.00 | 0.00 |
| AA | 0.58 | 0.56 | 77.07 | 13.10 | 4.26 | 2.68 | 0.68 | 0.54 | 0.31 | 0.03 | 0.01 | 0.04 | 0.04 | 0.01 | 0.01 | 0.03 | 0.00 | 0.03 | 0.00 | 0.01 |
| AA− | 0.09 | 0.22 | 1.28 | 75.53 | 13.57 | 6.78 | 1.31 | 0.44 | 0.26 | 0.15 | 0.09 | 0.06 | 0.02 | 0.05 | 0.12 | 0.01 | 0.00 | 0.00 | 0.00 | 0.01 |
| A+ | 0.02 | 0.10 | 0.57 | 2.46 | 76.39 | 13.05 | 4.74 | 1.25 | 0.69 | 0.20 | 0.07 | 0.14 | 0.08 | 0.08 | 0.12 | 0.01 | 0.01 | 0.00 | 0.00 | 0.02 |
| A | 0.07 | 0.09 | 0.49 | 0.87 | 2.13 | 79.20 | 11.75 | 3.17 | 1.20 | 0.35 | 0.19 | 0.20 | 0.13 | 0.08 | 0.04 | 0.01 | 0.00 | 0.00 | 0.01 | 0.02 |
| A− | 0.14 | 0.05 | 0.21 | 0.39 | 1.17 | 2.81 | 77.11 | 13.52 | 3.21 | 0.75 | 0.20 | 0.15 | 0.06 | 0.11 | 0.03 | 0.03 | 0.00 | 0.00 | 0.00 | 0.03 |
| BBB+ | 0.09 | 0.08 | 0.12 | 0.26 | 1.01 | 3.37 | 2.64 | 75.69 | 14.09 | 1.56 | 0.36 | 0.28 | 0.08 | 0.08 | 0.05 | 0.02 | 0.00 | 0.01 | 0.00 | 0.20 |
| BBB | 0.04 | 0.03 | 0.19 | 0.22 | 0.62 | 1.50 | 2.92 | 8.87 | 71.49 | 11.42 | 1.08 | 0.72 | 0.22 | 0.17 | 0.15 | 0.03 | 0.01 | 0.02 | 0.00 | 0.29 |
| BBB− | 0.12 | 0.01 | 0.12 | 0.28 | 0.38 | 1.01 | 1.30 | 3.87 | 12.81 | 64.39 | 4.87 | 5.67 | 2.26 | 1.15 | 0.45 | 0.37 | 0.09 | 0.05 | 0.02 | 0.81 |
| BB+ | 0.19 | 0.01 | 0.02 | 0.20 | 0.17 | 0.47 | 1.00 | 1.16 | 4.83 | 11.79 | 68.09 | 8.24 | 1.24 | 0.64 | 0.27 | 0.13 | 0.03 | 0.03 | 0.01 | 1.48 |
| BB | 0.01 | 0.04 | 0.09 | 0.06 | 0.03 | 0.32 | 0.24 | 0.51 | 1.41 | 3.96 | 13.35 | 69.32 | 6.02 | 1.48 | 0.47 | 0.21 | 0.09 | 0.08 | 0.02 | 2.30 |
| BB− | 0.00 | 0.01 | 0.01 | 0.06 | 0.12 | 0.20 | 0.35 | 0.49 | 1.01 | 1.60 | 4.85 | 12.37 | 66.63 | 7.08 | 1.08 | 0.38 | 0.16 | 0.10 | 0.04 | 3.46 |
| B+ | 0.00 | 0.07 | 0.02 | 0.13 | 0.06 | 0.11 | 0.31 | 0.41 | 0.24 | 0.42 | 0.93 | 3.40 | 14.42 | 68.09 | 5.66 | 0.92 | 0.35 | 0.24 | 0.10 | 4.10 |
| B | 0.01 | 0.00 | 0.13 | 0.02 | 0.06 | 0.36 | 0.37 | 0.30 | 0.28 | 0.16 | 0.71 | 1.49 | 3.58 | 16.42 | 63.13 | 5.08 | 1.44 | 0.79 | 0.36 | 5.29 |
| B− | 0.02 | 0.00 | 0.01 | 0.01 | 0.19 | 0.18 | 0.19 | 0.36 | 0.22 | 0.17 | 0.40 | 0.59 | 1.32 | 6.81 | 15.08 | 58.99 | 4.60 | 2.00 | 0.72 | 8.14 |
| CCC+ | 0.02 | 0.00 | 0.01 | 0.02 | 0.86 | 0.09 | 0.08 | 0.62 | 0.35 | 0.05 | 0.17 | 0.19 | 1.20 | 3.64 | 7.00 | 15.58 | 40.65 | 4.20 | 1.70 | 23.58 |
| CCC | 0.36 | 0.01 | 0.01 | 0.01 | 0.04 | 0.38 | 0.39 | 0.73 | 0.43 | 0.12 | 1.06 | 1.09 | 0.68 | 2.09 | 8.08 | 6.87 | 12.57 | 17.02 | 2.51 | 45.56 |
| CCC− | 0.01 | 0.00 | 0.00 | 0.00 | 0.01 | 0.02 | 0.02 | 0.04 | 0.04 | 0.06 | 0.71 | 0.20 | 2.08 | 2.36 | 1.79 | 2.71 | 1.72 | 12.48 | 9.34 | 66.41 |
| D | 0.00 | 0.00 | 0.00 | 0.00 | 0.00 | 0.00 | 0.00 | 0.00 | 0.00 | 0.00 | 0.00 | 0.00 | 0.00 | 0.00 | 0.00 | 0.00 | 0.00 | 0.00 | 0.00 | 100.00 |

表 10A-2 评级公司——信用曲线

| 年 | AAA | AA+ | AA | AA− | A+ | A | A− | BBB+ | BBB | BBB− | BB+ | BB | BB− | B+ | B | B− | CCC+ | CCC | CCC− | AM |
|---|---|---|---|---|---|---|---|---|---|---|---|---|---|---|---|---|---|---|---|---|
| 1 | 0.0002 | 0.001 | 0.008 | 0.014 | 0.018 | 0.022 | 0.033 | 0.195 | 0.294 | 0.806 | 1.484 | 2.296 | 3.457 | 4.100 | 5.295 | 8.138 | 23.582 | 45.560 | 66.413 |
| 2 | 0.005 | 0.009 | 0.039 | 0.048 | 0.064 | 0.080 | 0.121 | 0.427 | 0.684 | 1.805 | 2.915 | 4.506 | 6.624 | 8.124 | 10.833 | 16.559 | 38.046 | 59.087 | 79.205 |
| 3 | 0.016 | 0.027 | 0.085 | 0.102 | 0.138 | 0.172 | 0.262 | 0.701 | 1.162 | 2.899 | 4.312 | 6.597 | 9.516 | 11.903 | 15.940 | 23.729 | 46.605 | 64.704 | 82.840 |
| 4 | 0.034 | 0.056 | 0.144 | 0.178 | 0.240 | 0.298 | 0.451 | 1.023 | 1.713 | 4.034 | 5.681 | 8.567 | 12.164 | 15.388 | 20.479 | 29.578 | 52.040 | 67.875 | 84.478 |
| 5 | 0.061 | 0.098 | 0.219 | 0.276 | 0.371 | 0.459 | 0.686 | 1.391 | 2.323 | 5.179 | 7.020 | 10.424 | 14.595 | 18.571 | 24.463 | 34.333 | 55.809 | 70.042 | 85.513 |
| 6 | 0.097 | 0.153 | 0.310 | 0.397 | 0.531 | 0.655 | 0.966 | 1.805 | 2.980 | 6.316 | 8.327 | 12.175 | 16.832 | 21.462 | 27.947 | 38.234 | 58.626 | 71.685 | 86.285 |
| 7 | 0.144 | 0.224 | 0.420 | 0.543 | 0.719 | 0.887 | 1.287 | 2.261 | 3.672 | 7.434 | 9.598 | 13.826 | 18.895 | 24.083 | 30.999 | 41.476 | 60.850 | 73.005 | 86.907 |
| 8 | 0.204 | 0.311 | 0.549 | 0.713 | 0.937 | 1.152 | 1.648 | 2.756 | 4.390 | 8.529 | 10.831 | 15.387 | 20.800 | 26.457 | 33.680 | 44.209 | 62.672 | 74.105 | 87.429 |
| 9 | 0.276 | 0.414 | 0.700 | 0.909 | 1.184 | 1.451 | 2.047 | 3.284 | 5.127 | 9.598 | 12.025 | 16.862 | 22.563 | 28.610 | 36.046 | 46.543 | 64.204 | 75.041 | 87.877 |
| 10 | 0.362 | 0.536 | 0.872 | 1.130 | 1.458 | 1.782 | 2.479 | 3.842 | 5.876 | 10.637 | 13.179 | 18.258 | 24.197 | 30.565 | 38.145 | 48.559 | 65.517 | 75.853 | 88.268 |
| 11 | 0.463 | 0.678 | 1.066 | 1.377 | 1.761 | 2.143 | 2.943 | 4.425 | 6.634 | 11.649 | 14.295 | 19.580 | 25.717 | 32.346 | 40.016 | 50.320 | 66.657 | 76.565 | 88.614 |
| 12 | 0.581 | 0.839 | 1.284 | 1.650 | 2.092 | 2.534 | 3.434 | 5.029 | 7.396 | 12.631 | 15.371 | 20.834 | 27.132 | 33.973 | 41.694 | 51.871 | 67.659 | 77.197 | 88.921 |
| 13 | 0.715 | 1.020 | 1.525 | 1.947 | 2.448 | 2.952 | 3.952 | 5.651 | 8.160 | 13.587 | 16.410 | 22.025 | 28.453 | 35.463 | 43.206 | 53.248 | 68.548 | 77.762 | 89.197 |
| 14 | 0.867 | 1.223 | 1.790 | 2.270 | 2.830 | 3.396 | 4.491 | 6.287 | 8.923 | 14.515 | 17.414 | 23.157 | 29.689 | 36.832 | 44.575 | 54.481 | 69.343 | 78.271 | 89.447 |
| 15 | 1.037 | 1.447 | 2.078 | 2.617 | 3.237 | 3.864 | 5.051 | 6.936 | 9.684 | 15.418 | 18.383 | 24.234 | 30.849 | 38.096 | 45.822 | 55.592 | 70.060 | 78.732 | 89.674 |
| 16 | 1.225 | 1.693 | 2.389 | 2.988 | 3.666 | 4.353 | 5.628 | 7.593 | 10.441 | 16.296 | 19.320 | 25.262 | 31.940 | 39.265 | 46.962 | 56.599 | 70.710 | 79.154 | 89.882 |
| 17 | 1.433 | 1.961 | 2.724 | 3.382 | 4.117 | 4.862 | 6.221 | 8.258 | 11.193 | 17.152 | 20.226 | 26.243 | 32.969 | 40.351 | 48.009 | 57.517 | 71.304 | 79.541 | 90.074 |
| 18 | 1.661 | 2.250 | 3.080 | 3.798 | 4.588 | 5.390 | 6.826 | 8.928 | 11.940 | 17.985 | 21.103 | 27.181 | 33.941 | 41.363 | 48.976 | 58.359 | 71.848 | 79.898 | 90.250 |
| 19 | 1.908 | 2.561 | 3.458 | 4.234 | 5.078 | 5.934 | 7.442 | 9.602 | 12.680 | 18.798 | 21.952 | 28.081 | 34.862 | 42.310 | 49.872 | 59.134 | 72.350 | 80.229 | 90.414 |
| 20 | 2.175 | 2.893 | 3.858 | 4.690 | 5.586 | 6.493 | 8.068 | 10.279 | 13.414 | 19.591 | 22.777 | 28.944 | 35.737 | 43.198 | 50.706 | 59.851 | 72.816 | 80.538 | 90.568 |
| 21 | 2.462 | 3.246 | 4.277 | 5.165 | 6.110 | 7.065 | 8.701 | 10.957 | 14.142 | 20.365 | 23.577 | 29.773 | 36.570 | 44.034 | 51.486 | 60.517 | 73.249 | 80.827 | 90.711 |
| 22 | 2.769 | 3.619 | 4.715 | 5.657 | 6.648 | 7.648 | 9.340 | 11.636 | 14.862 | 21.123 | 24.355 | 30.572 | 37.365 | 44.824 | 52.216 | 61.140 | 73.654 | 81.099 | 90.845 |
| 23 | 3.095 | 4.012 | 5.171 | 6.164 | 7.200 | 8.241 | 9.985 | 12.314 | 15.575 | 21.863 | 25.112 | 31.343 | 38.126 | 45.571 | 52.904 | 61.723 | 74.035 | 81.355 | 90.973 |
| 24 | 3.440 | 4.423 | 5.644 | 6.687 | 7.763 | 8.844 | 10.633 | 12.991 | 16.281 | 22.589 | 25.850 | 32.087 | 38.855 | 46.281 | 53.554 | 62.271 | 74.394 | 81.598 | 91.093 |
| 25 | 3.804 | 4.853 | 6.133 | 7.223 | 8.337 | 9.454 | 11.284 | 13.667 | 16.980 | 23.300 | 26.570 | 32.808 | 39.556 | 46.958 | 54.169 | 62.789 | 74.733 | 81.828 | 91.207 |
| 26 | 4.187 | 5.300 | 6.638 | 7.772 | 8.921 | 10.070 | 11.937 | 14.340 | 17.671 | 23.997 | 27.272 | 33.506 | 40.230 | 47.604 | 54.754 | 63.280 | 75.055 | 82.048 | 91.316 |
| 27 | 4.586 | 5.763 | 7.156 | 8.331 | 9.513 | 10.692 | 12.591 | 15.010 | 18.356 | 24.682 | 27.959 | 34.184 | 40.881 | 48.222 | 55.311 | 63.746 | 75.362 | 82.258 | 91.419 |
| 28 | 5.003 | 6.241 | 7.686 | 8.901 | 10.112 | 11.318 | 13.245 | 15.678 | 19.033 | 25.354 | 28.630 | 34.842 | 41.510 | 48.815 | 55.844 | 64.190 | 75.655 | 82.459 | 91.519 |
| 29 | 5.436 | 6.735 | 8.229 | 9.480 | 10.718 | 11.947 | 13.900 | 16.342 | 19.704 | 26.015 | 29.288 | 35.483 | 42.118 | 49.386 | 56.355 | 64.615 | 75.935 | 82.653 | 91.614 |
| 30 | 5.885 | 7.241 | 8.781 | 10.066 | 11.329 | 12.580 | 14.553 | 17.003 | 20.367 | 26.665 | 29.933 | 36.108 | 42.709 | 49.936 | 56.845 | 65.022 | 76.205 | 82.839 | 91.706 |

表 10A-3　ABS——信用曲线

| 年 | AAA | AA+ | AA | AA− | A+ | A | A− | BBB+ | BBB | BBB− | BB+ | BB | BB− | B+ | B | B− | CCC+ | CCC | CCC− |
|---|---|---|---|---|---|---|---|---|---|---|---|---|---|---|---|---|---|---|---|
| 1 | 0.000 | 0.001 | 0.004 | 0.008 | 0.010 | 0.012 | 0.018 | 0.107 | 0.162 | 0.443 | 1.113 | 1.722 | 2.593 | 3.075 | 3.971 | 6.104 | 17.687 | 34.170 | 49.810 |
| 2 | 0.003 | 0.005 | 0.021 | 0.026 | 0.035 | 0.044 | 0.067 | 0.235 | 0.376 | 0.993 | 2.186 | 3.380 | 4.968 | 6.093 | 8.125 | 12.419 | 28.535 | 44.315 | 59.404 |
| 3 | 0.009 | 0.015 | 0.047 | 0.056 | 0.076 | 0.094 | 0.144 | 0.386 | 0.639 | 1.595 | 3.234 | 4.948 | 7.137 | 8.927 | 11.955 | 17.797 | 34.954 | 48.528 | 62.130 |
| 4 | 0.019 | 0.031 | 0.079 | 0.098 | 0.132 | 0.164 | 0.248 | 0.562 | 0.942 | 2.219 | 4.261 | 6.426 | 9.123 | 11.541 | 15.359 | 22.184 | 39.030 | 50.906 | 63.359 |
| 5 | 0.033 | 0.054 | 0.120 | 0.152 | 0.204 | 0.252 | 0.377 | 0.765 | 1.278 | 2.848 | 5.265 | 7.818 | 10.946 | 13.928 | 18.347 | 25.750 | 41.857 | 52.532 | 64.135 |
| 6 | 0.053 | 0.084 | 0.171 | 0.219 | 0.292 | 0.360 | 0.531 | 0.993 | 1.639 | 3.474 | 6.245 | 9.131 | 12.624 | 16.097 | 20.960 | 28.676 | 43.970 | 53.764 | 64.714 |
| 7 | 0.079 | 0.123 | 0.231 | 0.299 | 0.396 | 0.488 | 0.708 | 1.243 | 2.020 | 4.089 | 7.198 | 10.370 | 14.171 | 18.062 | 23.249 | 31.107 | 45.638 | 54.754 | 65.180 |

表 10A-4　中小企业信用曲线

| 年 | A+ | A | A− | BBB+ | BBB | BBB− | BB+ | BB | BB− | B+ | B | B− | CCC+ | CCC | CCC− |
|---|---|---|---|---|---|---|---|---|---|---|---|---|---|---|---|
| 1 | 0.049 | 0.067 | 0.110 | 0.196 | 0.238 | 0.441 | 0.442 | 1.020 | 1.711 | 2.980 | 8.495 | 12.138 | 31.592 | 31.592 | 31.592 |
| 2 | 0.130 | 0.184 | 0.276 | 0.459 | 0.596 | 0.953 | 1.038 | 2.150 | 3.486 | 6.077 | 15.082 | 22.373 | 46.180 | 46.180 | 46.180 |
| 3 | 0.244 | 0.345 | 0.497 | 0.786 | 1.039 | 1.546 | 1.756 | 3.351 | 5.277 | 9.048 | 20.311 | 29.758 | 54.423 | 54.423 | 54.423 |
| 4 | 0.393 | 0.551 | 0.772 | 1.174 | 1.552 | 2.209 | 2.572 | 4.592 | 7.043 | 11.802 | 24.508 | 35.127 | 59.634 | 59.634 | 59.634 |
| 5 | 0.578 | 0.799 | 1.096 | 1.618 | 2.123 | 2.928 | 3.462 | 5.852 | 8.758 | 14.318 | 27.929 | 39.162 | 63.185 | 63.185 | 63.185 |
| 6 | 0.800 | 1.088 | 1.466 | 2.112 | 2.742 | 3.690 | 4.407 | 7.115 | 10.406 | 16.603 | 30.770 | 42.301 | 65.747 | 65.747 | 65.747 |
| 7 | 1.059 | 1.416 | 1.877 | 2.651 | 3.401 | 4.486 | 5.391 | 8.367 | 11.979 | 18.679 | 33.171 | 44.821 | 67.684 | 67.684 | 67.684 |
| 8 | 1.354 | 1.782 | 2.327 | 3.230 | 4.092 | 5.306 | 6.401 | 9.602 | 13.478 | 20.571 | 35.237 | 46.900 | 69.205 | 69.205 | 69.205 |
| 9 | 1.685 | 2.182 | 2.812 | 3.842 | 4.811 | 6.145 | 7.425 | 10.814 | 14.906 | 22.303 | 37.042 | 48.655 | 70.440 | 70.440 | 70.440 |
| 10 | 2.049 | 2.615 | 3.328 | 4.484 | 5.550 | 6.995 | 8.456 | 11.998 | 16.265 | 23.896 | 38.640 | 50.168 | 71.470 | 71.470 | 71.470 |
| 11 | 2.446 | 3.078 | 3.872 | 5.151 | 6.306 | 7.854 | 9.487 | 13.155 | 17.561 | 25.369 | 40.072 | 51.493 | 72.348 | 72.348 | 72.348 |
| 12 | 2.874 | 3.570 | 4.441 | 5.839 | 7.075 | 8.716 | 10.512 | 14.282 | 18.799 | 26.739 | 41.369 | 52.670 | 73.111 | 73.111 | 73.111 |
| 13 | 3.330 | 4.088 | 5.033 | 6.545 | 7.855 | 9.580 | 11.528 | 15.380 | 19.984 | 28.020 | 42.555 | 53.729 | 73.785 | 73.785 | 73.785 |
| 14 | 3.814 | 4.629 | 5.645 | 7.264 | 8.641 | 10.444 | 12.533 | 16.450 | 21.121 | 29.223 | 43.648 | 54.692 | 74.388 | 74.388 | 74.388 |
| 15 | 4.323 | 5.193 | 6.275 | 7.996 | 9.433 | 11.304 | 13.524 | 17.491 | 22.213 | 30.358 | 44.663 | 55.576 | 74.934 | 74.934 | 74.934 |
| 16 | 4.855 | 5.776 | 6.920 | 8.737 | 10.227 | 12.160 | 14.500 | 18.506 | 23.264 | 31.433 | 45.610 | 56.393 | 75.434 | 75.434 | 75.434 |
| 17 | 5.410 | 6.377 | 7.580 | 9.485 | 11.023 | 13.011 | 15.461 | 19.495 | 24.278 | 32.456 | 46.501 | 57.154 | 75.894 | 75.894 | 75.894 |
| 18 | 5.983 | 6.995 | 8.251 | 10.238 | 11.819 | 13.856 | 16.405 | 20.459 | 25.258 | 33.431 | 47.341 | 57.867 | 76.322 | 76.322 | 76.322 |
| 19 | 6.575 | 7.628 | 8.932 | 10.996 | 12.614 | 14.695 | 17.333 | 21.399 | 26.206 | 34.365 | 48.138 | 58.539 | 76.722 | 76.722 | 76.722 |
| 20 | 7.184 | 8.273 | 9.623 | 11.756 | 13.408 | 15.526 | 18.245 | 22.317 | 27.126 | 35.261 | 48.896 | 59.175 | 77.098 | 77.098 | 77.098 |

表 10A-5 EDS

壁垒 (10%)

| (%) | EDS 分数 | | | | |
|---|---|---|---|---|---|
| | 1 | 2 | 3 | 4 | 5 |
| 0 | 0.000 | 0.000 | 0.000 | 0.000 | 0.000 |
| 1 | 0.008 | 0.018 | 0.056 | 0.154 | 1.721 |
| 2 | 0.028 | 0.059 | 0.238 | 0.717 | 4.477 |

壁垒 (20%)

| (%) | EDS 分数 | | | | |
|---|---|---|---|---|---|
| | 1 | 2 | 3 | 4 | |
| 0 | 0.000 | 0.000 | 0.000 | 0.000 | 0.000 |
| 1 | 0.011 | 0.037 | 0.141 | 0.693 | 4.532 |
| 2 | 0.035 | 0.120 | 0.413 | 2.044 | 9.830 |
| 3 | 0.088 | 0.386 | 0.888 | 3.608 | 14.278 |
| 4 | 0.177 | 0.584 | 1.621 | 5.168 | 17.766 |
| 5 | 0.354 | 0.905 | 2.615 | 6.564 | 20.725 |
| 6 | 0.443 | 1.356 | 3.296 | 8.129 | 22.636 |
| 7 | 0.535 | 1.788 | 3.759 | 9.510 | 24.283 |
| 8 | 0.732 | 2.071 | 4.592 | 10.296 | 25.802 |
| 9 | 0.947 | 2.432 | 5.308 | 11.408 | 27.048 |
| 10 | 1.203 | 2.770 | 5.759 | 12.300 | 28.273 |
| 3 | 0.070 | 0.117 | 0.428 | 1.469 | 7.114 |

| | | | | | |
|---|---|---|---|---|---|
| 4 | 0.124 | 0.196 | 0.694 | 2.317 | 9.180 |
| 5 | 0.177 | 0.316 | 1.049 | 3.131 | 11.463 |
| 6 | 0.266 | 0.480 | 1.390 | 3.981 | 13.096 |
| 7 | 0.358 | 0.696 | 1.558 | 4.901 | 13.896 |
| 8 | 0.400 | 0.838 | 1.836 | 5.463 | 14.656 |
| 9 | 0.572 | 0.992 | 1.989 | 6.142 | 15.340 |
| 10 | 0.828 | 1.105 | 2.383 | 6.554 | 16.089 |
| 壁垒 (30%) | | | | | |
| (%) | EDS 分数 | | | | |
| | 1 | 2 | 3 | 4 | 5 |
| 0 | 0.000 | 0.000 | 0.000 | 0.000 | 0.000 |
| 1 | 0.026 | 0.146 | 0.395 | 1.463 | 8.484 |
| 2 | 0.088 | 0.452 | 1.423 | 4.588 | 16.460 |
| 3 | 0.265 | 1.152 | 2.435 | 7.264 | 21.918 |
| 4 | 0.531 | 1.745 | 3.868 | 9.807 | 26.184 |
| 5 | 0.885 | 2.147 | 5.608 | 11.824 | 29.463 |
| 6 | 1.242 | 2.885 | 6.441 | 13.747 | 31.614 |
| 7 | 1.516 | 3.964 | 7.155 | 15.333 | 33.685 |
| 8 | 2.010 | 4.483 | 8.313 | 16.568 | 35.638 |
| 9 | 2.332 | 5.153 | 9.234 | 18.050 | 36.945 |
| 10 | 2.715 | 5.773 | 9.853 | 18.942 | 38.239 |

表 10A-6 CDO 层级——信用曲线和评级分位点

| (%) | AAA | AA+ | AA | AA− | A+ | A | A− | BBB+ | BBB | BBB− | BB+ | BB | BB− | B+ | B | B− | CCC+ | CCC | CCC− |
|---|---|---|---|---|---|---|---|---|---|---|---|---|---|---|---|---|---|---|---|
| 1 | 0.0004 | 0.002 | 0.013 | 0.024 | 0.027 | 0.033 | 0.049 | 0.234 | 0.353 | 0.967 | 1.632 | 2.525 | 3.803 | 4.510 | 5.824 | 8.138 | 23.582 | 45.560 | 66.413 |
| 2 | 0.009 | 0.017 | 0.062 | 0.078 | 0.097 | 0.121 | 0.185 | 0.514 | 0.825 | 2.142 | 3.211 | 4.946 | 7.260 | 8.885 | 11.751 | 16.674 | 38.104 | 59.145 | 79.233 |
| 3 | 0.030 | 0.050 | 0.135 | 0.166 | 0.212 | 0.263 | 0.396 | 0.850 | 1.405 | 3.415 | 4.758 | 7.230 | 10.401 | 12.960 | 17.152 | 24.004 | 46.752 | 64.835 | 82.905 |
| 4 | 0.065 | 0.104 | 0.232 | 0.290 | 0.372 | 0.459 | 0.676 | 1.246 | 2.073 | 4.728 | 6.276 | 9.380 | 13.265 | 16.694 | 21.921 | 30.025 | 52.288 | 68.078 | 84.581 |
| 5 | 0.118 | 0.182 | 0.356 | 0.452 | 0.578 | 0.709 | 1.020 | 1.704 | 2.812 | 6.046 | 7.763 | 11.403 | 15.886 | 20.087 | 26.089 | 34.945 | 56.158 | 70.313 | 85.650 |
| 6 | 0.190 | 0.287 | 0.512 | 0.654 | 0.830 | 1.013 | 1.424 | 2.221 | 3.607 | 7.352 | 9.216 | 13.310 | 18.291 | 23.156 | 29.725 | 38.996 | 59.071 | 72.019 | 86.454 |
| 7 | 0.285 | 0.420 | 0.701 | 0.897 | 1.128 | 1.368 | 1.883 | 2.792 | 4.443 | 8.635 | 10.632 | 15.110 | 20.503 | 25.929 | 32.903 | 42.374 | 61.383 | 73.396 | 87.105 |
| 8 | 0.405 | 0.584 | 0.927 | 1.182 | 1.472 | 1.774 | 2.395 | 3.413 | 5.310 | 9.891 | 12.007 | 16.810 | 22.544 | 28.435 | 35.692 | 45.227 | 63.284 | 74.546 | 87.653 |
| 9 | 0.552 | 0.781 | 1.191 | 1.509 | 1.859 | 2.226 | 2.954 | 4.076 | 6.198 | 11.116 | 13.340 | 18.418 | 24.432 | 30.702 | 38.151 | 47.666 | 64.886 | 75.529 | 88.124 |
| 10 | 0.728 | 1.013 | 1.493 | 1.876 | 2.290 | 2.724 | 3.557 | 4.777 | 7.103 | 12.309 | 14.631 | 19.941 | 26.182 | 32.760 | 40.331 | 49.776 | 66.261 | 76.383 | 88.535 |
| 11 | 0.934 | 1.280 | 1.833 | 2.285 | 2.762 | 3.263 | 4.198 | 5.510 | 8.017 | 13.471 | 15.881 | 21.386 | 27.809 | 34.633 | 42.275 | 51.620 | 67.459 | 77.133 | 88.899 |
| 12 | 1.173 | 1.583 | 2.213 | 2.733 | 3.273 | 3.841 | 4.873 | 6.269 | 8.937 | 14.602 | 17.091 | 22.758 | 29.326 | 36.343 | 44.018 | 53.245 | 68.512 | 77.799 | 89.223 |
| 13 | 1.445 | 1.923 | 2.631 | 3.219 | 3.822 | 4.454 | 5.578 | 7.050 | 9.860 | 15.704 | 18.261 | 24.064 | 30.744 | 37.910 | 45.589 | 54.691 | 69.448 | 78.396 | 89.515 |
| 14 | 1.750 | 2.300 | 3.086 | 3.742 | 4.404 | 5.099 | 6.309 | 7.850 | 10.783 | 16.776 | 19.394 | 25.307 | 32.073 | 39.353 | 47.014 | 55.985 | 70.287 | 78.935 | 89.779 |
| 15 | 2.089 | 2.712 | 3.577 | 4.299 | 5.018 | 5.773 | 7.063 | 8.664 | 11.704 | 17.822 | 20.491 | 26.494 | 33.323 | 40.685 | 48.313 | 57.154 | 71.045 | 79.426 | 90.020 |
| 16 | 2.463 | 3.160 | 4.102 | 4.887 | 5.662 | 6.473 | 7.836 | 9.490 | 12.621 | 18.841 | 21.555 | 27.629 | 34.501 | 41.920 | 49.504 | 58.214 | 71.733 | 79.875 | 90.241 |
| 17 | 2.870 | 3.643 | 4.659 | 5.506 | 6.332 | 7.195 | 8.624 | 10.325 | 13.534 | 19.836 | 22.587 | 28.716 | 35.614 | 43.070 | 50.600 | 59.183 | 72.363 | 80.288 | 90.445 |
| 18 | 3.311 | 4.158 | 5.247 | 6.152 | 7.026 | 7.937 | 9.426 | 11.167 | 14.441 | 20.808 | 23.589 | 29.759 | 36.670 | 44.145 | 51.614 | 60.073 | 72.943 | 80.671 | 90.634 |
| 19 | 3.784 | 4.704 | 5.863 | 6.823 | 7.741 | 8.696 | 10.238 | 12.013 | 15.342 | 21.757 | 24.563 | 30.761 | 37.674 | 45.153 | 52.557 | 60.895 | 73.479 | 81.028 | 90.810 |
| 20 | 4.289 | 5.281 | 6.506 | 7.516 | 8.475 | 9.470 | 11.059 | 12.862 | 16.235 | 22.686 | 25.510 | 31.727 | 38.630 | 46.102 | 53.438 | 61.658 | 73.978 | 81.362 | 90.974 |
| 21 | 4.823 | 5.885 | 7.172 | 8.229 | 9.225 | 10.256 | 11.886 | 13.713 | 17.121 | 23.596 | 26.434 | 32.658 | 39.545 | 46.998 | 54.263 | 62.370 | 74.445 | 81.675 | 91.129 |
| 22 | 5.386 | 6.514 | 7.860 | 8.961 | 9.989 | 11.053 | 12.718 | 14.563 | 17.999 | 24.487 | 27.334 | 33.558 | 40.420 | 47.848 | 55.040 | 63.036 | 74.883 | 81.971 | 91.275 |
| 23 | 5.975 | 7.168 | 8.567 | 9.707 | 10.765 | 11.857 | 13.552 | 15.413 | 18.869 | 25.361 | 28.213 | 34.429 | 41.261 | 48.655 | 55.774 | 63.663 | 75.296 | 82.252 | 91.413 |
| 24 | 6.590 | 7.843 | 9.292 | 10.468 | 11.552 | 12.668 | 14.389 | 16.261 | 19.731 | 26.218 | 29.071 | 35.273 | 42.070 | 49.426 | 56.470 | 64.256 | 75.686 | 82.518 | 91.544 |
| 25 | 7.229 | 8.538 | 10.032 | 11.240 | 12.346 | 13.484 | 15.226 | 17.105 | 20.584 | 27.060 | 29.911 | 36.093 | 42.851 | 50.162 | 57.132 | 64.817 | 76.057 | 82.773 | 91.670 |
| 26 | 7.889 | 9.250 | 10.786 | 12.022 | 13.147 | 14.303 | 16.062 | 17.947 | 21.428 | 27.887 | 30.733 | 36.890 | 43.605 | 50.868 | 57.764 | 65.351 | 76.411 | 83.017 | 91.789 |
| 27 | 8.568 | 9.979 | 11.550 | 12.811 | 13.954 | 15.125 | 16.897 | 18.784 | 22.264 | 28.700 | 31.538 | 37.667 | 44.335 | 51.546 | 58.369 | 65.860 | 76.750 | 83.251 | 91.904 |
| 28 | 9.266 | 10.721 | 12.325 | 13.608 | 14.764 | 15.947 | 17.729 | 19.616 | 23.092 | 29.499 | 32.327 | 38.423 | 45.043 | 52.200 | 58.950 | 66.348 | 77.074 | 83.476 | 92.015 |
| 29 | 9.980 | 11.475 | 13.108 | 14.409 | 15.576 | 16.770 | 18.559 | 20.443 | 23.911 | 30.286 | 33.102 | 39.162 | 45.731 | 52.832 | 59.508 | 66.816 | 77.386 | 83.693 | 92.121 |
| 30 | 10.708 | 12.240 | 13.897 | 15.213 | 16.390 | 17.591 | 19.385 | 21.265 | 24.721 | 31.061 | 33.863 | 39.884 | 46.400 | 53.443 | 60.047 | 67.266 | 77.687 | 83.903 | 92.224 |

# 附录 10B　CDO 资产评估的回收率假设

| CDO 计算器资产回收率假设 | | | | | | | | |
|---|---|---|---|---|---|---|---|---|
| | 公司法 | | | | | | 主数 | |
| | 担保优先 | | 无担保优先 | | 次级 | | — | |
| | 均值（%） | 标准差（%） | 均值（%） | 标准差（%） | 均值（%） | 标准差（%） | 均值（%） | 标准差（%） |
| 美国 | 50.0 | 20.0 | 38.0 | 20.0 | 19.8 | 15.0 | 25.0 | 12.0 |
| 马恩岛 | 15.0 | 8.0 | 10.0 | 5.0 | 5.0 | 3.0 | 25.0 | 12.0 |
| 列支敦士登 | 15.0 | 8.0 | 10.0 | 5.0 | 5.0 | 3.0 | 25.0 | 12.0 |
| 加拿大 | 50.0 | 20.0 | 38.0 | 20.0 | 19.8 | 15.0 | 25.0 | 12.0 |
| 埃及 | 15.0 | 8.0 | 10.0 | 5.0 | 5.0 | 3.0 | 25.0 | 12.0 |
| 摩洛哥 | 15.0 | 8.0 | 10.0 | 5.0 | 5.0 | 3.0 | 25.0 | 12.0 |
| 阿尔及利亚 | 15.0 | 8.0 | 10.0 | 5.0 | 5.0 | 3.0 | 25.0 | 12.0 |
| 突尼斯 | 15.0 | 8.0 | 10.0 | 5.0 | 5.0 | 3.0 | 25.0 | 12.0 |
| 塞内加尔 | 15.0 | 8.0 | 10.0 | 5.0 | 5.0 | 3.0 | 25.0 | 12.0 |
| 加纳 | 15.0 | 8.0 | 10.0 | 5.0 | 5.0 | 3.0 | 25.0 | 12.0 |
| 尼日利亚 | 15.0 | 8.0 | 10.0 | 5.0 | 5.0 | 3.0 | 25.0 | 12.0 |
| 加蓬共和国 | 15.0 | 8.0 | 10.0 | 5.0 | 5.0 | 3.0 | 25.0 | 12.0 |
| 巴巴多斯 | 15.0 | 8.0 | 10.0 | 5.0 | 5.0 | 3.0 | 25.0 | 12.0 |
| 博茨瓦纳 | 15.0 | 8.0 | 10.0 | 5.0 | 5.0 | 3.0 | 25.0 | 12.0 |
| 南非 | 15.0 | 8.0 | 10.0 | 5.0 | 5.0 | 3.0 | 25.0 | 12.0 |
| 希腊 | 40.0 | 20.0 | 29.0 | 15.0 | 14.0 | 11.0 | 25.0 | 12.0 |
| 荷兰 | 47.0 | 20.0 | 31.0 | 15.0 | 16.0 | 12.0 | 25.0 | 12.0 |
| 比利时 | 40.0 | 20.0 | 29.0 | 15.0 | 14.0 | 11.0 | 25.0 | 12.0 |

（续）

| CDO 计算器资产回收率假设 | | | | | | | | |
|---|---|---|---|---|---|---|---|---|
| | 公司法 | | | | | | 主数 | |
| | 担保优先 | | 无担保优先 | | 次级 | | — | |
| | 均值（%） | 标准差（%） | 均值（%） | 标准差（%） | 均值（%） | 标准差（%） | 均值（%） | 标准差（%） |
| 法国 | 40.0 | 20.0 | 29.0 | 15.0 | 14.0 | 11.0 | 25.0 | 12.0 |
| 西班牙 | 40.0 | 20.0 | 29.0 | 15.0 | 14.0 | 11.0 | 25.0 | 12.0 |
| 葡萄牙 | 40.0 | 20.0 | 29.0 | 15.0 | 14.0 | 11.0 | 25.0 | 12.0 |
| 卢森堡 | 40.0 | 20.0 | 29.0 | 15.0 | 14.0 | 11.0 | 25.0 | 12.0 |
| 爱尔兰 | 60.0 | 20.0 | 32.5 | 15.0 | 17.0 | 13.0 | 25.0 | 12.0 |
| 冰岛 | 15.0 | 8.0 | 10.0 | 5.0 | 5.0 | 3.0 | 25.0 | 12.0 |
| 阿尔巴尼亚 | 15.0 | 8.0 | 10.0 | 5.0 | 5.0 | 3.0 | 25.0 | 12.0 |
| 马其他 | 15.0 | 8.0 | 10.0 | 5.0 | 5.0 | 3.0 | 25.0 | 12.0 |
| 塞浦路斯 | 15.0 | 8.0 | 10.0 | 5.0 | 5.0 | 3.0 | 25.0 | 12.0 |
| 芬兰 | 37.4 | 20.0 | 24.3 | 15.0 | 12.7 | 9.0 | 25.0 | 12.0 |
| 保加利亚 | 15.0 | 8.0 | 10.0 | 5.0 | 5.0 | 3.0 | 25.0 | 12.0 |
| 匈牙利 | 15.0 | 8.0 | 10.0 | 5.0 | 5.0 | 3.0 | 25.0 | 12.0 |
| 立陶宛 | 15.0 | 8.0 | 10.0 | 5.0 | 5.0 | 3.0 | 25.0 | 12.0 |
| 拉脱维亚 | 15.0 | 8.0 | 10.0 | 5.0 | 5.0 | 3.0 | 25.0 | 12.0 |
| 爱沙尼亚 | 15.0 | 8.0 | 10.0 | 5.0 | 5.0 | 3.0 | 25.0 | 12.0 |
| 摩尔多瓦 | 15.0 | 8.0 | 10.0 | 5.0 | 5.0 | 3.0 | 25.0 | 12.0 |
| 摩纳哥 | 15.0 | 8.0 | 10.0 | 5.0 | 5.0 | 3.0 | 25.0 | 12.0 |
| 乌克兰 | 15.0 | 8.0 | 10.0 | 5.0 | 5.0 | 3.0 | 25.0 | 12.0 |
| 克罗地亚 | 15.0 | 8.0 | 10.0 | 5.0 | 5.0 | 3.0 | 25.0 | 12.0 |

| | | | | | | | | |
|---|---|---|---|---|---|---|---|---|
| 斯洛文尼亚 | 15.0 | 8.0 | 10.0 | 5.0 | 5.0 | 3.0 | 25.0 | 12.0 |
| 波黑 | 15.0 | 8.0 | 10.0 | 5.0 | 5.0 | 3.0 | 25.0 | 12.0 |
| 马其顿 | 15.0 | 8.0 | 10.0 | 5.0 | 5.0 | 3.0 | 25.0 | 12.0 |
| 意大利 | 40.0 | 20.0 | 29.0 | 15.0 | 14.0 | 11.0 | 25.0 | 12.0 |
| 罗马尼亚 | 15.0 | 8.0 | 10.0 | 5.0 | 5.0 | 3.0 | 25.0 | 12.0 |
| 瑞士 | 47.0 | 20.0 | 31.0 | 15.0 | 16.0 | 12.0 | 25.0 | 12.0 |
| 捷克共和国 | 15.0 | 8.0 | 10.0 | 5.0 | 5.0 | 3.0 | 25.0 | 12.0 |
| 斯洛伐克 | 15.0 | 8.0 | 10.0 | 5.0 | 5.0 | 3.0 | 25.0 | 12.0 |
| 澳大利亚 | 37.4 | 20.0 | 24.3 | 15.0 | 12.7 | 9.0 | 25.0 | 12.0 |
| 英国 | 60.0 | 20.0 | 32.5 | 15.0 | 17.0 | 13.0 | 25.0 | 12.0 |
| 百慕大 | 15.0 | 8.0 | 10.0 | 5.0 | 5.0 | 3.0 | 25.0 | 12.0 |
| 丹麦 | 37.4 | 20.0 | 24.3 | 15.0 | 12.7 | 9.0 | 25.0 | 12.0 |
| 瑞典 | 37.4 | 20.0 | 24.3 | 15.0 | 12.7 | 9.0 | 25.0 | 12.0 |
| 挪威 | 37.4 | 20.0 | 24.3 | 15.0 | 12.7 | 9.0 | 25.0 | 12.0 |
| 格林纳达 | 15.0 | 8.0 | 10.0 | 5.0 | 5.0 | 3.0 | 25.0 | 12.0 |
| 波兰 | 15.0 | 8.0 | 10.0 | 5.0 | 5.0 | 3.0 | 25.0 | 12.0 |
| 德国 | 47.0 | 20.0 | 31.0 | 15.0 | 16.0 | 12.0 | 25.0 | 12.0 |
| 伯利兹 | 15.0 | 8.0 | 10.0 | 5.0 | 5.0 | 3.0 | 25.0 | 12.0 |
| 危地马拉 | 15.0 | 8.0 | 10.0 | 5.0 | 5.0 | 3.0 | 25.0 | 12.0 |
| 萨尔瓦多 | 15.0 | 8.0 | 10.0 | 5.0 | 5.0 | 3.0 | 25.0 | 12.0 |
| 洪都拉斯 | 15.0 | 8.0 | 10.0 | 5.0 | 5.0 | 3.0 | 25.0 | 12.0 |
| 尼加拉瓜 | 15.0 | 8.0 | 10.0 | 5.0 | 5.0 | 3.0 | 25.0 | 12.0 |
| 哥斯达黎加 | 15.0 | 8.0 | 10.0 | 5.0 | 5.0 | 3.0 | 25.0 | 12.0 |
| 巴拿马 | 15.0 | 8.0 | 10.0 | 5.0 | 5.0 | 3.0 | 25.0 | 12.0 |
| 秘鲁 | 15.0 | 8.0 | 10.0 | 5.0 | 5.0 | 3.0 | 25.0 | 12.0 |

（续）

| CDO计算器资产回收率假设 | | | | | | | | |
|---|---|---|---|---|---|---|---|---|
| | 公司法 | | | | | | 主数 | |
| | 担保优先 | | 无担保优先 | | 次级 | | — | |
| | 均值（%） | 标准差（%） | 均值（%） | 标准差（%） | 均值（%） | 标准差（%） | 均值（%） | 标准差（%） |
| 墨西哥 | 15.0 | 8.0 | 10.0 | 5.0 | 5.0 | 3.0 | 25.0 | 12.0 |
| 阿根廷 | 15.0 | 8.0 | 10.0 | 5.0 | 5.0 | 3.0 | 25.0 | 12.0 |
| 巴西 | 15.0 | 8.0 | 10.0 | 5.0 | 5.0 | 3.0 | 25.0 | 12.0 |
| 智利 | 15.0 | 8.0 | 10.0 | 5.0 | 5.0 | 3.0 | 25.0 | 12.0 |
| 哥伦比亚 | 15.0 | 8.0 | 10.0 | 5.0 | 5.0 | 3.0 | 25.0 | 12.0 |
| 委内瑞拉 | 15.0 | 8.0 | 10.0 | 5.0 | 5.0 | 3.0 | 25.0 | 12.0 |
| 玻利维亚 | 15.0 | 8.0 | 10.0 | 5.0 | 5.0 | 3.0 | 25.0 | 12.0 |
| 厄瓜多尔 | 15.0 | 8.0 | 10.0 | 5.0 | 5.0 | 3.0 | 25.0 | 12.0 |
| 巴拉圭 | 15.0 | 8.0 | 10.0 | 5.0 | 5.0 | 3.0 | 25.0 | 12.0 |
| 苏里南 | 15.0 | 8.0 | 10.0 | 5.0 | 5.0 | 3.0 | 25.0 | 12.0 |
| 乌拉圭 | 15.0 | 8.0 | 10.0 | 5.0 | 5.0 | 3.0 | 25.0 | 12.0 |
| 马来西亚 | 25.0 | 15.0 | 16.2 | 10.0 | 8.5 | 6.0 | 25.0 | 12.0 |
| 澳大利亚 | 37.4 | 20.0 | 24.3 | 15.0 | 12.7 | 9.0 | 25.0 | 12.0 |
| 印尼 | 18.0 | 10.0 | 11.7 | 5.0 | 6.1 | 3.0 | 25.0 | 12.0 |
| 菲律宾 | 18.0 | 10.0 | 11.7 | 5.0 | 6.1 | 3.0 | 25.0 | 12.0 |
| 新西兰 | 40.0 | 20.0 | 29.0 | 15.0 | 14.0 | 11.0 | 25.0 | 12.0 |
| 新加坡 | 34.6 | 20.0 | 22.5 | 12.5 | 11.7 | 8.0 | 25.0 | 12.0 |
| 泰国 | 25.0 | 15.0 | 16.2 | 10.0 | 8.5 | 6.0 | 25.0 | 12.0 |
| 巴布亚新几内亚 | 15.0 | 8.0 | 10.0 | 5.0 | 5.0 | 3.0 | 25.0 | 12.0 |
| 库克岛 | 15.0 | 8.0 | 10.0 | 5.0 | 5.0 | 3.0 | 25.0 | 12.0 |

| | | | | | | | | |
|---|---|---|---|---|---|---|---|---|
| 俄罗斯 | 15.0 | 8.0 | 10.0 | 5.0 | 5.0 | 3.0 | 25.0 | 12.0 |
| 哈萨克斯坦 | 15.0 | 8.0 | 10.0 | 5.0 | 5.0 | 3.0 | 25.0 | 12.0 |
| 多米尼加 | 15.0 | 8.0 | 10.0 | 5.0 | 5.0 | 3.0 | 25.0 | 12.0 |
| 日本 | 21.0 | 10.0 | 13.5 | 8.0 | 7.0 | 5.0 | 25.0 | 12.0 |
| 韩国 | 25.0 | 15.0 | 16.2 | 10.0 | 8.5 | 6.0 | 25.0 | 12.0 |
| 越南 | 15.0 | 8.0 | 10.0 | 5.0 | 5.0 | 3.0 | 25.0 | 12.0 |
| 朝鲜 | 15.0 | 8.0 | 10.0 | 5.0 | 5.0 | 3.0 | 25.0 | 12.0 |
| 中国 | 25.0 | 15.0 | 16.2 | 10.0 | 8.5 | 6.0 | 25.0 | 12.0 |
| 特立尼达和多巴哥 | 15.0 | 8.0 | 10.0 | 5.0 | 5.0 | 3.0 | 25.0 | 12.0 |
| 牙买加 | 15.0 | 8.0 | 10.0 | 5.0 | 5.0 | 3.0 | 25.0 | 12.0 |
| 土耳其 | 15.0 | 8.0 | 10.0 | 5.0 | 5.0 | 3.0 | 25.0 | 12.0 |
| 印度 | 15.0 | 8.0 | 10.0 | 5.0 | 5.0 | 3.0 | 25.0 | 12.0 |
| 巴基斯坦 | 15.0 | 8.0 | 10.0 | 5.0 | 5.0 | 3.0 | 25.0 | 12.0 |
| 斯里兰卡 | 15.0 | 8.0 | 10.0 | 5.0 | 5.0 | 3.0 | 25.0 | 12.0 |
| 黎巴嫩 | 15.0 | 8.0 | 10.0 | 5.0 | 5.0 | 3.0 | 25.0 | 12.0 |
| 约旦 | 15.0 | 8.0 | 10.0 | 5.0 | 5.0 | 3.0 | 25.0 | 12.0 |
| 叙利亚 | 15.0 | 8.0 | 10.0 | 5.0 | 5.0 | 3.0 | 25.0 | 12.0 |
| 科威特 | 15.0 | 8.0 | 10.0 | 5.0 | 5.0 | 3.0 | 25.0 | 12.0 |
| 沙特 | 15.0 | 8.0 | 10.0 | 5.0 | 5.0 | 3.0 | 25.0 | 12.0 |
| 阿曼 | 15.0 | 8.0 | 10.0 | 5.0 | 5.0 | 3.0 | 25.0 | 12.0 |
| 阿拉伯联合酋长国 | 15.0 | 8.0 | 10.0 | 5.0 | 5.0 | 3.0 | 25.0 | 12.0 |
| 以色列 | 15.0 | 8.0 | 10.0 | 5.0 | 5.0 | 3.0 | 25.0 | 12.0 |
| 巴林 | 15.0 | 8.0 | 10.0 | 5.0 | 5.0 | 3.0 | 25.0 | 12.0 |
| 卡塔尔 | 15.0 | 8.0 | 10.0 | 5.0 | 5.0 | 3.0 | 25.0 | 12.0 |
| 蒙古国 | 15.0 | 8.0 | 10.0 | 5.0 | 5.0 | 3.0 | 25.0 | 12.0 |

# 附录 10C CDO 资产评估的相关性假设

表 10C-1 被评级证券

| 主数对主数 | |
|---|---|
| 地区内 | 0.2 |
| 地区间 | 0.0 |

| 债务人对债务人 | | | | | | | | | |
|---|---|---|---|---|---|---|---|---|---|
| | 行业间 | | | | 行业内 | | | | |
| | 公司法 | ABS | 市政法 | 中小企业 | 公司法 | ABS | 市政法 | CDO | 中小企业 |
| 一国内部 | 0.05 | 0.10 | 0.00 | 0.04 | 0.15 | 0.30 | 0.30 | 0.15 | 0.10 |
| 地区内④ | | | | | 0.00① | | | | |
| | 0.05 | 0.10 | — | 0.04 | 0.15② | 0.20 | 0.30 | — | 0.10 |
| | | | | | 0.15③ | | | | |
| 地区间④ | | | | | 0.00① | | | | |
| | 0.00 | 0.00 | — | 0.04 | 0.00② | 0.00 | 0.00 | — | 0.10 |
| | | | | | 0.15③ | | | | |

①本地
②地区
③全球
④如果未标注为本地、地区或者全球分类，相关性指不考虑分类的资产对相关性

表 10C-2 EDS

| 壁垒 | 0.1 | 0.2 | 0.3 | 0.4 | 0.5 | 0.6 | 0.7 | 0.8 | 0.9 | 1.0 |
|---|---|---|---|---|---|---|---|---|---|---|
| 行业内 | 0.27 | 0.27 | 0.27 | 0.27 | 0.27 | 0.29 | 0.33 | 0.37 | 0.37 | 0.37 |
| 行业间 | 0.18 | 0.18 | 0.18 | 0.18 | 0.18 | 0.2 | 0.23 | 0.26 | 0.26 | 0.26 |

# 第二部分 现金流研究方法㊀

在这部分中，我们将介绍标准普尔对现金型 CDO 进行现金流建模的方法。

这一部分将深入地揭示我们在为 CDO 交易中的现金流进行建模时的分析。这些分析方法在我们于 2002 年发布的针对现金型和合成型 CDO 交易总体标准上加以扩展。具体地，本节延伸了在总体标准内的信用评级程序中涉及现金流分析的部分。交易组织者在实现所希望得到的信用评级时应以这一方法作为指南。

㊀ 这一节来源于标准普尔结构化金融出版物《CDO 证券化一般现金流分析》(*General Cash Flow Analytics for CDO Securitizations*)，作者 K. Cheng，J. C. Martorell，D. Tescher，P. Inglis，H. Abulescu，K. Van Acoleyen 和 B. Radicopoulos，2004 年 8 月 25 日。

这些标准与现金型和合成型 CDO 交易都相关。除了作为所有现金型 CDO 信用评级程序中的组成部分之外，现金流分析也被应用于对产生超额利差（excess spread）的合成型 CDO 进行量化分析以减少对该票据的劣后要求（subordination requirement）。

不同的 CDO 交易之间的结构和认可的抵押品千差万别。我们修改了接下来会介绍到的一般性假设以便满足每个交易的特殊情况。虽然这一部分的内容足够全面，但仍没有概括所有针对于某个特定交易所能用到的现金流模型。为了确保在构建交易的过程中所使用的现金流模型参数是正确的，我们鼓励交易保荐人和组织者在构建交易的过程中尽早地与我们展开合作。

我们于 2002 年发布的《现金型与合成型 CDO 总体标准》(*Global Cash Flow and Synthetic CDO Criteria*）可在 www.ratingsdirect.com）上找到。

## 10.7 分析综述

我们的 CDO 量化分析包含了两部分：一个违约分析和一个现金流分析。

### 10.7.1 违约分析

违约分析使用 CDO 评估系统判定出某个已定义的资产组合在每个信用评级内的预期违约率。这一违约率被称为情景违约率（scenario default rate，SDR）。

CDO 评估系统使用蒙特卡罗统计方法以评估一个资产组合的信用质量。所需要的基本信息是资产组合内每个资产的发行人 ID、票面价值、到期日、所属行业，以及发行企业的信用评级或 ABS 评级。这些资产的属性加上所需的模型参数（行业相关性系数、资产违约概率的数据表格以及 CDO 类别违约概率的数据表格）即可判定该资产组合在总体上的潜在违约率的概率分布。然后，在每个信用等级内的情景违约率即可从这一概率分布中获得。

我们的《现金型与合成型 CDO 总体标准》(*Global Cash Flow and Synthetic CDO Criteria*）具体描述了 CDO 评估系统和获得情景违约率的方法。

### 10.7.2 现金流分析

现金流分析评估的是全额支付基于每个评级分类的票据的条款下的利息和本金的能力。若交易中包含了多个分类，现金流分析将对每个分类进行评估，以判定每个分类所获得的信用评级是否有足够的信用作为支撑。现金流建模同时也被用于量化流动性和其他储备金（reserves）。

现金流分析基于每个单独的交易，需充分考虑如下的架构型元素：

- 本金和利息支付的优先次序；
- 超额抵押（overcollateralization）以及利息偿付（interest coverage）测试；
- 收益的再投资；
- 提早摊销（early amortization）、提早偿付（fast pay）或赎回（redemption）事件；
- 超额利差积累（excess spread accumulation）；
- 储备金水平（reserve levels）。

在评估一个 CDO 分类是否能满足所希望得到的信用等级时，从资产段流向债务段的收益需接受一系列的压力测试。这些压力测试的严格程度取决于所希望达到的信用等级以及诸如资产组合质量和债务偿还次序之类的特定交易的要素。现金流分析的结果表现为一系列的保本违约率（breakeven default rates，BDR）。每一个压力测试都将获得一个单独的 BDR。

保本违约率的定义是：在某一特定压力测试下，资产组合的违约率达到该水平时仍可生成足够的现金流以支付 CDO 内的利息和本金。通过这些压力测试所取得的 BDR 中数值最低的违约率，将与通过 CDO 评估系统所计算出的符合该资产组合希望获取的信用等级的 SDR 相比较。

### 10.7.3 如何获取期望的评级

当保本违约率高于对应于 CDO 期望获取的评级的情景违约率时，该 CDO 即可获取所期望的评级。保本违约率高于情景违约率之间的差值通常被被称作“缓冲垫”(cushion)。缓冲垫反映了该资产组合的违约率在超出其情景违约率后仍能对债务进行偿付的能力。

### 10.7.4 现金流建模的方法

本节详述了我们在对 CDO 交易进行现金流分析时所使用的分析指南。这些指南的核心是在测试资产所产生的现金流是否能满足 CDO 债务的偿付时的压力测试所使用到的压力单元（stress elements）。许多的这些压力单元（如违约的时间和形式、坏账回收的时间和程度，以及利率走向等）因为是历史性变量而难以对其进行建模。

为了解决上述问题，我们为每个变量建立了一套默认违约路径。我们特别在意这些资产的内在属性是否符合投资组合的要求以及发行地的法律规定。如果合适，我们将对现金流模型进行调整以满足资产的特殊属性或法律要求。

正如政府的法律文书中披露的那样，交易中精确的现金流模型是我们分析的关键。而在诸多方面中，对资产池特性的恰当表述也是至关重要的。

## 10.8 分级的意义

对默认交易模式、期限结构、利息率水平和其他适用于现金流模型的压力因素的简单组合会产生一系列不同情形。每一种情形都对应特定的保本违约率。针对特定的一组票据，为了达到期望的评级水平，我们会将该组各票据中最低的保本违约率与 CDO 评估系统生成的相对应的情景违约率进行比较。

对于那些评级在 AAA 到 A 级之间的 CDO，我们通常视作在法律规定的最后到期日前按时还本付息。对于这一类评级的 CDO，现金流模型应当标明本息均将按期支付且不存在付息递延的情形。

当评级在 A− 时，我们的现金流模型允许利息的递延支付期限不多于 3 个连续年度。在利息递延期间之后，付息应当按约进行。

当评级在 BBB+ 或更低时，我们允许利息延至法定到期日支付。但是，当期或过往的利息均应复利计算并在法定到期日支付。

即使在期望的评级下存在不能按月付息的情形，该券仍有可能维持相应的评级，只不过其法律名称上须注明“延迟付息”字样。这也是为了避免投资者的混淆。

在任何情况下，所有已计提未支付的利息均需纳入现金流模型中。适用的利率通常与主题票据（subject notes）载明的利率一致。

## 10.9 违约

尽管 CDO 评价系统对投资组合在每个评级水平下的违约的量级进行了估计，但这种基于经验的损失曲线的缺陷却对违约事件的分布和时点语焉不详。这种问题在我们的现金流模型中以测试交易对于各类违约分布的敏感性的形式被着重提了出来。标准意义上的违约分布有 4 种，它们伴随着该笔交易所对应的期望生命周期而相互转换，此外还有一小部分其他类型的旨在对某些特定现金流行为施压而设计的违约分布。这些违约分布构成了我们建立违约压力测试的核心。

这些违约分布和发生时点待后详述。构想这些核心的违约压力旨在说明在 CDO 市场中常见的依优劣顺位支付优先级或次级的交易结构之内含风险。在恰当的情形下，我们会修正或要求增加额外的违约分布或时点以适应该笔交易所处的特定环境。

## 10.9.1 标准违约分布

表 10-1 列示了 4 种标准的违约分布。

表 10-1 标普违约分布

| | 每年的违约数占累积违约数的百分比 | | | | |
|---|---|---|---|---|---|
| | 第一年 | 第二年 | 第三年 | 第四年 | 第五年 |
| 分布 1 | 15 | 30 | 30 | 15 | 10 |
| 分布 2 | 40 | 20 | 20 | 10 | 10 |
| 分布 3 | 20 | 20 | 20 | 20 | 20 |
| 分布 4 | 25 | 25 | 25 | 25 | — |

这些违约分布以自首单违约始每年发生的投资组合累积违约率百分比不同而加以区分。例如，假设累积违约率达 40% 的投资组合其违约分布服从 40/20/20/10/10 的分布，则按照投资组合的初始面值，相应地，在 5 年内将发生 16%、8%、8%、4%、4% 的违约。

违约分布以投资组合的初始面值为基础。初始面值即指交易在生效日的目标余额。而这些交易都具备一个等候期间（ramp-Up period）。接上例，对于初始面值为 500 美元的投资组合，在 5 年内其违约金额的绝对数值分别是 \$80、\$40、\$40、\$20 和 \$20。

前重后轻的违约分布，诸如 40/20/20/10/10，倾向于强化交易对超额利差的依赖。交易早期发生的违约将导致生息资产的减少并使得起到信用支持作用的超额利差变薄。而 20/20/20/20/20 的违约分布则更关注交易后端——摊销资产与累计违约率合并考量可能会使得该笔交易对于后期发生的违约事件更敏感。

### 10.9.1.1 标准违约分布的具体时点

为了捕捉一笔交易在其整个生命周期中对于违约的敏感性，四类标准违约分布均在第一年开始，而后在第二年开始，以此类推。每种违约分布的起始年份都被后移，直至在该种违约分布中的最后一笔违约发生在投资组合的预期到期日所在的那一年。也就是说，只要投资组合中有足够多的资产，违约的开始时点就会持续漂移。这由再投资的时间跨度与加权平均期望寿命（weighted-average expected life，WAL）决定。在再投资期间的期末，最大的 WAL 通常是 WAL 比较恰当的取值，这是因为这时反映了投资组合稳定状态下的期限。

如果管理经理（collateral manager）被允许购买处于摊销状态的资产，交易的难度主要被认为是测量那些超出最大 WAL 契约约定之外的额外的时点漂移。一些交易可能在生效日具有一个最大 WAL 约定而不致减少再投资期间。

对于这一类交易，我们通常采用生效日的 WAL 约定来代替再投资期间期末时点的 WAL，以此来界定恰当的时点漂移。

以某个再投资期限为 5 年的交易为例，至 5 年年末的最大 WAL 约定是 4 年，并且交易只允许在再投资期间发生。由于投资组合在 9 年年末时并未到期（是指再投资期限 5 年之后的 4 年年底），违约分布开始时点可以被倒推至第 5 年。

如果在再投资期间期末的 WAL 约定是 2 年，而先前是 4 年，那么在第 7 年之后就不会有足够多的资产。我们将违约分布确定在第 1 ～ 3 年开始，以便最后的违约事件发生在第 7 年。

#### 10.9.1.2 根据负债的评级对违约时点进行修正

压力测试中选取的风险因子必须反映出不同评级类别的差异性。不同的违约时点的压力测试都将根据各券的评级纳入现金流模型中。尽管典型的四类违约分布在第 1 年就开始，我们将这些分布的起始年份在更长的考量期间内予以延迟，以测度在负债端更高评级水平下延迟违约的影响。

譬如，在 AAA 评级水平下，一笔交易的再投资期限和 WAL 约定可能预示该笔交易的违约分布最久可以到第 5 年才开始。而在 BBB 级水平下，或许违约分布从第 3 年就开始。

对于评级低于 AA– 的情况，标准违约分布所要求的时点漂移所遵循的准则详见后文。评级水平在 AA 级和 AAA 级负债端份额所要求的漂移时点是一样的。对于更低层级份额的评级水平，所要求的时点也根据漂移的具体情况变化。

对于从 A+ 到 A– 评级的份额，其标准违约分布始于首年年末并持续一年，其持续期短于对 AAA 和 AA 评级的票据的要求。例如，如果 AAA 和 AA 评级的份额的违约分布的起始年份一般在第 1 年到第 5 年之间，那么 A 评级的起始年份将不晚于 4 年。

对于从 BBB+ 到 BBB– 评级的份额，其标准违约分布始于首年年末并持续两年，其持续期短于对 AAA 和 AA 评级的份额之要求。就上例而言，BBB 级别的份额起始年份至迟到第 3 年。

对于从 BB+ 到 BB– 评级的份额，其标准违约分布始于首年年末并持续三年，其持续期短于对 AAA 和 AA 评级的份额之要求。就上例而言，BB 级别的份额起始年份至迟到第 2 年。

对于 B+ 评级及更低评级的份额，其标准违约分布始于首年年末并持续四年，其持续期短于对 AAA 和 AA 评级的票据的要求。就上例而言，B 级别的份额标准违约分布始于首年。

在表 10-2 中列举的例子对所要求的起始年份进行了进一步的说明。若以分数计，确定点以半年为单位（详见表中最后两个例子）。

表 10-2 标准违约分布起始年示例

| 再投资时期 | 在投资末期的加权平均损失 | AAA 级层级 | AA 级层级 | A 级层级 | BBB 级层级 | BB 级层级 | B 级层级 |
|---|---|---|---|---|---|---|---|
| 5 | 4 | 1 to 5 | 1 to 5 | 1 to 4 | 1 to 3 | 1 to 2 | 1 |
| 5 | 6 | 1 to 7 | 1 to 7 | 1 to 6 | 1 to 5 | 1 to 4 | 1 to 3 |
| 4 | 4 | 1 to 4 | 1 to 4 | 1 to 3 | 1 to 2 | 1 | 1 |
| 4 | 6 | 1 to 6 | 1 to 6 | 1 to 5 | 1 to 4 | 1 to 3 | 1 to 2 |
| 5 | 4.5 | 1 to 6 | 1 to 6 | 1 to 5 | 1 to 4 | 1 to 3 | 1 to 2 |
| 5 | 4.3 | 1 to 5 | 1 to 5 | 1 to 4 | 1 to 3 | 1 to 2 | 1 |

## 10.9.2 其他重要的违约分布

除了以上讨论的这 4 种标准违约分布之外，“锯齿型”的违约分布和“预期情况”的违约分布也是要求掌握的。

### 10.9.2.1 锯齿形的违约分布

锯齿形的违约分布常被用于对那些在摊还优先级之前以本金支付次级份额既往未付收益的交易结构进行压力测试。通过递延收益而后支付、再递延收益而后支付的方式，这种分布形式可以测试该笔交易在将收到的本金之一部分用于支付产品端收益之后能否清偿对应评级票据应付本金的能力。

对于 BBB- 评级及以上评级而言，锯齿型违约分布是指以下情形：

第一种分布情形。违约事件隔年发生，始于第一年并以足够多的资产留在投资组合的那一年为终年。违约事件聚集在年末。若一笔交易的再投资期限是 5 年，且在再投资期末的最低 WAL 约定是 4 年，则锯齿型违约分布要求全部违约事件中的 20% 依据模型发生于第 1、3、5、7、9 等诸年。

第二种分布情形。每三年发生违约，始于第一年并以足够多的资产留在投资组合的那一年为终年。违约事件聚集在年末。接上例，锯齿型违约分布要求全部违约事件中的 25% 依据模型发生于第 1、4、7、10 等诸年。

对于评级在 BB+ 级或以下的水平，锯齿型违约分布则是以下形式。

第三种分布情形。违约事件隔年发生，始于首年并终于第 7 年。违约事件聚集在年末。那么，锯齿型违约分布要求全部违约事件中的 25% 依据模型发生于第 1、3、5、7 等诸年。

### 10.9.2.2 “预期情况”的违约分布

“预期情况”的违约分布有两种：

- 低比例的违约分布：违约事件均匀地分布在 $n-2$ 年里，$n$ 代表法定到期年份。每年的违约率应当以全部违约率 /（$n-2$）计。举例说明，依据该种违约分布模型，若某笔交易法定最终到期年份是第 12 年，则违约事件将均匀分布于第 1 ～ 10 年。

- 零违约分布：在该种模型中无违约。超额收益依据各项支付的优先顺序最终流向股权层份额。在超额抵押测试中发生违约时，不采用将超额利差进行分离并用于支付相应份额本金的方式，零违约分布可用于对此类交易结构是否有足以支持有评级的份额的能力进行压力测试。

### 10.9.3　平滑分布

违约事件往往是在给定年份随机发生的，而非在某一个特定时间发生（如先前例子中是年末发生）。在考虑基差互换（basis swaps）后，如果该笔交易的资产池中至少 80% 的资产的偿付频率不低于每季一次，我们通常允许标准违约分布的年违约事件发生频率为按季发生。在这种方式下，每年的违约事件被均匀地摊在 4 个季度季末。每笔交易对于那些受偿频率较低的资产给予 5% ～ 10% 的折扣，出于平滑分布的考虑，大多数按季偿付的交易都能达标。交易安排人也具有通过模型降低违约事件发生频率的选择权。无论何种情况，无论资产在任何时期到期，其都将会违约。

然而，在第一年的全部违约金额，都将通过模型限定其发生时间为该年末。在大多数例子中，这都反映了我们的观点，在一个新近组合的投资组合中，违约事件发生之前总有一段时间的间隙。一个例外是当目标投资组合中包含一个高度集中的信贷质量低的资产。在这些案例中，我们要求在第一年间对应的模型发生违约事件应当更早些。

违约资产的利息收入将明显受到违约事件的影响，实收利息来自贷款池中正常贷款余额。在负债端偿付期间，当资产端假设违约时，只有当资产端的付息频率高于负债端时才有信用增进。例如，某单交易负债端本年向投资者付息一次，资产端某项资产按季度收取利息，则在模型中该项资产在违约期间的第一季度（而非第二季度）收取利息。相比之下，如果资产端某项资产每半年收取一次利息，则在模型中该项资产在违约期间并没有体现信用。

我们假设从资产违约到该违约资产得以挽回之间存在间隔期，并假设自附属抵押品处所取得的资金可用于再投资。在这一段间隔期中（将在“贷款回收”一节详述），违约资产将无法产生利息。依据模型设定，在这段间隔期之后，贷款回收的收益将出现在贷款回收得以实现的那个偿付期的期末。生息资产贡献收益将在之后期间的期初重又纳入模型。

### 10.9.4　对违约分布和违约时点的修正

违约分布和违约时点是我们进行违约压力测试的核心规范，其设计理念旨在处理 CDO 的结构化交易中优先级和次级的循例按序支付问题。

其他设定的变量或参数，如资产的特定属性或交易结构的设计，也引入了风险。这有时会使得备选压力测试或额外的压力测试必要化。

#### 10.9.4.1 低信用质量的投资组合

市面上已经出现了一些以信用质量很低的资产占比很高的投资组合为支持的 CDO 交易。虽然这些投资组合增加的违约概率可通过对资产的评级以及嵌入 CDO 评估系统的违约表加以捕捉，但为了涵盖那些可能在整个交易的生命周期的更早期便出现的违约事件或是违约分布更不规则的违约事件，对已建立的违约分布进行调整是必要的。总的来说，3 种追加的违约分布压力测试（违约事件均始于首年）应运而生并适用于整个投资组合（详见表 10-3）。

表 10-3 标普对于低信用质量资产池的违约分布

| | 每年的违约数占累积违约数的百分比 | | | |
|---|---|---|---|---|
| | 第一年 | 第二年 | 第三年 | 第四年 |
| 分布 1 | 50 | 25 | 25 | — |
| 分布 2 | 60 | 20 | 10 | 10 |
| 分布 3 | 70 | 10 | 10 | 10 |

#### 10.9.4.2 法定最后到期期限较短的交易

大多数的现金型 CDO 对外发行债务的法定到期期限通常是 10 年甚至更久。然而，被引入市场的一小部分 CDO 是合成型与现金型的混合产物。它们拥有相对较短的到期期限，典型的是 5 年。对于这一类型的交易，套用标准违约分布与违约时点的基本假设是不恰当的。取而代之的是，以下两种常被采用的违约分布（详见表 10-4）。

表 10-4 标普对于短期交易的违约分布

| | 每年的违约数占累积违约数的百分比 | | | | |
|---|---|---|---|---|---|
| | 第一年 | 第二年 | 第三年 | 第四年 | 第五年 |
| 分布 1 | 10 | 10 | 10 | 50 | 20 |
| 分布 2 | 33 | 33 | 34 | — | — |

第一种违约分布是每一年都会有违约事件，且其中 50% 的违约事件都发生在其中的 1 年（如，50/10/10/10/20，10/50/10/10/20 等）。第二种违约分布则没有这种变化。

#### 10.9.4.3 利息不匹配的违约乖离率

大多数的 CDO 交易在构建模型时都被赋予了常见的池的概念，也就是池中的所有资产都按权重等比例适用于违约率。然而，当存在一个固定利率的资产和浮动利率的资产的显著混合，违约事件的乖离率（bias of defaults）的存在使得对投资组合中两类资产比重的压力测试显得更恰当。在下例中的违约事件的乖离使得其原本是 A- 的评级水平却适用于 AAA 的评级评价。

在高利率环境下，面对不断增长的利率，按浮动利率付息的债务人的偿债履约的压力更大。在这种情形下，浮息债务的债务人违约的百分比就更高。相反地，在低利率环境中，支付高水平固定利率的债务人则更有可能违约。在第二种情形下，固息债务的债务人违约的百分比就更高。

为了测试这种现象，我们通常要求一定的现金流流动。在低利率环境下，违约更向固息资产偏离；相反地，在高利率环境下，违约更向浮息资产偏离。这种分析的目标是测试，即使资产池内发生了违约偏离，被评级资产的偿付能力。

当混合度超过 10 个百分点时，在任何评级水平下，对违约乖离度的计算公式通常采用以下形式：

$$违约乖离度（Default\ Bias）=2x/(1+x)$$

式中，$x$ 代表固息债券或浮息贷款在资产池中的即时占比。

例如，如果资产组合是 30% 的固息资产和 70% 的浮息资产组成，其适用的固息资产违约乖离度即为，

$$固息违约乖离度（Fixed\text{-}Rate\ Default\ Bias）=2\times0.3/(1+0.3)=0.46$$

在此例中，现金流模型将被调整为违约事件在固息资产和浮息资产分布按 46%:56% 而非简单地按 30%:70% 一刀切。固息违约乖离度通常仅在指数下行的利率压力测试时起到主导作用。

在同一个例子中，适用的浮息资产违约乖离率即为

$$浮息违约乖离度（Floating\text{-}Rate\ Default\ Bias）=2\times0.7/(1+0.7)=0.82$$

在此例中，现金流模型将被调整为违约事件在固息资产和浮息资产分布按 18%:82%。浮息违约乖离度通常仅在指数上行的利率压力测试时起到主导作用。

## 10.10 贷款回收

损失额度和回收时点假设在 CDO 分析中是个体系独立的部分。这两者旨在测评违约条件下资产的损失以及收回额何时能够实现。

### 10.10.1 回收率

贷款的回收额特指违约债权在其违约后最终能实现的金额。诸如二级市场的广度与深度等因素都能够深远地影响回收率。这些影响因素因市场而异，所以回收率必须给予资产的类型和地域确定。

对于每一种资产类型，还有其他因素影响回收率。对于公司所负债务，回收率不取决于债务人的主体评级和该债券的债项评级。回收率取决于债务的具体类型、优劣顺位、地域和担保措施。回收率最终得以实现进一步受到抵押资产管理人行为的影响。所以说，两个抵押资产管理人，遵循不同的执行战略，在相同的市场环境下对于同样的资产或许会最终实现迥异的回收效果。我们针对公司资产的每种分类预设一个回收率区间，并给予抵押资产管理人的主观判断在区间内分配针对该项交易的特定回收率。

资产在某司法管辖区域内适用的回收率并不必然适用于另一司法管辖区域。回收率区间也因地而异。在《全球现金流量型 CDO 及合成型 CDO 评等准则》（*Global Cash Flow and Synthetic CDO Criteria*）一书中就提到，公司债券和贷款在美国和欧洲不同的司法管辖区域存在不一样的回收区间，其对于新兴市场资产在回收方面也有不同的假设。通常在新兴市场，这些贷款回收的假设更弱，并更能反映其二级市场流动性的相对缺乏。

相比公司的债务具有相应的受偿优先顺位一样，结构化金融证券（像是资本结构分布）的评级影响着回收的期望。设定的回收率也根据其面临的经济条件进行了分层，并采用 CDO 各层的评级作为那些经济条件的代替物。由此产生的欧美不同司法管辖区域内的结构化金融证券回收矩阵，详见《全球现金流量型 CDO 及合成型 CDO 评等准则》一书。对于所发行的票据而言，回收区间和回收矩阵是关键。回收矩阵对于许多（但非全部）落在相应抵押品分类的资产都是适用的。回收额或因特定资产的内在属性或机制而被调整。对于现有的回收矩阵不适用的资产类型（如，项目收益债券、经营性公司的债务以及以问题债务为标的的债务担保证券（distressed-debt CDO）等，以一事一议原则设定回收额。

尽管回收额各不相同，我们在现金流模型中采用最小加权平均回收率约定。该模型应用于允许再投资并获得收益的 CDO 交易当中。

禁止将投资收益再投资且全部留存至结束日的 CDO 交易并不需要将最小加权平均回收率的测试具体化。在此类交易中，交易结束时真实的加权平均回收率一般用在现金流模型中。然而，对回收较低的资产而言，杠铃型（barbell）投资组合对应用回收率的必要性低于对违约额的加权平均或偏差估计的应用。

在所有的情况下，回收率对应的基数是资产面值，而不考虑任何递延金额或资本化部分。

### 10.10.2 回收时点

回收时点是指一旦一笔债务违约后预期实现回收的时点。回收时点受到资产种类、债务形式、管理人行为、市场流动性、所处的司法管辖体制、交易中关于强制买卖或结算的具体要求等因素的影响。在大多数情况下，对于违约资产的回收时点有以下两个基本假设：

- 假设主权债务、企业债务、结构化金融证券违约后一年内在具备流动性的二级市场进行回收。
- 假设违约贷款在发生违约后，经过三年的处置期，在处置期第二年年末回收一半，另一半在处置期第三年年末收回。

以上假设在很多司法管辖区都是一致通用的。相较于债券市场，贷款市场因不具备同等的流动性，故而回收期间更久。我们认为应给予管理人足够久的持有期间以使违约证券的回收金额最大化，回收期间与持有期间是一致的。在我们关于回收率的区间或表格中列示了回收的水平，这正是持有期间长短的反映。当对回收进行建模时，模型应当反映相应期间期末实现的回收金额。在这种方式下，回收的收益不适宜于再投资，并且在这段持有期间内没有利息收入。利息收入在后续期间内产生。

## 10.11　利息率的压力测试

CDO 交易通常在资产端和负债端面临一个固定利率与浮动利率不匹配的问题。为了缓释这种风险，交易通常以利率对冲为结构。缺乏实际余额为担保的对冲工具，对冲金额与负债之间的不匹配或导致固息资产与浮息资产之间违约事件与预计水平之间的偏差。在几个不同利率路径下对该交易进行测试，是为了测量对冲结构在多种利率环境下的有效性。

### 10.11.1　压力测试

一般而言，在表 10-5 中所列的指数情景下，交易是受到压力的。此外，在掉期率（swap rate）和资本化率（cap rate）情景下的测试，是用来测试交易在没有对冲作为额外信用支持时的表现能力的典型测试。每个交易的利率曲线都被调整至能匹配交易的时间跨度以及所使用的指数。这些利率曲线还可能随着评级等级而波动。我们为交易安排人提供适用于前文评级过程的利率曲线。关于利率假设的细节请参阅《现金型与合成型 CDO 的总体标准》。

表 10-5　标普的利率路径

| |
|---|
| 指数上涨 |
| 指数下跌 |
| 指数下跌 / 上涨 |
| 最近远期指数曲线 |
| 有互换 |
| 有利率顶 |

### 10.11.2 对利率敏感性分析的调整

这些利率路径或者它们被应用的方式有时会被调整至适用于某个交易的特性。为了适用于利率相关的风险，对现金流模型其他方面的额外调整有时也是必要的。以下是几个调整的方面。

#### 10.11.2.1 固息 / 浮息资产组合

允许对收入再投资的交易通常包含允许固息、浮息资产组合的投资策略。当这个组合朝向某方向过于集中时（固息占比或浮息占比高于95%），对于交易安排人来说，这笔交易可以用以下两种方式之一来建模：

- 以100%的固息或浮息建模；
- 以最大比例的固息或浮息建模。

对于固息资产、浮息资产的混合允许有较大灵活度的交易，最小加权平均息票和利差约定之间的差异可能会导致沿连续的固息 / 浮息利率资产组合的现金流表现出现明显差异。此时，固息 / 浮息利率资产组合必须以最大或最小比例建模，从而捕捉到极端的可能性情形。

当一个交易被施以最高比例的浮息资产的压力测试时，通常会产生高比例的负债。因为高回收率通常会延伸到相对于债券的贷款，所以这种情形下资产组合的加权平均回收率可能会比在现金流模型练习时所约定的最小加权平均回收率要高。当对固息 / 浮息资产组合进行交易压力测试时，这一点也要纳入考虑范围。

#### 10.11.2.2 贷款基准风险

CDO交易的浮息负债和资产组合中的浮息资产通常采用相同的再定价指数，一般来说是LIBOR或者EURIBOR。由于付款频率问题，这些指数之间偶尔也会存在不匹配。当这些指数在任意两个时点之间的运动不同时，资产就缺乏充分覆盖债息的能力。捕捉这种风险所需的额外的压力测试依赖于两种指数运动的差异程度。一般来说，当指数之间的不匹配程度大于5%且在这对指数间利率变动的差距呈现显著差异时，我们会采用降低五个基本点的加权平均利差。

#### 10.11.2.3 多重负债指数

浮息负债的存在与不止一种指数挂钩，这引发了合适的利率压力测试的问题。

在这种情形下，我们采用与显性指标相匹配的利率曲线。例如，如果浮息负债中的60%是基于EURIBOR，40%是基于LIBOR，那么以我们LIBOR/EURIBOR曲线动态模型所产生的EURIBOR利率压力测试情形为准。

## 10.12　投资组合注意事项

鉴于投资组合的组成结构、资产的特性等因素的存在，额外的压力测试是很有必要的。

### 10.12.1　预付敏感性

大部分结构化金融产品都是有贷款或者附条款的抵押品作为担保的，这就使得借款人可以不受惩罚地进行不定期付款。当借款人预付时，会影响到用于支付结构化金融证券负债的现金流的安排；反过来，这也影响了由证券导致的违约分布超额利差。由于超额利差通常被用来弥补亏损，因此预付会影响到交易弥补亏损的能力，这一点必须在现金流模型中加以考虑。

为了测度预付金的影响，我们对那些利率弹性较高的资产，包括 RMBS、房屋净值信贷额度（HELOC）证券等，进行了压力测试。我们通过协商以识别此类资产，并对此类资产面值超过整个投资组合 5% 的 CDO 交易进行预付压力测试。当允许的集中度超过这个阈值，将会对预付的影响进行整体的压力测试。

典型的三种情景模型包括：

- 市场预付速度（基础速度）
- 基础速度的 150% 的加速预付速度
- 基础速度的 50% 的减速预付速度

对于首次发行的情形，市场预付速度就是预期的交易预付速度。对于按季度的发行情形，市场预付速度是之后的半年里实际市场预付速度的均值。

当进行加速与减速预付速度压力测试时，需要考虑到预付速度与利率变动之间的关系，以决定两者相匹配的压力测试。例如，当利率下降时，固息抵押的预付款额会上升；反之，当利率下降时，该金额会下降。因此，加速预付速度的压力会被施加在利率指数下跌的压力测试中；减速预付速度的压力会被施加在利率指数上行的压力测试中。不论如何，我们都要基于这类资产组合，确定合适的预付速度 – 利率变动组合。

当预付敏感的资产组合在国际市场上受到不同程度的预付行为时（例如 U.K. vs. Italian RMBS），我们应当对所采用的预付速度协商出合适的标准。一般而言，该速度是使得市场上大部分资产预计会被购买时的速度。

### 10.12.2　外汇风险

某些 CDO 交易，尤其是在欧洲以外发行的 CDO，会有货币错配的情形，即允许一揽子资产的计价货币与发行的票据的计价货币不同。货币错配是外汇掉期最好的对冲工具，然而进入到这些掉期交易的成本却往往令人望而却步。解决外汇风险最常见的做法是使用自然对冲或基于名义余额的特定资产外汇掉期。但是这两种情形都无法对交易的整个生命周期进行完全对冲，因此有必要运用额外的现金流压力测试来捕捉外汇互换风险。

在一个给定的池中，以每种货币计价的资产 / 负债有相同比例的负债 / 资产，此时即存在自然外汇互换对冲。例如，在抵押品池中，有 70% 的欧元计价资产和 30% 的美元计价的资产，匹配有 70% 的欧元计价负债和 30% 的美元计价的负债，此时则形成了一个自然对冲。然而，这种自然对冲并不能使 CDO 免遭外汇互换风险。当资产违约按比例发生在不同计价货币中，这种对冲就能保持完美均衡。然而，如果违约并不是按比例发生的（可能性更大的情形），由此产生的不平衡会使自然对冲的结果不完全。

自然对冲的有效性还取决于它在资产结构中的位置。分离最高级别的票据要比分离较低级别的票据更有效。

应对外汇风险的另外一种常见策略是使用特定资产的外汇掉期交易，在这种策略中，证券发行人通常以一组名义余额或名义余额的安排进入一笔外汇掉期交易。但是由于违约的偏差或资产余额的预付，这种对冲策略可能很容易受到对冲不平衡的影响。

在缺乏一种能充分解决交易生命期中外汇风险的策略的情况下，我们一般会采用两部分分析来测试这种风险的潜在影响。首先，现金流受到了偏向每个货币面值的违约偏差的压力测试，影响偏差大小的因素包括：自然对冲在资产结构中的位置，不同货币计价的资产的比例分布，以及每种货币计价的子投资组合间信用风险分布的差异等。之后，将货币贬值模型计算出的货币贬值因素运用到所得到的对冲不均衡中，从而衡量出货币错配程度的大小。

由于在多币种交易中存在不同的指数（如 LIBOR 和 EURIBOR），所以需要采用额外的分析来捕捉指数错配。指数间经验相对运动和错配程度决定了这一需要。

我们应当就违约偏差、货币贬值压力测试以及针对每个特定交易所采用的指数错配压力测试进行协商。

除了对冲定期付款以外，外汇策略还应该涵盖对违约证券的回收。在资产违约时外汇掉期的自动终止使得回收面临了外汇风险。当掉期需要在基本回收延迟假设之前被终止时，我们一般会调整设定的回收率。这次调整的大小受到的影响因素包括：违约资产面临外汇风险的时间长短，以及涉及的特定的货币。

在资产被出售时也会出现外汇风险，但是特定资产的外汇掉期并不会自动终止，相反，外汇掉期会在资产到期前终止。在第一种情况下，抵押品管理人在做出出售决定时，会考虑到掉期的经济影响；而在后一种情况下，抵押品管理人可能会出售未被对冲的资产以消除外汇风险。在两种情况下，非基于信用的考虑都被纳入到决策过程中，并且我们会考虑调整所设定的回收率。

### 10.12.3 资产票息

我们进行现金流分析的基础是：能在抵押品池合格标准决定的最小票息 / 息差基础上产生利率收入的资产组合。在这种假设前提下，市场情况使抵押品管理人无法以高出最小加权平均息差 / 票息的价格购买抵押品。

然而，如果投资组合能留存至结束日且允许交易的话，那么在交易的一开始，资产池的实际最小加权平均息差 / 票息就被提供了信用，并且在两年内资产池的息差 / 票息会以直线法迁移至最低水平，且迁移的形式由支付债务的频率来决定。例如，某笔交易约定的最小加权票息是 6%，但是实际上该值是 8%，且按季度支付债务，那么，在合适的现金流模型下，结束日至首次支付债务期间以 8% 的票息水平获得利率收入，其后每个支付期票息水平下降 25 个基点，直到 8 个支付期后该水平下降至 6%。

值得注意的是，应当在票息而非所说的收益率的基础上建立现金流模型。

### 10.12.4 合格投资的利率收入

在被用于再投资替代抵押品或用于支付债务之前，以资产的计划本金或利息的形式获得的收益和回收的收益被认为是合格投资。

在现金流模型的分析中，应当假设在被用于再投资替代抵押品或用于支付债务之前，在支付期的前半段时间，计划本金和利息收入被认为是合格投资，而且回收发生在付款期末。因此，利率收入并不是由被认为是合格投资的回收收入在回收期产生的。

合格投资的规律付款所产生的利率收入是以参照指数减 100 个基点来建模的。

### 10.12.5 付款时点错配

对于交易来说，通常会有支付频率比负债要低的一揽子资产。在很多例子中，交易是通过一种利率储备金机制或是通过进入一笔基础掉期中来解决这种错配的。在缺乏充分缓冲的情况下，模型应该充分反映付款时点实际错位情况，使得现金流能精准地进行测试。此时不应该有“平滑的”资产支付去匹配负债支付。

### 10.12.6 实物支付（PIK）资产

当投资组合中超过票面余额5%的资产能以实物支付时，我们将施以PIK压力测试，以确保流动性工具可以覆盖资产的利率缺口，被施加的PIK压力测试由交易结构和目标资产组合情况决定。我们通常只要求施加最高级别的压力测试并判断其能否通过此测试。BDR可能不进行此压力测试。

值得注意的是，某些交易会将某一段限定时间内的实物支付资产当作违约资产来处理，此时，实物支付资产的违约余额应当被记为初始票面余额，而非它的面值与已计提的利息余额之和。

### 10.12.7 长期公司资产组合

一些公司资产组合的资产到期日在其负债的法定最后到期日之后，它们需要在法定到期日之后出售这些资产。这些交易将面临非信用风险票面损失，而且对于公司债券和其他一些在资产法定最终到期日前必须偿付全部或绝大部分票面余额的金融工具而言，这一问题尤其严重。

为了解决这个问题，我们将长期资产篮子的集中度限制到5%。当集中度超过5%时，每一笔长期资产的票面金额会下降，因为交易法定到期日之后到期的资产的每一笔本金支付都将按照每年10%的现值计算。这种调整反映了在低于理想市场的环境下，存在着被迫出售资产的潜在面值损失。

要注意的是，这种方法仅仅适用于公司资产，长期结构化金融资产的问题不在本章的研究范围内。

### 10.12.8 企业夹层贷款

企业夹层贷款在很多欧洲杠杆贷款CDO交易中很常见。这种贷款有一个初级的安全位置，并且其利息支付通常包括两个部分：现金支付票息和实物支付票息。在贷款文件中，后者的结构是从第一天开始以实物支付并计入本金，因此实际上它类似于零息债券。

虽然夹层贷款通常是十年期的，但是它很可能在未来的两到三年内被再融资。CDO管理人再投资新的夹层贷款的能力取决于再投资期的长短，他在再投资期结束后再投资不定期本金收益的能力，以及每个新贷款的到期限制。在欧洲夹层贷款的二级市场缺失的情况下，CDO管理人不太可能在整个交易期内都维持其理想的或者约定的夹层贷款余额。

在现金流模型中，给予已计提的实物支付票息的信用应满足以下条件：

- 一般允许累计实物支付票息的信用期是再投资期再加上2.5年。在再投资期，如果夹层贷款因 CDO 票据到期或者 WAL 测试而无法进行再投资的话，总的信用期将会被减少。反过来，如果 CDO 交易生命期很长，并且可以在再投资期结束后再投资不定期收益的话，那么我们可以考虑延长给 PIK 票息的信用期。

- 为了进行偿付测试，超额抵押测试中累计 PIK 利息的信用期将被延长，直到已计提的利息能被视作本金收入。在利息偿付测试中，信用期并不是被给定的，因为在付款期内，以现金形式收取的并不是利息。
- 交易的资产合格指引中，应当就最小夹层贷款篮子以及夹层贷款的最小 PIK 利息加以约定，以便衡量累计信用期使其延伸至已计提的 PIK 利息。
- 为了度量违约和回收的情况，违约余额被记为累计 PIK 利息余额与违约率的乘积。回收余额被记为基准面值与回收率的乘积。不考虑已计提的 PIK 余额。

公司贷款的回收范围被用于夹层贷款的回收率分配。

### 10.12.9　摊销资产

CDO 资产组合通常包括根据摊销安排偿还本金的资产，而不是在到期日一笔单一的偿还。当无法识别完整资产组合或使用了虚假资产以及资产组合被积极管理的时候，建立摊销模型就有一定的难度。我们仔细检查了所用假设的合理性。作为一个指导原则，摊销安排应该与交易的最小 WAL 约定相一致。

## 10.13　其他结构上的考虑

不同交易的机制和特征也很不同，所以也需要使用其他或额外的现金流压力测试以估计交易的特定风险。一些常见的机制和特征如下：

### 10.13.1　违约资产的强制出售

尽管我们并不要求违约资产在一定时间内被强制出售，甚至经常阻止此种行为。但是在某些交易中，这种特征还是要被纳入考虑范畴。某些交易的条款要求出售违约资产的速度要快于设定的理想速度，此时管理人最大化回收率的能力将被潜在地抑制住。在这种情况下，我们一般会降低这个交易设定的回收率，基于交易所要求的出售时间限制和设定的利息的回收时点之间的差异，降低的幅度一般设在每年现值的 10%。

### 10.13.2 静态交易

尽管迄今为止的大部分 CDO 交易都是结构化管理型 CDO，但还是有一些静态抵押资产组合型的交易进入市场。这种交易不考虑管理人在结束日之后（或是在有效日期）购买资产的能力，并且大幅度限制了管理人出售资产的能力。有些交易限制了违约证券抵押物和信用受损证券的出售，并将收到的所有收益用于偿付未偿债务。纯粹的静态交易甚至完全不存在资产的买卖。

在这些交易中，由于没有再投资期，所以可以在现金流模型中施加更短违约期的压力测试。尽管已建立的违约模式没有变化，但是需要对违约分布的起始时点进行截断，以使其匹配没有再投资期的资产组合中资产的生命期。例如，对于一笔 WAL 为 8 年的资产的交易，在 AAA 评级水平下，标准违约模式的起始时间为 1 ～ 3 年（见表 10-6）。

表 10-6 在产品前几年，静态交易下的标准违约分布示例

| 资产组合的加权平均损失 | AAA 级层级 | AA 级层级 | A 级层级 | BBB 级层级 | BB 级层级 | B 级层级 |
|---|---|---|---|---|---|---|
| 7 | 1 ～ 2 | 1 ～ 2 | 1 ～ 2 | 1 | 1 | 1 |
| 8 | 1 ～ 3 | 1 ～ 3 | 1 ～ 3 | 1 ～ 2 | 1 ～ 2 | 1 |
| 9 | 1 ～ 4 | 1 ～ 4 | 1 ～ 4 | 1 ～ 3 | 1 ～ 2 | 1 |

由于在交易的一开始，固定的抵押资产组合就已经被识别了，所以能够更加密切地观察资产池的期望付款特征。在循环 CDO 交易中，违约通常是按资产池的比例情况分布的，但是当其他关注的问题已经确定的情况下，在一个静态资产组合中，我们可能会倾向于认为某些特定资产会违约。

比如说，在一个资产组合中，当用一个相对低评级的资产去偿付明显超出平均水平的息票时，会产生一些需要关注的问题。这类资产的违约可能会导致剩余资产利息现金流的不够充足。这种情况并不由标准的按比例分布的违约模型进行测试，所以此时认为这些资产会违约的观点是合理的。

### 10.13.3 高级抵押资产管理人的费用

高级抵押资产管理人的费用应当是参照市场水平的，以便在有需要的情况下，能提供充分的激励使替代的管理人接管该笔交易。一般而言，这些费用要比合同费和表 10-7 中列出的最低费用高，从而能够确保交易可以支持这样的费用。

表 10-7　抵押资产经理的管理费率（年化）

| | |
|---|---|
| 公司 CBO/CLO | 15bps |
| ABS CDO | 15bps |
| CSO（担保互换凭证） | 10bps |

在决定合理的费用时，还要考虑到其他因素，诸如管理人的薪酬、管理人的责任、交易规模的大小等的影响。例如，当一笔公司 CLO 交易的资产组合的名义余额为 1 亿元时，合同约定的管理费水平为 10% 就已经足够了。在管理人的活动受到限制的静态交易中，管理费可以更低。

### 10.13.4　股权

在运用现金流分析对股票或者包括股票的组合票据进行评级时，面临的一个挑战是对未知的和不设上限的管理费在支付顺序中的优先度的衡量。为了现金流模型，我们假设这些额外的花费与支付顺序中优先度最高的那些设上限的花费相等（见表 10-8）。

表 10-8　标普对权益级的违约分布

| | 每年的违约数占累积违约数的百分比 | | | |
|---|---|---|---|---|
| | 第一年 | 第二年 | 第三年 | 第四年 |
| 分布 1 | 50 | 25 | 25 | — |
| 分布 2 | 60 | 20 | 10 | 10 |
| 分布 3 | 70 | 10 | 10 | 10 |

另外，现金流模型还受到了三个用于低信用资产组合的违约模式的压力测试。即使这些资产组合的信用并不一定很低，但是这些违约模式仍然被用于股权分析。

## 10.14　偿付测试上的考虑

大部分的交易都具有确定的结构特征，这些结构特征旨在限制标准化交易并改善评级稳定性，通常会包括但不限于违约的压力和评级时设定的回收率，其中的大部分与超额抵押测试有关。

### 10.14.1　偿付测试的违约

当超额抵押测试或利率偿付测试发生违约时，大部分 CDO 交易会转移利息、计划本金和已实现的回收额来顺序偿付票据。偿付顺序是从最高级别开始，直到这个违约的测试恢复正常。如果交易文件已经就此项加以规定了，那么就还是按照现金流模型正常建模。

然而，在违约的偿付测试中，有的 CDO 交易的文件会包含“维持或改善”这样的字眼，此时，是通过对收入的再投资而不是通过转移现金的方式来偿付票据。为了在现金流模型中正确地反映这一点，应该关闭偿付测试的去杠杆机制（比如说，此时，测试的违约并不会导致收入偿付票据的分散）。

此外，我们将所有再投资到证券上的回收额都加到基于初始资产池 SDR 的额外的违约额上，这使得交易模型中总违约额上升了。

## 10.14.2 减少低评级抵押品

尽管 CCC 评级资产并不一定很差，尤其是考虑到交易的初始评级体系，CCC 评级资产甚至会有降级更快的倾向。在超额抵押测试中，大部分交易会包含价值折减至 CCC 评级的资产，来捕捉这种违约增加的趋势。随着 CCC 资产集中度增加，这将导致违约发生的时间更早，从而使得评级负债的偿还更快。当资产池中 CCC 评级甚至更低评级的资产超过初始数量的 5% 时，我们一般会去寻找超额抵押测试的折减。当总额比初始总额大 5% 时，总额要么是等于面值的 70%，要么是等于测试分子的市值。在交易结束日前，抵押品管理人要在面值的 70% 和市值之间做出选择，当他选择了市值时，评级分析师应当决定合适的市值处理方法。

## 10.14.3 超额抵押再投资测试

除了在超额抵押测试中减少 CCC 评级资产的数量以外，很多交易还包括一个针对 CCC 评级资产减少数的超额抵押再投资测试。后者的优先级比付款的优先级要低，而且，如果违约了的话，还要求管理人对全部或部分利息收入进行再投资。超额抵押再投资的阈值通常要比最低级别的超额抵押的阈值高，这样就能够在任何去杠杆超额抵押触发器违约前进行利息收入的再投资。

随着信用减损的销售的发生，资产组合的面值也会受损，在该级别超额抵押触发器违约之前，再投资触发器就会违约。这将使得交易开始出售新的抵押品，从而改善超额抵押再投资测试。这个测试最适合用在抵押品价值缓慢逐渐下降的交易之上。如果交易在短时间内遭受大量资产违约，此时去杠杆测试可能也会同时失效。但是即使在这种情形下，超额抵押再投资测试仍然能产生一定的效用。这是因为一旦去杠杆超额抵押测试恢复正常，它能强制进行额外的再投资。

### 10.14.4　现付抵押

“现付抵押”证券是指债务人即使拖欠了其他负债，仍然需要继续偿还利息或者本金的债券。一般而言，抵押品管理人不能在交易中购买现付资产，因为这种资产是信用减损负债，通常被禁止购买。

然而，如果交易持有的资产之后变成了现付负债，那么抵押品价值会相应减少，使其能反映高评级的波动。我们对其进行一个市场价值测试：如果证券交易了 80% 及以上，会给其全面值；如果低于该水平，就会设定一个回收额。这种减损还会使超额抵押测试的分子减少，从而导致评级负债更快的偿付率。

### 10.14.5　违约证券的价值

除了现付证券的估值以外，为了进行超额抵押测试，所有违约证券都应该有比设定要低的回收率或当前市场价值。然而在某些例子里，我们会设定针对工具的回收额。作为测试一部分权益证券可以被包括在 CDO 交易中，但是它不会有任何价值。

## 10.15　使用现金流模型的要求

为了确保现金流模型能及时完成，我们要求交易安排人提供：

- 在现金流模型中使用的所有假设的总结；
- 现金流模型结果所表现出的 BDR 的总结。所有类型（评级的和未评级的）的 BDR 都要提供；
- 针对每个评级水平，最少提供压力测试最强的两个现金流模型的详细结果；
- 一个基于 EXCEL 的现金流模型；
- 会计出示的针对每个本质不同的交易结构或模型的责任书；
- 失败情形的列表（如果有的话），包括现值的计算（按使用类别的票面利率贴现）。

## 附录 10D　违约、回收模型的例子

通过举例的方式来说明违约和回收模型的假设的运用（如表 10D-1 所示）。所用的模型假设包括：

- 假设违约债券的回收额有一年的滞后期
- 违约是由不支付利息而导致的。因此，在资产违约期间或者其后，不会有任何利息收入。
- 对违约资产回收收入的再投资发生在回收发生当期的期末。因此在回收期内，再投资收入不会带来任何利息收入。
- 偿付测试不会违约——回收收入被用于再投资而非偿还负债。

表 10D-1　案例分析

| | |
|---|---|
| 违约分布 | 40/20/20/10/10 从第一年开始 |
| 累积违约率（%） | 30 |
| 加权平均回收率（%） | 40 |
| 资产类型 | 债券 |
| 还款付息频率 | 每半年 |

在此情景下，有两种度量违约的模型——违约发生在年末和违约每半年发生一次。在第一年，一般会假定违约发生在年末。但是低评级资产初始集中度较高的资产组合却是个例外，对于这种情况，一般违约会设定得更早一些。

## 第一种模型

所有的违约发生在年末（表 10D-2）。

表 10D-2　违约和回收案例：违约出现在每年年末

| | 事件期限 | | | | | | | | | | | |
|---|---|---|---|---|---|---|---|---|---|---|---|---|
| | 第一年第一次还款付息 | | | | | | 第一年第二次还款付息 | | | | | |
| 违约分布 | — | 40.0 | — | 20.0 | — | 20.0 | — | 10.0 | — | 10.0 | — | — |
| 回收率分布 | — | — | — | 40.0 | — | 20.0 | — | 20.0 | — | 10.0 | — | 10.0 |
| 模型化的违约案例（假设 30% 违约率） | — | 12.0 | — | 6.0 | — | 6.0 | — | 3.0 | — | 3.0 | — | — |
| 模型化的回收案例（假设 30% 违约率以及 40% 回收率） | — | — | — | 4.8 | — | 2.4 | — | 2.4 | — | 1.2 | — | 1.2 |

### 对第一种模型的主要观点

违约全都统一发生在每年年末。对于每半年支付一次的资产，违约产只在每年的前半年才有利息收入。因此，对于在第二年违约的 6% 的资产组合（20 × 30%），这些资产在第三期有利息收入，但是从第四期开始就没有了。然而，对于按年支付的资产，这两期都不能获得任何利息收入。

## 第二种模型

在第一年之后，每年发生一次的违约被切分成每年两次、每半年一次。在第一年，所有的违约都发生在年末（见表 10D-3）。

表 10D-3 违约和回收案例：违约可以出现在年中

| | 事件期限 | | | | | | | | | | | |
|---|---|---|---|---|---|---|---|---|---|---|---|---|
| | 第一年第一次还款付息 | | | | | | 第一年第二次还款付息 | | | | | |
| 违约分布 | — | 40.0 | 10.0 | 10.0 | 10.0 | 10.0 | 5.0 | 5.0 | 5.0 | 5.0 | — | — |
| 回收率分布 | — | — | — | 40.0 | 10.0 | 10.0 | 10.0 | 10.0 | 5.0 | 5.0 | 5.0 | 5.0 |
| 模型化的违约案例（假设 30% 违约率） | — | 12.0 | 3.0 | 3.0 | 3.0 | 3.0 | 1.5 | 1.5 | 1.5 | 1.5 | — | — |
| 模型化的回收案例（假设 30% 违约率以及 40% 回收率） | — | — | — | 4.8 | 1.2 | 1.2 | 1.2 | 1.2 | 0.6 | 0.6 | 0.6 | 0.6 |

### 对第二种模型的主要观点

从第二年开始，违约就每半年发生一次，且每次发生数额相等。因此，对于在第二年违约的 6% 的资产组合（20 × 30%），有 3% 发生在第三期，另外 3% 发生在第四期。每半年支付一次的资产，在第三期违约的资产在当期并不获得任何利息收入，而在第四期违约的资产是在第三期，而不是第四期获得利息收入。每年支付一次的资产在两期都不获得利息收入。

违约资产的回收有一年的滞后期。在第三期发生的 3% 的违约，在第五期期末对其进行回收，并在第六期开始计提利息（如果尚处于再投资期的话）。

## 参考文献

de Servigny, A., and O. Renault (2004), *Measuring and Managing Credit Risk*, McGraw-Hill.

de Servigny, A., and N. Jobst (2005), "An empirical analysis of equity default swaps I: Univariate insights," *Risk*, December.

Fledelius, P., D. Lando, and J. P. Nielsen (2004), "Non-parametric analysis of rating transition and default data," working paper, Copenhagen Business School.

Glasserman, P. (2004), *Monte Carlo Methods In Financial Engineering*, Springer-Verlag.

Jobst, N., and A. de Servigny (2006), "An empirical analysis of equity default swaps II: Multivariate insights," RISK, January.

Jobst, N., and K. Gilkes (2003), "Investigating transition matrices: Empirical insights and methodologies," working paper, Standard & Poor's.

Li, D. (2000), "On default correlation: A copula function approach," *Journal of Fixed Income*, 9, 43–54.

Matsumoto, M. and Nishimura, T. (1998). Mersenne twister: A 623-dimensionally equidistributed uniform pseudo-random number generator, *ACM Transactions on Modelling and Computer Simulation*, 8(1), 3–30.

Merton, R. (1974), "On the pricing of corporate debt: The risk structure of interest rates," *Journal of Finance*, 29, 449–470.

# 第11章

# 合成型CDO的发展近况

Norbert Jobst

## 11.1 引言

债务担保证券（collateralized debt obligations，CDO）旨在将风险资产（信贷）投资组合的内在风险转移到一个或多个投资者身上。尽管初期债务担保证券由现金支持，且以贷款和债券组合为基础，但近年来无现金"合成型"债务担保证券市场有了巨大的发展。特殊目的机构选择参与参考实体的信用违约互换，而非购买一个既定实体的债务工具。信贷衍生工具的这种使用方法曾使欧洲市场被"单层"（ST）债务担保证券所主导，这是实体组合的违约保护买卖双方签订的双边合同。如今，美国市场正逐步发展成集现金和合成型CDO为一体的交易市场。

2004年以来，结构化信贷市场，尤其是合成型债务担保证券的革新速度明显加快。单层合成CDO的快速发展源于交易更容易执行，这使得（信用）市场中各种观点的表达更加灵活，并使融资和风险更易区分（见第9章）。近年来，在极度紧张的利差环境下，投资者要求收益更高的产品，加之各种市场事件，使金融改革呈现出更加结构化的复杂性以及非传统的（非信用的）风险性，因此投资者需要更有收益的产品。本章中，我们主要从证券评级机构的角度概述了许多此类发展的情况，其中风险评估通常包括对投资者预期损失的评估，或及时取得本息的可能性的评估。[1] 在合成型的债务担保证券市场中，这些

[1] 因此重点在于讨论主要风险因素（及建模概述），而不是估值和相对价值。如果可行并且有足够的篇幅，我们将提供关于估值的参考资料。

革新是市场参与者的各类因素共同驱动所致：从投资者在低利差的环境下寻找分散化的新收益，到投资分散化的需求，从套利机会的开发，到一种交易结构，它既可以表达针对信用的系统性周期的观点，也可以表达针对单体信用风险的观点。

接下来，我们要讨论单层债务担保证券的各种变体和各种扩展，其包含的主风险（从评级机构的角度来说）仍然是一些违约事件及其后续损失。我们将讨论在 2004 年及 2005 年时曾非常流行的 CDO 平方（CDO squared）的交易，2005 年 5 月，它们在福特及通用汽车降级后逐渐消亡。我们还会简单介绍几种其他例证：远期生效（forward-starting）交易、长期或短期结构及不同连接点的单层债务担保证券。除了这些传统合成型债务担保证券的“附加品”之外，投资者逐步开始尝试和利用其在非信用市场内的发展。

在“超越信用危机：混合结构产品”一节中，我们的重点在于所谓混合型交易中的另类资产组的最显著的几项发展。我们还通过所谓的股权违约互换（EDS）以及商品风险来说明股权风险。

在“结构改革：按市价调整风险的引入”一节中，我们关注了继 2005 年 5 月事件以来，由市场参与者交易及套期保值变化引发的进展。这些新结构旨在利用权益层和 / 或超优先层风险来“对冲”夹层的高需求，并且通过考虑按市价调整变化所带来的风险，来更进一步评估资产池的纯违约风险。本节中，我们首先讨论杠杆超优先级交易，此交易产品曾在 2005 年迅速发展。其次，我们探讨一项最近的发展，即所谓的固定比例投资组合保险策略（CPPI），它保本保息，并根据投资组合表现来自动调整投资组合，接着简单讨论了结构化信用市场的最近创新：固定比例债务（CPDO）。最后则总结了当前趋势及未来建模方面的挑战。

## 11.2 单层债务担保证券的各种变体

### 11.2.1 单层债务担保证券：从评级角度

在开始讨论单层合成型债务担保证券之前，我们首先回顾多数评级机构以类似方法对标准、常规单层债务担保证券产品所开展的典型风险评估。诸如标准普尔、穆迪评级、惠誉国际或多美年债券服务之类的评级机构通常感兴趣的是一个债务担保证券交易投资者在交易存续期所面临的风险，并部分地参考模型的统计数据来给出意见。举例来说，穆迪评级提供的是所谓的“预期损失”评级，结果就是计算出来债务担保证券各层级的预期损失，并把它们分配到各个评级符号。而标准普尔则提供了一个“违约概率”的评估，利用其债务担保证券评估模型（详见第 10 章）估算出投资者面临“第 1 美元损失”的概率。

至今，评级机构大都利用模拟法来评估相关风险。正如第 4 章和第 6 章所介绍的，标准普尔利用高斯连接函数来模拟出不同资产违约之间的相依性。这种模式可通过以下几步轻易模拟出关联违约时间：

（1）设标准多变量 $N$，常态随机变量 $y_i$，承认一个关联矩阵$\Sigma$；

（2）计算 $u_i=\Phi(y_i)$；

（3）计算每个资产的违约时间 $\tau_i=S^{-1}(u_i)$。[㈠]

如果 $\tau_i$ 少于债务担保证券交易期限 $T$，则损失 $L_i$ 由 $L_i=N_i\times(1-\delta_i)$ 来确定，式中的 $N_i$ 和 $\delta_i$ 分别为第 $i$ 层资产的违约风险敞口和回收率。[㈡] 于是我们可以给出 $t$ 时刻投资组合损失 $L(t)$：

$$L(t)=\sum_i N_i\times(1-\delta_i)\times 1_{\{\tau_i\leq t\}}$$

式中，$1_{\{\tau_i\leq t\}}$ 为第 $t$ 层资产的违约指标。[㈢]

使用蒙特卡罗方法框架，我们可以通过生成足够多的违约时间的随机数，并保持相当高的灵活性，来得到一个准确性相当好的投资组合损失分布。当然，正如在第 4 章、第 6 章及第 7 章中所概括的那样，实际上，损失分布可通过一些不同的技术或模型而生成。纵观所有资产类型，每个资产的违约概率、回收率及相依性（相关性）都是必需的，我们可参看第 10 章中对标准普尔建模假设的详细讨论。

## 债务担保证券风险的计量和评级的分配

此后，我们将假设违约时间的相关性以及投资组合损失的分布已得到高效的模拟，并介绍一些评级机构使用的典型风险计量方法（进一步详见第 7 章）。

**1. 层级违约概率**　假定连接点为 $A$，分离点为 $D$（即一个层级的厚度等于 $D-A$），则层级违约概率为投资组合损失在期限 $T$ 内超过 A 点的概率[㈣]。公式如下：

$$\mathrm{PD}^{T}j=P(L(t)\geqslant A)=E[1_{\{L(t)\geqslant A\}}]$$

式中，$L(t)$ 为根据时间 $T$ 得出的累计投资组合损失，$1_{\{\}}$ 为指示函数，[㈤] $E[]$ 表示所有模拟路径确定的期望值。

如此就基于违约率得到了一个按某层级评级分配的基础层级。举例来说，为了分配给某层级“AAA”评级，我们需要给定足够低的层级违约概率，并且评级机构往往需要提供不同的评级等级和期限的明细表（目标概率或“债务担

㈠ $S^{-1}$ 用来表示生存函数的准反函数。

㈡ 回收率可以是常数，也可以是来源于某个分布。

㈢ 括号内表达式为真时，违约指示函数的值为 1，否则为 0。

㈣ 注意，为了计算层级概率，分析并不需要分离点 $D$。

㈤ 括号内表达式为真时，这一值为 1，否则为 0。

保证券切割点”）。

**2. 预期层级损失** 除了关注损失概率，我们同样也关注损失的实际规模。层级 $j$ 在时间 $t$ 的累积损失 $L^{Tj}(t)$ 通过下式得出：

$$L^{T}j(t)=(L(t)-A)1_{\{A\leqslant L(t)\leqslant D\}}+(D-A)1_{\{L(t)\geqslant D\}}$$

因此，预期层级损失由下式得出：

$$E[L_j^T(t)]=E[(L(t)-A)1_{\{A\leqslant L(t)\leqslant D\}}+(D-A)1_{\{L(t)\geqslant D\}}]$$

通过模拟方法可以简单计算出该式。评级机构如穆迪评级，部分地以这种预期损失风险的计量为基础，来对层级进行评级。

**3. 层级违约损失率** 从预期损失层级及层级违约概率角度来说，层级的违约损失率是在假设违约概率与违约损失率相互独立的情况下，通过 $\text{LGD}_j^T=\left(E[L^{T_j}(t)]\right)/\text{PD}^{T_j}$给出。

我们以上介绍了单层债务担保证券和一些风险计量方法，现在我们将开始讨论标准层级产品的演化，并用利用这些流行方法来评估其风险。除非另有说明，正如在第 10 章中所概括的，所有的数据例证都以标准普尔建模假设为基础。

### 11.2.2 债务担保证券平方交易：延伸杠杆

在 2004 年和 2005 年，合成 CDO 平方的交易已成为普遍债务担保证券市场的既定特征。然而，自 2005 年 5 月以来，福特和通用汽车被标准普尔降级引发了许多市场参与者的盯市损失，导致合成 CDO 平方的市场需求大幅下降（见第 8 章，详见第 9 章）。CDO 平方交易通常参考其他“定制”的 CDO 层级，每个层级的底层资产是一个单独的公司债组合。如此则出现了额外的杠杆，增加了这些与类似评级的合成 CDO 相关的结构的附加收益。杠杆效应创造了一种投资，它在基本投资组合中对小数额信贷事件并不敏感，但是在增信计量恶化后，更易遭受巨大损失。在我们之前提到的风险计量框架体系下，这意味着很低的层级违约概率及很高的层级违约损失率，并因此保持了预期层级损失的平衡。一些 CDO 平方交易的底层资产是 CDO，但是另一些 CDO 平方的底层资产还参考了资产抵押债券，成为一种混合型组合，其中资产抵押债券名义金额的比例通常在 70% ～ 90% 之间。一个典型的 CDO 平方的基本交易结构在图 11-1 中有简单介绍。

一个 CDO 平方的底层资产通常参考 5 ～ 15 个不同的定制 CDO，有时会形成相对较大的资产投资组合。一般情况下，不同定制 CDO 的参考组合之间会存在一个明显的重叠，多数情况下，重叠范围为 20% ～ 30%，这也是因为市场里仅有 600 ～ 800 个信用违约互换在顺利交易。

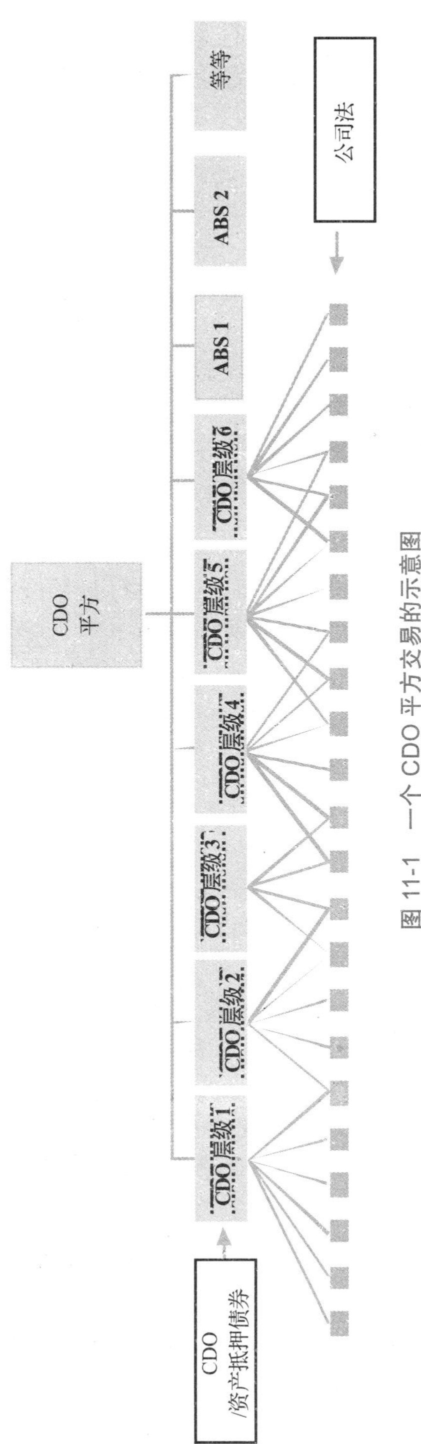


图 11-1　一个 CDO 平方交易的示意图

当某定制 CDO 的损失超过了 CDO 层级的连接点，那么该损失便会穿透到 CDO 平方的层级中。因此，定制 CDO 就在公司债基础资产及 CDO 平方之间扮演一个相当于“损失过滤器”的角色。当然，如果多个 CDO 中同时参考了同一个信用违约互换，那么这种“重叠”还会创造出“额外的”相关性，而且这种相关性会对 CDO 平方层级产生重大影响。在数学上，我们可将这项 CDO 平方的损失或保护的金额以连接点 $\widetilde{A}$ 及离散点 $\widetilde{D}$ 表示为：

$$L^{\text{CDO}^{\text{squared}}}(t) = (\tilde{L}(t) - \tilde{A})1_{\{\tilde{A} \le \tilde{L}(t) \le \tilde{D}\}} + (\tilde{D} - \tilde{A})1_{\{\tilde{L}(t) \ge \tilde{D}\}}$$

式中

$$\begin{aligned}\tilde{L}(t) &= \sum_{j=1}^{J} L^{T_j}(t) + \sum_{k=1}^{K}(1-\delta_k)N_k 1_{\{\tau_{k_j} \le t\}} \\ &= \sum_{j=1}^{J}\left[(L_j(t) - A_j)1_{\{A_j \le L_j(t) \le D_j\}} + (D_j - A_j)1_{\{L_j(t) \ge D_j\}}\right] + \sum_{k=1}^{K}(1-\delta_k)N_k 1_{\{\tau_{k_j} \le t\}}\end{aligned}$$

表示由 $J$ 个基本“定制”CDO 层级和 $K$ 项额外资产（例如，资产抵押债券或公司债）导致的投资组合的总损失。$A_j$ 和 $D_j$ 表示既定层级 $j$ 的连接点和分离点，而 $L_j(t)$ 表示该投资组合在 $t$ 时间点作为层级 $j$ 的底层资产（或被层级 $j$ 参考）的投资组合的损失。由此，在相似的框架下，层级违约概率和预期层级损失可被轻易算出。

接下来要介绍的是 Gilkes（2005）提到的一个典型 CDO 平方的例子，并说明“重叠”带来的影响。现考虑一个具备以下特征的 CDO 平方：

- 投资组合包括 8 个定制 CDO 层级以及 50 个平均资产相关性为 10% 的“AAA”级资产抵押债券层级；
- 每个定制 CDO 层级参考了一个包含约 100 个“A”评级的名称的投资组合，其平均资产相关性为 5%，名义金额均为 1000 万美元，假设回收率为 35%；
- 每个定制 CDO 层级的连接点都在 4000 万美元（由一个评级为“A”级的 CDO 组成）以及一个 5000 万美元的分离点，也就是说层级厚度为 1000 万美元；
- 每对定制 CDO 间的平均重叠率为 33%（或 66%）；
- 每个资产抵押债券层级名义金额参考 1000 万美元，假设回收率为 90%；
- CDO 平方期限为 5 年。

我们考虑三种不同的债务担保证券平方层级。假定每个层级参考同样的投资组合，就如前一节所描述的那样，包含 33% 和 66% 的 CDO 重叠。假设这些层级在 0、3% 和 6% 时附着，且因此分别与权益层、夹层以及优先层对应于“BB”档、“AA”档以及“AAA”档。假设每个 CDO 平方层级的厚度为投资组合的 4%，即 2320 万美元。那么结果如表 11-1 和表 11-2 所示。

表 11-1　现有 CDO 之间重叠达到 33% 时，假设 CDO 平方的层级风险计量

| 连结点（AP）（%） | 分离点 (DP)（%） | 层级违约率（%） | 层级预期损失概率（%） | 层级预期损失率（%） |
|---|---|---|---|---|
| 0 | 4 | 12.67 | 11.39 | 1.44 |
| 3 | 7 | 0.35 | 50.89 | 0.18 |
| 6 | 10 | 0.11 | 45.34 | 0.05 |

资料来源：标普。

表 11-2　现有 CDO 之间重叠达到 66% 时，假设 CDO 平方的层级风险计量

| 连结点（AP）（%） | 分离点（DP）（%） | 层级违约率（%） | 层级预期损失概率（%） | 层级预期损失率（%） |
|---|---|---|---|---|
| 0 | 4 | 12.01 | 10.56 | 1.27 |
| 3 | 7 | 0.44 | 64.72 | 0.29 |
| 6 | 10 | 0.22 | 59.29 | 0.13 |

资料来源：标普。

在两组结果中（表 11-1 和表 11-2），层级违约概率如预期地随着连接点的上升而下降。然而，随着层级优先性的不同，将重叠率从 33% 提升至 66% 也会产生不同的效果。例如，权益层级违约概率随着重叠的增大而下降，而夹层和高级层级的违约概率则与重叠增大成正比。预期层级损失也是如此。正如前所述，这就是 CDO 间互关联增长所导致的结果，如此就可以在投资组合的预期损失不变的情况下产生极端损失。

可以看出，层级违约损失率随着连接点的增加先升后降。ABS 层级的损失率越低，权益层的 LGD 就相对越低。同样这些因素也使权益层级的违约概率更高。对于更高级别的层级来说，违约概率越低，定制 CDO 层级“尾损失”越大，违约损失率就越高。

## 交叉次级

随着 2004 ～ 2005 年 CDO 平方市场的发展，出现了一种所谓的“交叉次级”特征。这种机制允许不同的定制 CDO 共享所有定制 CDO 所创造的总次级。举例来说，8 个拥有连接点厚度为 1000 万美元的 CDO 能够创造一个总额为 8000 万美元的交叉次级。在交易存续期内，任何一个 CDO 的损失大于 1000 万美元，这些损失不会穿透至 CDO 平方中，直到总计损失超过 8000 万美元。如此，虽然 CDO 平方投资者免于遭受少部分 CDO 损失的风险，但他们却面临大部分 CDO 遭受损失的风险。[⊖] 这也同样可以扩展到“部分”交叉次级的情况

⊖ 也就是说，交叉次级降低了具体到每个 CDO 的非系统性风险，但增加了所有 CDO 的系统性风险。

（如，CDO 平方层级仅从定制 CDO 总次级的 75% 中隔离出来）。

此类交叉次级结构的现金流（假设基本资产池中，仅存在定制 CDO 层级，而没有其他资产）可用以下公式代表：

$$L^{CS}(t)=(\tilde{L}^{CS}(t)-\tilde{A}^{CS})1_{\{\tilde{A}^{CS}\leq\tilde{L}^{CS}(t)\leq\tilde{D}^{CS}\}}+(\tilde{D}^{CS}-\tilde{A}^{CS})1_{\{\tilde{L}^{CS}(t)\geq\tilde{D}^{CS}\}}$$

式中

$$\tilde{L}^{CS}(t)=\left(\sum_{j=1}^{J}L^{T_j}(t)-A\right)1_{\{A\leq\sum_{j=1}^{J}L^{T_j}(t)\leq D\}}+(D-A)1_{\{\sum_{j=1}^{J}L^{T_j}(t)\geq D\}}$$

式中，$A=\sum_{j=1}^{J}A_j$表示可用交叉次级的总量，并且$D=\sum_{j=1}^{J}D_j$。随着近年来信用利差收紧，“评级套利”消失，并且投资者对 CDO 平方交易相关性及重叠风险的认识日益增加，CDO 平方的需求消失了。更具体的细节见 Gilkes（2005），并且 Metayer（2005）也有对 CDO 平方估值及风险管理的讨论。

## 11.2.3 远期生效 CDO

同样在 2005 年，单层 CDO 发展结合了所谓远期生效特征，即，CDO 的风险水平只在时间点 $v$ 之后才开始计算。在收益和投资组合损失计算中，时间点 $v$ 之前所产生的违约损失并不予计算。

$$L(t)=\sum_{i}N_i\times(1-\delta_i)\times 1_{\{v\leq\tau_i\leq t\}}$$

这种特征能让投资者针对 CDO 产品表达他们对短期违约的具体观点，或利用评级机构采用的（通过实际测算的）及市场认为（隐含的，风险中性方法）的信用评级曲线间的差别来获利。

当然，这种远期生效结构实质上会随着整体违约率的下降而对所有层级产生影响，且不同层级的相关影响也会有所不同，如表 11-3 及 11-4 所示，分别表示权益层和优先层的风险，其底层资产是 100 个 BBB 级资产，分布在 10 个行业中。

表 11-3 远期生效股权层级的风险计量

| | 权益级（0 ～ 3%） | | | | |
|---|---|---|---|---|---|
| | 即期 | 1 年远期 | 2 年远期 | 3 年远期 | 4 年远期 |
| 整个投资组合预期损失 | 1.67 | 1.48 | 1.22 | 0.91 | 0.55 |
| 层级预期损失 | 48.70 | 44.25 | 37.73 | 28.95 | 17.94 |
| 层级违约率 | 82.61 | 79.29 | 73.68 | 64.21 | 48.05 |

**表 11-4 远期生效高级层级的风险计量（以百分比为单位）**

| | 优先级（7% ～ 10%） | | | | |
|---|---|---|---|---|---|
| | 即期 | 1 年远期 | 2 年远期 | 3 年远期 | 4 年远期 |
| 整个投资组合预期损失 | 1.67 | 1.48 | 1.22 | 0.91 | 0.55 |
| 层级预期损失 | 0.23 | 0.14 | 0.06 | 0.01 | 0.00 |
| 层级违约率 | 0.47 | 0.30 | 0.14 | 0.04 | 0.00 |

远期生效的相关影响同样取决于基本资产池的信用质量及违约概率的期限结构形态。从建模角度来看，忽略远期生效阶段，实际上是在假设，在未来时间段内，正如当前信用曲线所示的，(远期) 损失会 (符合预期地) 占主导地位。这样的话，我们实际上忽略了投资组合损失的远期动态过程。这一领域近期受到许多关注，详见于 Schönbucher（2005）和 Sidenius 等（2005）。此外，在监测时，远期生效交易强调了一个有趣的问题。随着时间流逝，我们可以通过设定更短期限和更短远期生效时间的违约概率来重新分析，也就是重设信用曲线上 0 时刻的违约率。那意味着，在未来时间 $s$，我们假设违约概率为 $P_i(0, T-s)$，其中 $T$ 表示期限，并对零点和 $v-s$ 之间的模拟违约忽略不计。还有一种方法，我们可以通过假设远期生效概率来沿着信用曲线观察该交易，即使用式 $P_i(s, T) \approx P_i(0, T) - P_i(0, s)$。如果假定信用曲线是静态的，并且不使用详细的远期损失模型，那么每一种方法都各有缺陷。例如，在前一种方法中，即使普遍认为非投资级别的公司在保持某一信用评级很长时间后，其违约概率将逐年下降，但我们实际上仍然假设在接下来的几年中，非投资级别公司的违约概率不变。第二种方法显然基于这样的假设，即远期期望起主要作用，并带来这样的问题，那就是我们将必须在风险评估之前，监控某公司在某一特定信用级别中持续的时间，除非马尔科夫假设可在实证中得到验证。[㊀] 因此，这个方法以马尔科夫特性为主要基础，而该特性在实证中曾遭到质疑（详见 Lando 和 Skodeberg，2002）。

## 11.2.4 多空结构

在一份信用违约互换中，如出现某已知参考实体的违约事件，保护卖方同意将协议的参考名义金额减去追偿所得的金额支付给保护买方。作为该支付行为的交换，保护买方向保护卖方支付定金。当一个实体以信用违约互换的方式出售保护系统时，就可称之为多头仓位；而相应地，购买保护系统，我们称之为空头仓位。为计算损失，我们可以在保护卖方仍然存续的条件下参考实体发

㊀ 这里我们假定了一个典型的评级分析方法，违约概率直接与公司的评级有关。

生违约时，仅仅变更损失的符号（即将它算成是盈利）。[1]

在众多因素中，做空底层投资组合中资产的影响取决于多头仓位的信用质量、空头仓位的信贷质量以及我们要达到的目标评级（即次级比例）。在下面的例子中，我们将证明这一点。首先，我们考虑一个分布在10个行业中的一项有100家“A”档评级资产多头的投资组合。然后我们逐渐增加空头头寸，从占多头名义金额的10%增加至200%。我们考虑在空头中增加“A”档和“B”档的资产。图11-2表示的是，为达到标准普尔“AAA”和“BBB”的评级而在信用增级上添加空头仓位所带来的影响。图11-2a表示绝对信用增级，而图11-2b表示的是作为多头“A”评级投资组合名义一部分的相关信用增级（换言之，图11-2b通过缩减所需信用增级空头以表示空头信用增级）。

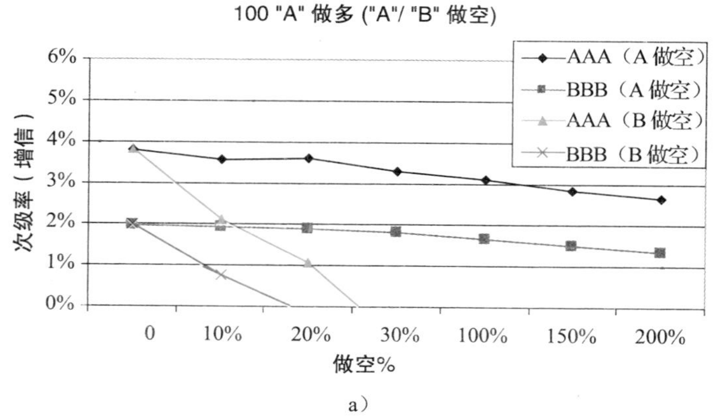


a）

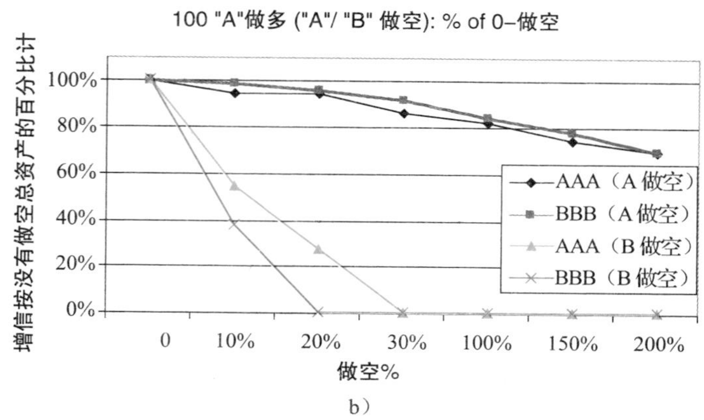


b）

图11-2 做空A级资产组合

[1] 因此会存在额外的交易对手风险，当组合中存在CDS空头时，需要CDS交易对手的额外信息。

其中一条灰线表示为达到“AAA”级，需要增加的“A”档空头数量，而另一条灰线表示需要增加的“B”档空头数量。点线和虚线则代表达到“BBB”级目标的“A”档和“B”档空头数量。显而易见的是，所需的次级垫随着空头头寸的引入而降低，正如预期的那样，这种降低幅度取决于空头组合的信用质量。当增加“B”级空头仓位时，我们看到了所需次级的明显下降，这主要由于与投资级别的资产相比，非投资级别的违约概率更高。

图 11-3 重复上一过程，但这次我们考虑的是“BB”级质量的一个多头组合，以及“BB”级和“B”级质量的空头组合。

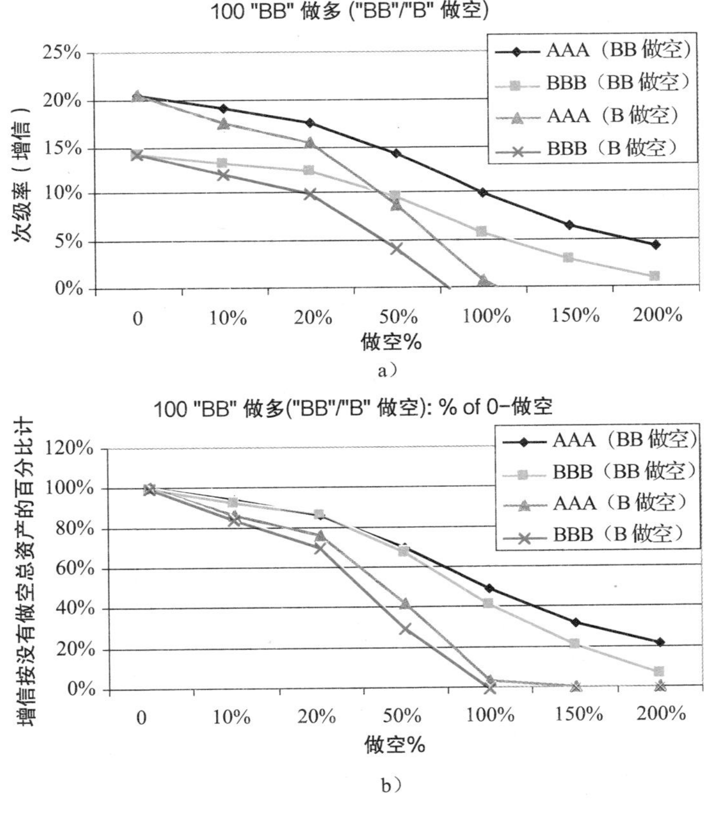


图 11-3　做空 BB 级资产组合

尽管图 11-2 的观测结果可用于该项实验，但我们可以进一步观察到，当同样信贷质量的多头资产与空头资产被引入时，信用增级的相关下降比低信贷质量的投资组合更多。

除了缩短单名风险敞口之外，空头仓位也可应用于合成型 CDO 层级。使用多头或空头层级可实现定向贸易，其中一种（推理性的）观点被未来信贷市场所采用（详见第 7、8 和 9 章）。从一个（损失）建模角度来谈，CDO 平方技术可被充分用于施行空头层级仓位。

### 11.2.5 （随时间）变化的次级垫："递升"交易

在早先对层级违约概率的表述中，我们假设连接点 $A$ 是永恒不变的。这可扩展到当连接点是时间 $t$ 的函数的情况，前一表达式则变为 $PD^{Tranche}=P(L(t)\geqslant A(t))=E[1_{\{L(t)\geqslant A(t)\}}]$。在这种情况下，当连接点变化时，及时估算所有点的损失分布。比如，我们假设一个七年的合成型 CDO 交易。如果连接点最初设为组合名义余额的 3%，而三年后又增长至 5%，并保持在此水平直到到期，那么我们需要计算出第三年和第七年的损失分布。因此，在截至第三年损失不超过 3% 的条件下，层级的累积违约概率为截至第三年损失超过 3% 的概率加上截至第七年损失超过 5% 的概率。

在市场上，这类交易通常被称为"递升"（step-up）交易。如果以时间为主导的连接点还取决于已达到一定程度的损失，那么还能继续扩展。举例来说，针对连接点根据组合在某特定时期遭受的累计损失而进行"重设"的交易是可以建模的。在模拟中，通过跟踪组合损失路径，这一动态过程可轻易得到建模。

## 11.3 信用风险之外：混合结构产品

近年来，结构化信用产品特别是合成型 CDO，正在向参考多种资产类型的趋势发展。按常规，单层 CDO 参考了公司信用违约互换、资产抵押债券层级、其他 CDO 或中小型企业贷款。在 CDO 中，所有资产都同样要承担底层参考债务的违约风险或信贷风险。最近，一些非信用衍生品已被引入合成型 CDO 市场，以便在利差很紧的情况下寻找能带来更高收益的金融工具。

2004 年，对所谓股权违约互换的兴趣达到高潮。股权违约互换是长期、极价外看跌期权，与信用违约互换类似。在此类资产中，如果某特定实体的资产价格突破了一个低障碍（通常为 30%），那就需要应急支出。在紧缩的利差的环境下寻找更高收益促成了这些发展，这也是信用及资产市场融合发展的大趋势。往往股权违约互换的 CDO（或称为债务股本凭证）参考了信用违约互换合约以及股权违约互换合约。在下文里，我们回顾一下股权违约互换的一系列发展以及股权违约互换的 CDO。

与此同时，交易者开始考虑将极价外（欧洲）商品期权引入单层 CDO。2005 年年末以来，由于商品市场呈稳定上升趋势，投资者对这种产品的兴趣也随之逐步增长。信用和商品风险在单层 CDO 中的结合再一次带来许多潜在风险。以相依性问题为例，需小心处理大型石油公司及油价之间的相关性。在“CDO：商品交易”一节中回顾了标准普尔在对担保商品凭证（CCO）进行建模方面的最新进展。

除了这些进展，我们也注意到市场普遍关注一些多元资产级别的产品。除了商品、股权以及信用风险外，此类交易还通过合成型 CDO 技术来转移其他各类风险，如利率或外汇风险。

当处理各种（非信贷）资产类型支持的单层 CDO 建模问题时，我们既可继续使用（及延伸）单层 CDO 通常所用的框架，也可开发出新的方法。本章中，我们在常用的相关性框架下关注事态发展，并展开上一节中关于其他方法的简短讨论。现在，当谈及选择资产类型和风险时，我们分别关注于单变量和多变量，及之前在“单层 CDO 变体”部分及其他各章节中曾讨论过的高斯连接框架。

### 11.3.1 股权违约互换

在过去的两年中，人们对 CDO 参考股权违约互换组合产生了一些兴趣。当底层股权价格下跌超过预计水平时，这些合约就会触发支付。这种价格下跌通常被称为一个“股权事件”（或另称为“股权违约”或“股权违约互换”），这与信贷违约互换合同下的信贷事件相似。当触发价格的设置更接近于零值时，这些合约则变得更加“信用化”，股权违约互换与信用违约互换之间的利差也开始收敛。

在一个参考了股权违约互换合约股票池的 CDO 中，也存在着典型参考 CDS 的 CDO 中的基本机制。卖方收取定金，作为交换，当损失超过临界量时将负有补偿责任。然而，在这种情况下，损失被定义为价格跌至触发水平的股权名义金额减去一个设定的回收率。尽管我们可以考虑任何触发水平和回收率的组合，但在市场中股权违约互换合约的结构通常是引发水平为 30%，固定回收率为 50%。对一些投资者来说，这些长期接近于零的“极价外期权”的风险回报比率特征提供了相对更高的价值，尤其是在近期信用违约互换利差收紧的情况下。

在当前的相关性框架下，将股权违约互换引入单层 CDO，需对单名股权价格突破（达到）障碍的可能性进行评估，并且对股权联动行为及信用和股权之间的潜在相关性进行评估。此处展开的所有分析都基于标准普尔的信用评级以及标准普尔 Compustat 数据库相关的违约数据库。信用评级包括从 1981 年 12 月 31 日至 2001 年 12 月 31 日近 9740 家公司的历史评级记录及 1170 条违约事件记录。Compustat 数据库包含 1962 年至 2003 年间，近 56 500 家股份有限公司在美国或加拿大开展的交易，多达 12 240 个股权时间序列或超过 128 000 个年度观察资料在此得到分析。

#### 11.3.1.1 股权事件：经验之谈及单变量模式

接下来，我们回顾三种不同的分析类型。第一种是纯队列分析（cohort analysis）；第二种是通过随机过程直接展开的股票价格建模；最后是数据信用评分法。

**1. 股权违约事件：队列分析结果** 2004 年乔布斯特和基尔克斯（Jobst and Gilkes）介绍了一种队列分析法（详见第 2 章内容），通常用于推导历史平均违约或评级转移概率。首先，我们考虑某特定时间点 $t$ 上（例如，2000 年 12 月 31 日）所有的公司。我们用 $N_k(t)$ 表示在时间点 $t$ 时第 $k$ 代的公司总数，并且用 $D_k(t, T)$ 表示在时段 $T$ 中（即在时间点 $t+T-1$ 和时间点 $t+T$ 之间）观察事件总数（例如，违约或股权价格下降）。然后，我们便得到在第 $T$ 年（从时间点 $t$ 看起），（边际）违约概率的一个估计。[⊖]

$$P_k(t, T) = \frac{D_k(t, T)}{N_k(t)}$$

在时间 $t$ 内 $M$ 个不同点处，重复这种队列分析法，可让我们得出在时段 $T$ 中，发生无条件违约可能性的预测。

$$\overline{P}_k(T) = \sum_{t=1}^{M} w_k(t) P_k(t, T)$$

这些无条件概率仅是不同时期内队列估算值的加权平均数。通常情况下，$w_k(t)=1/M$（每个时段权重相同）或者$w_k(t) = N_k(t)/\sum_{m=1}^{M} N_k(m)$表示如下（不同时段权重不同）。

在 $T$ 时段内无条件（加权平均）违约积累概率 $\overline{P}_k^{\text{cum}}(T)$ 可通过无条件边缘概率 $\overline{P}_k(T)$ 进行计算。

$$\overline{P}_k^{\text{cum}}(T) = \overline{P}_k^{\text{cum}}(T-1) + \left(1 - \overline{P}_k^{\text{cum}}(T-1)\right)\overline{P}_k(T)$$

Jobst 和 Gilkes（2004）使用这种队列法，计算当一个股价跌至原始价格的 b% 时的无条件长期平均概率。这个概率被称为股权事件概率，它显然取决于 $b$ 的值。对每个公司来说，给定特定时间 $t$（例如 1980 年 12 月），给定队列，我们通过将时间 $t+T-1$，$P^{-}_{t+T-1'}$ 和时间 $T$，$P^{-}_{t+T'}$ 间的月最低价格差与股权违约互换的障碍 $B_t=b \cdot P_t$ 进行比较标记出 $P_t$ 的价格。

⊖ 一些公司可能会在年中时撤回评级。迁移至 NR（未评级）一般被视为关于信用质量的无用信息。因此，随后的分析中我们将忽略这些在付息期间撤回评级的公司。

Jobst 和 Gilkes 主要发现股价的大幅下跌很有可能与股票发行的历史股价波动以及底层公司信用质量关密切相关。这种相关性在 0 到 100% 的障碍水平及各种期限范围上都存在。每个因素的重要性都根据障碍和期限的变化而变化。图 11-4 中，1963 年至 2003 年的数据显示了股票概率和股价波动之间的联系。通过五分组定量法，公司被分为五个波动组。也就是说，20% 最高波动的公司被分为第一组，20% 最低波动率的公司被分为第五组。

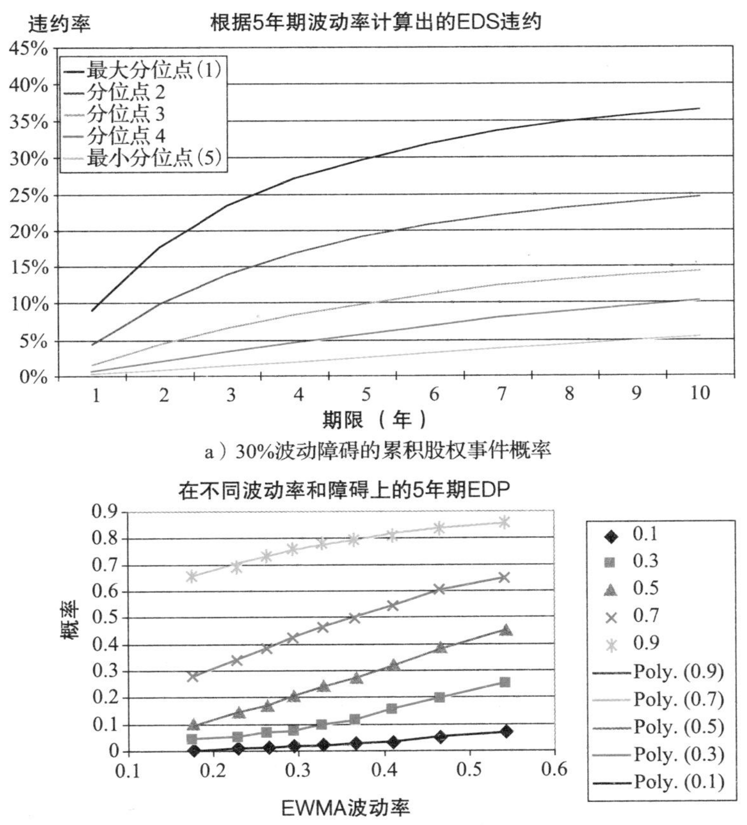


a）30%波动障碍的累积股权事件概率

b）不同障碍波动的五年期股权事件概率

图　11-4

注：Poly. 为 Polynomial 的简写，意为多项式拟合。

如果偶然性的股价跌幅达到 70%，则其被视为“借用化”或“风险化”，并可在实证研究中激活信用相关变量的使用。因此，我们考虑 1981 年至 2003 年间受评公司的一个子级，并按其信用级别划分队列。图 11-5 所示为累积股价下跌概率。

当各类因素或各组队列已知时，队列法可提供股权违约互换最初风险的第一信号，但接下来我们将进一步介绍一种更系统化的方法。

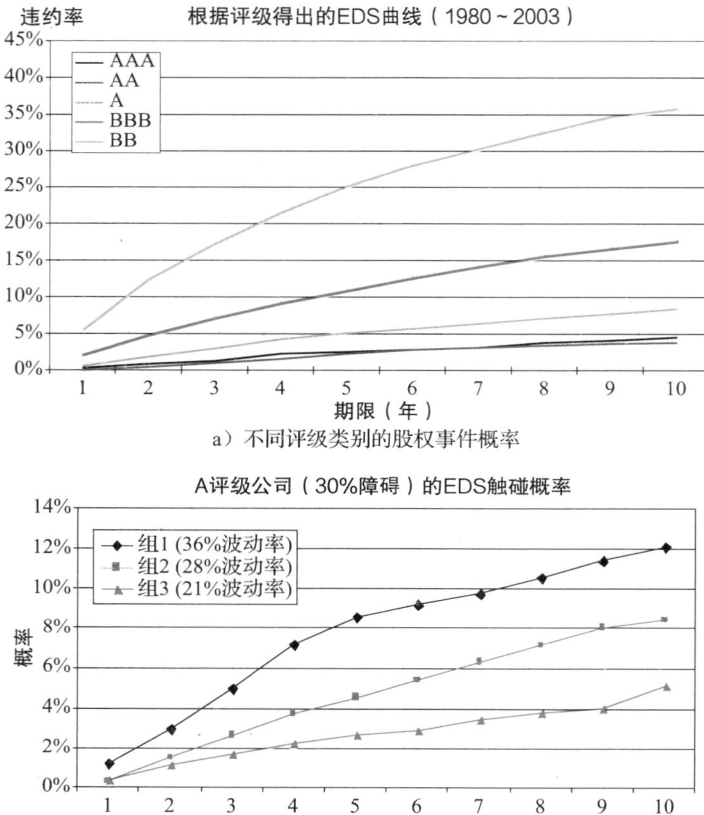

a）不同评级类别的股权事件概率


b）“A”级公司的波动率

图 11-5

2. 股价动态的直接建模　数据计算法的另一项替代选择是采取随机模式测算股价。在股权违约互换研究中，有多重模式可用于分析股价。通常，对股票收益及股票风险测量的研究集中于比标准的五年股权违约互换到期期限更短的期限（通常短几天）。因此，有必要观察这些方法对延期所发挥的作用，这是迄今为止研究人员（学术方面）较少关注的领域。Kaufmann 和 Patie（2004）是个例外。[㊀] 他们讨论了分位数风险度量法，此方法由对数正态模型、广义自回归异方差（GARCH）模型以及为期一年的厚尾分布模型测算得来。Bayliffe 和 Pauling（2003）也研究长期股票收益，着重研究了股票市场均值回归的问题，并对多种模型进行比较，如均值回归、指数均值回归以及模式转换模型。

Jobst 和 Gilkes（2004）也对最常用的两大模型——对数正态模型和广义自

㊀ 另外，Christoffersen 等 (1998) 以及 Morillo 和 Pohlman (2002) 讨论了长期风险管理。

回归模型的实际应用和作用发表了一些见解。

**3. 常态漂移的对数正态模型**　持续波动的标准对数正态模型可由式 $dP_t=\mu_E P_t dt+\sigma_E P_t dW_t$ 得出，式中 $\mu_E$ 和 $\sigma_E$ 固定表示漂移和波动。这种模型最大的优点是解析求解，从而得出股本概率的解析式结果：

$$P(\min_{[0,T]} P_t < B) = 1-\Phi\left(\frac{\ln(P_0/B)}{\sigma\sqrt{T}}\right)+\left(\frac{(\mu_E-0.5\sigma^2)\sqrt{T}}{\sigma_E}\right)$$

$$+\left(\frac{B}{P_0}\right)^{2(\mu_E-0.5\sigma_{E^2})/\sigma^2}\Phi\left(\frac{\ln(P_0/B)}{\sigma_E\sqrt{T}}\right)+\left(\frac{(\mu_E-0.5\sigma_{E^2})\sqrt{T}}{\sigma_E}\right)$$

式中，$B=b\cdot P_0$ 表示股权违约互换障碍。

原则上，模型参数可通过历史股票收益轻易计算出。数据生成过程往往并不遵循几何布朗运动，因此若将该模型直接应用于现实数据，或许需要克服一些困难。

1967 年至 2003 年，乔布斯特和基尔克斯以一大批公司为对象，在股权违约互换框架下展开了一项回溯测试。根据我们的数据库，常数漂移对数正态模型校准至每个公司五年的历史数据。按常规，这些公司被分为五个波动组，并且我们通过每个公司的平均相对概率，计算 1 ～ 10 年期 30% 障碍的平均股权概率。从图 11-6 所示的组群分析中可看出，由模型得出的加权平均股权概率与历史平均股权概率相似。

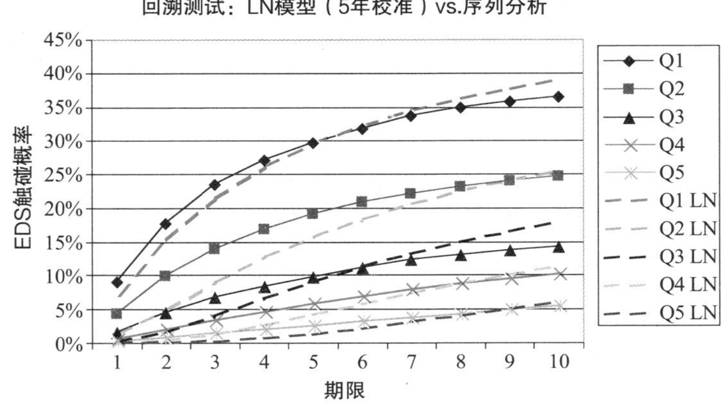


图 11-6　回溯测试结果：无条件序列估算 vs. LN 模型

此项分析的结果振奋人心，模型估算结果（虚线）与无条件队列估算结果（实线标准）非常接近，尤其在更长期限里。在短期限中，模型似乎总是低估风险。

不幸的是，当考虑更小的实验对象时，这些结果并不能成立（如波动更小的群组）。造成这种不稳定性的一个原因是模型对常数漂移值的敏感性，这种敏感性决定了更长期限下的波动项。[⊖] 图 11-7 显示了在恒定年度波动为 35% 的假设下，变化漂移值的股权概率，而漂移值起到了到期时间的作用。

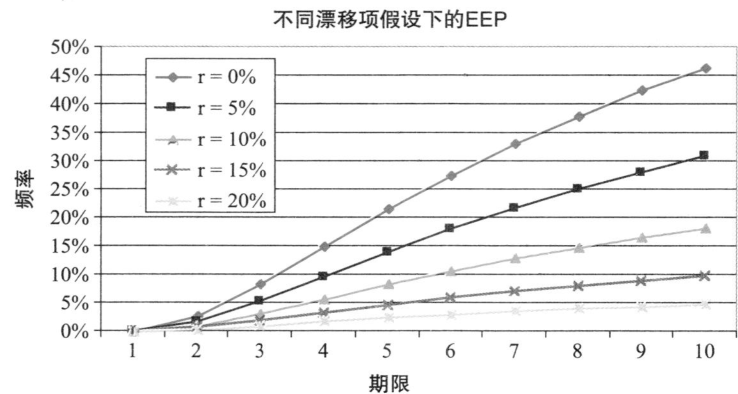

图 11-7　不同漂移假设的股权事件概率

这些结果表明，逐名分析可能比较麻烦，并且股票市场的动荡可能导致股权概率快速变化。为了减少这些影响，我们需要对模型的输入及输出做一些调整，性质上同结构化模型应用（莫顿类型）之于违约率评估的机制相似（见 Sobehart 和 Keenan，2004）。这些改进应该会使模型性能和实证证据更加协调统一。

4. 常数漂移量的 GARCH（1，1）模型　对数正态模型的简单延伸以对金融市场波动通常并不恒定的观察为基础。确实，波动组常常易于观察，它们在低收益平静期与高收益波动期交替出现。在技术上，这就叫作自回归条件异方差（ARCH）或 GARCH 模型，最初由 Bollerslev（1986）提出，目的是刻画这一现象。在简单的常漂移量 GARCH（1，1）中，股票收益由 $r_t=\mu+\varepsilon_t$，表示，其中 $\varepsilon_t\sim\Phi(0,\sigma_t)$。条件方差 $\sigma_t$ 被模拟为 $\sigma_t^2=\omega+\alpha\varepsilon_{t-1}^2+\beta\sigma_{t-1}^2$，这一模型通常在最大似然框架下进行校准。

GARCH 参数的校准结果显示其对给定的时间序列较为敏感，尤其当以长时间序列为考虑对象时（对长期风险管理较适用）。2003 年，Stărică进行了关于 GARCH 模型参量估算以及大量历史数据稳定性的讨论。

虽然如此，波动动态的更现实化使 GARCH 模型适用于股权违约互换建模。与对数正态模型相比，股权概率在短期内趋于升高（在起初几年内），而估算值则在更长期限内收敛。结果，与实证结果相比，图 11-6 中所示模型的低估

⊖ 对于结构性（默顿）信用风险模型，同样的问题也需要解决。在接近违约的情景以及中到长期的情景下，漂移的影响也很大。因为资产漂移项的估计很困难，额外的信息被视作是无用的，通常被忽略（见 Lando，2004 讨论）。

率也会有所降低，并且通过引入非正态余量进一步提高性能。股票时间序列数据通常呈现出正态分布不能刻画的厚尾，并且其他分布被利用于更充分地捕捉这些尾事件，此处以 McNeil 和 Frey（2000）为例。GARCH 模型最常见的扩展包括非常态余量、高阶 GARCH 模型，以及关注可观察股票收益不对称性的延伸 GARCH 模型（见 Alexander2001 年所做的概要）。Kaufmann 和 Patie（2004）对估算数据频率选择以及"平方根时间"调整法在我们股票违约互换建模情景下同样息息相关。股权违约互换评级的 GARCH 模型应用细节可参见标准普尔以惠誉国际。

**5. 信用评分统计方法**　尽管最初的队列分析结果证明评级和波动在对股权违约互换性能进行评估时发挥了重要作用，其他一些变量同样有用。de Servigny 和 Jobst（2005）将常用的信用评分模型用于股权违约互换中。可考虑将 23 种变量用于评分实践——其范围包括市场变量（例如标准普尔 500 指数的波动率）。股价表现变量（例如股票平均收益率、波动率或者高阶矩）以及特定公司的财务信息（例如负债股权比率）。

在信贷领域，这是进行风险评估最为广泛的技术之一，因为有零散信息可用。在各种评分技术中，逻辑回归（logit 模型）被当成是一种标准方法。这些评分技术使我们能在目标期限或明确定义的期限中估算违约或事件风险，从此意义上说，它们传递了时点信息。若在既定期限之前或之后，那么它们给出的结果则通常包含较少的信息量。

**6. 方法论概要**　de Servigny 和 Jobst（2005）使用了 Cangemi 等人（2003）描述的高级逻辑回归技术。让我们假设风险因素为一个向量 $\boldsymbol{X}$，则有 $\boldsymbol{X}\in R_d$。以信息 $\boldsymbol{X}$ 为条件，违约概率或股权事件概率（以一个"1"来表示），可写为一个特征函数的对数转换 $F(\boldsymbol{X})$，如此将各因素的预测检验能力最大化。对数转换[㊀]帮我们得出位于层级 ]0, 1[ 中的结果。

$$P(1|\boldsymbol{X})=\frac{1}{1+\mathrm{e}^{-F(X)}}$$

根"真实"、未观察到的底层特征函数的一阶泰勒展开式，$F(\boldsymbol{X})$ 的给定可以很简单。在这一情况下，我们可以使用对数线性模型。其规则更加细化，其中也包括二次项线性，可算出二次对数。为了减少计算量，并更好地适应高阶特征[㊁]，我们可概括该形式的一些附加圆柱形核特征：

$$f_k(\boldsymbol{X})=\sum_{i=1}^{p}\sum_{\theta=1}^{n}\varepsilon_{i\theta}\frac{(x_i-a_\theta)^2}{\sigma^2}$$

式中，$\varepsilon_{i\theta}$ 为比重；$a_\theta$ 为选定中心，$\sigma$ 为符合圆柱形核衰减常数的带宽。

---

㊀ 其他转换比如 Probit 1 转换也能适用。

㊁ 也就是说，进一步降低残差项或误差项。

实际上，我们使用的模型可描述如下：

- 线性对数模型

$$P(1|\boldsymbol{X})=\frac{1}{1+\exp\left(-\left(\beta+\sum_{i=1}^{p}\delta_i x_i\right)\right)}$$

- 二次线性对数

$$P(1|\boldsymbol{X})=\frac{1}{1+\exp\left(-\left(\beta+\sum_{i=1}^{p}\delta_i x_i+\sum_{j=1}^{p}\sum_{k=1}^{p}\gamma_{jk}x_j x_k\right)\right)}$$

- 全对数模型，即线性模型与二次核特征模型的综合体。

$$P(1|\boldsymbol{X})=\frac{1}{1+\exp\left(-\left(\beta+\sum_{i=1}^{p}\delta_i x_i+\sum_{j=1}^{p}\sum_{k=1}^{p}\gamma_{jk}x_j x_k+\sum_{i=1}^{p}\sum_{\theta=1}^{n}\varepsilon_{i\theta}\frac{(x_i-a_\theta)^2}{\sigma^2}\right)\right)}$$

使用不同的线性规则，我们可以减少模型风险并更准确地分析其数据的真实预测能力。利用最大似然法来校准包括这样一种正规化特性：当有许多相关项权值需要校准时，可帮助减少过度拟合。进一步细节可参见第 2 章内容。

7. 实证结果　de Servigny 和 Jobst（2005）再次证明评级和一年期波动性具有持续高的因子载荷，确认了我们做出的变量选择（详见图 11-8a）。我们也就知道了，信用变量的解释功能随着障碍水平的增加而降低，而市场变量的影响如波动则随着障碍水平的增加而增加。例如，对 50% 以上的障碍来说，最重要的因子即为信用评级带来的波动性；而对于 50% 以下的障碍来说，排序则正好相反。然而，对更长期限来说，信用变量的解释功能似乎始终最为重要（图 11-8b）。

在确认了线性对数模型的最重要因子之后，de Servigny 和 Jobst（2005）引入高级信用评分模型，让评分方法原本极佳的表现更加完善。在使用模型计算 10%、30% 和 50% 的障碍以及 1-、3- 和 5- 年的到期过程中，过滤系统的诞生使我们能够将股权违约互换分为 1 ～ 5 个风险类别。

通过排序数据报告，即所谓的基尼系数（参阅附录 A，见表 11-5），可得出这种风险分类的性能状况。从根本上讲，基尼系数是一个指标，用来评价模型预测的风险股权违约互换是否确实就是真实的股权违约互换事件。同样的数据常常用于违约概率模型，其中基尼系数根据数据设置和应用，在 50% 和 90% 之间变化。正如表 11-5 所示，股权违约互换分类的性能表现令人鼓舞，支撑了模型及类别的选择。我们可参看 de Servigny 和 Jobst（2005）以获得进一步详细信息。

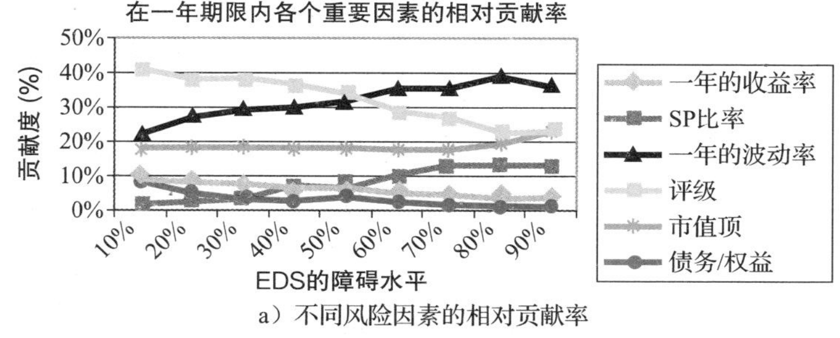


a）不同风险因素的相对贡献率

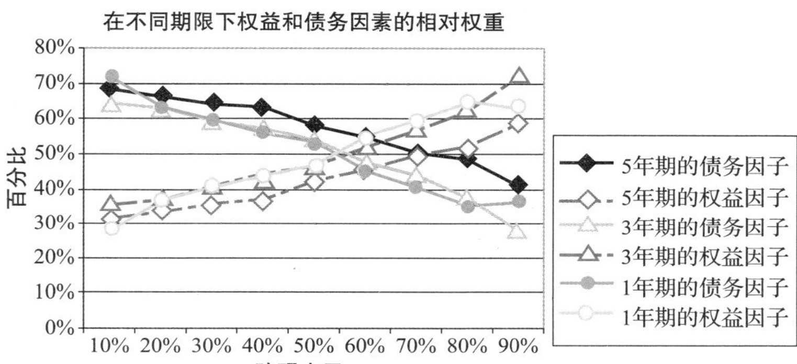


b）根据信用因素或权益因素分类合计

图 11-8

表 11-5 根据资产类别排序 （%）

| EDS 分类 | 10% 障碍 | | | 30% 障碍 | | | 50% 障碍 | | |
|---|---|---|---|---|---|---|---|---|---|
| 期限 | 1 年 | 3 年 | 5 年 | 1 年 | 3 年 | 5 年 | 1 年 | 3 年 | 5 年 |
| 基尼系数 | 91.97 | 83.98 | 80.88 | 82.79 | 75.34 | 69.86 | 73.47 | 63.08 | 57.53 |

尽管这一部分提出了几种测量股权事件概率的方法，但 Medova 和Smith（2004）及 Albanese 和 Chen（2005）记述了许多有趣的评估问题。

### 11.3.1.2 相依事件：股权违约互换建模的多变量情况

在莫顿框架结构下高斯连接函数模型的意义，在于所有证券都是企业资产估值的函数。因此，所有证券将随着这个过程而移动变化，该过程建议使用股本或债券价差数据进行校准。股价相关性的优势在于清晰而有效的数据，并能够估算发行人特别的联动能力。尽管对企业资产来说确实如此，但在 CDO 中经常出现混合了其他结构金融资产的综合体（如住宅抵押贷款证券、资产抵押债券等）且股价风险敞口的发展趋势和市场动向独立于在最佳估算时期的信用质量变化。同样，信用利差可能被市场趋势或流动资金问题所影响。与基于股权和利差相关性不同，有一种方法可直接使用实际（观察）违约事件来降低因不相关的外部因素引起的虚假相关性的可能性。因为基于事件的相关性往往需要生成至少 20 年的数据作为大样本，它们逐渐被视为长期预测，因此可以平滑因商业周期和经济效益引发的波动。

Jobst 和 de Servigny（2006）关注于实际事件的相关性，其中违约和股权事件都被考虑在内（在同样的分析框架下）。他们再一次采用了应对股权违约互换信用风险所采取的方法。可考虑使用三种不同的相关性估计量来评价估计的稳定性，这三种估算法都可提供特定产业（或相同风险类别）的相关性，这一相关性或许需要用于在高斯连接函数模型下再现平均历史连带违约或股本违约行为。首先，遵循 de Servigny 和 Renault（2003）的方法，计算同时发生事件的概率，并将其转化为实际事件和隐含资产相关性。为了减轻由（未知的）特定估计量特征带来的偏差，我们同样考虑二项式最大似然估计法和 Demey 等提到的渐进最大似然估计法，该方法以因素建模法及条件独立性为基础。而第一种估计量能够在所有行业组合之间建立关联，第二种估计量仅在某特定行业内建立特定行业关联。两个行业之间的关联是恒定的，因此也独立于某特定行业。

**1. 最大似然估计法的约束因子结构** 事实上，因为有大量公司需要分析，所以我们通常确认一些（更少量的）因素并将潜在随机变量或资产价值 $(V_1, \cdots, V_N)$ 重新写为这些因素的线性函数：

$$V_i = \sqrt{\rho}F + \sqrt{\rho_c - \rho}F_c + \sqrt{1-\rho_c}\varepsilon_i \quad i \in c$$

与无约束模型相比较，按照上述假设得出的有条件相关性过程（在不同群组之间相关性是常数且相等）

$$\sum_{\text{MLE}}^{\text{Ind}} = \begin{pmatrix} \rho_1 & \rho & \cdots & \rho \\ \rho & \rho_2 & \ddots & \vdots \\ \vdots & \ddots & \ddots & \rho \\ \rho & \cdots & \rho & \rho_I \end{pmatrix}$$

在最大似然估计法意义上更为优化，因为一般因素条件下的违约概率能以闭型解的形式给出。然后，违约事件在已知参数的条件下遵循二项分布，最大似然估计量可由对一般因子进行积分得到（可参见 Demey 等，2004 以及 Jobst 和 de Servigny，2006）。

**2. 股权违约互换相关性：实证研究**

标准 30% 障碍　表 11-6 所示为由股权违约互换数据库得出的 30% 障碍特定行业的相关性的估值。AvgN 列包含了每年每个行业中公司的平均数量；依照 2003 年 de Servigny 和 Renault 的方法，DefCorr 列和 ImpAssCorr 列包含实际股权违约互换事件以及隐含资产相关性；AsyMLE 列和 BinMLE 列则包含了 Jobst 和 de Servigny 所提到的渐进最大似然估计法和二项最大似然估计法的估算结果。最后一行包括两个行业间的（平均）相关性，倒数第二行包括产业之内的平均相关性。

表 11-6　股权事件的实证和资产相关性结果

| | 平均个数 | 相关性（%） | 隐含资产相关性（%） | 渐进极大似然估计（%） | 伯努利极大似然估计（%） |
|---|---|---|---|---|---|
| 汽车制造业 | 113 | 5.8 | 23.0 | 15 | 20.3 |
| 农业 | 115 | 3.0 | 17.0 | 18 | 22.5 |
| 能源行业 | 58 | 8.1 | 28.0 | 28 | 36.1 |
| 金融业 | 85 | 2.5 | 16.0 | 13 | 17.7 |
| 化学化工业 | 46 | 4.2 | 21.0 | 16 | 18.0 |
| 生命医疗行业 | 72 | 3.6 | 17.0 | 16 | 20.0 |
| 高科技行业 | 55 | 22.1 | 44.0 | 28 | 36.3 |
| 创新行业 | 44 | 2.3 | 14.0 | 18 | 17.7 |
| 咨询行业 | 60 | 5.3 | 19.0 | 16 | 18.2 |
| 房地产行业 | 27 | 22.5 | 47.0 | 53 | 40.1 |
| 通信业 | 22 | 34.4 | 61.0 | 39 | 52.9 |
| 运输业 | 24 | 1.5 | 19.0 | 23 | 24.6 |
| 公用事业 | 55 | 2.2 | 27.0 | 19 | 24.8 |
| 平均值 | | 8.5 | 27.2 | 23.2 | 26.9 |
| 行业间 | | 3.7 | 14.2 | 9 | 17.6 |

通过表 11-6 能得出一些有意思的结论。首先，30% 障碍的股票违约互换的相关性看起来显著高于违约事件相关性。平均产业内及产业间行业相关性分别约为 27% 及 15% ～ 17%，而（信用）违约事件相关性则为 14% ～ 18% 及 5% ～ 6%（见于 Jobst and de Servigny，2006 中的信用风险结果）。

**3. 不同障碍的股权违约互换相关性**　接下来，我们将推算以 10%（对应于 90% 的下降）至 90%（对应于 10% 的下降）障碍的三种估计量为基础的行业内及行业外相关性。图 11-9a 和 b 分别绘制了不同障碍行业内及行业外之间的相关性。

在某特定行业中，二项最大似然估计法和隐含资产相关性的估计量似乎非常实用，然而对 50% 以下的障碍来说，渐进估计量的小样本偏差变得显而易见。对行业外相关性来说，对渐进估计量的低估率变得更加明显。此外，我们相信隐含资产相关性对 50% 以下的障碍来说也存在偏差。[⊖]

然而，最有趣的一项观察是 50% 以下及以上障碍水平的相关性情况。尽管对 50% 以下障碍来说，相关性看起来几乎是恒定的，但我们仍然可以看到 50% 以上障碍时相关性的高速增加。这意味着相关性看起来似乎是相

⊖　这一结论主要来自于二项式最大似然估计和违约隐含资产相关性估计量的良好一致性。

依所采用的方法，在默顿模型框架下，它突出了实证结果与一般理论假设之间的矛盾。

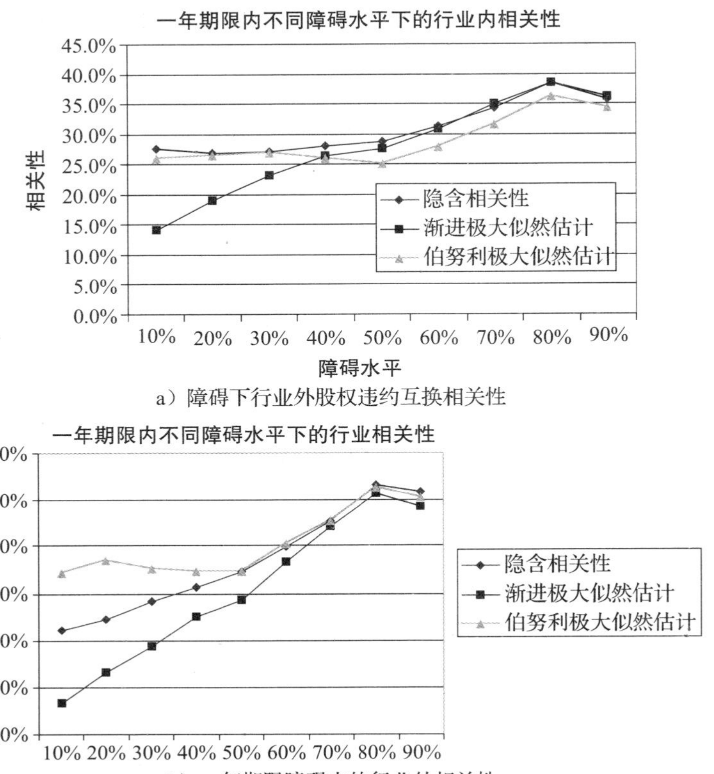

a）障碍下行业外股权违约互换相关性

b）一年期限障碍中的行业外相关性

图 11-9

### 11.3.1.3 实例研究：信用违约互换和股权违约互换的混合 CDO

本节中，我们采用基于数据统计评分模型的评级以及相关性研究结果来分析一些以标准普尔 100 指数为基础的样本交易。在第一个实例研究中，我们从两个时点来分析在标准普尔 100 指数中所有经过标准普尔评级的债务人的股权违约互换，即 2000 年 8 月和 2004 年 11 月泡沫破灭之前。

在 2000 年 8 月标准普尔 100 的 92 个标的里，标准普尔评级、行业及区域信息都是可得的。股权违约互换分析使用高级数据评分模型（标准普尔股权违约互换评估模型，以在“股权事件”一节概述的方法论为基础）来确定划分股权违约互换的分类，图 11-10 所示为其结果的概况。[⊖]

⊖ 见第 10 章关于 SDR 的进一步讨论。

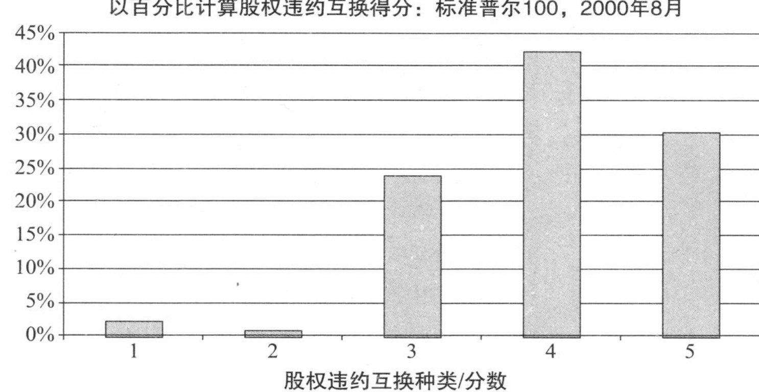


图 11-10　2000 年 8 月，标准普尔 100 中股权违约互换的分数分布图：1= 低风险，5= 高风险

正如我们可看到的，此时期内，在股本市场中所观测到的高波动率导致了指数的 EDS 得分相对较低。在证券组合层面，接下来使用高斯连接函数模型（例如 CDO 评估式）及假设零回收率来进行分析，得出如表 11-7 所示的次级水平或情景违约率（SDR）。

表 11-7　2000 年 8 月信贷违约互换的债务担保证券情景违约率（左栏）及股权违约互换（右栏）

| CDS 投资组合 | | | | EDS 投资组合 | | | |
|---|---|---|---|---|---|---|---|
| 评级 | 评级分位点（%） | 次级违约率（%） | 金钱损失 | 评级 | 评级分位点（%） | 次级违约率（%） | 金钱损失 |
| AAA | 0.114 | 7.61 | 7 | AAA | 0.114 | 59.78 | 55 |
| AA+ | 0.170 | 7.61 | 7 | AA+ | 0.170 | 57.61 | 53 |
| AA | 0.354 | 6.52 | 6 | AA | 0.354 | 53.26 | 49 |
| AA− | 0.445 | 6.52 | 6 | AA− | 0.445 | 52.17 | 48 |
| A+ | 0.584 | 6.52 | 6 | A+ | 0.584 | 50.00 | 46 |
| A | 0.727 | 6.52 | 6 | A | 0.727 | 48.91 | 45 |
| A− | 1.036 | 5.43 | 5 | A− | 1.036 | 46.74 | 43 |
| BBB+ | 1.731 | 5.43 | 5 | BBB+ | 1.731 | 43.48 | 40 |
| BBB | 2.805 | 4.35 | 4 | BBB | 2.805 | 39.13 | 36 |
| BBB− | 6.059 | 3.26 | 3 | BBB− | 6.059 | 33.70 | 31 |
| BB+ | 7.915 | 3.26 | 3 | BB+ | 7.915 | 31.52 | 29 |
| BB | 11.571 | 3.26 | 3 | BB | 11.571 | 28.26 | 26 |
| BB− | 16.567 | 2.17 | 2 | BB− | 16.567 | 25.00 | 23 |
| B+ | 22.035 | 2.17 | 2 | B+ | 22.035 | 21.74 | 20 |
| B | 31.986 | 1.09 | 1 | B | 31.986 | 18.48 | 17 |
| B− | 42.293 | 1.09 | 1 | B− | 42.293 | 15.22 | 14 |
| CCC+ | 57.946 | 1.09 | 1 | CCC+ | 57.946 | 11.96 | 11 |
| CCC | 68.885 | 0.00 | 0 | CCC | 68.885 | 8.70 | 8 |
| CCC− | 84.129 | 0.00 | 0 | CCC− | 84.129 | 5.43 | 5 |

针对标的一样的信用违约互换组合，通过将这些结果与情景违约率相比较，我们可以观察到，由于事件概率更高，相关性更高，EDS 的 CDO 的损失率更高。没有回收率这一假设，使得违约或股权事件的数量在比如“AAA”级的环境下得到确认。根据我们的分析，超过一半的资产池（55 个标的）能够在这样的环境下触发 30% 的障碍水平，而实际上在 2000 年 8 月至 2004 年 11 月间只观察到 21 个股权事件。在下跌了 70% 的 21 只股票中，有 12 个被归为类别 5，8 个被归为类别 4，只有 1 个归为类别 3，这表明我们之前提出的分类系统是有一定道理的。

在下面的实验中，我们再次使用 2004 年 11 月的分析。图 11-11 所示为新股权违约互换得分分布，其后是更新的情景违约概率（表 11-8）。

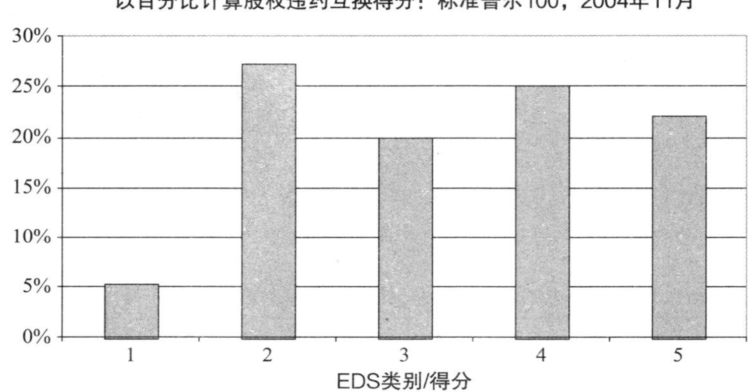


图 11-11 2004 年 11 月标准普尔 100 所示股权违约互换得分分布图：1= 低风险，5= 高风险

这些数据（如表 11-8 所示）解释了股权违约互换计分的重要进展，它使得次级水平明显降低。但从整体来看，我们仍然可以看到，与 CDS 的 CDO 相比，类别 4 或类别 5 中的 EDS 的 CDO 数量大幅减少。

表 11-8 2004 年 11 月股权违约互换的 CDO 情景违约率

| 期望评级 | 股权违约互换投资组合：2004 年 11 月 | | |
|---|---|---|---|
| | 评级违约概率（%） | 情景违约率（%） | 损失 |
| AAA | 0.114 | 47.37 | 45 |
| AA+ | 0.170 | 45.26 | 43 |
| AA | 0.354 | 42.11 | 40 |
| AA− | 0.445 | 41.05 | 39 |
| A+ | 0.584 | 38.95 | 37 |
| A | 0.727 | 37.89 | 36 |
| A− | 1.036 | 35.79 | 34 |
| BBB+ | 1.731 | 32.63 | 31 |
| BBB | 2.805 | 30.53 | 29 |

（续）

| 期望评级 | 股权违约互换投资组合：2004 年 11 月 | | |
|---|---|---|---|
| | 评级违约概率（%） | 情景违约率（%） | 损失 |
| BBB− | 6.059 | 25.26 | 24 |
| BB+ | 7.915 | 24.21 | 23 |
| BB | 11.571 | 21.05 | 20 |
| BB− | 16.567 | 18.95 | 18 |
| B+ | 22.035 | 16.84 | 16 |
| B | 31.986 | 13.68 | 13 |
| B− | 42.293 | 11.58 | 11 |
| CCC+ | 57.946 | 8.42 | 8 |
| CCC | 68.885 | 6.32 | 6 |
| CCC− | 84.129 | 4.21 | 4 |

在最后一个实验中，我们假设了一个同时参考了信用违约互换和股权违约互换的 CDO 结构，但 EDS 仅包含属于类别 1 或类别 2 的。其他所有的股权违约互换都被它们的信用违约互换对应体所代替，剩下共计 31 个股权违约互换和 64 个信用违约互换。表 11-9 显示了次级水平的明显下降。

表 11-9　2004 年 11 月信贷违约互换 / 股权违约互换混合 CDO 的情景违约率

| 期望评级水平 | 混合信贷违约互换 / 股权违约互换投资组合：2004 年 11 月 | | |
|---|---|---|---|
| | 评级分位数（%） | 情景违约率（%） | 损失（%） |
| AAA | 0.114 | 17.89 | 17 |
| AA+ | 0.170 | 16.84 | 16 |
| AA | 0.354 | 14.74 | 14 |
| AA− | 0.445 | 14.74 | 14 |
| A+ | 0.584 | 13.68 | 13 |
| A | 0.727 | 13.68 | 13 |
| A− | 1.036 | 12.63 | 12 |
| BBB+ | 1.731 | 11.58 | 11 |
| BBB | 2.805 | 10.53 | 10 |
| BBB− | 6.059 | 8.42 | 8 |
| BB+ | 7.915 | 7.37 | 7 |
| BB | 11.571 | 7.37 | 7 |
| BB− | 16.567 | 6.32 | 6 |
| B+ | 22.035 | 5.26 | 5 |
| B | 31.986 | 4.21 | 4 |
| B− | 42.293 | 3.16 | 3 |
| CCC+ | 57.946 | 3.16 | 3 |
| CCC | 68.885 | 2.11 | 2 |
| CCC− | 84.129 | 1.05 | 1 |

## 11.3.2 债务商品凭证：商品交易[一]

近期，随着商品价格的大幅上涨（见图 11-12）以及它在历史上与其他资产相关性较低，市场引入了商品联结 CDO 结构。

高回报率以及分散化似乎对一些投资者具有吸引力。正如股权风险通过股权违约互换被引入 CDO 中一样，商品风险也被引入。它实质上参考的是一种价外欧式期权，它基于商品的即期价格并为行权价预设了一个“触发水平”。一般情况下，股权违约互换的 CDO 每个标的仅有一个行权价（障碍水平）被参考，与之相反，当考虑一个商品期权的 CDO 时，底层资产组合一般会包括不同触发价格的（原始价格的 20% ～ 60%）多个期权。当然，当试图建立一个颇具规模的组合时，股权的选择更多于商品选择。这两者的其他不同点在于股权违约互换通常具有美式期权特征。

这些不同之处对于建模有着重要影响。尽管统计队列和信用评分方式非常适用于股权违约互换，但这种技术是否适用于商品违约互换的建模尚存有疑问。能使用的商品数量及一般情况下具有相似特征的商品数量通常都不多（一般在 CDO 中，参考 10 ～ 15 个不同商品）。结果，我们就需要评估是否将商品分为有意义的类别（例如，能源类、金属类等等），以及如果有数量充足的商品是否可开展一个以离散事件为基础的分析（例如历史上的罢工事件）。同样，对于相关性或相依性分析，商品事件数量与成千上万的股权事件相比要小得多，因此在离散事件基础上试图应用估算技术时困难重重。这正如“股权违约互换”一节中所概括的那样。

### 11.3.2.1 单项商品价格建模

我们通常使用随机模型（过程）来模拟商品价格动态，如 Eydeland 和 Wolyniec（2003）或 Geman（2005）所述。举例来说，我们近期考虑使用算术均值回归方法来模拟商品现货价格，此过程是以价格对数为基础的。Schwartz（1997）和 Geman（2005）详细讨论了这种模型并给出以下形式：

$$\frac{\mathrm{d}S}{S}=\beta(\xi-\ln S)\mathrm{d}t+\sigma\,\mathrm{d}W$$

此处，现货价格 $S$ 以 $\beta$ 的速度回复至 $e^{\xi}$ 长期水平。将新变量 $x=\ln(S)$ 代入，得出

$$\mathrm{d}x=\beta(\theta-x)\mathrm{d}t+\sigma\mathrm{d}W \tag{11-1}$$

式中，$\theta=\xi-(\sigma^2/2\beta)$ 和长期现货价格都由 $\overline{S}=\exp(\theta+(\sigma^2/2\beta))$ 而得出。

---

[一] 鸣谢标准普尔的 Kimon Gkomozias 颇有见地的观点和计算支持。

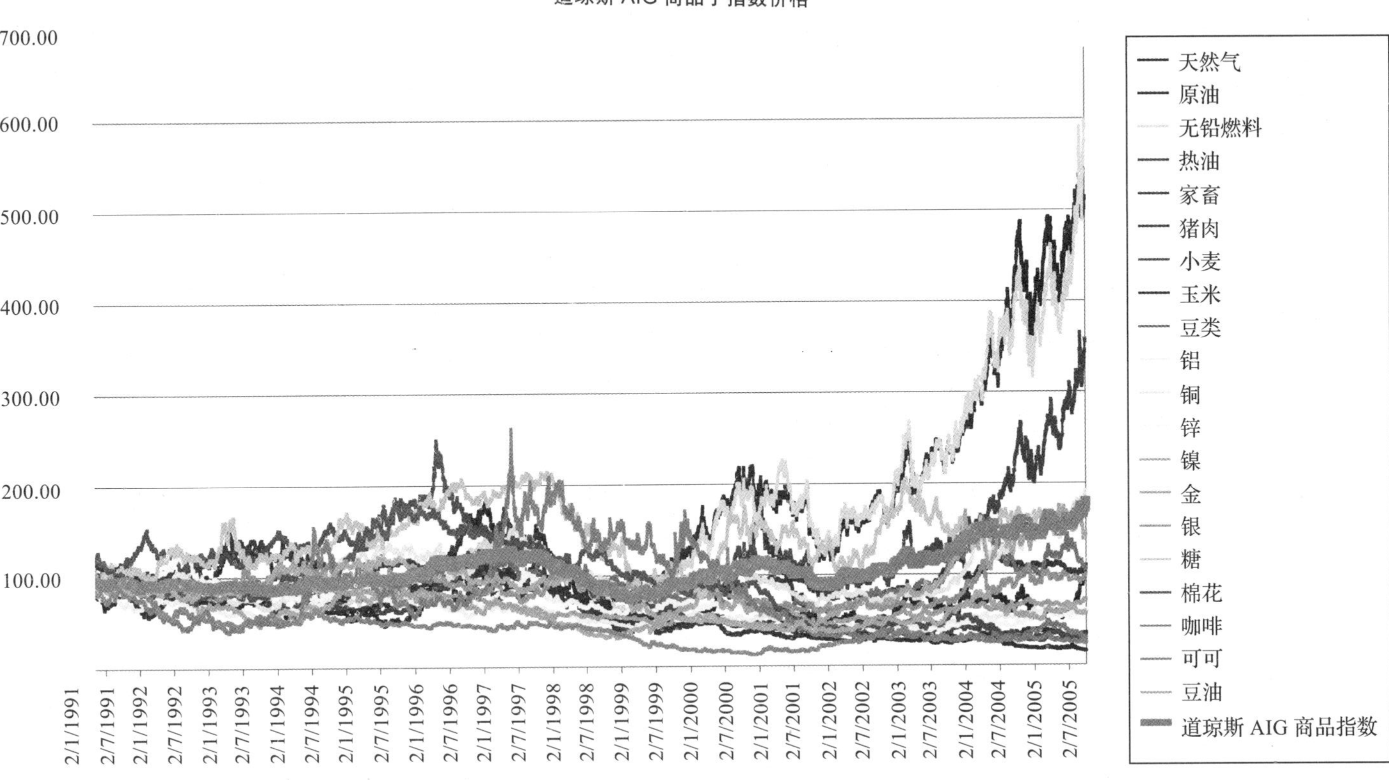


图 11-12　历史商品价格

式（11-1）中的随机过程的解由下式得出：

$$x(t)=x(s)\mathrm{e}^{-\beta(t-s)}+\theta\left(1-\mathrm{e}^{-\beta(t-s)}\right)+\sigma\int_{u=s}^{t}e^{-\beta(t-u)}\,\mathrm{d}W(u)$$

并且当 $Z_i's$ 取样于标准化正态分布时，离散解

$$x_{i+1}=x_i\,\mathrm{e}^{-\beta\left(t_{i+1}-t_i\right)}+\theta\left(1-\mathrm{e}^{-\beta\left(t_{i+1}-t_i\right)}\right)+\sigma\sqrt{\frac{1}{2\beta}\left(1-\mathrm{e}^{-2\beta\left(t_{i+1}-t_i\right)}\right)}Z_i$$

对模拟目的来说非常有用。

当然，各种其他随机过程也可纳入考虑。例如，式（11-1）可拓展为

$$\mathrm{d}x=(a+bx)\mathrm{d}t+\sigma x^{\gamma}\,\mathrm{d}W \tag{11-2}$$

式中，均值回归水平由 $\theta=-(a/b)$ 得出，而均值回归速度由 $\beta=-b$，得出，$\gamma$ 是一个标量。Prigent 等（2001）将模型用于信用利差数据。基于参变量 $\gamma$（测量水平与波动之间的非线性水平)，可得出一些常知模型。例如，$\gamma=0$ 可得出 Vasicek 模型过程，而 $\gamma=\frac{1}{2}$则得出 Cox，见 Ingersoll 和 Ross（1985）。Prigent 等（2001）还讨论了一种特定的跳跃扩散模型，而利用跳跃项来模拟商品价格是否恰当还需进一步研究。

**实证结果和模型标准化** 在为各种商品估算出一个参数模型之前，将非参数技术用于了解漂移和扩散项的定性是有益处的。附录 11B 概括出漂移项 $\mu$ 和扩散项 $\sigma$ 的第一位近似值，其中随机过程遵循一个一般扩散类型：

$$\mathrm{d}S_t=\mu(S_t)\mathrm{d}t+\sigma(S_t)\mathrm{d}W_t.$$

根据 1991 年至 2004 年的每日数据估算，图 11-13 和 11-14 将漂移项分别展示为银和原油的价格函数。

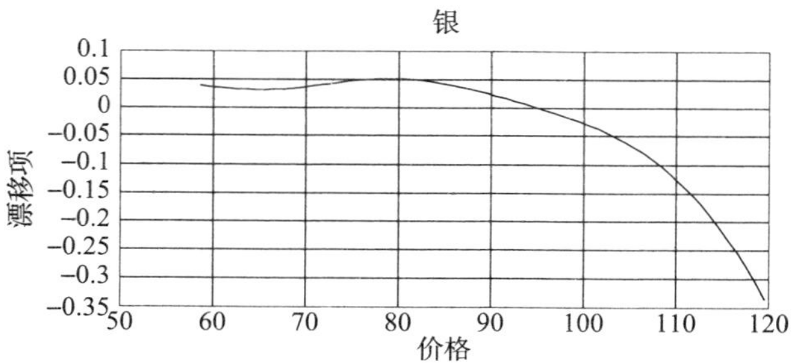


图 11-13 漂移对银价产生的作用

两组数据显然表示出，在相关商品价格水平中，漂移并非常数，尤其当商品价格居高之时。这一点力证了一个均值回归行为，因此有助于选择出一个恰当的线性模型。

同样，扩散项也可通过附录 11B 所概括的内容得出估算结果。对银和原油

来说，我们分别得出图 11-15 和 11-16 所示内容。

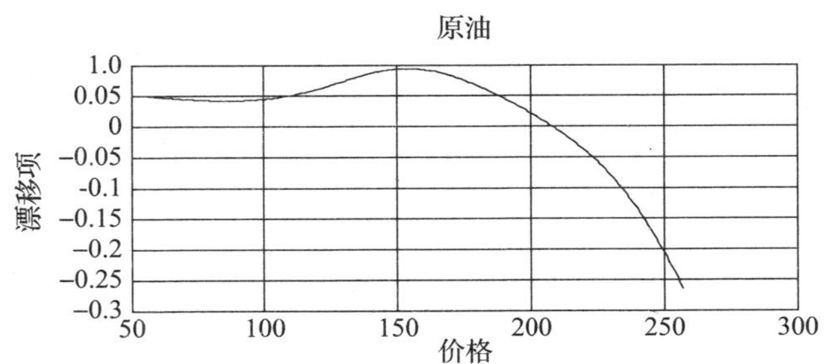


图 11-14　漂移作为原油价格的函数

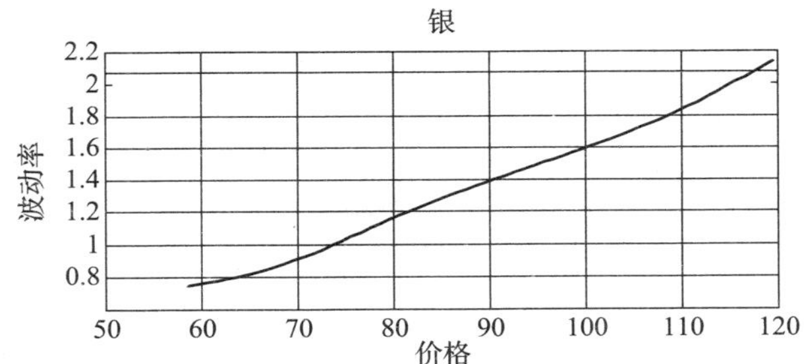


图 11-15　波动作为银价的函数

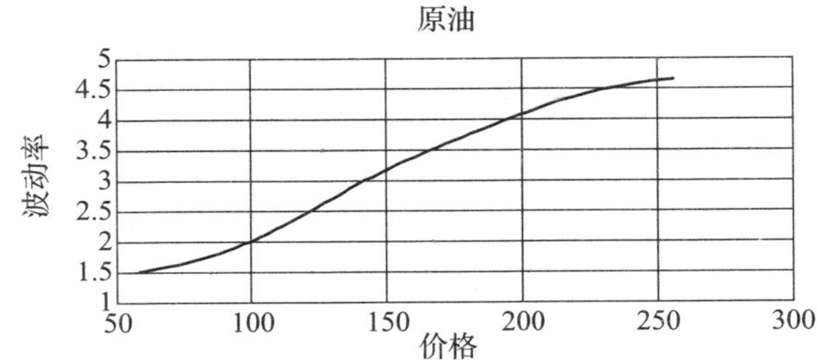


图 11-16　波动对原油价格的作用

对两种商品来说，扩散在价格水平上几乎是线性的；也就是说，当价格处于较低水平时，波动也较低；而当价格居高时，波动也较高。考虑到关于漂移和波动的这些发现，至少对于这些商品来说，选择之前提出的一些随机过程似乎是合理的。要得出进一步结论，我们还需参看 2006 年标准普尔数据。

附录 11C 概括了随机过程式（11-2）的参数估计，并且我们接下来将介绍五种商品的一些估算结果。

表 11-10 所示为一种无限制估计。我们将模型限制为 Brennan 和 Schwartz（1980）在表 11-11 中所使用的模型（$r$=1）。

参数估计（表 11-10）也显示了价格与波动之间的高度非线性关系，且确定了在任何情况下，选为 $a>0$ 和 $b<0$ 的商品都会发生均值回归行为。$\gamma$ 的估计也表明诸如 Vasicek 模型以及 Cox，Ingersoll 和 Ross 模型等非常流行的短期利率模型，并不那么适用于商品价格估算。通过限制 $\gamma=1$ 的模型，我们观察到均值回归水平和速度仅发生细微变化，然而波动却变化显著。对表 11-10 所示的商品来说，参数（模型）波动非常符合 $\gamma=1$ 的实际波动。

表 11-10　大宗商品的参数估计（1991 ～ 2004）

| | Alpha | Beta | Gamma | Sigma | 波动率（%） |
|---|---|---|---|---|---|
| 天然气 | 0.28 | −0.0035 | *1.08* | 0.0196 | 31 |
| 原油 | 0.10 | −0.0004 | *1.18* | 0.0086 | 14 |
| 铝 | 0.12 | −0.0021 | *1.32* | 0.0028 | 4 |
| 镍 | 0.06 | −0.0007 | *1.16* | 0.0090 | 14 |
| 铜 | 0.10 | −0.0008 | *1.47* | 0.0016 | 3 |

在选择一个恰当模型并将其与历史数据校准之后，蒙特卡罗模拟法使我们可以估算出商品价格触及预计障碍（打破）的可能性（见表 11-11）。

表 11-11　商品价格的限制性参变量估算（1991 ～ 2004）

| | Alpha | Beta | Gamma | Sigma | 波动率（%） |
|---|---|---|---|---|---|
| 天然气 | 0.28 | −0.0035 | *1.00* | 0.0282 | 45 |
| 原油 | 0.09 | −0.0004 | *1.00* | 0.0203 | 32 |
| 铝 | 0.12 | −0.0022 | *1.00* | 0.0104 | 16 |
| 镍 | 0.06 | −0.0006 | *1.00* | 0.0182 | 29 |
| 铜 | 0.08 | −0.0005 | *1.00* | 0.0138 | 22 |

#### 11.3.2.2　商品组合相依性

考察一个被 CDO 参考的商品投资组合也需要指定其联合过程。正如之前所讨论的，以离散（违约）事件为基础的方法可能并不适用，且我们可针对通过价格时间序列信息给出的不同商品之间的线性相关性继续进行研究。我们基本上估算出布朗运动 $W^i$ 和 $W^j$ 之间的相关性 $\rho_{ij}$，而布朗运动 $W^i$ 和 $W^j$ 分别在商品 $i$ 和商品 $j$ 的过程中有所规定：

$$dS_t^i=\mu^i(S_t^i)dt+\sigma^i(S_t^i)dW_t^i$$

式中，对所有的 $i=1,\cdots,C$ 来说，$C$ 表示被考虑的商品（不是期权）数量。

表 11-12 所示为先前概括的五种商品结果关联矩阵图。此种由商品价格派生出的线性相关性估计，是否在价格急剧下降的环境下恰如其分地反映出相依性，还有待进一步研究。关于股权违约互换的研究结果显示，在行业数据层面，

基于离散事件的相关性估计与基于价格时间序列的相关性估计有很大不同（详见 Jobst，2004）。至于商品，前一种估算并不适用；对商品高波动及高收益时期的相依结构进行详细研究，说不定能得到有趣的结论。举例来说，1999 年 Longin 和 Solnik 利用极值理论研究国际股票收益在剧烈动荡的熊市和牛市中的相依性结构。他们表示大量正收益相关性并不服从多元正态分布，因此，大量正收益的相关性比预期更高。尽管人们常常提及会存在"关联系数分解"或是相关性会随时间变化，但 Boyer 等（1999）以及 Loretan 和 English（2000）却认为条件相关性变化（理论上）可通过样本波动性随时间变化来解释，而不是通过相依性本身的重大变化来解释。尽管大部分关于相关性机制的讨论都关注于股票数据，但相关统计技术能够为商品提供有价值的了解。此类依存效应对深度价外期权组合的影响显然需要更详细的估算。

表 11-12　商品现货价格间的相关性（以百分比计）

| | 天然气 | 原油 | 铝 | 镍 | 铜 |
|---|---|---|---|---|---|
| 天然气 | 100 | 65 | −3 | −2 | 4 |
| 原油 | 65 | 100 | 6 | 8 | 8 |
| 铝 | −3 | 6 | 100 | 32 | 39 |
| 镍 | −2 | 8 | 32 | 100 | 18 |
| 铜 | 4 | 8 | 39 | 18 | 100 |

考虑到一些单项商品价格动态过程迹象以及商品之间的相关性，我们可以模拟一项证券组合，并且估计出价格突破障碍的次数。对一个参考商品期权的层级来说，其违约概率以及预期损失估算值可轻易得出。欲知详情，可查看标准普尔将标准 copula 模型用于商品组合的方法，见标准普尔（2006）。

当然，之前所概述的模型可扩展到利率及外汇的价外期权产品，同时也带来了单资产水平、相依性以及建模的新挑战。

## 11.4　结构化创新：盯市风险的引入㊀

2005 年 5 月，随着标准普尔对福特及通用汽车公司的降级，合成型 CDO 市场经历了艰难时期。近年来市场对夹层档需求大幅增加，交易者短期夹层头寸较大，在 2005 年 5 月造成很大损失（详细内容可参见第 8 章和第 9 章）。由于这次经历，交易者们现在正试图审查完全资本结构的 CDO 或采用（近似）指数套期保值来降低普遍风险。为了审查超优先级风险，杠杆超高级交易系统被

㊀ 鸣谢来自标准普尔的 Sriram Rajan、Derek Ding、Benoit Metayer、Lapo Guadagnuolo 和 Cian Chandler 的有意思的观点和计算支持。

引入并成为2005年最为成功的产品之一。在下一节中，我们将讨论此交易，并强调按市价调整因素对CDO层级的评级来说是种新的经历。2005年年末及2006年年初，固定比率投资组合策略（CPPI）进入了结构化信用市场，其目的是通过保证本金，同时向投资者们提供潜在向上收益空间来降低盯市风险。我们将提供CPPI策略以及固定比率债务凭证（CPDO）的简介，而后者为机构信用市场中的最近革新。

## 11.4.1 杠杆超优先级交易

杠杆超优先级交易结构在合成型CDO市场中属于一项较新的产品。[⊖] 在2005年，它的发展由以下原因所致：超优先级风险利差紧缩，信贷市场中的保护买家想更有效地转移超优先级风险。

与一个典型的超优先级信用违约互换不同，杠杆超优先级票据既包含信用风险又包括市场风险。后者基于参考资产的市场价值以事件的形式触发。因此这些触发事件使票据持有者面临杠杆超优先级层级市场价值的下降。市场上，经常可见三种基本的触发事件类型，每一种都带来市场风险的不同角度。触发事件能够以损失、组合利差以及盯市价值为基础，且一旦被突破，可能引发交易的展开。至今大多数交易都以利差触发事件为基础。

### 11.4.1.1 基本结构

一个杠杆超优先级票据就是一个合成型CDO交易中的信用关联票据。其连接点（次级垫）通常高于“AAA”等级夹层票据所需的条件。正如在一个典型超优先级互换中，杠杆超优先级互换通常覆盖所有的或者大部分的优先级风险敞口。然而，不同之处在于，在一个杠杆超优先级结构中，风险敞口仅有一部分得到对冲——通过备资；而在一个超优先级互换结构中，整个名义价值都是已备资的。已备资部分占优先级风险敞口的比例较低，也是超优先级层级最具风险的部分（见图11-17）。

仅通过对一小部分来备资，来取得整个参考投资组合的超优先级部分的收益，创造了一个“杠杆”，也是此类产品的最显著特征。优先级敞口的杠杆倍数等于优先级敞口总额除以备资金额。起初，多数交易拥有5～7年的合约期，且杠杆倍数达到10～15次，同时投资组合通常参考了100～200个公司和金融实体。最近，杠杆超优先级交易参考了资产支持证券，其中包括住宅房贷担保证券和商业住房抵押贷款证券化层级的组合。

---

⊖ LSS也可以现金备资，这种情况需要详细的超额利差建模和IC/OC测试。

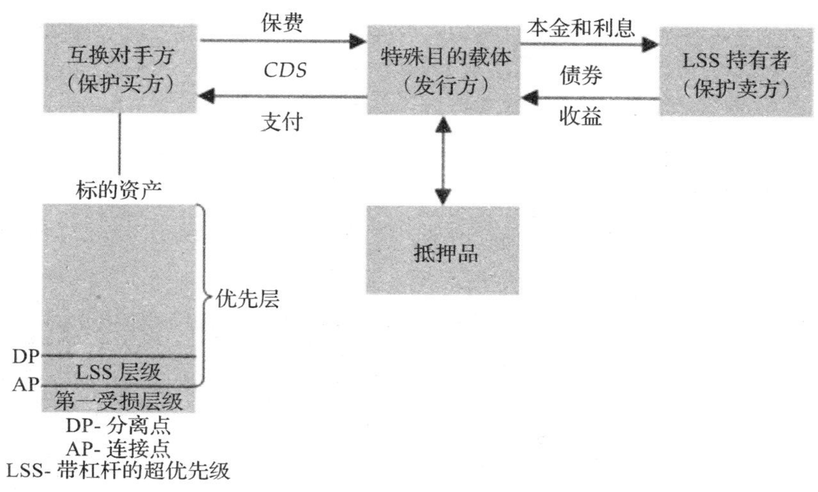


图 11-17 杠杆超优先级交易的基本结构

**保护买家和卖家的视角** 在一个杠杆超优先级结构中，当保护卖家本身所提供的保护金额仅限用于备资额，而当这仅仅是整个风险敞口的一小块时，保护卖家可挣得与出售整个优先级风险敞口相关的风险溢价。例如，取出一个资产组合的优先级风险敞口（10% 至 100%），且名义上等于 1 亿美元，支付 5 基点。如果 9000 万美元组合的备资部分的风险敞口为 600 万美元，则层级杠杆倍数 15 次，且每年备资部分名义上产生 75 基点的一个利差。

另一方面，保护买家不仅仅要保护自身免受信用风险的影响，同时也要避免受到市场风险的影响，这一市场风险以盯市损失超出保护卖家注入的备资数额为形式。这些风险的组合与卖家所获得的回报相关。从一个保护买家的角度来看，触发事件以及后续的盯市支付说明，尽管风险敞口只有一小部分被注资，但仍可有效地对冲投资组合的整个优先层级。触发事件突破且交易终止后，买家持有盯市金额，且这需要为结构的剩余部分购买保护。

从一个保护买家的角度来看，最有吸引力的结构是层级价值的盯市触发，因为这将能够为层级提供确切的保护（即完美对冲）。然而，对保护卖家来说，对定制层级定价的主观性使得盯市触发不那么具有吸引力。损失触发以及利差触发都“仅仅”是该层级市场价值的替代品，在本章剩余部分，我们将主要关注利差触发。

### 11.4.1.2 带有利差触发的杠杆超优先级交易

利差触发背后的理论是杠杆超优先级层级市场价值高度依赖于投资组合的利差水平。当已发行的层级市场价值不仅依赖于基本资产价值时，就可以构造一个盯市活动的稳定（保守）替代品，这一替代品就是利差触发。通常情况下，这些是由定点银行做出的，它们使用保守估值假设的典型层级定价法来决定可能引发特定盯市损失的各种投资组合平均利差。

这些触发利差是以一个触发矩阵图的形式在交易文件中进行说明的，其中一个例子如表 11-13 片段所示。这个矩阵告诉我们，为达到触发条件，组合的平均利差要达到的水平。例如，假设一个截止日期为 2004 年 12 月 20 日的交易，如果交易还有三个月到期，并且发生了 1% 的组合损失，那么利差将需要拓宽至 262 基点以冲破利差触发。

表 11-13　2004 年 12 月 20 日典型利差触发矩阵图示例（单位为 bp）

| 损失率（百分比计 %） | 到期时间（以年计） | | | | |
|---|---|---|---|---|---|
| | 5.00 | 4.92 | 4.83 | 4.75 | 4.67 |
| 0.0 | 267 | 271 | 275 | 279 | 283 |
| 0.5 | 258 | 262 | 267 | 271 | 275 |
| 1.0 | 250 | 254 | 258 | 262 | 266 |
| 1.5 | 247 | 251 | 254 | 258 | 262 |
| 2.0 | 238 | 242 | 246 | 250 | 253 |
| 2.5 | 232 | 236 | 240 | 244 | 248 |
| 3.0 | 226 | 230 | 234 | 237 | 241 |

### 11.4.1.3　对包含利差触发的杠杆超优先级票据进行建模

诸如标准普尔、穆迪评级以及惠誉国际等评级机构已发展出各种方法来估算杠杆超优先级交易中存在的风险，以标准普尔（2005）为例。我们将简述标准普尔所创造的方法并讨论其可能的延伸。包含利差触发且用于评价杠杆超优先级交易的方法既涵盖了参考资产组合的信用风险，也涵盖了利差触发被突破的风险。

**1. 标准普尔的杠杆超优先级模型**　表 11-13 中的矩阵显示，我们需要在分析中阐述两种（相关性的）风险：①因组合违约引发的杠杆超优先级票据的违约风险；②利差增长至某一可能引发支付事件水平的风险。我们通过模拟到期日前投资组合损失的演变来阐述这些风险，并将这些损失场景与投资组合利差扩大到打破某一障碍的可能性相结合，这一障碍还与到期日和损失有关。

我们还是通过模拟违约时间来给出组合损失的路径，正如在“合成型 CDO：一个评级视角”一节中所概括的那样。对每一个模拟来说，在确定每个路径的损失百分比后，障碍可在固定时间间隔中（通常为一个月）通过触发矩阵图进行测算，直至到期。月底累计损失被用于确定从月初至月底的障碍，或者也会偶尔使用线性插值法来预测。

**2. 模拟平均投资组合利差**　标准普尔直接通过关注一般性利差风险来模拟平均投资组合利差，并考虑了第二等重要的特质利差风险。对于商品，有数量庞大的模型可纳入考虑，并且在附录 11B 和 11C 中概括的技巧都可用于了解漂移和扩散限制条件。

Prigent 等（2001）说明 AAA 级和 BBB 级的企业债券收益率利差表现出均值回归行为。然而，当 BBB 级波动围绕 AAA 级数据的常数均值摆动时，只有 BBB 级的波动似乎与利差水平线性相关。标准普尔使用了附录 11C 中概述的扩散模型，利用了 1997 年至 2004 年间投资级（AAA，AA，A 和 “BBB” 级）期权调整价差（OAS）每日的时间系列数据，并限制扩散标量 $\gamma \leqslant 1$。在表 11-14 中所得出的参数确定了所有评级都存在均值回归行为（如在每种情况下的 $a>0$ 和 $b<0$）。[⊖]

表 11-14　IG OAS 的参数估计结果（1997 ～ 2004）

| | a | b | Gamma | Sigma | 波动率（%） |
|---|---|---|---|---|---|
| AAA | 0.004 8 | −0.006 7 | 0.29 | 0.019 4 | 31 |
| AA | 0.002 4 | −0.003 1 | 0.84 | 0.022 3 | 36 |
| A | 0.002 6 | −0.002 4 | 0.61 | 0.018 7 | 30 |
| BBB | 0.003 8 | −0.002 1 | 1.00 | 0.015 1 | 24 |

扩散量的估计同样印证了 2001 年 Prigent 等的结论，价差与波动之间的关系在较低评级里更强，在较高等级减弱。这说明了 Brennan 和 Schwartz 模型 ($\gamma$=1) 或许适用于 AA 和 BBB 级价差，而 CIR 或 Vasicek 过程可能分别更适用于 A 和 AAA 级价差。当然，对于所有投资级利差，我们总可以估计出一个同样的模型。例如，针对 $\gamma$=1，我们得到了如表 11-15 所示的参数估计值。

表 11-15 （$\gamma$=1 条件下）IG OAS 的参数估计结果（1997 ～ 2004）

| | a | b | Gamma | Sigma | 波动率（%） |
|---|---|---|---|---|---|
| AAA | 0.008 3 | −0.011 5 | 1.00 | 0.027 3 | 44 |
| AA | 0.002 6 | −0.003 3 | 1.00 | 0.023 5 | 38 |
| A | 0.003 2 | −0.003 0 | 1.00 | 0.019 0 | 31 |
| BBB | 0.003 8 | −0.002 1 | 1.00 | 0.015 1 | 24 |

这些结果揭示了投资级信用利差的一个系统性行为。波动似乎随评级下降而下降，长期均值回归水平则不断上涨，且均值回归速度也随着下降的评级而减慢。

显然，之前介绍的几种模型在没有进一步了解驱动各种利差水平和波动因素的情况下，试图获取最重要的时间序列特性。结合更具阐释力的利差模型实践，也许能够给出一个有价值的扩展。欲知详情，可参阅 Collin-Dufresne 等（1999），Delianedis 和 Geske（2001）或者 Hull 等（2004）。

⊖ 感谢 Astrid van Landschoot 的实证支持。

**3. 标准普尔的杠杆超优先级利差模型** 回顾之前介绍的结果，考虑到投资组合中资产的平均质量多数都属于 BBB 级别，标准普尔对均值回归模型的选择似乎是合理的，其中平均组合利差的对数遵循一个奥恩斯坦 – 乌伦贝克（Ornstein-Uhlenbeck）过程，即式（11-1）。

图 11-18 所示为，假设一个起始利差为 39 基点时，使用该模型的典型参数（均值回归速度为 40%，长期利差为 100bp，波动率为 35%）模拟的投资组合的平均利差及其 95% 和 99% 分位数。模拟的最大利差在 1 年、3 年及 5 年之后分别为 150 基点、250 基点和 390 基点。

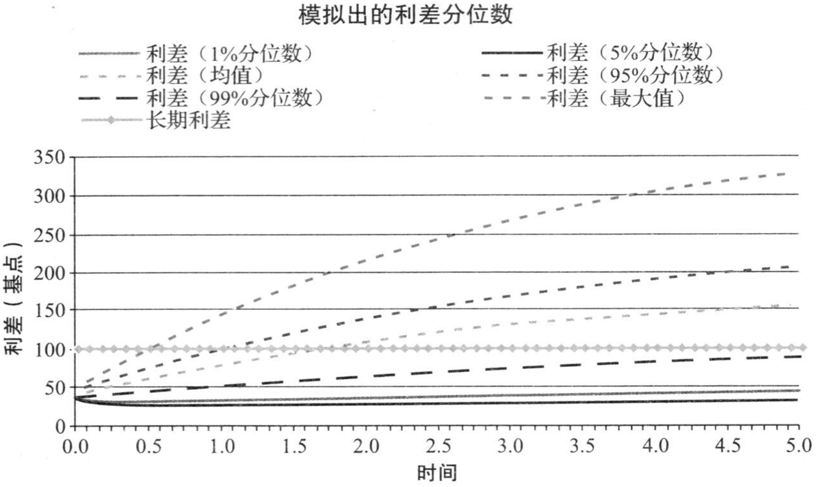

图 11-18 模拟利差过程所得分位数

尽管使用这种方法未明确考虑评级迁移，但投资组合的利差在固定期限基础上被模拟，这意味着也没有明确考虑“向下滚动曲线”效应（价差的期限结构）。标准普尔（2005）称降低期限的影响大于降低评级的影响，而一些机构例如惠誉国际则考虑了评级迁移的影响。不同评级等级的利差过程之间密切相关，并且评级迁移也已显式建模，致使利差在评级迁移时出现跳跃（见表 11-16）。这一点是第 3 章提出的模型的核心，该章还讨论了更多关于它的详细应用。

表 11-16 Brennan 和 Schwartz 模型的 IG 收益利差校准

| | AAA | AA | A | BBB |
|---|---|---|---|---|
| AAA | 1 | 0.692 4 | 0.766 4 | 0.726 6 |
| AA | 0.692 4 | 1 | 0.785 3 | 0.699 6 |
| A | 0.766 4 | 0.785 3 | 1 | 0.807 4 |
| BBB | 0.726 6 | 0.699 6 | 0.807 4 | 1 |

**4. 确定杠杆超优先级票据的违约概率评级** 评估杠杆超优先级票据的风险需要确定其突破连接点的概率以及突破某特定利差障碍的概率。

用数学术语来表示，我们观察、模拟了一个损失路径：$\tilde{l}=l_\tau, \tau\in[0, T]$，其中 $T$ 表示交易期限。接着我们需要估算首次（首通时间）突破相应障碍 $s(l_\tau)$ 的概率，以损失路径 $\tilde{l}$ 为条件：

$$P(\min_{[0,T]} S_t > s(l_t)|\tilde{l})$$

通过模拟 $N$ 条损失路径 $\tilde{l}$，并随后模拟资产组合利差，我们得出所需概率如下：

$$P(\text{LSS default}) = \frac{1}{N}\sum_{\tilde{l}=1}^{N} 1_{\{\min_{[0,T]} S_t > s(l_t)|\tilde{l}\}\text{ or}\{l_T > A\}}'$$

式中，$A$ 表示交易连接点。

**5. 模型扩展：连接违约和利差过程** 如前所述，评级迁移和信用利差的结合，本质上提出了刻画信用利差和违约过程之间的相依性的一种方法。尽管直观，但详尽的实证结果仍然突出（见 Hullet（2004）的初步成果）。另一种量化负相关效应的方法是将 Black 和 Cox 结构模型沿用至大量债务人。在 Black 和 Cox 模型中，公司资产价值遵循标准正态过程：

$$\mathrm{d}V_i=\mu_i V_i\,\mathrm{d}t+\sigma_i V_i\,\mathrm{d}Z_i$$

因此，得出 $V_i(t)=V_i(0)\exp((\mu_i-0.5\sigma_i^2)t+\sigma_i Z_i(t))$，且当公司价值 $V$ 首次（首通时间）突破违约障碍 $H_i$ 时，则违约行为发生。这种随机过程的参变量及违约障碍 $H$ 可校准至某特定违约概率期限结构（或风险率），进一步细节可参看 Hull 等（2005）。

当考虑一个实体的投资组合时，可以用到一个与 Wiener 期限相关联的单因素模型，例如

$$\mathrm{d}Z_i(t)=\sqrt{\rho}\,\mathrm{d}F(t)+\sqrt{\rho_c-\rho}\,\mathrm{d}F_c(t)+\sqrt{1-\rho_c}\,\varepsilon_i(t) \quad i\in c$$

式中，$F$ 可释义为一个普遍因素，而 $F_c$ 可解释为一个行业或风险类别因素。实际相关性结构对应在同一行业或同一风险类别 $c$ 中两个实体之间的一个相关系数 $\rho_c$，而 $\rho$ 则对应于不同行业或风险类别中的两个公司间的相关性。当然，实际上，任何其他（多）因子模型都可得到应用。

在此框架下，通过模拟因素及特殊随机变量随着时间的变化，计算相应资产价值 $V_i(t)$，及与违约障碍 $H_i(t)$ 相比较，违约事件可得到确定。

杠杆超优先级结构化因素模型的优势在于，提高公司价值的各项因素可与布朗运动相联系，布朗运动正是用来刻画平均投资组合利差的随机过程。这一点既可通过建立布朗运动 $W(t)$ 以促进利差过程发挥 $F(t)$ 和 $F_c(t)$ 的作用来完成，又可仅通过在 Wiener 期限和模拟多元正态分布的因子及利差期限之间建立线性关联来完成。尽管这种关联违约和利差模型的估算及校准需精心开展，并且线

性相依假设相当有限制性，但是模拟关联资产价值（违约过程）以及信用利差带来的影响可得到估算。

通过设定平均投资组合利差过程和普遍及行业特定因素间的关联水平，提高公司资产价值（因此差生违约），表 11-17 显示出投资组合利差及资产价值之间负关联日益增长带来的影响。

表 11-17 超优先级杠杆违约作利差 / 违约相关性作用的概率

| 利差过程相关性的普遍和行业因素（%） | | 超优先级杠杆层级违约概率（基点） |
|---|---|---|
| 普遍因子 | 行业因子 | |
| 30 | 10 | 11 |
| 10 | 0 | 14 |
| 0 | 0 | 15 |
| （20） | 0 | 16 |
| （30） | 0 | 17 |
| （20） | （7） | 19 |
| （30） | （7） | 20 |

在表 11-17 中，我们确定了因子的权重，使得同一行业中两个债务人的相关性为 30%，不同行业中债务人间的相关性为 0。此外，第一行显示了基于以下假设所得出的结果，假设利差过程及普遍因子间的相关性为 30%，且利差过程和行业特定因素间的相关性为 10%。在这个典型案例中，杠杆超优先级票据的预期违约概率为 11 基点。

总之，表 11-17 揭示了负相关性会提高杠杆超优先级投资者的风险。负相关性意味着随着资产价值（或不利因素结果）的降低利差水平会升高，这符合我们的直观感受；然而，这种相关性的影响似乎较小，当我们参看表 11-18 时发现，这一点甚至变得更加明显。

表 11-18 发挥利差波动作用的超优先级杠杆违约概率

| 普遍及行业因素利差过程的相关性（%） | | 利差波动 | 超优先级杠杆层级违约概率 |
|---|---|---|---|
| 普遍因素 | 行业元素 | | |
| 0 | 0 | 25 | 0.16 |
| 0 | 0 | 30 | 2.70 |
| 0 | 0 | 35 | 15.00 |
| 0 | 0 | 40 | 47.00 |

在此，我们假设在底层利差模型中，利差过程和因子之间没有任何相关性，但却随着波动率的变化而变化。正如我们所看到的，当考虑一个 25% 而非 35% 的波动时，杠杆超优先级票据违约概率会从 15 基点降低至 0.16 基点，因此，

当波动上升 5% 时，杠杆超优先级票据违约概率将会上升超过 3 倍。因此，波动敏感度似乎大于可能损失与利差之间相关性所产生的效果，但此类相依事件还需要进一步的研究。

显而易见，尽管杠杆超优先级交易风险大多来源于利差的扩大，但基本资产池的质量和集中度同样非常重要。例如，假定所有债务人之间的资产相关性超过 30% 将会导致层级违约概率的急剧增加（见表 11-19）。在利差对因子的相关性中，违约概率对利差变化的敏感度再次显得微不足道。同样，可能有必要估算更加“正向”的利差触发。

表 11-19　全球因素和行业因素的利差相关性　（%）

| 普遍及行业因素利差过程的相关性（%） | | 超优先级杠杆层级违约概率（基点） |
|---|---|---|
| 普遍因素 | 行业因素 | |
| 30 | 10 | 295 |
| 10 | 0 | 301 |
| 0 | 0 | 305 |
| （20） | 0 | 313 |
| （30） | 0 | 318 |
| （20） | （15） | 316 |
| （30） | （15） | 320 |

当然，此处概括的方法仅提供了对相依性事件的初步了解，并且也对利差的分布提出了严格限制，而资产价值以及（或者）信用利差有可能会出现跳跃，我们依然需要进一步探索违约对利差的影响，以及一个更详密的相依性结构。除了这些突出的建模挑战外，杠杆超优先级交易通过提供将资本结构顶端转至现金投资者手中的工具（以杠杆形式），而成为最近合成型 CDO 市场的重要组成部分，资本结构顶端此前为行业保险机构所占据。

## 11.4.2　信贷恒定比例投资组合保险策略㊀

随着 2004 年 CDO 平方市场以及 2005 年杠杆超优先级的发展，2006 年初，市场被所谓的信用恒定比例投资组合保险策略（CPPI）的浓厚兴趣所驱动。恒定比例投资组合保险策略是一种以规则为基础的资产组合管理框架，其中资产组合配置在一个风险组合和一个无风险组合之间动态变化。这种再平衡运动旨在（部分）保证本金的同时将回报最大化。这与典型的合成型 CDO 产生鲜明对比，在典型的合成型 CDO 中，获得的收益（保费）是固定的而风险是无限

㊀ 感谢 Benoit Metayer 和 Sriram Rajan 对本章的贡献。

大的，它使得投资者远离了最大化收益的激进结构，而转向保守结构。在资本市场中，恒定比例投资组合保险策略并非新鲜事物，其概念可追溯至 Black 和 Jones（1986）。在股票背景下，他们考虑到了这种资产组合保险机制。Perold（1986），Perold 和 Sharpe（1988）将此概念应用于固定收益工具（亦可参见 Black 和 Rouhani，1989；Rouman 等，1989）。与杠杆超优先级类似，恒定比例投资组合保险策略的日益崛起部分源自 2005 年 5 月事件。2005 年 5 月之前，尽管投资者通过显著提高相关性的敏感性（例如，债权抵押证券平方的交易）而获得了更高级的杠杆，但是迄今为止多数恒定比例投资组合保险策略为整体信贷资产组合（或指数）带来了杠杆（或更高敏感性），并因此避免直接面对（基本）相关性风险。

### 11.4.2.1 典型信贷恒定比例投资组合保险策略结构

恒定比例投资组合保险策略的基本理念是，在任何时候，投资者本金投资可到期偿还。为了实现该理念，投资组合价值 $P(t)$ 需要保持在最低价值之上，表示为利率下限或担保成本 $F(t,T)$。因此，如果这一最低价值以当前的无风险收益率进行投资，那么担保本金可以实现偿还。更正式地，以下条件需对所有 $t \geqslant T$ 适用：$P(t) \geqslant F(t,T)$ 而得到满足，其中$F(t,T)=\overline{P}_T E\left(\exp - \int_t^T r(s)\,\mathrm{d}s\right)$表示按当前无风险收益率 $r$ 计算，在时间 $T$, $\overline{P}_T$ 是最后本金的当前价值。

投资组合价值（最初投资数量加上风险敞口的盯市）与最低价值之间的差别通常表示为储备（reserve）或缓冲（cushion），$C(t)$。缓冲被投资于风险资产，此类资产以由单一资产信用违约交换或信用违约交换指数组成的信贷恒定比例投资组合保险策略为框架。通常，在结构的这一部分中，杠杆被引入。实际上，一个“杠杆比率因素”或“乘数” $m$ 被用作储备，以决定分配至风险投资组合不动产的资产比率，即“风险敞口”（risk exposure，RE）。通常乘数应用于以下基础方程式的变量：

$$\mathrm{RE}=mC(t)=m(P(t)-F(t))$$

假设一个固定乘数，随着资产组合价值的增长，储备和风险敞口也增多（买高），而降低则导致风险敞口缩减（售低）。实际上，风险敞口（或杠杆）的最大规模往往受限。举例来说，风险投资组合不能超过当前总投资组合价值（风险敞口和无风险投资）的一小部分，即 $\mathrm{RE}=\min[\max(mC(t),0),lP(t)]$。[⊖] 图 11-19 所示为恒定比例投资组合保险策略交易的典型结构。

乘数越大，则投资组合价值跌破债券最低价值的风险越高。这种风险往往

---

⊖ 另外，可以通过诸如对当前风险暴露与上日末盯市价值损失之间的比值等方式来动态调整杠杆，详见 Whetten 和 Jin（2005）。

通过“缺口风险”(gaprisk) 来表示，并且通过以下理想化实例得到证明。

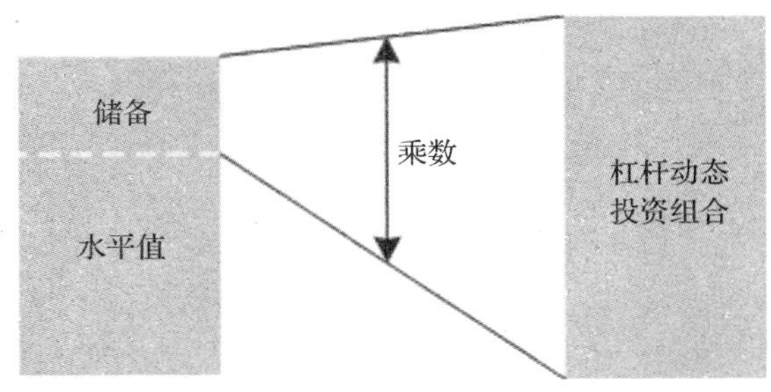


图 11-19　恒定比例投资组合保险策略交易的典型结构

### 11.4.2.2　简化恒定比例投资组合保险策略实例研究

考虑一个期初投资 $P(0)$ 等于 100，$t$ 的时间范围等于 10 年，且 $m$ 的一个乘数等于 5。当前市场条件假设在交易生命期中有一个 2% 的无风险收益，并且风险投资设定为一个信用风险投资组合，它每年支付 5% 保费。由于无风险无息债券（ZCB）在投资期限的最后到期，因此我们从计算债券最低价值开始。表 11-20 所示为当固定资产被限制在当前投资组合价值 ($l$=1) 内时，恒定比例投资组合保险策略动态变化的详细例证，而从风险资产组合得到的利差将被用于再次投资。[⊖]

表 11-20　动态恒定比例投资组合保险策略的典型实例

| 时间 | 连接层 | 违约损失 | 风险投资组合价值 | 总投资组合价值 | 储备 | 最大风险敞口 | 信贷风险购买及出售 | 零风险资产 |
|---|---|---|---|---|---|---|---|---|
| 0 | 81.87 | — | — | 100.00 | 18.13 | 90.63 | 90.63 | 9.37 |
| 1 | 83.53 | 0.00 | 95.17 | 106.62 | 23.10 | 106.62 | 11.46 | 0.00 |
| 2 | 85.21 | 20% | 90.63 | 92.44 | 7.23 | 36.14 | −54.49 | 56.31 |
| 3 | 86.94 | 0.00 | 37.94 | 96.13 | 9.20 | 45.99 | 8.04 | 50.15 |
| 4 | 88.69 | 0.00 | 48.29 | 100.40 | 11.71 | 58.55 | 10.26 | 41.85 |
| 5 | 90.48 | 0.00 | 61.47 | 105.40 | 14.91 | 74.56 | 13.08 | 30.84 |
| 6 | 92.31 | 0.00 | 78.29 | 111.31 | 18.99 | 94.97 | 16.68 | 16.34 |
| 7 | 94.18 | 0.00 | 99.72 | 118.38 | 24.20 | 118.38 | 18.66 | 0.00 |
| 8 | 96.08 | 0.00 | 124.29 | 126.78 | 30.70 | 126.78 | 2.49 | 0.00 |
| 9 | 98.02 | 0.00 | 133.12 | 135.78 | 37.76 | 135.78 | 2.66 | 0.00 |
| 10 | 100.00 | 0.00 | 142.57 | 145.42 | 45.42 | 145.42 | 2.85 | 0.00 |

⊖ 另外，利差可以传递给投资者，这将导致非常不同的交易过程和业绩（内部收益率）。

在这个例证中，我们还假设投资组合价值仅通过（年度）违约利差支付和损失被重新调整，而非通过“真实的”投资组合价值盯市变化。利差变化（以及其他相关价格变量）通常引发需要处理的盯市损益。除了这种简化，此处所证明的普通机制仍然反映了恒定比例投资组合保险策略。这意味着，当投资组合盯市价值由于除信用事件或违约之外的信用利差和／或相依行为而发生重大变化时，一个投资组合可发生再调整。

在交易初期，债券最低价值为 81.87，产生 18.13 的储备和其价值（90.63）五倍的风险敞口。因此，9.37 被投入到无风险投资组合中，[一] 而 90.63 被投入到风险投资组合中。一年以后，无息债券价值增长，导致债券最低价值上升。由于风险投资组合赚取了 5% 利差，因此总投资组合价值上涨至 106.62[=(90.63+9.37)*(1+0.05+0.02)]。这是 23.1 的更多储备以及 11.46 风险投资组合的后续买进加上一个降低的无风险投资而带来的结果。在到期之前重复这些计算发现，整体投资组合价值除了在第二年风险投资组合产生了 20% 的损失外，在任何时间的任何节点中都远高于债券最低价值。正如表 11-20 所示，这些损失导致风险投资的严重下滑，而转向投资无风险投资组合。[二] 同样值得注意的是，在这个例子中，固定资产被限制于总投资组合的最大值。在此例证中，这种限制在第二年被打破而在第七年又继续发挥作用。

### 11.4.2.3 对违约的敏感性及违约时间点

表 11-21 所示为早期在各种损失情景下，应用固定比例投资组合保险策略的效果。在损失场景 1 中，假设在五年和八年里分别有 20% 及 30% 的损失属于风险投资组合。除了这些损失，恒定比例投资组合保险策略投资者到期时可收回全部本金，这本质上意味着在起初几年内所创造的收益已足够再支付全部本金。在损失场景 2 中，同样数量的违约发生（以百分比计），然而，损失却发生在两个收益颇丰的年度中。在第五年我们可以观察到，总投资组合价值跌破债券最低价值（即“缺口风险”）的发生。这点表明，违约的时间点和集聚性，以及相关性能够深刻影响恒定比例投资组合保险策略交易。

---

㊀ 注意，在实际交易中，特定的投资规则可能要求无风险投资的最低持有量，以进一步控制市场波动。例如，在“静态对冲”的 CPPI 策略结构中，初始投资的一部分将分配在无风险资产上，并在到期时累计归还足额的本金。

㊁ 如前面所指出的，现实交易的投资指引将导致投资组合的再平衡受到市值变化的影响。违约时这些市值的变化比我们这里所表示的程度要轻。因此，违约导致的投资组合变化的情况，正如本案例研究所概述的那样，是说明性的，不应被误解。

表 11-21　CPPI 关于违约率和违约时间的敏感性

| 时间 | 债券价格底 | 损失场景 1 | | 损失场景 2 | | 损失场景 3 | |
|---|---|---|---|---|---|---|---|
| | | 违约损失 | 总资产价值 | 违约损失 | 总资产价值 | 违约损失 | 总资产价值 |
| 0 | 81.87 | | 100 | | 100 | | 100 |
| 1 | 83.53 | 0 | 106.62 | 0 | 106.6224 | 10% | 97.38 |
| 2 | 85.21 | 0% | 114.19 | 0% | 114.19 | 10% | 95.79 |
| 3 | 86.94 | 0% | 122.30 | 0% | 122.30 | 10% | 95.01 |
| 4 | 88.69 | 0% | 130.98 | 20% | 106.03 | 10% | 94.85 |
| 5 | 90.48 | 30% | 100.20 | 30% | 86.04 | 10% | 95.18 |
| 6 | 92.31 | 0% | 104.68 | 0% | | 10% | 95.88 |
| 7 | 94.18 | 0% | 109.93 | 0% | | 10% | 96.89 |
| 8 | 96.08 | 20% | 100.08 | 0% | | 10% | 98.14 |
| 9 | 98.02 | 0% | 103.10 | 0 | | 10% | 99.57 |
| 10 | 100.00 | 0 | 106.46 | 0 | | 10% | 101.17 |

在损失场景 3 中，假设每年交易损失 10%。尽管这导致损失比前两个场景更高，但本金投资依然可被再次支付。这是因为风险敞口投资稳步减少，而无风险投资越来越多。这样做，风险投资组合数量在几年的运作之后不再保持较高值，且带来的违约或损失影响也会减弱。

### 11.4.2.4　杠杆比率或金融杠杆的敏感性

正如表 11-22 所示，改变恒定乘数对动力恒定比例投资组合保险策略交易有重大影响。再次考虑损失场景 2，说明一个 $m=3$ 的金融杠杆分别与 $m=4$ 及 $m=5$ 的相比较，可带来所有本金的再支付。

表 11-22　CPPI 关于杠杆率的敏感性

| 时间 | 债券价格底 | 损失场景 1（杠杆率 =3） | | 损失场景 2（杠杆率 =4） | | 损失场景 3（杠杆率 =15） | |
|---|---|---|---|---|---|---|---|
| | | 违约损失 | 总资产价值 | 违约损失 | 总资产价值 | 违约损失 | 总资产价值 |
| 0 | 81.87 | | 100 | | 100 | | 100 |
| 1 | 83.53 | 0 | 104.77 | 0 | 105.70 | 10% | 96.90 |
| 2 | 85.21 | 0% | 110.12 | 0% | 112.33 | 10% | 93.90 |
| 3 | 86.94 | 0% | 116.13 | 0% | 120.11 | 10% | 90.99 |
| 4 | 88.69 | 20% | 105.05 | 20% | 104.14 | 10% | 89.71 |
| 5 | 90.48 | 30% | 94.64 | 30% | 90.47 | 10% | 90.72 |
| 6 | 92.31 | 0% | 97.17 | 0% | | 10% | 92.35 |
| 7 | 94.18 | 0% | 99.85 | 0% | | 10% | 94.17 |
| 8 | 96.08 | 0% | 102.72 | 0% | | 10% | |
| 9 | 98.02 | 0 | 105.79 | 0 | | 10% | |
| 10 | 100.00 | 0 | 109.09 | 0 | | 10% | |

我们也考虑，在损失场景 3 中，将杠杆倍数 $m$ 显著增加到 $m$=15。更高的固定资产来自更高的杠杆比率，并导致亏损年度中的大量盈利，导致第七年产生交易范围之外的敞口。尽管金融杠杆的影响痕迹取决于 5 月因素，但这些简单的例证表明恒定比例投资组合保险策略交易对乘数非常敏感。

### 11.4.2.5 利率和信用利差的敏感性

除了损失和金融杠杆以外，利率及信用利差两种因素对信贷恒定比例投资组合保险策略（Credut CPPI）来说也十分重要。[⊖] 假设一个 $m$=4 的乘数以及损失场景 2，表 11-23 系统化地揭示了交易生命期的前四年利率不断上升到最大值达 6% 前，利率上升所带来的影响。更高的利率暗含更低的担保成本，但也带来无风险投资的更高收益。尽管在一个恒定值为 2% 的利率环境下，交易在损失场景 2 中"断裂"（表 11-21），但是所有本金现可于任何点如期再支付。

表 11-23 同样显示信用利差收窄对交易产生强烈影响，导致投资组合价值在第五年严重跌破债券最低价值。在这个例子中，来自风险投资的利差收入从起初每年 5% 跌至第三年的 2%，并一直保持在 2% 直至到期。

表 11-23 CPPI 关于利率和信用利差的敏感性

| 时间 | 短期利率 | 债券价格底 | 损失场景 2（杠杆率 =4）短期利率上升 | | 损失场景 2（杠杆率 =4）利差收紧 | | 债券价格底 | 利差 | 组合价值 |
|---|---|---|---|---|---|---|---|---|---|
| | | | 违约损失 | 总资产价值 | 违约损失 | 短期利率 | | | |
| 0 | 0.02 | 81.87 | 100 | 0.02 | 81.87 | 0.05 | 100 | | |
| 1 | 0.03 | 76.34 | 0 | 105.70 | 0 | 0.02 | 83.53 | 0.04 | 104.96 |
| 2 | 0.04 | 72.61 | 0 | 114.31 | 0 | 0.02 | 85.21 | 0.03 | 109.68 |
| 3 | 0.05 | 70.47 | 0 | 124.83 | 0 | 0.02 | 86.94 | 0.02 | 113.87 |
| 4 | 0.06 | 69.77 | 0.2 | 111.41 | 0 | 0.02 | 88.69 | 0.02 | 96.37 |
| 5 | 0.06 | 74.08 | 0.3 | 88.57 | 0 | 0.02 | 90.48 | 0.02 | 89.53 |
| 6 | 0.06 | 78.66 | 0% | 96.96 | 30% | 0.02 | 92.31 | 0.02 | |
| 7 | 0.06 | 83.53 | 0% | 106.65 | 35% | 0.02 | 94.18 | 0.02 | |
| 8 | 0.06 | 88.69 | 0% | 117.95 | 0% | 0.02 | 96.08 | 0.02 | |
| 9 | 0.06 | 94.18 | 0 | 131.24 | 0 | 0.02 | 98.02 | 0.02 | |
| 10 | 0.06 | 100.00 | 0 | 146.06 | 0 | 0.02 | 100.00 | 0.02 | |

总之，这些证明性例子说明了恒定比例投资组合保险策略交易对此处总结的各种不同风险的敏感性。

### 11.4.2.6 恒定比例投资组合保险策略交易中的风险

- **结构化因素** 诸如投资指引以及再平衡规则等（例如最大风险敞口限制）

⊖ 注意在真实交易中，利差风险同样也涉及市值计算。

- **杠杆倍数**　通过乘数引入。实际上，杠杆倍数的上端或下端限制或对市场条件做出反应的乘数是可行有效的。
- **信用风险**　以可能性以及信用质量下降时违约时机的形式存在。
- **市场风险**　以风险资产组合和市场价值触发的盯市形式存在。市场价值触发可能会使资产配置变化，并且限制价格突然“脱轨”于暂时性价格波动的能力。对简单的信用指数来说，通常来说，盯市价值多为信用利差变化以及信用利差期限结构变化导致。
- **利率风险**　以无风险投资收益率以及债券最低价值变化敏感性的形式存在。

**1. 预期表现**　根据信用风险组合的表现来调整风险与非风险投资比例之间的动态变化，这一调整的性质旨在达成一个稳定的盯市价值描述，同时保证本金安全以及一个潜在的收益。当信用市场上行时，纯信用投资组合的表现有望超越恒定比例投资组合保险策略，因为后者仅部分可得到超额收益。然而，恒定比例投资组合保险策略受到信用市场突然衰退的影响却有所降低。当信用投资组合显现颓势时（高损失极大的利差），恒定比例投资组合保险策略将敞口转移至无风险资产，并因此大幅降低恒定投资组合保险策略的下行风险。

更通俗地讲，当市场处于非常波动时期，恒定比例投资组合保险策略表现不佳。在高波动性情况下，得失可能迅速切换，根据恒定比例投资组合保险策略贸易规则，这将恰恰导致投资组合“错误”的再平衡调整。欲知详情，可参见 Whetten 和 Jin（2005）。

如前所述，恒定比例投资组合保险策略是股票和固定收入市场对冲基金活动不可分割的一部分。尽管信用恒定比例投资组合保险策略引入了一些新特质（如因违约导致盯市突然严重下滑），但恒定比例投资组合保险策略框架可被应用于混合信用敞口资产组合（如合成型 CDO 投资组合）或其他资产类别（混合型）。尤其是，如果信贷恒定比例投资组合保险策略可参考（合成型）CDO 权益层级，CDO 权益层级风险的有效转移框架以及另一种有效的套保工具则有望诞生。

**2. 恒定比例资产组合保险策略交易建模**　评估信贷恒定比例资产组合保险策略交易风险需要前述风险因素的综合模型。交易者及风险经理需要这种模型来评估敞口风险及其形成的相关价值并给出意见。除了典型风险敞口分析外，评级机构还参与提供最小票息（或最小内部收益率），它可通过所需（与特定评级有关的）确定性得到保证。为了估算此类数据，我们需对所有基本风险因素进行概率描述，并恰当表达出它们的相互作用或联动性。

尽管我们并没有通过交易的固有特性（规则）及其高度复杂性来描述一个估算恒定比例资产组合风险策略的详细方法，但显而易见，许多本章讨论过的建模方法及挑战性都可应用于信用恒定比例资产组合保险策略。

当然，评估（信用）敞口组合盯市变化的复杂性高度取决于基本投资组合的特性。对一个相对均匀的信用违约互换组合来说，一种直接估算组合损失和利差的模型可能足够获取一些有趣的见解，而扩散量高的利差或低质量信用组合则可能需要一种更精细的方法来模拟利差和违约风险之间的相互作用。同样，当考虑参考组合中包含 CDO 层级时，在盯市价值的计算里还需要估计其对基础或混合相关性变化的敏感度（详见第 7 章），因此定量复杂性大幅增加。与此同时，信用恒定比例资产组合保险策略有时会转向“混合恒定比例资产组合保险策略”，其中股票、固定资产、外汇或商品风险可能会被重新组合。“超越信用风险：混合结构性产品”一节对此类问题进行了概括，或许能提供一些指导，然而，将所有风险考虑在同一个普通模型上，面临一个巨大的挑战。

总之，尽管在一些实例中，对一个投资组合违约建模，平均资产组合利差（及利率）或可提供一些可行结果——更复杂的结构则需要一个整合的、动态的、多元资产类别的框架。理想化的情况是，这种框架不仅结合了不同的资产类别，而且能够在风险中性（定价）测度和现实测度两种情况下都能评估风险。

### 11.4.3 固定比例债务

固定比例债务（CPDO）是评级结构性信贷市场中的最新改革，并且我们只会继续 Gilkes 等（2006）中提出的关于风险及机制介绍部分，并试图对此进行简短总结。

固定比例债务与信贷恒定比例资产组合保险策略相似，它包含了一个信用风险投资组合杠杆敞口，可为投资者带来增长的收益。然而，固定比例债务机制与信用恒定比例资产组合保险策略在某些方面非常不同。例如，固定比例债务通常并不提供任何本金保护机制，价值下跌的应对策略趋向于增强杠杆，而对信贷比例恒定的投资组合保险策略结构来说正好相反。

在交易之初，固定比例债务保险的发行收益被存入定期账户中，以无风险收益率赚取利率。特殊目的机构利用安排银行（Arranger）介入一个总收益互换，与此同时，安排银行以一个风险参考投资组合（通常主要包括信用指标、CDX 指数以及 iTraxx 指数的综合，至于恒定比例投资组合保险策略、已知投资组合、混合资产或更复杂的信贷产品也可被参考）的一定（杠杆）名义金额出售保护。随时间推进，信用违约互换保费支付和盯市收入被存入储蓄账户，而盯市损失和违约支付则从现金账户中取出。在储蓄账户中拥有充足资金的前提下，固定比例债务票据持有者将得到本金及息票率的支付。与信用恒定比例投资组合保险策略相反，起初，安排银行并不涉及保证本金投资的无票息债券，因此投资者在众多因素中相依固定比例债务信用评级来估算所有本金及利率支付的概率。

固定比例债务通过杠杆，换言之即售出名义金额高于票据收益的保护，而向票据持有者提供收益。其杠杆因子本质上是固定比例债务的净资产值（NAV）（现金存款价值和风险投资组合盯市价值之和）减去特殊目的机构未来包括费用在内的全部支付的现值（目标价值）间之差（或称为亏空）的倍数。[⊖] 当计算或所需杠杆与当前预设杠杆不等时，投资组合就可发生再调整。

当亏空降低为零时，一个所谓的“兑现”事件发生，在此情况下，策略充分发生作用，收益被存入储蓄账户，用来支付特殊目的机构所承诺的所有未来支付。反之，如果净资产值下跌超过一定门槛值（通常为参考投资组合名义金的 10%）则策略也发生作用，收益被分配给固定比例债务票据的持有者们。

第一个固定比例债务参考了“新发行”投资级信用指数，这意味着在展期日或接近展期日时（3 月 20 日及 9 月 20 日），安排银行必须以“新发行”指数（达到全部杠杆名义金额）购买保护并以新的“新发行”指数出售保护。因此，指数在其持续期或在展期机制下（如将投资级资产替换为非投资级资产）的动态变化十分重要。

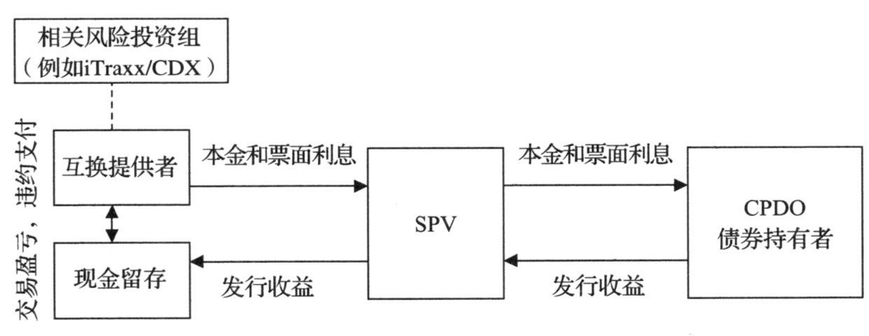


图 11-20　典型的 CPDO 交易结构

与恒定比例投资组合保险策略相似，固定比例债务策略的净资产值取决于风险投资组合的盯市价值，它根据指数利差和指数信用曲线的期限结构的变化而变化。例如，指数存续期内利差的扩大 / 收紧将导致盯市价值的下降 / 上升。同样，一个杠杆倍数的调整（再平衡）也会导致盯市价值波动，而后影响现金账户水平。在展期日，固定比例债务策略以购回旧指数利差保护并发行新指数利差保护。新旧指数利差之间的差别决定了策略盯市价值损益。鉴于特殊目的机构在下一个展期内，挣得了新的信用违约互换保费，以一个新的（新发行）指数利差来缔结合约，也会对固定比例债务策略的表现产生影响。如果新的利差足够高并能抵消策略成本，那么这种影响可以是积极的。

⊖ 因此，杠杆是纯粹公式化的（而不是人为相机调整的），但随着时间的推移，杠杆显然取决于策略的表现。杠杆率通常不超过 15 左右，以防止在策略业绩不佳时杠杆率过高。

### 11.4.4 固定比例债务策略的关键风险

- 杠杆机制和结构化特征。
- 信用或违约风险：参见恒定比例投资组合保险策略章节。
- 市场风向或利差风险：风险投资组合的盯市价值对指数利差变化非常敏感。尽管信用利差取决于一些因素，比如，预期违约损失及违约风险和流动性溢价，但随着合约期限的缩短，该策略从信用曲线的“向前滚动”（rolling down）中所获收益有多少也同样关键。因此，恒定期限利差中的变化及信用曲线期限结构的斜率也都非常关键。至于信用恒定比例投资组合保险策略，在基本风险投资组合中，更复杂的信用产品或非信用风险资产（例如，股权或商品）导致更复杂的市场风险评估。
- 利率风险：与信用恒定比例投资组合保险策略相比较，利率的敏感性较低（尽管并未完全消除）。这是基于以下事实：没有一个无息债券的价值高度取决于利率变动。对固定比例债务来说，利率一方面影响现金账户所获利益，另一方面影响盯市价值的计算。

### 11.4.5 一个固定比例债务策略的证明性案例研究

以下实例给出了不同信用利差和违约场景下，交易生命期内 CPDO 策略净资产值、目标价值及杠杆倍数的变化。我们考虑一个 100 美元的名义投资，其（杠杆化）收益被投资到一个由 250 个资产组成的简单信用投资组合中，其初始加权平均利差为 30bp，起始平均期限为 5.25 年。固定比例债务策略票据的期限为 10 年，没有附加费，买卖利差为 1bp，且假设最初及最大杠杆倍数为 15。因此，风险投资组合的初始投资为 1500 美元。假设零风险率在交易生命期内恒为 2%，固定比例债务策略票据持有者（投资者）想得到一个超过零风险率 150 基点的票息率。我们则考虑信用利差（期限结构）和违约的三个场景，如表 11-24 所概括。

表 11-24 在 CPDC 交易中考虑利差和违约的不同情况。时间衰减 =x% 是指当我们在滚动期内，随着时间流逝，信用利差的下降幅度

| 年 | 场景 A：时间衰减 =4% | | 场景 B：时间衰减 =4% | | 场景 C：时间衰减 =1% | |
|---|---|---|---|---|---|---|
| | 利差 | 违约数量 | 利差 | 违约数量 | 利差 | 违约数量 |
| 0 | 30 | | 30 | | 30 | |
| 0.5 | 33 | 1.00 | 30 | 0.00 | 33 | 1.00 |
| 1 | 36 | 1.00 | 30 | 0.00 | 36 | 1.00 |
| 1.5 | 39 | 1.00 | 30 | 0.00 | 39 | 1.00 |
| 2 | 42 | 1.00 | 30 | 0.00 | 42 | 1.00 |
| 2.5 | 45 | 1.00 | 30 | 0.00 | 45 | 1.00 |

（续）

| 年 | 场景 A：时间衰减 =4% | | 场景 B：时间衰减 =4% | | 场景 C：时间衰减 =1% | |
|---|---|---|---|---|---|---|
| | 利差 | 违约数量 | 利差 | 违约数量 | 利差 | 违约数量 |
| 3 | 48 | 1.00 | 30 | 0.00 | 48 | 1.00 |
| 3.5 | 51 | 1.00 | 30 | 0.00 | 51 | 1.00 |
| 4 | 54 | 1.00 | 30 | 0.00 | 54 | 1.00 |
| 4.5 | 57 | 1.00 | 30 | 0.00 | 57 | 1.00 |
| 5 | 60 | 1.00 | 33 | 1.00 | 60 | 1.00 |
| 5.5 | 57 | 0.00 | 36 | 1.00 | 57 | 0.00 |
| 6 | 54 | 0.00 | 39 | 1.00 | 54 | 0.00 |
| 6.5 | 51 | 0.00 | 42 | 1.00 | 51 | 0.00 |
| 7 | 48 | 0.00 | 45 | 1.00 | 48 | 0.00 |
| 7.5 | 45 | 0.00 | 48 | 1.00 | 45 | 0.00 |
| 8 | 42 | 0.00 | 51 | 1.00 | 42 | 0.00 |
| 8.5 | 39 | 0.00 | 54 | 1.00 | 39 | 0.00 |
| 9 | 36 | 0.00 | 57 | 1.00 | 36 | 0.00 |
| 9.5 | 33 | 0.00 | 60 | 1.00 | 33 | 0.00 |
| 10 | 30 | 0.00 | 63 | 1.00 | 30 | 0.00 |

场景 A 给出了，在未来五年中利差拓宽 3 基点且参考投资组合出现一次违约的情境下，固定比例债务策略的表现。图 11-21 显示，在保证投资者所有本金及利率偿还八年之后，交易开始兑现。图中还揭示了该策略从第一年至第七年完全发挥杠杆作用，结果利差扩大造成了由违约带来的缺口补偿增加以及盯市价值损失增加。

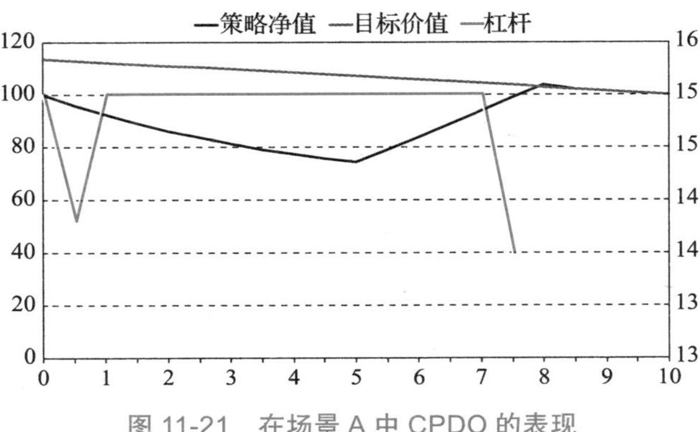


图 11-21　在场景 A 中 CPDO 的表现

场景 B 考虑相反的信用环境，即未来又五年的利差缩窄环境（恒定的 30 基点）并伴随五年的年利差扩大，违约事件发生一次。图 11-22 显示投资者不会在十年持有期到期时收到全部的本金。杠杆机制再次清晰可见。在头五年中，净资产值在没有违约和盯市价值损失的情况下增长。这点明确降低了杠杆作用削弱而带来的亏空。当利差开始扩大（例如盯市损失）且违约行为发生时，则追加更高级别的杠杆。随着违约的持续发生和利差的持续扩大，更高级杠杆的效应会进一步降低净资产值。

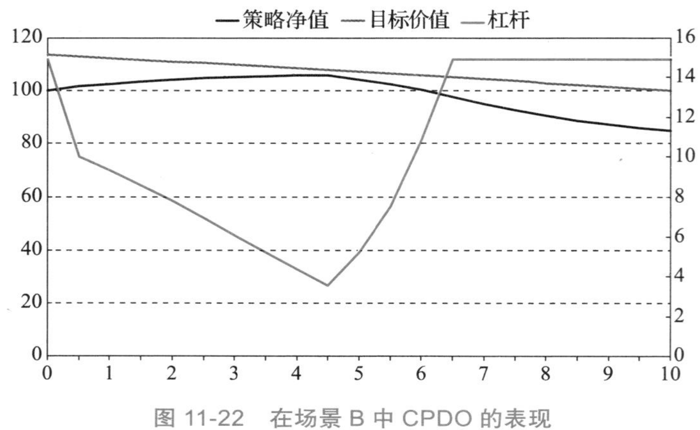


图 11-22 在场景 B 中 CPDO 的表现

场景 C 证明了固定比例债务策略表现对信用利差期限结构（随时间下降）斜率的敏感性。当利差（恒定期限）和违约像在场景 A 中发生的那样，我们将假定 5.25 年期限利差和 4.75 年期限利差间的差别从 4%（相关）降至 1%。现金交易在场景 A 下兑现，而场景 C 中信用利差更平坦的期限结构给固定比例债务投资者在到期日的本金造成了少量损失（见图 11-23）。

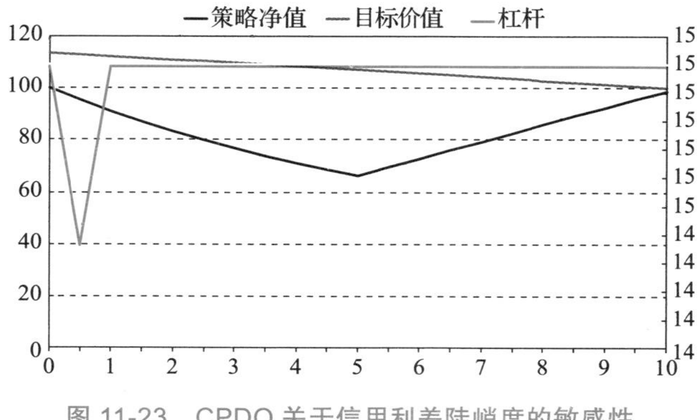


图 11-23 CPDO 关于信用利差陡峭度的敏感性

为了模拟固定期限信用指数利差的时间演化，我们需要假设一个均值回归随机过程，它需要计算出利差波动、均值回归速度和利差的长期平均水平。考虑到一系列长期指数利差数据的缺失，对这些参量进行可靠预测并不容易。债券指数提供了一个更丰富的数据集合，但也带来了其他挑战，如建立一个可靠的方法来从债券的信用利差中得出 CDS 的隐含利差。

鉴于近期极低利差环境的发展趋势，如果利差回复到比目前高很多的水平上，信用曲线的斜率将如何随之变化，这一预测并不容易，因此对信用违约互换指数期限结构变化的建模提出了进一步挑战。此外，建立在接近展期时期限结构的“当前”斜率基础上的固定比例债务策略以及其他结构化信用策略变化的影响也很重要。

### 11.4.6　对固定比例债务策略交易建模

总之，模型的条件与上述对于固定比例债务策略（CPPI）的概括相似。在以上考虑的案例中，需要将违约、信用利差和利率纳入模型考虑。如杠杆超优先级交易部分所概括，为了模拟利差的时间变化，也需要为固定期限信用指数的利差建立一个均值回归的随机过程。考虑到一系列长期指数利差数据的缺失，对这些参量进行可靠预测并不容易。鉴于近期极低的利差环境趋势，信用曲线斜率将如何随着利差回到远高于当前观测水平而变化，这一预测并不容易，对信用违约互换指数期限结构的变化进行建模面临了进一步挑战。债券价格或许会提供一个更丰富的数据集，但同时也带来其他挑战，例如建立一个可靠的方法来从债券的信用利差中得出 CDS 的隐含利差（进一步细节详见 O’Kane 和 Sen，2004）。

总的来说，在一个连贯框架下建立一个详细、完全集合各种信用和市场风险、且拥有强大数据分析和参变量估计的模型，对更好地掌握固定比例债务策略交易提供的风险或收益机会来说是必需的。在未来，结构化革新和向现有投资组合或更复杂的风险投资组合的过渡都是可预测的。

## 11.5　总结和建模挑战

从产生到现在，合成型 CDO 市场经历了一个巨大发展，交易执行更加容易或结构化以及通过量身定制的解决方案推行表达特定信用市场观点都推动了其发展。定制单层 CDO 的迅猛发展是由流动性好的信用指数和与指数相关的层级所支持的。伴随着典型单层合成型 CDO 规模的发展，CDO 对底层资产类别的革新及新产品（结构）来说都是一个巨大的驱动力。

典型合成型 CDO 参考了一个公司债和金融机构的 CDS 池，并且有时候与诸如公司债券或贷款或资产抵押债权等现金支持资产相结合。近期紧缩的利差环境，加上流动性好的信用违约互换数量减少，2005 年 5 月事件突出了相关性风险和重叠（见于 South，2005）的作用，导致 CDO 投资者为追求分散化机会和更高的收益，不惜引入新风险和资产类别单层。自 2004 年来，股权违约互换时而被看作替代投资，这使得信贷和资产风险需以连贯却实际的方式结合在一起。最近，单层 CDO 被建议用作转移商品风险的工具，但对合成此类产品又另需恰当的建模。总的来说，我们期待这些朝着混合交易过渡的发展能够继续进行并与非公司债合成型指数（例如资产抵押债券指数）的进一步发展相联系，期待和成型 CDO 市场的进一步发展。

2005 年 5 月的类似事件给市场参与投资行为带来了变化并点燃了安置整个资本结构 CDO 的渴望，也点燃了发展结构以便降低盯市价值波动的需求。杠杆超优先级交易曾获许以杠杆形式向现金投资者出售超优先级风险，其中信用风险除外，且盯市价值风险明确被纳入考虑范围。2005 年是杠杆超优先级之年，而 2006 年和 2007 年因信用固定比例投资组合保险策略和固定比例债务策略交易的进一步发展被视为有趣的一年。此类防守型贸易以动态资产分配为基础保护本金投资，且提供了潜在的较高收益。我们期待这些发展能够持续演化为更复杂的信贷及混合型投资组合，并且其应用成为能够转移有效风险的新革新结构。

与这些发展携手并进的是定量模型的发展，以便能够刻画这些结构中的单变量风险和固有相依性。尽管标准化的连接函数框架具有将边缘风险因子从投资组合方面分离出来的优势，但对其他方法的进一步研究仍然是有必要的。举例来说，近期市场有可能会重新有兴趣来使用结构化模型——默顿模型来对单名信用及股权产品进行连续定价（见第 3 章），会使得股权投资组合、债务票据以及信用利差敏感性及违约敏感性产品保持融合。此外，随机强度、随机危险模型似乎对分散化资产类别提供了深入研究和应用的空间。这两种进展都需要深入研究，记住这些方法的连贯性是经常要考虑到的。

总之，我们相信合成型 CDO 的进展会为各种金融风险和市场的结合提供了许多令人兴奋的机会，并进一步为创新风险转移手段带来机会。同时在未来的岁月中，它们将面临许多定量方面的挑战，并将继续发展。

## 附录 11A 基尼系数

基尼系数或洛伦兹曲线（Gini/Lorenz curve）是用于测量一个模型的排序质量。一个高质量模型应当能够确定所有更高的违约概率及风险事件。

在图 11-24 中，$X$ 轴与违约概率 / 股权事件概率或排名从高到低的评级 / 种类相符合。$Y$ 轴所示的累积观察违约 / 事件率与 $X$ 轴所示排名从高分至低分的观察相符合。基尼系数代表在基尼 / 洛伦兹曲线下灰色阴影面积的两倍。基尼系数依赖样本。总的来说，在信用世界，基尼系数被置于 50% ～ 90% 的层级中。其结果通常在样本外进行测量。正如本文所列情况，当数据库规模足够庞大时，样本外和样本内绩效结果便融合在一起。基尼系数属于样本依赖型。

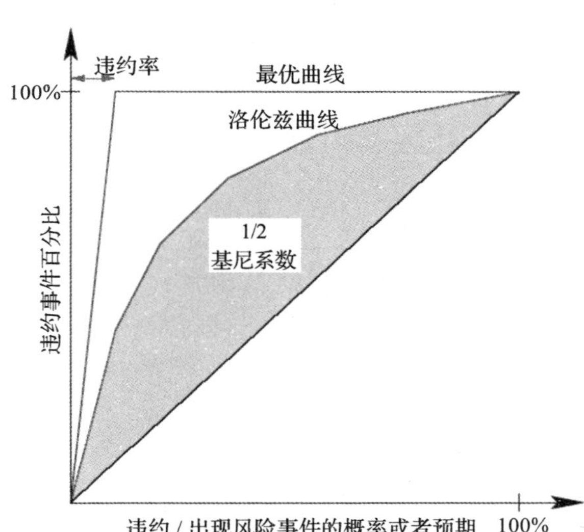


图　11-24

## 附录 11B　非参数估计

在估算一个参数模型而得出类型 $\mathrm{d}S_t=\mu(S_t)\mathrm{d}t+\sigma(S_t)\mathrm{d}W_t$ 的一个一般扩散过程之前，非参数技术对于漂移项、$\mu$ 和扩散项 $\sigma$ 的特定化是有用的。此处，$S$ 可表示一个特定商品的价格、利率水平或信用利差水平。Stanton（1997）提出漂移和扩散项的第一阶及高阶近似值，一阶近似值将在后文中进行概述。

### 11B.1　密度估算

第一步要通过高斯密度函数估算数据生成过程的密度。即

$$f(x)=\frac{1}{nh}\sum_{t=1}^{n}\phi\left(\frac{x-S_t}{h}\right)$$

$\phi$ 表示标准常态密度，$n$ 为观测数量，$h=c\tilde{\sigma}n^{-1/5}$ 则给出了窗口及带宽，其中 $c$ 是恒定的数据标准误差值，$\tilde{\sigma}$ 是数据实际误差值。密度的平滑度主要取决于 $c$ 的选择。Prigent 等（2001）和 Stanton 提出了一个近似于 3 的数值。

### 11B.2　漂移和波动 / 扩散估算

在 $x$ 水平上的漂移项可估算至一次，通过高阶近似值，

$$\tilde{\mu}(x)=\frac{\sum_{t=1}^{n-1}(S_{t+1}-S_t)\phi\left(\frac{x-S_t}{h}\right)}{\sum_{t=1}^{n-1}\phi\left(\frac{x-S_t}{h}\right)}$$

一次近似值可用于扩散，并与扩散相符，

$$\tilde{\sigma}(x)=\left(\frac{\sum_{t=1}^{n-1}[S_{t+1}-S_t-\tilde{\mu}(x)]^2\phi\left(\frac{x-S_t}{h}\right)}{\sum_{t=1}^{n-1}\phi\left(\frac{x-S_t}{h}\right)}\right)^{1/2}$$

我们建议读者查阅 Stanton（1997）。

## 附录 11C　Chan 等（1992）的线性估算

Chan 等（1992）提议通过以下公式估算式（11-2）的离散时间：

$$S_{t+1}-S_t=a+bS_t+\sigma|S_t|^{\gamma}\varepsilon_{t+1},$$

式中，$\varepsilon_{t+1}$ 设为 i.i.d. 的常态变量。之后，该过程的马氏特性及常态化假设使对数自然函数值的偏差最大化：

$$L=-n\ \ln(\sqrt{2\pi}\sigma)-\sum_{t=1}^{n}\ln\left(\left|S_{t-1}\right|^{\gamma}\right)-\sum_{t=1}^{n}\left(\frac{S_t-a-(b+1)S_{t-1}}{\sigma\left|S_{t-1}\right|^{\gamma}}\right)^2$$

作为一种最小方差渐进无偏量估计，最大可能性估量通常用于一些替代方法，例如矩量法，讨论详见 1995 年 Broze，Scaillet，和 Zakoian。

## 参考文献

Albanese, C., and O. Chen (2005), "Pricing equity default swaps," *Risk*, June.

Alexander, C. (2001), *Market Models: A Guide to Financial Data Analysis*, John Wiley & Sons.

Bayliffe, D., and B. Pauling (2003), "Long term equity returns," working paper, Tower Perrin.

Black, F., and R. Jones (1986), "Simplifying portfolio insurance," *Journal of Portfolio Management*.

Black, F., and R. Rouhani (1989), "Constant proportion portfolio insurance and the synthetic put option: a comparison," in F. J. Fabozzi (ed.), *Institutional Investor Focus on Investment Management*, Cambridge, Massachusetts: Ballinger, 695–708.

Boyer, B., M. S. Gibson, and M. Loretan (1999), "Pitfalls in tests for changes in correlation," International Finance discussion papers, Number 597, Board of Governors of the Federal Reserve System.

Cangemi, B., A. de Servigny, and C. Friedman (2003), "Standard & Poor's credit risk tracker for private firms, technical document," working paper, Standard & Poor's, Risk Solutions.

Christoffersen, P. F., F. X. Diebold, and T. Schuermann (1998), "Horizon problems and extreme events in financial risk management," working paper prepared for the Federal Reserve Bank of New York Economic Policy Review.

Collin-Dufresne, Goldstein, and Martin (1999), "The determinants of credit spread changes," working paper, Carnegie Mellon University.

Cox, J., J. Ingersoll, and S. Ross (1985), "A theory of the term structure of interest rates," *Econometrica*, 53, 385–407.

de Servigny, A., and N. Jobst (2005), "An empirical analysis of equity default swaps (I): Univariate insights," *Risk*, December.

de Servigny, A., and O. Renault (2003), "Correlations evidence," *Risk*, 90–94.

Delianedis, G., and R. Geske (2001), "The components of corporate credit spreads," Technical Report, The Andersen School, UCLA.

Demey, P., J.-F. Jouanin, and C. Roget (2004), "Maximum likelihood estimate of default correlations," *Risk*, November, 104–108.

Eydeland and Wolyniec (2003), "Energy and Power Risk Management."

Fitch (2004), "Equity Default Swaps in CDOs," Fitch Ratings, *www.fitchratings.com*.

Geman (2005), "Commodities and commodity derivatives."

Gilkes, K. (2005), "Modelling credit risk in synthetic CDO squared transactions," in *Securitisation of Derivatives and Alternative Asset Classes*, Kluwer Law International.

Gilkes, K., Jobst, N., Wong, J., and Xuan, Y. (2006) "Constant Proportion Debt Obligations—The DBRS Perspective", DBRS CDO Newsletter.

Hull, J., M. Predescu, and A. White (2004), "The relationship between credit default swap spreads, bond yields, and credit rating announcements," working paper, University of Toronto.

Hull, J., M. Predescu, and A. White (2005), "The valuation of correlation-dependent credit derivatives using a structural model," working paper, University of Toronto.

Jobst, N. (2004), "CDS/EDS correlation: Empirical insights," unpublished internal document, Standard & Poor's.

Jobst, N., and A. de Servigny (2006), "An empirical analysis of equity default swaps (II): Multivariate insights," *Risk*, January.

Jobst, N., and K. Gilkes (2004), "Risk analysis of CDS/EDS correlation products," in [A. Batchvarov (ed.),] *Hybrid Products: Instruments, Applications and Modelling*.

Kaufmann, R., and P. Patie (2004), "Strategic long-term financial risks: Single risk factors," working paper, ETH Zürich.

Lando, D. (2004), "Credit risk modelling: Theory and applications," in *Princeton Series in Finance*, Princeton University Press.

Longin, F., and B. Solnik (1999), "Correlation structure of international equity markets during extremely volatile periods," working paper, Department of Finance, ESSEC Graduate Business School.

Loretan, M., and W. B. English (2000), "Evaluating correlation breakdowns during periods of market volatility," International Finance discussion papers, Number 658, Board of Governors of the Federal Reserve System.

McNeil, A. J., and R. Frey (2000), "Estimation of tail-related risk measures for heteroscedastic financial time series: an extreme value approach," working paper, Department of Mathematics, ETH Zürich.

Medova, E., and R. G. Smith (2004), "Pricing equity default swaps using structural credit models," working paper, University of Cambridge.

Metayer, B. (2005), "CDO^2, correlation, overlap and subordination: Implication for pricing and risk management," working paper, Swiss Banking Institute, University of Zurich.

Morillo, D., and L. Pohlman (2002), "Large scale multivariate GARCH risk modelling for long-horizon international equity portfolios," working paper, Panagora Asset. Management.

Perold, A. F. (1986), Constant portfolio insurance," Harvard Business School, Unpublished manuscript.

Perold, A. F., and W. F. Sharpe (1988), "Dynamic strategies for asset allocation," *Financial Analysts Journal*, 44, 16–27.

Prigent, Renault, and Scaillet (2001), "An empirical investigation into credit spread indices," *Journal of Risk*, 3, Spring.

Roman, E., R. Kopprash, and E. Hakanoglu (1989), "Constant proportion portfolio insurance for fixed-income investment," *Journal of Portfolio Management*.

Schönbucher, P. J. (2005), "Portfolio losses and term structure of loss transition rates: A new methodology for pricing of portfolio credit derivatives," Working paper.

Schwartz (1997), "The stochastic behaviour of commodity prices: Implication for valuation and hedging," *Journal of Finance*, 52.

Sidenius, J., V. Peterbarg, and L. Andersen (2005), "A new framework for dynamic portfolio loss modeling," working paper.

Sobehart, J. R., and S. C. Keenan (2004), "Hybrid probability of default models—A practical approach to modeling default risk," Citigroup, The Quantitative Credit Analyst, Issue 3, 5–29.

South, A. (2005), "CDO spotlight: Overlap between reference portfolios sets synthetic CDOs," Standard & Poor's Commentary.

Stărică, C. (2003), "Is GARCH(1,1) as good a model as the Nobel prize accolades would imply?", working paper, Department of Mathematical Statistics, Chalmers University of Technology, Gothenburg.

Standard & Poor's (2004), "Global methodology for portfolios of credit and equity default swaps," Standard & Poor's, Criteria.

Standard & Poor's, (2005), "CDO spotlight: Approach to rating leveraged super senior CDO notes," Standard & Poor's Criteria.

Standard & Poor's (2006), "Collateralized Commodity Obligations (CCO): CDOE modelling methodology overview," Internal Document, Structured Finance Ratings.

O'Kane, D. and S. Sen, (2004) "Credit spreads explained", Lehman Brothers, Quantitative credit research quarterly, March 2004.

Vasicek, O. (1977), "An equilibrium characterization of the term structure," *Journal of Financial Economics*, 5, 177–188.

第 12 章

# 住宅抵押贷款支持证券

Varqa Khadem 和 Francis Parisi

## 12.1 引言

在这一章，我们将先详细阐述一个评估机构如何使用这一方法。这个方法看起来虽然简单，但对于理解住宅资产支持证券（RMBS）领域的最新进展有重要意义。然后，我们将着眼于更为先进的建模技术，这些技术已然为最活跃的市场参与者所使用。

从历史渊源来看，1968 年美国政府国民抵押贷款协会（Ginnie Mae，吉利美）发行了第一个资产支持证券，这标志着结构化金融市场的开端。不久，联邦住宅贷款抵押公司（Freddie Mae，房地美）于 1970 年引入抵押参与证。1977 年，联邦全国抵押协会（Fannie Mae，房利美）也进入这一市场。对这些机构而言，合格可售的贷款必须满足一定的标准，这样的贷款被称为合格按揭贷款。而不宜外售的贷款，又称为非合格按揭贷款，需要通过其他方式进入资本市场。在那段期间，标准普尔公司为美国首例私人发行的抵押贷款支持债券做出评估。这是全球资本市场中增长最快且最具创新力的领域的肇端。如今，标准普尔利率交易以一揽子资产为基础，这些资产包括住宅和商业抵押贷款、信用卡、汽车贷款、小额商业贷款等。尽管从整体的发行量的历史数据来看，住宅抵押支持证券（RMBS）占据主导地位，但如今发展最为迅速则是债务担保证券（CDO）市场。

对于结构化的金融资产，标准普尔的评估标准以 20 世纪 70 年代中期的住宅抵押支持证券的相关准则为基础。美国的 RMBS 准则也作为制定其他资产类别准则的起始点。所有结构化的金融证券无非可分为现金型和合成型两种。简单来说，在一个现金型的金融交易中，一个发行者将资产的所有权转移给某一特殊目的实体（SPE），后者随后发行评级债券，与那些资产有关的本金和利息将伴随着风险一同转移。而对于合成型证券，则仅是转移了风险。标准普尔的角色就是评估风险，根据交易条款估计偿付的可能性，并为之设定一个评级。在这种结构化的设计框架之中，结构化金融产品往往大同小异是显而易见的，因而市场衍化出其他资产，然后延伸到世界的其他地区，这一共同基础是出发点。这些交易的合法性也是一个关键点，交易条款正在逐步演变以适应当地法规。

从早期典型的非标准类优质按揭贷款抵押池到涉及十余种不同类型的标的资产，美国的住宅抵押贷款支持证券不断发展。其中，发展最快的要数次贷市场。以次贷（sub-prime）为标的的 RMBS 在标准普尔评级的 RMBS 的比重中占到 1/3 ～ 1/2，而以优质贷款为标的的 RMBS 仅占 20%。除此之外，RMBS 的标的资产还包括房屋净值贷款、Alt-A 贷款、hi-LTV 贷款（LTV：Loan to Value，贷款房价比）、残次品贷款（scratch-n-dent）以及净息差债券（NIMS）。有趣的是，欧洲的 RMBS 市场在近年来快速增长，与美国结构化金融市场相比已不可小觑。

最近，银行业大力发展可应用于 RMBS 领域并能更广泛地推广至全体资产支持证券领域的建模技术。在那些用以支持结构化金融债权发行的标的资产之上，广泛存在提前还款风险和信用风险，想要不对它们进行建模描述而直接讨论抵押贷款的风险已不再可能。市场参与者们关注的另一焦点则是现金流统计模型。

这一章的其余部分会做如下安排。首先，我们描述的是标准普尔对美国 RMBS 评级时使用的分析方法；其次呈现的是欧洲 RMBS 的分析方法；最后对结构化金融特别是欧洲的交易中所使用的量化分析的方法加以综述。

## 12.2 第一部分：美国对 RMBS 各个分层进行评级的分析技巧

当一个银行家或者发行人与标准普尔公司接洽并讨论提案时，RMBS 的评估过程就开始了。这一初始阶段通常以一个电话会议或碰头会开始，并在会中呈现交易概况。这一讨论的目的在于不漏掉涉及交易结构、信用安排或者法律条款的任何一个不寻常或复杂的点，这些事情在正式的评估流程开始之前就需要被安排好。

当发行人决定推进这一过程，就开始了对该项交易全面分析的过程。评估师们与发起人管理团队或者应收账款出售者们碰面。这一过程能够让分析师们更加了解发行人的策略性和运营性的目标。它也提供了一个途径，使得人们对于承销政策、合同违约手续、运营控制的了解达到特定的水平。此外，关于发起人担保、债务人的还款模式、资产的历史绩效以及既往交易的检视等特征通常也会详加讨论，再辅以发行人或者贷款服务机构的短期实地考察。值得注意的是回顾过程并不包括审计。相反，发行人和其顾问、投资银行家和其顾问以及发行人的会计师等都会对交易做出各自的陈述，而评估则是在各方陈述的基础上做出。

### 12.2.1　概述：担保、法律和结构分析

与任何结构化金融评估一样，分析主要关注的是信用安排、交易结构和法律条款。美国的结构化金融评估的法律标准是 20 世纪 70 年代中期为 RMBS 制定的准则，这是其他资产类型或其他国家法律标准制定的宗始。这些法律标准的基本原则在于将资产与卖方或发起者的信用风险分隔开来。

担保分析中涉及对资产过去绩效的深入回顾。分析师们收集并检验数年的绩效变量的数据，它们影响交易的信用风险。在美国，RMBS 资产池中的信用风险通过标准普尔公司的 LEVELS 模型加以量化，这一贷款定级模型用于评估资产池中每笔贷款的债务人放弃抵押品赎回权（止赎）的频率（foreclosure frequency，FF）（违约风险）和损失严重度（loss severity，LS）（既定违约风险下的损失）。LEVELS™ 模型仅限于标准普尔公司内部分析师使用，并授权给外部的抵押发起人、发行人以及投资者使用。在英国，分析师们使用的是一个类似的模型，但模型尚未商业化。

结构性回顾包含对信息披露以及合同中的约束力文件的检查。从抵押贷款转移至受托人的转移方式到证券支付及到期的方法，准则涉及交易结构的方方面面。分析中也会考虑到偿付的具体分配以及对证券持有者做出的承诺。

给出评级之后，由标准普尔的跟踪评级师们监督并持续修订这一结果。跟踪评级的目的在于保证评级持续反映交易的绩效与结构，正如在交易结束时所分析的那样。贷款服务机构每个月出具一份报告以披露绩效信息。在交易结束日到来前，分析师们每次都要逐条回顾服务报告中列出的数据，从而确保所有需要的信息都被包含在内。

### 12.2.2　信用分析

将不同经济情境中抵押贷款池的可能损失额加以量化，是建立在评级工作中所需用到的信用风险模型的关键。为达到这一目标，分析师们使用多样化的压力测试的假设来衡量各类经济环境中抵押资产池的绩效。适用于各个评级结果的压力情境的基础数据可以在抵押贷款市场中过去的历史数据中找到。基于

历史数据的研究，标准普尔创造出内含于 LEVELS™ 中的准则。

很多人认为，1930 年发生的大萧条给美国 20 世纪以来抵押贷款市场带来了最具灾难性的环境。没有人希望大萧条重演，但就研究失业和资产减值对抵押贷款损失的影响而言，这是一个绝佳的案例。根据抵押贷款的性质，个人贷款的损失数据各不相同。历史证据和强有力的分析判断被结合起来，共同用于确定损失准则。有两个因素决定贷款整体的损失风险，通常情况下个体的风险特征会对其中的一个产生影响，有时也会对两个因素都产生影响。这两个因素是：

- FF，贷款违约的概率；
- LS，违约贷款的损失数额。

#### 12.2.2.1 止赎频率

标准普尔的 LEVELS™ 模型可以确定单一抵押贷款或是抵押贷款组合的风险。LEVELS 模型使用标准的抵押贷款和信用文件的数据，根据评估准则计算住宅抵押贷款的增信要求。这些个体贷款分析被汇总，提供所需的增信水平以便为抵押贷款确立适当的评级。FF 根据贷款的条款，反映的是借款者对抵押贷款的支付能力和意愿。

1996 年，美国的住宅抵押贷款领域开始普遍使用信用评分法。在无担保的消费者信贷领域使用多年，信用评分法能够根据借款者的过去的信贷记录评估其违约风险。信用评分是对个体偿还贷款的相对可能性做出的一个数值总结。作为一个指标，这个分数反映了严重犯罪、止赎或是借款人破产的相对风险。尽管信用评分法在美国消费信贷市场已经广泛使用，但它在欧洲才刚刚兴起。基于已有研究，标准普尔发现使用消费者信用评分提升了评估的流程。因此，当有关抵押贷款的贷款水平的信息被用于分析时，消费者信用评分应当包含在内。信用评分以及其他的贷款特征，被用于获得某一贷款级别的 FF。每一个评级种类的基本 FF 假设受到如下贷款特征的影响：

- 借款人的信用质量（信用评分）
- 房产信贷价值比率（LTV）
- 不动产类型
- 贷款用途
- 占有状态
- 贷款历经年限（seasoning）
- 资产池规模
- 贷款规模
- 贷款期限

- 贷款文件
- 可调整利率抵押贷款（ARM）
- 气球型抵押贷款
- 留置权状态

内含于 LEVELS 中的违约和损失模型就是基于这些变量加以估测的。从这些模型中，我们可以估测每个变量对于借款者违约的可能性以及违约贷款的损失严重度的影响。举例来说，历史证明 LTV 是丧失抵押品赎回权的关键预测指标。一项贷款的 LTV 被表述为百分比形式，其定义为抵押贷款余额除以房屋购买价格和估定价值这二者中的低值。房产信贷价值比率（LTV ratio）越高，抵押品丧失赎回权风险越大，丧失赎回权之后的预期损失越高。因此，这些贷款比低 LTV 的贷款需要更多的损失覆盖率。

类似地，为抵押贷款做担保的财产的种类也会影响借款者违约的可能性。一项贷款若是以单一家庭住宅为保证，相比于以三到四个家庭住宅为保证，其违约风险更低。对于后者，抵押人更可能凭借房租收入以偿还每月的债务。这一相同的现象在非自住住宅抵押贷款中也存在。情形相同，抵押人依赖于投资性房地产的租赁收入。而且对于一个房产所有者而言，比起其首选的自用住宅，他更可能放弃另一套住宅或者投资性房地产。

伴随着自 2001 年以来的低利率，美国的 RMBS 市场见证了破纪录式的发行量。借款者重新按揭他们的房屋占据了该发行量中的很大比重。任何抵押贷款的目的都会影响违约风险。术语“购买抵押”（purchase mortgage）描述了这样一种典型的抵押交易：购买者支付一所新房屋购置价格的一部分。对于出借人，抵押物价值受到其购买价格和评估价格两方面的有力支撑。在一个调节利率和期限的再贷款（rate/term refinance）交易中，抵押（贷款）人以到期日更短或者利率更低的新贷款替代已有贷款，从而缩短期限或者减少每月的按揭额。套现再融资贷款风险更高，因为缺少销售价格时很难测量真实市场的价格。LEVELS 调整了套现贷款的预期损失以反映这种附加风险。

一般来说，随着贷款到期其违约风险降低。因此，对于到期的贷款池，标准普尔会对其违约和损失的假定加以调整，减少相似的但是还未到期的贷款池的增信要求。其原理在于：随着贷款到期而借款者给予偿还，还没有偿还的贷款余额将分期摊销，这样减少了处于风险状态的资本。此外，在过去的十年，美国的房屋价格以稳定速率增长，有一些地区增长率还达到了两位数，这进一步减少了房屋价值相关的风险敞口。虽然我们不能保证房屋的价格上涨，贷款的分期偿还确实是一个必然的结果（当然，在一些 ABM 中余额负向摊销（negatively amortizes）属于例外）。这同时也基于这样的观点：房屋净值的增加会削弱按揭贷款期限和违约风险的关系。就其性质，为期 15 年的抵押贷款的风险低于为期 30 年的可比抵押贷款。考虑到房屋价值的更快积累，“更短的期限”意味着 15 年的抵押贷款分期摊销得更快。行业数据表明 15 年的抵押贷款发生违约的情形不如 30 年的抵押贷款频繁，因为这种房屋价值的积累增加了借款者保有当前贷款的动机。

正如统计样本显示，资产池中贷款的数量在决定风险时很重要。其原因在于 LEVELS 是基于成百万的贷款数据而得出的，并且反映了大数定律的特征。任何一个评估审查的给定资产池是这一更大集合的子集。在研究的基础上，标准普尔发现不少于 250 项贷款的资产池的规模就足够大而能够保证多样性以及损失假定的准确性。少于 250 项贷款的资产池也是可评级的，而对其进行资产池信用质量分析时需做出调整。从一个更大的总体中随机抽选出的上千个贷款样本的违约比率存在变异性，而分析就聚焦于这些可观测到的变异性上。除非样本规模小于 250，抽选出的违约比率的分布是可相互比较的，且不具备统计学意义上的显著差异。估测每一种样本规模的变异系数并拟合出一个稳健（M- 估计）的回归式，标准普尔从中得到了下式。

$$f(n) \propto \frac{\hat{\beta}}{\log(n)}$$

这里 $n$ 代表资产池中贷款的数目。

另一个与风险集中度相关的因素是贷款的规模。通常认为余额更高的贷款风险也更高。在经济衰退时期，由于标的不动产的市场有限，“大额房贷”更可能受市场价值下降（MVD）的拖累。这会增加按揭贷款的损失严重度（LS）。LEVELS 的违约等式反映了这一风险并做出相应调整。在确定贷款规模标准时，有个重点很值得注意，在美国，房利美和房地美作为抵押贷款购买实体，每年都会发布合格贷款余额的指南以反映全国的房屋价格变化。五年前属于大额房贷，如今很可能已成为合格贷款。

除了建立贷款余额准则，机构也为贷款记录的要求制定了标准。在研究中，标准普尔发现减少贷款申请文件可能引致额外的风险，需要对总的信用风险是否已增加做出评估。很多加速的承销项目提升抵押人首付款的要求规模，以此实现抵消潜在的更高风险的目的。直觉上，存在某一个点使得在该点上增加的首付款规模抵消一定水平的风险。因此，一个贷款申请文件有限但房产信贷价值比率（LTV）低的贷款，可能和一个房产信贷价值比率高但记录完整的贷款面临相同的损失覆盖要求。

在分析 ARM 信用风险过程中，当决定各种各样评级所需的增信要求时，评级分析集中于以下额外因素：利率变化的频率；每一期的潜在利率提升量；利率的周期上限，或者是按揭期内的利率增量；负向摊销的数量（若有）；潜在利率指数的波动性。风险类似的是气球贷（ballons）。所谓气球抵押贷款是一种偿还本金的贷款，在声明的期限内贷款余额并不完全摊销。美国住宅市场通常提供的是这样一种形式的气球抵押贷款：贷款利率固定，本金和利息的偿还根据 30 年的摊销计划表加以计算。当期限确定（通常是 5、7、10 或 15 年），剩下的还未支付的本金余额一次偿付。鉴于这一个附加的信用风险，对于涉及气球贷的交易，标准普尔寻求更高水平的损失保护。

### 12.2.2.2 损失严重度

基于对历史数据的研究分析，标准普尔对于住宅抵押贷款做出损失严重度假设。这个损失严重度由几个因素构成。对于一个丧失抵押品赎回权的抵押贷款，出借人通常拥有财产的所有权并将财产拍卖以弥补抵押贷款金额。很多时候，财产在丧失抵押品赎回权之后被拍卖，能换回的收入低于还未偿还的贷款余额。出于评级的目的，标准普尔假定出售时的损失，又称为 MVD，损失越大则评级越高。所以 BBB 级别，MVD 接近 22%，而对于 AAA 级别，MVD 大约是 34%，故而更高评级的债权出手时损失更大。除了市场价值的损失，自贷款拖欠时起其未支付利息也开始积累，最终还有与丧失抵押品赎回权有关的成本。这些成本包括法律费用以及在拍卖前维护财产的费用。损失的本金和利息以及相关成本占原始贷款额的比重就是 LS。

**损失严重度测算实例**

| | | |
|---|---|---|
| 不动产价值 | | \$100 000 |
| 贷款数量（80% LTV） | \$80 000 | |
| MVD 35% | | −35 000 |
| 净回收值 | | 65 000 |
| 资本损失（贷款数量 - 净回收值） | 15 000 | |
| 损失利息和成本 | 20 000 | |
| 总损失 | 35 000 | |
| LS（总损失 / 贷款数量） | 44% | |

每一个评级种类的基准 LS 假定受到以下因素的影响：

- LTV 比率
- 抵押保险
- 留置权状态
- 贷款余额
- 贷款到期日
- 贷款类型
- 贷款目的
- 不动产类型和占有状态

- 地理分布
- 贷款历经年限（seasoning）

如前所述，上述这些贷款的特征中，很多也是影响 FF 的因素。一般而言，若贷款的 LTV 更高，必然由于财产中权益更少，则 LS 也更高。然而，当抵押贷款的 LTV 比率超过 80%，则 LS 更低，因为这些贷款可能有初次抵押贷款保险。抵押贷款保险保证了抵押贷款余额中的一定数额的百分比，所以净影响是缩小出借人遇到违约事件的风险敞口。在这个简化的例子中，25% 的贷款是有保险的，减少了出借人的风险敞口。尽管一项贷款有更高的 LTV 比率，保险导致了一个更低的 LS。这并不是要鼓励发行高 LTV 比率的贷款，因为它的违约风险远高于低 LTV 比率的贷款。净影响是总体上更大的风险，没有这些抵消特征贷款的增信要求更高。

有 25% 抵押贷款保险的损失严重度测算实例

| | |
|---|---:|
| 不动产价值 | $100 000 |
| 贷款数量（90% LTV） | $90 000 |
| 未保险数量 | 67 500 |
| MVD 35% | −35 000 |
| 净回收值 | 65 000 |
| 资本损失（贷款数量 − 净回收值） | 2500 |
| 损失利息和成本 | 20 000 |
| 总损失 | 22 500 |
| LS（总损失 / 贷款数量） | 25% |

相比于抵押权处于第一顺位的贷款，标准普尔对于抵押权处于第二顺位的贷款的 LS 假定更高，因为第二顺位中存在内含风险。抵押权的顺位次序对于 LS 的影响与第二顺位抵押贷款对于第一顺位抵押贷款的相对规模大小有关。当第二顺位抵押贷款的 LTV 相对于第一顺位抵押贷款降低，它的潜在损失严重度增加。其他数据表明，有更高贷款余额的抵押贷款丧失抵押品赎回权需要更长时间，处置抵押物也需要更长时间。当前的准则对余额较大的贷款增加了设定的清算时间结构，继而导致更高的持有成本和更大的损失。

对于任何一个易受到经济环境变化影响的资产池，损失严重度以及要求的损失覆盖会根据其地理分布加以调整。这种风险的分析是基于这样一种考虑：在资产池中出现的任一区域的标的财产是否存在过度的地理集中。在美国，标准普尔发明了房地产波动率指数，根据价格下降的风险对当地房地产市场加以分级。对于那些以高风险市场的不动产作为抵押物的贷款，其损失假定会相应进行调整。

### 12.2.3　RMBS 的结构性考察

RMBS 的发行人可以选择不同结构化设计形式的 RMBS 证券。它们可以是优先 / 次级的结构，其中评级较低或者没有评级的部分证券为评级较高的部分提供信用支持。它们也可以是优先 / 次级 / 超额担保的结构，其中部分的信用支持是以超额担保的形式存在，超额抵押基于超额利息价值或者是底层抵押贷款利息与评级证券利息之间的息差。

发行人在选择增信结构的类型时会考虑多种因素，但主要是投资人驱动，即基于产生最优经济利益的结构。这些结构的信用分析是相同的，无须考虑各个类型。最重要的是，这种腾挪利益的交易结构的应用使得信用支持长期演进，至少直到该笔交易走完标准普尔假定的违约曲线的大部分。这些有以下实现方式，一种是通过准则要求本金现金流中的大部分对应绝大多数优先级份额，或者通过要求超额担保的目标在交易的初始阶段盯住初始的资产池余额而实现。

只有在确定抵押贷款池运转良好，信用支持才会被允许逐步退出。抵押贷款池的逾期贷款和损失水平，此二者对于决定交易期间需要多少信用支持至关重要。足够的信用支持和损失覆盖将会使得所有的评估类型能获得其月度承诺利息收益，而最终能够收回其资本金。因此，如果资产池运转良好（相对于最初关于逾期、损失以及信用支持的预期），信用支持的释放或逐步退出才会被许可。

#### 12.2.3.1　优先 / 次级结构

一个 RMBS 的优先 / 次级结构可以视作低级份额向优先级份额提供信用支持。通常来说，在美国的 RMBS 市场，所有的利息不足以及本金损失首先由最劣位的份额与之对应，导致整个产品的本金余额账面价值被调低。与此相反，在英国，当资产遭受损失，账面价值不会调低。不同的是，抵押贷款池的本金损失记录在本金损失分类账（principal deficiency ledger，PDL）中，它可以追踪负债的本金余额超过资产的本金余额的程度。在每一个评级水平，标准普尔要求本金损失不能超过已有的次级份额。举例来说，若一个交易中有一个 1 亿英镑的 AAA 优先份额、900 万英镑的 A 次级份额和 100 万英镑没有评级的份额，就任一时刻的本金损失而言，AAA 现金流中不能超过 1000 万英镑，A 现金流中不能超过 100 万英镑。然而，当收入不足以为本金损失提供资金时，如果本金损失能够在很短时间内以超额利差加以弥补，则标准普尔认为交易的风险低。与使用超额利息的结构完全不同，在这种结构中，只有次级债券提供信用支持。结果是如果超额利息被用于弥补损失则需要更多的次级债券。

1. 现金流分拆　大多数 RMBS 被结构化为过手型交易。标的抵押贷款池产生的所有本金和利息（包括清算收益和保险赔偿，出卖人再回购和置换收入，贷款服务机构垫付款，以及其他计划外归集的收入）依序分配给各份额持有人。利息通常支付给所有未清偿的份额，从最优先的开始，然后给剩下的非优先债券。在所有类型都收到了全额的承诺利息支付之后，本金会按照管理文件的条款加以分配。根据评级准则，由于在这种结构类型中次级份额提供的只是信用支持，只有当借款者大部分均已发生违约时，次级份额的本金方才得受偿。对各类优先级份额而言，本金会基于投资者的平均寿命偏好按顺序或按比例分配。

当一项违约贷款的损失已经发生，发行人有两种选择来分配现金流。最优先的份额能够被承诺全部未付本金余额，或者更简单是由贷款的最终处置产生的收益。若违约贷款的全部未付本金余额被支付给优先类型，则各个评级水平的份额必须在支付任何本金之前获得利息。这是必要的，因为以多于违约贷款产生的现金流向优先级份额支付时，势必导致次级份额利息的暂时性的缺口。这违背了标准普尔的利息及时获得的准则。

当违约水平提升时，一个抵押贷款池的信用构成可能会随时间而减少。这种情况是能够发生的：随着时间的推移，较强势的借款人再融资以替换资产池中资产的就可能导致如是情形。这种资产池的构成改变通常被称为“逆向选择”。与之对应，评级准则要求所有收到的本金首先支付给最优先级，降低其在资产池中的利息百分比，因此提升次级类型代表的利息百分比。随之产生的“转移利息”使得对最优先债券持有人信用保护的水平随时间推移而提升。

典型的情况是，优先级份额持有人至少会在三年内收到所有的本金支付，届时信用支持已经提升到原有水平的两倍。满足那一条件之后，考虑到要通过以绩效为基础的测试，次级份额的持有人可能会收到一部分的本金筹集额。

**2. 损失分配** 在优先 / 次级结构中，劣位份额获得现金流份额的权利次于优位份额。除此之外，损失导致低评级水平份额余额先于高评级份额被调低账面价值（在美国）。无论何时，当抵押资产池遭受到危及优先份额持有人的损失时，本应分配于次级份额的现金流必须被转用作弥补差额。因此，所有的利息差额以及本金损失会由最劣位的份额承担。贷款服务机构的垫付款项最终必须由最高信用等级的一方（通常是受托人）予以承担，（该方）一般会弥补来自逾期贷款的差额。

**3. 损失保护的下降** 如前所述，所有已评级的交易都必须保持信用支持，直到抵押贷款池经历了大部分的违约，并且剩余的借款人都能通过逾期及损失测试，来证明他们的能力表现良好。然而，在这一点上，增信的随时间下降一直是标准普尔评级的 ABS 的一项特征。这一增信的下降取决于抵押品的表现，它是用证券化以来的贷款损失、逾期数量及时间长度来衡量的。

在优先 / 次级结构中，当次级份额的本金得以受偿时，损失保护就会逐步退出。历史数据表明，违约的大部分发生在抵押贷款发行后的最初五年。由此，为了避免这段艰难时期的严重损失，实施了一个五年的锁定期。在这段时间内，增信不会出现任何减少。这种锁定也是为了保护份额持有人，避免由于逆向选择而使得担保资产池的信用状况恶化。一旦决定将次级份额的本金得到受偿，受偿本金额可能以当前未偿贷款池余额的一个百分比被分摊到每一个至少维持原信用支持两倍的次级份额。逾期贷款和损失的测验仍需进行。

优先份额与夹层份额也会依其未偿本金余额按比例受偿本金。为了获得优先份额和夹层份额之间的分配比例，在标准的锁定期结束之前，夹层份额必须规模大到足以弥补早期受偿的本金。

#### 12.2.3.2　超额利息评估和现金流分析

带有超额担保的优先 / 次级结构是一个混合结构，它将用超额利息弥补损失以及创造超额担保结合在一起。这些证券的资本结构基于超额利息的价值，而这一价值是根据现金流分析决定的。超额利息是指标的抵押资产池中借款者的净抵押贷款利率（net mortgage rates）与支付给份额持有人的收益率之差。现金流分析是必要的，它决定了在一笔交易生命周期内弥补损失的超额利息是多少。分析中必须考虑到如下变量：

- 抵押利息率
- 加权平均利息的恶化
- 各类收费
- 违约比率和时点以及提前还款的速度
- 损失实现的时间长度
- 过手份额比率
- 诸如本金现金流优先度安排的结构化特征

现金流分析用于决定超额担保的数量以及每一个评估层级所必要的次级份额的规模。现金流应该显示每一个评估类型收到的各期利息及最终获偿的本金。无论信用支持是何种结构或类型，每一个评估类型都会进行违约和损失严重度预测。

对于现金流分配，利息通常是以各优先级份额在抵押资产池中的占比为基础，同时支付给所有的优先级份额。随后利息按顺序分配，优先提供给次级份额。然后超额利息被用于弥补当前损失，支付给优先级别最高的份额以实现超额担保目标，最后通过向支付剩余份额持有人支付的形式从交易中“释放”出来。超额担保的目标水平通常是设定为初始资本池余额的百分比。然后本金按顺序、按比例或者按二者的某种组合在优先份额中进行分配，从而能适应投资者变动的平均生命要求（varying average-life requirements）。剩下的本金会按优先顺位，依序支付给予次级份额。

在这个混合结构中，每一个评估类型的增信首先是由每月产生的超额利息提供，其次是通过过度担保的消耗，第三是通过次级份额。当所有的超额利息和过度担保都用尽，给予优劣顺位，次级债券利息将减少，或由于本损失而调低账面价值。

给定某一交易，违约在可用的超额利息数额中扮演了一个重要的角色。违约的频率和时点将会影响手头上可用于弥补潜在损失的超额利息的数量。如果现金流显示当前利息的支付能够维持，且当向被评级份额支付时损失最终被完全吸收，则交易通过了压力测试。此外，违约时计算贷款余额，则假定贷款只发生了计划的本金支付，且该贷款并无任何提前还款。

典型地，在美国的 RMBS 市场中，假定一个贷款从违约到清偿一般有 12 个月的滞后，而英国市场假定的是 18 个月。换言之，当违约发生后 12（或 18）个月，余额的一定百分比（等于在分析中的评估水平的损失严重度）将会损失，而剩下的部分会随着处置所得净收益得到清偿。

逾期贷款和违约贷款是否有垫付款，也会影响到超额利息的可用性。典型情况下，交易要求在贷款被清偿前，贷款服务机构对逾期贷款和违约贷款提供垫付款。然而，要是发现随着清算过程的进行垫付款项不能回收，那么贷款服务机构并不需要对一个特定的贷款提供垫付款。如果要求垫付款，那么这些贷款的超额利息可能能够抵消潜在损失。没有垫付机制的交易不会有任何从逾期贷款和违约贷款中流入交易的利息。因此在现金流分析中做出了这一假定。在此例中，现金流上有一定的压力。因为没有垫付，分析师会假定在现金流模型中，一定数额百分比的贷款在任何时候都是逾期贷款，同时还有一定量的违约贷款。在各笔贷款违约前的 6 个月，以 12 月份的违约余额为起点，相似百分点比的贷款会像违约一样发生利息逾期。这些违约利息的收回发生在 6 个月后，也就是说，第一个逾期期限开始于 12 月份之后的 6 个月。这种逾期压力会持续到所有的贷款通过违约曲线。

提前还款率显著影响了某一交易中可用的超额利息的数量。贷款的提前还款额越高，则可用的超额利息越少。提前还款率是基于行业或特定发行人的过往经验而设定的。定价速度（pricing speed）被用作这种速度的一个代表，而且典型情况下被称为恒定提前还款率（CPR）。这代表着贷款从资产池中移除时“筋疲力尽”(all in）的速度。换言之，它是贷款自愿提前偿还的速率和违约发生率结合起来的速度。

然而，标准普尔对这一定价速度仅用于自愿提前还款。评估分析假定：更差信用质量的借款者没有能力提前还款，因此仅包含自愿提前还款。违约假定设定在提前还款假定的基础上。就这一点而言，当我们提升评估规模到一个更有压力的经济情境中，自愿提前还款被认为与经济情境负相关。然而，由于当更严重的经济衰退出现时违约会以更快的速度增加，因而贷款从资产池中移出的整体速度会加快。

应当再次说明的是，标准普尔会分析某笔交易的定价速度并与发行人的过往经验对比，而且决定如果定价速度不能足够反映发行人以及担保类型的真实的提前还款历史，那么提前还款的假定会随之调整。

按揭贷款提前还款的历史表明，一个资产池的加权平均利息以及因此而获得的可用的超额息差，会在抵押资产池中随着时间的推移而减少。换言之，如果借款人的信用提升，有更高利息率以及更多利润的贷款更有可能提前还款，而如果没有则更可能违约。因此，评估分析强调现金流（分析）从而能反映这一情况。

当一个交易包含一个有利息率指数的抵押贷款，且这种指数不同于产品端份额的指数，则基差风险会产生。两种比率之间不断变化的息差可能引起用于产品端支付的现金流的短缺。为了强调这一点，标准普尔在现金流模型中使用其加强的利率情境。几年前，标准普尔修改了它用于美国 RMBS 市场的利息模型的方法。研究是以测算用于一个月 LIBOR 的 Cox-Ingersoll-Ross（CIR）模型为起点。估测的 CIR 模型被用于模拟成百上千的利息率变化路径。模拟根据不同的初始利率的范围不断重复，低于 2.25%，2.25% ～ 2.75%，2.75% ～ 3.25%，如此类推到 20%。对每一个起始范围，模拟结果是基于逐点分位数选择出来的；也就是说，根据第一个月的结果，与特定分位数有关的值被选择，再根据第二个月的结果、第三个月的结果，以此类推。这些点被连接起来而创造出基本曲线。此外，为了反映利率自然的上下移动，一个正弦曲线的成分因子被添加进来。为了保证连续性，其他所有的指数都是按照一个月的 LIBOR 来进行模拟。

### 12.2.4 RMBS 的法律问题

银行以及其他金融机构，保险公司，或者非银行公司，将住宅抵押贷款证券化。由这些交易提出的一些法律事项有所不同，这取决于转移贷款的实体究竟是非金融公司、银行或其他金融机构。在美国的破产法下，非金融公司有资质成为借款人。同样有关联的是，转移贷款的实体是否是依据美国破产法不能成为借款人的保险公司或受破产法约束的特定实体（如，市政当局或公共目的实体），标准普尔认为他们是在破产或实体消亡时可以实现破产风险隔离的实体，只要其破产解体的原因与该笔交易结构无关而被认为（破产）不可能发生（一个特定目的实体出让人）。除非特别说明，一个实体为了证券化的目的出售、捐赠、存储或者抵押财产，包括财产的发起人以及作为财产出让人在任一程度上参与交易结构的任一中介实体，被称为出让人。

结构化融资的评估主要是基于单一资产或者资产池的商誉，无论是以出售、捐赠或者是抵押而进入证券化结构，并非考虑出售人、捐赠者或者是借贷人的信誉。结构化融资寻求将交易与实体分离开来，这些实体或者是没有评估使得标准普尔不能量化其潜在破产可能性，或者是被评为投资级但是希望交易获得一个更高的评级。标准普尔最差的情境假定，每一个不会被认为无法破产隔离或者评级比交易本身低的交易参与者发生破产。通过分析法律文件，以及分析何处能够比较恰当能获得顾问的建议以处理破产、担保物权和其他事宜等问题，标准普尔解决大多数的法律问题。理解了假定的含义及其标准，一个发行人能够在评估过程的早期阶段预期并解决大多数的法律问题。

**1. 特定目的实体** 标准普尔在设计证券化交易的法律准则时，要保证拥有要求对评级份额做出支付的资产的实体是破产风险隔离的。也就是说，该实体不可能受制于自愿或非自愿的破产程序。从这一角度而言，这一实体（即 SPE）或其权益持有人诉诸自愿破产程序的激励，以及 SPE 的其他债权人诉诸非自愿程序的激励，都会被考虑到。分析也会检视到 SPE 的母实体的第三方债权人是否有获得 SPE 资产的求偿动机（比如说，如果 SPE 是一个信托，作为利益持有者的债权人是否有动机引致该信托关系的解体以获得信托财产）。就这一点而言，标准普尔提出了“SPE 准则”，一个实体必须满足才能被认为是破产风险隔离的。

**2. 受托人，贷款服务机构以及合格账户** 对于一个结构化交易中的契约受托人 / 托管人，主要负责从贷款服务机构、保证人、以及其他第三方处获得支付并且根据契约条款将收据汇送给经评级的份额投资人，以及涉及监督、托管和行政功能。在一个结构化交易中，服务机构同意根据惯例和指南服务并管理资产，并且他们全权做出支付、从受到契约管理的存款账户中提款的行为。

服务机构的收费应该能够覆盖其服务和贷款回收费用，并与类似服务质量的证券的行业规范水平相一致。如果费用被认为低于行业平均水平，交易中费用可能会有所增加。为了诱导替代服务机构进入并为这一投资组合服务，这个增加是必要的。如果服务的费用是基于每份合同有一定数额的美元，费用将会因为资产池的摊销而按照资产的百分比增加。当评估可用的超额息差以弥补损失以及为储备账户提供资金时，这是一个重要的考虑因素。

破产申请的提交会停滞服务机构自有账户中的所有资金运转。结果是，持有的用于对评估证券做出支付的资金会受到拖延。另外，和那些服务机构混合的用于结构化交易的资金将会不可得。一般而言，标准普尔想要化解这一混合风险，通过审查服务机构的评级以及任何一个时点一个服务机构账户中可能持有的资金的数量。

一笔结构化融资为在收盘时建立不同的账户作为贷款回收账户，其中由证券化资产产生的收入被存储起来并作为储备金。通常来看，储备存储的账户中包含在相当长时间内归集的金额显著的资金。标准普尔针对这些账户设有一定的准则。这些准则设立的目的在于免疫和隔离一笔交易的偿付、现金收益以及每个交易实体破产时被分配的受偿额。服务机构（次服务机构或主服务机构）、受托人及交易的其他构成方发生破产，不应该导致评估证券给投资者的支付计划的延迟或损失。一般而言，标准普尔依赖于信用的、结构的以及法律的准则，保证一个结构化交易的现金流在现金流链条的每一环节都受到保护。

除非贷款的回收聚集在一个月的特定时点，回收之后两个工作日的时间段内，无论是否获得评级，任何一个服务机构都会保留他所选中的账户中的贷款回收，和其他服务机构或任何其他实体的钱混在一起。在两个营业日时间段结束之前，贷款的回收应当储存到符合资质的存款账户中。一般而言，包括没有评级的服务机构在内的所有服务机构，基于标准普尔的与所有的结构化交易联系起来的信用假定，可能保留 / 混合贷款回收直到两个营业日，两天的贷款回收价值会损失。

然而，如果贷款回收集中在一个月的某些特定时点（比如，每月 1 号、15 号或者 30 号），评估低于“ A-1”的服务机构不能保留 / 混合贷款回收，即使是针对上文所述的两个工作日。但是，为了避免资产潜在的重大损失，标准普尔一般要求，在涉及集中筹集且服务机构评级低于“ A-1”时，或者是提供额外的信用支持以弥补混合风险，或者债务人被指引对密码箱账户（lockbox accounts）做出支付，这些支付每日依次进入符合资质的存款账户。如果一个服务机构评级低于“ A-1”或没有被评级，或者一个评级为“ A-1”的服务机构的汇款义务是不是无条件的，服务机构应该在收到贷款回收后两个营业日内把所有的回收款放在一个符合资质的存款账户中。由主服务机构、特殊服务机构或者一个结构化交易（比如储备账户）中的受托人维护的所有其他账户，应当取得作为存款账户的资格。

## 12.3　第二部分：评估欧洲 RMBS 各个分层的分析技巧

在这一部分，我们回顾标准普尔所使用的模型的主要特征，用于欧洲市场上的评估分层。

### 12.3.1　资产组合信用分析

标准普尔执行的信用分析估测了抵押资产组合在不同的经济情境下可能呈现的期望本金损失（EL）。在初始的评估水平，用于完成这一分析的贷款水平的数据几乎一定可得。贷款水平的数据包括借款者的信息（比如，收入，重复买者，以及过去的信贷事件），贷款（比如，还款类型和利息率），以及不动产（比如，估值，估值技巧和占有状态）。由这个数据，每项贷款都计算了两个变量：FF 和 LS。FF 是借款者对其抵押贷款违约的概率。尽管这个在抵押贷款市场中被普遍接受为 FF，它仅仅是一个违约概率估计（称为 PD）。LS 指的是一旦借款者违约，不动产的后续销售中的损失数量（被表述为还未偿还贷款余额的百分比）。

#### 12.3.1.1 计算 FF

如前所述，资产组合中每笔贷款都计算 FF。计算从一个基础案例的 FF 值开始，随后它会根据贷款的特征而变化。贷款或借款者的特定特征被假定会提升（如，不良信用记录）或减少（如，历经年限）违约概率。一些关键变量对贷款绩效的影响最大。尽管还有很多其他贷款特征会起作用（如，支付冲击的可能性），但广泛认可的是 LTV（贷款余额除以抵押物价值，被用于反映借款人在抵押物中的权益量）、借款者过去的信贷表现和当前的债务状况。

例如，FF（贷款 $i$）=4%（基础 FF）× 2（高 LTV 的惩罚）× 2（过去较差信贷表现的惩罚）=16% 的违约概率

为了计算反映更严苛经济环境下的贷款行为的估计值（因此涉及更高的评估水平），基础 FF 会向上调整。举例来说，标准普尔假定 BBB 评级的基础为 4%，而 AAA 评级升高到最大达到 12%。

上述 FF 的计算，产生了资产组合中的每个贷款的违约估计。每项贷款的 FF 估计值随后被汇总起来，从而生成假定会违约的资产组合的全部抵押贷款余额。一个加权的 FF 被用于实现这一点，每笔贷款的 FF 按其在整个资产组合本金的占比加权，赋以权重的 FF 随后被加总得到加权平均 FF（WAFF）。FF 的简单算术平均数不能准确估计资产组合的违约比率。表 12-1 中是一个例子。当每笔贷款的 FF 被应用于该笔贷款的余额时，则它估计了这一贷款给整个资产组合贡献的风险本金（举例来说，贷款 A、C 和 E 都是 10 000，不管初始本金余额存在多少差异）。总的风险本金是 50 000，或者是全部未偿贷款的 10%。FF 的算术平均为 16%，明显超过 10%，从而不能正确反映每笔贷款的贡献。相反，总体而言加权平均考虑到一笔贷款贡献给整个资产组合余额的初始本金余额。

表 12-1 WAFF 的计算

| 贷款 | 余额 | FF（%） | 总风险本金 | 资产池百分比（%） | 以资产池百分比为权重的 FF（%） |
|---|---|---|---|---|---|
| A | 100 000 | 10 | 10 000 | 20 | 2 |
| B | 100 000 | 5 | 5 000 | 20 | 1 |
| C | 200 000 | 5 | 10 000 | 40 | 2 |
| D | 75 000 | 20 | 15 000 | 15 | 3 |
| E | 25 000 | 40 | 10 000 | 5 | 2 |
| 总计 | 500 000 | | 50 000 | | WAFF=10 |

#### 12.3.1.2 计算 LS

LS 是指一笔贷款一旦违约会发生的预期损失的数量（或简记为 LGD）。欧洲的大多数贷款（荷兰显著例外）在发放时 LTV 通常低于 100%。因此，开始时似乎即使借款人会违约，抵押物也能被处置以收回全部的未偿还贷款余额（不

包括一些积累的利息支付)。但是，这里有两个因素会减少处置过程获得的回收款。首先，处置费用需要考虑在内，假定发起人承担处置抵押物的费用。其次，房地产市场的低迷可能意味着抵押物的出售价值会低于其初始价格。这种潜在的低迷会通过设定一个 MVD 而反映在 LS 的计算中。MVD 的明显例证反映了 20 世纪 90 年代的英国房地产市场，如图 12-1 所示。

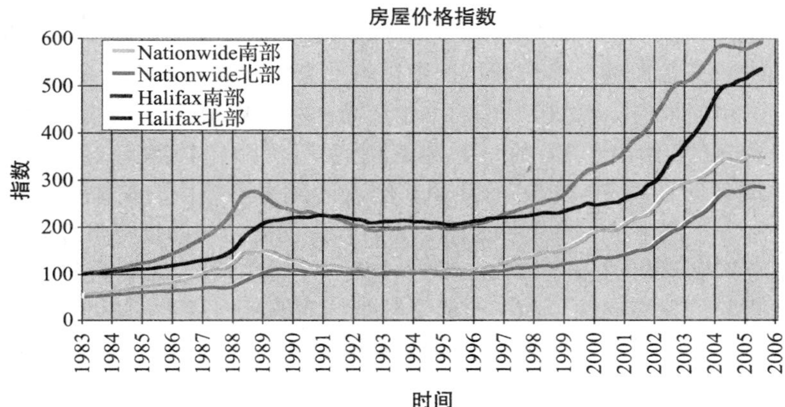


图 12-1　关于 MVD 的一个例子，用 90 年代早期英国房地产市场举例说明

LS 是销售过程中用于弥补未偿还贷款余额（加上费用）时不足的数额，被表述为未偿贷款余额的百分比。

$$\text{LS}=\frac{(\text{未偿余额+费用})-\text{销售价格}}{\text{未偿余额}}$$

这里的 costs 记为未偿还贷款余额的百分比，销售价格等于初始价值扣除 MVD。参见表 12-2 中的例子。

表 12-2　计算损失严重度

| 贷款余额（£） | 85 000 |
|---|---|
| 成本（%） | 4 |
| 成本（£） | 3 400 |
| 贷款余额 + 成本（£） | 88 400 |
| 初始估价（£） | 100 000 |
| MVD（%） | 35 |
| 出售价格（£） | 100 000 × 35%=65 000 |
| （贷款余额 + 成本）− 出售价格<br>（£损失数量） | 23 400 |
| LS（以未偿贷款余额百分比表示的£损失数量） | 23 400/85 000=27.5% |

为了计算在更严苛的经济环境下反映出的 LS 的估计值（因而能覆盖更高的

评级水平)，MVD 会调增。标准普尔也会基于不动产的地理位置调整 MVD 值。举例来说，在英国，假定在南部地区 MVD 值更高，因为在那里可以看到房屋价格上升得最快。

早期的 LS 计算方式对资产组合中的每笔贷款需估算 LS。注意到 1–LS 等于讨论中的贷款的回收率。随后每笔贷款 LS 估计值被汇总起来，以生成假定会损失的资产组合违约余额百分比。被赋予权重的 LS 可以实现这一点，权重是贷款在资产组合的本金占比。赋权后的 LS 值随后被加总以生成加权平均 LS(WALS)。

正如本章开篇所述，信用分析试图估测一个抵押贷款投资组合在不同的经济情境下的预期损失。WAFF（违约本金余额）乘以 WALS（给定违约本金假定会损失的百分比）给出了 EL 的一个测度。计算投资组合本金损失，有种更准确的方式是取每项贷款 FF 和 LS 的乘积，然后计算加权平均的整体损失百分比。然而，这种方法产生了一个单一变量，它将损失测度为初始投资组合的百分比。因为要求分别测算违约金额和 LS 的值，这种（方法）反映了对于任何需要现金流分析的交易的建模问题。为了检验交易结构能够承受适当的止赎期，这些测算是必要的。止赎期是从贷款违约到抵押物处置的一段时间，因此是损失和补偿实现所需的具体时间。因此，有必要分别测算这两个变量。

当要求的评估水平提升，WAFF 和 WALS 的估计值也会增加，因为债券要求的评估水平越高，则它要能承受的抵押贷款违约额和 LS 的水平也越高。考虑到各国按揭贷款借贷和借款者的行为差异较大，国别标准被施用于 WAFF 和 WALS 的评估。结果，假定的违约百分比和后续的损失在不同的管辖区可能差异很大。值得提到的是，测度的 WAFF/WALS 仅适用于大的资产池，而对于小型资产池，其单资产个性特征可能不会减弱。

### 12.3.2 现金流分析

很多 RMBS 交易以现金流为基础，这些交易中抵押贷款产生的收入流对应已评级份额。这类交易的初级评级过程有一个关键特征，即评估来自抵押贷款现金流的充分性以满足评估份额的（受偿）条款。经济压力情境适用于现金流风险，然后在给定的评估情境中，评估评级份额的利息及本金受偿的充分性。在任何压力情境下，标准普尔保证本金全额偿还且利息及时支付。

在所谓的优先 / 次级结构中，一个典型的 RMBS 的现金流交易中包含很多评级份额，它们在标的抵押资产组合的利息和本金偿付的优先度方面存在差异。经常有一种第一损失基金（first-loss fund)，由评级份额对应资产的发起人提供，常被称为储备基金。它被用于弥补交易中出现的利息差额和本金损失。一个流动性支持可能也会被纳入，用于联结可能发生在资产现金流和所要求的份额偿付之间的时间错配。交易可能包含特定的结构特征，这些特征是为了减少发行人对外部经济因素（比如利率套期保值）的（风险）暴露而设立的。

前述广义情形存在诸多变量。交易结构因标的担保而制宜（比如，优质 RMBS 交易与非合格 RMBS 交易有着结构性差异），因地制宜（比如，英国的优质 RMBS 交易不同于西班牙或者意大利的优质 RMBS 交易）。这通常是实际的原因。例如，英国优质抵押贷款发起人倾向于持有更大的资产组合，并主要使用“主信托”（master trust）类型的结构，并将其作为减少多次证券化随时间而增加的成本的工具。相较而言，西班牙和意大利的交易通常是对整个资产现金流与本金 + 固定利息进行典型的互换，这主要是因为标的抵押贷款总是有易变的利率、重置日期和固定的周期。

标准普尔强调交易的现金流，以检验资产、次级分层、现金储备以及任何外部资源（比如流动性便利）提供的信用和流动性支持。在全部相关评级水平均强调现金流（分析）。举例来说，一个包括 AAA、A 和 BBB 级份额的分层交易，将会受到单独的三组现金流的压力。在 AAA 的压力中，所有的 AAA 级份额必须全额且及时受偿本金和利息，但对 A 级和 BBB 级就无此必要，因为它们在受偿顺位中属于次级地位。在 A 级中，所有的 AAA 和 A 级份额必须全额且及时地受偿本金和利息，但对 BBB 级分层就无此必要，因为它优先级在 AAA 和 A 之后。

#### 12.3.2.1　违约和损失

违约率、回收率和损失率都是对资产组合执行初始信用分析时计算出的估计值。假定一些贷款会在交易期间违约，每个评级水平的 WAFF 将假定违约的贷款总额具体化。一般而言，假定违约会在一段时间内发生。在标准普尔的案例中，都假定会有一个三年的衰退。标准普尔会评估衰退对债务偿还能力的影响，并基于评估选择衰退的起始区间。尽管衰退通常起始于交易首月，“AAA”级的衰退通常会延迟 12 个月。从衰退开始，WAFF 被应用于未偿还贷款本金余额（比如，在“AAA”情境中，从第 13 个月开始时应用 WAFF）。假定违约会周期性地按照 WAFF 的百分比数量发生。违约的时间一般有两种路径，这里称为“快速违约”和“慢速违约”。

快速和慢速违约曲线的违约时间

| 衰退月份 | 快速违约（WAFF 百分比） | 慢速违约（WAFF 百分比） |
| --- | --- | --- |
| 1 | 30 | 0 |
| 6 | 30 | 5 |
| 12 | 20 | 5 |
| 18 | 10 | 10 |
| 24 | 5 | 20 |
| 30 | 5 | 30 |
| 36 | 0 | 30 |

在英国的交易中，标准普尔假定，丧失抵押品赎回权并处置抵债用抵押物的回收发生在支付违约的 18 个月之后（换句话说，若违约首月发生，则第 19 个月收回收入）。收回的价值等于违约数额减去 WALS。收走抵押物并处置所需时间在欧洲各国迥异，主要原因在于债权人在收回抵押物并处置之前，各管辖区适用的法律程序各不相同（见表 12-3）。标准普尔由此调整各国的止赎期以解释之。

表 12-3 不同欧洲管辖区域的止赎期

| 国家 | 止赎期（从违约到收回需经过的月份） |
|---|---|
| 比利时 | 18 |
| 法国 | 36 |
| 德国 | 24 |
| 希腊 | 72 |
| 爱尔兰 | 18 |
| 意大利 | 60（平均而言，但会根据不动产的位置改变） |
| 荷兰 | 18 |
| 葡萄牙 | 36 |
| 西班牙 | 30 |
| 瑞典 | 18 |
| 瑞士 | 18 |
| 英国 | 18 |

需注意，用于现金流模型的 WALS 总会以本金损失（包括成本）为计算基础。标准普尔假定，任何在止赎期内计提的抵押贷款利息都无法收回。此外，在 WAFF 适用于抵押贷款余额之后，资产余额或低于负债余额（当交易基于过度担保时有明显例外）。在止赎期内，由抵押贷款违约引致的利息减少需要交易中的其他结构性设计加以补偿（比如，超额利差）。

#### 12.3.2.2 逾期贷款

贷款的短期逾期引致的流动性压力也被纳入模型之中。短期逾期即指，在一段时间内停止还本付息然后又恢复并成为正常贷款。为模拟逾期贷款的结果，利息收入中等于 WAFF1/3 的部分会被假定延迟。这适用于衰退的前 18 个月，而假定逾期利息全额收回发生在 18 个月之后。这样一来，如果在衰退的第五个月，预期的担保物总收益是 100 万英镑，WAFF 是 30%，100 000 英镑的利息（WAFF 的 1/3）会延迟到第 23 个月。

#### 12.3.2.3 利率和提前还款率

在提前还款率高、低两种假定前提下，针对三种不同利率情境——升息、降息、利率不变——分别建立模型。初始利率总是以建模时点的利率水平确定。例如，在升息情境中，LIBOR（或 EURIBOR）每月上升 2% 直至达到 18%（或 12%）的天花板水平，并在交易的其他时段保持不变。当有一个长于平均值的止赎期时（比如，意大利或希腊），高利率对于整个交易期间产生极大的压力，利率被允许在三到四年之后缓慢下降。对于下降的利率，每月下降 2% 直到 2% 的地板比率，并在交易的其他时段保持不变。对于利率维持不变的情形，利率会在交易的整个时段内维持当前水平不变。注意到在“AAA”情境中，利率的上升直到第 13 个月才会发生。同样要注意的是，如果有充分的证据加以保证，利率的假定情境将加以修正。

交易会因两种提前还款率的不同假定（高提前还款率和低提前还款率）而受压。提前还款率会因所在国不同而存在差异，正如表 12-4 所示。在交易的整个时段内，假定提前还款率是不变的，且能按月适用于余额不断递减的抵押贷款。

表 12-4　欧洲 RMBS 的预付假定

| 提前还款水平 | 英国（%） | 除英国以外的欧洲国家（%） |
|---|---|---|
| 高 | 30.0 | 24.0 |
| 低 | 0.5 | 0.5 |

综合来看，之前所谈到的违约时点、利率和提前还款率可总结为 10 种情形，如表 12-5 所示。

表 12-5　欧洲 RMBS 的压力情境

| 情境 | 提前还款比率 | 利率 | 违约时间 |
|---|---|---|---|
| 1 | 高 | 上升 | 快 |
| 2 | 高 | 上升 | 慢 |
| 3 | 高 | 平稳 | 快 |
| 4 | 高 | 平稳 | 慢 |
| 5 | 高 | 下降 | 快 |
| 6 | 高 | 下降 | 慢 |
| 7 | 低 | 上升 | 快 |
| 8 | 低 | 上升 | 慢 |
| 9 | 低 | 平稳 | 快 |
| 10 | 低 | 平稳 | 慢 |

### 12.3.2.4　再投资收益率

除非交易因有合适评级的实体提供保障收益合同（guaranteed investment contract，GIC）而受益，标准普尔假定，在交易中，贷款受偿收益的再投资收益和其他由特殊目的载体持有的现金所取得的收益的利差会少于从标的资产所获利润率。如果收入按季获得并逐季度再投资，且在压力测试时 GIC 提供者的长期评级会低于压力情景下的份额评级，则再投资收益率被设定为 LIBOR 减去一个基于评级的差值，且不低于 2%。基于评级的差值是合同约定差值的倍数。计算时使用的倍数从“A”级的 1 倍到“AAA”级的 5 倍各异。

### 12.3.2.5 发起人破产

借款人偿还抵押贷款的典型做法是直接向归集账户划付，并转移到发行人名下的托管账户，最后计入 GIC 账户。发行人破产的程度会影响资产的现金流，因此依赖于归集账户的属性。风险取决于借款人支付时点及还款资金转移到托管户的频率。若所有借款人在某月同日支付，那么即使每日清查归集账户，标的资产也会不多于一个月的现金流存在潜在风险。

归集账户通常不以发行人名义开立，大多数发起人不想让借款人因证券化改变他们的直接借记指令。在英国的法律下，若在归集账户之上设立信托并给予发行人正确执行声明，那么发起人破产不应该导致基金的损失，但应包含简单的延迟。对每一交易，这一风险需要被恰当地纳入模型，在每三个月付息的情况下通常会导致现金流一个月的延迟。在其他欧洲国家，发起人破产更有可能导致资金的损失，损失额则取决于资金从归集账户转移到托管账户中的频率。在衰退的第一个月，这一数额通常被模拟为利息和本金的损失。

### 12.3.2.6 费用

发行人所有的可预见费用（比如，抵押贷款管理费，信托报酬，备用服务费，现金 / 债券管理费等）都应纳入模型。这些费用也应当包含发行人可能承担的纳税义务。这些费用或是每年收取固定金额，或是按未偿贷款余额的一定比例收取（或是二者组合）。标准普尔一般要求提供这些费用的安排表。除了可预见费用，模型中应当包含或有费用，比如当发生发起人破产时受托人注册抵押贷款权利证书所需费用。这一数额会根据交易的规模在 15 万～ 30 万英镑之间，或是作为独立应急储备金，或是作为储备基金的价值折扣。

### 12.3.2.7 本金逾期

一般而言，债券不会降低账面价值，因为损失由资产承担。相反，抵押贷款资产池的本金损失会记录在本金损失分类账（PDL）中，它跟踪记录了债务的本金余额超过资产本金余额的程度。在每个评估水平，标准普尔要求本金不足的金额不超过现有的次级份额规模。例如，某交易中，AAA 级份额 1 亿英镑，A 级次级份额 900 万英镑，以及 100 万英镑的储备基金。那么任何时点的本金不足的金额，对 AAA 级份额而言不能超过 1000 万英镑，对 A 级份额而言不能超过 100 万英镑。若虽不能为本金不足提供充分资金，但是本金不足可以通过短期内使用超额利差而弥补，那么标准普尔认为风险是低的。

#### 12.3.2.8　基差风险

资产端和负债端挂钩的利率指数不同时，基差风险就会产生。当资产和负债与不同的指数相挂钩时（如抵押贷款与三个月的 LIBOR 挂钩，而负债则和三个月的 EURIBOR 挂钩），或二者虽和同一指数挂钩但利率重定日不同（比如抵押贷款利率重定日在每月 1 日，而负债利率重定日为每月 20 日），这一风险就会出现。此时，会发生资产端指数低于负债端的风险，这样一来资产端的受偿利息不足以覆盖负债端要求的收益支付。当处于这种风险而无对冲的情形时，标准普尔的典型做法是评估涉及的指数的历史表现，并计算过去某一时间范围内（上例中是 20 天）实际发生的差异。然后计算指数间的平均差异，假定在这段时期内资产端的指数高于负债端，二者之间的差异假设为 0。然后每月从资产端利率中扣除这个平均值，此外，负债端收益率中的两个极端也纳入模型。每一极端的高度定义为由两指数间的最大差异，且发生在交易头两年的开始阶段。

## 12.4　第三部分：回顾欧洲的市场参与者用于资产支持证券的一般性量化技巧

ABS 或者结构化金融构成了欧洲债券市场增长最为迅速且创新力最强的部分。银行、专业金融公司、信用卡公司、政府、抵押贷款公司以及一大批其他实体，都使用 ABS 回笼资金转移风险。ABS 通过与标的资产相联系的稳定而可预测的现金流，比如信用卡应收账款、住宅抵押贷款和租约，偿付收益和本金。图 12-2 显示了过去 5 年欧洲 ABS 发行量的急速增长。如今，合规且多样的资产支持债券从不同的行业和司法管辖区进入市场，投资者有途径获得之。在整个欧洲的债券发行市场，资产支持债务的比例近年来急剧增长（见图 12-3）。相较于过去几年公司债券发行量保持相对稳定的情况，2005 年资产支持产品的发行量显著增长并达到公司债券发行量的 64%。

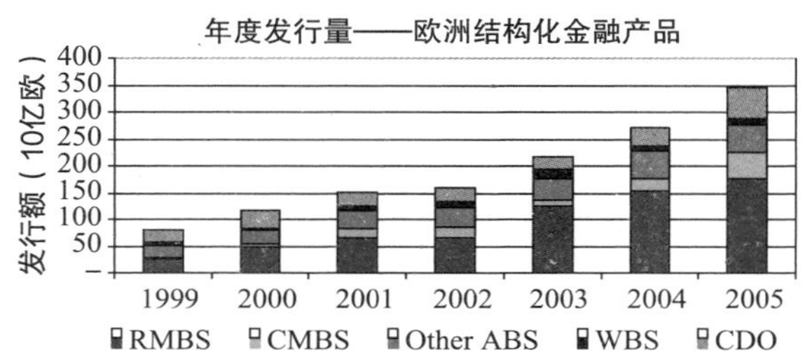


图 12-2　欧洲结构化金融产品年度发行量（雷曼兄弟，欧洲结构化金融研究院）

相比于欧洲，美国结构化金融市场规模明显更大，历史也更悠久。美国市场可以追溯到 20 世纪 70 年代，通过鼓励政府赞助实体利用资本市场为一级抵押贷款提供资金，美国政府第一次模拟了抵押贷款支持证券的增长。2005 年美国抵押贷款和和资产支持债券的年发行量为 33 000 亿美元（据雷曼兄弟，证券化产品研究所）。

ABS 可以被宽泛地划分为两种交易类型：现金型、合成型。对于前者，与资产相联系的利息和本金及其风险会转移给投资者。对于后者，则只转移风险。

几乎在所有的管辖区域内，RMBS 占据了结构化金融领域的主导地位（见图 12-2）。鉴于抵押贷款类型的基础资产在结构化金融领域的决定性影响以及这些领域越来越多的市场利益，本章剩余部分会着眼于抵押贷款具体交易的量化分析。另外，由于住宅抵押贷款支持证券（RMBS）比商业抵押贷款支持证券（CMBS）有更多的普遍性，后者本质上更偏向于定制。本章重点会倾向于前者，在该类资产中这些方法更具普适性。

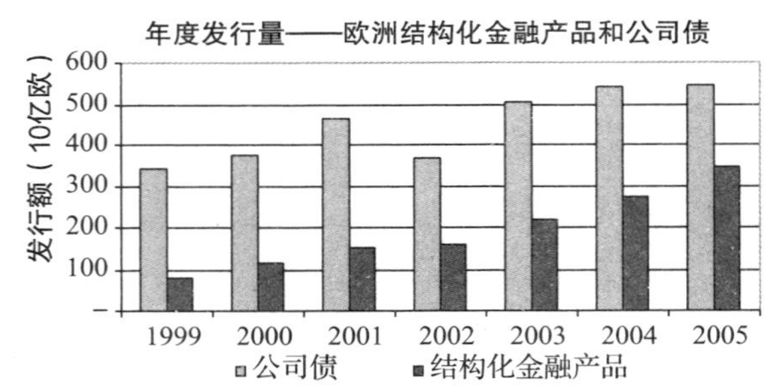


图 12-3 欧洲结构化金融产品和公司债年度发行量（雷曼兄弟，欧洲结构化金融研究院）

这部分结构如下。在“ABS 信用和提前还款风险”一节，会对标的资产支持的结构化金融债券的广义提前还款风险和信用风险加以描述。“ABS 信用和提前还款模型”一节会对统计模型做简单概述，这些模型是用于预测提前还款和违约表现的。“ABS 估价”一节会使用前一部分提到的统计模型，根据预测的抵押贷款现金流，探讨它们对欧洲的结构化金融交易中的负债端（债券）的影响。“ABS 违约相关性和尾端风险情境”一节展示了一种 ABS 中尾端信用风险的评估方法，及其对于 ABS 债券估价的影响。最后一部分是“结论”。

### 12.4.1 ABS 信用和提前还款风险

ABS 的基本价值与债券应得的本金的利息的现金流密切相关，也与这些部分或全部现金支付的可能性和时点选择有紧密联系。有很多关键的风险因素会影响这些支付完成的可能性：违约、逾期、损失、提前还款。前三个构成了担保池中的信用风险，最后一个与投资风险密切相关。前三个风险因素间相互作用，减少了份额持有人能够获得的本金和收益的总量。份额持有人也会受到提前还款风险的影响，因为他们获得收益的速度可能快于他们的初始预期，迫使他们在次优水平下进行再投资。当持有的证券处于溢价状态时这就是一个问题，而这种现象在过去几年的欧洲 ABS 市场相当常见。相反，对处于折价状态的证券而言，提前还款是有利的，它允许份额持有人找到一个更有效的工具以投资其收入。

图 12-4 展示的是 ABS 的定价的一般概述。统计模型提供了交易的资产端在提前还款和信用风险方面的预测。这些模型通常选取贷款层面的诸变量，比如抵押贷款的 LTV 比率、贷款规模或期限，并且可能将其与诸如利率等宏观经济信息相结合。然后这些预测被用于调整抵押贷款的合同现金流并且要通过定制现金流模型的检验，该模型将所有支付的顺序和优先级具体化。通过在所有月份和各种利率变化情景适用随机利率模型，可能形成一个基于期望利率的 ABS 价值。此外，能够引致期权调整价差（option-adjusted spread，OAS）借此解释利率的随机波动本质的 ABS 价值是需要的。这一方法明显在利率波动的归因方面有优势。

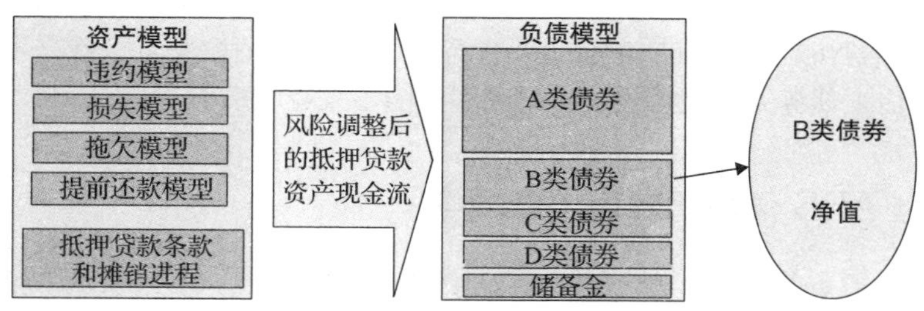


图 12-4　证券化的量化模型

目前在欧洲 ABS 市场，囿于历史表现数据相当有限，实务中在某些方面可能达不到前述标准。由于这类数据的可得性和样本数量与所创造的提前还款和违约模型的可用性紧密相关，在欧洲市场鲜见这类模型流行。事实上，很多市场参与者会检查历史提前还款曲线以推断未来的提前还款行为。

在任何证券化产品的资产池中，信用风险的第一表现是利息或本金的不支付。若基础资产是抵押贷款，不支付被称为“欠款”（arrears）或“逾期贷款”（delinquencies）。当一笔正常状态的抵押贷款漏掉一期偿付已达一月，它逐渐移向后续的违约状态：30 天不支付，60 天不支付，诸如此类。一些发起人将这个具体化为一个资产不支付的天数，其他的具体化为月数。资产服务机构的作用是保证资产池中资产的及时偿付，并在发生不支付时采取适当的行动。这样，很多服务机构有明确策略以处理担保以及最终的诉讼。典型地，服务策略包括提示偿付的信件和电话，并以止赎程序作为最终手段。直到止赎发生，发起人的主要信用风险在于因本息未付所产生的逾期风险，以及止赎发生的可能性。止赎过程一般有一个持续的期间，在那段期间逾期在上升，且止赎处于一个引人注意的不可逆状态。一旦抵押物为发起人占有抵债或者成为其自有不动产（real estate owned，REO），借款人对这些用于担保贷款清偿的不动产便再无瓜葛。

从抵押物被发起人占有时起，到能够取得恰当的销售价格且贷款余额、止赎成本及拖欠可以被弥补，两者存在时滞。一笔贷款的止赎风险会在任何损失中体现出来，这些损失是贷款引致的。止赎风险会呈现在任一贷款损失中。典型地，对于不同权益的支付优先顺序会根据计划表具体确定。费用（止赎的管理费和法律费用）通常是优先的，其次是欠款利息。最次级的支付往往是未偿本金余额。由于求偿之优劣顺位的存在，在抵押物处置时，贷款发起人可能损失大部分未偿本金。若贷款之抵押权是第二或第三顺位时情况会更糟，在这种情形下，所有收到的现金流会首先用于还清顺位更靠前的抵押贷款。

当资产发起人发放新的可被证券化的贷款时，其面临的关键风险点是，债务人可能选择提前还款以寻求更有吸引力的利率或市场中的其他机会。由于发起人对资产溢价定价以维持其商业特权的营利性，提前还款往往限制了他们本可获得的利息继而影响资产的价值。实际上，当提前还款发生，资产发起人必须将原本借给债务人的钱再投资，且利率可能不太有吸引力。

### 12.4.2 ABS 信用和提前还款模型

一般而言，提前还款被表述为条件性提前支付率（一笔贷款至某个特定时点的非提前还款和非违约方面的条件）或记为 CPR（conditional prepayment rate）。这一测度是在某一特定的时间跨度内计算出来，并且被表述为年化的测度。如果一个资产支持的交易中有两个相继的时点，$t$ 和 $t+d$，对应的资产余额被表达为 $B(t)$ 和 $B(t+d)$，这一段时间计划的本金受偿额为 $S(t, t+d)$，未计划的本金支付是 $U(t, t+d)$，那么预付比率可以被表述为：

$$\mathrm{CPR} = 1 - \left(1 - \frac{U(t, t+d)}{B(t) - \mathrm{S}(t, t+d)}\right)^{(365/d)}$$

这里 $d$ 是时间跨度的天数。

违约率的计算可以采用相似的方式，记为给定时间段内即将收回余额的百分比。恒常违约比率（constant default rate，CDR）是年化的违约比率。以 $\mathrm{DF}(t, t+d)$ 代表一段时间内资产池中即将止赎的贷款的实际总余额，我们得到：

$$\mathrm{CDR} = 1 - \left(1 - \frac{\mathrm{DF}(t, t+d)}{B(t)}\right)^{(365/d)}$$

因为 CDR 和 CPR 都是条件比率（适用到资产存续周期中的某一时点），它们可以被视为风险率（hazard rate），进一步地被适用到所有的来自资产组合的合同现金流。

决定绩效预测及由此引致的资产池中现金流的第三个要素是回收率，它被表述为即将违约 / 收回的未偿本金余额的百分比。将本金的 LS 表述为 LS($t$)，可以计算所有的期望现金流，从而将它们置于一个典型的证券化结构中，以便于分析不同份额的期望绩效和估值。

图 12-5 描述了一个存续的抵押贷款在一个月内可以观测到的三个可能结果：违约，提前还款，或正常存续（mortgage continuation）。违约和提前还款的可能性分别记为 $\lambda_D(t)$ 和 $\lambda_P(t)$。正常存续的概率和两者加总合计为 100%，或者说（三者）是所有可能的状态。对于资产池中存续的抵押贷款的整个生命周期中的每个月，这些状态都在不断重复。如果初始的贷款余额表示为 $B(t)$，则现金流有四个主要来源：本金（计划的本金支付），利息，收回额和提前还款（未计划的本金支付）。基于初始的月度余额，$t$ 时刻的偿还贷款的总现金流是 TCF($t$)，且每月比率为 $m(t)$，那么：

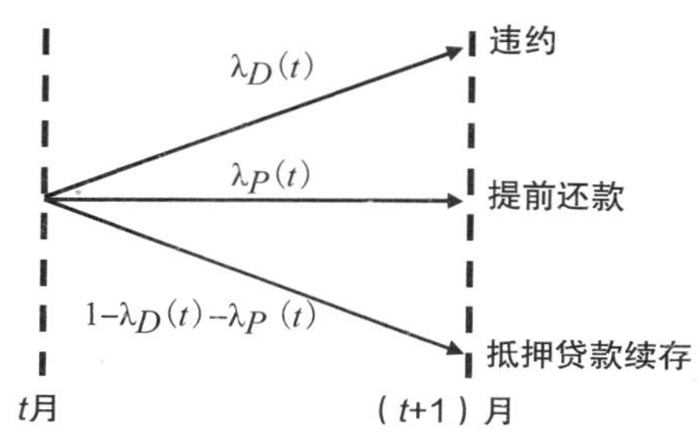

图 12-5 一个月时间跨度中的早偿和违约风险

$$\mathrm{TCF}(t) = \mathrm{ICF}(t) + \mathrm{PCF}(t) + \mathrm{RCF}(t) + \mathrm{PP}(t)$$

此处

$$\mathrm{ICF}(t) = \left(1-\lambda_D(t)\right)B(t)\,m(t)$$

$$\mathrm{PCF}(t) = \left(1-\lambda_D(t)-\lambda_P(t)\right)\left(\frac{B(t)m(t)}{1-\left(\dfrac{1}{1+m(t)}\right)^{T-t}} - B(t)m(t)\right)$$

$$\mathrm{RCF}(t)=\lambda_D(t-\Delta)(1-LS(t-\Delta))B(t-\Delta)$$

$$\mathrm{PP}(t)=\lambda_P(t)B(t)$$

这里 $\Delta$ 是抵押品从被收走到处置的滞后期（月份数）。ICF($t$) 是利息现金流，PCF($t$) 是计划本金现金流，RCF($t$) 是和违约抵押贷款相关的回收现金流，PP($t$) 是来自计划外全额提前还款的本金现金流。风险率通过乘积形式应用于上述方程中的所有现金流。如此一来，第 $t$ 月计划外的本金还款期望值等于：初始月度抵押贷款余额 $B(t)$ 乘以当月发生的提前还款风险。为了确定第 $t$+1 个月的现金流，必须确定次月的预期初始资产余额，即前一个月的期望余额减去当期期望的提前还款、本金现金流和违约余额。

$$E[B(t+1)] = B(t) - \mathrm{PP}(t) - \mathrm{PCF}(t) - \lambda_D(t)B(t)$$

以这种迭代方式，未来所有月份的期望现金流均可计算出来。来自资产池的现金流取决于抵押贷款合约的确定且固定的性质（比如，固定利率期间，仅偿利息或偿付本金，提前还款罚则和利率），以及诸如提前还款的实际情况、违约和损失的随机的性质（此三者记为风险因素 $\lambda_D(t)$、$\lambda_P(t)$ 和 $LS(t)$。这些随机比率很适用于计量经济学模型。

考虑一个样本量足够大的绩效数据集，当给定发行之后某一特定月份的未偿金额后，则提前还款可被模拟为条件风险（率）。在全额提前还款远超过部分提前还款的市场（比如，英国的非合格抵押贷款市场），这可以被模拟为二项事件（binary event）。

假定贷款 $i$ 在直到第 $t-1$ 个月未偿本金前提下的全额提前还款的条件概率记为 $\lambda_{Pi}(t)$，其中 $i\in\{1,\cdots,N\}$，并通过逻辑函数加以建模。

$$\lambda_{Pi}(t) = \frac{1}{1+\exp\left[-\left(\beta_0 + \sum_{j=1}^{J}\beta_j x_{ji}\right)\right]}$$

单一贷款的似然函数可计算为：

$$L_i(\beta) = \begin{cases} \prod_{t=1}^{t=T}(1-\lambda_{Pi}(t)), & \text{未提前还款} \\ \lambda_{Pi}(V)\prod_{t=1}^{V-1}\left(1-\lambda_{Pi}(t)\right), & \text{在第}V\text{个月提前还款} \end{cases}$$

这里 $T$ 表示最后一个可能的观测值。将这个扩展到样本中的所有贷款是相当简单的，从而确定数据集的对数似然函数。此类模型很容易利用统计包，如 SAS 者 S-Plus，加以计算。这类计量经济学模型的学术文献很多，主要是以美国的抵押贷款为研究背景（比如，见 Deng 等人（2000），以及该方面的参考文献）。对于欧洲抵押贷款的违约和提前还款，相应的计量经济学建模研究较少。在这类模型中，统计上最显著的变量的选取随欧洲 ABS 市场而各不相同。

诸协变量可分几大类：

- 持有期变量：在大部分提前还款模型中，债务人通常不愿意在初始的几个月提前还款。一段时间内可能存在其他的因变量，它们可能和贷款的结构性特征有关。
- 债务人的特定属性：包括借款人是否单身 / 已婚 / 丧偶，以及抵押人过去的支付习惯。定制的信用分析可能在预测提前还款方面扮演重要角色。
- 贷款的特定属性：包括 LTV 比率（会有效影响贷款杠杆）、期限、任何提前还款罚则的适用情形。对于这些后面的特征，由于可能存在经济激励，通常认为它们在决定提前还款时作为重要因子。贷款究竟是被用于为投资性不动产融资，还是为了让抵押人成为业主居住者，贷款的用途往往可能在预测提前还款时扮演重要角色。贷款利率也往往在决定提前还款比率的影响方面扮演重要角色。

- 宏观经济变量：包括房屋价格、失业率、通胀率，以及（最重要的）市场利率。在对这些比率的相依性方面，各地迥异。对于固定利率抵押贷款，比率激励在预测预付行为方面是很重要的。如果比率整合起来，在固定利率抵押贷款的发行之后，借款人倾向于预付，那么所有东西都一样。相反，在清仓时，抵押人缺乏激励为其抵押贷款再融资。

在抵押贷款存续期，前三类一般是固定的，或在某些确定的方面（如，期限或余额）存在差异。但最后一类变量则以随机的方式发展且更适合这类模型。另外，通过对诸变量之任一变量做出特定假设，则可在特定情境中计算合成的（resultant）期望现金流。关于 LIBOR 市场定价模型有大量文献（比如，见 Brace 等人，1997）及结合此类模型所进行的很多模拟，可针对很多可能状态算出抵押贷款池的提前还款情况。

协变量自身可能假定相当复杂的函数形式，如多项式函数或者非参数核函数。另一普遍使用的方法是借助三次样条函数（cubic splines），针对标的协变量就提前还款产生平滑的因变量，并获取该因变量的细微差别。正如在其他单变量模型中，过度拟合的风险总是一个担忧，且这些更复杂的函数形式必须以对该潜在问题的认知为前提。

考虑提前还款，给定足够的绩效数据，可创建自下而上的违约模型（loan level models）。若抵押贷款数据集中违约数量不足，则不得不采用更保守的违约描述，并根据损失严重度调整模型以对应更高的违约率。例如，可能性（possibility）是对贷款在发行后特定月份处于 90 天、180 天或更长时间不能偿还的概率进行建模。这种对违约的定义很适合大多数国家的管理框架，因为新巴塞尔协议（Basel II Accord）强化了这种定义。然而，这种定义的问题在于，不论是技术层面还是历史经验层面，到期日过后逾期 90 或 180 天并不是非常引人注意的不可逆状态。这样一来，损失严重度的模型需要将这一点考虑在内，具体做法是对 90 天不能支付的贷款设置条件。这会引入一大批经矫正的（cured）抵押贷款，它们是零损失。对抵押贷款转移矩阵的分析在告知这样的建模决定时是不可或缺的。从高逾期状态转向低逾期状态的概率越低，意味着采用更保守的违约定义越不太可能出问题。换句话说，信用改善（credit curing）并不很常见，所以逾期 90 天一般是违约的一个稳健测度。

与提前还款模型一样，违约随机模型可能依赖于宏观经济变量，比如房屋价格和利率。通过随机模型分别模拟这些变量，在抵押贷款资产组合的背景下，信用风险波动会被引入并加以评估。

上述段落讨论了将抵押贷款提前还款和违约模拟为竞争风险。换句话说，只有两个事件会导致抵押贷款终止，一个是借款人的决定，另一个是发起人的决定。另一个用于抵押贷款的广泛建模方法是模拟抵押贷款通过好的欠款状态的全额转移行为。这涉及模拟漂移概率，可在月度抵押贷款漂移矩阵中看到。但是，这种方法的缺点在于，若绩效数据有限，估测可能会困难且执行起来更为烦琐。若持有 25 年期的抵押贷款 300 个月，将不得不对每个抵押贷款计算 300 次漂移以求得现金流，正如之前描述的。幸运的是，在禁止提前还款和违约时，抵押贷款欠款转移矩阵比其他矩阵，如信用评级转移矩阵，更加稀疏。任一月度期间，向下漂移的最大值是 30 天更多拖欠。

图 12-6 是一典型抵押贷款漂移矩阵。在这个矩阵中，每一行相当于一个抵押贷款的初始状态。这些状态包括：{清白，逾期 30 天，逾期 60 天，逾期 90 天，…，违约，提前还款}。列相当于抵押贷款在该月的最终状态。最后两行和两列分别是违约和提前还款。因为提前还款和违约是完全吸收状态（fully absorbing states)，对应行有 100% 概率停留在那些状态。

$$\begin{pmatrix} p_{00} & p_{01} & .. & .. & .. & .. & .. & .. & \lambda_{D0} & \lambda_{P0} \\ p_{10} & p_{11} & p_{12} & .. & .. & .. & .. & .. & \lambda_{D1} & \lambda_{P1} \\ p_{20} & p_{21} & p_{22} & p_{23} & .. & .. & .. & .. & \lambda_{D2} & \lambda_{P2} \\ p_{30} & p_{31} & p_{32} & p_{33} & p_{34} & .. & .. & .. & \lambda_{D3} & \lambda_{P3} \\ p_{40} & p_{41} & p_{42} & p_{43} & p_{44} & p_{45} & .. & .. & \lambda_{D4} & \lambda_{P4} \\ p_{50} & p_{51} & p_{52} & p_{53} & p_{54} & p_{55} & p_{56} & .. & \lambda_{D5} & \lambda_{P5} \\ p_{60} & p_{61} & p_{62} & p_{63} & p_{64} & p_{65} & p_{66} & p_{67} & \lambda_{D6} & \lambda_{P6} \\ p_{70} & p_{71} & p_{72} & p_{73} & p_{74} & p_{75} & p_{76} & p_{77} & \lambda_{D7} & \lambda_{P7} \\ .. & .. & .. & .. & .. & .. & .. & .. & 1 & .. \\ .. & .. & .. & .. & .. & .. & .. & .. & .. & 1 \end{pmatrix}$$

图 12-6 抵押贷款月度欠款转移矩阵

主对角线的 $p_{ii}$ 是抵押贷款从月初某一状态开始并停留在该状态的概率。对角线以上代表一个月后转移到更差信用状态的概率。例如，$p_{23}$ 相当于抵押贷款一个月后从 60 天未偿到 90 天未偿的转移概率。最后两列分别表示，从对应月的每一个初始状态开始的违约和提前还款的月度风险。

### 12.4.3 ABS 估价

因为每个交易都是基于标的资产池而设立独特结构，在结构间没有共性。但是，在很多交易之间某些特征是类似的。考虑到结构的定制本质，这一章的下一节将致力于一个特定的荷兰式住宅抵押贷款支持交易。这一分析将会强调一些最常见的结构性特征，以及它们对估价的影响。应当强调，在大多数情况下，ABS 交易的负债端是在设立结构时确定或预先确定的。因此，债券绩效之不确定性的主要来源与前述资产风险有关。

BS 结构通常要和下面的增信来源结合，来源包括：

- 优先 / 次级债券：增信是由交易中更低层级提供，通过结构化设计使它们承担资产池中的早期损失。
- 超额抵押：资产的名义金额可能比发行债券的名义金额多。在强调损失的情境中，有更多资产可以被用于偿还利息和本金。
- 单一险种（monoline wraps）：大的保险发行人可能要保证交易中更优先层级的利息和本金的支付，从而给予交易额外的支持。
- 超额利息：这是在所有的层级被还清后以及损失被承担后剩余的利息，并在大多数交易中提供第一道防线。
- 储备基金：通常对应交易总规模的一定百分比。其或在发起时经注资设立，或通过交易存续期内的超额利差设立。多数情形下，基金会分期摊销。

很多欧洲住宅抵押证券有一个顺序本金结构，这一结构会回到按比例的结构上来。在这一安排中，所有来自资产端的本金首先被用于即时支付最优先层级的本金。当达到某一特定按比例的触发点（比如，最优先份额剩余余额达到原始数量的一定比例），整个交易转向按比例即时支付。所有份额的本金都是基于一定比例即时支付的。利息首先用于支付 AAA 级份额，然后是 AA 级，以此类推。若任何票据出现支付不足，则会计入对应类型的 PDL。然后在瀑布中优先受偿并由后续的利息偿还。

图 12-7 中的 Bloomberg 截屏（据 Bloomberg L. P.）制定出荷兰式 MBS X 交易的结构（交易定价在 2003.3.27），其中有很多之前讨论过的特征。交易包括五个层级：一个 AAA 级份额（A 类），一个更长期限的 AA 级份额（B 类），一个 A 级份额（C 类），一个 BBB 级份额（D 类）和一个 BB 级份额（E 类）。交易首先即时支付 A 类的本金直到按比例的触发点。

分析交易中的层级有一个有趣的方法，即利用不同的条件违约率（CDR）结合普遍使用的贴现率差额为各层份额定价。图 12-8 展示了一个表格，每个债券以 15% 的恒定提前还款率（CPR）定价，回收率为 85%，回收滞后期为 12 个月，违约率可变。以 75 个基点的 CDR 为起点，伴随着资本结构下降份额的价值会上升。因为次级份额有更大的优惠且第一列的情境相当温和，最次级的份额几乎收到了所有本金和利息收入。随着违约情境越发不利，各级份额最终都会受到影响，AAA 级份额是个例外，即使是在 CDR 为 25% 的情境下仍然非常弹性。正如在下降的评级水平中人们可以预期到的，资本结构下降，各级份额在更低的 CDR 比率中跌价。即使是在非常低的 CDR 为 0.75 的违约水平下，E 流动债券（fioater）份额也会跌价。

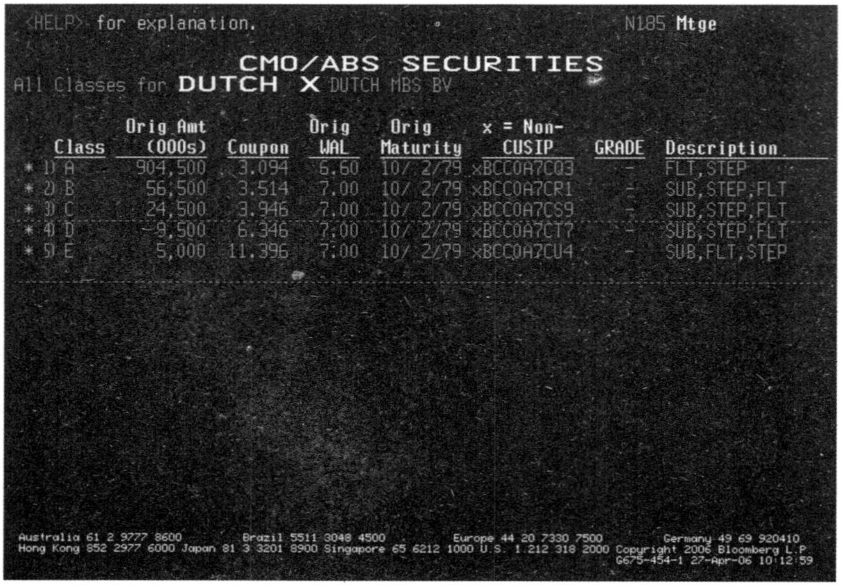

<HELP> for explanation. N185 Mtge

CMO/ABS SECURITIES

All Classes for DUTCH X DUTCH MBS BV

| Class | Orig Amt (000s) | Coupon | Orig WAL | Orig Maturity | x = Non-CUSIP | GRADE | Description |
|---|---|---|---|---|---|---|---|
| * 1) A | 904,500 | 3.094 | 6.60 | 10/ 2/79 | xBCC0A7CQ3 | - | FLT,STEP |
| * 2) B | 56,500 | 3.514 | 7.00 | 10/ 2/79 | xBCC0A7CR1 | - | SUB,STEP,FLT |
| * 3) C | 24,500 | 3.946 | 7.00 | 10/ 2/79 | xBCC0A7CS9 | - | SUB,STEP,FLT |
| * 4) D | 9,500 | 6.346 | 7.00 | 10/ 2/79 | xBCC0A7CT7 | - | SUB,STEP,FLT |
| * 5) E | 5,000 | 11.396 | 7.00 | 10/ 2/79 | xBCC0A7CU4 | - | SUB,FLT,STEP |

Australia 61 2 9777 8600 Brazil 5511 3048 4500 Europe 44 20 7330 7500 Germany 49 69 920410
Hong Kong 852 2977 6000 Japan 81 3 3201 8900 Singapore 65 6212 1000 U.S. 1 212 318 2000 Copyright 2006 Bloomberg L.P.
G675-454-1 27-Apr-06 10:12:59

图 12-7 Bloomberg 关于 Dutch X 的信息

| 债券 | 评级（Fitch/Moody's） | 定价息差（基点） | CDR 0.75% | CDR 2.5% | CDR 5% | CDR 10% | CDR 25% |
|---|---|---|---|---|---|---|---|
| A 流动证券（3m€+28 基点） | AAA/Aaa | 11.5 | 100.5 | 100.5 | 100.5 | 100.4 | 97.3 |
| B 流动证券（3m€+70 基点） | A/A2 | 26 | 101.6 | 101.6 | 101.6 | 59.0 | 12.7 |
| C 流动证券（3m€+130 基点） | BBB/Baa2 | 52 | 102.8 | 102.8 | 38.0 | 15.4 | 8.6 |
| D 流动证券（3m€+370 基点） | BB/Ba2 | 325 | 101.5 | 41.6 | 22.8 | 14.4 | 8.4 |
| E 流动证券（3m€+875 基点） | B/B1 | 750 | 91.6 | 36.8 | 26.3 | 14.7 | 11.7 |

图 12-8 CPR 为 15%，回收率为 85%，从违约到不动产销售的滞后期 12 个月的荷兰 X 交易债券定价（雷曼兄弟，欧洲结构化金融研究）

违约比率也会对各份额的加权平均寿命产生二阶影响。随着违约增加，大量抵押贷款余额通过提前还款和违约的影响分期摊销。如此一来，当违约率上升，加权平均寿命缩短。

该估价方法的缺点在于，每一个情境仅仅作为绩效的一个点预测。实际上，在已实现的违约率、损失、逾期和提前还款中，存在一个大量波动范围。

### 12.4.4 ABS 违约相关和尾端风险情境

评估过程的一个重要特征是在高度压力情境下设置评估水平。ABS 的 AAA 评级是该产品对于最极端情境弹性的表征。故而，AAA 评级含蓄地代表了该证券的一种能力，即能够在所有可能的状态中承受一个特定置信水平的损失。可能有一些状态使 AAA 级份额也会发生损失，但概率极低。信用组合模型和违约相关的领域使得这样一种极端的尾端风险加以量化。现金 ABS 产品的价格应当在一定程度上反映 ABS 结构中内含的尾端风险，这是非常自然的事情。

ABS 资产组合信用风险中一个有用的起点就是由 Vasicek（1997）提出的且被普遍使用的单因素高斯 copula 模型（1-factor Gaussian copula model）。当标的资产池非常大而其中的单笔贷款规模相对小时，这一模型为资产组合的信用风险提供了一个很好的描述。Vasicek 的模型描述了一种极限状态，此时资产池数目无限大而资产规模无限小。Vasicek 公式的概率密度函数如下：

$$f(x;p,\rho)=\sqrt{\frac{1-\rho}{\rho}}\times\exp\left[-\frac{(1-2\rho)N^{-1}(x)^2+N^{-1}(p)^2-2\sqrt{1-\rho}N^{-1}(x)N^{-1}(p)}{2\rho}\right]$$

这里 $x$ 是损失的实际比率，$p$ 是无条件违约率，$\rho$ 是资产相关系数。对于典型的参数化法而言，这一分布有偏且厚尾，正如图 12-9 所示，均值违约率为 2%（$p$=2%），资产相关系数为 15%（$\rho$=15%）。增信水平为 5% 和 7% 的薄层的损耗分布（loss profile）也纳入参考。

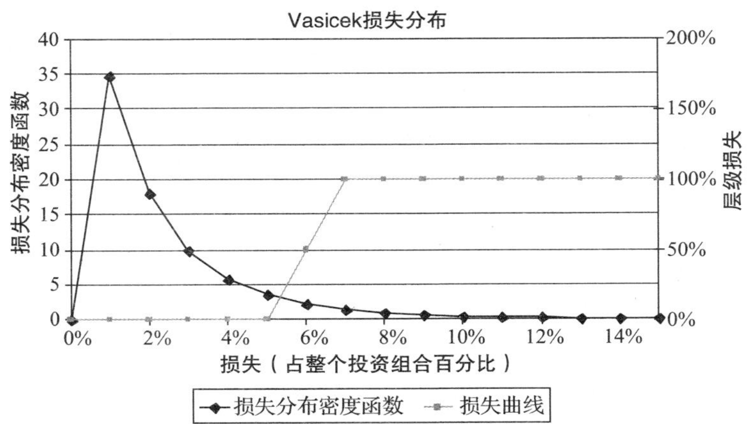


图 12-9 Vasicek 分布和损失曲线，设违约率为 2%，资产相关性为 15%

资产相关系数反映的是个体收入与单一系统因素的相关程度。参数 $p$ 有效设定了违约分布的均值，而资产相关系数设定了分布的波动程度。

上述密度分布推导出累积分布函数的一个闭合式的解：

$$F(x;p,\rho)=N\left(\frac{\sqrt{1-\rho}N^{-1}(x)-N^{-1}(p)}{\sqrt{\rho}}\right)$$

并且，它可以求逆从而给出不同分位数水平的实际损失。

$$x=N\left(\frac{N^{-1}(p)+\sqrt{\rho}N^{-1}(\alpha)}{\sqrt{1-\rho}}\right)$$

这里 $x$ 是资产组合损失的比率，$\alpha$ 是分位数水平。举例来说，如果 $\alpha$ 设为 99.9%，那么资产组合损失等于这一公式的数量，此时双参数设置为典型水平。

Vasicek 模型可以用于欧洲抵押贷款证券以识别某一压力情境的可能性。通过设置经济模型中期望损失的 Vasicek 分布的均值，以及对于资产相关做出一些假设，基于对领域内的状态的客观见解，人们可以求得压力环境下的违约率。

一种决定压力情景下违约和损失方法是：假定某人有兴趣审视最坏可能的信用风险情境的 90% 分位数水平。那么他可以从经济模型中选择对应这两种风险的 CDR 和 LS 的均值预测并取二者乘积。这产生了一条年化期望损失的预测曲线（即使这里并没有考虑违约和不动产出售之间的滞后期的影响，损失最终计入交易中）：

$$\mathrm{EL}(t)=\mathrm{CDR}(t)\times\mathrm{LS}(t)$$

之后可以利用上述的 Vasicek 公式计算每一时点年化损失的上分位数。然后就会推导出经调整的期望损失：

$$\mathrm{EL}_2(t)=N\left(\frac{N^{-1}(\mathrm{EL}(t))+\sqrt{\rho}N^{-1}(\alpha)}{\sqrt{1-\rho}}\right)$$

将 LS 保留在原始水平，经调整的 CDR 可以表述为：

$$\mathrm{CDR}_2(t)=\frac{1}{\mathrm{LS}(t)}N\left(\frac{N^{-1}(\mathrm{EL}(t))+\sqrt{\rho}N^{-1}(\alpha)}{\sqrt{1-\rho}}\right)$$

图 12-10 例示了这一方法，将典型的预测 CDR 曲线用于一个抵押贷款池。用此法，可决定在最差的 75% 状态中价值是多少，并在之前部分重复这一估值。

然而，当使用 Vasicek 模型时，一个很自然的问题随之产生，即如何最恰当地估计资产相关系数。幸运的是，Vasicek 分布函数的分析形式很适合于使用极大似然估计方法。考虑一系列已经实现的实际损失 $x_i$，$i\in\{1,\cdots,M\}$，可以构造这些自 Vasicek 分布得到的观测值的对数似然函数：

$$L(\theta)=\log\left(\prod_{i=1}^{M}f(x_i,\ p,\ \rho)\right)$$

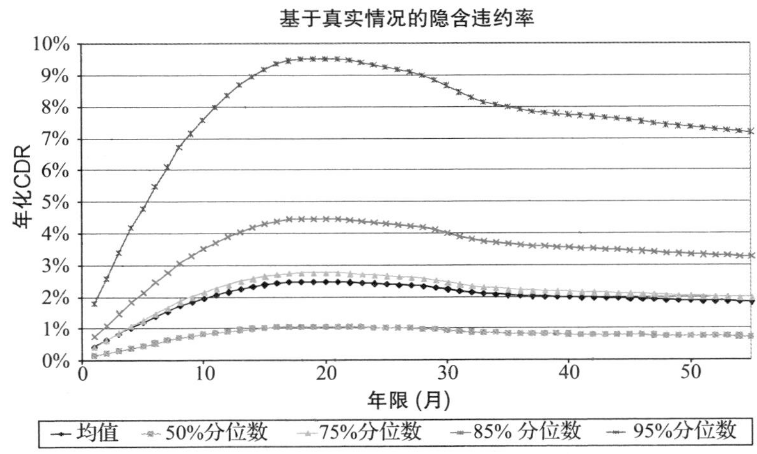


图 12-10 Vasicek 分布的隐含 CDR

根据这一对数似然函数可推导出下述对于均值违约率和资产相关系数的极大似然估计（详见 Khadem 和 Hofstetter，2006）：

$$\hat{\rho}=\frac{(1/M)\sum_{i=1}^{M}N^{-1}(x_i)^2-\left((1/M)\sum_{i=1}^{M}N^{-1}(x_i)\right)^2}{(1/M)\sum_{i=1}^{M}N^{-1}(x_i)^2-\left((1/M)\sum_{i=1}^{M}N^{-1}(x_i)\right)^2+1}$$

$$\hat{p}=N\left(\frac{\sqrt{1-\hat{\rho}}}{M}\sum_{i=1}^{M}N^{-1}(x_i)\right)$$

这一评估体系的引人注目之处在于，即它们存在闭合解且仅依赖于真实违约数据。其他基于真实损失估计资产相关系数的方法包括 Gordy 和 Heitfield（2000）。这一估计方法在分布趋于渐进极限之前计算 Vasicek 模型中的资产相关系数。该估计方法必须最大化一个相当复杂的函数的似然性。

上述第一个表达式考虑了在历史表现的基础之上详述定制资产，且这会易于操作以得到违约相关系数。

$$\hat{\rho}_D=\frac{N_2\left(N^{-1}(\hat{p}),N^{-1}(\hat{p}),\hat{\rho}\right)-\hat{p}^2}{\hat{p}(1-\hat{p})}$$

这里的估计量都是之前的方程式中涉及的。

给定充分的来自个体的资产支持投资者季度报告或其他贷款的数据，人们可能利用上述方程式获得资产相关系数的估计量。从而，给出特定资产类型的尾端风险的表征。

### 12.4.5 结论

本节简短地展示了一个被广泛使用的用于模拟现金 ABS 交易的方法。要注意考虑 ABS 中的信用波动率和违约相关系数。相比于结构化信用领域，ABS 中的信用资产组合建模技巧发展相对薄弱，这为未来 ABS 建模的研究提供了一个有趣的领域。

## 参考文献

Brace, A., D. Gaterek, and M. Musiela (1997), "The market model of interest rate dynamics," *Mathematical Finance*.

Deng, Y., J. M. Quigley, and R. Van Order (2000), "Mortgage terminations, heterogeneity and the exercise of mortgage options," *Econometrica*.

Dietsch, M., and J. Petey (2002), "The credit risk in SME loans portfolios: modelling issues, pricing and capital requirements," *Journal of Banking and Finance*.

Gordy, M., and E. Heitfield (2000), "Estimating factor loadings when ratings performance data are scarce," working paper, Federal Reserve Board.

Khadem, V., and E. Hofstetter (2006), "A credit risk methodology for retail and SME portfolios," working paper.

Vasicek, O. A. (1997), "Loan loss distribution," working paper, KMV.

# 第 13 章

# 资产担保债券[㊀]

Arnaud de Servigny 和 Aymeric Chauve

## 13.1 引言

资产担保债券（covered bonds）的概念已存世约 200 年，最早由普鲁士（今德国）的腓特烈大帝发起，开创了潘德布雷夫（Pfandbriefe）债券的先河。该债券的发行旨在帮助项目募集资金。通常情况下，发行潘德布雷夫债券的银行可以利用其资产负债表内已有的标的资产作为债券担保。

简单点说，资产担保债券是一种融资工具，其债权人通过质押物获得收益。此处质押物通常指发行银行的表内抵押贷款或公共部门贷款。

直至不久前，这种融资工具还仅是德国人的专利，德国的投资人大都会购买本地的潘德布雷夫债券。随着西欧经济的全球化，以及德国以外投资客对这种非常安全的融资工具的青睐，其他国家也纷纷立法引入资产担保债券的概念，例如法国的 Obligations Foncières，西班牙的 Cédulas。通过持续修订法律和监管框架，新近立法的地区还在不断致力于推广资产担保债券。

除了德国，目前资产担保债券增长最快的市场是英国的结构化资产担保债券，还有丹麦以及最近崛起的意大利。北欧各国颁布的监管制度甚至扩大了该产品的涵盖范围，比如，资产担保债券能以船舶贷款作担保。

㊀ 我们要感谢 Karlo Fuchs 和 Jean-Baptiste Michau 的支持与贡献。

## 13.2 产品考察

### 13.2.1 产品结构

首先让我们分析一下潘德布雷夫类资产担保债券与结构资产担保债券的区别：

- 潘德布雷夫类资产担保债券是由不动产或公共部门资产作为担保，在受到完善监管的环境下发行。当地金融监管条例 / 法规会明确规定出产品适用条件。
- 在结构化资产担保债券的发行区域，监管部门并没有针对该债券特别修订过法律框架。这种新兴的产品形式，如流行于英国的抵押债券，其安全性主要依赖于合同契约以及发行方破产判定的法律意见书。

当发行银行破产时，这两种债券形式的原则均在于指定一个托管人（或管理人）来保护登记在册的担保池资产，将担保池内的资产从破产银行的表内资产中分离出来。此处需要特别注意的是，银行发行的所有抵押债券，均受益于同一经注册的担保池㊀，因而会被评定为同等顺位债权。

结构资产担保债券类似于表内模式的住房抵押贷款支持证券，可参照不动产抵押投资组合。

潘德布雷夫类资产担保债券可分为两大块：约占全球市场的 1/3 的不动产资产担保债券，以及公共部门资产担保债券。后者在历史上为德国债券市场的主力。然而在一些地区两种类型资产的混合抵押担保也是被允许的，例如法国的 CFF（Compagnie de Financement Foncier）。

资产担保债券的结构与强度要求取决于产品所属的法律辖区。各辖区通常都会定出一个超额抵押资产的下限，以确保产品的稳定性。为了产品获得 AAA 评级，评级机构也会要求资产担保债券的发起人做出不低于下限的超额抵押，并在担保池中增加合理比例的流动资产，以抵挡市场不稳定时的风险。

### 13.2.2 新巴塞尔资本协定监管规范

既然资产分级方式为纯欧式，其资本处理方式也以欧洲标准的资本要求指令（capital requirement directive，CRD）为规范。欧洲央行（European Central Bank，ECB）2005 年报告第 42 页指出：

> 符合 CRD 指令的资产担保债券视为银行风险敞口。风险评估应基于发行银行信用状况，并同时考虑抵押担保的积极贡献。抵押担保在标准评级法模式下可降低风险等级，在内部评级法（IRB）模式下可

㊀ 作为资产担保债券持有人担保的不动产或 / 与公共贷款的投资组合。

降低违约损失率（loss given defaults，LGD）

采用标准评级法时，资产担保债券风险水平与发行人高级风险水平的关系如下所示。

| | | | | |
|---|---|---|---|---|
| 对于发行方风险加权平均敞口 | 20 | 50 | 100 | 150 |
| 资产担保债券的风险权重 | 10 | 20 | 50 | 100 |

至于采用内部评级法的情况，银行的内部评级系统要兼顾到债务人与债项的维度，因此欧盟指令的要求与新巴塞尔资本协定是一致的。基于债务人维度的违约概率（probability of defaults，PD）应用于风险敞口，违约损失率 LGD 的评估应考虑到债项的维度。债券持有人对担保物享有优先受偿权，担保物会影响到债项的维度。然而新巴塞尔资本协定并未针对资产担保债券做出特殊规定，如果发行银行能够得到监管审批，用高级法 IRB 对其资产担保效用加以评估，那么对债券进行担保即可降低 LGD 水平。如采用初级法 IRB，这种有担保的债券可降低 12.5 个百分点的 LGD。高级法 IRB 要求用投资银行自身的 LGD 作为资产担保债券的风险评估结果。无论是初级法还是高级法，风险评估均取决于发行方的 PD 水平。

### 13.2.3 市场考量

现今市面上已有约 2 万亿欧元的资产担保债券（包括结构化资产担保债券），年发行量约 2000 亿欧元（参见表 13-1）。这是世界第二大债券市场，并且是跨越主权国界的性质均一的债券市场。资产担保债券市场体量的持续增长，反映了投资者对这种高信用品质产品的需求。

表 13-1 欧洲担保债券 2005 年度发行量

| 国别 | 类型① | 发行量（2005 年估计值）（10 亿欧元） |
|---|---|---|
| 德国 | R | 138 |
| 西班牙 | R | 35 |
| 法国 | R | 17 |
| 英国 | NR | 7 |
| 卢森堡 | R | 6 |
| 意大利 | R | 4 |
| 瑞士 | R | 2 |
| 荷兰 | R | 2 |
| 其他（奥地利，比利时，捷克，匈牙利，爱尔兰，葡萄牙） | R/NR | 1 |
| 总和 | | 212 |

① R- 管制发行（潘德布雷夫类），NR 非管制发行（结构类）。

资料来源：European Securitization Forum，Rating Agencies。

越来越多的不动产抵押贷款或公共部门资产贷款的贷款人在寻求廉价融资方法，在竞争环境中贷款息差收益不断缩水，投资人对安全性高、资本占用少的投资工具的需求持续上涨，这些都保证了在可预见的未来，资产担保债券市场将增势不减。该市场的增长动力还来自对资产的使用，欧元 Euribor 利率基本稳定是个有利因素，因此这些资产可作为结构化融资交易比如 CDO 中的融资担保措施。

几乎所有欧洲国家都设立了资产担保债券的监管制度，只有英国是个例外。最新加入此类监管框架的是意大利，其国有银行 Cassa di Depositi e Prestiti 于 2005 年 3 月颁布了 200 亿欧元的项目计划。

### 市场动量

现在的市场发行量超过 10 亿欧元，已接近巨量发行水平，在此水平下，发行行及主办行会引入做市商以确保资本的流动性。但这些都是近期才发生的市场变化，不久前大部分的债券发行还局限于小型的私有交易领域。

西班牙发行人在公共的大发行量领域最为活跃，吸引了大批的投资者。根据欧洲证券化论坛的数据，西班牙资产担保债券以 550 亿欧元的新巨量发行，颠覆性地超越了德国 500 亿欧元的发行量。

资产担保债券市场的体量和流动性是如此吸引人，部分投行，如摩根大通，已开始销售潘德布雷夫 CDS。

如前所述，CDO 市场直接受益于资产担保债券市场的增长，该债券产品越来越广泛地被用于融资担保，用于保障 CDO 投资组合因可能存在的违约而产生的或有支付需求。

## 13.3 资产担保债券的风险模型㊀

本节主要探讨标准普尔（S&P）评级流程使用的定量方法。

资产担保债券是一种融资工具，通常由银行发行，以健全资产（sound assets），如住房贷款或公共部门贷款等，做超额担保。如债券发行人能公开承诺保证超额担保水平与特定压力情景的目标风险等级相称，标准普尔一般是可以对交易进行评级的。这种评级可以显著高于竞争对手的信用评级，并且不受同行信用状况的影响，因而进一步增强了资产担保债券的市场吸引力。㊁

近年来，标准普尔使用专有模型分析资产担保池的质量以及现金流结构的充足率。CDO 评估工具以及 CDS 加速器可以帮助 CDO 市场参与者并提升市

㊀ 本节摘自本书作者为标准普尔所作技术文档。

㊁ 详见标准普尔官网 2004 年 6 月 16 日文：“扩大欧洲资产担保债券领域聚焦关键点分析”（Expanding European covered bond universe Puts Spotlight on key analytics）。

场透明度，并催生了标准普尔推出面向债券发起人的资产担保债券的核心分析工具——资产担保债券监控器（Covered Bond Monitor，CBM）。

现在，在德国、丹麦、法国、爱尔兰及卢森堡，CBM 正扮演着资产担保债券项目量化分析员的角色。即将在斯堪的纳维亚发行的资产担保债券也将用到此工具。

资产担保债券的量化分析部分可粗略分为两大块：

- 标准普尔的分析师进行的信用质量分析。用于决定资产担保债券担保池中资产的违约风险和违约回收率。
- 基于该违约风险和违约回收率，并考虑利率和外汇汇率压力的结构强度分析。该分析旨在评估资产担保债券是否具有足够的抗压能力，或否可能获得目标评级。

本节要阐述的是量化分析的后半部分，有兴趣的读者可以详细了解到 CBM 工具进一步的细节。CBM 旨在最大限度地让市场透明。本节阐述包括三部分：首先解释该模型是如何模拟利率和汇率的，然后详述资产的违约风险是如何因子化的，最后才是量化评级资格测试本身。

## 13.3.1 利率与汇率模拟

资产担保债券的发行人通常以按揭贷款或公共部门融资为主业。与 RMBS 等类证券化交易不同，资产担保债券是一种表内工具，有不动产抵押贷款或 / 与公共部门贷款做担保。根据经验，标准普尔发现尽管有监管制度和法律框架的规范，资产担保债券仍有可能暴露在流动性过剩、汇率、利率（固定 - 浮动）以及久期错配等风险之中。因此确定产品结构的抗压能力就非常重要。这也是标准普尔致力于在评级过程中进行量化分析的原因。构建利率以及汇率情景模型是 CBM 工具的重要组成部分。

**技术标准**

本方法中对利率和汇率做相似的关联处理，认为其对数向量符合均值回归：

$$d\ln(i_t)=(a-b\cdot\ln(i_t))\mathrm{d}t+\sigma\mathrm{d}W_t \tag{13-1}$$

式中，$\sigma^T\sigma=\Omega$，代表瞬时稳定（同方差）协方差矩阵

利率和汇率均持续趋向于一个枢轴值 $e^{a/b}$。蒙特卡罗方法是简化版：

$$\tilde{i}_t=\tilde{i}_{t-\Delta t}\exp\left[(\hat{a}-\hat{b}\ln(\tilde{i}_{t-\Delta t}))\Delta t+N_t\sqrt{\Delta t}\right] \tag{13-2}$$

此处 $N^t$ 为扰动向量。

#### 13.3.1.1 模拟方法论[1]

图 13-1 展示了利率可能走势的建模结果。

$$(i_0=2.11\%, b=0.001, a=b\ \ln(i_0), \text{and}\ \Omega=0.002\,213)$$

根据式（13-1）的对数特性，利率和汇率显然存在一个值为 0 的下限，可是该方法却无法给出上限值。因此标准普尔公司根据其他地区结构融资产品[2]的应用经验，规定了上限标准。如表 13-2 所示。

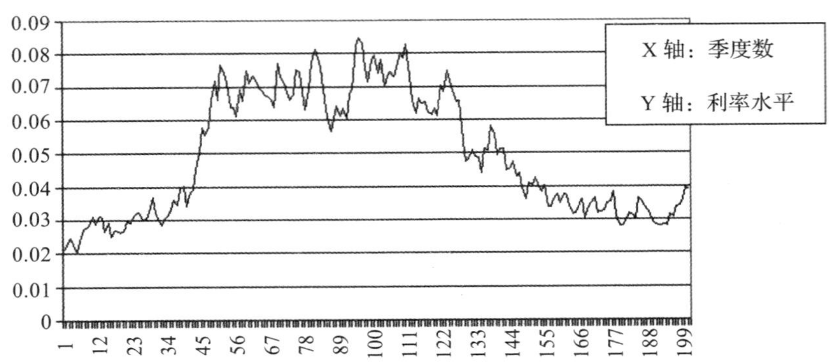


图 13-1 欧元利率 200 季度（50 年）模拟曲线

表 13-2

| 国家 / 地区 | 利率上限（%） |
|---|---|
| 欧元区 | 12 |
| 美国 | 18 |
| 日本 | 8 |
| 瑞士 | 12 |
| 其他国家 | 18 |

#### 13.3.1.2 模型校准

这种均值回归模型需要设定一个简单的参数，一旦选用该模型，就必须首先确定这个参数的值。[3]

为了得到最准确的结果，两种公认的经典校准模型（详见附录 13B）被同时使用：极大似然法（ML）和矩量法。

通过广泛的经济计量工作，可得出以下结论：

[1] 因为建模的目的在于模拟利率和汇率的长期走势，预测时间跨度长达 50 年，该方法要优先考虑稳定性而非复杂性。因此我们有意忽略了伊藤引理中的西格玛平方项。

[2] 特指 RMBS 交易标准。

[3] 为了使数据特性更好地符合均值回归模型的要求，对利率和外汇汇率过去的时间序列做了多项式平滑处理。这可在评级过程中随着时间的推移增加稳定性。

- 计量结果显示，关键利率 $\bar{i}$ 应用矩量法估算
- 参数 $b$ 用 ML 方法估算最为简单
- 瞬时偏差通过 ML 法估算是准确的。只要确定了 $\bar{i}$ 和 $b$，就不难用最大似然法估算出瞬时偏差。

## 13.3.2　确定性违约模式的定义

任何资产担保债券的资产端均以受信用风险影响的对外发行的证券为基础，这些证券通常指房地产抵押贷款和 / 或公共部门贷款。CBM 这样定义风险压力，一个衰退期内的压力是资产担保池在交易第一年发生的违约数。此处的违约水平为标准普尔分析师通过特定分析流程得出的结果。[㊀] 违约时序被作为常量硬写入（hard-coded）CBM 模型中，以期与标准普尔对其他交易中类似资产级别评级结果最大限度地保持一致。

- 如果资产担保债券的担保资产为不动产抵押贷款，应采用 RMBS 的违约率模式。以 3 年为衰退期（recession），分为两种情景，如表 13-3 所示。
- 如果资产担保债券的担保资产为公共部门贷款，应采用现金 CDO 类的违约率模式。以 5 年为衰退期，分为 4 种情景，如表 13-4 所示。

表 13-3　按揭资产池违约模式

| 衰退月 | 1 | 6 | 12 | 18 | 24 | 30 | 36 |
|---|---|---|---|---|---|---|---|
| 快违约（%） | 30 | 30 | 20 | 10 | 5 | 5 | 0 |
| 慢违约（%） | 0 | 5 | 5 | 10 | 20 | 30 | 30 |

表 13-4　公开贷款违约模式

| 衰退年 | 1 | 2 | 3 | 4 | 5 |
|---|---|---|---|---|---|
| 模式Ⅰ（%） | 15 | 30 | 30 | 15 | 10 |
| 模式Ⅱ（%） | 40 | 20 | 20 | 10 | 10 |
| 模式Ⅲ（%） | 20 | 20 | 20 | 20 | 20 |
| 模式Ⅳ（%） | 25 | 25 | 25 | 25 | 0 |

这种结构使得 CBM 能够观察到超额担保违约[㊁] 发生于何种情景模式，其使用者可以更加直观地看到担保池资产在不同违约情景下的敏感度。

量化评级资格测试的开展，要以所有模式和 / 或所有情景下都有“积极”

㊀ 目标评级要求给出资产违约率参数 $d$，该参数通过标准普尔专有模型确定，如 CDO 评估工具或 RMBS 分析工具。

㊁ 超额担保违约的定义参见附录 13A。

结论（“pass” result）为前提。

### 13.3.3 风险模型的量化评级部分

本节所用术语的详细解释请参考附录13A。

#### 13.3.3.1 架构说明

**1. 量化评级资格测试** 标准普尔方法假设资产担保债券独立于发行人的偿债能力，为了获得一定的评级，发行人[㊀]需要也必须通过合理的量化评级资格测试。通过该测试的原则是，无论何种环境，担保资产均应足以偿债。也就是说，只有超出相应评级水平的置信水平时，可能发生的损失事件才能影响到的份额持有人。

为了评定资产担保债券的级别，评级模型关注利率、汇率效应，以及由资产违约表生成的现金流违约率、负债的预期现金流出净值。产生现金流的驱动力来自本金摊销（包括资产与负债两方面）、固定息票支付以及浮动息票支付（分为无风险部分和利差部分）

量化评级资格测试过程可总结如下：首先发行人定义一个评级目标，如AAA级。然后给定交易平均到期日，如5年，从标准普尔违约表中可以倒减出与之对应的累积违约率，本例中为0.28%。以利率和汇率运行的真实实现情况为条件，生成最终现金净余额情景的评级排名。应重点关注的是0.284%的最差情景。如果对应的最终现金净余额为正值，可评定为AAA级。如果最终现金净余额为负值，则意味着从量化分析角度来说，该资产担保债券交易达不到目标等级的资格水平。为通过评级，发行人可增加担保资产。最终现金净余额为正值时，评级流程才可进入更多的定性评估层面。

*a. 资产违约率指标的影响* 在每个时间段内[㊁]，本节“确定性违约分布的定义”所述的违约分布会触发资产产生现金流，并伴随着累计违约率的增加而减少。后者随时间推移将增至某个目标值（指一个衰退周期内）。负债端不受违约时间的影响。[㊂]

违约会导致两种相反的效应：

- 违约会降低交易的安全缓冲。例如，若假设某交易在某期的违约率为10%，那么资产端的现金流达到原定值的90%。
- 相反地，违约回收会利用“修复时间”产生的时间差旋即填补资产现金

㊀ 假定发行人具有足够的偿债能力以避免操作和道德风险是评级的主要驱动力。

㊁ 模型中的一个时间段指一个季度。

㊂ 参见违约对资产的影响的具体介绍。

流。回收水平系指违约额的一个预定义比例。本金的违约回收率和息票的违约回收率是不同的。例如，在一个给定的时间段 $t$，假设 15 亿欧元本金，4 亿欧元固定息票以及 7500 万欧元浮动息票（假设初始利率为 $i_0$，如欧元银行同业拆借利率 EURIBOR）的违约率为 10%；违约回收时间为 2 年，且三部分的回收率分别为 75%、50%、50%，那么在两年后回收金额将为：

$$R_{(t+2)}=1500*10\%*75\%+400*10\%*50\%+75*\frac{\tilde{i}_t}{i_0}*10\%*50\%$$

此处 $\tilde{i}_t$ 为 $t$ 时模拟利率。

b. 利率影响　与违约率不同，利率对资产和负债均有影响。建模方法如“利率与汇率模拟”一节所述。

需由发行人提供的输入参数，通常认为是贯穿债券整个生命周期的相对于恒定的无风险利率水平（如，EURIBOR=2%）的现金流的浮动部分。[⊖]模型根据每季度利率浮动的波动进行调整，涉及资产端和负债端两方面，这种调整是采用蒙特卡罗模拟利率而非初始“冻结”利率值。例如，在发行人报告的现金流动计划中，如果浮动利率零风险因子额度为 1 亿欧元，并且起始利率为 2%，假设模拟利率为 3% 时，需要偿付的浮动利息为 1.5 亿欧元。

无风险利率是流动性风险调整机制的组成部分。目的在于确定留存现金的再投资利率。本模型中，如果现金余额为正，模拟无风险利率会带来再投资利差；如果现金余额为负，则为再融资利差。模型中嵌入的两种利差分别为 50 个基点和 100 个基点。

c. 汇率影响　汇率的模拟方法与利率相似，并相互影响。二者的作用仅仅是将现金余额换算为担保池资产对应的货币币值，主要是欧元。对于定期非欧元存款，每季度末可通过该季度的模拟汇率将现金余额换算为欧元。

**2. 量化评级资格测试**　一旦所有资产和负债产生的模拟现金流得以计算，利用该模型就可以确定对应于每笔汇率 / 无风险利率的最终现金净余额。如该余额为负值，则考虑资产担保债券产生违约，为了算出这个最终现金净余额，模型会对各种模拟情况计算累计现金余额的演化进程，然后算出进程中最终现金余额为负值的区间段的比例。如果该比例比目标评级可容忍的违约率小，那么资产担保债券的量化评级资格测试结果为合格。图 13-2 给出的例子，在所要求的分位数下的最终现金余额为正，因此本例中的资产担保债券通过量化评级资格测试。显然，目标评级水平越高，分位数越低，所允许的违约量也越低。

---

⊖　此处考虑的是一种会计流程，对应于远期操作，确定偿付预算需根据远期利率。

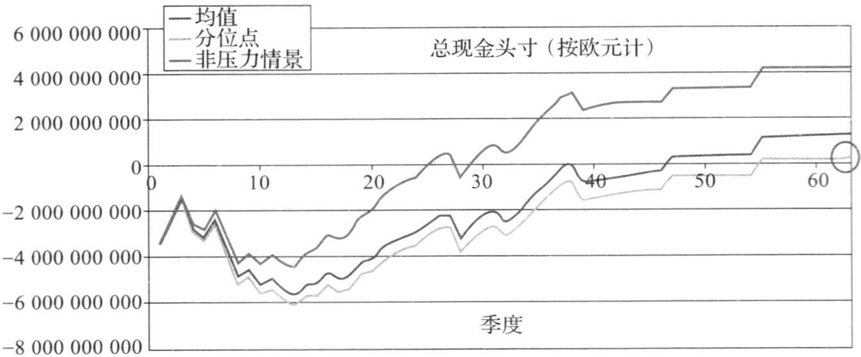


图 13-2 总现金余额（按欧元计）

### 13.3.3.2 其他特点

#### 1. 回收率处理

- 不动产抵押贷款

一旦产生违约，违约回收率将影响到整个不动产抵押贷款的价值（指资产端）。

为了展示这一点，设 $A_t$、$P_t$ 和 $c_t$ 分别代表在时间 $t$ 的未偿资产、本金还款额、以及累积违约率。设 $r$ 为本金回收率。标准普尔假定回收时间和经济衰退期分别为 2 年和 4 年。表 13-5 总结了在资产担保债券模型中对违约和回收的处理方法。

表 13-5 资产担保债券模型关于抵押资产的违约处理

| 时期 | 资产余额 | 归还本金 | 回收率 |
|---|---|---|---|
| 1 | $A_1(1-c_1)$ | $P_1(1-c_1)$ | 0 |
| 2 | $A_2(1-c_2)$ | $P_2(1-c_2)$ | 0 |
| 3 | $A_3(1-c_3)$ | $P_3(1-c_3)$ | $rA_1c_1$ |
| 4 | $A_4(1-\bar{c})$ | $P_4(1-\bar{c})$ | $rA_2(c_2-c_1)$ |
| 5 | $A_5(1-\bar{c})$ | $P_5(1-\bar{c})$ | $rA_3(c_3-c_2)$ |
| 6 | $A_6(1-\bar{c})$ | $P_6(1-\bar{c})$ | $rA_4(c-c_3)$ |
| 7 | $A_7(1-\bar{c})$ | $P_7(1-\bar{c})$ | 0 |
| 8 | $A_8(1-\bar{c})$ | $P_8(1-\bar{c})$ | 0 |
| 9 | $A_9(1-\bar{c})$ | $P_9(1-\bar{c})$ | 0 |
| 10 | 0 | 0 | 0 |
| 11 | 0 | 0 | 0 |

- 公共部门资产

公共部门资产担保债券的发行人常常有赖于政府的支持和发行国的税收。因此标准普尔认为这种债券的违约后果并不在于损失本金，而在于无法按期还本付息，包括拖欠还款，但这种违约在一定时间后即可消除。对于公共部门资产担保债券的发行人，即使利率条款可在违约发生后重新协定，标准普尔仍假定违约回收率为 100%。表 13-6 展示的是一个 2 年回收期和 4 年经济衰退期的例子。

表 13-6 资产担保债券模型关于公共部门资产的违约处理

| 时期 | 资产余额 | 归还本金 | 回收率 |
|---|---|---|---|
| 1 | $A_1(1-c_1)$ | $P_1(1-c_1)$ | 0 |
| 2 | $A_2(1-c_2)$ | $P_2(1-c_2)$ | 0 |
| 3 | $A_3(1-c_3)$ | $P_3(1-c_3)$ | $rP_1c_1$ |
| 4 | $A_4(1-\bar{c})$ | $P_4(1-\bar{c})$ | $rP_2c_2$ |
| 5 | $A_5(1-\bar{c})$ | $P_5(1-\bar{c})$ | $rP_3c_3$ |
| 6 | $A_6(1-\bar{c})$ | $P_6(1-\bar{c})$ | $rP_4\bar{c}$ |
| 7 | $A_7(1-\bar{c})$ | $P_7(1-\bar{c})$ | $rP_5\bar{c}$ |
| 8 | $A_8(1-\bar{c})$ | $P_8(1-\bar{c})$ | $rP_6\bar{c}$ |
| 9 | $A_9(1-\bar{c})$ | $P_9(1-\bar{c})$ | $rP_7\bar{c}$ |
| 10 | 0 | 0 | $rP_8\bar{c}$ |
| 11 | 0 | 0 | $rP_9\bar{c}$ |

因而，标准普尔关注的是现金流是否少于预计，而非担保资产池中的尚存资产和未偿负债的多寡。不过违约回收对二者的影响基本上是相似的。在担保池存续期间的早期，由于还款的延迟，现金流入会低于预计。而后，随着大部分还款支付的兑现，公共部门担保资产的现金流入量甚至会比预期高。

## 2. 资产方提前还贷

- 不动产抵押的提前还款

借款人常常选择早于合同约定的时间表提前还贷。提前还贷压力通常定为名义未偿资产额的一个固定比例。例如，如果该比例被设定为 20%，那么每年都要将 20% 的现有名义未偿资产额加到该年度的还款计划中，直到贷款偿清。如用方程式表示，设 $A_t$ 和 $P_t$ 分别为时间 $t$ 时报告的名义未偿资产和计划还款额，相应地，设 $\widetilde{A}_t$ 和 $\widetilde{P}_t$ 分别为二者考虑风险压力后的值。用 $r$ 代表提前还贷率。得下式：

$$\tilde{P}_t = \tilde{A}_t \min\left\{\frac{P_t}{A_t} + r, 1\right\}$$

设初始值 $\widetilde{A}_1=A_1$. 这是为了确保还贷额不会比未偿额高。于是可得下式：

$$\tilde{A}_{t+1}=\tilde{A}_t-\tilde{P}_t=\tilde{A}_t\max\left\{1-\left(\frac{P_t}{A_t}+r\right),0\right\}$$

通过图 13-3 可看出，早期的还款额因为提前还款的原因会有所增加，但是随着越来越多的本金被提前清偿，最终还款额会降低。

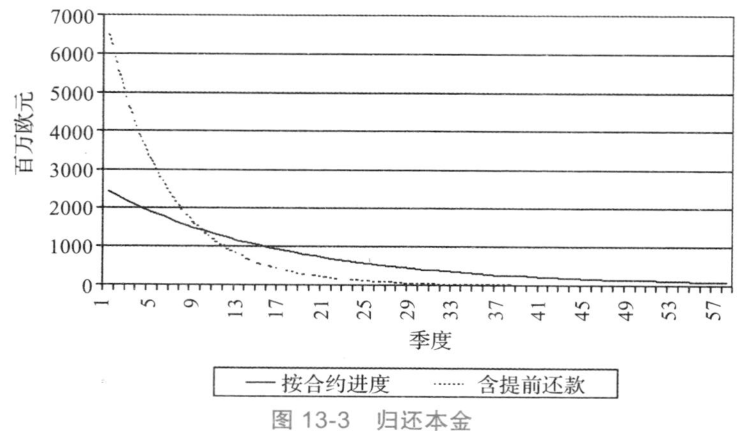


图 13-3 归还本金

提前还贷会降低资产抵押的有效时间，降低收益率。根据负债结构，增加该特性可能会也可能不会提升风险压力。量化评级分析的确需要考虑有提前还贷和无提前还贷两种情景交织的最坏情况。标准普尔已经公布了标准，用于定义各种提前还贷率，这些标准常与对应辖区的法规条例一致。CBM 的目标就是简化分析，因此分析模型中采用的值对应的是适当提前还款率下的一个加权平均值。

- 公共财政的提前还款

  公共财政资产是典型的无提前还款风险资产，在分析中不考虑提前还贷的情况。

**3. 服务费** 模型中所包含的流动性压力隐含了原始权益人可能歇业的假设，故而评级是建立在竭尽现金流的框架下的。发行资产担保债券的交易结构中囊括以服务费为代表的管理成本也就合情合理了。通常用每个现金余额监控周期中名义未偿资产额的一定比例代表这些费用。设 $s$ 为服务年费率，以百分比表示，$A_t$ 为时间 $t$ 时的未偿资产额，那么 $t$ 时的季度服务费率等于 $(s/4)\times A_t$。

**4. 宏观因素互换（MacroSwaps）** 发行人常通过购买互换合约来对冲利率和汇率风险，比如把固定利率下的现金流转为浮动利率。对于宏观因素互换的情况，名义上的掉期实际追随抵押资产的动态变化，这种随动并不十分完美，可能出现两种风险影响：

- 积极的一面，互换操作可以调整并降低银行在利率方面的风险；
- 消极的一面，由于资产端存在违约的可能，名义上的互换只能大概匹配潜在风险，并因此将资产担保债券暴露在风险中。

债券发行人提供给标准普尔的数据一般不包括发行人参与互换合约的细节，即使合约与其发行的债券相关。发行人通常只提供一份互换前 ALM 报告（pre swap ALM report；ALM，Asset Liability Management，资产负债管理）（在互换影响产生之前提供）和一份互换后 ALM 报告（在互换影响产生之后提供）。假设这些互换均符合标准普尔的标准，前后两份报告的差异就是被交换的净系列风险，包括各种费用。这些系列风险对利率波动非常敏感，却并不受违约影响，因为互换合同针对的不是那些会影响到担保池资产的操作。所以说，要建立宏观因素互换交易影响的模型，就只需要将互换前报告和互换后报告之间的差异加入现有负债。

表 13-7 所示为资产端互换前和互换后的一份示例报告。第一季度，发行人进行了利率互换交易，115 欧元固定利率交换 89 欧元浮动利率（划分为 88 欧元的无风险基准利率和 1 欧元的利差）。从表中可见，简单地通过前后两份报告[⊖]的差异即可算出互换的净影响。显然，浮动利率中的基准利率部分，也就是掉期交易的成本部分，会受利率调整的影响，所以应分别对待每一栏数据。

表 13-7　例子：互换前和互换后在资产端的记账

| 季度 | 互换前记账 | | | 互换后记账 | | | 差别 | | |
|---|---|---|---|---|---|---|---|---|---|
| | 固定利率 | 浮动利率 | | 固定利率 | 浮动利率 | | 固定利率 | 浮动利率 | |
| | | 指数 | 利差 | | 指数 | 利差 | | 指数 | 利差 |
| 1 | 225 | 110 | 2 | 110 | 198 | 3 | −115 | 88 | 1 |
| 2 | 200 | 98 | 1.9 | 90 | 182 | 2.9 | −110 | 84 | 1 |
| … | … | … | … | … | … | … | … | … | … |

互换实现后，引入 $\tilde{i}_i$ 作为模拟利率的无风险部分，计算互换交易的影响。本例中，第一季度的互换交易成本为：

$$-115+88\frac{\tilde{i}_1}{i_0}+1$$

同样，第二季度的互换交易成本为：

$$-110+84\frac{\tilde{i}_2}{i_0}+1$$

互换交易成本应加入与之对应时间段的互换前报告里的净现金流中。用 $K_t$ 代表现金余额，$cf_t$ 代表净现金流（互换前），$t$ 为互换交易时间，则第一季度现

⊖ 强调一点，报告中浮动利率无风险部分对应的资金流是基于基础利率 $i_0$ 的。

金余额为：

$$K_1=(1+\tilde{i}_1)K_0+cf_1+\left(-115+88\frac{\tilde{i}_1}{i_0}+1\right)$$

将互换交易影响量化的简单方法就是将互换成本算入互换前的负债中。出于现实考虑，宏观因素互换成本要计入互换前负债而不是互换前资产。因为计入负债后，互换成本只受利率变化的影响，从而不必考虑违约率分布。

#### 13.3.3.3 结论的沟通

CBM 的核心作用在于，考虑各种风险压力，对资产和负债的最终现金余额定量定性，从而帮助标准普尔分析人员做出评级。

为了改善透明度，促进沟通，标准普尔会谨慎地使用资产担保债券发行人的术语来表述结论。

发行人想要的评级一般都是 AAA 级，他们感兴趣的通常是需要多少担保余量才能拿到这种评级，或者是在抵押担保有效期内需要增加或减少多少额外资产才能维持最初的评级水平（参见附录 13A 中关于收支平衡投资组合的定义）。

发行人也有针对未囊括在压力测试计划范围之内的资产和负债进行沟通的需求。标准普尔会针对这种需求提供相关报告。市场参与者的关注点一般是两方面，一个是其当前的超额担保水平，另一个是资产和负债之间的久期缺口。

- 超额担保：发行人越来越多地与市场和评级机构沟通，以了解被定义为超额担保的抵押余量。这种沟通可通过提供名义超额担保额率或净现值（NPV）超额担保率来实现（参见附录 13A 术语表）。
- 久期：久期是一个重要的沟通要素，客户和监管机构越来越关注久期缺口。

**从超额担保角度鉴定收支平衡的投资组合** 从标准普尔的角度出发，关键点在于量化衡量交易结构距离其对应评级水平的收支平衡投资组合还有多远。给定发行人提供的初始报告，达成或沟通投资组合的收支平衡有两种简单的办法：增加或减少初始现金额，或者，相应提高或降低发行人的资产数量。

- 初始现金额

  就投资组合的收支平衡进行沟通有几个方面。首先，模型给出在确保评级安全的前提下可支取的最初现金额。设 $K_t$、$i_t$、和 $cf_t$ 分别为时间 $t$ 时的现金余额、利率（指无风险利率加上买卖利差）以及净现金流（资产现金流减去负债现金流）。

  三者间的关系如下式：

$$K_t=(1+i_t)K_{t-1}+cf_t$$

利率包含再融资及再投资的利差[⊖]，利差大小与 $K_{t-1}$ 相关，因此需要换算才能得到能够从最终现金余额 $K_T$ 中支取的初始现金。

- 提高或降低资产量占比

  另外一种办法是算出可降低（或增加）多大比例的名义未偿资产及其产生的现金流，才能使最终现金余额为零并且能维持目标评级水平。然而，不通过迭代处理是无法精确算出这个比例的。

### 13.3.3.4 从久期角度出发调整投资组合

CBM 旨在帮助资产担保债券发行人通过一种合适的方式与市场参与者进行沟通，使他们能够在其承诺的范围内调整投资组合且不危及评级水平。本节将解释 CBM 是如何调整投资组合并维持目标评级水平的，调整的重点在久期缺口上。

在建议的程序内是假设资产的久期不变。因此要改变久期缺口，CBM 使用者就只能通过增加或回购偿还期为 $\tau$ 的一组资产担保债券来调整负债的久期。这些债券所需支付的利率 $t$ 由使用者提供。如下式所示，这种方法使我们能够确定需要多少资产担保债券（以 $C_\tau$ 表示）才能获得所需要的负债持续期。设 $B_t$ 为新发债券产生的现金流，那么：

$$B_t=\begin{cases}\hat{i}_t C_\tau, & t<\tau\\ \hat{i}_\tau C_\tau+C_\tau, & t=\tau\\ 0, & t>\tau\end{cases}$$

以 $l_t$ 代表负债现金流量，$\tau$ 代表负债的目标久期，那么 $C_\tau$ 的值必须要能使下式成立：

$$\frac{\sum_{t=1}^{T}\left(t\cdot(B_t+l_t)\Big/\prod_{s=1}^{t}(1+i_s)\right)}{\sum_{t=1}^{T}\left((B_t+l_t)\Big/\prod_{s=1}^{t}(1+i_s)\right)}=\Gamma$$

推导可得：

$$C_\tau=\frac{\sum_{t=1}^{T}(t-\Gamma)\dfrac{l_t}{\prod_{s=1}^{t}(1+i_s)}}{\sum_{t=1}^{\tau}(\Gamma-t)\dfrac{\hat{i}_t}{\prod_{s=1}^{t}(1+i_s)}+\dfrac{\Gamma-\tau}{\prod_{s=1}^{\tau}(1+i_s)}}$$

---

⊖ 按照标准普尔的标准，$i_t=\tilde{i}_t+1\%\cdot I\{K_{t-1}<0\}-0.5\%\cdot I\{K_{t-1}\geqslant 0\}$，式中 $\tilde{i}_t$ 代表模拟无风险利率，并叠加一个指示量，其指示机制符合以下原则。

$$I\{A\}=\begin{cases}1 & 若A为真\\ 0 & 若A为假\end{cases}$$

一旦增发了一组单一期限的资产担保债券，我们就可采用上述过程确认资产量，或者确定需要增加的初始现金以实现收支平衡投资组合。

## 13.4 结论

本模型的设计原则是以尽量简化的方法为投资人和发行人提供直观的风险评估结果。模型是可靠的，因其充分考虑了风险压力严重的可能情形，运用本模型得出结论也并不需要发行人的支持。本模型与标准普尔开发的其他评估工具可最大限度地兼容，毕竟 CBM 量化分析过程只是整个标准普尔评级流程的一部分。潜在模型用户应了解，基于定性分析和法律分析和 / 或其他可能的必要流程，标准普尔保留评定或否定客户期待评级的权利。

## 附录 13A 术语表

### 13A.1 术语定义

Break-Even Pool 收支平衡资产池

指刚好能通过量化评级资格测试的担保池，例如，最终现金余额为零的担保池。

Cash Balance 现金余额

时间 $t$ 的现金余额是指发行人在时间 $t$ 时的总现金额（注意此处现金额指的是库存现金而非现金流）。

Cash Flow 现金流

时间 $t$ 的（净）现金流是指在期间 $t$ 内资产所产生的现金与负债产生的现金之间的差值。

Duration 久期

资产和负债的久期是指其各自产生现金流的加权平均折现时间长度。设 $\{c_t\}_{t=1}^{T}$ 为一个现金流序列，那么它的持续期可定义为：

$$\text{Duration} = \frac{\sum_{t=1}^{T}\left(t \cdot c_t \Big/ \prod_{s=1}^{t}(1+i_s)\right)}{\sum_{t=1}^{T}\left(c_t \Big/ \prod_{s=1}^{t}(1+i_s)\right)}$$

此处 $i_t$ 为折现所用利率，通常为远期利率。

Duration Gap 久期缺口

资产与负债间的久期缺口是发行人关注的关键指数之一，通过它可反映现金流期限错配的情况。资产担保债券发行区域的市场实践经验是通过计算资产的久期和负债的久期之差得出久期缺口：

$$久期缺口 = 资产久期 - 负债久期$$

$$\frac{\sum_{t=1}^{T}\left(t\cdot a_t\Big/\prod_{s=1}^{t}(1+i_s)\right)}{\sum_{t=1}^{T}\left(a_t\Big/\prod_{s=1}^{t}(1+i_s)\right)}-\frac{\sum_{t=1}^{T}\left(t\cdot l_t\Big/\prod_{s=1}^{t}(1+i_s)\right)}{\sum_{t=1}^{T}\left(l_t\Big/\prod_{s=1}^{t}(1+i_s)\right)}$$

此处 $a_t$ 和 $l_t$ 分别代表资产和负债在时间 $t$ 的现金流。可见资产的久期计算与负债久期的计算是相互独立的。并且久期缺口并不像想象的那样等同于净现金流的久期：

$$资产久期 - 负债久期 \neq (资产 - 负债)的久期$$

### Final Cash Balance 最终现金余额

指在考虑了各种风险压力（违约率、利率等）后，在最后一个时间段终结时得到的现金余额。当且仅当最终现金余额为正时，担保池才能通过评级测试。

### Net Present Value 净现值（NPV）

现金流 $\{c_t\}_{t=1}^{T}$ 的净现值（NPV）通过下式计算：

$$\text{NPV}=\sum_{t=1}^{T}\frac{c_t}{\prod_{s=1}^{t}(1+i_s)}$$

用于折现计算 NPVO/C 的利率 $i_t$ 由当前市场收益率曲线给出，为三个月期远期利率值（例如，Euribor）。

### Nominal Overcollateralization 名义超额担保额率

指初始尚存资产超出未偿负债的比率。用 $A_1$ 和 $L_1$ 分别指代初始名义尚存资产和初始名义未偿负债，那么名义超额担保率 Nominal O/C 可由下式得出：

$$\text{Nominal O/C}=\frac{A_1-L_1}{L_1}$$

### NPV Overcollateralization NPV 超额担保率

指资产的初始净现值（例如，从首期开始累积的所有折现资金流）超过负债的初始净现值的额度。设 NPVA 代表资产初始净现值，NPVL 代表负债初始净现值，NPVO/C 代表 NPV 超额担保率，那么：

$$\text{NPVO/C}=\frac{\text{NPVA}-\text{NPVL}}{\text{NPVL}}$$

### Overcollateralization 超额担保

资产超出负债的部分即为超额担保。衡量超额担保的两个最重要参数即名义超额担保率和 NPV 超额担保率。

## 13A.2 主要参数间关系

### 1. 现金余额与现金流

设 $K_t$、$i_t$ 和 $cf_t$ 分别代表时间 $t$ 的现金余额、利率以及净现金流（资产现金流减去负债现金流），可得下式：

$$K_t=(1+i_t)K_{t-1}+cf_t \tag{13A-1}$$

注意：如涉及多种货币，那么其他币种的净现金流应转换为欧元后计入欧元现金流。

### 2. 折现后最终现金余额与现金流净现值

式（13A-1）通过换算可得出：

$$\frac{K_T}{(1+i_1)(1+i_2)\cdots(1+i_T)}=K_0+\frac{cf_1}{1+i_1}+\frac{cf_2}{(1+i_1)(1+i_2)}+\cdots+\frac{cf_T}{(1+i_1)(1+i_2)\cdots(1+i_T)}$$

在一些特殊情况下，$i_t$ 为远期利率，则

$$\frac{K_T}{(1+i_1)(1+i_2)\cdots(1+i_T)}=\text{NPVA}-\text{NPVL}$$

可见最终现金余额与 NPV 超额担保额（以欧元表示）之间是相关联的。

### 3. NPV 超额担保率与名义超额担保率

这两个用于衡量超额担保的参数间是紧密相关的。设 $A_t'$ 和 $A_t''$ 分别为时间 $t$ 时的名义尚存固息和浮息资产；同样地以 $L_t'$ 和 $L_t''$ 代表时间 $t$ 时的名义未偿固息和浮息负债。$i_t$ 为用于折现的远期无风险利率，并作为因子用于计算需支付的浮动利率。$\tilde{i}_{A,t}$ 为对应固息资产收益的固定利率；$\tilde{i}_{L,t}$ 为对应固息负债收益的固定利率。最后，分别用 $S_{A,t}$ 和 $S_{L,t}$ 代表资产和负债浮动利率的息差部分（以币值表示，如欧元）：

$$\text{Nominal O/C}_1=\frac{A_1'+A_1''-L_1'-L_1''}{L_1'+L_1''}$$

进而得到式（13A-2）：

$$\text{NPVO/C}_1=\frac{A_1'+A_1''-L_1'-L''+\sum_{k=1}^{T}\frac{\left\lfloor(\bar{i}_{A,k}-i_k)A_k'+S_{A,t}\right\rfloor-\left\lfloor(\bar{i}_{L,k}-i_k)L_k'+S_{L,t}\right\rfloor}{\prod_{l=1}^{k}(1+i_l)}}{L_1'+L''+\sum_{k=1}^{T}\frac{(\bar{i}_{L,k}-i_k)L_k'+S_{L,t}}{\prod^{k}(1+i_l)}} \tag{13A-2}$$

显而易见，名义超额担保率和 NPV 超额担保率之间的差异完全取决于有效

固定或浮动利率以及无风险利率。

## 附录 13B

### 极大似然法（maximum likelihood）

离散简化版的模型可用下式表示：

$$\ln(i_t)-\ln(i_{t-\Delta t})=(a-b\ln(i_{i-\Delta t}))\cdot\Delta t+\sigma R_t\sqrt{\Delta t} \tag{13B-1}$$

离散模型（13B-1）恰好符合线性回归。由于极大似然估计和一般最小二乘法同样估算 a 与 b，采用后者将更加简便。

### 矩量法（method of moments）

根据离散版模型公式，对于给定的利率，可得：

$$\ln(i_t)=a+(1-b)\ln(i_{t-1})+\varepsilon_t$$

$\varepsilon_t$ 服从 normal（0，Ω）正态分布。这是一个标准的一阶自回归过程，可计算出前两项的自相关函数。

$$\begin{cases}\mathrm{Var}(\ln(i_t))=(1-b)\mathrm{Cov}(\ln(i_t),\ln(i_{t-1}))+\Omega\\ \mathrm{Cov}(\ln(i_t),\ln(i_{t-1}))=b\,\mathrm{Var}(\ln(i_t))\end{cases}$$

还可得出：

$$E(\ln(i_t))=\frac{a}{b}$$

据此导出三个未知数的三个计算方程：

$$\hat{b}=1-\frac{\mathrm{Cov}(\ln(i_t),\ln(i_{t-1}))}{\mathrm{Var}(\ln(i_t))}$$

$$\hat{\Omega}=\frac{[\mathrm{Var}(\ln(i_t))]^2-[\mathrm{Cov}(\ln(i_t),\ln(i_{t-1}))]^2}{\mathrm{Var}(\ln(i_t))}$$

$$\hat{a}=\hat{b}E(\ln(i_t))$$

## 参考文献

Standard and Poor's Research:

*"Research: Expanding European Covered Bond Universe Puts Spotlight on Key Analytics"* (published on July 16, 2004).

*"FI Criteria: Approach to Rating European Covered Bonds Refined"* (published on March 29, 2004).

*"FI Criteria: Rating Pfandbriefe—The Analytical Perspective"* (published on April 8, 2004).

*"Research: Revised Analytical Approach to Residential Mortgages in Hypotheken-Pfandbrief Collateral Pools"* (published on April 19, 2002).

*"Research: Criteria for Rating German Residential Mortgage-Backed Securities"* (published on Aug. 31, 2001).

*"Research: New Mortgage Pfandbriefe Criteria"* (published on April 8, 1999).

Frank Dierick, Fatima Pires, Martin Scheicher and Kai Gereon Spitzer *"The new basel capital Framework and its implementation in the European Union"* ECB Occasional Paper Series NO. 42 / DECEMBER 2005.

第 14 章

# 结构性投资工具及其他特殊目的公司概述

Cristina Polizu

近年来，许多新的投资结构被开发出来。特殊目的公司或者准经营性公司主要针对一类业务设计：利率及外汇衍生产品、信贷衍生产品、回购市场或传统资产管理。它们都是破产隔离实体，不受其他金融机构的支持，因此也不受影响。它们的运营不依赖第三方注资，依靠一系列严格的测试管控资产充足率、抵押担保质量及流动性充足率。它们按照充足率测试要求，持有并保有可行投资的相应资本。本章将详述最常见的准经营性公司，着重讲解结构性投资工具（structured investment vehicles，SIV），还将向读者介绍评价公司资本和流动性充足率的量化工具。所列模型示例，供读者参考之用，不应被视为定式。

## 14.1 结构性投资工具

### 14.1.1 SIV 的定义

SIV 在欧洲及美国信贷市场上的应用已超过 10 年。SIV 被设计成有限目的的公司，用发行低利率的短期商业本票和中期票据的收益去购买高利率的中长期资产，通过利差套利（见图 14-1）。

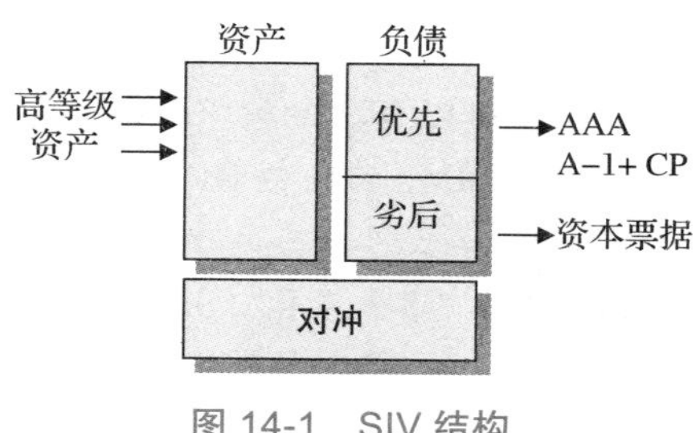


图 14-1 SIV 结构

简言之，SIV 的运营模式就是用短期及长期负债去投资资产。所购资产的息票收益比需要支付的负债利息高，SIV 利用这之间的利差去盈利。如果投资的资产到期并没有违约，那么这种投资结构就不需要引入其他资源做违约担保。同理，如果商业本票市场一直存在，那么永远都不会有清算资产来偿债的风险，因为一旦负债到期，SIV 又会继续发行债券来盈利。不过万一所发负债收益不力，或者资产发生违约的情况，还是需要清算资产，因此 SIV 机构必须具备足够的资源确保偿债能力。

与其他金融机构一样，SIV 的首要目标是通过短期负债购买长期资产从而为股东实现收益。SIV 管理人不断优化资产收益与债券成本之间的错配，以给予票据持有人稳定的投资回报。

与其直接定义 SIV 是什么，不如先了解一下 SIV 不是什么。SIV 不是对冲基金那样无评级的交易机构，也不是银行发行的资产支持商业票据（一般是具有百分之百的流动性），更不是那些先融资再投资高收益资产的 CDO。SIV 的特色是资金可以动态调节，根据管理人的战略计划扩展收缩。资金的多少主要是由 SIV 的局部流动性来决定，而局部流动性则是用日间动态模型来衡量。标准普尔对所有 SIV 的评级均为 AAA 级，SIV 及其运营方式的设计就是以 AAA 级别的机构为标准的。SIV 可以是融资工具、互换对象，或其他结构性金融交易中的回购对手方。

#### 14.1.1.1 SIV 与 CDO

SIV 并非纯粹的信用套利工具，但这种说法有一定道理，因为 SIV 的投资组合的确是可能存在违约风险，这种潜在的投资损失模式与 CDO 是一个路子。然而 SIV 的投资对象主要在 AA 级别，违约率是很低的。SIV 的管理，关键在于平衡资产与负债之间的匹配，避免流动性短缺的不良后果。与之相对，CDO 关注的主要是信用风险，因为是用 AAA 债券购买 BB 投资组合，一般来说 AAA 债券比资产投资组合的票据到期日更长。

**1. SIV 与 COD 的资产比较** SIV 机构一般会购买 AAA 到 A 级的资产，对 BBB 级敞口受限，但是会有一块次级投资预算（方案）允许购买评级较低的资产。

一些 SIV 有复合信用衍生产品敞口。所有资产非常多样，种类、地理位置、票据期限以及尺度各不相同，评级机构都按照 95% 的比例进行评级。

CDO 的资产范围要更宽一些，从高评级到高收益的债券和贷款都可涵盖。CDO 可以有现金敞口或组合敞口。SIV 的投资则要遵照审批准则。无论是 CDO 还是 SIV，集中性资产池或资产都会受到资本充足率的制约。

**2. SIV 与 CDO 的负债比较** SIV 没有匹配到期日的要求。资产与负债之间的缺口大约为 3 ～ 4 年。SIV 超过 50% 的负债是商业本票（CP，美元与欧元）。SIV 的资本结构受市场影响且依赖于市场。一般来说，SIV 负债端往往有两个层级，高级负债一般评定为 AAA 级，以不同形式发行，其中资本票据是主要形式，有时候就只有资本票据这一种。在过去的几年中，SIV 公司为其资本票据谋得了一种评级（私人的或者公立的）。有时资本票据也会被分层，分为有评级的层级和无评级第一顺位受损的层级。SIV 的负债是滚动发行的，时机合适就发行新债券。SIV 也可以选择其他融资工具，比如回购协议或信贷挂钩票据。

CDO 比 SIV 更注重到期日的匹配性。CDO 的资本结构有 AAA 到 BB 的多重区间，通常 CDO 都有未评级的第一顺位受损层级。票据期限、评级以及规模在 CDO 建立的第一天即被确立。只要 CDO 存在，就需要保持资本结构稳定。资产的管理被限定于某些参数范围内。管理投资组合期间，债务的评级要保持不变。

因为 SIV 的公司评级为 AAA 级，SIV 就必须满足 AAA 级的资质要求。理解这一点非常重要。在一家 CDO 中，由于其多层的从属关系，一些 CDO 的负债（比如互换冲销付款）可归为瀑布类，在模型分析中不必考虑。

**3. SIV 与 COD 的流动性比较**　流动性的管理是 SIV 的重要挑战之一。因为资产与负债之间的缺口相对较长，SIV 依赖于各种形式的内外流动性，包括银行授信、活期存款、回购承诺、认沽期权以及流动资产。特殊设计的测试，一般称为净累积流出（net cumulative outfiow，NCO），监测未来一年的流动性峰值。测试每天运行，计算出分配多少资源给流动性资产。对于 CDO 来说，流动性通过内部准备金账户来管理。CDO 没有再融资风险，外部流动性就没有必要管理。即使某些测试没有通过，现金流的不匹配也可以通过现金转移来缓解。一些 CDO 层级还可以有利息递延。

### 14.1.1.2　SIV 与 CP 通道

CP 通道的主要驱动力来自表外监管的资本释放。SIV 则是以股东盈利为动力。目前 CP 通道的数量比 SIV 要多。

**1. SIV 与 CP 通道的资产**　二者均投资有保障的资产和企业。一家 SIV 必须对其所有的资产都进行评级。CP 通道却可以有未评级的非流动资产，如贸易应收账款。CP 通道不像 SIV 那样受诸多限制。例如，CP 通道可以把资产全部集中到一个等级。

**2. SIV 与 CP 通道的负债**　CP 通道主要参与的是商业本票市场。SIV 可使用短期融资，也可以使用长期融资。一家 SIV 的季度负债加权平均期限有一个底线。如果商业本票市场出现问题，SIV 面临被迫一日清盘，则这个底线可以有效缓解该影响。而 CP 通道是没有这种底线的，负债可以全部是隔夜负债或其他超短期负债。加强 CP 通道信用和流动性可以缓解这种到期日压力，因此 CP 通道的流动性强化任务比 SIV 要重得多。

**3. SIV 与 CP 通道的流动性**　由于负债范畴的不同，SIV 不需要像 CP 通道那样，在整个 NCO 测试中保持百分之百的流动性。SIV 模型会计算出年度流动性需求，然后预留出相应的银行授信额度，这种流动性需求通常小于100%（可能25%～40%不等）。

#### 14.1.1.3 SIV与对冲基金

对冲基金靠投机市场走向盈利，如利率、货币或股票领域的高风险投机。SIV的盈利方式则与市场投机无关。例如，在买入固定利率资产时，管理人会进行一笔互换，将固定利率转化为浮动利率。所购入的资产一直受互换保护直至到期，如果交易对方出现违约，管理人会立刻替换掉。SIV的利润来自对资产与负债之间利差的审慎管理。

虽然二者都是通过杠杆增加收益，不同之处在于，SIV需要随时向评级机构报告所有头寸，并要通过严格的测试，对冲基金的经营过程则没有那么高的透明度要求。

得益于高评级和高运营标准，SIV可以进入商业本票和中期票据市场来融资，对冲基金就不可以。

SIV更近似于一种有静态对冲属性的长期持有工具；对冲基金的交易相对活跃，依赖于动态对冲。

### 14.1.2 AAA评级对SIV的意义

如果出现一系列影响SIV正常运转的触发事件，清盘措施就会立刻启动，管理人或第三方逐步清算投资组合。SIV停止发行新债券，用从资产清算中获得的收益清偿高级债务。这种清盘行动被称为废止（defeasance），目的在于清偿所有高级债务，或者至少在被迫关门前维持AAA评级。最重要的是SIV不能债务违约。SIV配备的结构性测试要求其优先选择退市而非降级或违约。这个特性使得SIV从本质上有别于普通公司，SIV有多重支持措施，包括资本和流动性测试，以及各种终止机制，这些措施排除了SIV债务违约的可能。图14-2是对上述过程的体现。

### 14.1.3 SIV投资组合多元化准则

每家SIV都有经过批准的多元化准则，主要依据资产类型、地域、评级和票据期限确立多元化的标准。SIV的运营必须符合这些准则。除了损失量化分析模型外，多元化要求是SIV信用强化的另一个重要特性。违反多元化准则的过量资产投资必须通过出售抵押品或等值注入差额资本来补救。例如，2001年2月，好莱坞基金从AAA降级至CCC（违约导致），此时ABC公司（Asset Backed Capital Ltd.）拥有好莱坞基金大约1亿美元的票据。降级导致ABC公司的资产不再符合 SIV 标准，ABC 有 5 天的时间来挽救。结果 ABC 紧急出售了大量的流动资产，降低了经营杠杆，成功回归正常运营轨道。所有的评级机构都维持了 ABC 公司的原有评级。

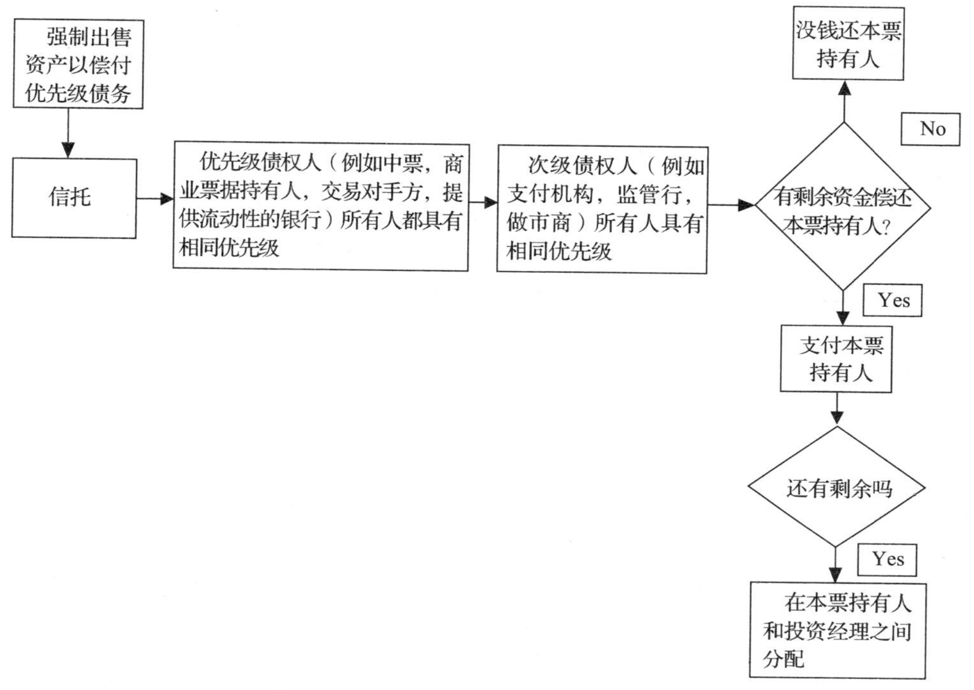


图 14-2　强制变卖资产偿还优先级负债

## 14.1.4　发起人 / 管理人与投资者

SIV 的发起人通常是大商业银行 / 资产管理人 / 保险公司，或者几者的复合体。投资人会根据发起人的实力甄选 SIV，因此，发起人在 SIV 中扮演的角色非常重要。发起人的责任一般是建立 SIV，不一定要提供流动性支持，在资本结构（资本票据）中也不一定要亲自注资。

资产管理人负责信用和流动性的日常管理，其管理风格会反映在投资组合的构成上。一些管理人着重投资 ABS 类资产（asset-backed security，ABS），一些倾向于投资银行次级债，还有一些管理人只关注特定评级领域的投资。

投资人的范围比较宽，根据投资在资产结构中所占的比例不同而不同。商业本票吸引的主要是货币市场基金、银行和渠道机构。银行和企业是中期票据的买家。银行、保险公司以及个人投资的可能是有评级或无评级的资本票据。

表 14-1 为 2005 年 12 月的一个市场快照（2006 年 1 月，在标准普尔更新的《SIV 展望报告 /SIV 市场中 2000 万美元以上的资产》中显示：2006 年 SIV 将会继续保持增长）。

表 14-1 SIV 市场（2005 年 12 月）

| SIV | 经理人 / 投顾 | 评估日 | 优先债（百万美元） |
|---|---|---|---|
| Beta Finance Corp. | Citibank International PLC | 1989.9.8 | 16 455.64 |
| Sigma Finance Corp. | Gordian Knot Ltd. | 1995.2.2 | 41 089.99 |
| Orion Finance Corp. | Eiger Capital Management | 1996.5.31 | 2080.97 |
| Centauri Corp. | Citibank International PLC | 1996.9.9 | 15 999.33 |
| Dorada Corp. | Citibank International PLC | 1998.9.17 | 9677.63 |
| K2 Corp. | Dresdner Kleinwort Wasserstein | 1999.2.1 | 17 842.94 |
| Links Finance Corp. | Bank of Montreal | 1999.6.18 | 16 296.81 |
| Five Finance Corp. | Citibank International PLC | 1999.11.15 | 4401.66 |
| Abacas Investments Ltd. | III Offshore Advisors | 1999.12.8 | 972.89 |
| Parkland Finance Corp. | Bank of Montreal | 2001.9.7 | 1561.01 |
| Harrier Finance Funding Ltd. | West LB | 2002.1.11 | 9301.41 |
| White Pine Corp. Ltd. | Standard Chartered Bank | 2002.2.4 | 7858.29 |
| Stanfield Victoria Finance Ltd. | Stanfield Global Strategies LLC | 2002.7.10 | 8276.98 |
| Premier Asset Collateralized Entity Ltd. | Société Générale | 2002.7.10 | 2780.55 |
| Whistlejacket Capital Ltd. | Standard Chartered Bank | 2002.7.24 | 6327.25 |
| Tango Finance Corp. | Rabobank International | 2002.11.26 | 7759.37 |
| Sedna Finance Corp. | Citibank International PLC | 2004.6.22 | 4111.99 |
| Cullinan Finance Ltd. | HSBC Bank PLC | 2005.6.18 | 7292.00 |
| Cheyne Finance PLC | Cheyne Capital Management | 2005.8.3 | 5063.46 |

图 14-3 显示的是截至 2005 年 12 月的待偿高级债务。SIV 投资组合的资产类别涵盖的大部分是浮动利率的一次偿还美元债券或者可延期一次性付给 ABS 债券以及银行债。不过 SIV 是可以并确实投资了一些非银行公司债和国债。SIV 持有的资产在 2005 年年末已超过 2000 亿美元，接近 2040 亿美元，同比去年增长近 40%。

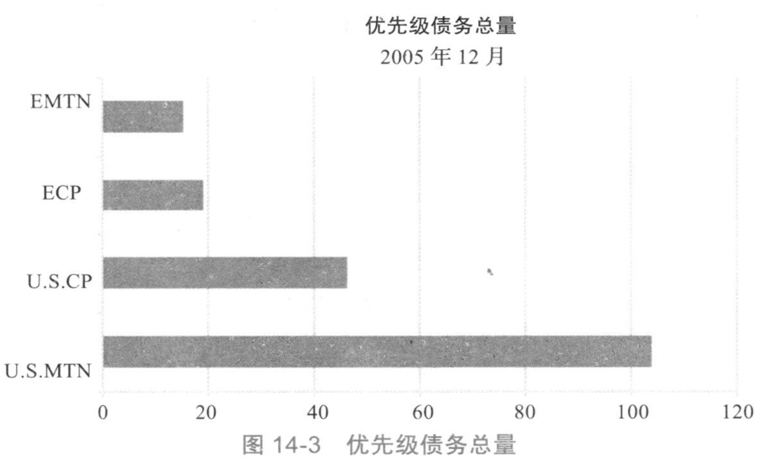

图 14-3　优先级债务总量

图 14-4 为现有 SIV 所持资产在资产类别上的分布情况。图 14-5 是结构金融投机交易的深度解构。图 14-6 展示的是 SIV 行业的评级分布。

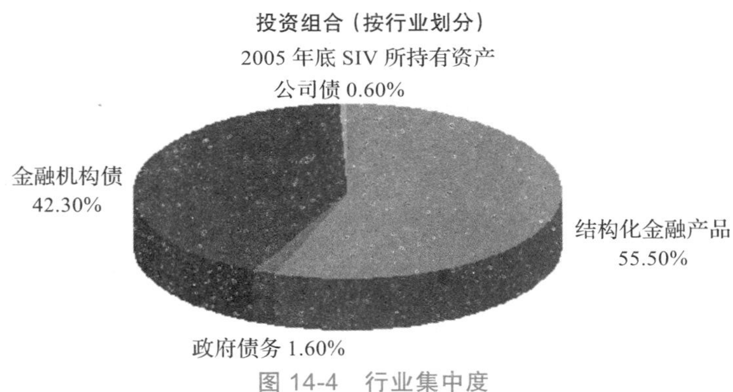

图 14-4　行业集中度

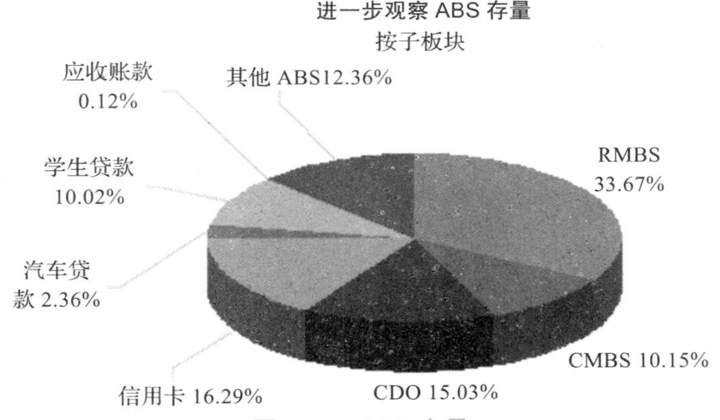

图 14-5　ABS 存量

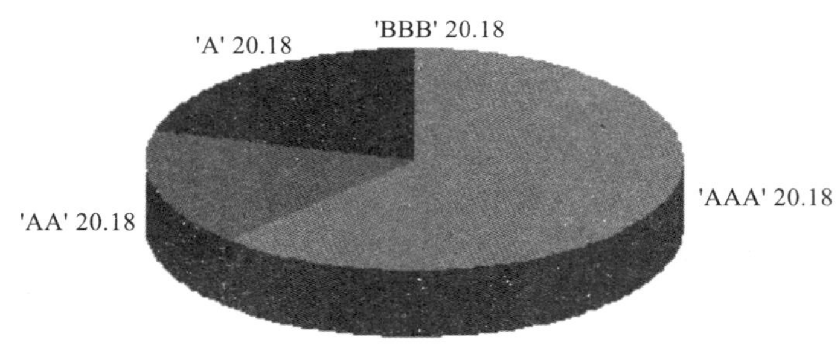


**图 14-6 资产评级**

SIV 的基本特点之一是资本分配和金融杠杆的动态属性。只要符合一定的资本和流动性要求，SIV 就可以抬高也可以压低杠杆，可以扩张也可以收缩。资本充足率的管理密切关注的是那些需要 SIV 清算资产以偿债的事件。资本充足率测试的是资产的市值。

一般来说，资产会随时间贬值。当 SIV 需要出售资产以便回收资金用于偿付债务时，资产的售价可能已低于偿债所需的金额。因此，SIV 需要以股权的形式，引入额外的资源来抵御信用损失和市值贬值的风险，万一 SIV 只能依靠现有的投资组合来偿付债务，它要确保自身能够规避资产贬值的影响。

为了达到这个目的，SIV 以资本票据的形式发行股权。这些票据被置于第一受损位，其收益或票息应与风险相称。资本票据旨在弥补潜在的资产贬值，补偿资产出售时的资金损失。将资本票据与资产变现联合使用时，资本票据的发行尺度应足以保证资产的偿债能力。

以现金的形式保有资本是低效的。现金一般以次 Libor 利率计提。任何次 Libor 利率都被视为负利率。现金或现金等价物的优势在于流动性强，可以现取现用，立等支付。可是如果负债计划是已知的，现金更应该用来投资其他正利率资产。为了减少负利率，资本票据本身就是对资产的投资。

## 14.1.5 融资成本

SIV 发行债券的票息就是融资的成本。基本上 CP 和 MTN（中期票据）的报价都以 Libor 利率为准，在一定范围内可能会有几个基点的上浮或下降。

SIV 通过商业本票市场融资以实现投资。在后期阶段，随着投资组合的增加，中期票据在融资中的作用开始显得更加重要。中期票据更有利于融资与投资的协调同步，消除清盘风险，要承担的就只有违约风险。只不过，中期票据的成本比短期债券更高。

SIV 正常运营中发生的任何扰动都会立刻反映在商业本票融资的成本上。商业本票的发行成本包括声明票息（比 Libor 高 25 ~ 50），可以等于也可以不同于利润或实际执行票息。利润取决于 SIV 的超额利差，最根本的还在于 SIV 的资本增值量。资本票据的评级大部分为 BBB 级。

CDO 中 AAA 区间的产品价格在高于 Libor 利率 25 ～ 45 的范围内。SIV 债务的票据到期日短（一般来说高级 MTN 是 18 ～ 24 个月），超出 Libor 利率的利差也不及 CDO 的 AAA 产品高。类似的对比还有欧洲资产担保债券，其到期日通常为 20 ～ 30 年。

CDO 中 BBB 区间的产品价格在高于 Libor 价格 200 ～ 350 的范围内，5 年平均值大约为 Libor 加 250。浮动利率 RMBS/CMBS 的近 5 年平均票息为 Libor 加 190，大多集中在 170 ～ 230 的范围内。SIV 可以支付类似水平的票息，其资本票据持票人得到票息甚至更高，只是大部分收益来自利润分红，声明的票息要低得多。

## 14.1.6　杠杆

"杠杆"（leverage）最简单的定义就是高级负债与股权之比。其他版本的定义还会涉及资产净值。无论资本模型出自何方，SIV 都必须符合杠杆限值。通常 SIV 杠杆在 12 ～ 14 的范围内。杠杆水平达到 18 ～ 19 时，运营就将受限；达到 20 时，就要立即启动破产清算。

SIV 的量化分析主要关注的是资本充足率、市场中立度和流动性充足率。

## 14.1.7　资本充足性

**例 1**

SIV XYZ 以高于 Libor 利率 10bps 的票息发行 1 亿美元的一年期票据，并购买市值计价为 1000 万 MTM 的五年期资产。资产收益为 Libor 加 30bps，那么利差就是 20bps。

如果年末该 SIV 的负债不再能持续（比如市场发生波动），那么就需要出售资产（还剩 4 年的票期）。SIV 或许只能以 980 万美元的价格售出。

这就意味着 SIV 有了 20 万美元的偿债能力缺口，必须调用 20 万美元的资本股权。简化的 SIV 资产负债表示例如下。

简单 SIV 资产负债表　　（单位：百万美元）

| 资产 | 负债 |
|---|---|
| 10 | 9.8 |
| | 所有者权益 |
| | 0.2 |
| 10 | 10 |

通过这个例子，很自然地会引出何种资本尺度才是足够安全的问题：万一出现资产违约或市值下滑，SIV 到底要拥有多少资本，才能确保有能力足额偿债?

为了确定 SIV 的资本充足率，需要设定一系列假设：假设 SIV 当天就清算现有的投资组合，负债不再能持续，并且没有进一步的再投资。那么分析的就是一个静态投资组合的清算和对到期负债的清偿问题。

资产清算时间表列示如下：

时间段 0，触发事件当日或模拟分析起始日

- 输入现有投资组合的类别、评级、名义及市场价格，还有所在地。
- 输入负债信息、到期日、规模以及付息频率。

时间段 1

- 引入资产评级，衍生交易对象，以及资产的市场价格。
- 流入为资产息票，到期资产票面价值，违约资产回收值，交易对手相关的对冲资金流入。
- 流出为高级开支和费用，任何衍生的流出资金，本时间段到期的息票或本金。
- 如有必要，出售资产以清偿债务。

时间段 2 及以后

- 重复时间段 1 的行动，直至所有负债偿清。如果资产不足以清偿所有负债，那么判断 SIV 拥有的 AAA 级资本不足。

影响投资组合清算的风险因子是：

- 信用变化，包括违约
- 违约的回收率
- 资产利差
- 利率
- 外汇汇率

投资组合的市场价格不仅随资产评级的变化而变化，也随着利差的波动而波动。

一些公司选择资产逐一保值路线，每个资产因信贷及市场环境影响导致的贬值均由资本来补足。在这些公司中，发行负债并购买资产时，根据评级和票期，会附加一个资本补充产品。日常资本充足率测试会检测资产现有市值加上资本补充值是否足以覆盖负债票面价值。这类 SIV 公司属于“矩阵”SIV。

另一些公司选择投资组合模拟路线，信贷和市场风险的变量被随机建模，

并集成了一个现金流模型，以大量支付作为输入量。也就是说，模拟投资组合中每一个资产的市场走向和信用走向。资产产生的现金流和资产市值被用来支付到期的负债。如果资产不足以偿债，就会产生亏损。这类 SIV 公司属于模型 SIV。

最终输出量是损失分布。对于后一种 SIV，输出量可以是负债受损的分布，也可以是 SIV 每笔负债的预期亏损量。二者都是对 SIV 资源合适度的测评。图 14-7 是一种假设损失分布。

在受损框架中，图 14-7 在测量资本需求度上是很有用的，也非常有助于量化其他损失。

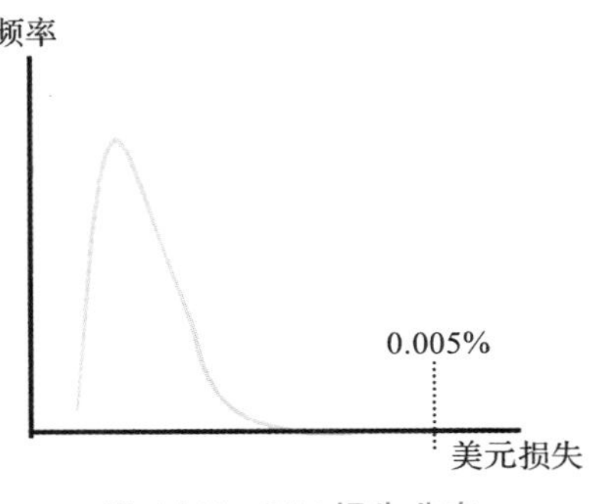


图 14-7　SIV 损失分布

### 14.1.7.1　两种建模方法：矩阵 SIV 与模型 SIV

SIV 管理人提议任何一种模型，都是为了以 AAA 级标准度量在强制情况下偿清所有高级负债所需的资本水平，目的都是确保按照计算结果持有的资本能够应对强制执行状态下的需求，并且能够在破产清算时补足信用损失和市值贬值产生的缺口。目前，SIV 管理人采用的一定是以下两种资本评估方式中的一种。

- 全面建模模拟资产和对冲对方信用情况以及市值风险，以公司最长负债期限为模拟期间，或者
- 根据市值下跌的风险和历史上资产组合（矩阵）信用损失的理论最差情况，固定一个资本储备量。

由于每笔资产都自附资本，矩阵 SIV 测试日常资本充足率会更容易一些。充足性测试监测的是资产值减去负债值的差是否能一直大于资本值。

对于模型 SIV 来说，充足性测试就是一种概率建模的结论输出，这种模型应用于资产组合，但并不给任何一笔资产指定资本值。模型在破产清算时引入资产组合，检测资产是否足以偿债。这种模拟模型更加精确，使得模型 SIV 可以采用比矩阵 SIV 高的杠杆，毕竟矩阵模型只是建立在简单的历史利差和变换考量上。无论矩阵还是模型 SIV，都必须符合结构性杠杆的限制，这些限制并无大的区别。

1. 矩阵 SIV

- 矩阵容易校准
- 通过资本回报率，矩阵容易衡量不同资本的吸引力
- 资本值固定，但需要定期更新
- 矩阵可以轻松快速地确定资本量，比任何资产消耗得更快。

- 矩阵模型中的资本储备量是不可变的，而单一的资本储备率并不能适用于所有资产，因此一个矩阵 SIV 的不同资产常常需要用到数种矩阵。
- 矩阵计算并不考虑 SIV 在任何特定时间点的实际负债结构，而是根据若干预设和标准负债结构决定资本需求量。
- 矩阵计算需要历史价差波动率数据，涉及大量的前期准备工作。

示例矩阵[㊀]，仅用于说明单一资产的资本储备量范围。

| 期末评级 | 1 年 | 3 年 | 5 年 | …N 年 |
|---|---|---|---|---|
| AAA | 2% | 3% | 5% | … |
| AA | 3% | 4% | 7% | … |
| A | 6% | 9% | 12% | … |
| BBB | 10% | 15% | 18% | … |
| BB | 15% | 22% | 30% | |
| … | | | | |
| $N_{Rating}$ | | | | |

下文举例为讲解建立矩阵的方法，不作规范之用。假设有一笔 AAA 级 5 年期的资产，我们将测试该资产的资本储备需求，确保储备资本能够承担资产在到期前被迫出售带来的损失。

假设资本储备率为 5%，需要测试不同的清算层级情况，从一个月开始至五年减一个月结束。资产贬值的驱动因素为清算层级对应的信用变换，以及利差的扩大，在缺少可靠参数模型的情况下，可假定利差扩大值为该资产类别和等级的历史最差值，或者几个标准偏差的乘积（这个乘积可精确到分布绝对值变化量的最后一位）。

信用变换通常被描述为一种连续转换矩阵的时齐马尔可夫链。下表是这种月度矩阵的示例。

| 从 / 到 | AAA | AA | A | BBB | BB | B | CCC | D |
|---|---|---|---|---|---|---|---|---|
| AAA | 99.184% | 0.755% | 0.044% | 0.001% | 0.012% | 0.000% | 0.000% | 0.004% |
| AA | 0.099% | 99.216% | 0.615% | 0.045% | 0.004% | 0.011% | 0.001% | 0.009% |
| A | 0.008% | 0.215% | 99.141% | 0.547% | 0.049% | 0.023% | 0.004% | 0.012% |
| BBB | 0.005% | 0.025% | 0.546% | 98.711% | 0.579% | 0.108% | 0.013% | 0.013% |
| BB | 0.003% | 0.010% | 0.066% | 0.883% | 98.086% | 0.683% | 0.090% | 0.179% |
| B | 0.000% | 0.006% | 0.027% | 0.053% | 0.484% | 98.422% | 0.713% | 0.295% |
| CCC | 0.016% | 0.000% | 0.056% | 0.125% | 0.198% | 1.261% | 97.331% | 1.013% |
| D | 0.000% | 0.000% | 0.000% | 0.000% | 0.000% | 0.000% | 0.000% | 100.000% |

㊀ 例中所引数字仅作示例之用。

比如，99.184% 是一个 AAA 级信贷在一定时期内保持 AAA 级的概率，此例的一定时期即指一个月。

不同信贷和市场环境下重新定价，资产市值会有下跌，下跌幅度应小于针对该资产的资本储备量。但由于非投资性数据稀缺，我们可以直接假定违约发生后（无论有没有违约回收）的资产评级低于 BB。

定价工具可采用久期代理或者更正式的工具（在价差受到冲击的环境中折现资产的现金流余额）

下表为前文给出的算法以久期代理法规范化后进行的定价。

| 利差变化 | 损失 | 转移矩阵概率 | 加权损失 |
|---|---|---|---|
| $\Delta S_{AAA\to AAA}$ | $\Delta S_{AAA\to AAA}\times D_{rem}$ | $P_{AAA\to AAA}$ | $\Delta S_{AAA\to AAA}\times D_{rem}\times P_{AAA\to AAA}$ |
| $\Delta S_{AAA\to AA}$ | $\Delta S_{AAA\to AA}\times D_{rem}$ | $P_{AAA\to AA}$ | $\Delta S_{AAA\to AA}\times D_{rem}\times P_{AAA\to AA}$ |
| $\Delta S_{AAA\to A}$ | $\Delta S_{AAA\to A}\times D_{rem}$ | $P_{AAA\to A}$ | $\Delta S_{AAA\to A}\times D_{rem}\times P_{AAA\to A}$ |
| $\Delta S_{AAA\to BBB}$ | $\Delta S_{AAA\to BBB}\times D_{rem}$ | $P_{AAA\to BBB}$ | $\Delta S_{AAA\to BBB}\times D_{rem}\times P_{AAA\to BBB}$ |
| $\Delta S_{AAA\to BB}$ | $\Delta S_{AAA\to BB}\times D_{rem}$ | $P_{AAA\to BB}$ | $\Delta S_{AAA\to BB}\times D_{rem}\times P_{AAA\to BB}$ |
|  | 100% | $P_{AAA\to\leqslant B}$ | $100\%\times P_{AAA\to\leqslant B}$ |

假设 $S_A$ 代表 A 级利差，$S_{AAA}$ 代表 AAA 级利差：

$$\Delta s_{AAA\to A}=\max(s_A)-\min(s_{AAA})$$

式中，$D_{rem}$ 为资产的剩余期；$P_{AAA\to A}$ 为清算层级对应的 AAA 级到 A 级转换的概率。

所加的最后一列是指变换和价差增大导致的市价损失。考虑到数据缺陷，这个损失值可通过引入因子进一步强化。因为大部分数据是指标数据，这种数据可能会漏掉某些出借 / 买入利差，而这些利差会进一步增大资产市值的损失。再者，如果投资组合不足以多样化到模拟指标数据的程度，也有必要引入一个大于 1 的校正因子修正损失值。修正后我们就最终得出了清算层级对应的价格降幅。

以上方法是为了检查矩阵是否足够可靠，如果投资组合全都集中于一笔资产，SIV 是否能够应对被迫清算资产偿债的情况。

此外，还有现金流模型来完善矩阵 SIV 的资本充足性检查，测试各种投资组合和负债结构，也是为了证明矩阵可确保足够的资源来偿清高级负债。

**2. 模型 SIV** 这是一种模拟 SIV 所有风险因素的随机模型。模拟对象包括信用变换（含违约及违约回收）、资产价差、利率，还有外汇汇率。

信用变换度量的是投资组合的新信用状况。降级会导致投资组合的市值下跌。违约则导致投资组合净违约回收损失。

资产利差传递的是投资组合市场价格的变化信息。在评估用于偿债的资产价值上，二者都至关重要，对评估潜在的资产缺口也非常关键。价格下跌可能是降级和利差扩大共同作用的结果。利率和外汇汇率是衍生合约的市场映射。衍生交易对象的违约意味着SIV公司的损失，更换交易对手方也是需要付出代价的。

在分析模型中，相关度是个关键参数，它会影响上文提到的所有风险要素。配对的转换间存在相关性。同违约相关度一样，转换相关度也能捕捉到信用状况的联动，可辅助模拟集群违约或集群转换。在规划利差模型时，必须考虑同类型资产和跨类型资产间的相关度，还要考虑利率和外汇汇率间的相关度。在规划市场利率模型时，应关注不同利率曲线和外汇汇率曲线间的相关度。

以上风险要素的校准是历史数据型校准，非风险中性。资本需求量的稳定性是SIV风险管理的关键点之一。SIV做的是一种长期持有的生意，由于隐性参数引起的参数值波动会导致资本需求量的变化，这种大起大落是SIV不能承受的。以下为模型应用的示范性讲解，不作规范之用。

A 相关转换

建模分析相关转换的途径有好几种。以下为其中三种。

A1 历史途径

评估关联评级变化相关度的最直接方法是去查多个公司的时间序列信用评级，这些数据是实时更新的。这种途径的优势在于不必做基础假设，即不必设定联合分布的形状，但是这种方法需要大量的数据，并且数据需要根据区域、国家和行业进行分组配对。收集到的数据建模成因子模型，进而通过一系列标准正态变量建模分析相关转换，分析结果以默顿模型表达，就得到了评级结论。

A2 公司债券价格途径

评估信用相关度的第二种途径是通过历史数据研究公司债券的价格历史。公司债券价格和信用质量状况相关几乎是所有人的直觉反应，因此全面分析公司债券价格的历史数据就可评估关联信用转换。这种方法也需要债券价格的充足数据，并需要一个关联匹配债券价格和信用事件的模型，但主要的缺点还是对历史数据的高度依赖。许多其他模型尝试使用债券利差来分析信用变换。

A3 资产相关性途径

第三种建模联合转换的方法是利用资产间的关联性。

A3.1 资产的关联通过观察企业特定股本回报率得到 这种模型用默顿方法模拟违约，延伸至信用变换。如果企业的资产价值低于负债，则违约发生。沿着这个路子加以扩展，就可以得到与企业某个评级等级相对应的临界阈值。超过这个阈值意味着评级变更。所以资产价值的变动对应的就是信用等级的联动。

这种方法的不足在于忽略了股权和资产相关系数间的差异。可是这种方法仍然受到了广泛的支持，毕竟该方法比使用一个固定相关系数更精确，利用更多每日更新的实时数据进行分析，并且对国别和行业敏感。股权的变化能反映市场动向，也足以反映信用变换，这才是我们真正关心的。在第 8 章中有该法的详细描述。读者可以参考《信用计量模型（1997）》以进一步了解相关度的分析方法。

本质上说，相关性矩阵的根基在于捕获资产价值的联动。每个时间区间（例如一个月）都会进行该相关性矩阵的多维正态计算，得出的数字结论被用于确定新的信用等级。

相关性矩阵源于债务人对国别及产业投资交易的参与，以及投资标的股权回报率的使用。

通过股权监测债务人的信用变换是 Merton/MKMV 途径中一种被广泛采用的框架模式。可用来定义与模拟业绩的代理为数不多，股权监测是其中之一。这种方法的方便之处在于所用数据观察可得，并且日日更新。数据计量是一种网络协同产品，它提供了获取相关性信息的途径。这些数据可广泛覆盖多个国家和行业。现在有许多研究从股权回报率中提取信用信息，再进一步发掘出资产相关性，毕竟我们的目的在于找出信用变换情况而不是市场动向。

A3.2 上述模型也可与恒定历史资产相关度联用 从联合变换信息中得到相关度。该方法需要解决的问题是：当假设只有两种简化的资产状况——违约和无违约，且假设资产价值的莫顿架构模式单一，如何寻找到一个资产相关度，使得违约数量的理论方差与实测方差达到最佳匹配。未知变量的数量定义为配对相关性所需的数量。资产相关度可以与一个行业持续配对，同理也可与所有行业持续匹配。第二个资产相关度可以跨行业寻得。还可以进一步合并不同国家和地区，对所有变换使用同种莫顿假设，就很容易将此问题转化为合并变换，也就是说评级变换下的信用价值可用一个正态变量来分析。

下文给出的只有两个债务人的相关性转换简化模型，仅作参考之用。

首先，要利用变换矩阵确定每个评级变动的概率。再利用这些可能性设定正态分布中的对应阈值，每个阈值对应一个评级结果。其次，抽取一组相关的正态偏差，抽取数量应等于投资组合的债务人数量。最后，利用这些数值，结合阈值，确定每个债务人的远期评级水平。

图 14-8 有助于读者理解阈值的概念。在评级变换中，存在一个正态分布的“信用表现”随机变量。评级变化是“信用表现”的直接映射。债务 A 存在多种

信用迁移可能性，但最倾向于保持 A 等级。

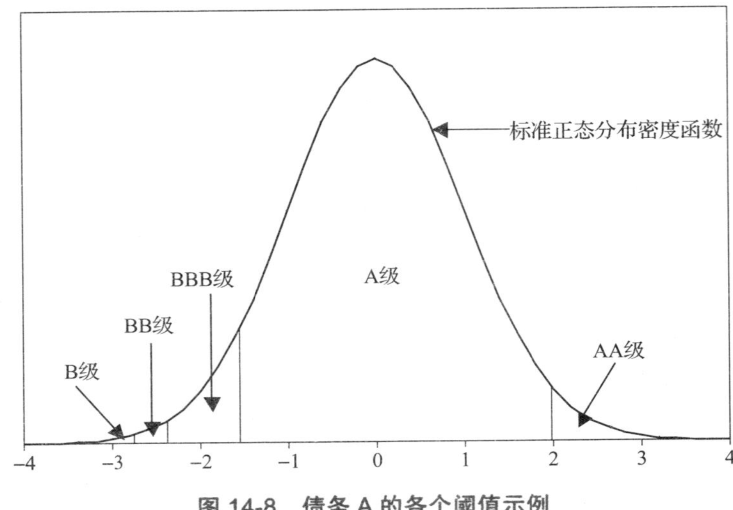


**图 14-8 债务 A 的各个阈值示例**

代表资产价值的钟形曲线是标准正态密度函数，其各个分层的曲线投影面积等于评级迁移的概率。

注意，此处评级迁移至 AAA、CCC 及 D 的可能性过低，以致图上无法显示。钟形曲线下面积被划分为多个小区间，区间与资产的信用价值一一对应。钟形曲线中间区域投影的面积最大，说明债务人 A 最可能保持现状。

举个例子，假设只有两个债务人，A 和 B，债务人 A 为 A 级单位，债务人 B 为 B 级。进一步假设两个债务人的相关度系数为 0.3，且 A 级和 B 级单位的 1 年期信用转移概率如下：

| 最终评级 | 债务人 A | 债务人 B |
|---|---|---|
| AAA | 0.0007 | 0.0001 |
| AA | 0.0227 | 0.0010 |
| A | 0.9069 | 0.0028 |
| BBB | 0.0611 | 0.0046 |
| BB | 0.0056 | 0.0895 |
| B | 0.0025 | 0.8080 |
| CCC | 0.0004 | 0.044 |
| D | 0.0001 | 0.05 |

这些概率数据被用于确定正态分布的阈值。

比如说我们需要确定一个阈值，使债务人 A 的信用转移概率低于 0.01%，设 $x$ 为资产价值，我们所需的 $y$ 值应符合下式：

$$P(x \leqslant y) = 0.0001, \quad 式中\ x \sim N(0,1)$$

可见 $y$ 值可通过逆正态累积分布函数求出，即 $y=-3.719$。同理，如果债务人 A 转移至 CCC 评级的概率为 0.04%，对应的阈值 $y$ 应为：

$$P(-3.719 \leqslant x \leqslant y) = 0.0004 \Rightarrow P(x \leqslant y) = 0.0001 + 0.0004 \quad 当\ x \sim N(0,1)$$

由上式求得 $y=-3.29$. 以此类推，算得下面的阈值表（参考图 14-8）：

| 最终评级 | 债务人 A | 债务人 B |
| --- | --- | --- |
| AAA | na | na |
| AA | 3.195 | 3.719 |
| A | 1.988 | 3.062 |
| BBB | −1.478 | 2.661 |
| BB | −2.382 | 2.387 |
| B | −2.748 | 1.293 |
| CCC | −3.290 | −1.316 |
| D | −3.719 | −1.645 |

AAA 评级没有阈值，因为比 AA 阈值高的所有值均归为 AAA 级。确定了阈值后，下一步要取两个正态分布值，使其相关度为 0.3。假设这两个数值分别为 1.591 与 −2.5299，乘以相关度矩阵的平方根（可通过奇异值分解或乔里斯基分解（Cholesky decomposition）得到）后，得到两个相关数值，1.5961 和 −1.9345。查找阈值表，1.5961 代表债务人 A 可维持 A 评级，而 −1.9345 说明债务人 B 会发生违约。

B　回收率分析

每次债务人在模拟中出现违约，就需要在下一步分析中发布该债务人的债务违约回收现金流。根据债务和解时间及和解机制，违约回收期可进一步缩短。现金流额度根据债务人的总风险计算得出（考虑投资及衍生风险以及适当的关联规则）：

B1　Beta 分布

Beta 分布是现今得到广泛认可的违约回收率分析模型，用该模型得出的违约回收率被应用于各种分析。

水平线代表的 pdf 常数说明标准均匀分布是 beta 分布的一个特例。

用于分析违约回收时，Beta 分布有如下突出优点（见图 14-9）：

1. 钟形曲线分布
2. 介于 0 ～ 100% 之间
3. 可以得出适用于均值和标准偏差的分布参数
4. 模拟计算的出样速度较快

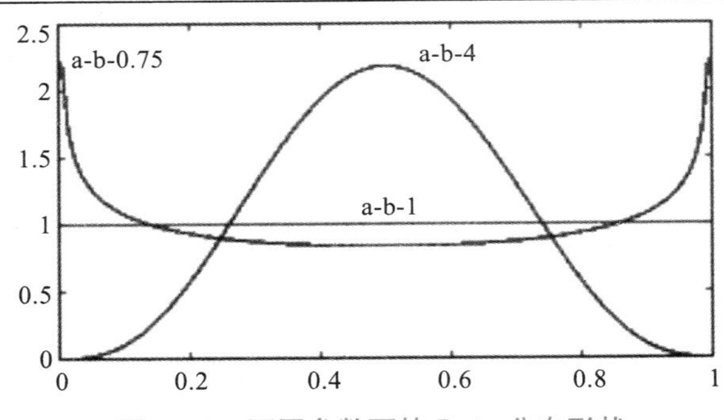


图 14-9 不同参数下的 Beta 分布形状

参数 $a$ 和 $b$ 的 Beta 分布概率密度函数如下：

$$f_{a,b}(x)=\frac{\Gamma(a+b)}{\Gamma(a)\Gamma(b)}x^{a-1}(1-x)^{b-1} \quad 当 x\in[0,1]，除了 f_{a,b}(x)=0$$

此处伽马函数定义为 $\Gamma(a)=\int_{x=0}^{\infty}x^{a-1}\mathrm{e}^{-x}\,\mathrm{d}x$

这种分布的解析均值及标准偏差公式如下，比较容易校准：

$$\mu=\frac{a}{a+b} \quad 和 \quad \sigma^2=\frac{ab}{(a+b+1)(a+b)^2}$$

B2 研究结论

研究表明企业债券的优先级是评估违约回收率的关键。按照优先级将 Beta 分布和 Carty 与 Lieberman 研究成果的均值和方差分别匹配，得出如图 14-10 所示的曲线。

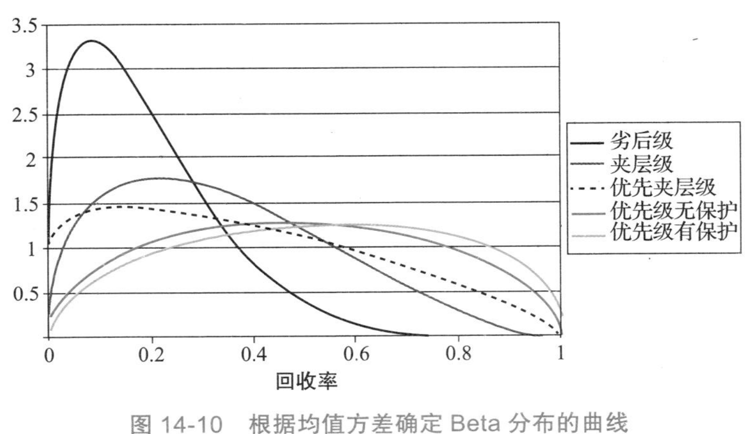


图 14-10 根据均值方差确定 Beta 分布的曲线

3. 结构性融资发行人 评级机构近期发布了关于回收率的分析结果，以行业类别和初始评级为主要驱动源。

标准普尔的研究表明“初始信用评级和还款率以及本金损失率之间存在不可忽视的相关性”并发布了表 14-2：

表 14-2 美国结构化金融违约最终回收率估计 (%)

| 初始评级 | ABS | CMBS | RMBS |
|---|---|---|---|
| AAA | 78.00 | 99.00 | 98.00 |
| AA | 52.99 | 73.00 | 72.00 |
| A | 40.00 | 62.00 | 60.00 |
| BBB | 33.00 | 54.00 | 53.00 |
| BB | 25.00 | 46.00 | 45.00 |
| B | 22.00 | 43.00 | 42.00 |

这说明，对结构性融资发行人来说，违约回收的主要驱动力来自资产行业板块和初始评级。

C 资产利差模拟

SIV 的固定利率资产会通过互换衍生产品互换为浮动利率资产，对冲掉了利率风险，余下会促使价格波动的风险就是资产的信用利差，即资产互换组合的超 Libor 浮动利率。利差的模型细分为资产类别、评级等级和票期到期日。如评级或票期到期日信息缺失，会考虑不同的插值方法或引入其他方法。

一种混合了布朗运动和跳扩散的模型可捕捉信用利差的动向，是信用利差模型的一种。下例中，同一资产评级和到期日的债务人活动模式相同。我们可以引入一个纯非系统风险，进一步细化模型。以下信用利差处理方法可以在捕捉跳跃和均值回归的同时维持正利差。跳跃模型假定跳跃次数遵循指数分布，且不区分正跳跃和负跳跃。

利差处理方法通过下式表达：

$$\mathrm{d}Y_t = \alpha(\theta - Y_t)\mathrm{d}t + \sigma \mathrm{d}W_t + \mathrm{d}N_t$$

此处 $Y_t$ 为信用利差的对数。

式中，$W_t$ 为标准布朗运动；$N_t$ 为 $d$ 幅度跳跃，且正跳跃与负跳跃的概率相等，跳跃次数遵循以 $\lambda$ 为参数的指数分布；$\alpha$ 为 Ornstein–Uhlenbeck 过程的均值回归速度；$\theta$ 为信用利差的远期均值；$\sigma$ 为波动性参数。

简言之就是，信用利差的对数将以均值回归速度 $\alpha$ 均值回归至远期均值 $\theta$。这个过程将经历波动幅度为 $\sigma$ 的随机运动过程，还会有幅度为 $d$ 的跳跃，跳跃次数遵循指数分布。

C1 估算跳跃扩散过程参数

信用利差过程是有条件的正态分布，比方说假设有一个正跳跃、一个负跳跃或无跳跃，那么分布是有一个对应均值的正态分布。我们可以用发生跳跃或零跳跃的概率加权，把似然函数分解为正态分布。[㊀]

设 $x_i$ 代表 $(i-1)\Delta$ 到 $i\Delta$ 时间段的对数值变化量，我们可以得到：

$$\mu_i = E_{(i-1)\Delta}[x_i] = (\theta - Y_{(i-1)\Delta})(1-\exp(-\alpha\Delta))$$

$$\sigma_i^2 = \mathrm{Var}_{(i-1)\Delta}[x_i] = (1-\exp(-2\alpha\Delta))\frac{(\lambda a^2+\sigma^2)}{2\alpha}$$

对数似然函数为：

$$L(\mathrm{x}|\Gamma) = \sum_{i=1}^{n} \ln\Big\{ \mathrm{e}^{-\lambda\Delta}\,\phi(x_i,\mu_i,\sigma_i^2) + \sum_{j=1}^{\infty}\frac{1}{2}\mathrm{e}^{-\lambda\Delta}\frac{(\lambda\Delta)^j}{j!}\left[\phi(x_i,\mu_i - ja,\sigma_i^2) + \phi(x_i,\mu_i + ja,\sigma_i^2)\right]\Big\}$$

式中，$\phi(h,k,\sigma^2)$ 为 $h$ 点、均值为 $K$ 且方差为 $\sigma^2$ 的正态密度；$\underline{\Gamma}=(\alpha,\theta,\sigma,\lambda,a)$；$\underline{x}$ 为信用利差变化量的 $n$ 对数矢量。

考虑到实际操作情况，上述级数可以略去 $j=15$ 以上的项。

同样的模型也用于评估利差等级。可用单一变量校准模型，但必须用多变量测试模型，即测试一个资产等级的所有评级和到期日类别。这一点很重要，模拟利差不应该在不同类别间有交叉。任何拟合度操作都应以此为原则。

检查模拟路径统计数据的均值是否符合历史统计数据是一种便利又可靠的拟合度验证方法，即计算模拟路径上各种数据统计量（例如最大值、尾数、中位数、最小值、标准偏差、峰态，等等），然后与历史统计数据的结果进行对比。模拟路径需要应用于一个资产等级的各种评级和到期日情况，结合考虑历史噪声的相关性，并符合无交叉原则。

再校准应定期进行，半年一次，或一年一次。

D 利率风险

尽管并不直接暴露于利率风险之下，但是如果交易对方发生违约，必然会产生置换成本。因此所有资产所拥有的息票利率，会由第三方微观套保。对衍生合同进行价值评估，然后划拨对应资本涵盖可能损失。对利率的预期也可以映射出资产与负债的匹配偏差。

CIR（Cox，Ingersoll，and Ross)(《SIV 观察报告，2006》(SIV outlook report)）的利率演化模型就是均值回归利率模型的一个例子。

㊀ 参考《信用利差指数的实证研究》，Prigent，Renault & Scaillet，2000 年 9 月。

$$dr = (\eta - \gamma r)\,dt + \sqrt{\alpha r}\,dZ_r \qquad (14\text{-}1)$$

式中，$r$ 为点利率（1/ 时间）；$\eta/\gamma$ 为稳态利率均值（1/ 时间）；$1/\gamma$ 为时间尺度回归均值（时间）；$\alpha$ 为利率波动参数（1/ 时间 $^2$）；$Z_r$ 为模拟利率的维纳过程，其与（比如说）月度时间粒度 $dt=1/0.833$ 的乘积可使其尺度化到适当的时间步骤。

可以选择该模型中的三个参数，作为实验长期均值、标准偏差和时间尺度均值回归的最佳表达，亦可用于评估超过特定利率阈值的预期概率。下面例子的目的是示例说明 CIR 模型分析的应用，即通过历史数据校准来分析短期利率。

通过无套利定价预测或再现利率期限结构往往涉及多参数模型，这比此处应用的单参数 CIR 模型复杂得多。假设利率与信用利差无关。CIR 模型的校准请参见附录 14A。

E　外汇汇率

当资产需要用外币估价或与违约交易对手跨币种互换时，需要用到外汇汇率。外汇汇率用对数正态过程建模如下：

$$de(t) = e(t)(r_D(t) - r_F(t))dt + e(t)\sigma(t)dw(t)$$

此处 $r_D(t)$ 为本币短期利率过程；$r_F(t)$ 为外币短期利率过程；$\sigma(t)$ 为历史时间序列决定的波动率参数。

## 14.1.8　SIV 测试

### 14.1.8.1　市场风险

市场风险中性是 SIV 的一个重要特征，利率或外汇汇率的动向与其无关。与大多数对冲基金不同，SIV 的赌注不押在市场走向上。SIV 对其资产逐项进行微观套保。如果对冲提供方发生违约，SIV 管理人必须找到对冲替代方。资产出售时是与附带的对冲基金打包出售的，以避免 SIV 暴露利率或者外汇敞口。

借助利率或跨币种互换，每个资产都可对冲掉浮动利率美元风险。因此，SIV 常被视为信用套利工具。

因为对冲方会带来额外的信用风险，所以会受到和其他资产一样的待遇，SIV 需要准备资本以抵挡对冲方引入的风险。

SIV 机构都配备有利率和外汇汇率敏感性测试，检测其是否能保持市场中性。这些测试所检查的主要是转化率曲线上每个点或整个曲线遭遇突发利率冲击时的 NAV 变化量。每种结构分别设置容忍极值，这些容忍极值通常会考虑到残差法的偏离。无法通过利率 / 汇率的敏感性测试会触发 SIV 的破产清盘。

下图为读者展现的是一个简化了的例子，可以看到一个 SIV 机构是如何通过对冲将资产和负债转换为浮动美元利率，以管控其利率 / 汇率风险的。

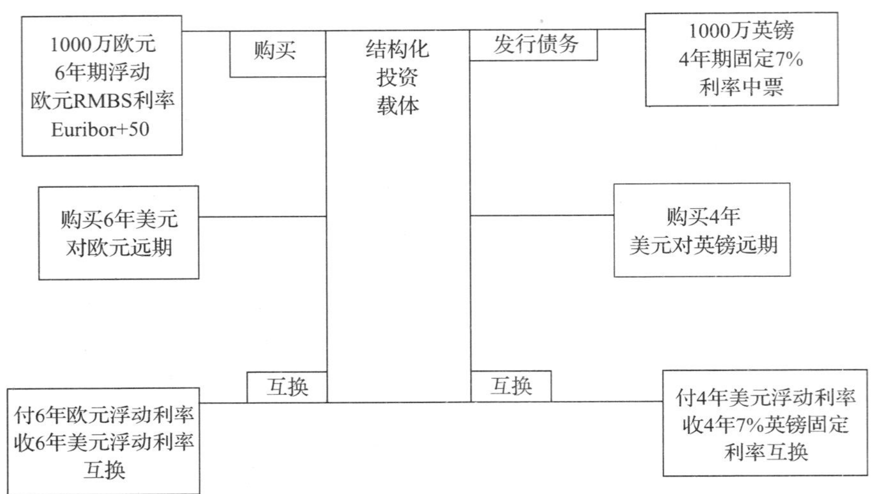


为了监控利率和外汇汇率风险，SIV 管理人会进行一个简单的定性测试，对现有利率曲线进行扰动和重新评估新环境下资产和负债，利用该测试可以帮助管理人确定对冲缺口或资产与负债的错配。如果完美对冲，那么 SIV 会完全免疫收益率曲线的走向，因为资产方面的变化被负债方面的变化所抵消。后文将介绍几种此类型的测试。如果偏差为正，表明存在错配的空间。超出偏差限值则会使 SIV 机构面临巨大危险。如果 5 个工作日内不能修正测试结果，机构将不可逆地陷入破产清盘的境地。

### 14.1.8.2 收益率曲线平移

所有的流入资金都会根据各种币种所对应的零息 LIBOR 收益率曲线进行贴现。该测试内容是将每个币种收益率曲线向上和向下平移一个基点（参见图 14-11）。平移后，所有币种的 SIV 净资产现值总变化量必须小于一个下限，例如 0.29bps。

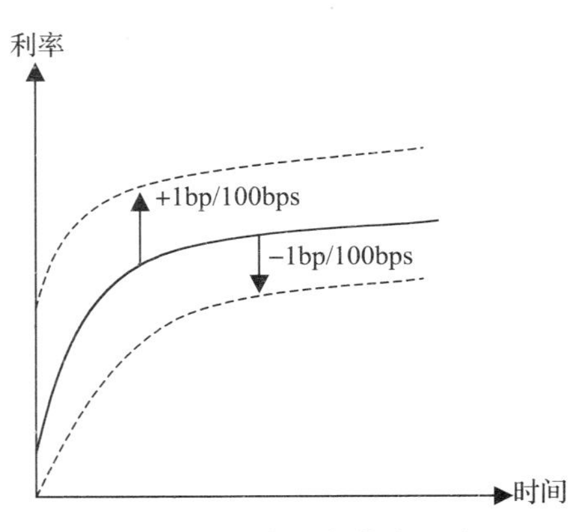


图 14-11 收益率曲线平移

该法的分析过程如下：

（1）按照对应收益率曲线计算每个

币种投资组合的现值，在计算中使用如下最小月度点：

| 1 | 3 | 6 | 9 | 12 | 24 | 36 | 48 | 60 | 84 | 120 |
|---|---|---|---|---|---|---|---|---|---|---|

曲线上其他独立的点必须保证将期限最长的资产或负债包括在内，并能在各个时点反映出 SIV 的资产构成情况。

（2）先用即期汇率换算出各个非美元主导的投资组合现值，然后汇总所有币种投资组合的现值；

（3）用步骤 1 和步骤 2 的方法计算所有高级负债的现值；

（4）用高级负债的总现值减去所有币种投资组合的总现值，得到基准 NAV 或 $NAV_0$；

（5）上移收益率曲线一个基点，重复步骤 1 到 4，然后结合最差情况下现值的绝对值，计算新的资产净值（$NAV_{Up}$）;

（6）下移收益率曲线一个基点，重复步骤 5，用最差情况下现值的绝对值计算新的资产净值（$NAV_{Down}$））;

（7）对比 $NAV_0-NAV_{Up}$ 与 $NAV_0-NAV_{Down}$ 的值，两者中绝对值最大者称为 $NAV_1$。

示例

假设一家 SIV 持有两个债券，一个为美元债券，另一个为欧元债券，$/ €的即期汇率 =0.90。并假设待偿高级负债额为 $180。

美元资产收益率为 $LIBOR 利率 +50 个基点，为期三年，现值 $100。

欧元资产收益率为三个月 EURIBOR 利率 +30 个基点，也为期三年，现值 $90。

那么投资组合的现值 =$190。

高级负债利率为三个月 EURIBOR 利率 +20 个基点，含一个次年还本付息，现值 =$180。

资产净现值 ($NAV_0$)=$190−$180=$10。

接着进行平移计算，得出 $NAV_1$=$9.999。通过测试的标准为 ($NAV_0-NAV_1$)/NAV0<0.2bps。本例的结果是 ($10−$9.999)/$10=0.01%，即 0.1 个基点。故测试通过。

然后假设平移幅度为 100 个 bps，重复测试。

#### 14.1.8.3　收益率曲线的逐点移动

这个测试需要将每个币种零息 LIBOR 收益率曲线上的一个特定点瞬间移动（上移和下移）一个基点。因此管理人运行 NAV 测试时，先只上移所有收益率曲线上的一个月度点 1bps，然后再下移 1bps 重复测试。再对三个月度点进行同样的操作。所有测试结果中的 NAV 最大变化量被用来与 $NAV_0$ 比较，比较方法同收益率曲线的平移测试（图 14-12）。

该测试假定收益率曲线不需要平行移动，只重点关注曲线上特定部分的现金流情况。

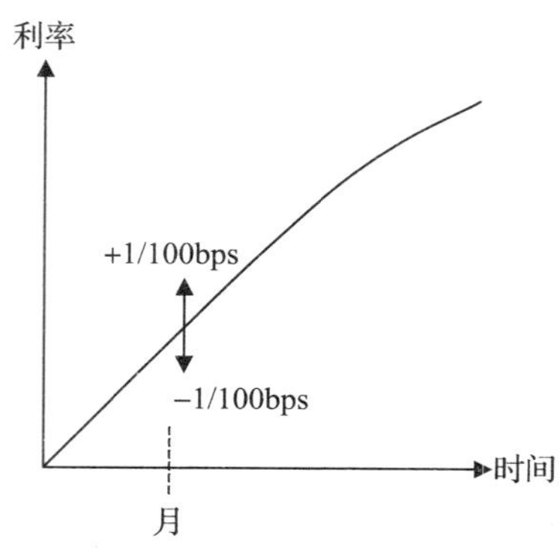

图 14-12 收益率曲线各个点上平移

### 14.1.8.4 即期汇率

该测试法是把每个币种对美元的汇率改变（上浮和下降）1 个百分点。这种改变对所有合格币种的综合影响不应超过预设的容忍水平，例如，SIV 资产净值 2.0bps 的移动容差（上浮或下降）。汇总最差情况的绝对值，重新计算出新的资产净值，结果取绝对值，忽略正负。

### 14.1.8.5 流动性风险

SIV 流动性风险的产生有两种途径：

（1）展期交割现有未偿债务，或

（2）为了满足高级负债需求出售资产

由于资产到期期限平均为期四年，负债期限则一般在 1 ～ 18 个月之间，因此不能靠资产到期后的收益偿付负债。SIV 依靠的是对现有负债的重新融资，用新发负债偿付未偿债务。如果市场情况不好，负债的滚动发行出现困难，SIV 就会面临流动性的问题。新发负债受阻时，可能需要将资产变现来偿债，这就很可能导致 SIV 的破产清盘。所以管控流动性是管理人的一项重要任务，也正因如此，除了必备的资本充足率分析外，SIV 还需配备有限期间流动性短缺的专项分析模型。

流动性模型是一种分析工具，可以提供机构内部与负债相关的流动性信息。在发行商业本票给长期资产融资时，这种信息至关重要。流动性模型通常通过观察连续五个工作日的每日流入和流出额，来确定整年度的现金需求潜在累计峰值。流动性需求通过授信额度或“流动”资产来满足，所谓“流动”资产是指那些随时可以以当下市值出售的资产。

每日现金的流入和流出是机构流动性需求的源头。但与其他领域的结构融资不同，SIV 受到许多严格测试的约束，受惠于这些严格规范，SIV 所持资产并不需要百分之百的流动性支持。

不过，SIV 还是要适当考虑流动性额度和内部流动资金，以便能够在一定程度内偿付那些期限短的负债。SIV 必须重视流动性风险，因为大部分 SIV 机构的运营是通过每隔几日滚动发行商业本票筹集资金，支持其长期资产的购买的。

当然 SIV 也可以发行中期票据，但是由于没有到期日匹配的要求，中期票据同样会带来流动性风险的上升。

考虑到 SIV 的动态特性，对 SIV 流动性水平的度量也应当建立在动态基础上，这种测试被称为 NCO 测试。一些 SIV 管理人可能会称之为 MCO 测试（maximum cumulative outfiow，最大累计到期支出）。该测试基于确定性，测量机构的一年期预计净支付额。据此 SIV 管理人就可以预留出一部分流动性资源，确保短期债券的偿付，避免出售长期资产，毕竟有些支付需求可能会使 SIV 暴露于不必要的市场风险之下。

### 14.1.8.6 NCO 测试

NCO 测试计算的一般是自起始日后一天起至一年后的同一天且包括这一天止的这段时间内，每 1、5、10、15 个交易日的 NCO 值（SIV 机构需要每日更新其后一年内 1、5、10、15 天期的 NCO 需求峰值）。除了这种标准测试外，根据每个机构的特殊需求，SIV 管理人也可以选择其他类型的 NCO 测试。

NCO 测试方法是将每日现金流入量（例如，SIV 所持资产的总利息和本金收入），减去流出量（例如，高级和初级债券的利息和本金，所有的管理和运营开支，以及所有衍生合同的净支出），再按照相应的时期进行累计。SIV 要保证其流动性额度能覆盖掉 NCO 测出的累计峰值。银行流动资金授信额度和 SIV 持有的流动资产共同支撑并保证了 SIV 的适当流动性水平。

下表展示了一个向后推 6 个交易日的 NCO5 测试例子。用这种“首日滚动”法，可同理计算 10 个和 15 个交易日的结果。

所有 NCO 都要进行这种计算，为期一年，也就是说大约 240 个交易日。

| 时间 | I | O | I−O | NCO5 *T* | NCO5 *T*+1 | NCO5 *T*+2 | NCO5 *T*+3 | NCO5 *T*+4 | NCO5 *T*+5 | NCO5 *T*+6 |
|---|---|---|---|---|---|---|---|---|---|---|
| *T* | | | | | | | | | | |
| *T*+1 | 5 | 25 | −20 | −20 | | | | | | |
| *T*+2 | 4 | 20 | −16 | −36 | −16 | | | | | |
| *T*+3 | 2 | 0 | 2 | −34 | −14 | 2 | | | | |
| *T*+4 | 3 | 4 | −1 | −35 | −15 | 1 | −1 | | | |
| *T*+5 | 4 | 3 | 1 | −34 | −14 | −2 | 0 | 1 | | |
| *T*+6 | 2 | 2 | 0 | | −14 | 2 | 0 | 1 | 0 | |
| *T*+7 | 4 | 3 | 1 | | | 3 | 1 | 2 | 1 | 1 |

例如，对于 5 日期的计算，除了自年尾倒数第 4、3、2、1 交易日外，每 5 日会产生 5 个不同的累计值。NCO 就是这 5 个累计值中的最大值。计算过程如下：

第 1 日累计值 = 第 1 日 NCO

第 2 日累计值 = 第 1 和第 2 日的 NCO 之和

第 3 日累计值 = 第 1、2、3 日的 NCO 之和

第 4 日累计值 = 第 1、2、3、4 日的 NCO 之和

第 5 日累计值 = 第 1、2、3、4、5 日的 NCO 之和

在上例中，最大的 5 日 NCO 为 −36，即第 $T$+1 日和 $T$+2 日的两日 NCO 累计值。如果一直继续计算到下一年（如到第 $T$+364 天）并且没有出现更高的 NCO5 值，那么该 SIV 机构需要具备的流动性额度即为至少 3600 万美元。该 SIV 机构还可以进行其他期限的 NCO 测试（比如，NCO1，NCO10 或 NCO15），如果任何测试中出现超过上述 NCO5 峰值的更大值，那么应取最大值作为流动性要求的指导额度。

适当的流动性来源于 A−1+ 等级银行提供的外部流动性支持和 SIV 持有的高流动性资产。理想的情况是 SIV 只用外部流动性支持满足 NCO5 峰值流动性需求（因为对于高流动性资产进行 5 日流动性测试不是 AAA 评级的适当假设）。所以在上例中，如果 NCO1 测试得到的峰值为 30 美元，NCO10 测试得到的峰值为 80 美元，NCO15 得到的是 60 美元，那么实际流动性需求额度应为 80 美元，其中 36 美元由银行流动资金授信额度来满足（即，NCO5 的峰值需求），剩余的 44 美元由流动性资产支持。

### 14.1.9 SIV 领域的近期发展

新近成立的 SIV 大多有围栏保护的非美元成分基金，增大了对非美元资产和非美元资本的风险敞口。SIV 机构显示出对其他替代性融资方式的兴趣，即信用联结票据或回购协议。受风险管理要求的驱动，过去几年中，SIV 一直在试图评估其资本票据，量化所有的风险敞口，供内部决策参考，保证票据购买者的收益。

值得一提的是，其他公司在运营中或多或少地借鉴了 SIV 的技术（主要是为了管控市场风险和流动性风险），比如回购协议工具和信用衍生产品公司。

## 14.2 其他形式的准运营公司

除了 SIV 外，还有其他种类的特殊目的公司。衍生产品公司是金融机构（作为母公司或发起人）和第三方交易对手的中介。在获批的 ISDA 主协议框架下，衍生产品公司（derivative product company，DPC）作为桥梁机构，帮助发起方和第三方进行互换操作。强化子公司与其他衍生产品子公司不同，强化子公司信用评级不依赖于母公司的担保。DPC 可以比较激进地参与利率、货币

和股权互换，还可以选择某些交易所交易的期货，或者根据自身结构做出选择。DPC 根据其业务范围和目标评级要求保有适当水平的资本，DPC 的设立目的大都是为了对冲衍生产品市场的信用敏感性。有两种类型的 DPC：持续性结构和终止性结构。持续性结构 DPC 是为了在出现破产清算事件时仍能兑现到期的合同。而终止性结构 DPC 虽然也是为了保证合同到期能够兑现，可是如果发生某些事件，这种 DPC 会在合同到期前提前终止合同，结算现金。下图即是 DPC 作为冲销交易的中介角色。

发起人
(例如，A)

DPC 拥有 AAA 评级，通常作为 AAA 发起人的门面，通过完全复制第三方和母行或发起人间的交易实现市场风险中性，但需要面对第三方的信用风险。针对 SIV 这种情况，机构配备有退出战略机制并预备有足够的资源，即便出现破产清算的情况，机构的衍生债务偿还能力仍能保有 AAA 级水平。

DPC 市场的兴起始于 20 世纪 90 年代早期。每一家银行都希望自己能在衍生品交易中获得 AAA 级资质，赞助成立了自己的衍生产品公司。现今共有 15 家活跃的 DPC 公司。

- 美国银行金融产品公司
- 贝尔斯登（Bear Stearns）金融产品公司
- BT CreditPlus 公司（已关闭）
- 里昂信贷银行衍生项目
- GS 金融产品国际有限合伙公司（关闭中）
- 雷曼兄弟衍生产品公司
- 雷曼兄弟金融产品公司
- 美林证券衍生产品股份公司
- 摩根士丹利衍生产品公司
- 野村证券衍生产品公司
- Paribas Derives Guarantis
- Sakura Prime（已关闭）
- Salomon Swapco 公司
- SMBC 衍生产品公司
- 摩根大通 ISDA 强化计划

一旦发生某些触发事件，DPC 马上冻结一切业务和运营管理。终止性结构 DPC 会加速终结各种合约并在很短的时间窗内退出市场，这个窗口期通常为 15

天。因此，交易对方欠DPC的合同终止费就被转给了母行，由母行来终止镜像合同。如果交易对方违约，自有资本就会被用于支付这些费用。

如果DPC欠交易对方的钱，母行会通过镜像合同把最终支付转给DPC，也就是母行欠DPC的钱。这笔费用由母行代表DPC来确定并以抵押品的形式代为持有。

DPC发展出了两种模式：一种是信用模式，资本被量化，用于第三方违约时的偿付；另一种是VaR类模式，母行欠DPC的金额是根据15天的窗口期来量化的。

DPC资本充足率的量化技术有赖于市场利率生成模型，该生成模型可模拟投资组合寿命周期内的新市场环境。也就是说，生成模型的设计是基于最长到期日的互换合约，每种货币的利率和外汇汇率间相互关联。

远期利率要求配备完整收益率曲线的模型。从单因子到多因子模型，各种金融文献提供了广泛的选择。

主成分分析（principal Component Analysis，PCA）是一个数学计算过程，将一批（可能）相关的变量转化为（更少数量的）一批非相关变量，这些非相关变量被称为主成分。第一主成分占有尽量大比重的变量数量，其他主成分按照变量比重依次递减。

PCA数学计算方法称为特征分析：通过解对称方阵矩阵，即收益率曲线上关键点的协方差矩阵，得出数据的特征值及特征向量。最大特征值对应的特征向量与第一主成分的方向一致。第二大特征值对应的特征向量与第二主成分方向一致。特征值的和等于方阵的迹（trace），特征向量的最大数量等于矩阵的行（或列）数。

多数情况下，两到三个PCA就足以解释超过90%的协方差矩阵方差。

一旦市场环境得以模拟，就可利用价值分析模型设计出每个互换合同的逐日盯市制度。通过结合市场路径和信用路径（模拟交易对象的信用价值），可以看出要在哪里布置资本以覆盖损失。通过结合违约模拟结果和交易对象风险敞口，可以获得对应每个市场路径的潜在损失值。考虑了所有市场路径的损失额后，就有望建立潜在信用损失的分布模型。再基于此分布，可以在给定某个置信水平下计算出防止损失所需要的信用支持额度。该风险模型同样可以计量资产组合在一段时间内的价值变动。

持续性结构的DPC一般会从母行获得抵押，以覆盖背靠背交易中对母行的风险敞口。考虑适当的折算因子后，抵押额度即等价于DPC与母行的合同上投资组合的逐日盯市净值。然而当某些事件发生时，DPC投资组合的管理将被交予临时管理人。

在把投资组合管理权交给临时管理人之前的很短时间内，可能会出现DPC与母行合约价值的上升。可运用风险模型量化DPC对母行的潜在信用风险敞口。

在终止性结构中，当终止触发事件发生后，DPC 投资组合的价值可能会在一个时间段内发生变化，自上一次定期价值评估日起，至提前终止价值评估日止。同样地，通过运用风险模型，可以测算出在目标置信水平下投资组合价值的潜在变化量。

DPC 的流动性需求同样需要评估。DPC 必须能够定期履行义务。这包括其衍生合同中 DPC 对交易对象的应付款项，逐日盯市交易中对母行的应付款项，某些情况下会用交易所期货做对冲，DPC 也有义务满足其保证金的追加要求。通过模拟市场发展，评估当下衍生合同投资组合及可能作为对冲的投资组合，由风险模型分析可以确定 DPC 的流动性需求。这种模型可模拟出每日投资头寸的分布，也就是说，在适当置信水平下，在一个特定时间段内，确定 DPC 的每日潜在流动性需求。

## 14.3　信用衍生产品公司

自 1991 年信用违约互换首次出现以来，其市场已实现成倍增长。市场的增长促生出一种新资产类型的衍生产品公司，被称为信用衍生产品公司（credit derivative product companies，CDPC）。

通常意义上的 CDPC 公司是特殊目的公司的一种，通过信用违约互换或某种可靠形式的保险政策推销信用保护产品，有时也会购买信用保护。CDPC 成立的目的是利用信用衍生品或保险政策投资市场上某个领域的信用风险敞口。

下面展示的是 CDPC 的典型结构，借助信用违约互换来销售信用保护产品。

CDPC 属 AAA 级交易对象，万一发生触发事件不得不进入破产清算程序，公司履行义务的能力符合 AAA 级水平。

目前的 CDPC 公司清单如下：

- 1-Primus AAA ICR——主要关注单一产品
  名义资产约 130 亿美元
  成立时间：2001 年
- 2-Athilon AAA ICR——主要关注高级和超高级分级产品
  名义资产约 100 亿美元
  成立时间：2005 年
- 3-Theta AAA 运营项目——主要关注单一产品
  名义资产约 20 亿美元
  成立时间：2005 年

### 14.3.1 CDPC 与 CDO

这两种公司的结构其实属于同一种商业模式：向投资组合出售特定对象的风险保护产品。这些特定对象可以是单一产品公司、单一产品 ABS、一篮子产品或结构化信贷，即指数或 CDO 层级。分层可处于 CDO 资本结构中的任何位置，从第一受损位到优先级。

CDPC 是一种“长生不老”的机构，而 CDO 的寿命是有限的。CDPC 的风险模型需要考虑 CDPC 的所有债务责任，包括终止信用违约互换合同的费用支付。而 CDO 的债务责任依附于现金流瀑布，其风险模型并不强调履行偿付义务的可能性。

当信用违约互换的交易对象发生违约，可能需要计算合同终止偿付额。合同终止偿付是信用衍生产品在逐日盯市制度下未来所潜在的支付。这种互换合约的终止偿付额即为该互换剩余现金流的预期风险折算价值。要计算互换合约的远期价值，关键变量包括出售或购入保护的实体的当下评级，以及未来的潜在信用互换溢价。对于这种交易对象，如果净额结算可行，那么待偿合约的终止偿付额就按照交易对象的水平计算并汇总。对于每个交易对象的每个虚值头寸都要预留资本。CDPC 的互换合同终止偿付是 AAA 级义务，与信用事件偿付和其他 AAA 级义务享有同等权益。

单一产品的评级预测可以用一个多阶转换矩阵直接建模，或者，也可以从待偿债务的违约时间预期（如果违约模型选择了时间段）解读评级概率分布。如考虑信用违约互换曲线上某些票据到期日的市场流动性，会导致很难校准信用违约互换溢价的全期结构模型。因此采用一种简化的替代方法，在曲线上的流动性最大点（例如，五年）假设一种扁平化结构。通过该点，可以使用一种考虑如下因素的模型：序列相关性，厚尾现象，不同行业和评级间的相关度，向前继续推演。另外，模拟溢价被用来推导风险折算因子，在应用于剩余溢价支付时，通过该因子可算出当下时间段的市场价值。由于大众期待信用衍生品市场更具流动性，预计未来会开发出实体信用违约互换曲线的期限结构模型。这将进一步强化目前所采用的市场价值评估模块。

在结构性信贷的信用违约互换中，其市场价值取决于特定实体所组成的投资组合的表现。单一产品的违约是一种二元事件，与之不同，结构性信贷的预期损失与产品分层有关。中间层的违约影响的是本层资本的头寸，对本层的规模也会产生潜在影响。在每个时间阶段，根据投资组合的累计损失即可得到分层内的违约分布值。分层中加和后的净现值通过推导折算就能得到每个时间段的预期损失增量。分层的价格评估受资产池违约的影响，并受制于非违约特定实体评级 / 信用利差的变动。投资组合内的信用相关度是分层价格评定的另一个关键输入量。读者应关注近期发表的相关文献，了解相关度结构及其对分层价格评估的影响。

### 14.3.2　CDPC 与 SIV

和 SIV 一样，CDPC 公司也有一只专门的管理团队，审时度势地提升或降低杠杆。尽管二者的业务内容不同，运营动力也可能相异，近年来却不断相互借鉴彼此重要的结构特点。比如说，我们见到有 SIV 试图进入信用衍生产品市场，尝试出售以及购入保护性产品。它们需要相应地调整风险模型，以适应标的资产的违约和互换终止偿付的需求。

同样地，传统上只保有高评级投资类资产的 CDPC 也显示出对投资和持有高收益率资产的兴趣。如果可行性投资中包括风险较高的资产，例如企业或 / 与 ABS，那么它们的市场价格和信用风险就必须严格纳入风险评估模型，以便分析关键风险因子：资产利差和信用转移。只有这样，才能正确测量投资对公司现金流的影响，准确及时地处理息票现金流入，在需要出售资产来维持公司 AAA 级资质时，了解出售资产的流动性风险。需要清盘的资产的未来信用评级及其市场价值都需要建模分析。

这些混合性质的公司吸引了市场的关注，并且可预见这种关注的持续增加。

现在已经有融合了 CDPC 和 SIV 结构特征的特殊目的公司（如 Theta）。

CDO 技术和分层资本结构因为其更加有效的融资策略开始吸引更多的关注。我们预计，前述的这三种公司会相互融合交叉，促生出新的创新性结构。

## 14.4　回购公司

回购公司是一种参与回购协议的 AAA 级公司，通过逆回购交易和总收益互换为机构投资者提供资金。为了达到这个目的，这类公司借助回购协议或商业本票和中期票据为自己提供资金来源。

回购协议（或称回购 repo）是一种双方协议，一方以特定价格出售给另一方一个证券，并承诺在将来会以另一特定价格重新购回该证券。大部分回购是一日期交易，出售后的第二天即行购回。长期回购，即所谓的定期回购，交易期限可延至一个月或更久。一般来说，回购的期限是固定的，但是开放性期限交易也不是不可能。逆回购这个概念用于描述对手方的回购交易。出售并在后期购回证券的一方被称为回购方。购买并在后期重新出售证券的一方被称为逆回购方。

虽然回购行为在法律意义上是出售并最终回购一种安全保障的行为，其经济学意义其实是一种担保贷款。经济学上，购买证券的一方提供给出售方资金并将安全保障作为“抵押品”持有。如果安全保障在回购时有支付股息、息票或在回购时部分赎回，那么收益流向的是其原持有人。出售与回购间的价格差异就是证券作为出借物的利息收入。图 14-13 展示了一种典型的回购公司与资产和资金方间的作用。

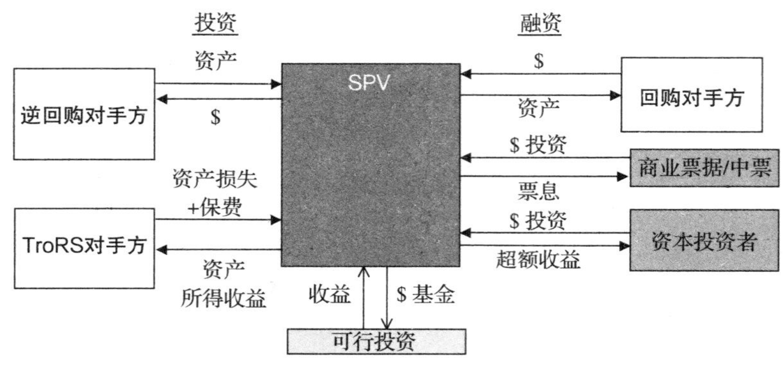


图 14-13 回购公司在资产端和融资端运行图

可回购的资产范围包括美国国债 / 机构债、杠杆贷款、投资级或非投资级债券、ABS、CDO。信用风险，市场风险和流动性风险是风险模型中资本流向的关键驱动因素。

信用风险发生于交易对方无法交齐保证金或在到期日无法返还资产（回购资产）或美元资金（逆回购）时。因为大部分头寸是经过匹配的，如果交易对方违约，除非根据合约可以关闭交易，风险模型就得考虑将要面对的市场风险。

逐日盯市制度下的市场风险波动可能导致保证金的追加需求。终止操作带来的损失的严重度取决于抵押品的逐日盯市值。如果清算时资产失去价值，那么将直接冲击到资本。

## 流动性风险

SPV 可能会被要求公告额外的利润 / 返还额外的利润。因此就需要一个利差模型来准确评估资产的实时市场价值。

回购操作时，如果原有资产的逐日盯市值跌到维持正常利润率的水平以下，SPV 会变卖更多的资产或者返还现金给交易对象。逆回购操作时，如果资产的逐日盯市值上涨到超过维持正常利润率水平以上，SPV 会退回资产或派送更多的现金给交易对象。

所有三种风险都可以根据回购合约的条款来分析，采用与前例类似的模型进行建模。

## 14.5　流动性工具

还有另外一种特殊目的公司，致力于为企业类借款人提供多边和双边承诺的配套工具。这是一种有限责任公司，为企业客户提供备用流动资金。

下面的结构图展示的是 SPV 从其资本投资人那里筹集资本，以应对承诺有效期内潜在的提款峰值。这种公司的融资基于一个事实，即不是所有的借款人都在同一时间支取最大限额的借款。

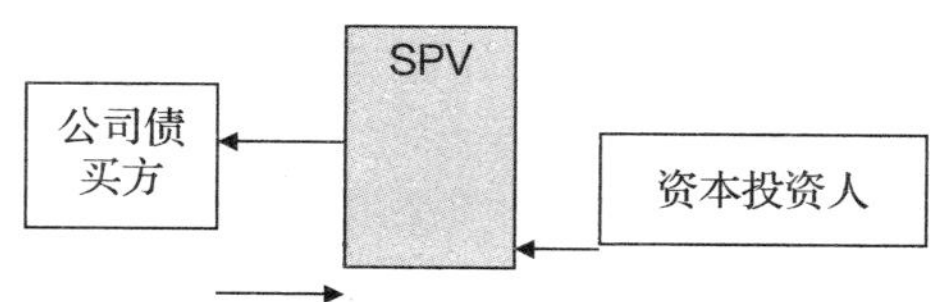


企业借款人一般与 SPV 有两年或五年期的承诺限额，在承诺限额内，企业可以支取任意额度的资金，并有义务在相应期限内返还借款。无法返还借款的借款人被视为违约方。SPV 所必须配备的偿债资源比总额度少，因为所有借款人不会同时提款。那么量化分析的重点就在于找到承诺期内违约借款人的违约额度，更在于找到承诺有效期内的最大提现额度。

影响量化分析的风险因子包括提款频度、提款幅度以及借款时长。这些因子随评级和行业的不同而不同。信用价值可用前述模型进行模拟，采用评级转移的方法。其他因子可用自身数据建模。模拟时，每个因子是一个随机变量，是白噪声。将信用和提款以及剩余留存结合起来构造模拟路径，就可建立一个随机模型。

这种蒙特卡罗分析的典型结果，即资本需求度，是个比 100% 小的百分数（承诺的尺度）。前文提到过，采用 CDO 技术进行分层可以给公司运作提供一种更高效的融资途径。

## 附录 14A　CIR 模型校准

服从 CIR 过程的利率稳态概率及累积密度函数

$$f_{\mathbf{r}}(r)\mathrm{d}r \equiv \mathrm{Prob}\{r < \mathbf{r} \leqslant r + \mathrm{d}r\};\quad F_{\mathbf{r}}(r) \equiv \mathrm{Prob}\{\mathbf{r} \leqslant r\} \tag{14-2}$$

如下所示

$$f_{\mathbf{r}}(r) = \frac{(2\gamma/\alpha)^{\kappa} r^{\kappa-1} \exp[-2\gamma r/\alpha]}{\Gamma(\kappa)} \tag{14-3}$$

$$F_{\mathbf{r}}(r) = 1 - \frac{\Gamma(\kappa, r\kappa\gamma/\eta)}{\Gamma(\kappa)} \tag{14-4}$$

$$\kappa = \frac{2\eta}{\alpha};\quad \Gamma(\kappa) = \int_0^\infty x^{\kappa-1}\,\mathrm{e}^{-x}\,\mathrm{d}x;\quad \Gamma(\kappa, z) = \int_z^\infty x^{\kappa-1}\,\mathrm{e}^{-x}\,\mathrm{d}x \tag{14-5}$$

CIR 模型的三个参数可以这样推导，先计算涉及利率的量的统计矩，然后找到能够最好重现该矩的参数值。利率的稳态第一统计矩如下式：

$$\bar{r} = \frac{\eta}{\gamma} \tag{14-6}$$

稳态第二统计矩如下式：

$$\sigma_r^2 = \frac{\eta\alpha}{2\gamma^2} \tag{14-7}$$

由式（14-1）可得利率的第二统计矩在很短时间 $\Delta t$ 内的变化量 $\Delta r$ 符合下式：

$$\overline{\Delta r^2} = \overline{(\eta - \gamma r)^2}\Delta t^2 + \alpha\bar{r}\Delta t \tag{14-8}$$

将式（14-6）代入式（14-8），得

$$\overline{\Delta r^2} = \gamma^2\Delta t^2\sigma_r^2 + \alpha\bar{r}\Delta t \tag{14-9}$$

式（14-6）、式（14-7）和式（14-9），结合 $r$、$\sigma_r^2$ 和 $\overline{\Delta r^2}$ 的经验性推论，为我们提供了一种计算 $\eta$、$\gamma$、和 $\alpha$ 的方法，即

$$\gamma = \left(-1 + \sqrt{1 + \frac{\overline{\Delta r^2}}{\sigma_r^2}}\right)\frac{1}{\Delta t} \tag{14-10}$$

$$\eta = \bar{r}\left(-1 + \sqrt{1 + \frac{\overline{\Delta r^2}}{\sigma_r^2}}\right)\frac{1}{\Delta t} \tag{14-11}$$

以及

$$\alpha = \frac{2\sigma_r^2}{\bar{r}}\left(-1 + \sqrt{1 + \frac{\overline{\Delta r^2}}{\sigma_r^2}}\right)\frac{1}{\Delta t} \tag{14-12}$$

使用 1963 ～ 2003 年的历史数据，可得到三个参数的闭式解。

那么经验统计结果为：

$$\bar{r} = 0.071\,483(1/\mathrm{yr})\qquad \sigma_r = 0.033\,798\,23(1/\mathrm{yr})\qquad \overline{\Delta r^2} = 0.000\,049\,099(1/\mathrm{yr}^2)$$

与之匹配的参数值为：

$$\eta = 0.018\,205\,493(1/\mathrm{yr}^2)\qquad \gamma = 0.254\,68\ (1/\mathrm{yr})$$
$$\alpha = 0.008\,139\,91(1/\mathrm{yr}^2)\qquad 1/\gamma = 3.926\ \mathrm{yr}$$

Cox 等（1985）中显示，设短期利率为 $r(t)$，期限为（$T-t$），$t$ 时发行的零票息债券价格以下式表示：

$$P(t, T) = A(t, T)\,\mathrm{e}^{-B(t, T)r(t)}$$

此处

$$B(t,\ T)=\frac{2(\mathrm{e}^{k(T-t)}-1)}{(k+\gamma)(\mathrm{e}^{k(T-t)}-1)+2k'}$$

$$A(t,\ T)=\left[\frac{2k\,\mathrm{e}^{(\gamma+k)(T-t)/2}}{(k+\gamma)(\mathrm{e}^{k(T-t)}-1)+2k}\right]^{(2\gamma\eta/\gamma\alpha)}$$

且

$$k=\sqrt{\gamma^2+2\lambda^2}$$

那么零票息债券的连续复利为：

$$R(t,\ T)=\frac{-\ln\big(P(t,\ T)\big)}{T-t}$$

CIR 模型使我们能够定价任意债券而不受到期日的局限，只需要简单地模拟短期利率即可。对于任何给定的期限，$L=(T-t)$，$A$ 和 $B$ 都是常量，那么前面的公式可简化为

$$R(t,\ L)=\frac{Br(t)-\ln A}{L}$$

可见长期利率是短期利率的线性函数。这样就可以针对每个币种建立完整的换算曲线，并以此得出资产的市场价值和衍生合约的逐日盯市值。

## 附录 14B　SIV 的资本票据分析

SIV 公司的资本票据评级可选择保密也可选择公开，在分析方法上没有区别，强调的都是 SIV 对加上最低利息的资本票据本金的最终支付能力。评级定义中会对利息的支付做出规定，可分期支付也可一次性结清，具体取决于资本票据（或初级票据）模型是否能得出最小票息可以分期支付的结论；或者另一种情况，即交易文件中有明确说明息票可以延期支付。我们来假设废止操作中，资本票据投资人损失至少 1 美元，因此 $P$（废止条件下的第一美元损失）=1。

不过资本票据投资人也有可能遭受废止之外的损失，这种情况下 $P$（无废止条件的第一美元损失）>0。

评级分析必须考虑三大块，即：

- 废止事件的分析
- 废止概率，以及
- 废止外资本票据投资人的第一美元损失可能性

对于资本票据来说，要想得到直观易解的参数化模型，评估过程更依赖于定性假设而非定量假设。这些假设取决于管理人的未来表现，以及避免非信用 /

非资本相关破产清算 / 废止事件的能力。然而触发废止的可能性或不可能性并不是本评级方法中的假设条件，对于 SIV 的高级债务，废止在第一天即应无条件发生，无论缘由。

实际操作中，SIV 管理人要为资本票据设定一个期待评级。大多数管理人的期待评级是 BBB 级。

必须指出的是，下面的方法并不特指标准普尔目前进行评级的任何公司，更不限定于任何寻求资本票据评级的机构。

的确，在具体的分析案例中总会出现其他的问题，评级方法要考虑每个 SIV 的特质来针对性地实施。在公司生存期内，最具破坏力的事件就是废止事件，公司的正常运转不得不停止，投资组合被逐步清盘，在最后一分债务被偿清后，SIV 即寿终正寝。

因此有必要把评级分析分为两种互不相容的事件，即废止与非废止，分析两种事件的第一美元损失效应。把以上理论系统化，就转化为一种对有条件第一美元损失的分析，分为废止条件和非废止条件，关系式如图 14-14 所示。

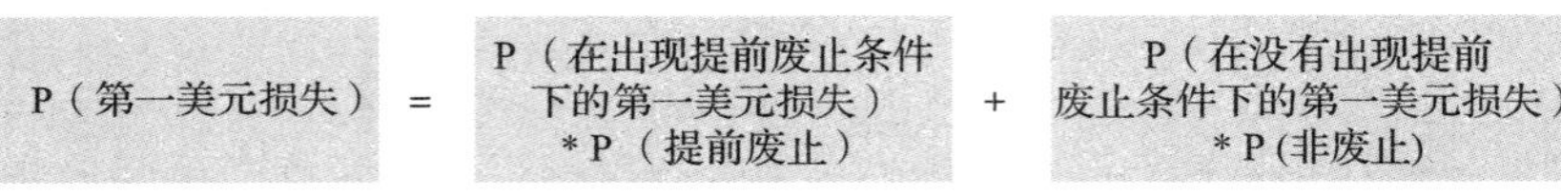


注：P表示概率

图 14-14　第一美元损失公式

## 蒙特卡罗法评级资本票据

利息和 / 或本金的第一美元损失概率可以用“蒙特卡罗”法进行评估。虽然蒙特卡罗分析是计算密集型方法，但它是一种非常好的工具，可精确建模风险因子。同时也是一种很好的结构框架，可精确地把现金流瀑布纳入模型，包括资本票据息票的定期支持，及其在现金流瀑布中的评级。

这种方法隐含模拟了废止和非废止情景下的步骤。

如论文中描述的那样，主要的风险因子是信用变量（转换 / 违约迁移）和市场变量（信用利差、信用互换保费、利率和汇率）。

根据评级分析方法，我们需要确定 *P*（资本票据第一美元损失）并将其与相近评级和到期日的企业债券违约概率做基准匹配。到期日可能受到资本票据某些结构性特征的影响，典型的到期日是 7 到 10 年，不过如果资本票据投资人行使看跌期权，到期日也可以短一些。

用蒙特卡罗工具做分析，需要在时间轴上推演投资组合，并分析是否能够定时支付资本票据的票息和本金。每一个“时间步”上，会随机演变信用和市场变量，分析投资组合的新配置情况。也就是说，在每一个时间步，计算投资组合的信用价值和市场价值，然后检验投资组合是否能够满足规定要求并通过资本充足率测试（每个时间步上，投资组合资产的模拟市场价值应高于发行的所有高级负债总面值）。

因此，在每一个时间步，可用一个随机过程定义当前的市场和信用环境。资本有一个随机的市场价值，反映其新的评级、新的市场利差以及新的到期日。投资组合偏离规定的部分（如评级限制）应加以整治，或出售资产或 100% 加持资本资产，使投资组合重新符合标准。

在每个时间步上构造现金流瀑布，从 AAA 级高级费用和开支开始，然后是高级负债，最终纳入资本票据的最小票息。剩余的资金可以根据规定（含或不含上限）划为利润。此后，任何剩余的资金都作为现金保留至后续时间步骤，以原有评级和随机模拟的利差水平进行再投资。

在推演再投资目的的信用利差曲线时，关注的重点是利差紧缩，这与资产定价目的的曲线推演相反，其曲线的关注点是利差扩大。负债的滚动会产生资金成本，这本身就是一种随机变量，需要加以模拟。

在每个时间步，只要能通过充足率测试（符合投资组合规定、资本以及资本负债率），模型就会做出假设，随机再投资到期资产金额或违约回收金额，重新签订衍生合约，并推进负债的滚动（负债发行成本也可能各不相同）。

如果在某个时间步上，资本测试没有通过，触发了废止，那么公司会停止发行负债，并出售资产清偿债务。基本可以肯定，在废止模式下，资本会被用来支付高级负债。以资本票据评级为目的时，这种路径就是一种失败路径。姑且假设会触发废止的路径数量为 $D$，总模拟路径数量为 $N$，那么蒙特卡罗工具分析得出的废止概率即为 $D/N$。

所有测试通过的那些路径不会触发废止，这些路径在每一个时间步重复进行，直至资本票据到期。分析关键是确认资本票据的最小票息和总额定价值是否能被偿付。

直观上，这就转化为一个是否有足够的利差来修补违约资产的问题，违约资产是资本的主要消耗方。也可能有一些路径，虽然没有触发废止，但是也没有足够的资金全额支付资本票据。这些路径也应被视为失败路径。假设不能全额支付票据的路径数量为 $E$，总模拟路径数量为 $N$，那么蒙特卡罗工具算出的无废止时第一美元损失概率等于 $E/N$。

因此，资本票据的总失败路径比例为 $(D+E)/N$，其中

- $D$ 为废止路径数量
- $E$ 为无废止但无法全额支付票据的路径数量
- $N$ 为总的路径数量

该值必须符合目标评级和到期日的企业债券违约概率。

在蒙特卡罗随机模型中，如果高级票据有类似的模型，那么已经校准过的参数可保持不变。置信水平低于 AAA 的归入分界点或勉强归于失败路径。

需要提醒读者注意，这种方法并不是硬性规定；实际上，我们也可以用蒙特卡罗工具模拟废止，分析需要部署多少资本。有些路径可能不会用尽全部资本（比如资产价格得以回收的情况），资本票据的投资人可以回笼部分票据投资。

## 非蒙特卡罗法

运用第一美元损失的概率计算公式时，只需要估计 $P$（废止）和 $P$（无废止的第一美元损失）(见第 4 章)

例如：要量化 $P$（废止），可以假设废止的发生原因是资产评级的大幅下降和利差在短时间内的大幅扩大，如在一个月或三个月内。这种下降和利差扩大会消耗掉所有超额资本，AAA 级资本充足率测试也岌岌可危，因而触发废止。

尽早注意对利差在很短时间内扩大的概率进行量化并将其考虑到资本票据的期限中（例如，10 年期）。

这就需要一个适用于利差的概率模型。另外，分析必须反映投资组合的组成，即资产的混合。利差通常有厚尾，并随资产类别的不同而不同。

$P$（无废止的损失）可通过利润和损失途径来量化，即将保守估计的收入计入重点违约、高级费用和其他支出、高级负债，以及最小票息资本票据。

前面讲述的方法只是蒙特卡罗方法的替代途径，可调整并适用于每种 SIV 模型或技术。对于非随机模型，参数权重需要降低一些才能反映资本票据评级操作中公差的增大，这与高级负债的操作正好相反。对于非扩张型的投资组合，需要测试初始资产利差和融资成本的多种假设。

资本票据评级时，为了处理评级的波动性，需要测试几种不同的投资组合，测试采用低中高杠杆，或者相对应的高中低信用质量。最终，超额利差（AAA 模型之外）是资本票据票息和本金的主要贡献者。细化资本票据的资本结构到夹层和受损部分，或许有助于减少损失，获得更高评级。

## 参考文献

Carty, lea V. and Lieberman, D. (1996), "Corporate Bond defaults and Default Rates 1938–1995," Moody's Investors Service, Global Credit Research.

Cox, J.C., J.E. Ingersoll, and S.A. Ross (1985), "A Theory of the Term Structure of Interest rates," *Econometrica*, 53(2), March, 385–408.

CreditMetrics (1997), Technical Document April.

"*Global Methodology For Rating Capital Notes In SIV Structures*" (published on February 11, 2005).

Jolliffe, I.T. (1986), *Principal Component Analysis*, Springer-Verlag.

Merrill Lynch (2005), Fixed Income Strategy, "SIVs are running strong," January 28.

Merrill Lynch (2005), International Structured product Monthly (jan), "SIV capital Notes vs. CDO Mezzanine Notes and equity," February 1.

Hull, J. (2005), Options, Futures and other Derivative Securities.

Prigent, Renault, and Scaillet (2000), An Empirical Investigation in Credit Spread Indices.

Rating Derivative product Companies S&P Structured Finance Criteria February 2000.

Standard & Poor's Research—Principal Repayment and Loss Behaviour of Defaulted U.S. Structured Finance Securities, published 10 January 2005 by Erkan Erturk and Thomas Gillis.

*"Structured Investment Vehicle Criteria: New Developments"* (published on September 4, 2003).

*"Structured Investment Vehicle Criteria"* (published on March 13, 2002).

SIV Outlook Report/Assets Top $200 Million in SIV Market; Continued Growth Expected in 2006—January 2006.

# 第 15 章

# 巴塞尔协议 II 资产证券化

William Perraudin ㊀

## 15.1 简介

在本章中，我们主要介绍在新巴塞尔协议提案下的结构性产品㊁ 监管资本规则㊂。我们研究影响监管者设计规则的各项驱动因素，回顾银行需一致遵循的各种计量方法，讨论支持这些计量方法所用到的金融工程的相关知识，并思考新巴塞尔协议在结构化产品市场上可能产生的影响。为了确保讨论完备性，在此我们简要地回顾该市场的一些相关特征。

在美国，伴随着住房抵押支持证券（RMBS）市场的兴起，结构性产品的发展开始于 20 世纪 80 年代。90 年代，以汽车贷款和信用卡应收款为基础资产的资产支持证券（ABS）开始大量出现。自 20 世纪 90 年代末，出现了不同类型的抵押债务债券（CDO），主要是由非流动性债券或银行的大型企业贷款组成的特殊目的载体（SPV）资产池。

最近，结构化产品的抵押品类型进一步扩大，发行人已经基于不同种类的应收账款、股权、商业地产、公用事业应收账款甚至能源衍生品创设了证券化产品。发行人已经意识到，在原则上，任何可以产生未来现金流的资产都可以被资产证券化。

---

㊀ 感谢 Patricia Jackson 和 Ralph Mountford 的宝贵意见，并多谢 Robert Lamb 提供的研究帮助。

㊁ 术语“结构化产品”和“证券化”在此处同义。

㊂ 见巴塞尔银行监管委员会（2005）。

典型的资产证券化需要将资产转移到 SPV，商业银行已将结构化思路广泛地应用在以表外通道发行商业票据并以其收益循环购买资产。在美国，这样的资产支持商业票据（ABCP）通道特别重要。

另外常见的是合成型证券化。在这类交易中，SPV 对银行贷款提供信用保护（通常采用的方式为信贷违约掉期（credit default swaps，CDS））。与此同时，它向市场发行票据以募得资金，主要投资于高信用水平的债券，例如国债。该 SPV 以发行信用违约掉期而向银行收取的手续费和国债票息为收入，支付对外发行票据的票息。比起传统的结构化产品，这种方式通常更加廉价，因为避免了转让标的资产所有权在法律上的麻烦。

结构性产品获得了发行商和投资者的一致好评。结构性产品提供给投资者一个更广泛、更具流动性的债务工具，允许发行人更好地管理他们的资产负债表风险，开辟了新的银行的资金来源。早在 1998 年，一项估计表明，美国最大的十家银行控股公司 40% 的非抵押贷款业务已经被证券化。

## 15.2　监管的目标

本节回顾监管机构在为结构性产品制定巴塞尔协议Ⅱ规则时的各种目标。证券化是巴塞尔新资本协议的重要组成部分。这不仅是因为暴露在银行资产组合证券化风险的绝对量，也因为银行广泛地使用证券化，通过所谓的资本套利以规避监管资本的要求。事实上，这样的资本套利的流行使监管机构感到有必要制定一个新的更为复杂的、风险敏感度更高的巴塞尔协议Ⅱ来取代 1988 年的巴塞尔协议。

Jones（2000）已给出了如何利用证券化进行资本套利的例子。考虑下面的例子。假设一家银行拥有 100 美元的贷款池，损失超过 5 美元的机会可能微乎其微。在这种情况下，银行可以创建一个证券化产品并以面值 5 美元设置劣后级。从而，由它承载交易中的所有信用风险。

监管当局可以以 100% 作为最大的资本要求。因此，过去根据巴塞尔协议Ⅰ必须持有 8 美元的资本的银行（如果风险敞口暴露在资产负债表内），即使它的风险状况并没有改变，现在也只需要持有不超过 5 美元的资本。

根据巴塞尔协议Ⅰ，甚至只要资产池风险敞口实际上源自 SPV 就可以提供更少的监管资本。在这种情况下，银行可能会提升类似次级贷款的 SPV 的信用增进，以使其有效地承担资产池相关的信用风险。在这种情况下，根据巴塞尔协议Ⅰ，次级贷款只需要占用 8% 的资本成本。

在这些例子中，我们可以看出银行监管机构设计巴塞尔协议Ⅱ的一揽子规章制度来降低银行从事资本套利的动机是多么的重要。

为了实现这一目标，监管机构首先尝试设计针对贷款的监管资本，这与银行自身所希望持有的资本数额一致。其次，他们意欲创设一套关于资本成本的机制来保持表内和表外业务的一致性；也就是说，不论银行直接持有一组贷款还是将其证券化后持有全部级别的份额，银行所必须持有的资本量应该是相同的。最后，他们都力求确保结构化产品的不同分层所要求的不同的资本成本与风险在不同分层之间的相对分布是一致的。

关于资本成本的新机制将不可避免地对证券化市场产生影响。毕竟巴塞尔协议Ⅱ的一个主要目标是降低以资本套利为动机的交易。然而，一个重要的目标是在特定市场不去无端地阻碍市场行为，尤其是那些明显是为了有效地转移发行人资产负债表上风险的交易。正如我们看到的，在某些关键领域，监管机构已感到需要一个更加灵活的新法规来防止其在细分市场上的不利影响。特别地，资产支持商业票据（ABCP）市场对美国企业非常重要，所以新巴塞尔协议对该市场中的流动性供应商和信用增级机构的影响已经引起了美国的监管机构的关注。

鉴于这些总体目标，监管机构已经提供了多种方法的清单，让银行可以在各种风险背景下为其账簿上各种证券化产品的风险敞口在很大的区间范围内计算其所需的资本。

在清单中允许使用不同的方法在很大程度上受到了这样一个问题的影响——人们究竟希望银行对其所持有的大量证券化产品风险敞口知道多少信息？例如，作为一个非关联的投资者，银行持有大量的资产证券化资产，而这些资产可能因银行只披露模糊的信息而演变为风险敞口。通常情况下，他们只会对基础资产的构成及信贷质量有一个宽泛的概念。另一方面，如果银行发行资产证券化产品并进行后续管理，它就会有非常详尽的信息。

当银行充当商业票据计划的发起人时，就会发生中间情况。主办银行将为该计划提供信用增级和流动性安排的方案，这在新巴塞尔协议中关于资产证券化的框架下被视为风险敞口。标的资产在大多数情况下是从其他发起人处购买，所以发行人只有关于他们的有限信息。

一般有两种可行的方式来计算证券化资本成本：①基于外部信用评级机构列出的各级、档的评级确定资本成本；②基于监管机构提供的公式，其中有关各级、档的基本信息都是由受监管银行提供。

基于评级的方法倍受青睐，这得益于其简易性以及该方法可以认识到评级机构在证券化市场起到关键作用。投资者严重依赖评级机构对发行后的证券化产品中各层份额信贷质量的估值，并且该评估结果会受到交易形式的影响（例如，在实际发行中，发行人往往需要和评级机构为了达到某种目标评级而需要就某级、档份额提供信用增进的力度进行谈判）

此外，将资本成本作为评级的基础，这一原则已被广泛应用于巴塞尔协议Ⅱ中那些为债券的常规信贷风险敞口进行评级的相关规则。（在某些情况下，采用的是内部评级，而其他的情况采用的是外部机构评级。）但是有人可能会担心资本和评级之间的关系在结构性产品情况下会比传统信用风险如债券或贷款等情况下更为复杂。在这种情况下，基于一个自上而下的程式化的模型来计算资本可能是一种有吸引力的选择。

## 15.3 根据巴塞尔协议Ⅱ计算所需资本

基于这些目标和考虑，监管机构制定了囊括多种方法的清单。

1. 标准法 这种方法需要一张根据各级长期或短期风险敞口评级制定的资本成本备查表。这些待讨论的评级由指定的评级机构确定，而非商业银行内定。当且仅当在巴塞尔资本协议Ⅱ框架下使用“标准法”来计算结构性资产池的主要资产所需的资本量时，商业银行才被要求针对特殊的结构性风险敞口采用这种方法。在标准法下备查表见表 15-1 和表 15-2。表中的数字表示“风险权重”。这里需要乘以 0.08 将这些风险权重转换为资本成本，即标准的巴塞尔 I 下的资本成本。[⊖] 例如，风险权重为 50% 的 BBB 级风险敞口的资本成本为 4%。

表 15-1 根据长期资产评级的标准化方法

| | AAA to AA（%） | A+ to A–（%） | BBB+ to BBB–（%） | BB+ to BB–（%） | B+ and below（%） |
|---|---|---|---|---|---|
| 风险权重 | 20 | 50 | 100 | 350 | 1250 |

表 15-2 根据短期资产评级的标准化方法

| | A-1/P-1（%） | A-2/P-2（%） | A-3/P-3（%） | Other（%） |
|---|---|---|---|---|
| 风险权重 | 20 | 50 | 100 | 1250 |

1250% 的风险权重转化为 100% 的资本要求，即从资本中扣除风险敞口。风险权重在标准化方法中是十分保守的。一项长期的 AAA 级占用了 20% 的风险权重，资本费用为 1.6%。这样的风险敞口的默认概率可能非常接近于零，因此这是十分保守的。

2. 评级导向法（ratings base approach，RBA） 评级导向法为长期和短期的评级分层制定了更为详细的两张备查表（见表 15-3 和 15-4）。对于给定的评级的分层，其风险权重因以下因素而变化：

a. 粒度 当一个资产池中包含大量对总风险没有贡献的风险敞口时，就可以说这个资产池是高度细化的。可以用一个统计量来衡量资产池的细分度，记资产池里的第 $i$ 个风险敞口为 $EAD_i$。在评级导向法中，如果 $N < 6$，评级在 BBB+ 级以上的分层所承担的风险权重比基础权重高（见表 15-3 的第四列）。

⊖ 根据巴塞尔协议，银行必须在一定水平保持资本不低于风险加权资产（RWA）的 0.08 倍。该风险加权资产是指用类似于表 15-1 中这样的风险权重加权的银行名义风险敞口的总和。

表 15-3 根据长期资产评级的评级导向法

| 外部评级 | 优先级的风险权重 | 基本风险权重 | 资产池为网络状的层级风险权重 |
|---|---|---|---|
| AAA | 7 | 12 | 20 |
| AA | 8 | 15 | 25 |
| A+ | 10 | 18 | 35 |
| BBB+ | 12 | 20 | 35 |
| BBB | 20 | 35 | 35 |
| BBB+ | 35 | 50 | 50 |
| BBB | 60 | 75 | 75 |
| BBB− | 100 | 100 | 100 |
| BB+ | 250 | 250 | 250 |
| BB | 425 | 425 | 425 |
| BB− | 650 | 650 | 650 |
| Otherrated | 1250 | 1250 | 1250 |
| Unrated | 1250 | 1250 | 1250 |

表 15-4 根据短期资产评级的评级导向法

| 外部评级 | 优先级的风险权重 | 基本风险权重 | 资产池为网络状的层级风险权重 |
|---|---|---|---|
| A-1/P-1 | 7 | 12 | 20 |
| A-2/P-2 | 12 | 20 | 35 |
| A-3/P-3 | 60 | 75 | 75 |
| Otherrated | 1250 | 1250 | 1250 |
| Unrated | 1250 | 1250 | 1250 |

$$N=\frac{\left(\sum_i \text{EAD}_i\right)^2}{\sum_i \text{EAD}_i^2} \tag{15-1}$$

b. 优先性 如果一个分层在整个结构化中的优先顺位最高且其评级在 BBB 或以上，只要 $N>6$，它承担的风险权重就比基础权重低（参照表 15-3 的第二列）。最后，作为后来对评级导向法的修正，最近认为超高级档的风险权重为 6%。如果这一比例是最优先的，在这样的分层中它的劣后承担了 7% 的风险敞口。

3. 监管公式法（supervisory formula approach，SFA） 这包括一个自下而上的方法来计算资本。该方法将一组反映了资产池的信用质量和结构化资产现金流特征的参数插入一个公式，用来计算特殊分层所需的资本。该式依赖于 5 个银行提供的输入变量：

a. $K_{\text{IRB}}$。它是指，若资产池风险敞口留在资产负债表中，则根据巴塞尔协议 II 的规定采用内部评级法（internal-ratings based approach，IRB）计算出的商业银行必须持有的资本成本。

b. $L$ 为该分层的起算金额或信用增级水平，也即比该分层的顺位更劣后的各个分层的面值之和。

c. $T$ 为该分层的厚度。

d. $N$ 为资产池中风险资产的有效数量。

e. $LGD$ 为资产池的资产加权违约损失定义，记为：

$$\mathrm{LGD}=\frac{\sum_i \mathrm{LGD}_i\,\mathrm{EAD}_i}{\sum_i \mathrm{EAD}_i} \tag{15-2}$$

针对该分层的监管公式法下得出的资本成本是

$$\max\{0.0056\,T, S(L+T)-S(L)\} \tag{15-3}$$

此处监管公式 $S(L)$ 被定义为

$$S(L)=\begin{cases} L & \text{当 } L\leqslant K_{\mathrm{IRB}} \\ K_{\mathrm{IRB}}+K(L)-K(K_{\mathrm{IRB}}) & \\ \quad +\dfrac{\mathrm{d}\,K_{\mathrm{IRB}}}{\omega}\left(1-\exp\left[\omega\dfrac{K_{\mathrm{IRB}}-L}{K_{\mathrm{IRB}}}\right]\right) & \text{当 } L>K_{\mathrm{IRB}} \end{cases} \tag{15-4}$$

这里，

$$h=(1-K_{\mathrm{IRB}}/\mathrm{LGD})^N \tag{15-5}$$

$$c=K_{\mathrm{IRB}}/(1-h) \tag{15-6}$$

$$v=\frac{1}{N}((\mathrm{LGD}-K_{\mathrm{IRB}})K_{\mathrm{IRB}}+0.25(1-\mathrm{LGD})K_{\mathrm{IRB}}) \tag{15-7}$$

$$f=\left(\frac{v+K_{\mathrm{IRB}}^2}{1-h}-c^2\right)+\frac{(1-K_{\mathrm{IRB}})K_{\mathrm{IRB}}-v}{(1-h)\tau} \tag{15-8}$$

$$g=\frac{(1-c)c}{f}-1 \tag{15-9}$$

$$a=gc \tag{15-10}$$

$$b=g(1-c) \tag{15-11}$$

$$d=1-(1-h)(1-\mathrm{Beta}(K_{\mathrm{IRB}};a,b)) \tag{15-12}$$

$$K(L)=(1-h)\,((1-\mathrm{Beta}(L;a,b))L+\mathrm{Beta}(L;a+1,b)c) \tag{15-13}$$

这里，Beta $(x;p,q)$ 表示参数为 $p$ 和 $q$ 的 beta 累积分布。参数 $\tau$ 和 $\omega$ 分别设定为 $\tau=1000$，$\omega=20$。这种方法之后会给出更为详尽的说明。在实际使用中流程图可以很好地解释这些不同的方法，见图 15-1。当商业银行面对一个给定的证券化资产风险敞口时应当决定相应地持有多少资本，该流程图列示了商业银行此时所需要回答的一系列的问题。

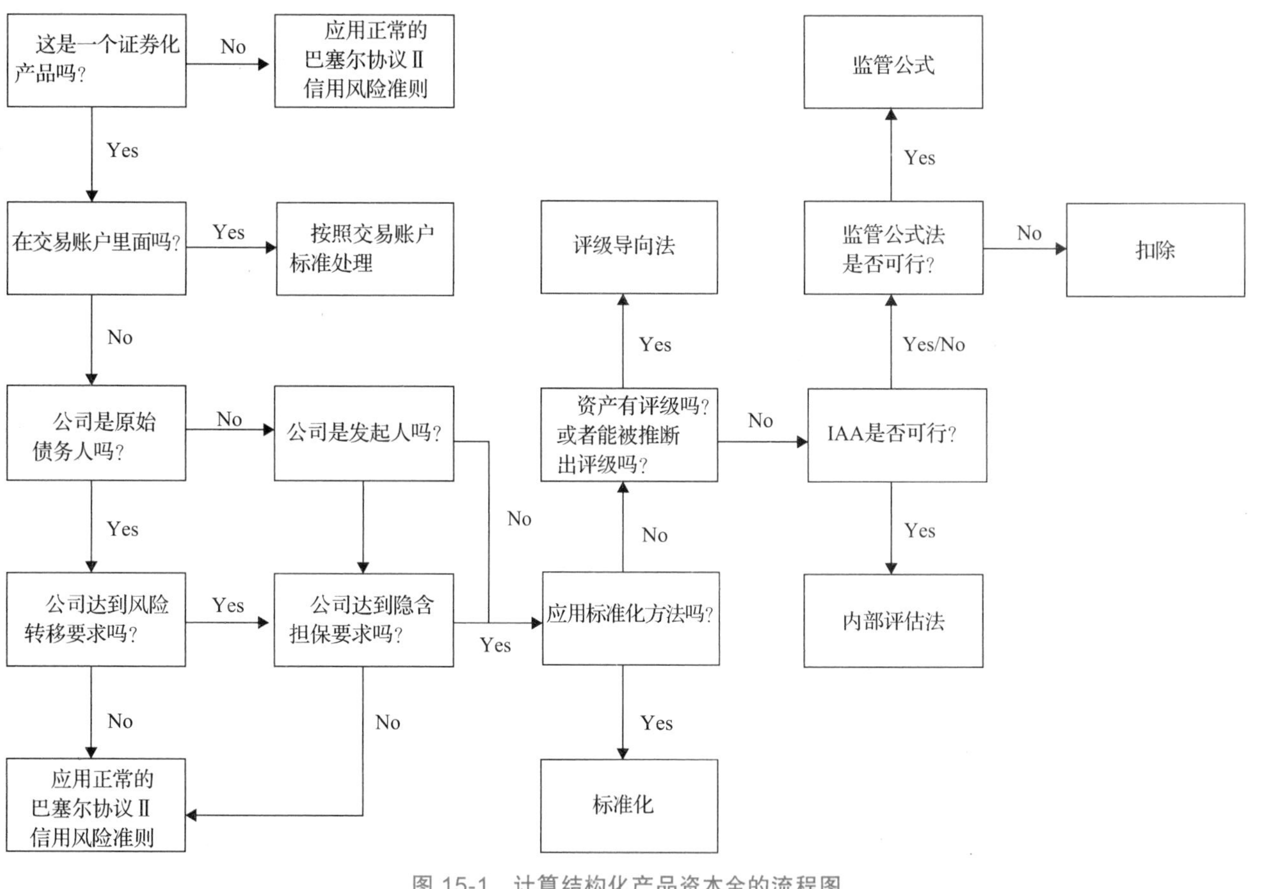


图 15-1 计算结构化产品资本金的流程图

（1）它是一个资产证券化产品吗？欧盟的资本要求指令草案（the EU's draft Capital Requirements Directive，第 4 条，36）中资产证券化的定义是："一个交易或方案，即信用风险是依据风险敞口或资金池的敞口进行分级，具有以下特点：①在交易中的支付都依赖于风险敞口或资产池的表现；②付款的从属地位决定了交易或计划损失的生命周期。"㊀

（2）假设风险敞口是证券化资产，银行必须决定是否作为交易的一部分，或记入银行账簿。在前者的情况下，资本成本将依据普通的交易账户规则。

（3）银行适用上述证券化产品资本计量方法时，它必须满足两组条件：①风险转移的需求，如果银行是资产证券化的发起人；②隐性支持的要求，如果它是证券化的发起人或保荐人㊁。如果这两组条件均未满足，那么银行必须计算资产池风险敞口所需要的资本，就像这些资产仍留在资产负债表一样。

（4）如果满足这些条件，银行必须使用标准化的方法，如前所述，如果对那些与作为证券化资产池的主要构成的资产属同一种类的资产负债表表内资产适用标准法。

（5）如果银行对资产池中主要资产使用内部评级法，那么就必须使用评级导向法（RBA）或监管公式法（SFA）。如果风险敞口是由各国监管当局认可的外部评级机构评级，银行必须使用 RBA。如果风险敞口未评级，但银行可以通过赋予更多同期限或更长期限的劣后评级来推断风险敞口的评级。

（6）如果外部评级不能直接可用且不能拿来用于推论，银行必须决定内部评估方法（IAA）是否适用。这种方法只适用于资产支持商业票据发行机构的流动性和信用增级符合条件的资产。实际上，银行可以以这套狭隘的风险敞口标准来进行内部评级。这样处理时，银行必须制定一个可复制的且与评级机构处理方式相类似的评级过程。

（7）如果 IAA 是适用的，银行可以选择采用这种方法，也可采用 SFA。如果采用 IAA，则商业银行在计算资本成本所采用的 RBA 备查表就应当以 IAA 产生的评级水平为基础。一般情况下，银行必须采用一致的原则，选择是否使用 SFA 或 IAA/RBA。

（8）如果 IAA 不适用或商业银行选择不采用它，那要么采用 SFA（若其可行的话），要么在资本中扣减风险资产，也就是适用 1250% 的风险权重。

在很多情况下，采用监管公式法的关键，是商业银行对计算公式输入变量的能力。其中最值得注意的是 KIRB，即指商业银行必须持有的与其所持资产量

㊀ 该定义包含了传统的和合成式的资产证券化，且简化了巴塞尔协议给出的定义（2005）。

㊁ 以下实体均为发起人：某实体自身或其关联方直接或间接地与创设债务或潜在债务的原始协议（这些原始协议所产生的风险暴露的原始权益最终被证券化）发生关联或成为潜在债务人；某实体买入第三方的风险暴露资产并纳入自身资产负债表而后将其证券化。保荐人是指有别于发起人的专业机构，其创设并管理资产支持商业票据计划或其他自第三方购入风险资产的证券化产品。

对应的资本量，所持资产系指在其资产负债表内持有的用以支持证券化的资产池。如果商业银行要计算 $K_{IRB}$，巴塞尔协议Ⅱ对其披露的信息和数据进行了相当严格的限制。特别地，在巴塞尔协议Ⅱ中对于购入的后期应收账款的资产组合可以放松计算 $K_{IRB}$ 的信息披露要求，因为相较于银行投资组合中的大多数证券化风险敞口此类资产嵌入的风险相对较小。如若（资本额）不得不被扣除，则将在若干领域破坏合理的市场行为。

内部评级法（IAA）要求商业银行在工作程序和信息系统方面进行大量投资。其逻辑是，在证券化市场的一个被相当程度限定了的领域（资产支持商业票据，ABCP）内，商业银行有能力对各层份额自行分级，但必须采取评级机构认可的合理方法。商业银行的工作程序必须由监管机构授权并接受彻底的审计。银行可以选择监管公式法或内部评级法与 RBA 备查表结合使用。RBA 备查表用于处理未评级的资产支持商业票据的流动性和信用增级措施。但是，银行必须采取用同一种方法或其他可在不同交易间切换的一致性政策。

对支持和风险转移的隐含要求是这项规则的重要组成部分。前者是为了确保发起人独立于他们的证券化资产。（发起人能够支持其既往发行的证券化资产且支持行为确已正式实施的，相应风险敞口所占用的资本可被收回。）而对风险转移要求则包含一些潜在的歧义。

## 15.4 评级导向法和监管公式法下的金融工程

监管部门一直致力于以巴塞尔协议Ⅱ来降低银行实施资本套利的动机。实现这一目标的唯一途径是使风险敞口计入表内和表外所受待遇保持在合理的中性水平上，以确保资本成本与商业银行期望保持的经济成本在绝对水平上是一致的。

在巴塞尔协议Ⅱ中，结构化产品的资本成本水平的决定是由美联储和英格兰银行的分析师进行的金融工程研究所确定和影响的。本节简要地总结这些研究。主要贡献是：① Peretyatkin 和 Perraudin（2004）在评级导向法；② Gordy 和 Jones（2003）和 Gordy（2004）在监管公式法。

在评级导向法下，要制定一套基于评级结果的结构性产品的资本成本是很有挑战的。事实上，在巴塞尔协议Ⅱ施行的早期阶段，一些监管机构就争议过这是否能够实现。要了解这些问题，需要一些关于对其他风险工具如债券和贷款在巴塞尔协议Ⅱ框架下如何进行资本处理的背景知识。

内部评级法对传统交易的资本要求，在巴塞尔新资本协议下，是以对一年内给定违约率水平风险暴露资产的边际 VAR 计量为基础的。违约率与评级水平相对应，而各个评级级别都是依据过去一年违约情况的历史观察数据确定。因此，该方法也可以看作一种基于资本成本的评级方法。（在任何情况下，对表内信贷风险敞口评价标准化方法是以评级结果为框架而不是违约概率。）

将资本情况与评级结果相关联的理由是，运用简单行业标准模型分析的结果表明，当存在一个单一的常见风险因素驱动贷款组合时，大样本投资组合中单个资产风险敞口的 MVaR 是关于违约率的函数。给定的风险敞口，其他影响 MVaR 的因素分别是预期违约损失率、求偿索赔与单一常见风险因子的相关度以及索赔期限。若监管机构为每个不同的细分市场给定合理的相关系数值，那么我们就可以推断出合理的资本曲线。[㊀]

谈到结构化产品的资本成本，人们可能会担心，违约率或评级水平与资本成本的对应关系将更加复杂，例如，依赖于分级厚度，资产池中的风险因子的相关性，银行更广泛的投资组合的风险因子以及资产池与结构化产品的期限。

Peretyatkin 和 Perraudin（2004）研究一大组程式化交易的各个分层的 MVaR 与违约概率和预期损失之间的关系。（穆迪的结构化产品的评级以预期目标损失为基础。当将评级与结构化产品的分层归因分析时，标准普尔和惠誉以目标违约率为基础。）人们借助由 Pykhtin 和 Dev 在 2002 年（Pykhtin and Dev (2002a)），Pykhtin and Dev (2002b)）提出的并由 Pykhtin（2004）调查验证的简式分析模型对风险资本（即 MVaR）来进行计算分析，然后检查各分级（档）的违约概率和预期损失与各分级（档）的 MVaR 之间的对应关系。

借助 VaR 计算方式，Pykhtin-DEV 模型是用来计算持有期内具有相同到期日的各级（档)MVaR 的。Peretyatkin 和 Perraudin(2004）也设计了一种方法，在资产端的持有期短于产品端到期期限时，采用蒙特卡罗模型计算资产端投资组合的 VaR 和产品端结构化设计的各级（档）的 MVaR。这显然是更符合实际的，因为 CDO 期限通常是 10 年或以上，而几乎所有商业银行的 VaR 基准线为一年。

表 15-5 中给出了一个 Peretyatkin 和 Perraudin（2004）计算示例。该表显示了，对于不同评级与不同 $\rho$ 值，各级（档）基于 MVaR 的资本占用百分比；其中，$\rho$ 值是单一常见风险因子（假定能够影响商业银行更广泛的投资组合的信贷质量）和驱动结构化风险敞口池（structured exposure pool）的风险因子之间的相关系数。上述计算假设在一个由具有风险敞口的 BB 级标的资产组成的粒度较高的资产池中进行。风险价值（VaR）的持有期和置信水平分别是一年和 0.1%，同时标的资产池的到期日也取为一年。

从表 15-5 可见，结果显著依赖于相关系数 $\rho$、标的资产池与更广泛的银行投资组合的风险因子之间的相关性。如表 15-5 的末行所示，当 $\rho$=0.6 时，资本成本大致相当于用基础评级法计算出的资本占用需要。

---

㊀ 这是巴塞尔协议Ⅱ的做法，所以有一系列的资本曲线或函数对应五种信用风险敞口不同的资产类别（工商贷款（C%I loans)、中小企业贷款、循环零售风险暴露（revolving retail exposures)、其他零售贷款以及住宅抵押贷款。）见巴塞尔委员会银行监管（2005 年）。

相关性参数的重要性表明，如果底层资产池的风险资产与银行主要投资的大类资产具有高度相关性时，那么结构化产品风险敞口的资本成本占用将明显较高。显然银行投资于信用卡 ABS 产品需要针对其持有更多的资本，如果其大部分表内风险与主要暴露在大型企业借款之下的零售信贷市场下滑有关。表 15-5 中各行数据之间的差异强调了这一点。

Peretyatkin 和 Perraudin 认为结构化产品的一些其他方面在适当的资本成本选取上只有二阶效应。例如，底层资产池风险敞口之间相互联系的程度或其网状结构的程度导致资本相对较小的变化。其原因是，当资产池的风险增加时，评级机构往往会对优先级进行降级处理，所以即使没有对于给定评级的分级直接增加其资本，也可能需要提高整体资产池的资本。

另一方面，Peretyatkin 和 Perraudin 发现对于特定的评级类别，到期日对资本成本有一阶效应。使用一种新的蒙特卡罗技术，他们能够计算 MVaR 以及不同期限的结构性产品的资本占用。结果见表 15-6。有相同评级的相对优先的分档，若期限为四年而非一年，资本占用将翻倍。

如上所述，在巴塞尔协议Ⅱ中评级导向法为风险权重（以及隐含的资本费用）提供了按评级类别列示的简式备查表。它对不同的产品是无差别的，不论是①作为标的资产的类别不同（例如，信用卡应收款与大企业贷款），还是②期限不同，抑或是③作为标的资产与在银行的资产组合中占主导地位的风险资产相同或相异。而有理由相信：①不是一个严重的缺点，因为影响证券化资产池风险程度的因素可能对资本是二阶效应，②和③可能更严重。根据 Pillar II 的规定，这些问题或已被处理，但巴塞尔资产协议Ⅱ并没有采取这种做法。

最后，评级机构在对证券化产品进行评级时所考虑的复杂因素对于评级导向法有至关重要的作用，评级机构发现这些因素可能会在交易过程中催生风险。这些因素包括：发行人按约支付本金和利息的概率、现金流瀑布结构、池内资产的种类，以及其他诸如市场风险、法律风险、交易对手风险、信用增进与流动性增进等多类风险。不同的评级机构也会采用显著不同的评级方法给出评级。想在评级导向法体系下将所有这些因素令人满意地纳入到对结构化产品各级 / 档预期损失的程式化计算过程中，这种美好期望显得有点过于美好。

针对上述批评的相反论点是随着时间的推移，不同的评级机构所采用的对结构化产品的评级方法将最终提炼为它们正在越来越多地使用的可比性强的蒙特卡罗方法，并借此模拟资产池的表现和各级（档）的回报。评级导向法的参数则可被视为对那些典型交易的模拟进行标准化的应用。

金融工程背景知识在监管公式法（SFA）的应用出现在 Gordy 和 Jones（2003）和 Gordy（2004）。为了使用自下而上的公式计算结构化产品各级档的资本，最显而易见的办法可能是使用单渐近风险因子模型。该模型在巴塞尔新资本协议体系内是资本曲线的基础，而后者连接了资产负债表内违约概率和资本水平。该模型在 Gordy（2003）中有所论述。

表 15-5　根据 Ptkhtin-Dev 模型计算出的资本金

| $\rho$ | AAA | AA+ | AA | AA− | A+ | A | A− | BBB+ | BBB | BBB− | BB+ | BB | BB− | B+ | B | B− | CCC |
|---|---|---|---|---|---|---|---|---|---|---|---|---|---|---|---|---|---|
| 0.6 | 0.59 | 0.98 | 1.30 | 1.50 | 1.70 | 1.90 | 3.58 | 4.96 | 7.06 | 7.71 | 10.07 | 17.11 | 23.15 | 32.88 | 54.28 | 60.28 | 77.05 |
| 0.7 | 0.87 | 1.47 | 1.98 | 2.29 | 2.61 | 2.92 | 5.60 | 7.76 | 11.02 | 12.02 | 15.61 | 25.81 | 34.03 | 46.34 | 69.47 | 75.03 | 88.29 |
| 0.8 | 1.12 | 1.99 | 2.75 | 3.22 | 3.70 | 4.18 | 8.41 | 11.84 | 16.97 | 18.51 | 23.97 | 38.62 | 49.37 | 63.72 | 84.77 | 88.68 | 95.95 |
| 0.9 | 1.08 | 2.12 | 3.16 | 3.85 | 4.54 | 5.24 | 12.06 | 17.85 | 26.48 | 29.01 | 37.80 | 58.72 | 71.35 | 84.49 | 96.03 | 97.23 | 98.72 |
| RBA | 0.96 | 1.20 | 1.20 | 1.20 | 1.60 | 1.60 | 1.60 | 4.00 | 6.00 | 8.00 | 20.00 | 34.00 | 52.00 | 100.00 | 100.00 | 100.00 | 100.00 |

注：百分比变化。

表 15-6　根据蒙特卡罗模拟计算出的资本金

| | AAA | AA+ | AA | AA− | A+ | A | A− | BBB+ | BBB | BBB− | BB+ | BB | BB− | B+ | B | B− | CCC |
|---|---|---|---|---|---|---|---|---|---|---|---|---|---|---|---|---|---|
| 1 year | 0.54 | 0.99 | 1.36 | 1.58 | 1.77 | 1.96 | 3.50 | 4.63 | 6.25 | 6.75 | 8.75 | 14.78 | 19.87 | 28.30 | 49.53 | 56.21 | 76.26 |
| 2 years | 0.17 | 0.86 | 1.72 | 1.89 | 2.27 | 2.70 | 4.99 | 6.98 | 9.30 | 11.83 | 14.65 | 20.50 | 26.31 | 35.74 | 55.72 | 62.58 | 78.81 |
| 3 years | 0.67 | 1.55 | 2.68 | 2.80 | 3.31 | 3.93 | 6.29 | 8.55 | 10.91 | 14.59 | 18.66 | 24.57 | 30.93 | 40.79 | 58.84 | 65.15 | 77.46 |
| 4 years | 1.41 | 2.53 | 3.86 | 3.99 | 4.62 | 5.45 | 7.88 | 10.38 | 12.86 | 17.32 | 20.97 | 26.49 | 32.83 | 42.27 | 56.79 | 61.28 | 67.66 |
| 5 years | 1.29 | 2.49 | 3.82 | 3.96 | 4.67 | 5.62 | 7.96 | 10.51 | 13.03 | 17.83 | 23.05 | 29.14 | 35.98 | 45.27 | 57.17 | 60.41 | 64.02 |

注：对包含了 264 个 BB 评级债务人的投资组合进行的模拟，假设违约损失率为 50%，资产池中单因子的相关系数为 60%，个体潜在因素的相关系数为 80%。

资本要求（MVaR）以百分比表示。

在证券化资产分档的背景下，运用这种方法的问题是，当基础资产池是完美非网状结构，次级档的隐含的资本支出变成100%。在一个特定水平下，一个厚度不大的层级（薄档）[⊖]，资金成本急剧下降，从100%到0%。这意味着模型作为资本计算的基础并不引人注意，因为它意味着一个银行可能有不需要持有任何资本的夹层档的投资组合，但这显然造成了信贷风险。

因此，Gordy和Jones设计了一个模型，有效地平滑了资本成本函数的阶跃性。原则上，各种不同的方法都可被采用，其基本目的只是在不同的保护水平上为资本成本掺入一些平滑性。Gordy-Jones方法的假设前提是一个给定的分级／档的保护水平是不特定的。他们认为，在实践中，经典现金流瀑布的复杂性意味着，对于给定的分级／档是不可能确定一个准确的保护水平。假设一个威沙特分布（Wishart distribution），导出了一个公式。图15-2显示了渐近单风险因子模型下薄档的边际资本和保护之间的阶梯函数。（请注意，资本跳到0%时的保护水平记为$K_{\mathrm{IRB}}$，也即商业银行欲将资产池保留在资产负债表中则必须持有的资本量。）Gordy-Jones平滑方法产生一个反向的$S$形曲线。他们的模型包含一个反映了保护水平的不确定性程度参数$\omega$。图中显示了对应不同层次$\omega$的资本。巴塞尔协议Ⅱ监管公式是基于$\omega$等于1000。

然而，SFA不是完全基于刚刚所介绍的监管公式，因为它包含了基于更保守考量下的额外资本覆盖比例。特别是：

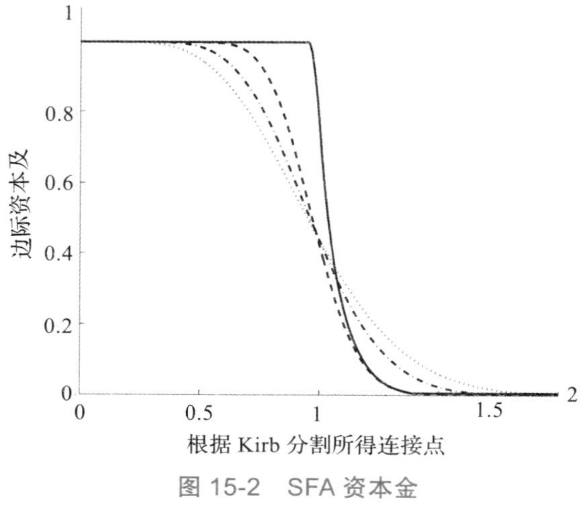


图 15-2　SFA 资本金

（1）对于任何保护级别到$K_{\mathrm{IRB}}$的情形，资本成本被限制为100%。

（2）对于保护水平大于$K_{\mathrm{IRB}}$的情形，对于薄档的资本曲线可以采用指数平

⊖ 此处“某个分级／档的保护”指的是更多的次级档的票面金额的总和。它有时也被称为档的连接点。

滑因子来平滑监管公式。

（3）即使对于高水平的保护，资本被约束为不大于 0.56%（相当于 7% 的风险权重因子）。

图 15-2 显示了 SFA 公式产生的额外覆盖比例。在某些情况下，显著地增加了资本成本。表 15-7 显示了 SFA 下各档在一部分 $K_{IRB}$ 结构中资本成本。当标的的风险敞口为 100 时，对于所有档的总资本只比 $K_{IRB}$ 高 8%。然而，当风险敞口的有效数量较少时，如 10 或 2，SFA 的总资本比资产负债表的资本高 19% 或 42%。要了解是什么驱动这一结果，可以检查图 15-3，它表明用 SFA 计算不同数量的有效风险敞口，$N$。随着 $N$ 的降低，SFA 的曲线变得平坦；因而，对保护水平小于 $K_{IRB}$ 所设定 100% 资本成本的情况下，对覆盖基本的倒 $S$ 型监管公式具有相当大的影响。

表 15-7　SFA 下的总资本金

| 资产池中的有效资产数量 | 2 | 10 | 100 |
|---|---|---|---|
| 总资本金 | 1.42 | 1.19 | 1.08 |

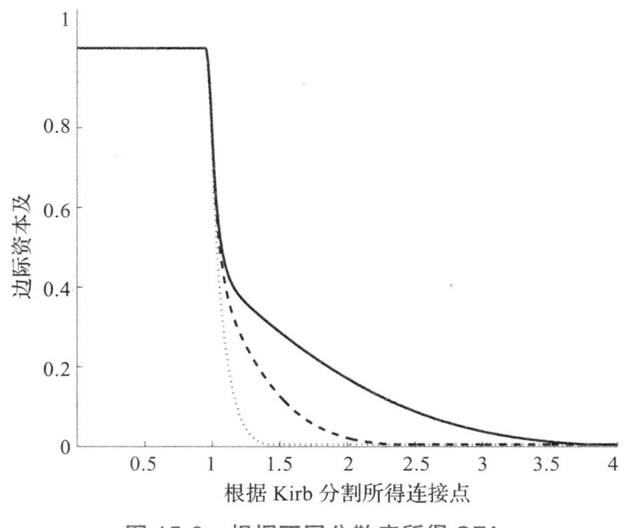


图 15-3　根据不同分散度所得 SFA

## 15.5　新框架可能造成的后果

对各家银行的调研表明，采用内部评级法的机构在可能的情况下总是倾向于使用评级导向法，而在样本数量有限的情况下使用监管公式法。广泛使用的基础评级法，发起人很可能会有更大的压力去要求评级机构对更多的档给予评级。在一些市场中，例如日本，可以想见当前大量未分级的证券化风险敞口将显著减少。在过去，主要担心没有任何一种方法适用于评估大量的风险敞口。用购入应收账款计算 $K_{IRB}$ 信息需求的限制较少而且引进内部评估法已经缓解了先前的担忧。

最初，许多业内人士均迫切希望依据巴塞尔协议Ⅱ监管的证券化市场可以减少与资本套利相关的交易。然而，当银行开发了系统化的方法来衡量和管理巴塞尔协议要求的投资组合的信用风险时，资产证券化的范围很可能会显著增加。市场的本质是可转移，因此，更多的交易是出于真正的风险转移和资金方面的考虑，并且有关资本套利的监管也将减少。

在任何情况下，如果对个别证券化风险敞口的资本要求高，就可以对银行和交易账簿之间的套利资本提供一个安全阀。根据 2005 年巴塞尔委员会和证券委员会国际组织（IOSCO）已经完成的交易账簿，监管机构已经重新定义了交易和银行账户之间的界限。如果它们是“引申出来的金融工具或商品”和“正在进行以交易为目的或规避交易账户的”，风险可以归类为交易账户风险。越来越多的足够活跃的证券化风险敞口都可以这样做。

在交易账户方面的证券化风险敞口的资本成本将取决于波动和市场广泛性传播驱动因素的相关性和具体的风险费用。Perraudin 和 Van Landschoot（2004）指出，ABS 风险的波动性可能较低，但如果特定细分市场的信用质量发生变化，可能会引起风险突然且急剧的增加。为了扩展公式的应用范围，内部风险模型采用相对短期的回报和传播的变化数据，在波动中体系变化的可能性可能不能被完全满足，且资本成本可能太低。

根据新的规则，证券化将承担 1250% 的风险权重在资产证券化框架下，或在交易账户中扣除将面临的相当的费用。这降低了对于同一档银行和交易账户之间进行资本套利的范围。然而，它可能仍然是夹层档。

本章主要关注巴塞尔新资本协议下的 Pillar I 部分，即最低监管资本要求的管理规则。但巴塞尔协议Ⅱ的其他部分，会影响资产证券化市场。特别是 Pillar 3 涵盖了各银行将遵循的信息披露规则。例如，银行将不得不透露给市场定性信息，如其证券化的目的，采取的监管资本态度，以及所雇用的给资产证券化产品评级的评级机构。

银行还必须提供各个细分类型或无论是传统的还是合成的证券化风险敞口的银行总容量，和已被证券化的资产的信息。银行也将不得不公布关于其持有的总资产的证券化风险敞口的信息。这些实质性的披露会透露很多关于个别银行和整个市场的资产证券化的方向。

## 参考文献

Basel Committee on Banking Supervision (2005), *Basel II: International*

*Convergence of Capital Measurement and Capital Standards: a Revised Framework* Bank for International Settlement: Basel, November.

Gordy, M. B. (2003), "A risk-factor model foundation for ratings-based bank capital rules," *Journal of Financial Intermediation*, 12, 199–232.

Gordy, M. B. (2004), "Model foundations for the supervisory formula approach," in W. Perraudin (ed.), *Structured Credit Products: Pricing, Rating, Risk Management and Basel II*, Risk Books: London, 307–328.

Gordy, M. B., and D. Jones (2003), "Random tranches," *Risk*, 16(3), March, 78–81.

Jones, D. (2000), "Emerging problems with the accord: Regulatory Capital arbitrage and related issues," *Journal of Banking and Finance*, 24, 35–58.

Peretyatkin, V., and W. Perraudin (2004), "Capital for structured products," in W. Perraudin (ed.), *Structured Credit Products*, Risk Books: London, 329–362.

Perraudin, W., and A. Van Landschoot (2004), "How risky are structured exposures compared with corporate bonds? in W. Perraudin (ed.), *Structured Credit Products*, Risk Books: London, 283–303.

Pykhtin, M. (2004), "Asymptotic model of economic capital for securitization," in W. Perraudin (ed.), *Structured Credit Products*, Risk Books: London, 215–244.

Pykhtin, M., and A. Dev (2002a), "Credit risk in asset securitizations: Analytical model." *Risk*, March, S26–S32.

Pykhtin, M., and A. Dev (2002b), "Credit risk in asset securitizations: The case of CDOs," *Risk*, May, S16–S20.

# 第16章

# 巴塞尔协议Ⅱ背景下的证券化：案例分析[㊀]

Amaud de Servigny

## 16.1 引言

在本章，我们回顾了巴塞尔协议Ⅱ在对两类资产进行证券化处理方面的影响：信用卡和住房抵押贷款支持证券（RMBS）。我们尤其关注监管方法和标准普尔方法之间的差异。很重要的一点是，标准普尔方法认为其采用的模型是对交易进行分层时应当遵循的原则之一。

在第一部分，我们关注信用卡，并考察三种交易类型。

在第二部分，我们分析RMBS交易的四种类型。

## 16.2 第一部分：巴塞尔协议Ⅱ对信用卡类型资产的影响分析[㊁]

这部分主要讨论在分析信用卡类型资产时超额利差的重要性。巴塞尔协议Ⅱ忽略了资产负债表上资产的超额利差，并对经评级的证券化交易给予信用限额，这可能导致银行间显著的监管套利。

㊀ 作者向 Alain Carron, Bernard de Longevialle, Wai To Wong 和 Prashant Dwivedi 的贡献致谢。

㊁ 术语的定义详见附录16A。

### 16.2.1　内部评级法（IRB）：资产留存于表内且未证券化的情形[㊀]

我们并不关注标准化方法，该种方法要求所有信用卡交易都有统一的 75% 风险权重。对于信用卡采用内部评级法时，在巴塞尔协议Ⅱ框架下采用初级法和高级法并无差别。银行被要求对违约率（the probability of default，PD）、违约损失（the loss given default，LGD）以及违约敞口（the exposure at default，EAD）进行估计。

信用卡交易被归类在循环零售风险敞口（the revolving retail exposures）中[㊁]。

#### 16.2.1.1　资本风险占用计算式[㊂]

在本节，核心等式 I 为：

- 相关系数（$R$）=0.04
- 资本要求（$K$）=

$$\mathrm{LGD}\times N\left[(1-R)^{-0.5}\times G(\mathrm{PD})+\left(\frac{R}{(1-R)}\right)^{0.5}\times G(0.999)\right]-\mathrm{PD}\times\mathrm{LGD} \qquad (16\text{-}1)$$

- 风险加权资产 $=K\times 12.5\times \mathrm{EAD}$
- 风险加权 $=K\times 12.5$

在式（16-1）中，$N(x)$ 为一个标准正态随机变量的累积分布函数（c.d.f.），$G(z)$ 为一个标准正态随机变量的逆累积分布函数（inverse c.d.f.）。

#### 16.2.1.2　考察三种交易

在本节，我们提出基于三种信用卡交易的实证结果：

- 交易 1 是一种典型的英国或者美国交易，特点是高收益，中 / 高坏账；
- 交易 2 是一种典型的欧洲大陆交易，特点是低收益，低坏账；
- 交易 3 是美国的次级交易。

**1. 提取每个资产池的平均违约概率**　在本节的剩余部分，我们考察两个案例：假设所有持卡人都有类似的平均风险水平（PD），该水平要么是平均值，要么是由银行对此类资产施加的压力违约率。这种双管齐下的方法使我们能够基于商业银行内部的风险控制体系，评价其稳健性（conservatism of banks）对资本要求的影响。

总损失的时间序列通常代表银行对信用卡交易投资组合的历史行为。总损

---

㊀ 巴塞尔协议Ⅱ第 2 部分第 3 节。

㊁ 巴塞尔协议Ⅱ第 234 页。

㊂ 巴塞尔协议Ⅱ第 327 页（ii）。

失占贷款余额的比例对应着坏账情况。该比例与巴塞尔协议Ⅱ的 PD 是不同的，在这个意义上信用卡行业的通行做法是不考虑 90 天的逾期触发违约，而是 180 天。实证检验表明，将坏账率比例乘以 1.35 能很好地代表巴塞尔协议Ⅱ的 PD。

- 交易 1[一]

在交易 1 中，我们考虑巴塞尔协议Ⅱ为期一年的违约率（PD），从 1999 年 12 月到 2005 年 9 月按月滚动计算。我们在符合高斯累积分布函数的基础上绘制相应的累积分布函数（c.d.f.）。我们考察两种情形，在两种情形中 PD 的置信水平分别为 50% 和 95%，对于交易 1，对应的结果是，PD 值分别为 6.05% 和 7.77%，如表 16-1 所示。

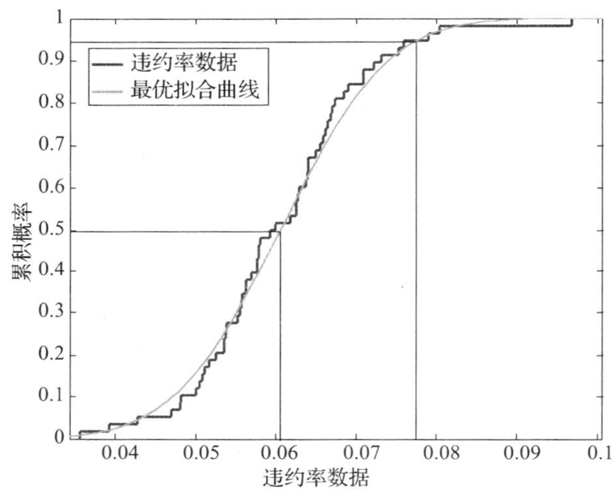


图 16-1　交易 1 中违约率的历史分布

交易 1 中的正态分布服从如下分布：$N\ (\mu = 6.05\%;\ \sigma = 1\%)$。

- 交易 2[二]

在交易 2 中，我们考虑巴塞尔协议Ⅱ为期一年的违约率（PD），从 2000 年 12 月到 2005 年 9 月按月滚动计算。我们在符合高斯累积分布函数的基础上绘制相应的累积分布函数（c.d.f.）。我们考察两种情形，在两种情形中 PD 的置信水平分别为 50% 和 95%，对于交易 2，对应的结果是，PD 值分别为 1.76% 和 3%，如图 16-2 所示。

除此之外，我们可以发现，在交易 2 中高斯拟合的效果不如交易 1，这可能是因为池中持卡人的数量较少。

交易 2 中的正态分布服从如下分布：$N(\mu = 1.76\%;\ \sigma = 0.796\%)$。

---

[一] 为了获得稳定的 PD 和 LGD，我们删除了与时间序列相关的第一年的信息。

[二] 为了获得稳定的 PD 和 LGD，我们删除了与时间序列相关的第一年的信息。

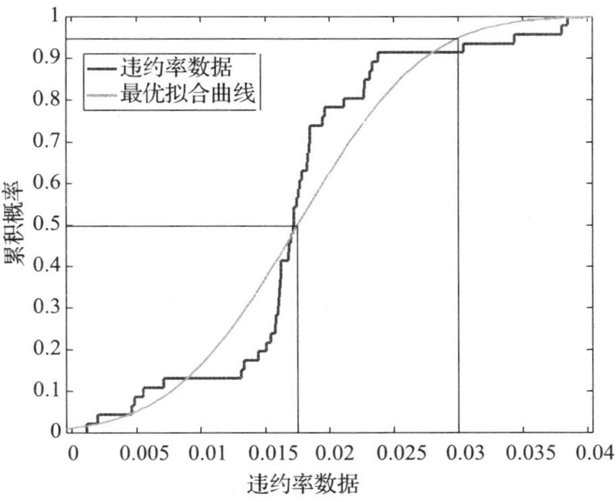


图 16-2　交易 2 中违约率的历史分布

- 交易 3[㊀]

在交易 3 中，我们考虑巴塞尔协议Ⅱ为期一年的违约率（PD），从 1996 年 12 月到 2005 年 7 月按月滚动计算。我们在符合高斯累积分布函数的基础上绘制相应的累积分布函数（c.d.f.）。我们考察两种情形，在两种情形中 PD 的置信水平分别为 50% 和 95%，对于交易 2，对应的结果是，PD 值分别为 19.8% 和 27.7%，如图 16-3 所示。

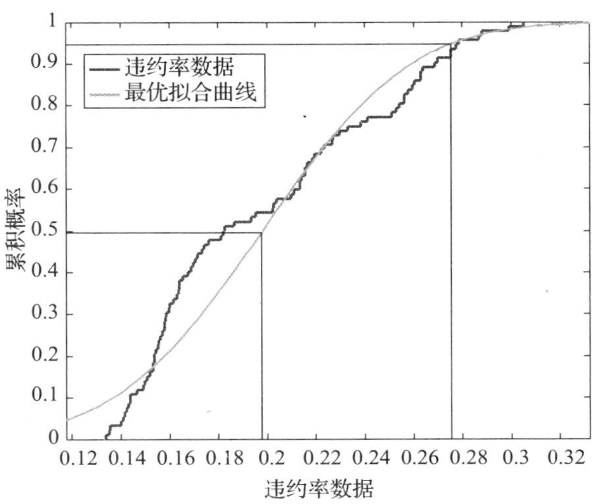


图 16-3　交易 3 中违约率的历史分布

㊀ 为了获得稳定的 PD 和 LGD，我们删除了与时间序列相关的第一年的信息。

除此之外，我们可以发现，在交易 3 中高斯拟合的准确性不如交易 1。

交易 2 中的正态分布服从如下分布：$N(\mu=19.8\%;\ \sigma=4.8\%)$。

### 2. 提取违约损失率

#### a. 未贴现的违约损失率（LGD）

净坏账 = 总坏账 − 回收额。违约损失率 = 净坏账 / 总坏账。正如前文中所提到的，在信用卡行业中通行的做法是考虑 180 天而非 90 天的逾期触发违约，所以应当将 180 天的 LGD 调整至 90 天的 LGD，具体公式如下：

$$\mathrm{LGD}_{90}=\left[1-\left(\left(1-\frac{1}{1.35}\right)+\frac{1-(1-\mathrm{LGD}_{180})}{1.35}\right)\right]\times 100\% \tag{16-2}$$

- 交易 1

和之前一样，我们考察两种情形，在两种情形中 LGD 的置信水平分别为 50% 和 95%，对于交易 2，对应的结果是，未贴现的 LGD 值分别为 56.7% 和 64.3%，如图 16-4 所示。

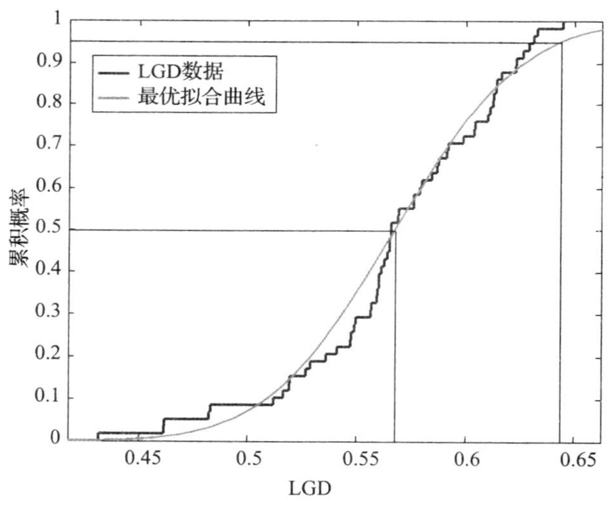


图 16-4 LGD 历史分布（交易 1）

交易 1 中 LGD 的正态分布服从如下分布：$N(\mu=56.7\%;\ \sigma=4.6\%)$。

- 交易 2

和之前一样，我们考察两种情形，在两种情形中 LGD 的置信水平分别为 50% 和 95%，对于交易 2，对应的结果是，未贴现的 LGD 值分别为 63.3% 和 75%，如图 16-5 所示。

交易 2 中 LGD 的正态分布服从如下分布：$N(\mu=63.3\%;\ \sigma=7.13\%)$。

- 交易 3

和之前一样，我们考察两种情形，在两种情形中 LGD 的置信水平分别为

50% 和 95%，对于交易 2，对应的结果是，未贴现的 LGD 值分别为 69.8% 和 74.15%，如图 16-6 所示。

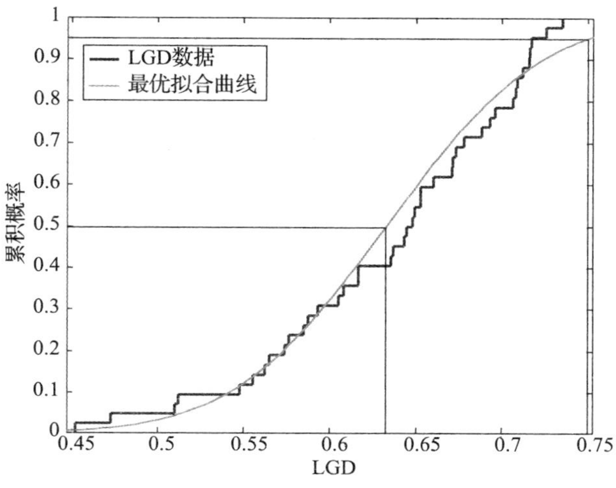


图 16-5 LGD 历史分布（交易 2）

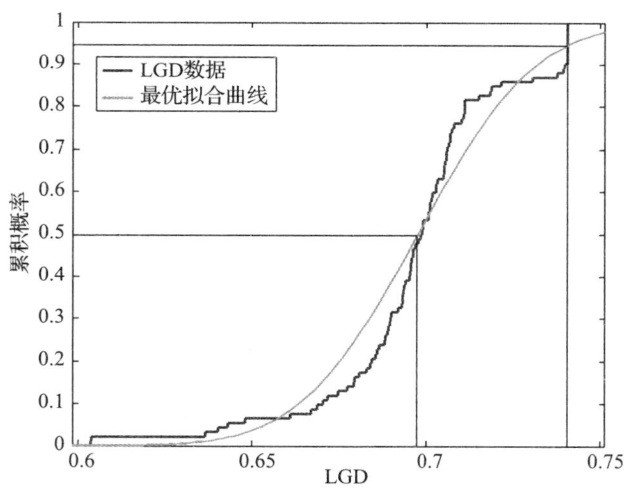


图 16-6 LGD 历史分布（交易 3）

交易 2 中 LGD 的正态分布服从如下分布：$N$（$\mu$=69.8%；$\sigma$=2.67%）。

b. 从前文讨论中得到贴现 LGD

在分析中，我们考虑贴现 LGD 的两种贴现率——无风险市场利率和破产前利率（prepetition rate）的均值。同样，这有助于增进对在测度 LGD 时资本需求相对于保守程度的敏感性的了解。计算贴现 LGD 的公式如下：

$$\text{贴现 LGD} = 1 - \frac{\text{回收率}}{(1+R)^T} \tag{16-3}$$

式中，回收率（%）=1−LGD，在50%和90%的置信度水平下

市场利率（$R$）= 平均 LIBOR 利率（对于交易 1、在英国）

= 平均 EURIBOR 利率（对于交易 2、在欧洲大陆）

= 平均 LIBOR 率（对于交易 3、在美国）

破产前利率（$R$）= 平均到期收益率（YTM）(对于交易 1、2、3）

回收期（$T$）：由于我们考虑的是90天而非180天的违约触发时间，所以我们假设对于一笔90天违约并在180天以内支付的交易而言，违约期为半年。另外，根据实证分析，交易1和交易3的回收时间为1.5年（$t$），交易2的为2.5年。我们根据下式计算回收时间：

$$T = \left(1 - \frac{1}{1.35}\right) \times 0.5 + \frac{1}{1.35} \times t \tag{16-4}$$

=1.24 年（对于交易 1、3）

=2 年（对于交易 2）

结果如下：

交易 1 中的贴现 LGD：

| 交易 1 | | |
|---|---|---|
| 置信水平（%） | 50 | 95 |
| LGD（%） | 56.7 | 64.3 |
| 平均回收期 ($T$)（年） | 1.24 | 1.24 |
| Libor 利率 ($R$)（%） | 4.6 | 4.6 |
| YTM（%） | 18.9 | 18.9 |
| 贴现 LGD（用无风险利率）（%） | 59.05 | 66.24 |
| 贴现 LGD（用 YTM）（%） | 65.06 | 71.2 |

交易 2 中的贴现 LGD：

| 交易 2 | | |
|---|---|---|
| 置信水平 | 50 | 95 |
| LGD | 63.3 | 75 |
| 平均回收期 ($T$)（年） | 2 | 2 |
| Euribor 利率 ($R$) | 1.86 | 1.86 |
| YTM（%） | 15.9 | 15.9 |
| 贴现 LGD（用无风险利率）（%） | 64.63 | 75.9 |
| 贴现 LGD（用 YTM）（%） | 72.68 | 81.39 |

交易 3 中的贴现 LGD：

| 交易 3 | | |
|---|---|---|
| 置信水平 | 50 | 95 |
| LGD | 69.8 | 74.15 |
| 平均回收期 (*T*)（年） | 1.24 | 1.24 |
| US libor 利率 (*R*) | 4.85 | 4.85 |
| YTM | 26.85 | 26.85 |
| 贴现 LGD（用无风险利率） | 71.52 | 75.62 |
| 贴现 LGD（用 YTM) | 77.51 | 80.75 |

3. 表内内部评级结果　当资产池留存于表内时，根据 PD 和 LGD 的不同假设，我们可以计算出相应的 RW（风险权重）：

- 交易 1

无风险折现率：

| 交易 1（用无风险折现率） | | |
|---|---|---|
| 置信水平 (%) | 50 | 95 |
| PD (%) | 6.05 | 7.77 |
| 贴现 LGD (%) | 59.05 | 66.24 |
| 最低资本要求 (*K*) (%) | 6.5 | 8.52 |
| RW (%) | 81.27 | 106.51 |

YTM 折现率：

| 交易 1（用 YTM 折现率） | | |
|---|---|---|
| 置信水平 | 50 | 95 |
| PD | 6.05 | 7.77 |
| 贴现 LGD (%) | 65.06 | 71.2 |
| 最低资本要求 (*K*) (%) | 7.16 | 9.16 |
| RW (%) | 89.54 | 114.48 |

- 交易 2

无风险折现率：

| 交易 2（用无风险折现率） | | |
|---|---|---|
| 置信水平 (%) | 50 | 95 |
| PD (%) | 1.76 | 3 |

（续）

| 交易 2（用无风险折现率） | | |
|---|---|---|
| 贴现 LGD（%） | 64.63 | 75.9 |
| 最低资本要求 (*K*)（%） | 3.03 | 5.22 |
| RW（%） | 37.83 | 65.21 |

YTM 折现率：

| 交易 2（用 YTM 折现率） | | |
|---|---|---|
| 置信水平（%） | 50 | 95 |
| PD（%） | 72 | 3 |
| 贴现 LGD（%） | 1.76 | 81.39 |
| 最低资本要求 (*K*)（%） | 3.4 | 5.59 |
| RW（%） | 42.54 | 69.93 |

- 交易 3

无风险折现率：

| 交易 3（用无风险折现率） | | |
|---|---|---|
| 置信水平（%） | 50 | 95 |
| PD（%） | 19.8 | 27.7 |
| 贴现 LGD（%） | 71.52 | 75.62 |
| 最低资本要求 (*K*)（%） | 14.94 | 17.67 |
| RW（%） | 186.77 | 220.9 |

YTM 折现率：

| 交易 3（用 YTM 折现率） | | |
|---|---|---|
| 置信水平（%） | 50 | 95 |
| PD（%） | 19.8 | 27.7 |
| 贴现 LGD（%） | 77.51 | 80.75 |
| 最低资本要求 (*K*)（%） | 16.19 | 18.87 |
| RW（%） | 202.41 | 235.89 |

### 16.2.2 证券化

我们考虑三个相同的资产池，并分析不同的证券化情况下的资本要求（假设交易都是发生在表内）。

#### 16.2.2.1 评级法

在评级法（RBA）下，风险权重资产由风险敞口乘以风险权重率决定，风险权重率的选取参见下表：

<table>
<tr><th>外部评级<br>（仅说明）</th><th>优先级资产和合格优先<br>IAA 资产的 RW<br>（%）</th><th>基础 RW<br>（%）</th><th>非粒状资产地<br>支持层级的 RW<br>（%）</th></tr>
<tr><td>AAA</td><td>7</td><td>12</td><td>20</td></tr>
<tr><td>AA</td><td>8</td><td>15</td><td>25</td></tr>
<tr><td>A+</td><td>10</td><td>18</td><td rowspan="3">35</td></tr>
<tr><td>A</td><td>12</td><td>20</td></tr>
<tr><td>A−</td><td>20</td><td>35</td></tr>
<tr><td>BBB+</td><td>35</td><td colspan="2">50</td></tr>
<tr><td>BBB</td><td>60</td><td colspan="2">75</td></tr>
<tr><td>BBB−</td><td colspan="3">100</td></tr>
<tr><td>BB+</td><td colspan="3">250</td></tr>
<tr><td>BB</td><td colspan="3">425</td></tr>
<tr><td>BB−</td><td colspan="3">650</td></tr>
<tr><td>低于 BB−<br>和无评级</td><td colspan="3">扣除</td></tr>
</table>

在这种情形下，资本需求与考虑 PD 和 LGD 的置信度水平是相互独立的，最终，对于每个交易我们只获取一个结果。在计算过程中需要考虑到卖方利息率（详见“卖方利息率缓冲器”一节）的影响，该利息率水平恒定在 7% 的水平。

- 交易 1

在交易 1 中，池内的未偿还额为 9 亿英镑，包括 88% 的 AAA 级资产，6% 的 A 级资产，以及 6% 的 BBB 级资产。

$$\text{相应的 RW}=93\%\times(7\%\times88\%+20\%\times6\%+75\%\times6\%)+(7\%\times89.54\%)=\mathbf{17.3\%}$$

$$\text{相应的 }K=17.3\%\times8\%=\mathbf{1.38\%}$$

相应的风险权重（RWA）= 17.3% × 9 亿英镑 = 1.6 亿英镑

- 交易 2

在交易 2 中，池内的未偿还额为 2 亿欧元，包括 90% 的 AAA 级资产，4% 的 A 级资产，以及 5% 的 BBB 级资产。

$$\text{相应的 RW}=93\%\times(7\%\times90\%+20\%\times4\%+75\%\times5\%+1250\%\times1\%)+(7\%\times42.54\%)=\mathbf{24.7\%}$$

$$\text{相应的 }K=24.7\%\times8\%=\mathbf{1.98\%}$$

相应的风险权重（RWA）= 24.7% × 2 亿欧元 = 0.49 亿欧元

- 交易 3

在交易 3 中，池内的未偿还额为 60 亿美元，包括 50% 的 AAA 级资产，20% 的 A 级资产，15% 的 BBB 级资产，以及 15% 的 BB 级资产

$$\text{相应的 RW} = 93\% \times (7\% \times 50\% + 20\% \times 20\% + 75\% \times 15\% + 425\% \times 15\%) + (7\% \times 202.41\%) = \mathbf{90.9\%}$$

$$\text{相应的 } K = 90.9\% \times 8\% = \mathbf{7.27\%}$$

相应的风险权重（RWA）= 90.9% × 60 亿美元 = 55 亿美元

### 16.2.2.2 用标准普尔法对信用卡分层评级

标准普尔模型详见附录 16B。

在一笔信用卡证券化交易中，标准普尔法分析的信用增级的四个驱动因素为：

（1）偿付率，或者按月偿还的本金比率

（2）资产收益率

（3）坏账率

（4）再购买率（repurchase rate)，或者是在一个给定月份，新的刷卡额占上个月合计未偿还额的比例。

资产收益率和坏账率这两个变量，本质上是评价资产组合的绝对风险水平；而另外两个变量更多地是评价交易的结构特征。偿付率和再使用率并不一定是风险的直接驱动者，然而，一旦摊销期开始，它们会直接影响到票据持有人面临资产组合风险的时间长度。

由此可见，当标准普尔的分析师在评估金融机构发行人等级时，并不太将后两个变量纳入持续性经营分析中。然而，值得注意的是，在两个案例中，收益率，或者说超额利差，都是关键的影响因素。这是与巴塞尔协议 Ⅱ 第一支柱的主要区别。在巴塞尔协议 Ⅱ 第一支柱中，超额利差或未来利差收入是没有明确的信用的，在后文中我们会看到该项差异导致的结果。

### 16.2.2.3 监督公式法（SF）[⊖]

在监督公式法下，一个证券化级别的资本费用取决于以下五个关键变量：潜在敞口未被证券化的 IRB 资本费用（$K_{IRB}$）；该级别的信用增级水平（$L$, the tranche's credit enhancement level）；厚度（$T$, thickness）；资产池中有效风险敞口数量（$N$, the pool's effective number of exposures）；资产池风险加权平均违约损失率（LGD, the pool's exposure-weighted average loss-given default）。

资本费用计算公式如下：

该级别的 IRB 资本费用 = 证券化的敞口量乘以 $0.0056 \times T$ 和（$S[L+T]-S[L]$）中较大者。其中，$S[L]$ 为 SF，且由以下公式给定：

---

⊖ Basel II–Part 2, Section 4D–No. 4 (vi).

$$S[L]=\begin{cases} L & L\leqslant K_{\text{IRB}} \\ K_{\text{IRB}}+K[L]-K[K_{\text{IRB}}]+\left(\dfrac{d\times K_{\text{IRB}}}{\omega}\right)\left(1-\exp\left(\dfrac{\omega(K_{\text{IRB}}-L)}{K_{\text{IRB}}}\right)\right) & K_{\text{IRB}}\leqslant L \end{cases} \quad (16\text{-}5)$$

对此公式的详细信息，请参阅巴塞尔协议Ⅱ文件中 625 款或第 15 章。

变量的定义：

（1）$K_{\text{IRB}}$

- 是以下两者的比值：①包括资产池中潜在敞口的 EL 部分的 IRB 资本需求；②资产池中敞口的数量。
- 公式如下：

$$K_{\text{IRB}}=\text{LGD}\times N\left[(1-R)^{-0.5}\times G(\text{PD})+\left(\frac{R}{(1-R)}\right)^{0.5}\times G(0.999)\right] \quad (16\text{-}6)$$

| | 交易 1（%） | | 交易 2（%） | | 交易 3（%） | |
|---|---|---|---|---|---|---|
| 置信水平 | 50 | 95 | 50 | 95 | 50 | 95 |
| $K_{\text{IRB}}$（用无风险利率） | 10.07 | 13.67 | 4.16 | 7.49 | 29.1 | 38.62 |
| $K_{\text{IRB}}$（用 YTM） | 11.1 | 14.69 | 4.68 | 8.03 | 31.54 | 41.24 |

（2）信用增级水平（$L$）是以下两者的比值：①资产池中所有级档的敞口总量；②资产池的大小。

| | |
|---|---|
| 交易 1（%） | |
| AAA | 12 |
| A | 6 |
| BBB | 0 |
| AAA | 10 |
| 交易 2（%） | |
| A | 6 |
| BBB | 1 |
| 无评级 | 0 |
| AAA | 50 |
| 交易 3（%） | |
| A | 30 |
| BBB | 15 |
| BB | 0 |

（3）敞口厚度（$T$）是以下两者的比值：①该利率级别的规模；②资产池的总规模。

| | |
|---|---|
| 交易 1(%) | |
| AAA | 88 |
| A | 6 |
| BBB | 6 |
| 交易 2(%) | |
| AAA | 90 |
| A | 4 |
| BBB | 5 |
| 无评级 | 1 |
| 交易 3(%) | |
| AAA | 50 |
| A | 20 |
| BBB | 15 |
| BB | 15 |

（4）敞口的有效数量（$N$）

$$N=\frac{\left(\sum_i \mathrm{EAD}_i\right)^2}{\sum_i \mathrm{EAD}_i^2}$$

（5）敞口加权平均违约损失率 LGD

$$\mathrm{LGD}=\frac{\sum_i \mathrm{LGD}_i\cdot \mathrm{EAD}_i}{\sum_i \mathrm{EAD}_i}$$

我们假设所有信用卡交易具有相同权重，因此 LGD 的值与 IRB 法中的一样。

| | 交易 1(%) | | 交易 2(%) | | 交易 3(%) | |
|---|---|---|---|---|---|---|
| 置信水平 | 50 | 95 | 50 | 95 | 50 | 95 |
| LGD(用无风险利率) | 59.05 | 66.24 | 64.63 | 75.9 | 71.52 | 75.62 |
| LGD(用 YTM) | 65.06 | 71.2 | 72.68 | 81.39 | 77.51 | 80.75 |

详细结果

- 交易 1

| 交易 1(用无风险折现) | | |
|---|---|---|
| 置信水平(%) | 50 | 95 |
| $K_{\mathrm{IRB}}$(%) | 10.07 | 13.67 |
| 贴现 LGD(%) | 59.05 | 66.24 |

（续）

| 交易 1（用无风险折现） | | |
|---|---|---|
| 相应 $K$(%) | | |
| AAA | 0.785 | 4.95 |
| A | 100 | 100 |
| BBB | 100 | 100 |
| RW(%) | | |
| AAA | 9.818 | 61.82 |
| A | 1250 | 1250 |
| BBB | 1250 | 1250 |
| 总 RW(%) | 133.84 | 180.64 |
| 总相应 $K$ | 10.7 | 14.45 |

| 交易 1（用 YTM 折现） | | |
|---|---|---|
| 置信水平(%) | 50 | 95 |
| $K_{IRB}$(%) | 11.1 | 14.69 |
| 贴现 LGD(%) | 65.06 | 71.2 |
| 相应 $K$(%) | | |
| AAA | 1.98 | 6.12 |
| A | 100 | 100 |
| BBB | 100 | 100 |
| RW(%) | | |
| AAA | 24.72 | 76.53 |
| A | 1250 | 1250 |
| BBB | 1250 | 1250 |
| 总 RW(%) | 147.24 | 193.88 |
| 总相应 $K$(%) | 11.78 | 15.51 |

- 交易 2

| 交易 2（用无风险折现） | | |
|---|---|---|
| 置信水平(%) | 50 | 95 |
| $K_{IRB}$(%) | 4.16 | 7.49 |
| 贴现 LGD(%) | 64.63 | 75.9 |
| 相应 $K$(%) | | |
| AAA | 0.56 | 0.739 |
| A | 2.83 | 100 |
| BBB | 93.51 | 100 |
| 无评级 | 100 | 100 |
| RW(%) | | |
| AAA | 7 | 9.23 |

（续）

| 交易 2（用无风险折现） | | |
|---|---|---|
| A | 35.35 | 1250 |
| BBB | 1168.84 | 1250 |
| 无评级 | 1250 | 1250 |
| 总 RW（%） | 62.98 | 100.18 |
| 总相应 $K$（%） | 5.04 | 8.01 |

| 交易 2（用 YTM 折现） | | |
|---|---|---|
| 置信水平（%） | 50 | 95 |
| $K_{IRB}$（%） | 4.68 | 8.03 |
| 贴现 LGD（%） | 72.68 | 81.39 |
| 相应 $K$（%） | | |
| AAA | 0.56 | 1.35 |
| A | 12.55 | 100 |
| BBB | 99.86 | 100 |
| 无评级 | 100 | 100 |
| RW（%） | | |
| AAA | 7 | 16.85 |
| A | 156.92 | 1250 |
| BBB | 1248.29 | 1250 |
| 无评级 | 1250 | 1250 |
| 总 RW（%） | 69.83 | 107.24 |
| 总相应 $K$（%） | 5.59 | 8.58 |

- 交易 3

| 交易 3（用无风险利率折现） | | |
|---|---|---|
| 置信水平（%） | 50 | 95 |
| $K_{IRB}$（%） | 29.1 | 38.62 |
| 贴现 LGD（%） | 71.52 | 75.62 |
| 相应 $K$（%） | | |
| AAA | 0.56 | 0.56 |
| A | 0.56 | 16.835 |
| BBB | 66.12 | 100 |
| 无评级 | 100 | 100 |
| RW（%） | | |
| AAA | 7 | 7 |
| A | 7 | 210.44 |
| BBB | 826.51 | 1250 |
| 无评级 | 1250 | 1250 |
| 总 RW（%） | 384.47 | 505.45 |
| 总相应 $K$（%） | 30.76 | 40.44 |

| 交易 3（用 YTM 折现） | | |
|---|---|---|
| 置信水平（%） | 50 | 95 |
| $K_{IRB}$（%） | 31.54 | 41.24 |
| 贴现 LGD（%） | 77.51 | 80.75 |
| 相应 $K$（%） | | |
| AAA | 0.56 | 0.56 |
| A | 0.56 | 29.07 |
| BBB | 79.92 | 100 |
| 无评级 | 100 | 100 |
| RW（%） | | |
| AAA | 7 | 7 |
| A | 7 | 363.36 |
| BBB | 999 | 1250 |
| 无评级 | 1250 | 1250 |
| 总 RW（%） | 415.52 | 539.09 |
| 总相应 $K$（%） | 33.24 | 43.13 |

### 16.2.2.4 “卖方利息”缓冲器

在信用卡交易中，一般习惯上会追加额外的相当于资产池价值的 7% 的基础资产。在整个结构化交易中，这一部分不会被评级，因其作用是缓冲欺诈和稀释风险。在分析中，当我们进行比较时，考虑到 $K_{IRB}$ 率，我们会给证券化的 RW 加上这 7%，

图 16-7 展现了在卖方利息占比上升时，RW 相对其的敏感性变化。

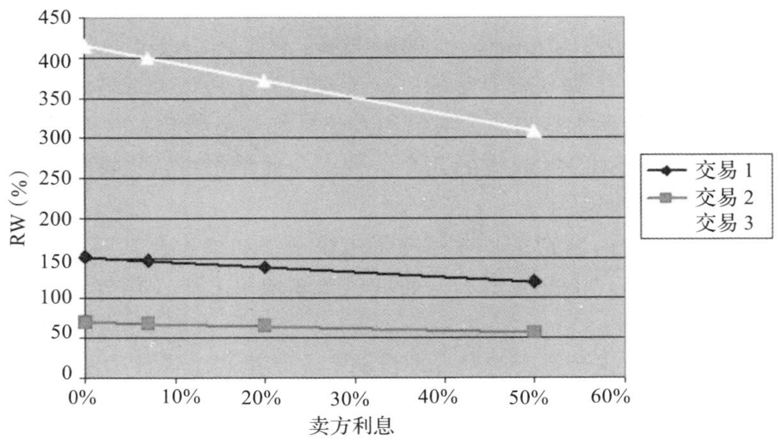


图 16-7　RW 关于卖方利息的敏感性

### 16.2.2.5 巴塞尔协议Ⅱ计提和未计提的额度以及提前摊销

根据巴塞尔协议Ⅱ第595款，不论是已计提还是未计提的信用卡额度，都被视作是未受监管约束的。

在一笔信用卡证券化交易中，在交易的整个生命期和摊销安排开始之前，所有与债务人相关的应收账款，无论是已计提还是未计提的，都要被搬迁至证券化工具中。不存在某些未计提的敞口返回到发行人的资产负债表中的风险，除非发行人将交易的一些级档保留在资产负债表中，或者触发了提前摊销的过程。提前摊销有两种：受控制的和不受控制的。

当考虑到证券化的风险时，巴塞尔协议Ⅱ第590款提到了“投资者利益”，例如，与交易相关的已计提和未计提的风险敞口。

巴塞尔协议Ⅱ在第590～605款和第643款详细探讨了提前摊销的情形。

1. 发行人视角：计提部分的提前摊销　将信用转换系数（credit conversion factor，CCF）定义为与由提前摊销引发的风险水平相符合的加权系数。

资本要求的额外资本水平 $C=I*\mathrm{CCF}*\mathrm{RWA}$。式中 $I$ 表示“投资者利息”，在此例中即与证券化敞口相关的计提余额；RWA表示与未证券化部分的潜在敞口相符的风险权重。

- 受控制的提前摊销（第599款）：对于未承诺但是已计提的情形，随着超额利差逐渐减小并为负值，CCF的水平从0逐渐上升到40%。
- 不受控制的提前摊销（第602款至第604款）：对于未承诺但是已计提的情形，随着超额利差逐渐减小并为负值，CCF的水平从0逐渐上升到100%。

如果假设受控制的情形是适用的，我们会发现，在所有“优质”（prime）案例里，标准普尔框架中的储备金账户要比上述受控制的提前摊销公式的计算结果更加保守。在“次级”（subprime）的案例里，巴塞尔协议Ⅱ的公式更加保守，但是此时超额利差往往为0或者负值。基于对巴塞尔协议Ⅱ第548款的仔细阅读，标准普尔认为几乎所有当前评级信用卡交易都属不受控制的提前摊销情形，因为它们都不能满足第548款中的四个条件。在此情形中，巴塞尔协议Ⅱ总是比标准普尔模型中更加保守。

另一个值得一提的区别是，在标准普尔模型中如果触及某些标准，那么是可以逐步往准备金账户中补充资本；而在巴塞尔协议Ⅱ中，额外资本需求的设定是即时的。

2. 发行人视角：未计提部分的提前摊销　未承诺和未计提的情形：

- 对于交易1，未承诺和未计提的敞口一般是计提情形的3倍。
- 对于交易2，未承诺和未计提的敞口一般是计提情形的1倍。

- 对于交易 3，未承诺和未计提的敞口一般是计提情形的 0.2 倍。

实际上，这意味着资本要求的额外水平 $C=I*\mathrm{CCF}*\mathrm{RWA}$。式中，$I$ 表示“投资者利息”，在此例中即与证券化敞口相关的未计提余额（如果未被证券化的话）；对于未承诺且未计提的情形，随着超额利差逐渐减小并为负值，CCF 的水平逐渐上升，RWA 对应未证券化资产的风险权重，取决于 EAD 评估结果。

因此我们需要详细解释一下表内交易，详见第 83 款和第 334 ～ 338 款。从中可以得知，在没有证券化的情形下，未承诺且未提取的部分在标准化方法下一般 CCF 为 0%；在 IRB 方法下，由于是基于银行的历史记录，较低的 EAD 值会逐渐增加。

对于提取摊销，标准普尔并不考虑对未提取敞口的任何具体处理方法。

## 16.2.3 比较[⊖]

### 16.2.3.1 交易 1（到期 LGD）

图 16-8 展现了在置信度为 50% 的条件下，标准化法、IRB 法、SF 法和 RBA 法下，交易 1 的 RW 的比较。

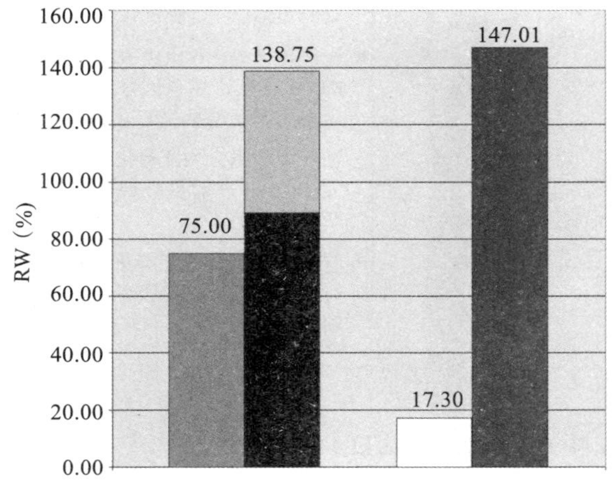


图 16-8 交易 1 中 RW 值的综合比较（正常情境）

图 16-9 展现了在置信度为 95% 的条件下，标准化法、IRB 法、SF 法和 RBA 法下，交易 1 的 RW 的比较。

⊖ 在此部分，我们在计算时考虑到卖方利息的影响。

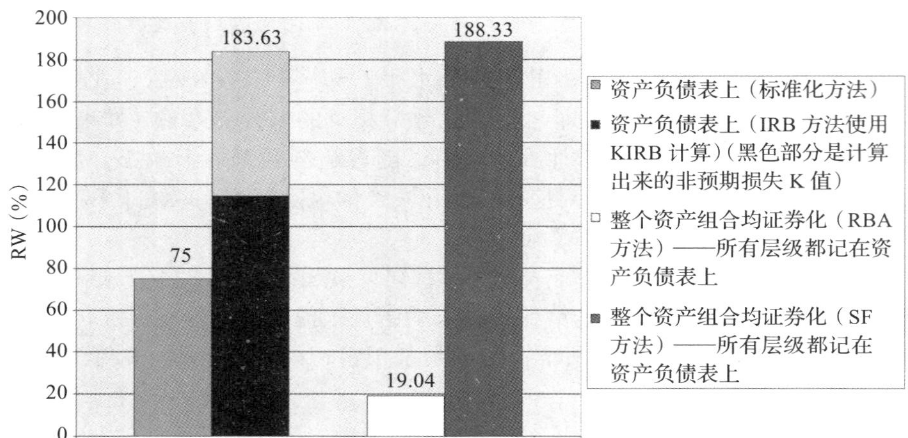


图 16-9 交易 1 中 RW 值的综合比较（压力情境）

### 16.2.3.2 交易 2（到期 LGD）

图 16-10 展现了在置信度为 50% 的条件下，标准化法、IRB 法、SF 法和 RBA 法下，交易 2 的 RW 的比较。

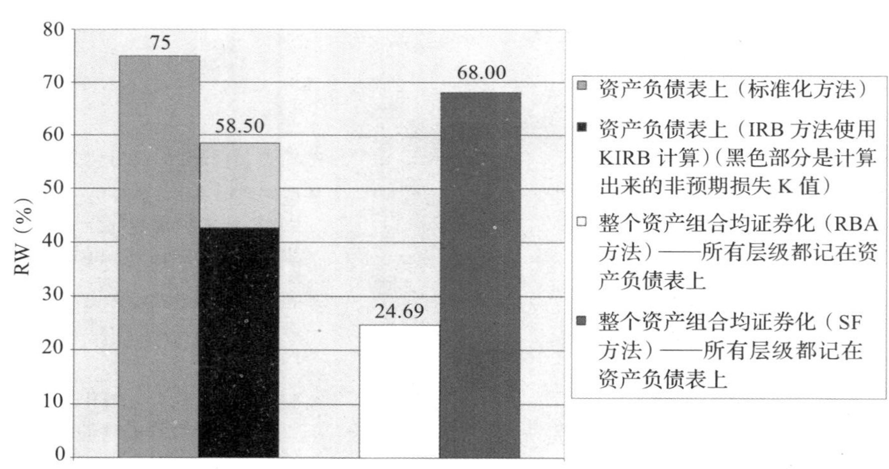


图 16-10 交易 2 中 RW 值的综合比较（正常情境）

图 16-11 展现了在置信度为 95% 的条件下，标准化法、IRB 法、SF 法和 RBA 法下，交易 2 的 RW 的比较。

### 16.2.3.3 交易 3（到期 LGD）

图 16-12 展现了在置信度为 50% 的条件下，标准化法、IRB 法、SF 法和 RBA 法下，交易 3 的 RW 的比较。

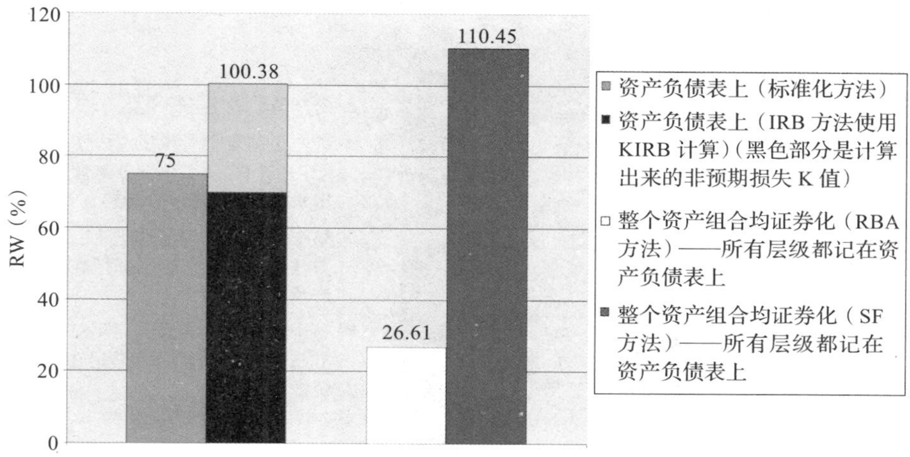


图 16-11　交易 2 中 RW 值的综合比较（压力情境）

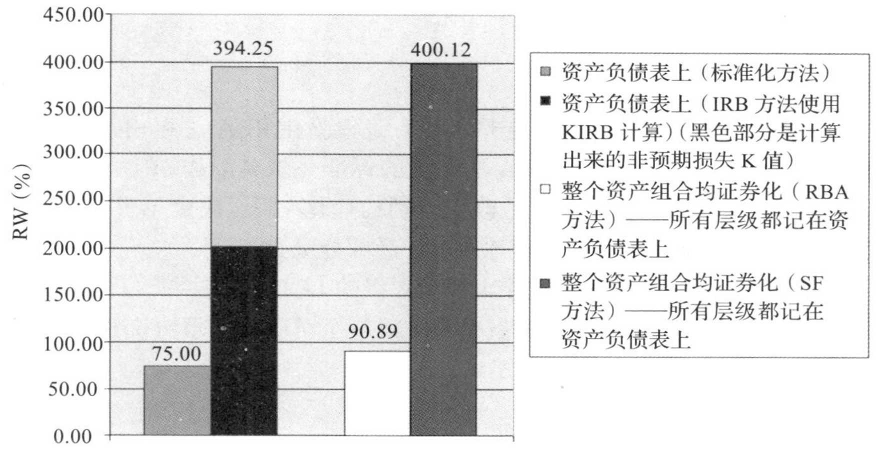


图 16-12　交易 3 中 RW 值的综合比较（正常情境）

图 16-13 展现了在置信度为 95% 的条件下，标准化法、IRB 法、SF 法和 RBA 法下，交易 3 的 RW 的比较。

比较分析的主要结论是：

- IRB 法下，欧洲大陆资产池的 PD 更低（资产池 2）。
- 与通常的直觉相反，相比 IRB 法，2/3 的资产池在标准法下的结果更低。
- 对所有的三笔交易来说，相较 SF 法，更加倾向使用 RBA 法。
- RBA 法对资产池 1 与资产池 2 的要求是一样的。
- 拥有资产的结果在 RBA 法下要比在 IRB 法下更有利。

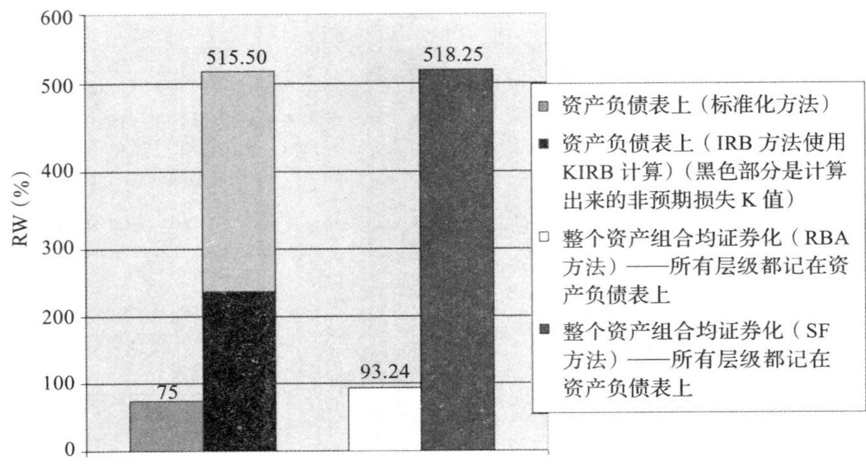


图 16-13　交易 3 中 RW 值的综合比较（压力情境）

## 16.2.4　不同模型下的敏感性情况

对 PD 的敏感性[⊖]

在本段，我们通过保持其他变量不变，来检验在 RBA 法和 SF 法下每笔交易对 PD 变动的敏感性。就与 RBA 法相关的标准普尔模型和 SF 法，随着标准普尔模型输出的变动，我们相应地改变级别的变化（假设决定不进行评级的银行有能力复制标准普尔模型并相应地改变交易的分级）。

在计算中采用 50% 置信度水平无风险评级的 LGD。

对于 SF 法，每个图表的违约概率都被调整至对应巴塞尔协议Ⅱ 90 天逾期的定义（图 16-14、图 16-15、图 16-16）。

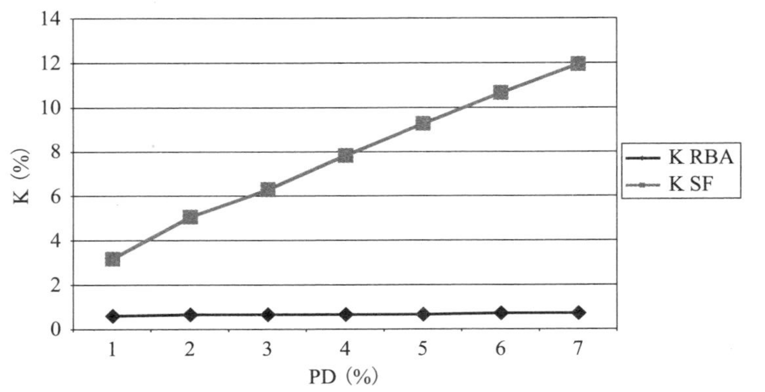


图 16-14 （交易 1 中）SF 方法和 RBA 方法所得 K 值对于违约率的敏感性

⊖ 当 PD 足够高时，我们将不整合提前摊销的间接效果，以便交易的超额利差能逼近俘获点。

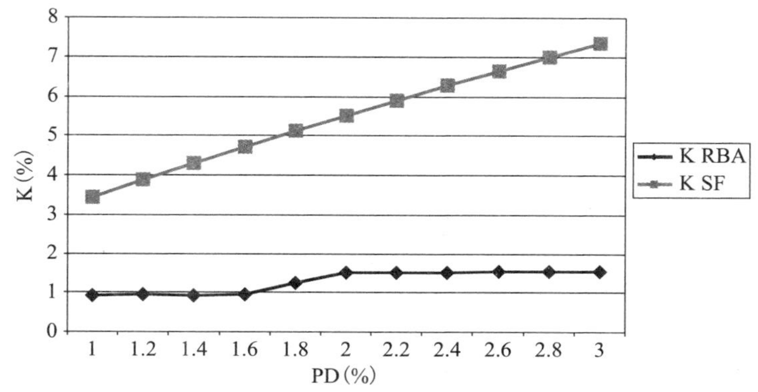


图 16-15 （交易 2 中）SF 方法和 RBA 方法所得 K 值对于违约率的敏感性

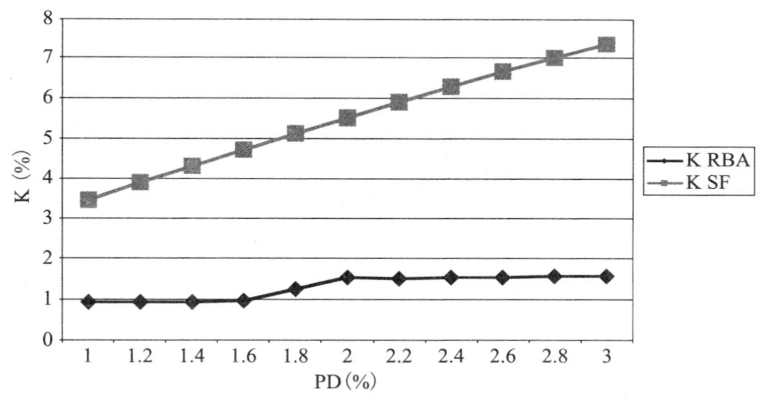


图 16-16 （交易 3 中）SF 方法和 RBA 方法所得 K 值对于违约率的敏感性

#### 16.2.4.1　对收益率的敏感性

在本段，我们通过保持其他变量不变，来检验对于每笔交易对收益率变动的敏感性。对于标准普尔模型和 IRB 法，随着标准普尔模型输出的变动，我们相应地改变级别的变化。

在这一部分，我们将考虑到不受控制的提前摊销机制对巴塞尔协议 Ⅱ 结果的影响。

在计算中采用 50% 置信度水平无风险评级的 LGD 和 $K_{IRB}$(图 16-17、图 16-18、图 16-19）。

#### 16.2.4.2　对偿付率的敏感性

在本段，我们保持其他变量不变，来考察交易 1 对偿付率变动的敏感性。对于标准普尔模型和 IRB 法，我们根据标准普尔模型的结果相应地变动层级。

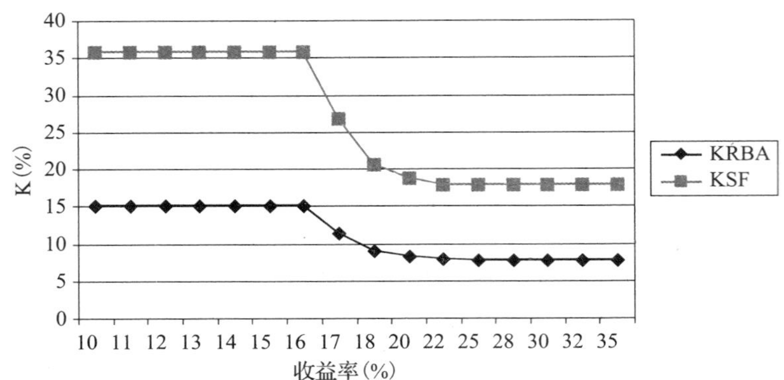


图 16-17 （交易 1 中）SF 方法和 RBA 方法所得 K 值对于利率的敏感性

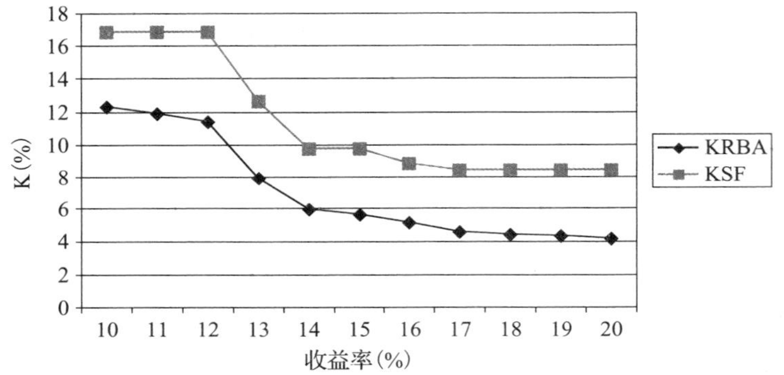


图 16-18 （交易 2 中）SF 方法和 RBA 方法所得 K 值对于利率的敏感性

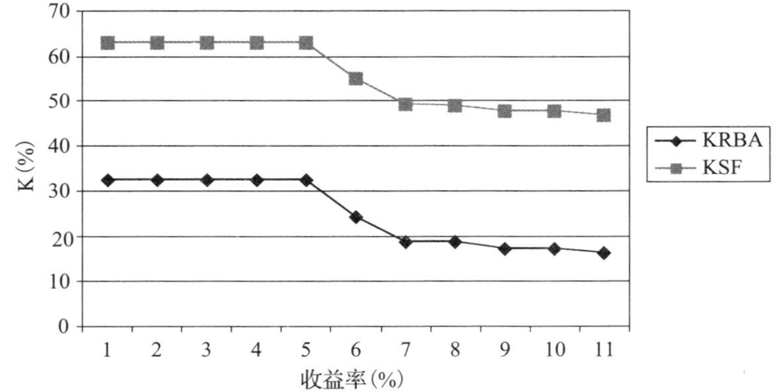


图 16-19 （交易 3 中）SF 方法和 RBA 方法所得 K 值对于利率的敏感性

在计算中采用 50% 置信度水平无风险评级的 LGD 和 $K_{IRB}$。一旦偿付率降至某一水平，我们将在标准普尔模型中引入一个未评级的层级。(详见图 16-20、图 16-21 和图 16-22 )。

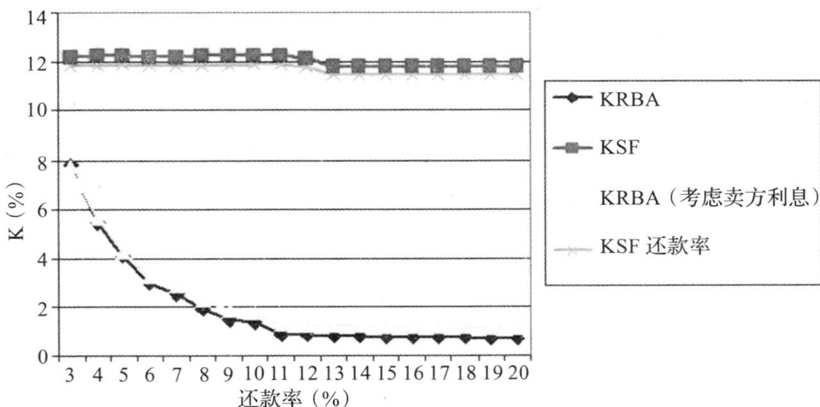


图 16-20 （交易 1 中）SF 方法和 RBA 方法所得 K 值对于还款率的敏感性

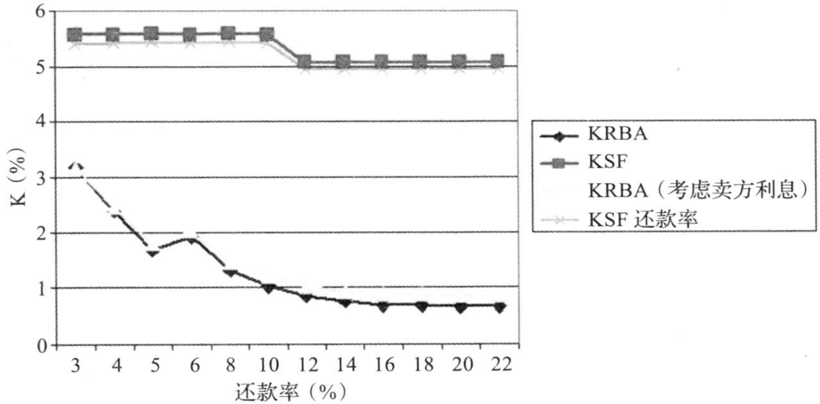


图 16-21 （交易 2 中）SF 方法和 RBA 方法所得 K 值对于还款率的敏感性

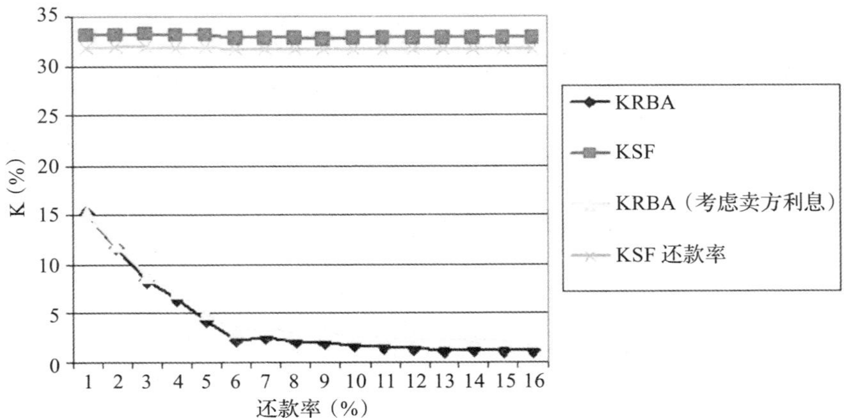


图 16-22 （交易 3 中）SF 方法和 RBA 方法所得 K 值对于还款率的敏感性

### 16.2.5 第一部分的结论

#### 16.2.5.1 证券化与资产留存于表内的对比：对超额利差的影响

正如在引言中所述，在一笔证券化交易中超额利差的水平对资产结构有直接的影响。因此在信用卡领域，即便与我们通常的直觉相反，次级资产组合与优质资产的 AAA 层级一样大甚至很大的情形并不少见。另一方面，超额利差或未来的利差收入并不是巴塞尔协议Ⅱ的核心等式 1 的因素。核心等式 1 是仅用于测量未被预期到的损失的。

在超额利差单独的影响基础上，对于英国或美国的资产，其资产结构中初级票据经常被评级为 BBB 水平，因此信用卡部门可能是受到这种偏差影响最大的部门。

#### 16.2.5.2 证券化：对监督公式法的讨论

通过上述三个例子，似乎可以清晰地发现监督公式法已经能够标准化，用于阻止被监管的投资者将未评级的证券化层级置于表内。这种处理方法应当可以视作对创始人的一种激励，使得他们对证券化交易的更加透明化的外部评级有一个系统的追溯。我们可以确定使 SF 法比 RBA 法更加保守的两种因素：

- 在大部分时候，评级低于 BBB 的层级的大小要比 $K_{IRB}$ 层级小。这使得一些夹层甚至是较高的层级受到像低层级那样处罚（受到一对一的资产处理）。
- 在 SF 框架下，由于几乎全部集中在一个典型的高 $K_{IRB}$ 水平以及缺乏高水平超额利差信用，资产池中最高层级相关的资本费用受到了负面的影响。

## 16.3 第二部分：巴塞尔协议Ⅱ对住房抵押贷款支持证券资产层级影响的分析

这部分的主要发现是，除了次级交易，监管套利可能并不是证券化的主要驱动因素。

### 16.3.1 内部评级法（IRB）：资产留存于表内且未证券化的情形[㊀]

我们并不关注标准化法，即要求所有的住宅抵押贷款交易都有标准化的

㊀ 巴塞尔协议Ⅱ——第 2 部分第 3 节。

35% 的风险权重（RW）。

在巴塞尔协议Ⅱ中，对于住宅抵押贷款交易的 IRB 法，基础法与高级法并没有差异。银行被要求提供对 PD、LGD 和 EAD 的估计。

住宅抵押贷款交易与住宅抵押贷款风险[㊀] 相关。

资本风险占用公式 [㊁]：

在本章，核心等式 I 为：

- 相关系数（$R$）=0.15
- 资本要求（$K$）=

$$\text{LGD} \times N\left[(1-R)^{-0.5} \times G(\text{PD}) + \left(\frac{R}{(1-R)}\right)^{0.5} \times G(0.999)\right] - \text{PD} \times \text{LGD} \qquad (16\text{-}7)$$

风险加权资产 $= K \times 12.5 \times \text{EAD}$

风险加权 $= K \times 12.5$

在式（16-7）中，$N(x)$ 为一个标准正态随机变量的累积分布函数（c.d.f.），$G(z)$ 为一个标准正态随机变量的逆累积分布函数（inverse c.d.f.）。

## 考察四种交易

在本节，我们提出基于三种信用卡交易的实证结果：

交易 1：一种英国的优质交易

交易 2：一种英国的次级交易

交易 3：一种欧洲大陆——德国的优质交易

交易 4：一种欧洲大陆——西班牙的优质交易

**1. 提取每个资产池的平均违约概率**　在本节的剩余部分，我们考察两个案例：假设所有持卡人都有类似的平均风险水平（PD），该水平要么是平均值，要么是由银行对此类资产施加的压力违约率。从违约率为 90 天的时间序列中可以提取出平均 PD。

- 交易 1

在交易 1 中，我们使用一年度的滚动违约率（PD），从 2002 年 4 月到 2006 年 2 月按月计算。我们在符合高斯累积分布函数的基础上绘制与月度违约率对应的累积分布函数（c.d.f.）。我们考察两种情形，在两种情形中 PD 的置信水平分别为 50% 和 95%，对于交易 1，对应的结果是，PD 值分别为 0.53% 和 0.73%，如图 16-23 所示。

交易 1 中的正态分布服从如下分布：$N(\mu=0.53\%;\ \sigma=0.12\%)$。

㊀ 巴塞尔协议Ⅱ——第 232 页。

㊁ 巴塞尔协议Ⅱ——第 327 页第（ii）部分。

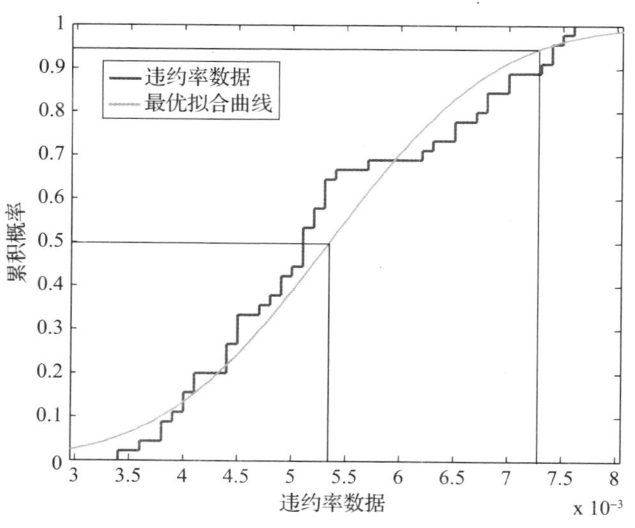


图 16-23 交易 1 中违约率的历史分布

- 交易 2

在交易 2 中，我们在符合高斯累积分布函数的基础上绘制与月度违约率对应的累积分布函数（c.d.f.）。我们考察两种情形，在两种情形中 PD 的置信水平分别为 50% 和 95%，对于交易 2，对应的结果是，PD 值分别为 15.08% 和 17.37%，如图 16-24 所示。

交易 1 中的正态分布服从如下分布：$N$ ($\mu$ = 15.08%；$\sigma$ = 1.39%)。

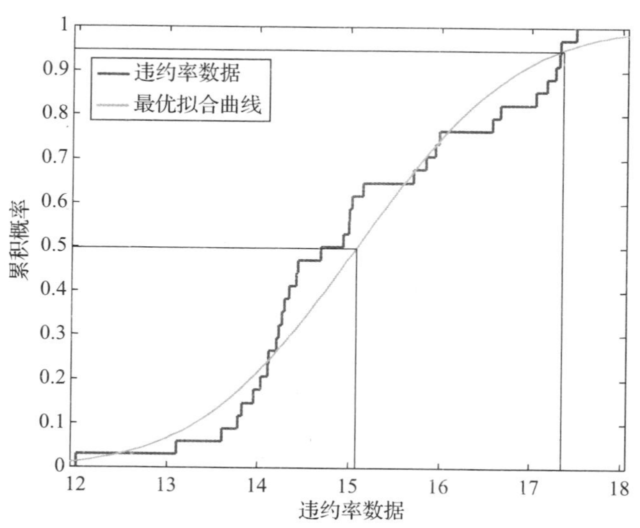


图 16-24 交易 2 中违约率的历史分布

- 交易 3

在交易 3 中，我们使用一年度的滚动违约率（PD），从 2001 年 7 月到 2006 年 1 月按月计算。我们在符合高斯累积分布函数的基础上绘制与月度违约率对应的累积分布函数（c.d.f.）。我们考察两种情形，在两种情形中 PD 的置信水平分别为 50% 和 95%，对于交易 3，对应的结果是，PD 值分别为 1.57% 和 2.31%，如图 16-25 所示。

交易 1 中的正态分布服从如下分布：$N(\mu=2.74\%;\ \sigma=0.45\%)$。

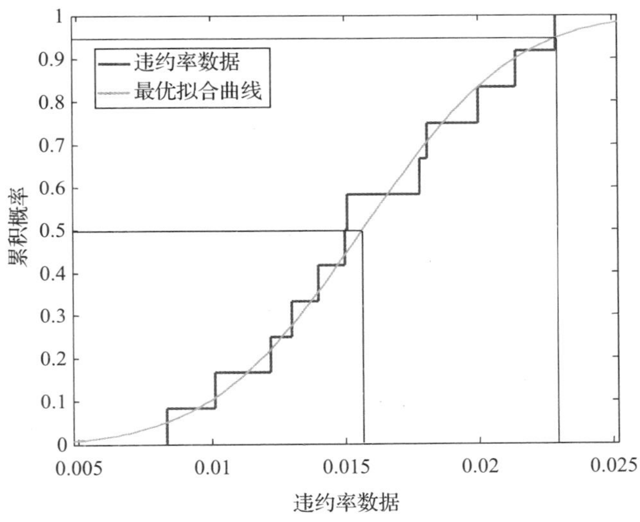


图 16-25　交易 3 中违约率的历史分布

- 交易 4

在交易 4 中，我们使用一年度的滚动违约率（PD），从 2002 年 4 月到 2005 年 10 月按月计算。我们在符合高斯累积分布函数的基础上绘制与月度违约率对应的累积分布函数（c.d.f.）。我们考察两种情形，在两种情形中 PD 的置信水平分别为 50% 和 95%，对于交易 1，对应的结果是，PD 值分别为 0.1643% 和 0.23%，如图 16-26 所示。

交易 1 中的正态分布服从如下分布：$N(\mu=2.74\%;\ \sigma=0.04\%)$。

2. 提取违约损失率

a. 未贴现的违约损失率　在住房抵押贷款中，每笔贷款违约损失率被称为损失额度，详见附录 16C 词汇表。损失额度的定义如下：

$$LS = 100\% - \frac{RV}{LTV} + FC$$

式中，止赎成本 = 财产贷款剩余价值的 4% ～ 6% =（100% − 市值下降百分比）*
贷款估值 = 贷款 / 资产估值

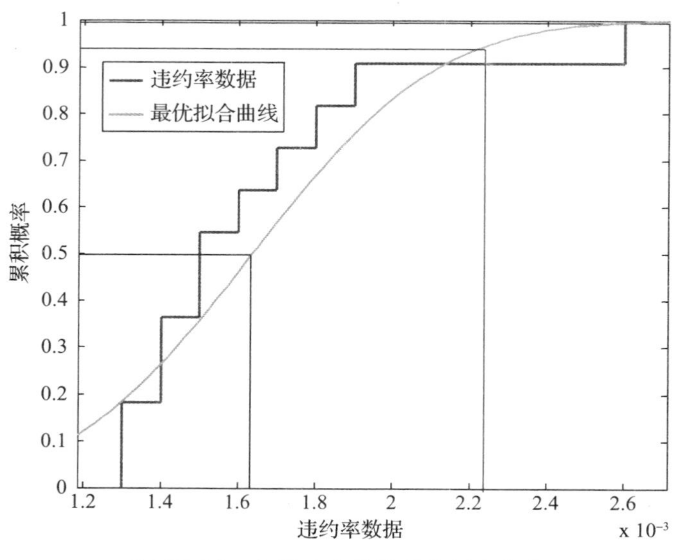


图 16-26 交易 4 中违约率的历史分布

考虑到资产池的违约损失率与损失额度的加权平均值相对应，我们可将违约损失率从数据中提取。

如前所述，我们考虑两种情况，将违约损失率看作平均违约损失率或者风险违约损失率。平均违约损失率和风险违约损失率间的差别在于所使用的市值下降百分比。在标准普尔模型中，这些数值会与资产所在地区与国家有关。

- 交易 1

在平均违约损失率模型下，假定对于英国南部和英国北部，市值下降分别为 26% 和 12%。

在风险违约损失率模型下，对于英国南部和英国北部，市值下降分别为 47% 和 25%。

| 结论 | |
|---|---|
| 平均违约损失率 | 5.4% |
| 风险违约损失率 | 17.2% |

- 交易 2

平均及风险违约损失率情况见于交易 1。

| 结论 | |
|---|---|
| 平均违约损失率 | 6.7% |
| 风险违约损失率 | 21.8% |

- 交易 3

在平均违约损失率模型中，假定市场价值下降为 28%。

在风险违约损失率模型中，假定市场价值下降为 45%。

| 结论 | |
|---|---|
| 平均违约损失率 | 2 |
| 风险违约损失率 | 8.1% |

- 交易 4

在平均违约损失率中，假定市场价值下降为 22%

在风险违约损失率中，假定市场价值下降为 37%。

| 结论 | |
|---|---|
| 平均违约损失率 | 7.2% |
| 风险违约损失率 | 15.6% |

b. 贴现后的违约损失率

在此分析中，我们考虑一个场景，其中违约损失率以无风险利率贴现。

贴现后的违约损失率 =1− 回收率 /（1+*R*）*T*

回收率（%）=1− 未贴现的违约损失率

市场利率（*R*）=− 平均伦敦同业拆借利率对于交易 1 和 2

=− 欧元银行同业拆借利率对于交易 3 和 4

回收期限（*T*）=1.5 年

违约损失率结论详述如下：

| 交易 1 | | |
|---|---|---|
| 事项 | 平均 | 风险 |
| 违约损失率（%） | 5.4 | 17.2 |
| 平均回收期限（T） | 1.5 年 | 1.5 年 |
| 伦敦同业拆借利率（%） | 4.6 | 4.6 |
| 贴现后违约损失率（使用无风险利率）(%) | 11.57 | 22.6 |

| 交易 2 | | |
|---|---|---|
| 事项 | 平均 | 危险 |
| 违约损失率（%） | 6.7 | 21.8 |
| 平均回收期限（T） | 1.5 年 | 1.5 年 |
| 伦敦同业拆借利率（%） | 4.6 | 4.6 |
| 贴现后后违约损失率（%） | 12.79 | 30.59 |

| 交易 3 | | |
|---|---|---|
| 事项 | 平均 | 危险 |
| 违约损失率（%） | 2 | 8.1 |
| 平均回收期限（T） | 1.5 年 | 1.5 年 |
| 欧元银行同业拆借利率（%） | 1.86 | 1.86 |
| 贴现后后违约损失率（%） | 4.67 | 10.61 |

| 交易 4 | | |
|---|---|---|
| 事项 | 平均 | 危险 |
| 违约损失率（%） | 7.2 | 15.6 |
| 平均回收期限（T） | 1.5 年 | 1.5 年 |
| 欧元银行同业拆借利率（%） | 1.86 | 1.86 |
| 贴现后违约损失率（%） | 9.73 | 25.33 |

**3. 资产负债表中的内部评级法结论** 现在，当资产负债表上的资产池保持不变时，我们可以根据违约概率和违约损失率的假定，对所包含的风险加权进行计算：

| 事项 | 平均值 | 危险值 |
|---|---|---|
| 交易 1 | | |
| 违约概率（%） | 0.53 | 0.73 |
| 贴现后违约损失率（%） | 11.57 | 22.6 |
| 最低资本要求（K）(%) | 0.75 | 1.83 |
| 风险加权 | 9.4 | 22.9 |
| 交易 2 | | |
| 违约概率（%） | 15.08 | 17.37 |
| 贴现后违约损失率（%） | 12.79 | 30.59 |
| 最低资本要求（K）(%) | 5.37 | 13.34 |
| 风险加权 | 67.1 | 166.78 |
| 交易 3 | | |
| 违约概率（%） | 2.74 | 3.46 |
| 贴现后违约损失率（%） | 4.67 | 10.61 |
| 最低资本要求（K）(%) | 0.88 | 2.29 |
| 风险加权 | 11 | 33.23 |
| 交易 4 | | |
| 违约概率（%） | 0.164 | 0.23 |
| 贴现后违约损失率（%） | 9.73 | 25.33 |
| 最低资本要求（K）(%) | 0.269 | 0.902 |
| 风险加权 | 3.37 | 11.27 |

## 16.3.2　资产证券化

我们考虑同样的四个资产池并分析它们所对应的资本需求。

### 16.3.2.1　资产证券化风险敞口的标准化方法

使用标准化方法，风险加权资产取决于各个风险敞口乘以相应的风险权重，如下表所示：

长期评级种类

| 外部信贷 | AAA 级至 AA− | A+ 级至 A− | BBB+ 级至 BBB− | BB+ 级至 BB− | B+ 及以下或无评级 |
|---|---|---|---|---|---|
| RW | 20% | 50% | 100% | 350% | 扣除 |

结论：

交易 1

等价风险加权为 47.09%

等价 $K$ 为 3.77%

交易 2

等价风险加权为 44.78%

等价 $K$ 为 44.78% 乘以 8% 等于 3.58%

交易 3

等价风险加权为 28.97%

等价 $K$ 为 28.79% 乘以 8% 等于 2.3%

交易 4

等价风险加权等于 40.21%

等价 $K$ 等于 40.21% 乘以 8% 等于 3.22%

资产证券化风险敞口的评级基础法

使用评级基础法，风险加权资产等于不同评级的风险暴露乘以相应的风险权重。所得结论示于“评级导向法”一节的表格中。

交易 1

等价风险加权为 38.58%

等价 $K$ 为 $38.61\% \times 8\% = 3.09\%$

交易 2

等价风险加权为 36.92%

等价 $K$ 为 $36.92\% \times 8\% = 2.95\%$

交易 3

等价风险加权为 16.1%

$$等价K为16.1\% \times 8\% = 1.29\%$$

交易 4

$$等价风险加权为26.86\%$$

$$等价K为26.86\% \times 8\% = 2.15\%$$

### 16.3.2.2 监管公式法

详见方法篇第一部分（16.2 节）。此处我们仅展示其结论。

- 交易 1

| 项目 | 平均值（%） | 危险值（%） |
|---|---|---|
| *K* 内部评级法 | 0.81 | 2 |
| 贴现后违约损失率 | 11.57 | 22.6 |
| 等价 *K* | | |
| AAA 级 | 0.56 | 0.56 |
| AA 级 | 0.56 | 0.56 |
| A 级 | 0.56 | 0.56 |
| BBB 级 | 0.56 | 7.75 |
| 无评级 | 48.16 | 100 |
| 风险加权 | | |
| AAA 级 | 7 | 7 |
| AA 级 | 7 | 7 |
| A 级 | 7 | 7 |
| BBB 级 | 7 | 96.87 |
| 无评级 | 602.03 | 1250 |
| 总风险加权 | 18.69 | 34.51 |
| 总等价 *K* 值 | 1.49 | 2.76 |

- 交易 2

| 项目 | 平均值（%） | 危险值（%） |
|---|---|---|
| *K* 内部评级法 | 7.3 | 18.85 |
| 贴现后违约损失率 | 12.79 | 30.59 |
| 等价 *K* | | |
| AAA 级 | 0.56 | 5.53 |
| AA 级 | 0.56 | 100 |
| A 级 | 47.85 | 100 |
| BBB 级 | 100 | 100 |
| BB 级 | 100 | 100 |
| 无评级 | 100 | 100 |

（续）

| 项目 | 平均值（%） | 危险值（%） |
|---|---|---|
| 风险加权 | | |
| AAA 级 | 7 | 69.14 |
| AA 级 | 7 | 1250 |
| A 级 | 598.07 | 1250 |
| BBB 级 | 1250 | 1250 |
| BB 级 | 1250 | 1250 |
| 无评级 | 1250 | 1250 |
| 总风险加权 | 104.08 | 247.92 |
| 总等价 *K* 值 | 8.33 | 19.83 |

- 交易 3

| 项目 | 平均值（%） | 危险值（%） |
|---|---|---|
| *K* 内部评级法 | 1.01 | 2.66 |
| 贴现后违约损失率 | 4.67 | 10.61 |
| 等价 *K* | | |
| AAA 级 | 0.56 | 0.56 |
| AA 级 | 3.33 | 100 |
| A 级 | 69.94 | 100 |
| 无评级 | 100 | 100 |
| 风险加权 | | |
| AAA 级 | 7 | 7 |
| AA 级 | 41.67 | 1250 |
| A 级 | 874.31 | 1250 |
| 无评级 | 1250 | 1250 |
| 总风险加权 | 21.37 | 36.96 |
| 总等价 *K* 值 | 1.71 | 2.96 |

- 交易 4

| 项目 | 平均值（%） | 危险值（%） |
|---|---|---|
| *K* 内部评级法 | 0.285 | 0.96 |
| 贴现后违约损失率 | 9.73 | 25.33 |
| 等价 *K* | | |
| AAA 级 | 0.56 | 0.56 |
| A 级 | 0.56 | 0.56 |
| BBB 级 | 0.56 | 0.68 |

（续）

| 项目 | 平均值（%） | 危险值（%） |
|---|---|---|
| 无评级 | 24.28 | 74.19 |
| 风险加权 | | |
| AAA 级 | 7 | 7 |
| A 级 | 7 | 7 |
| BBB 级 | 7 | 8.52 |
| 无评级 | 303.51 | 927.34 |
| 总风险加权 | 11.39 | 20.65 |
| 总等价 $K$ 值 | 0.911 | 1.65 |

## 16.3.3 对比

- 交易 1

图 16-27 所示为通常情况下标准化方法、内部评级法、评级导向法及监管公式法间风险加权的对比。

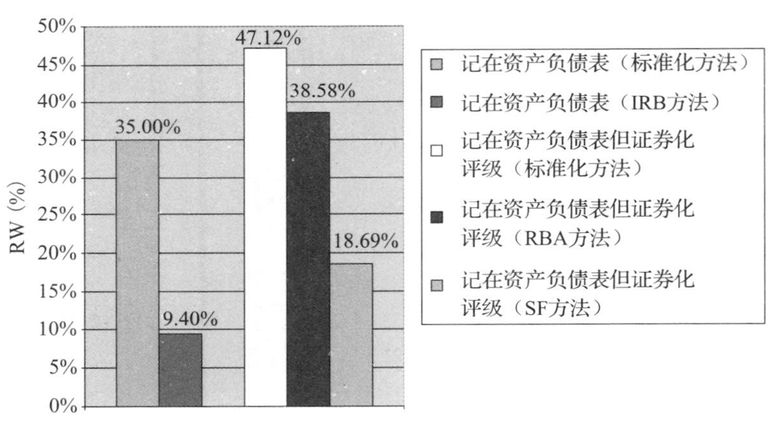


图 16-27 交易 1 中 RW 值的综合比较（正常情境）

图 16-28 所示为紧急情况下标准化方法、内部评级法、评级导向法及监管公式法间风险加权的对比。

- 交易 2

图 16-29 所示为通常情况下标准化方法、内部评级法、评级导向法及监管公式法间风险加权的对比。

图 16-30 所示为紧急情况下标准化方法、内部评级法、评级导向法及监管公式法间风险加权的对比。

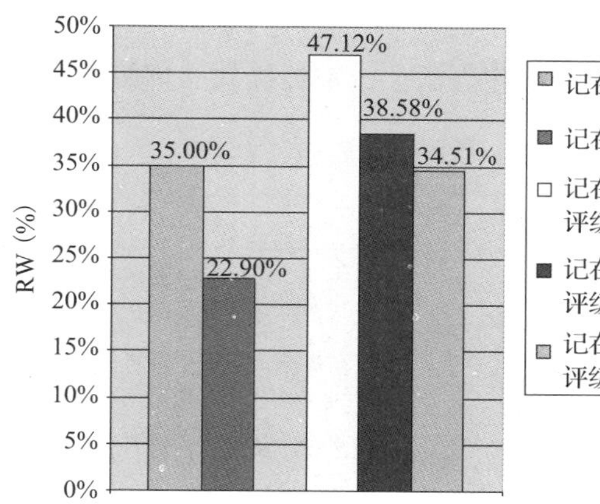


图 16-28　交易 1 中 RW 值的综合比较（压力情境）

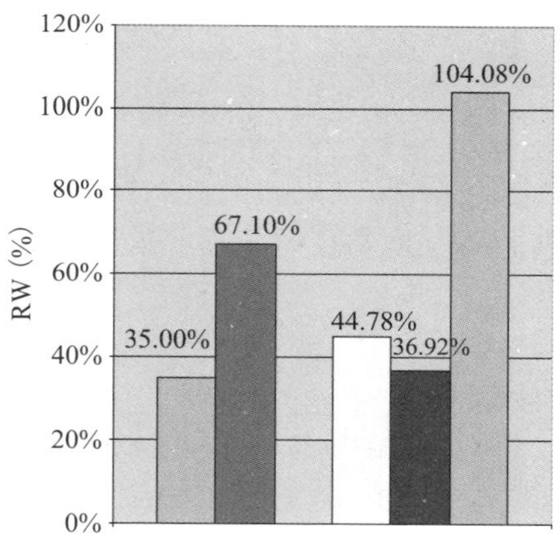


图 16-29　交易 2 中 RW 值的综合比较（正常情境）

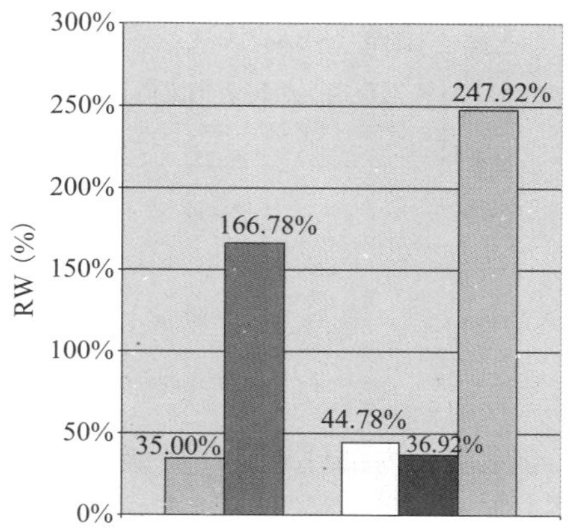


图 16-30　交易 2 中 RW 值的综合比较（压力情境）

- 交易 3

图 16-31 所示为通常情况下标准化方法、内部评级法、评级导向法及监管公式法间风险加权的对比。

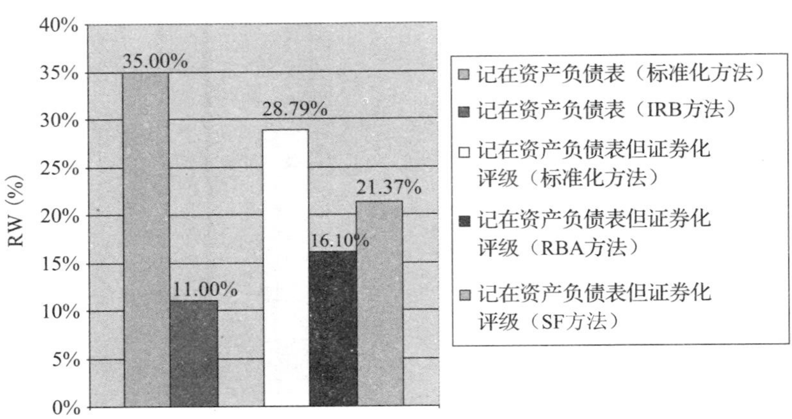


图 16-31 交易 3 中风险加权（近期）比较（通常情况）

图 16-32 所示为紧急情况下标准化方法、内部评级法、评级导向法及监管公式法间风险加权的对比。

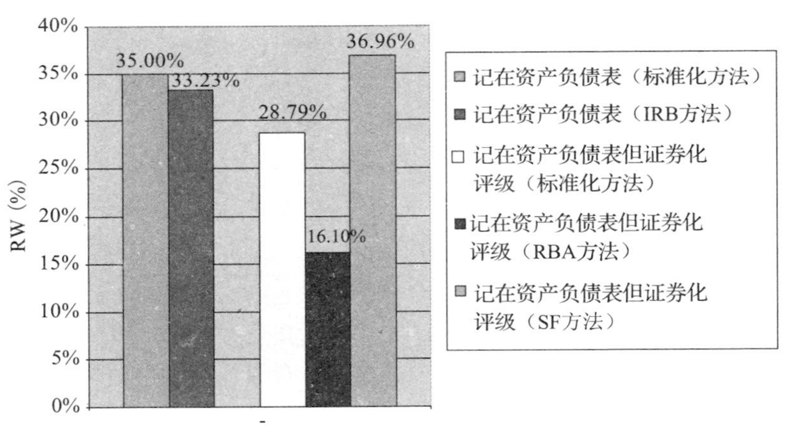


图 16-32 交易 3 中风险加权（近期）比较（紧急情况）

- 交易 4

图 16-33 所示为通常情况下，标准化法、内部评级法、评级导向法及监管公式法之间风险加权的比对。图 16-34 所示为紧急情况下标准化法、内部评级法、评级导向法及监管公式法之间风险加权的比对。

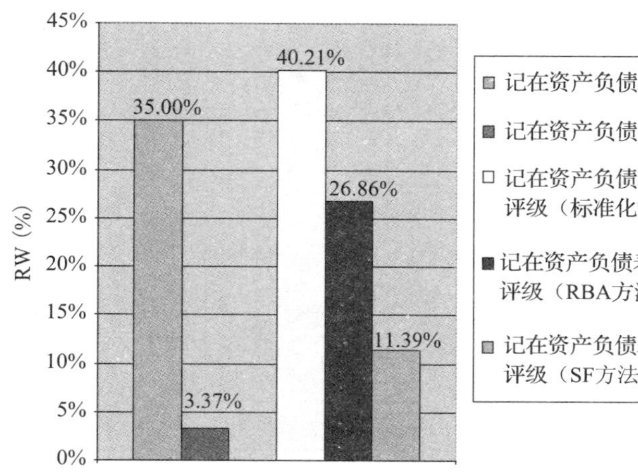


图 16-33 交易 4 中风险加权（近期）比较（通常情况）

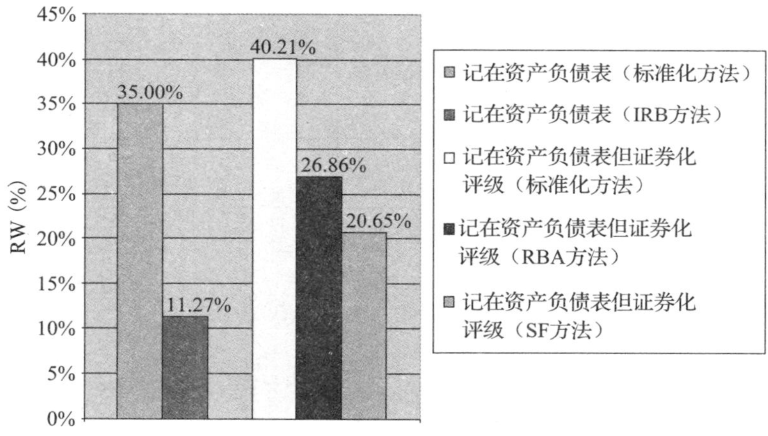


图 16-34 交易 4 中风险加权（近期）比较（紧急情况）

## 16.3.4 第二部分结论

第一个结论表示，我们能够系统化观测到，在住房抵押贷款中，类似于信用卡资产类型的套利交易不会再发生。然而有一点可能会与上述结论稍微不同，在没有证券化时，银行需要预备与预期损失相当的资本。

另外需要提到一点，银行预估违约概率及违约损失率的方法将很大程度地影响与证券化交易相关的套利机会所出现的概率。

最后，证券化对次级资产池的意义似乎大于优先资产池。

## 附录 16A　定义及通用术语——信用卡

| 资产端 | | 负债端 | |
|---|---|---|---|
| 偿付率（payment rate） | 信用卡偿付率定义为：本月应收款偿付金额占上月未偿付余额的比例 | 分层（初始层级大小）（tranching，intial class size） | 初始层级大小指交易中每一层级的相对权重 |
| 收益（yield） | 收益率代表了发行人所收集的总收入，是未偿付余额的比例。收益率计算主要包括以下三部分：<br>● 手续费，基本上是支付的利息<br>● 罚金（滞纳金和超限金）<br>● 交换（在宽限期为吸收风险和为应收款提供资金时，VISA 或者 MasterCard 向发起人支持的费用）［标准普尔在现金流模型中不考虑交换费］ | 息票率（certificate rate，coupon rate） | 息票率是指向投资者支付的利息除以未偿付投资金额，年化 |
| 毛损失（冲抵）(gross lossess，charge off) | 逾期超过 180 日的应收款本金损失 | 最初息票率 / 最大息票率（beginning coupon（beg. coup）/ max coupon rate（max.coup） | 标准普尔假设息票率浮动而不是固定的。假设其随时间增加而增加。在利率上限确定的浮动息票交易中，利率逐步增加到上限（最大息票率）。它是个比率，因为它是息票除以总待偿付余额 |
| 违约率（default rate） | 按巴塞尔协议Ⅱ定义，逾期超 90 天的违约率 | 最初损失（beginning loss） | 最初损失是指压力场景下交易损失的最初水平。它通常这样计算：0 或收益率孰大—服务费—最初息票—超额利差 |
| 毛冲抵（gross charge-off，%） | 逾期 180 天的应收款本金损失除以当月未偿付余额，年化 | 步增（step-up） | 息票率的增速。标准普尔假设为 1%。如果最初息票率是 10%，最大息票率是 15%，它会变为 11%、12% 直到 15% |

| | | | |
|---|---|---|---|
| 回收（recovery） | 应收款实现的冲抵。发起人提供的回收率数据，在收到时不打折扣 | 利息缺口（interest shortfall） | SPV 无法足额偿付投资者利息时产生利息缺口。这一数据初始为利息缺口金额除以未偿付票据本息 |
| 违约损失率（LGD，%） | LGD 等于 1 减回收率。标准普尔信用卡模型假设 LGD 为 100%，也就是说没有回收 | 服务费缺口（servicing shortfall） | SPV 无法足额偿付服务费时产生服务费缺口。标准普尔模型中，这一数据初始为服务费缺口除以未偿付票据本息 |
| 净损失（net lossess） | 毛损失减去回收 | 本金缺口（principal shortfall） | SPV 无法足额偿付投资者本金时产生本金缺口。标准普尔模型中，这一数据初始为本金缺口除以未偿付票据本息 |
| 违约敞口（exposure at default） | 当投资组合出现违约时的信用风险敞口 | CIA | 对更优先分层 A 和 B 的增信措施，它是一个次级收益，被称作 CIA |
| 购买率（purchase rate） | 购买能保持应收款本金不下降。购买率是持卡人本月购买量除以上月未偿付余额的比率 | 超额利差（excess spread） | 超额利差可以描述为结构中资产和负债的回报差额。也就是说，超额利差是收益率与息票率、服务费用率和损失率之间的差额。在与标准普尔模型相关的压力测试中，前面提到的所有因素都强调最坏的情况；因此，在大多数压力情况下，超额利差将是负的。超额利差 = 收益率 − 息票服务费 − 损失 |
| 服务收费（服务）(servicing charge（servicing）) | 服务费指为管理交易需要的服务费用、薪水等。标准普尔模型中服务费假设为全部未偿付余额的固定 2% | 基础摊还（base rate amo-rtization） | 当收益率不足以覆盖息票时，发生基础摊还 |

注：LGD = 违约损失率；CIA = 担保投资额。

# 附录 16B 信用卡模型，标准普尔方法

完成评估出售方和服务机构的（SPV）操作，并且分析发行人（发起人）应收款的表现之后，标准普尔在五个承压的表现变量下，运行现金流模型：

- 偿付率
- 购买率
- 损失
- 投资组合收益
- 息票率

如果投资组合三个月的平均收益率缺口以支付同期的平均利息和服务费用，则将发生基准利率摊还。不同的发行主体有不同的摊销规则；在这个模型中，标准普尔假定，如果发行人进入摊还，它将首先向更高级份额的持有人支付本金和利息。其他一些交易中，它可能首先支付本金给所有投资者，然后按照瀑布模式支付利息。

## 16B.1 限制点（trapping point）

所有信用卡结构都包括一系列的摊还事件，一旦触发将导致在到期日之前向投资者立即分配本金。摊还事件包括应收款的发起人破产、违反陈述或保证、服务机构违约、未能按要求增加应收款，以及与资产表现相关的事件等。此外，如果三个月的平均超额利差降至零以下时，则摊还发生。

在一个典型的信用卡结构中，A 级和 B 级的增信在一开始时就得到全备资（full funded）。例如，A 级息票的增信是依赖于将 B 级和 C 级票据作为次级。C 级票据的增信一直是动态的。一般来说，如果超额利差低于规定的水平，多余的融资费用被限制（trapped）在一个利差账户里，用来保障担保投资额（CIA）的收益。

表 16B-1 给出了一个利差账户结构及需要的触发水平的例子。

表 16B-1 标准的利差触碰机制

| 三个月的超额利差（%） | 储备金占初始投资总额百分比 |
|---|---|
| 4.5 | 0.0 |
| 4.0 ～ 4.5 | 1.5 |
| 3.5 ～ 4.0 | 2.0 |
| 3.0 ～ 3.5 | 3.0 |
| 3.0 | 4.0 |

在本例中，如果三个月平均超额利差在 4.5% 以上，则不需要存入账户。如

果超额利差降至 4% ～ 4.5%，则其将被限制在账户中，直到利差账户余额等于初始投资金额的 1.5%。随着超额利差下降，需要的储备资金余额不断增加。如果超额利差不到 3%，储备资金率将达到 4%。在相反的情况下，这种结构化增信的目的在于在超额利差低于零之前建立储备账户。

## 16B.2　变量

标准普尔主要关注五个变量中的三个——损失（冲抵率）、支付率和投资组合收益率——来进行基本情况假设。这三个变量是从历史数据中提取的（最近一年这三个变量的标准普尔月度平均数据）。

## 16B.3　需要的层级

卖方给出的最初层级（分层大小）是模型输入的数据之一。表 16B-2 中给出了一个例子，交易 1 的分层大小。

表 16B-2　初始不同资产所占比例

| | |
|---|---|
| 分层 A（%） | 90.00 |
| 分层 B（%） | 5.00 |
| 分层 C（%） | 5.00 |
| 总大小（%） | 100.00 |

## 16B.4　压力因子

在输入与分层大小有关的数据以及基于最新历史数据的基本假设之后，我们需要为每个变量选择压力因子，并与一系列的全局压力因子保持一致。表 16B-3 给出了每个因素的范围。

表 16B-3　压力测试范围

| | 违约率（X 相关性） | 还款率（所占一般情况比例） | 收益率（所占一般情况比例） |
|---|---|---|---|
| AAA | 4-5 | 50-55 | 65-70 |
| A | 2.5-3 | 60-65 | 70-75 |
| BBB | 1.5-2 | 70-75 | 75-80 |

通过应用一个如表 16B-3 所示的范围中的压力因子，我们可以得到压力情景假设。

压力违约率 = 基础违约率 × 违约率压力因子 =“最大损失”

压力偿付率 = 基础偿付率 × 偿付折扣 =“偿付率”

压力收益率 = 基础收益率 × 收益率折扣 =“收益率”

## 16B.5 每个评级类别的关键输入数据

在表 16B-4 中，粗体的数字表示压力假设；其他数字都由它们计算得出或者来自输入。

某交易中“AAA”层级的压力场景如表 16B-3 所示例。

- “AAA”情况下的超额利差是 −5%，“A”的是 −3%。之所以超额利差是负的，是因为在压力场景中，损失变量面临的压力更大。例如，超额利差 = 收益率 − 最初息票率 − 服务费率 − 最初损失（而在压力情况下，超额利差 =9.75%−2%−7%−5.75%）。
- “BBB”情况下的超额利差是基于限制点的。在交易 1 中，它是 4.5%。

表 16B-4 假设（AAA）

| | |
|---|---|
| 超额利差（%） | −5.00 |
| 收益率（%） | 9.75 |
| 申购率（%） | 3.00 |
| 还款率（%） | 10.00 |
| 服务费率（%） | 2.00 |
| 初始票息（%） | 7.00 |
| 最大票息（%） | 15.00 |
| 利率增长率（%） | 1.00 |
| 初始损失（%） | 5.75 |
| 最大损失（%） | 30.00 |

- 所有情况下服务费率都假设为 2%。
- 最初息票率和最大息票率假设：AAA 层级分别为 7% 和 15%；A 层级分别为 7.3% 和 14%；BBB 层级从 7% 到 15% 固定息票。
- AAA 层级步增率保持 1%，A 层级保持 0.8%。
- 购买率是从历史数据中提取的。
- 损失率从最初损失到最大损失逐渐增加。

## 16B.6 计算引擎

该模型将确定四个结果、利息缺口、本金缺口、服务费缺口以及向投资者完全偿还本金的时间。底层的计算是以瀑布结构的形式按月进行的。

步骤 1：确定现金流（CF = 收益率 × 月初余额）

步骤 2：确定 AAA 层级的利息（$I_{AAA}$ 息票率 × 层级金额）

步骤 3：检查余额 / 缺口（$CF_2 = CF - I_{AAA}$）

步骤 4：确定 A 层级的利息（$I_A$ = 息票率 × 层级金额）

步骤 5：检查余额 / 缺口（$CF_3=CF_2-I_A$）

步骤 6：确定服务费（SF= 服务费率 × 交易本金敞口）

步骤 7：检查余额 / 缺口（$CF_4=CF_3-SF$）

步骤 8：确定 BBB 层级的利息（$I_{BB>B}$= 息票率 × 层级金额）

步骤 9：检查余额 / 缺口（$CF_5=CF_4-I_{BBB}$）

步骤 10：确定损失额（L= 损失率 × 交易本金敞口）

步骤 11：计算最终余额（$CB=CF_5-L$）

步骤 12：最终余额变为新的月初余额

步骤 13：回到步骤 1

表 16B-5 给出了模型的结果。此表还给出了每月月初余额、购买率、本金支付率、收益、损失以及月末余额。

表 16B-5　AAA 级资产

| 月份 | 1 | 2 | 3 | 4 | 5 | 6 |
|---|---|---|---|---|---|---|
| 初始余额 | 100 000 | 93 333 | 86 940 | 80 824 | 74 990 | 69 440 |
| 申购金额 | 3 000 | 2 800 | 2 608 | 2 425 | 2 250 | 2 083 |
| 还款金额 | 10 000 | 9 333 | 8 694 | 8 082 | 7 499 | 6 944 |
| 利润 | 813 | 758 | 706 | 657 | 609 | 564 |
| 损失 | 479 | 619 | 736 | 833 | 910 | 971 |
| 归还本金 | 9 188 | 8 575 | 7 988 | 7 426 | 6 890 | 6 380 |
| 最终余额 | 93 333 | 86 940 | 80 824 | 74 990 | 69 440 | 64 173 |

## 16B.7　压力因子调整

如果所有的利息缺口、服务费缺口以及本金缺口（粗体）都在 0.05% 以下，我们就能接受层级的划分条件。

因为对各压力场景都指定了假设，各压力情景的本金支付可以这样得到：本月应付 – 本月收益。因此，月末余额可以这样得到：期初余额 + 购买 – 损失 – 本金支付。这个结果将是下个月的月初余额。重复这个过程，直到本金全部支付给投资者，于是也得到了持续时间（见表 16B-6）。

表 16B-6　信用 / 流动性（AAA）

| | |
|---|---|
| A 次级化率（%） | 9.91 |
| A 利息减少（%） | 0.000 |
| 服务费减少（%） | 0.05 |
| 还款金额（%） | 0.000 |
| 减计（%） | 3.104 |
| B 利息减少（%） | 12.50 |

# 附录 16C 定义及通用术语——住房按揭贷款支持证券

| 资产端 | | 负债端 | |
|---|---|---|---|
| 购房出租物业（buy-to-let properties） | 购房出租是指借款人购买物业的目的在于出租。由于这些借款人依靠租金收入来支付他们的按揭分期付款，此类贷款被认为风险较大 | GIC 账户（GIC account） | GIC 账户会保证未偿付金额的一定收益率水平 |
| 县法院判决或执行破产（CCJs or discharged bankruptcy） | 涉及借款人信用记录的县法院判决或执行破产。如果借款人判决在身或曾破产，抵押贷款的违约可能性在未来可能增加 | 服务费用（servicing charge（servicing）） | 服务费指为管理交易需要的服务费用、薪水等。在 RMBS 领域，服务费用因所在区域不同而不同。对于英国优质贷款，标准普尔认为，服务费不超过总未偿付金额的 35 个基点；而对于次级贷款，标准普尔认为服务费是 50 个基点左右（底层借款人的信用质量越低，业务人员收款越麻烦）。然而，在其他地区，例如希腊，标准普尔认为服务费约 70 基点 |
| 违约率（default rate） | 应收本金损失（以未偿还贷款的百分比表示） | 层级（初始分层大小）（tranching（initial class size）） | 在 RMBS 领域，我们看到了各式各样的资本结构，覆盖了全部评级，从 AAA 一直到 BB。这取决于所在区域和底层贷款质量（优质与次级贷款） |
| 违约敞口（exposure at default） | 违约敞口指当债务人违约时的信用敞口 | 票面利率（息票率）（certificate rate（coupon rate）） | 指票面的利息率 |
| 止赎频率（foreclosure） | 在这种情况下，房主无法支付其抵押贷款本金和/或利息。贷款人，无论是银行还是建房互助社，都可以按照抵押合同条款的规定买卖财产。所以，止赎频率 = 违约率 | 最初息票 / 最大息票率（天花板）/ 最小息票率（地板）（beginning coupon（beg.coup）/ max coupon rate（ceiling level）/ floor level coupon rate） | 标准普尔假设息票率浮动而不是固定的。因此其根据 Libor 利率从一个最初息票开始随时间而增加 / 下降。在利率上下限确定的浮动息票交易中，利率逐步增加到上限天花板 / 下降到下限（地板）。它是个比率，因为它是息票除以总待偿付余额 |
| 收入比率（income multiples） | 借款人年收入与贷款金额的比值 | 步增 / 步降（step-up/step-down margin） | 它是从最初息票率根据市场趋势上升或者下降的增加 / 减少额 |

| | | | |
|---|---|---|---|
| 按揭下可支付利率（interest rate payable under the mortgages） | 底层借款人例如按月支付的利率 | 利息缺口（interest shortfall） | SPV 无法足额偿付投资者利息时产生利息缺口。这一数据初始为利息缺口金额除以未偿付票据本息 |
| 巨额贷款（jumbo loans） | 巨额贷款定义为超过不同地区特定金额的贷款（例如，德国超过 40 万欧元即为巨额贷款） | 服务费缺口（servicing shortfall） | SPV 无法足额偿付服务费时产生服务费缺口。标准普尔模型中，这一数据初始为服务费缺口除以未偿付票据本息 |
| LGD（%） | LGD 等于 1 减回收率 | 本金缺口（principal shortfall） | SPV 无法足额偿付投资者本金时产生本金缺口。标准普尔模型中，这一数据初始为本金缺口除以未偿付票据本息 |
| LS | 资产池中单笔交易（逐笔贷款）的 LGD。不管是优质还是次级池，LS 定义为：LS=100% − 房屋净值 / LTV + 房屋止赎费用 | 超额利差（excess spread） | 超额利差可以描述为结构中资产和负债的回报差额。也就是说，超额利差是收益率与息票率、服务费用率和损失率之间的差额。在与标准普尔模型相关的压力测试中，前面提到的所有因素都强调最坏的情况；因此，在大多数压力情况下，超额利差将是负的。超额利差 = 收益率 − 息票服务费 − 损失 |
| 贷款支付类型（loan repayment type） | 借款人偿还贷款的方式。<br>• IO——借款人每月支付利息，到期日支付本金。5～10 年的 IO 贷款被假定承担更大的风险，因为借款人在这么短的时间内可能无法筹集资金。<br>• REP——本金的生命期内逐步摊还；即借款人在每个付款日期对抵押贷款还本付息。<br>• PP——贷款的一部分是摊还的，其余是仅付利息的 | PDL | 负债本金余额超过资产本金余额的金额（例如，应付金额） |
| LTV | LTV 指总按揭负债除以物业价值的比率 | | |
| MVD | MVD 指支付按揭贷款的物业价值下降 | | |

（续）

| 资产端 | | 负债端 | |
|---|---|---|---|
| SVR | SVR 是一个标准化的利率，例如浮动利率是当前市场利率的和（如 Libor、Euribor 等）加上特定银行指定的额外利率（超额利率） | | |
| 非 SVR 贷款（Non-SVR Loans） | 非 SVR 贷款指利率的支付与借出方 SVR（如固定、折扣或者利率有上限贷款）无关的贷款 | | |
| 自证收入贷款（self-certified income） | 自证收入贷款是指，在借款人不能提供收入证明文件的情况下发放的贷款，或贷款的审批未包含收入证明文件（对自证贷款来说，借款人的收入没有客观衡量手段；因此，这类贷款风险更大） | | |
| WAFF | 即根据标准普尔假设，压力场景下资产池的平均违约率 | | |
| 违约时点（timing of defaults） | 在每个评级的 WAFF 给定了假定在交易存续期内会违约的按揭贷款的总余额。标准普尔认为这些违约会发生在超过三年的衰退中。标准普尔分析了这次衰退的时点对偿还债务能力的影响，并定义了每个评级级别的衰退起始期。尽管经济衰退通常开始发生在交易的第一个月，AAA 的衰退通常会推迟 12 个月。这一 WAFF 通常应用于衰退开始时的本金余额（例如，在 AAA 场景下，WAFF 应用于第 13 月初余额） | | |
| WALS | 压力场景下整个资产池的损失程度。WALS 是 1 减去回收率。基于标准普尔假设计算 | | |

注：CCIs = 县法院判决；LGD = 违约损失率；LS = 损失程度；LTV = 贷款价值比率；IO = 仅付利息；REP = 逐步偿付本息；PP = 分部分偿付本息；MVD = 市值下降；SVR = 标准可变利率；WAFF = 加权平均止赎频率；WALS = 加权平均损失程度；GIC = 担保投资合同；PDL = 差额本金余额。